KB150930

# 극단의 시대: 20세기 역사
## 하

### 에릭 홉스봄
#### 이용우 옮김

까치

AGE OF EXTREMES
THE SHORT TWENTIETH CENTURY, 1914-1991

by Eric Hobsbawm

역자 이용우(李龍雨)

서울대학교 서양사학과를 졸업하고 같은 대학원에서 프랑스사 전공으로 박사학위를
취득했다. 현재 동덕여자대학교 국사학과 교수로 재직 중이다. 저서로『프랑스의 과거
사 청산―숙청과 기억의 역사, 1944-2004』(2008),『20세기 프랑스 대파업 연구』
(2005) 등이 있다.

극단의 시대 : 20세기 역사(下)

저자 / 에릭 홉스봄
역자 / 이용우
발행처 / 까치글방
발행인 / 박후영
주소 / 서울시 용산구 서빙고로 67, 파크타워 103동 1003호
전화 / 02 · 735 · 8998, 736 · 7768
팩시밀리 / 02 · 723 · 4591
홈페이지 / www.kachibooks.co.kr
전자우편 / kachibooks@gmail.com
등록번호 / 1-528
등록일 / 1977. 8. 5
초판 1쇄 발행일 / 1997. 7. 25
    19쇄 발행일 / 2023. 11. 30

값 / 뒤표지에 쓰여 있음

ISBN 978-89-7291-464-8  04900
      978-89-7291-462-4  (전2권)

# 극단의 시대 : 20세기 역사

# 차례

# 제10장 사회혁명 : 1945-90년

릴리 : 할머니는 우리에게 공황에 관한 얘기를 해주시곤 했어. 너도 공황에 관한 글을 읽을 수 있을 거야.

로이 : 그들은 늘상 말하는 그 옛날 30년대에는 사람들이 굶주렸고 일자리도 그밖의 어떤 것도 얻지 못했기 때문에 우리가 먹을 것이든 무엇이든 얻을 수 있게 된 것을 기뻐해야 한다고 언제나 우리에게 말하고 있어.

***

버키 : 난 공황을 겪은 적이 전혀 없기 때문에 사실 그리 걱정되지 않아.

로이 : 네가 그때 얘기를 듣는다면 그런 시기에 사는 것을 아주 싫어하게 될 거야.

버키 : 글쎄, 난 지금 그런 시기에 살고 있지 않아.

—— 스터즈 터클, 「어려웠던 시절」(1970, pp.22-23)

[드골 장군이] 집권했을 때 프랑스에는 텔레비전이 100만 대 있었다.……그가 떠났을 때에는 1,000만 대가 있었다.……국가는 언제나 흥행거리다. 그러나 어제의 연극 국가는 오늘날에 존재하는 텔레비전 국가와는 매우 다른 것이었다.

—— 레지스 드브레(1994, p.34)

## I

사람들은 과거에 전혀 대비하지 않았던 일에 부딪칠 때 —— 그것을 정의할 수도, 이해할 수도 없을 때조차 —— 그 미지의 것에 붙일 이름을 모색한다. 20세기의 3/4분기에 잠시 동안 서방 지식인들 사이에서 이러한 모색과정이 진행되는 것을 볼 수 있다. 핵심어는 작은 전치사 '이후(after)'였다. 그 말은 일반적으로 '포스트(post)'라는 라틴어 형태로, 몇 세대 동안 20세기 생활의 정신적 영역을 특징짓는 데에 사용되어온 수많은 용어들 중 어떤 것 앞에도 접두어로 붙여져 사용되었다. 세계 또는 세계와 관련된 몇몇 측면들이 포스트산업적, 포스트제국적, 포스트모던, 포스트구조주의적, 포스트마르크스주의적, 포스트구텐베르크적, 포스트……적인 것이 되었다. 이러한 접두어는 장례식처럼, 사후세계의 성격에 관한 어떠한 합의나 사실상 확신도 수반하지 않은 채, 사망을 공식적으로 인정했다. 이러한 방식으로, 인류사에서 가장 크고 가장 극적이고 가장 급속하고 가장 보편적인 사회적 변화가 그 변화를 겪은, 반성적 정신의 소유자들의 의식 속에 들어왔다. 이러한 변화가 이 장의 주제다.

이러한 변화의 새로운 점은 유별난 속도와 보편성 둘 다에 있다. 사실, 세계의 선진지역 —— 실제로는 유럽의 중부 및 서부 지역과 북미, 그리고 그밖의, 전세계에 분포한 부강한 지역에 해당하는 얇은 층 —— 은 오랫동안, 끊임없는 변화와 기술혁신과 문화혁신의 세계 속에서 살아왔다. 그 지역들에게 전지구적인 사회혁명은 대체로 이미 익숙했던 움직임의 가속화나 강화를 의미했다. 어쨌든 뉴욕 시민들은 1930년대 중반에 이미 마천루를 올려다보았던 것이다. 엠파이어 스테이트 빌딩(1934)의 높이는 1970년대가 되어서야 추월되었고, 그때조차 그 차이는 겨우 30미터 정도였다. 이들 선진지역에서조차 양적인 물질적 성장이 질적인 삶의 격변으로 변화된 것을 인지하는 데에는 어느 정도 시간이 걸렸고, 그 변화의 정도를 측정하는 데에는 훨씬 더 오랜 시일이 걸렸다. 그러나 지구상의 대부분 지역에게 변화는 갑작스러운 동시에 지진에 가까운 것이었다. 인류의 80퍼센트에게 중세는 1950년대에 갑자기 끝났으며, 아마도 더욱 많은 경우, 1960년대에 중세가 끝났다고 **느껴졌다**.

이러한 변화를 실제로 현장에서 겪은 사람들은 여러 점에서 그 변화의 정도를 충분히 깨닫지 못했다. 왜냐하면 그들은 변화를 누진적인 것으로 체험했거나, 아무리 극적이더라도 영구적인 혁명으로 생각되지 않는, 개개인의 삶의 변화로 경험했기 때문이다. 도시에 일자리를 구하러 가기로 한 농촌 사람들의 결심이, 이를테면 양차 세계대전 때 군대에 입대하거나 전시경제의 일부 부문에 참가하는 것이 영국이나 독일의 남녀들에게 가졌던 의미 이상의 지속적인 변화로 스스로에게 인식될 이유가 있었을까? 그들 농촌 사람들은 자신의 생활방식을 영원히 바꿀 의도가 없었다. 결국 영원히 바꾼 것으로 드러나기는 했지만 말이다. 얼마나 많이 변화했는가를 인식한 것은 그 변화를 외부에서 본 —— 어느 정도 세월이 흐른 뒤에 그러한 변화의 무대를 다시 방문함으로써 —— 사람들이다. 이를테면 1980년대 초의 발렌시아는 필자가 스페인의 그 지역을 마지막으로 보았던 1950년대 초의 동일한 도시 및 지역과 얼마나 완전히 달라져 있었던가! 시칠리아의 한 농민 립 밴 윙클('립 밴 윙클'은 미국 작가 워싱턴 어빙의 「스케치북(*Sketchbook*)」〔1819〕에 나오는 이야기 제목이자 그 주인공. 10년 동안 산 속에서 잠들어 있다가 깨어나보니 세상이 완전히 달라져 있었다는 내용으로, 여기서는 비유적 표현으로 쓰였다/역주) —— 실제로 1950년대 중반부터 20년 동안 감옥에 있었던 그 지방 산적 —— 은 그 사이에 도시 부동산 개발로 알아볼 수 없게 된 팔레르모 근교지방에 돌아왔을 때 얼마나 당혹해했던가! "한때 포도밭이 있었던 곳에 이제는 궁전들이 있다"라고 그는 믿지 못하겠다는 듯 고개를 절레절레 흔들면서 내게 말했다. 사실상 변화의 속도는 너무도 빨라서 역사적 시간의 길이가 훨씬 더 짧아질 수 있었다. 도시 밖에서는 대부분의 인디언들이 여전히 전통적인 옷을 입었던 쿠스코(Cuzco : 페루 남부의 도시. 12-16세기 잉카 제국의 수도/역주)가 10년도 못 가서(1962-71), 상당 비율의 인디언이 이미 촐로(cholo)라는 유럽식 옷을 입은 쿠스코로 바뀌었다. 또한 1970년대 말에 이미 멕시코의 한 마을의 식료품시장에서는 노점상들이 단골들의 물건 값 계산을 작은 일제 휴대용 계산기로 했는데, 그 계산기는 70년대 초만 해도 그곳에서 알려지지 않았던 것이다.

1950년 이래 역사가 이러한 식으로 움직여온 것을 볼 수 있을 정도로 나이가 들지도 않고 쉽게 이동할 수도 없는 독자들이 이러한 경험을 생생하게 인식할 수 있는 길은 없다. 비록 서구의 젊은이들이 제3세계 나라들로 여행가는 것이 실행 가능한 동시에 유행이라는 것을 발견했던 1960년대 이후, 지구촌의 변화를 보는 데에 열린 두 눈만 있으면 되었지만 말이다. 어쨌든 역사가들은 이미지와 일화 —— 그것이 아무리 의미 있더라도 —— 에 만족해서는 안 된다. 역사가들은 상술하고 계산할 필요가 있다.

20세기 후반의 가장 극적이고 가장 영향이 널리 미친 사회적 변화이자 우리를 과거세계로부터 영원히 단절시킨 변화는 농민층의 사멸이다. 왜냐하면 신석기시대 이래 대부분의 인간은 토지와 가축에 의존하여 살아왔거나 어부로서 바다에서 먹을 것을 수확해왔기 때문이다. 영국을 제외하고는, 공업화된 나라들에서조차 20세기가 상당히 흐른 뒤까지도 여전히 소농과 농업경영자가 경제활동인구의 큰 부분을 차지했다. 너무도 큰 부분을 차지해서, 필자의 학생시절인 1930년대에도 여전히 농민층의 소멸에 대한 거부가, 농민층이 사라질 것이라는 카를 마르크스의 예언에 대한 반증으로 널리 사용될 정도였다. 어쨌든 제2차 세계대전 직전에 농업과 어업에 종사한 인구가 전체 인구의 20퍼센트에 못 미치는 공업국은 영국 외에 하나뿐 —— 벨기에 —— 이었다. 농업인구가 사실상 꾸준히 감소한 최대의 공업경제국인 독일와 미국에서조차 농업인구는 여전히 대략 4분의 1에 달했고, 프랑스, 스웨덴, 오스트리아에서는 농업인구가 여전히 35-40퍼센트였다. 후진농업국들 —— 이를테면 유럽에서 불가리아나 루마니아 —— 로 말하자면 주민 5명 중 4명 가량이 농토에서 일했다.

그러나 20세기 3/4분기에 일어난 일을 살펴보자. 1980년대 초에 이르면 영국인이나 벨기에인 100명 중 3명 미만이 농업에 종사했다는 것, 그래서 보통의 영국인이 일상생활에서, 영국에서 실제로 농사를 짓는 사람보다 한때 인도나 방글라데시에서 농사를 지었던 사람을 만나기가 훨씬 더 쉬웠다는 것은 아마도 별로 놀라운 일이 아

닐 것이다. 미국의 농업인구도 동일한 비율로 떨어졌지만 장기적인
급격한 하락을 감안할 때 이것은, 이러한 아주 작은 비율의 노동력
이 미국과 세계를 엄청난 양의 식량으로 넘치게 할 수 있었다는 사
실보다는 덜 놀랄 만한 것이었다. 1980년대 초에 '철의 장막' 경계
선 서쪽의 나라들 중에서 아일랜드 공화국과 이베리아 국가들을 제
외하고는 농업인구가 전체 인구의 10퍼센트를 넘는 나라가 **전혀 없
었다**(아일랜드는 이 수치를 약간만 넘었다)는 사실은 1940년대에는
거의 아무도 예상하지 못했을 것이다. 스페인과 포르투갈에서 1950
년에 전체 인구의 반이 약간 못 되었던 농업인구가 30년 뒤에 각각
14.5퍼센트와 17.6퍼센트로 감소했다는 사실 자체가 의미 있다. 스
페인의 농민층은 1950년 이후 20년 사이에, 포르투갈 농민층은
1960년 이후 20년 사이에 각각 반으로 줄었다(ILO, 1990, 표 2A ;
FAO, 1989).

　이상의 것들은 극적인 수치들이다. 또한 일본에서는 농민이 1947
년에 전체 인구의 52.4퍼센트였는데, 1985년에 9퍼센트로 줄었다.
그러니까 젊은 병사가 제2차 세계대전의 싸움터에서 돌아온 시기
와 이후의 민간인 직업에서 은퇴한 시기 사이에 그렇게 된 셈이다.
핀란드에서는 —— 필자가 알고 있는 한 실제 인생사(人生史)를 예
로 들면 —— 농민의 딸로 태어나 첫번째 결혼을 통해서 농민의 일
하는 아내가 되었던 한 여자가 중년에 접어들고 얼마 안 지나 세계
주의적인 지적, 정치적 인물로 변모할 수 있었다. 그녀의 아버지가
어머니와 아기를 가족 보유지에 남겨둔 채 러시아와의 겨울 전쟁에
서 죽었던 1940년에는 핀란드인의 57퍼센트가 농민과 산림노동자
였으나, 그녀가 45세가 된 시기에 이르러서는 농민과 산림노동자가
10퍼센트도 안 되었다. 그러한 상황에서, 핀란드인들이 농장에서
생을 시작해서 매우 다른 상황에서 생을 마감하는 것보다 더 자연
스러운 일이 있을 수 있을까?

　공업화가 농민층을 제거할 것이라는 마르크스의 예언은 공업화
가 급속하게 이루어진 나라들에서 결국 명백히 실현되고 있었지만,
정말로 눈부시게 진전된 것은, 국제연합이 '후진국'이나 '빈국' 같은

말을 완곡하게 표현한 다양한 명칭들로써 그러한 발전의 명백한 부재를 은폐하고자 했던 나라들에서의 농업인구의 감소였다. 희망에 찬 좌파 청년들이, 무수한 농촌대중들을 동원하여 현상유지의 본거지인 도시들을 포위, 공격함으로써 혁명에 승리한다는 모택동의 전략을 인용하던 바로 그때, 이 농촌대중들은 자신들의 촌락을 버리고 도시들로 이주하고 있었다. 라틴 아메리카에서는 20년 사이에 농민의 비율이 콜롬비아(1951-73), 멕시코(1960-80), 브라질(1960-80)의 경우 반 —— 브라질은 거의 반 —— 으로 줄었고 도미니카 공화국(1960-81), 베네수엘라(1961-81), 자메이카(1953-81)의 경우 3분의 2 내지 거의 3분의 2 가량이 줄었다. 이 나라들 모두 —— 베네수엘라를 제외하고 —— 가 제2차 세계대전이 끝났을 때 농민이 경제활동인구의 절반이나 절대다수를 차지했던 나라였다. 그러나 일찍이 1970년대에 라틴 아메리카에는 —— 중미의 좁고 긴 지역의 나라들과 아이티 같은 초소형 국가들을 제외하고는 —— 농민이 소수가 아닌 나라가 **전혀 없게 되었다.** 서부 이슬람 국가들의 상황도 이와 비슷했다. 30년을 약간 넘는 기간 동안에 알제리의 농업인구는 전체 인구의 75퍼센트에서 20퍼센트로, 튀니지는 68퍼센트에서 23퍼센트로 줄었고, 모로코는 덜 극적인 경우로 10년 동안(1971-82)에 농민이 과반수의 지위를 잃게 되었다. 시리아와 이라크에서는 1950년대 중반에도 여전히, 농촌에 사는 사람이 전체 인구의 거의 절반을 차지했지만 약 20년 사이에 전자는 그 비율의 반으로, 후자는 3분의 1 이하로 줄어들었다. 또한 이란의 농민은 1950년대 중반에 약 55퍼센트였던 것이 1980년대 중반에 29퍼센트로 떨어졌다.

물론 유럽 농업국들의 농민들도 이 시기에 경작을 중단했다. 1980년대에는 유럽 대륙의 동부 및 남동부에 위치한 소농농업(小農農業)의 오래된 보루들조차 농업인구가 전체 노동력의 3분의 1 정도에 불과했으며(루마니아, 폴란드, 유고슬라비아, 그리스) 몇몇 나라 —— 특히 불가리아 —— 는 훨씬 더 적었다(1985년에 16.5퍼센트). 유럽의 인근지역 및 중동지역과 그 주변을 통틀어 농민의 보루는 단 한 나라만 남았다. 터키가 바로 그러한 나라로, 그곳의 농민은 줄어들기는 했지만 1980년대 중반까지도 여전히 절대다수를 차지했다.

지구상의 세 지역에서만이 여전히, 기본적으로 농촌과 논밭이 우세했다. 사하라 이남의 아프리카, 남아시아 및 대륙지역 동남아시아, 중국이 바로 그러한 지역이다. 이 지역들에서만 농민층의 감소가 명백히 나타나지 않는 나라들을 여전히 찾을 수 있다. 이 나라들에서는 농작물을 재배하고 동물을 돌보는 사람들이 몇십 년의 격동을 겪고도 인구 중 한결같은 비율을 유지했다. 네팔은 90퍼센트 이상, 라이베리아는 약 70퍼센트, 가나는 약 60퍼센트였고, 심지어 ── 다소 놀랄 만한 사실로서 ── 인도의 경우, 독립하고 25년이 지난 뒤에도 70퍼센트 정도였으며 1981년까지도 그 비율이 거의 떨어지지 않았다(66.4퍼센트). 확실히, 농민이 우세한 이들 지역의 인구가 이 책이 다루는 시기가 끝날 무렵에도 여전히 전인류의 반을 차지했다. 그러나 이들 지역조차 경제발전의 압력으로 가장자리가 무너져가고 있었다. 인도의 단단한 농민집단은 농업인구가 눈에 띄게 빨리 줄고 있는 나라들에 둘러싸이게 되었다. 파키스탄, 방글라데시, 스리랑카에서는 오래 전에 이미 농민들이 과반수를 차지하지 않게 되었던 것이다. 1980년대에 이르면 말레이시아, 필리핀, 인도네시아 그리고 물론, 동아시아의 신흥공업국들인 대만과 남한── 1961년까지도 60퍼센트를 넘는 인구가 농촌에서 살았던 ── 에서도 그렇게 되었다. 게다가 몇몇 남아프리카 국가들의 농민우세현상은 반투스탄(Bantustan : 남아프리카 공화국의 반자치 흑인구역/역주)적 환상이었다. 주로 여성들이 종사한 농업은, 사실상 남부의 백인도시들과 광산들로 이주한 남성 노동자들이 부친 돈에 주로 의존하는 경제의 보이는 면에 불과했던 것이다.

세계의 대륙 대부분과 섬들의 훨씬 더 많은 부분[1]에서 소리없이 이루어진 이러한 대규모 이농에 관하여 기묘한 점은, 그러한 이농이 적어도 전(前) 농민지역에서는 부분적으로만 농업의 진보에 기

---

1) 사람이 살지 않는 남극 대륙을 제외한다면 지구의 육지 부분의 약 5분의 3에 해당한다.

인했다는 데에 있다. 앞서 보았듯이(제9장을 보라) 선진공업국들은 한두 나라만 제외하고는 세계시장을 위한 농산물의 주요 생산국으로 변모했는데, 실제 농업인구의 비율이 끊임없이 줄고 때때로 불합리할 정도로 작은 비율로까지 줄면서도 그러한 변모가 진행되었다. 이는 명백히 농업가들의 자본집약적인 1인당 생산성의 엄청난 급성장을 통해서 성취되었다. 그러한 급성장의 가장 직접적으로 두드러진 측면은 부유한 선진국의 농부가 마음대로 쓸 수 있게 된 기계류 —— 기계화된 농업을 통해서 많은 사람들의 원대한 꿈을 실현한 —— 의 급증이었다. 기계화된 농업은 젊은 소련 공화국의 선전사진을 통해서 가슴 드러낸 트랙터 기사라는 상징적 존재를 부각시켰는데, 소련 농업은 그러한 기계화를 이루는 데에 눈에 띄게 실패했다. 그보다는 덜 두드러지지만 마찬가지로 중요한 것은 농화학, 선택적 품종개량, 생물공학 등의 갈수록 인상적인 성과였다. 이러한 조건에서 영농은 더 이상 단순히 손과 팔 —— 기술발달 이전 시절에는 수확에 필수적이었던 —— 의 수도, 사실상 일정한 농장가족 및 그들의 종신하인의 수도 필요로 하지 않았다. 또한 그들이 필요했던 경우, 근대적인 교통의 발달로 그들을 농촌에 계속 묶어둘 필요가 없어졌다. 일례로 1970년대에 퍼스셔(스코틀랜드)의 목양업자들은 그 지역의 양털 깎는 (짧은) 철 —— 당연히 남반구와 일치하지 않는 —— 에 뉴질랜드에서 양털 깎는 전문가들을 수입하는 것이 비용효율적이라는 사실을 발견했다.

세계의 가난한 지역들에서도 농업혁명이 보다 고르지 못하기는 했지만 일어나지 않은 것은 아니었다. 사실상 이른바 '녹색혁명'[2]을 통한 **과학**의 투입과 관개가 없었더라면 —— 둘 다 장기적인 결과는 논쟁의 여지가 있을지 모르지만 —— 남아시아 및 동남아시아의 대부분은 급증하는 인구를 먹여살릴 수 없었을 것이다. 그러나 대체로 제3세계 나라들과 (전에 사회주의권이었거나 여전히 사회주의권인) 제2세계 일부 지역은 수출 가능한 많은 양의 잉여식량 —— 농

---

2) 새로운 고수확품종의 농작물들을 제3세계 지역들에 체계적으로 도입하여 해당 지역에 특별히 적합한 방법으로 재배한 것으로, 주로 1960년대 이후에 이루어졌다.

업국이라면 기대할 수 있을 —— 을 생산하기는커녕 더 이상 자신도
먹여살리지 못했다. 그들 지역은 기껏해야 선진세계의 시장을 위해
서 특화된 수출용 작물의 생산에 집중하도록 장려되었고, 그 지역
의 농민들은 덤핑 판매하는 북쪽 세계의 잉여 수출식량을 사지 않
을 경우 기존의 노동집약적 방식으로 괭이질과 쟁기질을 계속했다.
아마도, 농지를 더욱 모자라게 할 인구폭발을 제외하고는, 그들이
자신들의 노동을 필요로 하는 농업을 떠날 이유가 전혀 없었다. 농
민들이 대량으로 빠져나온 지역은 종종 라틴 아메리카처럼 인구밀
도가 아주 낮았거나, 작은 비율의 농촌민이 무단정착자와 자유정착
자로서 이주한 —— 그럼으로써, 콜롬비아와 페루에서처럼 종종 그
지역 게릴라 운동에 정치적 기반을 제공한 —— 광활한 변경지역을
가지는 경향이 있었다. 이와는 반대로, 농민층이 가장 잘 유지된 아
시아 지역은 아마도 세계에서 인구밀도가 가장 높은 지역이었을 것
이다. 그 지역의 평방마일 당 인구밀도는 250-2,000명이었던 것이
다(남미의 평균은 41.5명).

농촌이 비워질 때 도시는 채워진다. 20세기 후반의 세계는 전의
어느 때보다도 도시화되었다. 1980년대 중반에 이르면 세계인구의
42퍼센트가 도시에 살았고, 아시아 농촌민의 4분의 3을 차지한 중
국과 인도의 엄청난 농촌인구를 제외한다면 도시인구가 과반수를
차지했을 것이다(Population, 1984, p.214). 그러나 농촌 핵심지역
에서조차 사람들은 농촌에서 도시로, 특히 대도시로 이동했다.
1960-80년에 케냐의 도시인구는 두 배 —— 그래도 1980년에 14.2
퍼센트밖에 되지 않았지만 —— 가 되었는데, 20년 전에는 10명의
도시인 중 4명만이 나이로비에 살았던 반면 이제는 10명 중 거의 6
명이 나이로비에 살았다. 아시아에서는 수백만 명이 사는 도시——
대체로 그 나라의 수도인 —— 가 우후죽순처럼 생겨났다. 서울, 테
헤란, 카라치, 자카르타, 마닐라, 뉴델리, 방콕, 이들 도시 모두 1980
년의 주민 수가 대략 500만-850만 명에 달했고 2000년에는 주민 수
가 1,000만-1,350만 명에 달할 것으로 예상되었다. 1950년에는 (자
카르타를 제외하고) 이들 중 어느 도시도 주민 수가 약 150만 명을

넘지 않았었다(World Resources, 1986). 실제로 1980년대 말에는 단연 가장 거대한 인구밀집도시들을 제3세계에서 볼 수 있었다(카이로, 멕시코시티, 상파울루, 상해의 인구는 여덟 자리 수였다). 왜냐하면 역설적이게도, 선진세계가 여전히 (라틴 아메리카 일부 지역과 이슬람 지역을 제외한) 가난한 세계보다 훨씬 더 도시화된 상태이기는 했지만 그 세계 자체의 거대도시들은 분해되고 있었기 때문이다. 그러한 도시들은 20세기 초에 절정에 달했다가 그 뒤에는 교외지역과 시외 위성지역으로의 탈출이 가속화되어, 이제는 기존의 도시 중심가가, 직장인들, 쇼핑객들, 행락객들이 귀가하는 밤이 되면 빈 껍데기가 되었다. 멕시코시티가 1950년 이후 30년 사이에 거의 5배로 커졌던 반면, 뉴욕, 런던, 파리는 차츰 거대도시의 대열에서 벗어났거나 대열 끝으로 밀려났다.

그러나 기묘한 양상으로 구세계와 신세계가 서로 수렴되었다. 선진세계의 전형적인 '대도시'는, 대체로 상업이나 행정의 중심지(들)에 집중된 도시 거류지들이 결합된 지역이 되었다. 그러한 중심지는 공중에서 내려다보면 고층건물과 마천루로 이루어진 일종의 산맥과 같았다.[3] (파리처럼) 그러한 건물이 허용되지 않은 곳은 제외하고 말이다. 구세계와 신세계의 수렴 —— 아마도, 대대적인 자동차 소유로 인한 개인영업 자동차교통의 쇠퇴 —— 은 1960년대부터 새로운 대중교통수단혁명을 통해서 나타났다. 19세기 말에 도시의 시내전차와 지하철 철도망이 최초로 생긴 이래 그렇게도 많은 지하철과 교외 고속수송망이 새로이, 그렇게도 많은 장소 —— 빈에서 샌프란시스코, 서울에서 멕시코에 이르기까지 —— 에 건설된 적은 없었다. 동시에, 도시를 구성하는 대부분의 지역공동체들이나 교외 단지들이 자체적인 쇼핑 및 레저 시설 —— (미국이 새로 개발한) 교외 '쇼핑몰'이 대표적인 예이다 —— 을 개발함에 따라 분산화가 확

---

3) 그러한 고층건물 중심가 —— 그러한 지구의 땅값이 높다는 사실의 자연스러운 산물이었던 —— 는 1950년 이전에는 지극히 보기 드문 것이었고, 뉴욕이 사실상 유일한 경우였다. 그러한 중심가는 1960년대부터 일반화되어서, 로스앤젤레스처럼 건물들이 낮고 집중되지 않은 도시들에서조차 그러한 '다운타운'이 생겼다.

산되었다.

다른 한편, 제3세계 도시는 —— 그것 역시 (대체로 시대에 뒤지고 부적절한) 대중교통체계와 쇠퇴해가는 무수한 개인 버스 및 '집단 택시'의 결합을 보이기는 했지만 —— 혼란스럽고 비체계적인 모습을 띠지 않을 수 없었다. 1,000만-2,000만 명에 이르는 사람들이 한 꺼번에 모였으므로 —— 특히 그 도시를 구성하는 거류지들 상당수가, 아마도 사용되지 않던 공터에 무단정착자들 집단이 세운 저층 건물 빈민촌으로 처음 형성된 경우 —— 그렇게 될 수밖에 없었던 것이다. 그러한 도시들의 주민들은 (일정한 직업은 귀중한 것이었으므로) 직장을 왕복하는 데에 하루에 여러 시간을 써야 하기도 했으며, 리우데자네이루의 마라카나 경기장(20만 석) —— 리우데자네이루 주민들이 축구라는 신을 숭배하는 —— 과 같은 공공의식 장소들에 마찬가지 거리의 순례여행을 기꺼이 떠나기도 했으나, 실제로 구세계와 신세계의 대도시권 모두 갈수록 명목상 —— 또는 서방의 경우 종종 형식상 —— 자율적인 지역공동체들의 집합체가 되었다. 부유한 서방에서는 대도시권이 적어도 교외에, 가난하거나 인구가 넘치는 동쪽 세계와 남쪽 세계보다 훨씬 더 많은 녹지대를 두고 있기는 했지만 말이다. 빈민가와 판자촌에서는 사람들이 생명력 질긴 쥐나 바퀴벌레와 함께 살았던 반면, 선진세계의 '도심'으로 남은 곳을 둘러싸고 있는, 도시와 농촌 사이의 기묘한 무인지대에는 족제비, 여우, 너구리 같은 야생동물들이 살았다.


## II


거의 농민층의 쇠락만큼이나 극적인 동시에 그보다 훨씬 더 보편적이었던 것은 중등교육과 고등교육을 요구하는 직업들의 부상이었다. 보편적인 초등교육, 즉 기본적인 문자해독력은 사실상 모든 정부들의 열망이었으므로, 1980년대 말에 이르면 가장 정직하거나 가장 절망적인 국가들만이 자국인구의 반이나 되는 수가 문맹이라

는 것을 인정할 정도였고, 읽고 쓸 줄 아는 사람이 인구의 20퍼센트
이하라는 사실을 인정할 준비가 된 나라들은 10개국 —— 아프가니
스탄을 제외하면 모두 아프리카에 있는 나라였다 —— 에 불과했다.
문자해독력은 특히 공산당이 통치하는 혁명국들에서 두드러지게
향상되었다. 믿기 어려울 정도로 짧은 시간 내에 문맹을 '퇴치했다'
는 주장이 때때로 낙관주의적인 것이었을 때조차 이 분야에서의 공
산당의 성취는 실제로 매우 인상적인 것이었다. 그러나 대중의 문
자해독력이 일반화되었든 그렇지 않든, 중등교육과 특히 고등교육
을 수행할 장소에 대한 수요가 엄청난 속도로 증가했으며, 그러한
교육을 받았거나 받고 있는 사람들의 수도 엄청나게 증가했다.

이러한 수의 폭증은, 이전까지는 미국을 제외하고는 인구상의 비
율이 무시할 수 있을 정도로 낮았던 대학교육의 경우 특히 극적이
었다. 제2차 세계대전 이전에는, 가장 크고 가장 선진적이고 가장
교육수준이 높은 나라들에 속하는 독일, 프랑스, 영국 —— 총 1억
5,000만 명의 인구 —— 조차 대학생의 수가 모두 합쳐 15만 명 정도
에 불과했다. 이는 세 나라 모두 합친 인구의 0.1퍼센트에 해당하는
수치이다. 그러나 1980년대 말에 이르면 (유럽 나라들만 거명하면)
프랑스, 서독, 이탈리아, 스페인, 소련의 대학생 수는 백만 단위로
계산되었다. 브라질, 인도, 멕시코, 필리핀 그리고 물론, 대학교육
대중화의 선구역할을 했던 미국 역시 그랬던 것은 말할 것도 없다.
이 시기에 이르면 교육열이 높은 나라들의 경우 대학생 수가 **전체**
인구 —— 남성, 여성, 아동 —— 의 2.5퍼센트 이상 또는 심지어 예외
적인 경우 3퍼센트 이상을 차지했다. 20-24세 연령집단의 20퍼센
트가 정규교육을 받는 것은 드문 일이 아니었다. 대학에 대해서 가
장 보수적이었던 나라들 —— 영국과 스위스 —— 조차 1.5퍼센트까
지 올라갔다. 게다가 상대적으로 가장 큰 대학생 집단들 중 일부는
경제적으로 전혀 선진국이 아닌 나라들에서 볼 수 있었다. 에콰도
르(3.2퍼센트), 필리핀(2.7퍼센트), 페루(2퍼센트)가 그 예이다.

이 모든 것이 새로운 현상일 뿐만 아니라 매우 급작스러운 것이
었다. 1960년대에 미국 학자들은 "1960년대 중반 라틴 아메리카 대

학생에 관한 연구에서 가장 두드러진 사실은 그들이 수적으로 너무 적다는 것이다"(Liebman, Walker, Glazer, 1972, p.35)라고 썼다. 그들은 이러한 사실이, 리오그란데 강(미국과 멕시코의 국경을 이루는 강/역주) 이남에서 볼 수 있는 기본적으로 엘리트주의적인 유럽식 고등교육 모델을 반영한다고 —— 대학생 수가 1년에 약 8퍼센트씩 증가해왔다는 사실에도 불구하고 —— 확신했다. 실제로 1960년대가 되어서야 대학생들이 사회적으로든 정치적으로든 이전의 어느 때보다도 훨씬 더 중요한 세력이 되었다는 것은 부인할 수 없었다. 1968년에 학생 급진주의의 전세계적 분출이 통계보다 더욱 분명히 말해주었듯이 말이다. 그러나 통계 역시 간과할 수 없게 되었다. 1960-80년에, 교육수준이 높은 유럽만을 계속 본다면 가장 전형적인 나라의 경우 대학생 수가 3-4배로 늘었고, 서독, 아일랜드, 그리스의 경우 4-5배, 핀란드, 아이슬란드, 스웨덴, 이탈리아의 경우 5-7배, 스페인과 노르웨이의 경우 7-9배로 늘었다(Burloiu, Unesco, 1983, pp.62-63). 대체로 사회주의 국가에서 대중교육에 대한 자부심에도 불구하고 대학생의 급증이 덜 두드러졌다는 사실은 언뜻 보기에는 기묘하게 보인다. 모택동의 중국은 정도(正道)에서 벗어난 경우이기는 하지만 말이다. 그 위대한 지도자는 문화혁명 동안(1966-76)에 사실상 모든 고등교육을 폐지했다. 1970-80년대에 사회주의체제의 어려움이 증가함에 따라 그 체제의 고등교육은 서방보다 더욱 뒤처지게 되었다. 헝가리와 체코슬로바키아의 고등교육인구비율은 실제로 다른 모든 유럽 국가들보다 낮았다.

　좀더 깊이 생각해보아도 이러한 사실이 기묘하게 보이는가? 아마도 아닐 것이다. 1980년대 초까지 대학 수준의 **선생**의 수가 10만 명을 넘는 나라를 적어도 7개나 낳은, 고등교육의 유별난 성장은 소비자의 압력 —— 사회주의체제가 느끼지 못하는 —— 에 기인한 것이었다. 또한 근대적인 경제는 어딘가에서 훈련받아야 하는 —— 대학이나 그와 비슷한 고등교육기관은 오랜 전통에 의해서 주로 공직과 전문직의 양성소로 기능해왔다 —— 행정가, 교사, 기술전문가를 과거보다 훨씬 더 많이 필요로 한다는 사실이 경제계획자들과 정부들에게 명백하게 인식되었다. 전반적인 민주적 성향뿐만 아니라 바로 이러한 점이 고등교육의 상당한 팽창을 정당화했지만, 학생 수 폭증의 규모는 합리적인 경제계획이 고려했던 수준을 훨씬 넘었다.

사실, 가족들이 선택권과 기회를 가졌던 경우, 앞다투어 자신의 자녀를 고등교육기관에 보냈다. 왜냐하면 그렇게 하는 것이 자녀들에게 보다 나은 수입뿐만 아니라 무엇보다도 보다 높은 사회적 지위를 얻게 해주는 단연 가장 좋은 방식이었기 때문이다. 1960년대 중반에 미국의 조사자들이 여러 나라에서 면담한 라틴 아메리카 대학생들 중에서 79-95퍼센트가 대학에서의 공부가 10년내에 자신들을 보다 높은 사회계급으로 상승시켜줄 것이라고 확신했고, 21-38퍼센트만이 대학교육이 자신의 가족보다 훨씬 더 높은 경제적 지위를 가져다줄 것이라고 느꼈다(Liebman, Walker, Glazer, 1972). 물론 실제로는 대학교육이 비(非)대졸자보다 높은 수입을 가져다주었을 것이 거의 확실했고 특히, 졸업증명서가 국가기구에서의 자리를 보장해주고 그럼으로써 권력, 영향력, 재정적 부당취득도 보장해주는, 교육수준이 낮은 나라들에서는 대학교육이 실질적인 부의 열쇠가 될 수 있었다. 물론 대부분의 대학생들은, 대부분의 사람들보다는 잘 살지만 —— 그렇지 않다면 취업연령의 젊은 성인이 몇 년간 공부하는 것에 대해 어떻게 비용을 댈 여유가 있었겠는가? —— 반드시 부유하지는 않은 집안에서 나왔다. 종종 그들의 부모가 치른 희생은 대단한 것이었다. 한국의 교육기적은 소농들이 자신들의 자녀를 명예롭고 특권적인 식자층의 지위로 상승시키기 위해서 팔아버린 암소의 시체들에 기반한 것이라고 전해진다(한국의 대학생은 8년 동안 —— 1975-83 —— 에 전체 인구의 0.8퍼센트에서 거의 3퍼센트로 증가했다). 가족 중에서 처음으로 전일제(全日制) 대학생이 되어본 사람이라면 어느 누구도 가족들이 품은 동기를 이해하기가 어렵지 않았을 것이다. 세계적 대호황 덕분에 무수한 평범한 지위의 가족들 —— 화이트칼라 피고용인과 공무원, 소(小)상점주와 소(小)사업가, 농민, 서방의 경우 심지어 부유한 숙련노동자 —— 이 자녀들을 전일제로 공부시킬 여유를 가질 수 있게 되었다. 1945년 이후 미국이 예비역 대학생들에게 보조금을 지급한 것을 필두로, 서방의 복지국가는 이런저런 방식으로 상당한 장학금을 제공했다. 대부분의 학생들이 명백히 사치스럽지 않은 생활을 여전히 기대했지만 말이다. 민주주의적, 평등주의적인 나라들에서는 중등교육기관 졸업생이 고등교육기관으로 갈 권리 같은 것이 종종 인정——프랑스의 경우 국립대학에의 선발입학이 1991년에도 여전히 위헌적인 것으로 간주될 정도로 —— 되었다(사회주의 국가들에서는 그러한 권리가 전혀 존재하지 않았다). 젊은 남녀가 고등교육기관에 쇄도함에 따라 정부들 —— 미국과 일본, 그밖의 몇몇 나라들을 제외하고는 대학이 사적 기관인 경우보다 공적 기관인 경우가 압도적으로 많았으므로 —— 은 그들을 받아들일 새로운 시설들을 증가시켰다. 세계의 대학교 수가 2배 이상으로 늘어난 1970년대가 특히 그러한 시기였다.[4] 또한 물론, 1960년대에 늘어난 새로 독립한 전(前) 식민지들은 독립의 상징물로 국기, 정기항공로, 군대를 강조했듯이 자체의 고등교육기관을 강조했다.

젊은 남녀들 및 그들의 선생들로 구성된 이러한 집단 —— 아주 작거나 예외적으로 후진적인 국가들을 제외한 모든 나라에서 100만 내지 적어도 10만 명 단위로 계산되었고, 크고 종종 격리된 캠퍼스나 '대학도시'에 갈수록 집중된 —— 은 문화에서나 정치에서나 새로운 요인이었다. 그들은 초국적이어서 쉽고 빠르게 국경을 넘나들며 사고와 경험을 교류했고, 아마도 정부보다 쉽게 통신기술을 다루었던 것으로 보인다. 1960년대가 보여주었듯이 그들은 정치적으로 급진적, 폭발적이었을 뿐만 아니라 정치적, 사회적 불만을 국민적으로, 심지어는 국제적으로 표현하는 데에 유례 없이 효과적인 힘을 발휘했다. 독재국가에서 그들은 대체로 시민들 가운데 정치적 집단행동을 할 수 있는 **유일한** 집단이 되었다. 다른 라틴 아메리카 나라들의 대학생 인구가 증가했던 반면, 1973년 이후 군사독재자 피노체트의 칠레에서는 대학생의 수가 전체 인구의 1.5퍼센트에서

---

4) 이 점에서도 사회주의 세계는 압력을 덜 받았다.

1.1퍼센트로 줄어들 수밖에 없었다는 사실은 의미심장하다. 또한 1917년 이후 혁명가들이 꿈꾸었던 동시적인 세계 대격변에 해당하는 것이 1945년 이후 황금시대에 딱 한 번 있었다면 그 시기는 확실히 1968년이 될 것이다. 그때 학생들은 주로, 1968년 5월 파리—유럽 대륙 학생반란의 진원지—에서 일어난 이례적인 소요에 자극받아 서쪽의 미국과 멕시코에서 사회주의권의 폴란드, 체코슬로바키아, 유고슬라비아에 이르기까지 반란을 일으켰던 것이다. 그것은 전혀 혁명이 아니었다. 레이몽 아롱 같은 비우호적인 선배 관찰자들이 '심리극'이나 '가두연극'이라고 격하해버린 것보다는 훨씬 더 큰 의미가 있었지만 말이다. 어쨌든 1968년은 프랑스에서 드골 장군의 시대를, 미국에서 민주당 대통령들의 시대를, 공산주의 중부 유럽에서 자유주의적 공산주의에 대한 희망을 종식시켰으며, (틀라텔롤코 학생학살의 조용한 여파를 통해서) 멕시코 정치의 새로운 시대의 개막을 알렸다.

 (1969-70년으로 연장된) 1968년이 혁명이 아니었고 결코 혁명이 되거나 될 수 있을 것으로도 보이지 않았던 이유는, 학생들만으로는 아무리 수가 많고 동원 가능하더라도 혁명을 일으킬 수 없다는 데에 있었다. 그들의 정치적 효과는, 수는 보다 많지만 폭발성은 보다 작은 집단에 대해 신호와 기폭제로 작용하는 능력에 있었다. 1960년대 이후 학생들은 그러한 역할을 하는 데에 때때로 성공했다. 그들은 1968년에 프랑스와 이탈리아에서 노동계급의 엄청난 파업 물결을 촉발시켰지만, 20년 동안 완전고용 경제하에서 임금생활자들의 처지가 전례 없이 개선되어왔던 터라 프롤레타리아 대중의 마음속에 혁명은 전혀 떠오르지 않았다. 1980년대가 되어서야—게다가 중국, 남한, 체코슬로바키아처럼 매우 상이한 종류의 비민주적인 나라들에서—학생반란은 혁명의 기폭제로서의 잠재력 또는 적어도—북경의 천안문 광장에서 학생들을 대규모로 학살한 것에서 보듯이—정부로 하여금 학생들을 심각한 공적 위험요소로 다룰 수밖에 없도록 하는 잠재력을 실현한 것으로 보였다. 1968년의 원대한 꿈이 실패한 뒤 일부 급진파 학생들은 소그룹 테

러를 통해서 사실상 단독으로 혁명을 일으키고자 했고 그러한 움직임이 세간의 상당한 주목을 받기도 했으나(그럼으로써 그들의 주요 목표들 중 적어도 하나는 달성했지만) 그들이 조금이라도 심각한 정치적 영향을 미친 경우는 드물었다. 그들이 그러한 영향을 미칠 우려가 있었던 경우, 당국이 일단 행동하기로 결심하면 그들은 매우 신속하게 진압되었다. 1970년대에 남미에서의 '더러운 전쟁'이 보인 유례 없는 잔인성과 조직적인 고문, 이탈리아에서의 뇌물수수와 암거래가 그 예이다. 금세기 마지막 10년에 학생들의 이러한 움직임으로서 중요한 세력으로 살아남은 것은 바스크족 민족주의 테러 집단인 ETA(Euzkadi Ta Azkatasuna[바스크어로 '바스크족의 고향과 자유'라는 뜻] : 무장투쟁을 통해서 바스크족 독립국가를 세우고자 하는 스페인의 바스크족 분리주의 조직/역주)와 공산주의 이론을 따르는 페루의 농민 게릴라 센데로 루미노소(Sendero Luminoso['빛나는 길'] : 페루의 모택동주의적인 게릴라 조직/역주)뿐이었다. 후자는 아야쿠초 대학교의 교직원과 학생들이 동포들에게 안겨준 원치 않은 선물이었다.

　그럼에도 불구하고 이는 우리에게 다음과 같은, 약간 풀기 힘든 문제를 남겨 준다. 학생이라는 이러한 새로운 사회집단의 운동은 왜 —— 황금시대의 신구(新舊) 사회세력들 중 유일하게 —— 좌파 급진주의를 택했는가? (공산주의체제에 대한 반란을 차치한다면) 민족주의 학생운동조차 1980년대 이전까지는 그들 깃발 어딘가에 마르크스나 레닌이나 모택동의 붉은 배지를 다는 경향이 있었던 것이다.

　어떤 점에서 이는 우리를 불가피하게 사회계층이라는 틀을 훨씬 넘는 곳으로 이끈다. 왜냐하면 학생이라는 새로운 집단은 정의상 청년이라는 연령집단 —— 일생을 사는 과정에서 일시적으로 머물다 가는 곳 —— 이기도 했고, 여성이라는, 급증하고 있고 불균형하게 큰 구성요소 —— 비영속적인 나이와 영속적인 성 사이에 매달린 —— 도 포함했기 때문이다. 뒤에 가서 우리는, 대학생들을 그들 세대의 다른 이들과 연결시킨 독특한 청년문화의 발전과, 대학 밖으로도 확산된 새로운 여성의식을 검토할 것이다. 아직 기성세대 성인층에 정착하지 않은 청년집단은 일찍이 중세 대학의 학장조차 알고 있었듯이 전통적으로 진취적 정신, 폭동, 무질서의 중심무대였고, 혁명적 열정은 유럽의 부르주아 부모세대가 회의적인 반응을 보이는 아들과 (나중에는) 딸의 세대에게 말해왔듯이 35세보다는 18세 때 더욱 흔히 볼 수 있는 것이었다. 사실, 이러한 믿음은 서구 문화에 매우 뿌리깊은 것이어서 여러 나라의 기성사회 —— 아마도 주로 대서양 양쪽의 라틴 국가들 —— 가 청년세대 학생들의 투쟁성 —— 무장 게릴라 투쟁의 수준에 이른 것까지도 —— 을 전적으로 경시하기도 했다. 아무튼 청년세대는 무기력한 성격보다는 힘찬 성격을 나타냈다. 어느 우스갯소리에 따르면 리마(페루)의 산마르코스 출신 학생들은 초(超)모택동주의적인 분파에서 '혁명사업을 수행'하고 난 뒤에 견실하고 비정치적인 중간계급 직업에 정착했고, 그러는 동안 그 불행한 나라에서의 일상적인 삶은 여전히 변화 없이 지속되었다(Lynch, 1990). 멕시코의 대학생들은 국가기구와 당기구가 자신의 간부를 기본적으로 대학으로부터 충원한다는 것 그리고 자신들이 학생으로서 혁명적이면 혁명적일수록 졸업 후에 좋은 일자리가 주어지는 경향이 있다는 것을 곧 알게 되었다. 또한 고상한 프랑스에서조차 1970년대 초에 전(前) 모택동주의자가 국가기관에서 눈부시게 출세하는 경우를 종종 볼 수 있게 되었다.

그럼에도 불구하고 이것은 자신의 부모보다 또는 어쨌든 대부분의 비(非)대학생들보다 훨씬 더 나은 미래를 향해서 명백히 가고 있던 청년집단이 왜 —— 몇몇 드문 예를 제외하고[5] —— 정치적 급진주의에 끌리게 되었는지를 설명해주지 않는다. 실제로 그들 중 높은 비율은 아마도 급진주의에 끌리지 않고 자신의 장래를 보장할 학위를 따는 데에 집중하기를 더 좋아했을 것이다. 비록 그들이 보

---

5) 이러한 드문 예외에 속하는 것으로 러시아의 경우를 들 수 있다. 그곳에서는 동유럽의 다른 모든 공산국들이나 중국과는 달리, 공산주의가 무너지던 시기에 집단으로서의 대학생들이 두드러진 역할을 하지도, 영향력 있지도 않았다. 러시아에서의 민주주의 운동은 '40대의 혁명' —— 청년들은 탈정치화되고 사기가 꺾인 채 관망하는 —— 으로 묘사되어왔다(Riordan, 1991).

다 작은 수 —— 그래도 여전히 큰 수이지만 —— 의 정치적 행동파
보다 덜 눈에 띄었지만 말이다(특히, 이들 행동파가 벽에 가득 낙서
를 하거나 벽보를 붙이는 일에서부터 집회, 행진, 피켓 시위에 이르
는 공공시위를 통해서 대학생활의 보이는 부분을 지배했을 때). 그
러나 이 정도의 급진좌경화조차 선진국들에서는 새로운 현상——
후진국과 종속국에서는 그렇지 않았지만 —— 이었다. 제2차 세계대
전 이전에는 중부 및 서부 유럽과 북미의 대학생들 대다수가 비정
치적이었거나 우익이었던 것이다.

학생 수의 급증이 하나의 가능한 답변을 제공해준다. 제2차 세계
대전이 끝날 무렵 프랑스의 대학생 수는 10만 명도 안 되었으나,
1960년에 이르면 20만 명을 넘었고, 다음 10년 사이에 3배로 늘어
65만1,000명이 되었다(Flora, p.582 ; *Deux Ans*, 1990, p.4)(이 10년
동안에 인문과학 학생의 수는 거의 3.5배, 사회과학 학생의 수는
4배로 늘었다). 이러한 증가의 가장 즉각적이고 직접적인 결과는,
갑자기 대학에 몰려든 주로 제1세대에 해당하는 학생대중과, 물질
적으로나 조직상으로나 지적으로나 그러한 쇄도에 대비하지 못한
제도 사이의 불가피한 긴장이었다. 게다가 그 연령집단에서 공부할
기회를 가진 사람들의 비율이 증가함에 따라 —— 프랑스의 경우
1950년에 4퍼센트였는데, 1970년에는 15.5퍼센트였다 —— 대학에
간다는 것이 더 이상, 그 자체에 보상으로서 주어지는 예외적인 특
권이 아니게 되었고, 대학이 젊은 (그리고 대체로 돈 없는) 성인들
에게 부과하던 속박은 더욱 분개의 대상이 되었다. 대학의 권위라
는 한 종류의 권위에 대한 분개는 다른 어떠한 종류의 권위에 대한
분개로도 쉽게 확대되었고, 따라서 (서구에서) 학생들을 좌파로 기
울게 했다. 1960년대가 무엇보다도 학생소요의 시대가 된 것은 전
혀 놀랄 만한 일이 아니다. 이런저런 나라에서 학생소요를 강화한 특
별한 이유들 —— 미국의 경우 베트남 전쟁에 대한(즉 군복무에 대한)
적대감, 페루의 경우 인종적 분개(Lynch, 1990, pp.32-37) —— 이 존
재하기도 했지만, 그 현상은 너무도 일반적인 것이어서 특별한 개
별적인 설명들이 요구되지 않는다.

　보다 일반적이며 보다 정의하기 힘든 의미에서, 이 새로운 학생 대중은 말하자면, 사회의 나머지 부분과 어색한 관계를 가지는 위치에 있었다. 그들은 여타의 보다 오래된 기성계급들이나 사회집단들과는 달리 안정된 사회적 위치도, 사회와의 안정된 유형의 관계도 가지지 않았다. 새로운 학생부대가 전전(戰前)의 상대적으로 아주 작은 집단(교육수준이 높았던 1939년 독일의 경우 4만 명)—— 중간계급 인생에서의 연소한 국면에 불과했던 —— 과 어떻게 비교될 수 있겠는가? 여러 점에서, 새로운 대중의 존재 자체가 그들을 낳은 사회에 관한 문제제기를 함축하고 있었다. 문제제기에서 비판으로의 발전은 한 걸음이면 족한 법이다. 그들이 사회와 조화하는 방법은 무엇인가? 그 사회는 어떠한 종류의 사회인가? 학생집단이 젊다는 사실 자체로 인해서 그리고 과거를 기억하고 과거와 비교하는 부모들과 전후세계의 자녀들 사이의 세대차이 정도 자체로 인해서 그들의 문제제기는 더욱 절박하게 되었고, 그들의 태도는 더욱 비판적이 되었다. 왜냐하면 젊은이들의 불만은 경이적인 개선의 시대, 자신의 부모들이 기대해온 것보다 훨씬 더 좋은 시대를 살고 있다는 의식으로도 줄어들지 않았기 때문이다. 새로운 시대는 대학에 간 젊은이들이 알고 있는 유일한 시대였다. 부모들의 생각과는 반대로 그들은 현재의 사정이 달라질 수 있고 더 좋아질 수 있다고—— 어떻게 그렇게 될 수 있는지를 잘 알지 못할 때조차 —— 느꼈다. 곤궁과 실업의 시대에 익숙하거나 적어도 그러한 시대를 기억하고 있는 그들의 선배들은, 선진국에서 대중의 급진적 동원에 대한 경제적 동기가 확실히 전의 어느 때보다도 줄어든 시대에 그러한 동원이 있으리라고 기대하지 않았다. 그러나 학생소요는 세계적인 대호황이 정점에 달한 바로 그때 폭발했다. 왜냐하면 그 소요가 겨냥한 —— 아무리 막연하고 맹목적인 것이더라도 —— 것은, 그들이 **현** 사회의 특징이라고 본 것이지, 이전 사회가 충분히 나아진 것이 아닐지도 모른다는 사실이 아니었기 때문이다. 그러나 역설적이게도, 새로운 급진주의에 대한 추진력이 경제적 불만에 영향받지 않은 집단에서 나왔다는 사실이, 경제적인 이유로 동원되는 데에 익숙한 집단들조차 어쨌든 그들이 생각했던 것보다 훨씬 더 많은 것을 새로운 사회에게 요구할 수 있다는 사실을 깨닫도록 자극했다. 유럽 학생반란의 가장 즉각적인 결과는 임금인상과 노동조건의 개선을 위한 노동계급의 파업 물결이었던 것이다.


## III


농촌주민이나 대학생과는 달리 산업노동계급은 눈에 띄게 줄어들기 시작한 1980년대 이전까지는 인구상의 격변을 전혀 겪지 않았다. 심지어 1950년대부터 계속해서 '탈산업사회'에 관한 논의가 얼마나 많았던가를 고려한다면 그리고 생산기술의 변화 —— 그 대부분이 인간의 노동을 절약하고 우회하고 제거한 —— 가 실제로 얼마나 혁명적이었던가를 고려한다면 또한 노동계급에 기반한 정당들과 운동들이 1970년 무렵 이후 위기에 빠지게 된 것이 얼마나 명백했던가를 고려한다면 이는 놀랄 만한 일이다. 그러나 어쨌든 구(舊)산업노동계급이 사라지고 있다는 널리 퍼진 생각은 적어도 지구 전체 차원에서 보면 통계상 잘못된 것이었다.

산업노동계급은 오래된 공업국들[6]에서조차(제조업에 고용된 사람의 비율이 1965년부터 —— 1970년 이후에는 매우 명백히 —— 하락하기 시작한 미국이라는 중요한 예를 제외하고는) 황금시대 내내 취업인구의 약 3분의 1을 계속 유지했다. 실제로 OECD —— 최고 선진국들의 클럽 —— 의 21개국 중 8개국에서 산업노동계급은 1960-80년에 계속 증가했다. 당연한 사실로, (비공산권) 유럽의 새로 공업화된 지역의 경우 그 계급의 비율은 증가했다가 1980년까지 변동을 보이지 않았고, 일본에서는 극적으로 증가한 다음 1970-80년대에 역시 변화를 보이지 않았다. 특히, 급속한 공업화를 겪은 동유럽 공산국들에서는 프롤레타리아가 어느 때보다도 빨리 증가했

---

6) 벨기에, 독일(서독), 영국, 프랑스, 스웨덴, 스위스.

고, 공업화에 돌입한 제3세계 지역들 —— 브라질, 멕시코, 인도, 한국 등 —— 도 사실상 마찬가지였다. 요컨대 황금시대가 끝날 무렵, 세계에는 확실히 절대적 수치상으로 과거 어느 때보다 훨씬 많은 노동자가 존재했고, 제조업에 고용된 사람이 세계인구에서 차지하는 비율이 거의 확실히 과거 어느 때보다도 높았다. 영국, 벨기에, 미국과 같은 극소수의 나라를 제외하면, 1970년에 전체 취업인구에서 노동자가 차지한 비율은 아마도, 19세기 말에 프롤레타리아 의식에 기반하여 거대한 사회주의 대중정당들이 갑자기 부상했던 모든 나라에서 1890년대에 차지했던 비율보다 높았을 것이다. 1980-90년대가 되어서야 노동계급이 크게 수축한 징후를 엿볼 수 있다.

노동계급이 무너지고 있다는 환상은 인구상의 출혈보다는 노동계급 내의 변화와 생산과정 내의 변화에서 비롯된 것이었다. 19세기와 20세기 초의 오래된 산업들이 쇠퇴했는데, 그러한 산업들이 과거에 종종 '산업' 전체를 상징할 정도로 그 존재가 두드러졌기 때문에 더더욱 그 쇠퇴가 극적으로 보였다. 한때 10만 명 단위로 계산되었고 영국에서는 100만 명 단위로까지 계산되었던 탄광 광부들이 대학 졸업생보다 드물게 되었다. 미국의 제강업은 이제 맥도널드 햄버거 식당보다 적은 수의 사람을 고용했다. 또한 그러한 전통적인 산업들이 사라지지 않았을 때조차 그 산업들은 기존의 공업국에서 새로운 공업국으로 이동했다. 섬유산업, 의류산업, 제화산업이 대거 이주했다. 서독의 섬유공업 및 의류공업에 고용된 사람의 수는 1960-84년에 반 이상 줄었지만, 1980년대 초에 독일 의류공업은 독일 노동자 100명당 34명의 외국인 노동자를 고용했다. 1966년에만 해도 그 수는 3명 이하였다. 제철 및 제강업과 조선업은 공업화를 일찍 겪은 나라들에서 사실상 사라졌던 반면, 브라질과 한국, 스페인과 폴란드와 루마니아에 나타났다. 또한 오래된 공업지역들이 '러스트벨트(rustbelt:오래된 기업체들과 공장들이 들어찬 미국 북동부 및 중서부의 밀집 공업지역/역주)' —— 1970년대에 미국에서 발명된 용어 —— 가 되었거나, 심지어는 영국처럼 초기 국면의 공업과 동일시되는 나라 전체가 대부분 탈산업화되어서, 사라진 과거

의 살아 있는 또는 죽어가는 박물관 —— 기업가들이 인기관광지로
활용하는 데에 다소 성공한 —— 으로 변해갔다. 제2차 세계대전이
시작될 무렵에는 13만 명 이상이 광부로 먹고 살았던 남부 웨일즈
에서 마지막 탄광이 사라지자, 나이 지긋한 잔존자들이 폐광 깊은
곳으로 내려가, 자신이 한때 그 아래 끝없는 어둠 속에서 했었던 일
을 관광단 앞에서 재연했다.

또한 새로운 공업이 오래된 공업을 대체했을 때조차 그 공업은
동일한 공업이 아니었다. 동일한 장소가 아닌 경우가 많았고 대개
다른 방식으로 조직화되었다. '포스트포드주의(Post-Fordism)'라
는 1980년대 전문어는 바로 그러한 것을 암시하고 있다.[7] 컨베이어
벨트를 중심으로 세워진 거대한 대량생산공장, 자동차산업이 지배
한 디트로이트나 토리노처럼 단일한 산업이 지배한 도시나 지역,
주거지 분리와 작업장을 통해서 다(多)중심적 단일체로 단결한 지
역적 노동계급, 이들 모두 고전적인 산업시대를 특징지었던 것들로
보였다. 그것은 비현실적인 이미지였지만 상징적인 진실 이상의 것
을 나타냈다. 새로 공업화되고 있는 제3세계 나라들이나 사회주의
공업경제국들처럼 (의도적으로) 포드주의적인 시간왜곡(time-
warp)에 빠져 20세기 후반에 구식 공업구조가 번창한 곳에서는, 전
간기나 심지어 1914년 이전의 서구 산업세계와의 유사성이 명백히
나타났던 것이다. 심지어, 대규모 공업중심지들에서 자동차 대공장
(상파울루)이나 조선소(그단스크)에 기반하여 강력한 노동자조직들
이 등장하기까지 했다. 이와 똑같이, 미국 중서부의 오늘날 러스트
벨트가 된 지역에서 과거에 1937년의 대파업을 통해 자동차-철강
연합노조가 등장했던 것이다. 대량생산 대기업과 대공장 —— 자동
화되고 개조되기는 했어도 —— 이 1990년대까지 존속하기는 했지
만, 새로운 공업은 매우 **달랐다.** 고전적인 '포스트포드주의' 공업지
역들 —— 이를테면 북부 및 중부 이탈리아의 베네토, 에밀리아로마

---

7) 이 말은 산업사회에 대한 좌파적 분석을 재고하려는 시도에서 나온 것으로, '포드
　 주의'라는 용어를 이탈리아 마르크스주의 사상가인 안토니오 그람시로부터 받아
　 들인 알랭 리피에츠가 대중화시켰다.

냐, 토스카나 ── 에는 대규모 공업도시도, 지배적인 회사도, 거대한 공장도 없었다. 그러한 지역은, 가내 작업장에서 크지 않은(그러나 첨단기술의) 제조소에 이르는 기업들 ── 도시와 농촌 모두에 퍼져있는 ── 로 이루어진 모자이크 내지 회로망 형태를 띠었다. 유럽에서 가장 큰 회사 축에 끼는 한 회사가 볼로냐 시장에게 그 도시에 자사의 주요 공장들 중 하나를 세워도 좋겠냐고 물어봤을 때 그 시장은 그러한 제안을 정중하게 거절했다.[8] 번영하고 있고 세련되고 마침 공산당 지역인 그의 도시와 지역은 새로운 농공업 경제의 경제적, 사회적 상황을 다룰 줄 알았다. 즉 토리노와 밀라노 같은 종류의 공업도시들이 지닌 문제들을 다루는 것은 그러한 도시들에게 맡겼던 것이다.

물론 결국 ── 1980년대에는 매우 명백히 ── 노동계급은 눈에 띄게, 새로운 과학기술의 희생물이 되었다. 특히 대량생산공정의 미숙련 및 반숙련 노동자 ── 자동화된 기계로 가장 쉽게 대체될 수 있는 ── 가 그랬다. 보다 정확히 말해서, 1950-60년대의 전세계적 대호황기가 1970-80년대의 세계적 경제난 시대에 길을 내줌에 따라 공업은 더 이상 이전 속도 ── 생산이 보다 노동절약적이 되었을 때조차 노동력을 증가시켰던 ── 로 팽창하지 않았다(제14장을 보라). 1980년대 초의 경제위기는 어쨌든 유럽에서 40년 만에 처음으로 대량실업을 다시 낳았다.

몇몇 무분별한 나라들에서는 그러한 위기가 진정한 공업파괴를 낳았다. 영국은 1980-84년에 제조업의 25퍼센트를 잃었다. 1973-80년대 말에 유럽의 6대 구(舊)공업국들에서 제조업에 고용된 사람의 전체수가 700만 명 ── 약 4분의 1에 해당 ── 이 줄었는데, 그중 거의 절반이 1979-83년에 감소한 것이었다. 노동계급이 구(舊)공업국들에서 잠식되고 신공업국들에서 증가함에 따라, 1980년대 말에 이르면 미국을 제외한 서방의 모든 선진지역에서 제조업에 고용된 노동력은 민간부문 고용노동력 전체의 약 4분의 1에 머물게

─────────────────

8) 이것은 필자가 그 시장으로부터 직접 들은 이야기다.

되었다. 그 시기에 미국의 경우는 20퍼센트에도 훨씬 못 미쳤다 (Bairoch, 1988). 이것은 공업이 발전함에 따라 주민들이 점차 프롤레타리아화되어 결국 대부분의 주민이 (육체)노동자가 될 것이라는 오래된 마르크스주의적 꿈과는 거리가 먼 것이었다. 아주 드문 예―― 영국이 가장 두드러진 예이다 ―― 를 제외하고는 산업노동계급은 언제나 전체 노동인구 중 소수였다. 그러나 특히 구(舊)산업세계에서 노동계급과 그 운동의 위기는 노동자 수의 심각한 감소라는 문제가 ―― 전세계적으로 ―― 등장하기 훨씬 전에 명백히 나타났다.

그것은 계급의 위기가 아니라 계급의식의 위기였다. 19세기 말에는 (「제국의 시대」 제5장을 보라) 선진국들에서 자신의 육체노동을 팔아서 임금을 받는 식으로 생계를 꾸리는, 매우 잡다하고 전혀 동질적이지 않은 주민들이 스스로를 단일한 노동계급으로 볼 줄 알았고, 그러한 사실을 사회적 인간으로서 자신의 상황에 관하여 단연 가장 중요한 것으로 간주할 줄 알았다. 또는 적어도 그들 중 충분한 수가 그러한 결론에 도달하여, 그들을 기본적으로 노동자로 대하며 호소하는 정당들과 운동들(그것의 이름들 자체 ―― 노동당〔Labour Party, Parti Ouvrier〕 등 ―― 에서 보듯이)을 대개 몇 년 내에 거대한 정치세력으로 변화시켰다. 물론 그들은 단순히 임금을 받는다는 것과 육체노동을 한다는 것을 통해서만 일체가 되지는 않았다. 그들은 압도적으로, 가난하고 경제적으로 불안정한 계층에 속했다. 노동운동의 중심세력은 극빈이나 궁핍과는 거리가 멀었지만 그들이 기대하거나 얻은 생활수준은 그리 높지 않았고 중간계급이 기대한 수준보다 훨씬 낮았던 것이다. 실제로 1914년 이전에는 어떠한 곳에서도, 양차 세계대전 사이에는 북미와 오스트랄라시아를 제외한 어떠한 곳에서도 대중용 내구소비재의 경제가 그들을 포괄하지 않았다. 전시에 코번트리의 무기공장들 ―― 번창했던 만큼이나 투쟁적이었던 ―― 에 파견되었던 한 영국 공산당 조직가는 입이 벌어진 채 돌아와서는 필자 자신을 비롯한 런던의 친구들에게 "당신들은 그곳의 동지들이 차(車)를 가지고 있다는 것을 알고 있는가?"라고 말했다.

그들은 또한, 자신들을 화이트칼라 층 —— 경제적으로는 마찬가지로 압박받지만 사회적으로 보다 유동적인 —— 과 구별짓는 강고한 사회적 장벽, 독특한 생활방식이나 심지어는 독특한 옷, 인생기회의 제한에 의해서 일체가 되었다. 노동자의 자녀들은 대학진학을 기대하지 않았고, 실제로도 그들이 진학하는 경우는 드물었다. 그들 대부분은 최소 이학연령(離學年齡)(보통 14세)을 넘은 뒤에는 학교에 다닐 생각을 하지 않았다. 전전(戰前)의 네덜란드에서는 10-19세 중 4퍼센트가 이 연령 이후에 중등학교에 갔고, 민주주의 국가인 스웨덴과 덴마크에서는 그 비율이 훨씬 더 작았다. 노동자들은 다른 사람들과 다르게 —— 인생에 대한 다른 기대를 가지고, 다른 곳에서 —— 살았다. (영국) 노동자의 대학교육 받은 아들로서 가장 이른 축에 속하는 한 사람이, 이러한 격리가 여전히 명백하게 드러났던 1950년대에 말했듯이 "그러한 사람들은 그들 자신의 것으로 알아볼 수 있는 주거방식을 가진다.……그들의 집은 대체로 소유한 것이 아니라 세 든 것이다."(Hoggart, 1958, p.8)[9]

끝으로, 그들은 그들 생활의 중심적 요소인 집단성 —— '나'에 대한 '우리'의 우위 —— 을 통해서 일체가 되었다. 노동운동과 노동자 정당에 고유의 힘을 불어넣었던 것은, 그들과 같은 사람들은 개인적 행동이 아니라 집단적 행동을 통해서 —— 상호 부조든, 파업이든, 투표든 간에 가급적 조직을 통해서 —— 만 자신의 운명을 개선할 수 있다는 노동자들의 정당한 확신과, 역으로 육체 임금노동자들의 수와 독특한 상황 덕분에 노동운동과 노동자 정당이 그러한 집단행동을 지배할 수 있다는 사실이었다. 미국에서처럼 노동자들이 자신의 계급으로부터의 개인적인 탈출구를 발견한 곳에서는 그들의 계급의식이 —— 없지는 않았지만 —— 그들의 정체성을 유일무이하게 규정하는 특성을 보다 덜 나타냈다. 그러나 '우리'가 '나'보다 우세했던 것은 도구적인 이유에서만이 아니라 —— 4면의 벽

---

9) 또 다음을 참조하라. "공업의 지배는 노동자들과 경영진 사이를 갑자기 분리시킴으로써 서로 다른 계급을 각기 따로 살도록 고무하는 경향이 있다. 그럼으로써 한 도시의 특정한 구역이 일종의 보호거주지나 게토가 된다."(Allen, 1968, pp.32-33)

사이에 갇힌 노동계급 주부라는 중요하고 종종 비극적인 예외를 제외하면 —— 노동계급의 생활 자체가 대체로 공적이어야 했고 사적인 공간이 너무도 부적합했기 때문이기도 했다. 주부조차 시장, 거리, 인근 공원의 공적 생활을 공유했고, 아이들은 거리나 공원에서 놀아야 했으며, 젊은 남녀는 밖에서 춤추고 구애해야 했다. 또한 남자들은 '퍼블릭 하우스(public house : 술집이란 뜻이지만 직역하면 '공적인 집'/역주)'에서 친교활동을 했다. 집에 틀어박혀 있던 노동계급 여성의 생활을 양차 세계대전 사이에 —— 소수의 혜택받은 나라들에서만이었지만 —— 바꿔버린 라디오에 이르기까지, 사적인 모임 이상의 모든 형태의 오락이 공적이어야 했고, 보다 가난한 나라들에서는 텔레비전조차 초기에는 공공장소에서 보는 것이었다. 축구 경기에서 정치집회나 휴일소풍에 이르기까지 대부분의 즐기기 위한 생활은 집단적으로 경험하는 것이었다.

여러 점에서 노동계급의 이러한 의식적인 응집성은 보다 오래된 선진국들의 경우 제2차 세계대전이 끝날 무렵에 절정에 달했고, 황금시대에는 그러한 응집성의 거의 모든 요소가 토대부터 침식되었다. 장기적인 호황, 완전고용, 진정한 대량소비사회의 결합이 선진국들 노동계급의 삶을 철저히 변화시켰고 계속해서 변화시켰다. 그들의 부모의 기준에서 볼 때 그리고 사실상, 그들이 충분히 나이를 먹은 경우 그들 자신의 기억에 비추어볼 때 그들은 더 이상 가난하지 않았다. 어떠한 비(非)미국인이나 비(非)오스트랄라시아인이 기대했던 것보다도 훨씬 더 부유해진 생활은 돈의 과학기술과 시장의 논리에 의해서 개인화되었다. 즉, 텔레비전으로 인해 축구시합을 보러 갈 필요가 없어졌고, 텔레비전과 비디오로 인해 영화를 보러 갈 필요가 없어졌으며, 전화로 인해 친구들과 광장이나 시장에서 잡담할 필요가 없어졌던 것이다. 이전에 지부모임이나 공공의 정치행사가 무엇보다도 일종의 기분전환이나 여흥의 방식이기도 했기 때문에 그러한 모임들에 참석했던 노동조합원들이나 당원들은 이제는 —— 비정상적으로 투쟁적이지 않은 한 —— 시간을 보다 즐겁게 쓰는 방법에 관해서 생각할 수 있게 되었다(반대로, 직접접촉은

더 이상 선거운동의 효과적인 방식이 아니게 되었다. 비록 그것이
전통으로 인해서 그리고 갈수록 전형에서 벗어나는 당 활동가들을
고무하기 위해서 계속되었지만 말이다). 번영과 개인화는 빈곤과
공적인 장소에서의 집단성이 결합시켰던 것을 분해했던 것이다.

노동자들을 노동자로 알아볼 수 없게 되었다는 말은 아니다. 앞
으로 보게 되듯이 기묘하게도, 새로운 독립적인 청년문화(p.449 이
하를 보라)가 1950년대 말부터 계속해서 옷과 음악 모두, 자신의 스
타일을 노동계급 청년으로부터 취하기는 했지만 말이다. 그보다는
오히려, 이제는 어느 정도의 풍요가 대부분 사람들의 손에 닿게 되
었고, 폴크스바겐 비틀의 소유자와 메르세데스 벤츠 소유자 사이의
차이가 어떤 차라도 가진 자와 차가 전혀 없는 자 사이의 차이보다
훨씬 작았다 —— 특히, 비싼 차를 (이론상) 월부로 구입할 수 있는
경우 —— 는 말이다. 노동자들은 특히, 결혼생활비와 가족생계비가
예산을 지배하기 전인 청년기 말년에 사치품의 소비자가 될 수 있
었고, 이러한 사정에 즉각 부응하여 1960년대부터 줄곧 여성복 재
단업과 미용산업의 공업화가 이루어졌다. 또한 새로 발전하게 된
첨단기술 사치품 시장의 정상과 밑바닥 사이 —— 이를테면 가장 비
싼 하셀블라트 카메라와, 가장 싸지만 성능이 나쁘지 않으며 위신
도 부여하는 올림퍼스 카메라나 니콘 카메라 사이 —— 에는 정도의
차이만 있었다. 어쨌든, 지금까지는 백만장자들만이 개인적인 서비
스로 이용할 수 있었던 오락이 이제는 텔레비전을 필두로 거실에서
가장 평범한 것이 되었다. 요컨대 진정한 대중시장을 겨냥한 완전
고용과 소비자 사회 덕분에 기존 선진국들의 노동계급 대부분은 적
어도 그들의 생의 일부 동안, 그들의 아버지나 그들 자신이 이전에
살았던 수준 —— 자신의 수입이 기본생필품을 사는 데에 주로 지출
되었던 —— 보다 훨씬 높은 수준에서 살 수 있게 되었다.

게다가 몇몇 중요한 상황전개가 노동계급 내의 다양한 계층들 사
이의 균열을 더욱 벌어지게 했다. 비록 1970-80년대의 경제위기 동
안에 완전고용이 사라졌을 때가 되어서야 그리고 취약한 층의 노동
자들에게 중요한 보호막이 되었던 복지정책과 '코포라티즘'적 노사

관계에 대해 신자유주의가 압박을 가했을 때가 되어서야, 그러한
균열의 확대가 분명하게 드러났지만 말이다. 노동계급의 최상층
부 —— 숙련노동자와 관리직 —— 는 현대 첨단기술 생산의 시대에
보다 쉽게 적응했고,[10] 그들의 지위는 상당히 높아서 자유시장으로
부터 실제로 득을 볼 수 있었던 —— 덜 혜택받은 동료들이 우세한
지반을 잃었을 때조차 —— 것이다. 일례로, 극단적인 경우임에 틀
림없는 대처 여사의 영국에서는 정부와 노조의 보호가 사라짐에 따
라, 최하층 20퍼센트의 노동자들이 나머지 노동자들보다 가난한 정
도가 실제로 한 세기 전에 비해서 더욱 심해졌다. 또한 최상층 10퍼
센트의 노동자들 —— 총소득이 최하층 10퍼센트의 노동자들이 버
는 액수의 3배에 달한 —— 이 자신의 처지개선을 자축함에 따라, 그
들은 자신들이 국가와 지방에 대한 납세자로서, 1980년대에 '최하
층계급(underclass)'이라는 불길한 용어로 불리게 된 자들에게 보조
금을 지급하고 있는 셈이라고 생각하는 경향이 갈수록 커졌다. '최
하층계급'은 공공복지제도에 의존하며 살았는데, 상층노동자들 자
신은 비상사태시 외에는 그러한 제도 없이 지낼 수 있으리라고 생
각했다. '존경할 만한' 빈민과 '존경할 수 없는' 빈민이라는 옛 빅토
리아 시대의 구분법이 보다 격화된 형태로 부활했다. 왜냐하면 완
전고용 덕분에 노동자의 물질적 요구 대부분이 충족된 것으로 보이
는 영광스러운 전지구적 호황기에, 복지비가 후한 수준 —— 대중적
복지가 요구된 새로운 시대에, 큰 무리의 '존경할 수 없는' 자들을
'복지'로 인해 이전의 빅토리아 시대 극빈자 '최하층민'보다 훨씬 더
잘살 수 있게 할 정도의 —— 으로 올랐던 것이다. 열심히 일하는 납
세자들의 생각으로는, 그 '존경할 수 없는' 자들이 가지는 권리 이
상으로 잘살 수 있게 할 정도의 후한 수준이었다.

　그리하여 존경할 만한 숙련노동자들은 아마도 처음으로 정치적
우파의 잠재적 지지자가 되었는데,[11] 특히 공적 보호를 필요로 하는

---

10) 일례로 미국에서 '숙련공과 십장'은 1950-90년에 전체 취업인구의 16퍼센트에서
　　13퍼센트로 떨어졌던 반면, '비숙련공'은 같은 시기에 31퍼센트에서 18퍼센트로
　　떨어졌다.

사람들의 수가 늘어남에 따라 자연히 전통적인 노동자 조직들과 사회주의 조직들이 계속해서 재분배와 복지에 몰두했으므로 더더욱 그렇게 되었다. 영국의 대처 정부가 성공한 것은 본질적으로 숙련노동자들이 노동당에서 이탈함으로써 가능했다. 차별의 폐지, 보다 정확히 말해서 차별선의 이동이 노동자집단의 이러한 와해를 촉진했다. 일례로, 특히 공업이 주변지역과 농촌으로 이동함에 따라, 계층 상승할 수 있는 숙련노동자들은 도심 밖으로 이사갔고 그럼으로써 기존의 확고한 노동계급 도심지구나 '적색지대'는 빈민가가 되었거나 고급주택가가 되었던 반면, 새로운 위성도시나 녹지대의 공업은 이전과 같은 규모의 단일계급 집중을 전혀 낳지 않았다. 도심에서는, 이전에 노동계급의 건실한 핵심층을 위해서 건설되었던 공영주택단지 —— 사실상, 집세를 규칙적으로 낼 수 있는 사람들을 선호하기 마련인 —— 가 이제는, 소외되고 사회적으로 문제가 되고 복지사업에 의존하는 사람들의 거류지로 바뀌었다.

동시에 대량이주는, 적어도 합스부르크 제국이 망한 이래 지금까지 미국과 (그보다 덜한 정도로) 프랑스에만 국한되었던 현상을 낳았다. 노동계급의 민족적, 인종적 다양화와 그 결과인 노동계급 내부의 갈등이 바로 그것이다. 문제가 민족적 다양성 자체에 있다고 보기는 힘들다. 비록 피부색이 다른 사람들이나 (프랑스의 북아프리카인들처럼) 구별하기 쉬운 사람들의 이민이, 이탈리아와 스웨덴처럼 인종주의에 동하지 않는 것으로 간주되어온 나라들에서조차, 항상 잠재해 있던 인종주의를 야기했지만 말이다. 전통적인 사회주의 노동운동은 그러한 차별에 열렬히 반대해왔고 그럼으로써 자신의 지지자들이 반사회적인 인종주의적 감정을 표현하는 것을 억눌러왔으므로, 그러한 운동의 약화는 이러한 사태가 일어나는 것을 더욱 쉽게 만들었다. 그러나 순수한 인종주의를 차치한다면, 전통

11) "재분배와 복지국가의 사회주의는……1970년대의 경제위기로 큰 타격을 받았다. 중간계급의 주요 세력들뿐만 아니라 고임금 노동자계층들까지도 민주사회주의라는 대안과 관계를 끊었고 보수적인 정부를 수립하는 방향으로 새로운 다수파를 구성하도록 자신의 표를 던졌다."(Programma 2000, 1990)

적으로 —— 19세기에조차 —— 노동자 이민이 다양한 민족집단 사이의 직접적인 경쟁을 낳아서 노동계급을 분열시키는 경우는 드물었다. 왜냐하면 각 특정 집단의 이주민들은 해당 경제 안에서 자신이 역할을 할 자리(들) —— 그들이 개척하거나 독점하기까지 한—— 를 찾는 경향이 있었기 때문이다. 대부분의 서방국들에서 유태인 이민들은 의류산업으로 대거 몰려갔지만 이를테면 자동차 제조업으로는 가지 않았다. 훨씬 더 특화된 경우를 들자면, 런던과 뉴욕의 인도 식당 직원 —— 또한 의심할 바 없이, 인도 아대륙 밖에서 이러한 형태의 아시아 문화 확산이 이루어진 곳이면 어디에서든 —— 은 1990년대까지도 주로, 방글라데시의 특정 지역(실혜트)에서 온 이주민들로 충원되었다. 그밖의 이민집단들은 동일한 산업의 특정 구역, 특정 공장, 특정 작업장, 특정 단계에 집중된 채 나머지를 다른 집단들에게 남겼다. (전문용어를 쓰자면) 그러한 '분할된 노동시장'에서는 상이한 민족집단의 노동자들간의 연대가 더욱 쉽게 발전하고 유지되었다. 왜냐하면 그 집단들은 서로 경쟁하지 않았고, 그들이 처한 상황의 차이를 다른 노동자집단의 이기주의 탓으로 돌릴 수 없었기 —— 또는 드물게만 돌릴 수 있었기 —— 때문이다.[12]

전후(戰後) 서유럽으로의 이민유입이 주로 노동력 부족에 대한, 국가가 후원한 대응이었다는 사실을 비롯한 다양한 이유들로, 새로운 이주민들이 토착민들과 동일한 노동시장에 들어왔다. 그들은 일시적인, 따라서 열등한 '외국인 노동자'라는 계급으로서 공식적으로 토착민들과 분리되었던 경우를 제외하고는 동일한 권리를 지녔다. 두 경우 모두 긴장을 낳았다. 공식적으로 열등한 권리를 지닌 사람들은 자신의 이해관계가 자신보다 우월한 지위를 누리는 사람들의 이해관계와 동일하다고 보는 경우가 거의 없었다. 역으로, 프랑스인이나 영국인 노동자들은 모로코인, 서인도 제도인, 포르투갈인, 터키인 옆에서 그들과 동일한 조건으로 일하는 것에 개의치 않았을 때조차 그 외국인들이 자기 위로 승진하는 것은 결코 좌시하

---

12) 갈수록 프로테스탄트의 독점물이 된 숙련직종들에서 카톨릭교도들이 조직적으로 밀려난 북아일랜드는 예외적인 경우다.

지 않았다. 그들이 자국태생인보다 집단적으로 열등하다고 간주된 경우에는 특히 그랬다. 게다가 비슷한 이유들로, 상이한 이민집단들간에도 긴장이 존재했다. 그 집단들 모두가 토착민의 외부인 대우에 분개했을 때조차 말이다.

요컨대 고전적인 노동자 정당과 노동운동이 형성되었던 시기에는 (유달리 넘을 수 없는 민족적, 종교적 장벽으로 분열되지 않은 한) 모든 집단의 노동자들이 동일한 정책, 동일한 전략, 동일한 제도적 변화가 각 집단에게 득을 줄 것이라고 생각한 것이 무리 없는 생각이었던 반면, 이제는 더 이상 자동적으로 들어맞는 사실이 아니게 되었다. 동시에 생산에서 일어난 두 변화 —— '3분의 2 사회'의 출현(p.471를 보라)과, '육체'노동과 '비육체'노동 사이의 경계가 변화하고 갈수록 약화된 것 —— 모두, 이전에는 분명했던 '프롤레타리아'의 윤곽을 흐리게 하고 사라지게 했다.

# IV

선진사회의 노동계급뿐만 아니라 대부분의 다른 계층들에게도 영향을 미친 한 가지 중요한 변화는 노동계급 내에서의 여성—— 특히, 새롭고 혁명적인 현상으로서 기혼여성 —— 의 역할이 두드러지게 증가한 것이었다. 그 변화는 실로 극적인 것이었다. 1940년에 남편과 함께 살며 임금노동을 하는 기혼여성은 미국의 전체 여성인구의 14퍼센트 미만이었는데 1980년에는 반을 넘었다. 1950-70년에 그 비율은 실로 두 배가 되었다. 노동시장에 들어온 여성의 수가 증가한 것은 물론 새로운 현상은 아니었다. 19세기 말부터 줄곧 사무직, 점원, 몇몇 종류의 서비스업 —— 이를테면 전화교환수와 간병직 —— 이 상당히 여성화되었고, 이러한 3차 산업 직업들이 1차 산업과 2차 산업, 즉 농업과 공업 둘 다를 (상대적으로 그리고 결국절대적으로) 희생시켜 확산되고 팽창했다. 실제로 이러한 3차 부문의 부상은 20세기의 가장 두드러진 경향들 중 하나였다. 제조업에 종사한 여성들에 관해서 일반화하기는 덜 쉽다. 오래된 공업국들에서는 섬유공업과 의류공업처럼 특성상 여성들이 집중된, 노동집약적인 공업들이 하락의 길을 걷고 있었지만, 새로운 러스트벨트 지역들 및 나라들에서 남성으로 구성된 공업은 물론이고 남성이 압도적으로 많은 중공업 및 기계공업 —— 광업, 제철 및 제강업, 조선업, 승용차 및 트럭 제조업 —— 역시 마찬가지로 쇠퇴했다. 다른 한편, 신흥개발도상국들에서 그리고 제3세계 내에서 발전중인 제조업단지에서는 (전통적으로 남성노동자보다 임금을 덜 받고 덜 반항적인) 여성노동을 갈망하는 노동집약적인 공업들이 번창했다. 따라서 그 지역 노동력에서 여성이 차지하는 몫이 증가했다. 그 비율이 1970년대 초에 약 20퍼센트였다가 1980년대 중반에 60퍼센트 이상으로 뛰어오른 모리셔스(아프리카 동쪽의 섬나라/역주)는 다소 극단적인 경우이지만 말이다. 선진공업국들에서 그 비율이 증가했는지(서비스업 부문에서보다는 덜 증가했지만) 아니면 계속 그대로였는지는 각국 상황에 달려 있었다. 실제로 제조업의 여성들과 3차 부문의 여성들을 구분하는 것은 의미가 없었다. 왜냐하면 양쪽 부문 모두 여성들의 태반이 하위직에 속했고, 여성화된 몇몇 서비스업 직종들, 특히 공공사회복지사업 직종들은 조합결성률이 높았기 때문이다.

여성들 역시 고등교육 —— 이제 (상급)전문직으로 진출하는 가장 명백한 관문이 된 —— 을 받게 되었는데 그 수는 갈수록 급증했다. 제2차 세계대전 종전 직후에 여성은 대부분의 선진국들에서 모든 대학생의 15-30퍼센트를 구성했다. 이미 거의 43퍼센트를 차지했던 핀란드 —— 여성해방의 선봉 —— 를 제외하고 말이다. 1960년까지도 유럽과 북미에서 여성이 대학생의 절반을 차지했던 곳은 전혀 없었다. 불가리아 —— 덜 널리 알려진, 또 다른 친여성적인 나라 —— 는 이미 거의 절반에 육박했지만 말이다(사회주의 국가들은 대체로 여성의 교육을 촉진하는 데에 보다 빨랐지만 —— 동독은 서독보다 훨씬 앞섰다 —— 다른 면에서의 여성해방적 기록은 신통치 않았다). 그러나 1980년에는 미국과 캐나다 그리고 동독과 불가리아를 비롯한 사회주의 국가 6개국에서 모든 대학생의 절반 내지 그 이상 이 여성이었고, 그때까지도 여성이 40퍼센트에 못 미치는 유럽 나라는 4개국(그리스, 스위스, 터키, 영국)에 불과하게 되었다. 한마디로 말해서 이제 고등교육은 남학생들에게만큼이나 여학생들에게도 흔한 것이 되었다.

기혼여성 ── 대체로 어머니들 ── 의 노동시장으로의 대량진입과 고등교육의 현저한 팽창은 적어도 전형적인 서방 선진국들에서, 1960년대부터 줄곧 페미니즘 운동이 인상적으로 부흥한 것의 배경이 되었다. 실제로 여성운동은 이러한 배경 없이는 설명될 수 없다. 제1차 세계대전과 러시아 혁명 직후에 유럽과 북미의 그렇게도 많은 지역에서 여성들이 투표권과 동등한 공민권을 쟁취한다는 커다란 목표를 달성한 이후(「제국의 시대」 제8장을 보라) 페미니즘 운동은, 파시즘 체제와 반동적 체제의 승리로 그 운동이 파괴된 곳이 아닌 지역들에서조차 햇빛에서 그늘로 이동했다. 그 운동은 반파시즘과 (동유럽과 동아시아 일부에서의) 혁명의 승리에도 불구하고 여전히 그늘에 남았다. 반파시즘과 혁명의 승리는 1917년 이후 획득된 권리들을, 아직까지 누리지 못했던 대부분의 나라들에 확산시켰다. 가장 두드러진 예로서 서유럽에서는 프랑스와 이탈리아의 여성들에게, 그리고 사실상 모든 신흥공산국들과 거의 모든 전(前) 식민지들과 (전후 첫 10년 동안에) 라틴 아메리카의 여성들에게 투표권이 부여되었다. 사실상, 선거가 존재하는 곳이라면 세계 어느 곳에서나 여성들이 1960년대까지는 투표권을 얻었다. 몇몇 이슬람 국가들과, 다소 기묘하게도 스위스는 제외하고 말이다.

그러나 이러한 변화는 페미니즘 운동의 압력으로 달성된 것도 아니었고, 그러한 변화가 여성들의 상황에 주목할 만한 즉각적인 영향을 미치지도 않았다. 투표권이 정치적 효과를 가지는 비교적 소수의 나라들에서조차 말이다. 그러나 1960년대부터 페미니즘 운동이 현저히 부흥했다. 그 운동은 미국에서 시작되었지만 부유한 서구 나라들로 급속히 확산되었고, 그곳을 넘어 종속국들의 교육받은 여성 엘리트 층에까지 ── 초기에는 사회주의 세계의 핵심지역으로는 확산되지 않았다 —— 퍼졌다. 이 운동은 기본적으로 교육받은 중간계급의 운동이었지만, 1970년대와 특히 1980년대에는 정치적, 이데올로기적으로 덜 뚜렷한 형태의 여성의식이 첫번째 물결의 페미니즘 운동이 성취했던 것을 훨씬 넘어서 그 성(sex)(이제는 이데올로그들이 '젠더[gender : 생물학적 성으로서의 'sex'에 대비되는 사회적 성/역주]'라고 부를 것을 주장하는)의 대중에게 널리 확산되었던 것으로 보인다. 사실상 집단으로서의 여성들은 이제 —— 이전에는 그렇지 못했으므로 —— 중요한 정치세력이 되었다. 이러한 새로운 성의식의 첫번째이자 아마도 가장 두드러진 사례는 카톨릭 국가들의 전통적으로 충실한 여성들이 교회의 인기 없는 교리들에 반란을 일으킨 것이 될 것이다. 특히 그 예로서, 이혼(1974)과 보다 자유주의적인 낙태법(1981)에 대해 찬성한 이탈리아의 국민투표 그리고 카톨릭 도덕률의 자유화와 상당한 관련이 있는 여성 법률가 메리 로빈슨이 경건한 아일랜드의 대통령으로 선출된 것(1990)을 들 수 있다. 1990년대 초에 이르면 정치적 견해가 성에 따라 현저한 차이를 보인다는 사실이 수많은 나라에서 여론조사를 통해 드러났다. 정치가들 —— 특히, 노동계급의식의 쇠퇴로 기존의 지지자들 일부를 빼앗긴 좌파에서 —— 이 이러한 새로운 여성의식에 비위를 맞추기 시작한 것은 조금도 이상할 것이 없다.

그러나 새로운 여성의식과 그것의 관심사의 폭 자체가, 단순히 여성이 경제에서 차지하는 역할의 변화라는 견지에서 시도하는 설명들을 부적절하게 만든다. 어쨌든 사회혁명으로 바뀐 것은 사회에서의 여성 자신의 활동의 성격뿐만 아니라 여성이 행한 역할 또는 그 역할에 대한 인습적 기대, 특히 여성의 **공적** 역할과 공적 지명도에 관한 가정이었다. 왜냐하면 기혼여성의 노동시장으로의 대대적인 진입과 같은 큰 변화는, 그에 수반되거나 그 결과로서의 변화를 낳을 것으로 기대되지만 반드시 그러한 변화를 낳지는 않았기 때문이다. 이를테면 소련을 보면 알 수 있다. 그 나라에서는 (1920년대의 초기 유토피아-혁명적 열망이 포기된 이후) 남성-여성 관계나 공적, 사적 영역이 전혀 바뀌지 않은 채 기혼여성이 대체로 기존의 가사 책임과 새로운 돈벌이 책임이라는 이중고에 시달렸던 것이다. 어쨌든 여성 일반, 특히 기혼여성이 돈 버는 일에 뛰어든 이유는 여성의 사회적 지위와 권리에 대한 그들의 견해와 반드시 관련 있는 것은 아니었다. 돈 버는 일에 뛰어든 것은 가난 때문일 수도 있고, 보다 싸고 보다 유순하다는 이유로 고용주가 남성 노동자보다 여성 노동자를 더 선호했기 때문일 수도 있고, 단순히 여성이 가장인 가족의 수가 증가했기 —— 특히 종속국들에서 —— 때문일 수도 있었다. 이를테면 남아프리카의 농촌에서 도시들로 또는 아프리카와 아시아 지역들에서 페르시아 만 국가들로 남성 노동력이 대거 이주함으로써 고향에서는 불가피하게 여성들이 가족경제를 이끌어나가야 했다. 또한 1945년 이후 러시아의 성비를 남자 3명당 여자 5명으로 만든 대전쟁들의 무시무시하고 성차별적인 살해 역시 잊어서는 안 된다.

그럼에도 불구하고, 여성의 스스로에 대한 기대와 여성의 사회적 위치에 대한 세상 사람들의 기대가 상당히, 심지어는 혁명적으로 변화했다는 증거는 부인할 수 없다. 일부 여성이 정계에서 새로 부상한 것은 명백한 사실이었다. 그 사실을 해당 국가에서 여성 전체 상황의 직접적 지표로 사용할 수는 없지만 말이다. 어쨌든, 1980년대에 남성중심적인 라틴 아메리카의 선출된 의회들에서 여성이 차지하는 비율(11퍼센트)은 명백히 보다 '해방된' 북아메리카의 상응하는 의회들에서 여성이 차지하는 비율보다 훨씬 더 높았다. 또한, 이제 처음으로 종속국들에서 국가와 정부를 이끌게 된 여성들 중 상당 비율은 가족관계상의 계승을 통해서 부상한 경우였다. 인디라 간디(인도, 1966-84), 베나지르 부토(파키스탄, 1988-90 ; 1994), 군부의 거부권이 없었더라면 버마의 지도자가 되었을 아웅산 수지는 딸이었고, 시리마보 반다라나이케(스리랑카, 1960-65 ; 1970-77), 코라손 아키노(필리핀, 1986-92), 이사벨 페론(아르헨티나, 1974-76)은 미망인이었다. 이는 오래 전에 마리아 테레지아나 빅토리아가 각각 합스부르크 제국과 대영제국의 제위를 물려받은 것과 마찬가지로, 그 자체로 혁명적일 것이 없었다. 실제로 인도, 파키스탄,

필리핀 같은 나라들의 여성 통치자들과, 그들 지역 여성들의 유난히 궁핍하고 억압받던 상태 사이의 대조적인 모습은 그러한 통치자들의 비전형성을 부각시켜준다.

그러나 제2차 세계대전 이전이었다면 **어떠한** 상황에서 **어떠한** 공화국의 지도자 지위를 **어떠한** 여성이 계승하는 것도 정치적으로 상상도 할 수 없는 것으로 간주되었을 것이다. 1945년 이후에는 그것이 정치적으로 가능해졌고 ── 스리랑카의 시리마보 반다라나이케는 1960년에 세계 최초의 여성 수상이 되었다 ── 1990년에 이르면 여성이 정부수반이거나 정부수반이었던 나라가 16개국에 달했다(World's Women, p.32). 1990년대에는 직업정치가로서 정상에 오른 여성조차 일반적으로 인정된 ── 흔하지는 않지만 ── 풍경의 일부가 되었다. 수상으로서는 이스라엘(1969), 아이슬란드(1980), 노르웨이(1981), 특히 영국(1979), 리투아니아(1990), 프랑스(1991)에서 볼 수 있었고, 주요 야당(사회당)의 공인된 지도자로서는 전혀 페미니즘적이지 않은 일본(1986) ── 도이 다카코(일본 최초의 여성 당수로서 1986-91년에 사회당 당수를 역임[1928- ]/역주) ── 에서 볼 수 있었다. 정계는 사실상 빨리 변화하고 있었던 셈이다. 비록 여성에 대한 공적인 인정(정치적 압력집단으로 인정하는 경우만 보더라도)이 다수의 최고 '선진'국들에서조차 여전히 일반적으로 공공단체에서의 상징적이거나 이름뿐인 대표권이란 형태를 취했지만 말이다.

그러나 공적인 영역에서 여성이 행한 역할과 그에 상응하는, 여성 정치운동의 공적인 열망에 관해서 전지구적으로 일반화하는 것은 별 의미가 없다. 종속세계, 선진세계, 사회주의 및 전(前) 사회주의 세계는 극히 주변적인 영역에서만 서로 비교할 수 있다. 차르 러시아에서처럼 제3세계에서는 별로 교육받지 못한 하층계급 여성들 대다수가 여전히 공적 영역 ── 근대적인 '서구적' 의미의 ── 밖에 있었다. 일부 제3세계 나라들에서는 주로 기성 토착 상층계급 및 부르주아지의 아내, 딸, 여타 여성 친척에 해당하는, 예외적으로 인습에서 해방되고 '선진적인' 여성들 ── 이에 상응하는, 차르 러시아의 여성 지식인들 및 활동가들과 유사한 ── 로 이루어진 작은

436

층이 형성되기 시작했고 몇몇 나라에서는 그러한 층이 이미 형성되었지만 말이다. 그러한 층은 식민지시대에조차 인도 제국에 존재했고, 덜 엄격주의적인 여러 이슬람 국가들 —— 특히 이집트, 이란, 레바논, 마그레브(튀니지, 모로코, 알제리/역주) —— 에서 출현했던 것으로 보인다. 이슬람 근본주의가 부상함으로써 여성들을 다시 어둠 속으로 밀어넣기 전까지 말이다. 이러한 해방된 소수에게는 공적 공간이 그들 자신의 나라의 사회적 상층수준에 존재했고, 그러한 공간에서 그들은 자신들(또는 그들과 대등한 지위에 있는 서방 여성들)이 유럽과 북미에서 그럴 수 있었던 것과 거의 같은 식으로 마음 편히 행동하고 느낄 수 있었다. 비록 자신들 문화의 성적 인습과 가족에 대한 전통적인 의무를 버리는 속도가 아마도 서방 여성들 또는 적어도 비카톨릭계 서방 여성들보다는 느렸겠지만 말이다.[13] 이 점에서 '서구화된' 종속국들의 해방된 여성들은 이를테면 비사회주의 극동지역에 사는 그들의 자매보다 훨씬 더 유리한 위치에 있었다. 그 지역에서는 엘리트 여성들조차 따라야 하는 전통적인 역할과 인습의 힘이 숨막힐 정도로 막강했던 것이다. 해방된 서구에서 몇 년간 있어본, 일본이나 한국의 교육받은 여성들은 그들 자신의 문명으로 돌아가는 것, 아직까지는 아주 조금만 침식된 여성 복종의식으로 돌아가는 것을 종종 두려워했다.

사회주의 세계의 상황은 역설적이었다. 동유럽에서는 실제로 모든 여성 —— 또는 적어도, 다른 어느 곳보다도 훨씬 높은 비율인, 남성과 거의 같은 수(90퍼센트)의 여성 —— 이 임금노동력에 속했다. 이데올로기로서의 공산주의는 여성의 평등과 해방 —— 레닌 자신이 난잡한 성행위를 싫어했음에도 불구하고(그러나 크루프스카야[레닌의 아내/역주]와 레닌 둘 다, 가사노동의 분담을 특별히 선호한 드문 혁명가에 속했다) 성애의 해방을 포함한 모든 의미의 해

---

13) 1980년대에 이탈리아, 아일랜드, 스페인, 포르투갈에서의 이혼률과 재혼률이 나머지 서유럽과 북미 지역보다 훨씬 더 낮았다는 사실은 우연이라고 보기 힘들다. 이 4개국의 이혼률은 인구 1,000명당 0.58명이었던데 비해 다른 9개국(벨기에, 프랑스, 서독, 네덜란드, 스웨덴, 스위스, 영국, 캐나다, 미국)의 평균은 2.5명이었고, 재혼률(전체 결혼 중 재혼의 퍼센트)은 각각 2.4퍼센트와 18.6퍼센트였다.

방 —— 에 열렬히 헌신해왔다.[14] 게다가 혁명운동은 나로드니키 (Narodniki : '인민주의자'를 뜻하는 러시아어. 19세기 후반 러시아에서 농민들의 각성을 유도함으로써 차르 정권을 타도하고자 한 사회주의운동 세력/역주)에서 마르크스주의자에 이르기까지 모두 여성, 특히 지식인 여성을 유난히 따뜻하게 맞이했고 그들에게 예외적으로 큰 재량권을 주었다. 이는 1970년대에 일부 좌파 테러리스트 운동에서 여성이 불균형하게 큰 비중을 차지했다는 사실을 통해서 여전히 명백하게 나타났다. 그러나 다소 드문 예(로자 룩셈부르크, 루트 피셔, 안나 파우커, 라 파시오나리아, 페데리카 몬체니)를 제외하면 여성은 그들이 속한 정당의 정치적 최상층에서, 아니 사실상 당 전체에서 두드러지지 않았고,[15] 새로 공산당이 통치하게 된 국가들에서는 여성이 훨씬 덜 눈에 띄게 되었다. 정치적 지도업무를 담당한 여성들은 사실상 사라졌다. 앞서 보았듯이 한두 나라, 특히 불가리아와 동독은 여성들에게 공적으로 두드러질 수 있는 유달리 좋은 기회 —— 실제로 고등교육의 기회 같은 —— 를 분명 제공했으나, 전체적으로 공산국들에서 여성이 가지는 공적인 지위는 선진 자본주의국들의 경우와 크게 다르지 않았고, 달랐던 곳에서도 그러한 지위가 반드시 이득을 가져다 주지는 않았다. 여성들이 자신에게 개방된 직업에 물밀듯이 들어왔을 때, 그 결과 의료직이 크게 여성화된 소련에서처럼 그 직업은 지위가 떨어졌고 수입이 줄어들었다. 일생 동안의 임금노동에 익숙하게 된 지 오래된 대부분의 소련 기혼여성들은 서구의 페미니스트들과는 대조적으로, 집에 계속 있으면서 한 가지 일만 하는 호강을 꿈꾸었다.

사실상 남성-여성 관계를 변화시키고 기존의 남성지배를 구현한

---

14) 일례로, 독일 민법전이 금지시킨 낙태권은 독일 공산당의 주요 선동거리였다. 따라서 동독은 (기독교 민주당의 영향을 받은) 서독보다 훨씬 더 관대한 낙태법을 보유할 수 있었고, 이러한 사정이 1990년에 독일 통일의 법적 문제를 더욱 복잡하게 만들었다.

15) 독일 공산당의 경우 1929년에 중앙위원회의 위원 및 후보위원 63명 중에서 여성은 6명이었다. 또한 1924-29년에 지도자급 당원 504명 중에서 여성은 7퍼센트에 불과했다.

제도와 습관을 바꾸려는 원래의 혁명적 꿈은, 그 꿈의 실현이 진지하게 추구된 곳 —— 이를테면 초창기의 소련(1944년 이후 유럽의 새로운 공산주의체제들은 대체로 그렇지 않았지만) —— 에서조차 대체로 궁지에 빠졌다. 후진국들 —— 대부분의 공산주의체제는 그러한 나라들에서 수립되었다 —— 에서는, 법이야 어떻든지 간에 현실에서는 여성을 남성보다 못한 것으로 다룰 것을 고집하는 전통적 주민들의 수동적인 비협조로 인해 그러한 꿈이 실현될 길이 막혔다. 물론 여성해방을 위한 영웅적인 노력이 헛된 것은 아니었다. 여성들에게 동등한 법적, 정치적 권리를 주는 것, 교육을 받을 수 있고 남성들의 일과 직책을 맡을 수 있는 여성들의 권리를 주장하는 것, 심지어 여성들의 차도르를 벗기고 여성들에게 거리에서 자유롭게 활보하는 것을 허락하는 것조차 작은 변화가 아니다. 이는 종교적 근본주의가 지배하거나 재부과된 나라들에서 여성들이 처한 곤경과 비교해보면 금방 확인할 수 있다. 게다가, 여성의 현실이 이론보다 다소 뒤처진 공산국들에서조차 그리고 (1930년대 소련에서처럼) 정부가 가족과 여성의 역할을 기본적으로 아이를 낳는 것으로 재규정하고자 함으로써 사실상의 정신적 반(反)혁명을 부과했을 때조차, 새로운 체제에서 여성들이 이용할 수 있는 완전한 개인적 선택의 자유 —— 성(性) 선택의 자유를 포함해서 —— 는 새로운 체제가 들어서기 전보다 비할 바 없이 큰 것이었다. 그 자유의 현실적 한계는 법적이거나 인습적인 것이라기보다는 물질적인 것이었다. 피임기구 —— 여타의 산부인과 용품과 마찬가지로 계획경제가 가장 미흡하게 준비한 품목인 —— 의 부족현상이 그 대표적인 예이다.

그러나, 사회주의 세계의 성패가 어떻든지 간에 그 세계는 명확하게 페미니즘적인 운동은 낳지 않았으며, 1980년대 중반 이전에는 국가와 정당이 후원하지 않는 어떠한 정치적 운동의 개시도 사실상 불가능했던 점을 감안할 때, 실제로 그러한 페미니즘 운동을 낳기란 거의 불가능한 것이었다. 하지만, 서구의 페미니즘 운동이 몰두했던 문제들이 1980년대 중반 이전에 공산국들에서도 큰 반향을 얻었으리라고는 보기 힘들다.

　초기에 서방에서, 특히 페미니즘의 부흥을 선도한 미국에서 그러한 문제들은 중간계급 여성들에 영향을 미치는 문제들에 주로 관계된 것이거나 주로 그러한 여성들에게 영향을 미치는 형태의 것이었다. 이는, 미국에서 페미니즘 운동의 압력으로 주된 돌파구를 연 직업들 —— 아마도 그러한 압력의 집중을 반영하는 —— 을 보면 꽤 명백히 알 수 있다. 1981년에 이르면 여성들은 몇몇 화이트칼라 사무직들 —— 그 대부분이 사회적으로 그리 낮은 지위는 아니지만 사실상 하급직이었다 —— 로부터 남성들을 사실상 제거했을 뿐만 아니라, 부동산 중개인과 주식 중개인의 약 50퍼센트와 은행 간부와 지점장의 약 40퍼센트를 차지했고, 전문직에서 여전히 불충분하기는 하지만 상당한 비중을 차지했다. 법조인과 의사라는 전통적인 전문직에서의 그들의 위치는 여전히 교두보 정도에 제한되었지만 말이다. 이제는 대학교수의 35퍼센트, 컴퓨터 전문가의 4분의 1 이상, 자연과학 전문가의 22퍼센트가 여성이었지만 일부 숙련 및 비숙련 육체노동의 남성독점은 여전히 그리 약화되지 않았다. 트럭운전사의 2.7퍼센트, 전기기사의 1.6퍼센트, 자동차 정비사의 0.6퍼센트만이 여성이었던 것이다. 여성의 유입에 대한 그들의 저항은 확실히, 의사와 법조인 —— 여성에게 14퍼센트를 내준 —— 의 저항보다 약하지 않았지만, 이러한 남성적 직종의 보루들을 정복하려는 압력은 덜했으리라고 생각하는 것은 그리 부당하지 않다.

　1960년대 미국에서 새로운 페미니즘을 개척한 사람들의 저작을 대강 훑어보기만 해도 여성문제에 대한 뚜렷한 계급적 시각을 볼 수 있다(Friedan, 1963 ; Degler, 1987). 그들은 '여성이 직업이나 일을 결혼생활 및 가족과 어떻게 결합시킬 수 있는가'라는 문제에 상당한 관심을 가졌다. 이러한 문제는 그러한 선택권을 가진 사람들에게만 중심적인 문제로서 그 선택권은 당시 세계의 대부분 여성과 모든 빈민여성에게 존재하지 않았다. 또한 새로운 페미니즘의 개척자들은 갖은 논거를 동원해 남성과 여성 사이의 **평등**에 관심을 가졌다. 이러한 평등은, 원래는 인종차별만 금지할 목적이었던 1964년의 미국 공민권법에 '성(sex)'이란 말이 삽입된 이래, 서방 여성들의 법적, 제도적 지위향상을 위한 핵심적 도구가 된 개념이었다. 그러나 '평등', 보다 정확히 말해서 '동등한 대우'와 '동등한 기회'는 남성과 여성 사이에 중요한 차이 —— 사회적인 차이든, 다른 측면에서의 차이든 —— 가 전혀 없음을 가정한 것이다. 반면, 세계의 대부분 여성들, 특히 빈민 여성에게는 여성의 사회적 열세가 부분적으로 남성과의 성적(性的) 차이에 기인하며, 따라서 성구별적인 조처 —— 이를테면 임신 및 출산을 위한 특별규정이나 신체적으로 보다 강하고 보다 공격적인 성(性)의 공격으로부터의 특별한 보호 —— 를 필요로 한다는 것이 명백해 보였다. 미국의 페미니즘은 출산휴가처럼 노동계급 여성에게 극히 중요한 관심사들을 좀처럼 다루지 않았으나, 이후 국면의 페미니즘은 실제로 성의 불평등뿐만 아니라 성의 차이도 강조할 줄 알게 되었다. 추상적 개인주의의 자유주의적 이데올로기와 '동등한 권리'법이라는 도구의 사용이, 여성이 남성과 같지 않으며 반드시 같을 필요도 없다는 —— 또한 그 역도 마찬가지라는 —— 인식과 쉽게 양립할 수 없었지만 말이다.[16]

게다가 1950-60년대에, 가정이라는 영역을 박차고 나와 유급노동시장으로 들어오려는 요구 자체가, 부유하고 교육받은 중간계급 기혼여성들 사이에서는 다른 여성들의 경우와 달리 강력한 이데올로기적 성격을 지녔다. 그러한 계층의 여성들이 경제적인 이유에서 그러한 요구를 하게 되는 경우는 드물었던 것이다. 가난하고 생활

---

16) 일례로 '적극적 조치(affirmative action)', 즉 일정한 사회적 자원이나 활동에 접근할 권리를 부여하는 데에 한 집단을 **특별**대우하는 것은 그것이, 그 진가가 발휘되어 동등한 접근이 성취됨에 따라 점차적으로 해제될 일시적인 조치라는 가정하에서만, 즉 특별대우가, 동일한 경주의 참가자들이 가지는 부당한 핸디캡을 제거하는 것에 불과하다는 가정하에서만 평등에 부합한다. 명백히, 이러한 경우는 때때로 존재했다. 그러나 영구적 차이를 다루는 경우에는 그러한 조치가 적절한 것일 수 없다. 콜로라투라(구슬을 굴리는 듯한 화려한 기교적 가창법/역주) 성악 코스에 입학하는 데에 남성에게 우선권을 준다거나 여성이 육군 장성의 50퍼센트를 차지하는 것이 인구상으로 볼 때 이론적으로 바람직하다고 주장하는 것은 언뜻 보더라도 불합리하다. 반면, 자신이 원하고 소질도 있는 모든 남성에게 "노르마(Norma : 이탈리아의 작곡가 벨리니의 오페라[1831]/역주)"를 부를 자격을 준다거나, 군대를 통솔하기를 원하고 그러한 능력도 보이는 모든 여성에게 그렇게 할 기회를 주는 것은 전적으로 정당하다.

비가 부족한 기혼여성들이 1945년 이후에 일하러 나간 이유는 거칠
게 말하자면, 아이들이 더 이상 일하러 나가지 않았기 때문이었다.
서방에서 아동노동은 거의 사라졌던 반면, 자녀들의 처지개선을 위
해서 교육을 시켜야 할 필요성 때문에 부모들의 재정부담은 과거보
다 더욱 커졌고 그러한 부담을 지게 되는 기간은 더욱 길어졌다. 요
컨대 흔히 말하듯이 "과거에는 아이들이 일을 했으므로 어머니들
이 집에 남아 가사 및 재생산 의무를 수행할 수 있었다. 가족들이
추가적인 수입을 필요로 하는 지금은 어머니들이 아이들 대신에 일
했다."(Tilly & Scott, 1987, p.219) 이는 자녀 수가 줄어들지 않았더
라면 거의 가능하지 않았을 것이다. 가사 허드렛일의 상당한 기계
화(특히 가정용 세탁기)와 인스턴트 식품의 부상 역시 어머니들이
바깥일을 하는 것을 더욱 쉽게 해주었지만 말이다. 그러나 자신들
의 지위에 걸맞는 수입을 남편이 벌어다주는 중간계급 기혼여성들
의 경우에는, 바깥일 하는 것이 가족수입을 늘리는 데에 그리 기여
하지 않았다. 여성이 자신이 구할 수 있는 직장에서 남성보다 훨씬
낮은 임금을 받았으므로 더더욱 그랬다. 여성이 바깥에서 수입을
올릴 수 있도록 가사와 육아를 도와줄 사람을 충분한 보수를 주고
고용해야(청소부나, 유럽의 경우 오페어 걸[au pair girl : 외국가정
에 입주하여 집안일을 거들며 언어를 배우는 여자/역주]이란 형태
로) 하는 경우에는 그러한 바깥일이 가족에게 전혀 기여가 되지 않
을 수도 있었다.

그러한 계층의 기혼여성들이 집 밖으로 나가려는 동기가 존재했
다면 그 동기란, 자유와 자율성에 대한 요구, 즉 기혼여성이 남편과
가족의 부속물로서가 아니라 자기 이름으로서의 사람이 되려는 요
구, 세상 사람들로부터 한 종(種)의 일원('오직 주부와 어머니')으로
서가 아니라 한 개인으로서 평가받는 사람이 되려는 요구였다. 수
입이 그러한 동기에 들어간 것은 수입이 필요했기 때문이 아니라
그 수입이, 한 여성이 남편에게 먼저 묻지 않고도 지출하거나 저축
할 수 있는 것이었기 때문이다. 물론 맞벌이 중간계급 가족이 더욱
일반화됨에 따라 가족예산은 점점 더 이중수입의 견지에서 계산되

었다. 실제로, 중간계급 자녀에 대한 고등교육이 거의 보편화되고 부모가 자녀들을 20대 후반이나 심지어는 그 뒤까지도 재정지원해야 함에 따라, 중간계급 기혼여성의 유급노동은 더 이상 독립선언이 아니라 오랫동안 빈민여성에게 해당되었던 것, 즉 수지균형을 맞추는 하나의 방식이 되었다. 그럼에도 불구하고, 그러한 노동에 포함된 의식적으로 해방적인 요소는, '주말부부'의 증가가 보여주듯이 사라지지 않았다. 각 배우자가 종종 서로 멀리 떨어진 장소에서 일하는 경우의 결혼생활에 드는 비용(재정적 비용뿐만이 아닌)은 높았다. 교통과 통신의 혁명으로 인해 1970년대부터 줄곧 대학교수 같은 전문직에서 그러한 결혼생활이 갈수록 일반화되었지만 말이다. 그러나 이전에는 중간계급 아내가 (일정한 나이 이상의 자녀가 없더라도) 남편의 직장이 있는 곳이 바뀔 때마다 거의 자동적으로 남편을 따라다녔는데, 이제는 적어도 중간계급 지식인 계층에서는 여성 자신의 직업을 그만둔다거나, 그녀가 직장생활하기 원하는 곳을 결정할 권리를 포기한다는 것은 거의 상상도 할 수 없게 되었다. 마침내 남성과 여성은 이러한 점에서 서로를 동등자로 대우했던 것으로 보인다.[17]

그럼에도 불구하고 세계의 선진국들에서는 중간계급 페미니즘 운동, 즉 교육받은 여성들이나 지적인 여성들의 운동이 계속 확대되어, 여성해방의 시대 또는 적어도 여성의 자기주장의 시대가 왔다는 느낌이 전반적으로 들 정도에 이르렀다. 이는 초기의 특정한 중간계급 페미니즘이, 때때로 나머지 서구 여성들의 관심사에 직접 부합되지는 않았지만, 모두에게 관계가 있는 문제들을 제기했기 때문이며, 지금까지 개략적으로 살펴본 사회적 격변이 여러 점에서 갑작스러운 근본적인 정신적, 문화적 혁명 —— 사회적, 개인적 행동관습의 극적인 변화 —— 을 낳음에 따라 그러한 문제들이 절박해졌기 때문이다. 이러한 문화적 혁명에서 여성은 결정적으로 중요한

---

17) 보다 드물기는 하지만, 남편이 아내의 새로운 근무지로 따라가야 한다는 문제에 직면하는 경우도 더욱 빈번해졌다. 1990년대의 어떠한 대학교수도 그가 직접 아는 사람들 가운데 그러한 경우에 속한 몇몇 사례를 떠올릴 수 있었다.

역할을 했다. 왜냐하면 문화혁명은 여성이 항상 중심적 요소였던 전통적인 가족 및 가정의 변화를 중심축으로 했던 동시에 그러한 변화로 표현되었던 것이다.

이제 그러한 혁명에 주의를 돌릴 차례다.

# 제11장 문화혁명

그 영화에서 카르멘 마우라는, 성전환수술을 한 바 있고 그/그녀의 아버지와의 불행한 정사 때문에 남자들을 버리고 한 여자 —— 마드리드의 유명한 복장도착자(服裝倒錯者)가 그 역을 맡았다 —— 와 (아마도) 레즈비언 관계를 가지는 남자의 역을 맡고 있다.

—— 「빌리지 보이스」지의 영화평, 폴 버먼(1987, p.572)

성공적인 시위가 반드시 가장 많은 수의 사람들을 동원한 시위일 필요는 없다. 그보다는 언론인들로부터 가장 큰 관심을 끄는 시위가 성공적인 시위다. 약간만 과장해서 말하자면, 성공적인 '사건'을 일으킬 수 있는 50명의 현명한 사람들이 텔레비전 방영시간 5분을 얻는 것이 50만 명의 시위군중만큼의 정치적 효과를 거둘 수 있다.

—— 피에르 부르디외(1994)

# I

따라서 이러한 문화혁명에 대한 최선의 접근법은 가족과 가정을 통한 접근, 즉 성간의 관계와 세대간의 관계의 구조를 통해서 접근하는 것이다. 대부분의 사회에서 이러한 구조는 급격한 변화에 인상적으로 저항해왔다. 이것이 그러한 구조가 정태적이었음을 의미하지는 않지만 말이다. 게다가 서로 정반대인 것으로 보이는 외관에도 불구하고, 그 구조들의 양식은 세계규모의 것이거나 적어도 매우 넓은 지역에서 기본적인 유사성을 보였다. 한 쪽의 유라시아(지중해의 양쪽 연안을 포함)와 다른 한 쪽의 나머지 아프리카 사이에 큰 차이가 있다는 것이 사회-경제적, 기술적 근거에 입각해서 주장되어오기는 했지만 말이다(Goody, 1990, XVII). 일례로, 특별한 특권집단들과 아랍 세계를 제외하고는 유라시아에 거의 완전히 없었거나 없어졌다고 이야기되는 일부다처제가 아프리카에서는 번성했다. 아프리카에서는 모든 결혼의 4분의 1 이상이 일부다처제인 것으로 이야기기된다(Goody, 1990, p.379).

그럼에도 불구하고, 온갖 차이를 넘어서 인류의 대다수는 수많은 특징을 공유했다. 그러한 특징들로는 배우자와의 특권적 성관계('간통'은 어디서나 범죄로 취급되었다)가 수반된 공식적 결혼의 존재, 아랫세대에 대한 윗세대의 우위뿐만 아니라 아내에 대한 남편의 우위('가부장제'), 자녀에 대한 부모의 우위, 너댓 명으로 구성된 가족 등을 들 수 있다. 친족망의 범위와 복잡성 그리고 친족망 내의 상호 권리 및 의무가 어떻든지간에, 공동으로 거주하거나 협동하는 집단 내지 가족이 훨씬 더 컸을 때조차 일반적으로 핵가족형 거주──한 쌍의 부부 더하기 자녀들 ── 가 어딘가에는 존재했다. 19-20세기 서구사회에서 표준모델이 된 핵가족이 개인주의 ── 부르주아 개인주의든, 다른 어떤 개인주의든 ── 의 성장의 일환으로 훨씬 큰 가족 및 친족 단위에서 발전해나온 것이라는 생각은 특히 전(前) 산업사회에서의 사회적 협동의 성격과 기본원리에 대한 역사적 오해에서 비롯된 것이다. 발칸 지역 슬라브족의 자드루가(Zadruga)라는 집합가족과 같은 공산주의적인 제도 내에서조차 "모든 여성은 협의의 자기 가족, 즉 자기 남편과 자녀들을 위해서 일하며, 자기 차례가 되었을 때 그 공동체의 미혼 성원과 고아를 위해서도 일한다."(Guidetti/Stahl, 1977, p.58) 물론 그러한 가족핵의 존재가 그것이 포함된 친족집단 내지 공동체가 다른 점에서도 비슷하다는 것을 의미하지는 않는다.

그러나 20세기 후반에 들어와 이러한 기본적이고 장기지속적인 구조들이 어쨌든 서방 '선진'국들에서 급속하게 바뀌기 시작했다. 이 지역들에서조차 변화는 불균등했지만 말이다. 일례로 잉글랜드와 웨일즈 ── 확실히 다소 극적인 사례 ── 에서는 이혼이 1938년에 결혼식 58건당 1건이었으나(Mitchell, 1975, pp.30-32), 1980년대 중반에는 새로운 결혼식 2.2건당 1건이었다(*UN Yearbook*, 1987). 게다가, 자유분방한 1960년대에 이러한 추세가 가속화되는 것을 볼 수 있다. 1970년대 말에 잉글랜드와 웨일즈에서 이혼이 1,000쌍의 부부당 10건 이상이었는데 이는 1961년의 5배에 해당하는 수치다(*Social Trends*, 1980, p.84).

이러한 추세는 결코 영국에 제한된 것이 아니었다. 실제로 눈부신 변화는 카톨릭 국가들과 같이 강제적인 전통적 도덕의 강도가 높은 나라들에서 가장 분명히 보인다. 벨기에, 프랑스, 네덜란드에서 대략적인 이혼률(연간 인구 1,000명당 이혼 수)이 1970-85년에 약 3배로 늘었던 것이다. 그러나 덴마크와 노르웨이처럼 이 문제에 대해서 해방의 전통을 지닌 나라들에서조차 이혼률은 같은 시기에 2배 내지 거의 2배가 될 수 있었다. 명백히 무언가 이례적인 현상이 서방의 결혼에서 일어나고 있었다. 1970년대에 캘리포니아에서 산부인과 병원에 다닌 여성들은 "정식 결혼의 상당한 감소, 아이를 가지고 싶어하는 경우의 감소,……양성 모두에게 성적 반응을 보이는 것을 받아들이는 쪽으로의 태도 변화"를 보였다(Esman, 1990, p.67). 1970년대 이전이었다면 어느 곳에서도 —— 캘리포니아에서조차 —— 표본 여성들의 반응이 그렇게 기록되지 않았을 것이다.

혼자 사는 사람들(즉 부부나 보다 큰 가족의 구성원으로 살지 않는 사람들)의 수 역시 급증하기 시작했다. 영국에서 그러한 사람들의 비율은 20세기 1/3분기에 전(全)가구의 약 6퍼센트 정도에 머물렀다가 그후에 매우 서서히 증가했다. 그러나 1960-80년에 그 비율은 전가구의 12퍼센트에서 22퍼센트로 거의 두 배가 되었고, 1991년에는 4분의 1을 넘었다(Abrams, Carr Saunders, *Social Trends*, 1993, p.26). 서방의 여러 대도시에서 그 비율은 전가구의 약 절반에 달했다. 역으로, 서방의 고전적인 핵가족 —— 한 쌍의 부부와 자녀들로 구성되는 —— 은 명백히 쇠퇴하고 있었다. 그러한 가족은 미국의 경우 20년 사이(1960-80)에 전가구의 44퍼센트에서 29퍼센트로 줄어들었고, 1980년대 중반에 전체 출산의 거의 절반을 미혼모가 차지했던 스웨덴에서는(Ecosoc, p.21) 37퍼센트에서 25퍼센트로 감소했다. 1960년까지도 핵가족이 여전히 전가구의 절반이나 그이상을 차지했던 선진국들(캐나다, 서독, 네덜란드, 영국)에서조차이제는 그러한 가족이 명백히 구별되는 소수가 되었다.

몇몇 특별한 경우, 핵가족은 명목상으로조차 더 이상 전형적이아니게 되었다. 일례로 1991년에 미국의 전체 흑인가정 가운데 58퍼센트가 독신여성이 가장이었고 전체 흑인아동의 70퍼센트가 사생아였다. 반면, 1940년에는 '비백인'가정 중 11.3퍼센트만이 미혼모가 가장이었고 도시들에서조차 그러한 경우가 12.4퍼센트에 불과했으며(Franklin Frazier, 1957, p.317), 1970년까지만 해도 그 비율은 33퍼센트에 불과했다(*New York Times*, 1992년 10월 5일자).

가족의 위기는 성적 행동, 파트너 관계, 출산을 지배하는 공적 기준의 매우 극적인 변화와 연관되어 있었다. 공식적인 것과 비공식적인 것 둘 다 변화했으며, 양자 모두 주된 변화는 1960-70년대에일어난 것으로 추정할 수 있다. 공식적으로 이 시대는 여타 형태의문화적, 성적 이단들에게뿐만 아니라 이성애자(주로, 남성보다 자유를 훨씬 덜 누렸던 여성)와 동성애자 둘 다에게 유별난 자유화의시대였다. 영국에서는 대부분의 동성애가 1960년대 후반에 합법화되었다. 이는, 남색(男色)을 합법화한 주(일리노이)가 1961년에 처음으로 등장한 미국의 경우보다 몇 년 뒤진 것이다(Johansson/Percy, pp.304, 1349). 교황 자신의 이탈리아에서 이혼이 1970년에합법화되었고, 그 권리가 1974년에 국민투표를 통해서 추인되었다.또한 피임약과 피임지식의 판매가 1971년에 합법화되었고, 1975년에는 새로운 가족법이 파시즘 시기부터 존속해온 기존의 가족법을대체했다. 끝으로, 낙태가 1978년에 합법화되었고 1981년에 국민투표를 통해서 추인되었다.

허용법들이 의심할 바 없이, 이전까지 금지되어온 행동들을 하는것을 더욱 쉽게 만들었고 이들 문제를 훨씬 더 많이 알려지게 하기는 했지만, 법은 성에 대해 관대한 새로운 분위기를 창출했다기보다는 인정한 것이었다. 1950년대에 영국 여성의 1퍼센트만이 결혼

전에 장래의 남편과 일정 기간 동거했던 것이나, 1980년대 초에 그들 중 21퍼센트가 그랬다는 사실이나 모두 법률제정에 기인한 것은 아니었다(Gillis, p.307). 이전까지 금지되어온 것이 이제, 법과 종교에 의해서뿐만 아니라 관습적인 도덕, 인습, 주위 여론에 의해서 허용할 수 있게 된 것이다.

물론 이러한 경향이 세계의 모든 지역에 고르게 영향을 미치지는 않았다. (공식적 행동에 의한 정식 결혼파기가 모든 나라에서 동일한 의미를 가진다고 잠정적으로 가정할 때) 이혼은 그것이 가능한 모든 나라에서 증가했던 반면, 결혼은 명백히 몇몇 나라에서 훨씬 덜 안정적이게 되었다. (비공산주의) 카톨릭 국가들에서는 1980년대까지도 결혼이 다른 나라들보다 훨씬 더 영속적이었다. 이혼은 이베리아 반도와 이탈리아에서 훨씬 덜 흔했고 라틴 아메리카에서는 훨씬 더 드물었다. 라틴 아메리카의 경우 사회의 복잡화를 자랑하는 나라들에서조차 그랬다. 일례로 멕시코에서는 이혼이 22건의 결혼당 1건, 브라질에서는 33건의 결혼당 1건이었다(그러나 쿠바에서의 비율은 2.5건당 1건). 남한은 그렇게도 빨리 변하는 나라치고는 유별나게 전통적인 상태로 남았지만(11건의 결혼당 1건), 일본조차 1980년대 초에 이혼률이 프랑스의 4분의 1도 안 되었고 영국과 미국의 높은 이혼률에 훨씬 못 미쳤다. 또한 (당시) 사회주의 세계 내에서조차 편차가 있었다. 시민들이 결혼을 쉽게 파기하는 정도라는 면에서 미국에게만 뒤지는 소련을 제외하고는 그 편차가 자본주의 내에서보다는 덜 했지만 말이다(UN World Social Situation, 1989, p.36). 그러한 편차는 전혀 놀랄 만한 것이 아니다. 그보다 훨씬 더 흥미로웠고 지금도 그러한 것은, '현대화하는' 지구 전체에서 작건 크건 동일한 변화를 발견할 수 있다는 점이다. 그러한 변화는 대중문화, 보다 특정하게는 청년문화라는 분야에서 가장 두드러졌다.

## II

왜냐하면 이혼, 사생아 출산, 편부 및 편모(압도적으로 편모) 가정의 증가가 성간의 관계의 위기를 나타낸다면, 뚜렷하고 유별나게 강력한 청년문화의 부상은 세대간의 관계의 깊은 변화를 나타냈기 때문이다. 사춘기 ―― 선진국들의 경우, 이전 세대보다 몇 년 일찍 나타난(Tanner, 1962, p.153) ―― 부터 20대 중반까지의 자의식적 집단으로서의 청년은 이제 독립적인 사회적 주체가 되었다. 특히 1960-70년대에 이루어진 가장 극적인 정치적 진전은, 덜 정치화된 나라들에서 레코드 산업을 번창시킨 연령집단의 동원이었다. 레코드 산업 생산고의 75-80퍼센트 ―― 즉 록 음악 레코드 ―― 는 거의 전적으로 14-25세 연령의 고객에게 팔렸던 것이다(Hobsbawm, 1993, p.xxviii-xxix). 다양한 라벨의 문화적 이단자 및 탈출자들의 소집단들에 의해서 예기되었던 1960년대의 정치적 급진화는 바로 이 젊은 사람들이 행한 것이었다. 그들은 아이나 심지어는 젊은이(즉 그리 성숙하지 않은 성인)라는 지위조차 거부하면서, 이따금 존재하는 정신적 지도자를 제외하고는 30세 이상의 어떠한 세대도 인간적이지 않다고 보았다.

노령의 모택동이 청년들을 소집, 동원하여 무시무시한 결과를 가져온 중국(제16장을 보라)을 제외하고는, 급진적 청년들을 지도한 것 ―― 그들이 지도자를 받아들이는 한 ―― 은 동년배집단의 성원들이었다. 세계규모로 일어난 학생운동의 경우가 명백히 그랬을 뿐만 아니라, 1968-69년의 프랑스와 이탈리아처럼 이 운동이 노동자의 대대적인 반란을 촉발시킨 경우 그 반란을 주도한 자들 역시 청년 노동자들이었다. 현실생활의 한계를 최소한이라도 경험해본 사람이라면 어느 누구도, 즉 어떠한 진정한 성인(成人)도 "투토 에 수비토(tutto e subito)" ―― 우리는 모든 것을 원하며 그 모든 것을 지금 원한다 ―― 와 같은, 1968년 파리의 5월의 날들이나 1969년 이탈리아의 '뜨거운 가을'의 자신만만하나 명백히 불합리한 슬로건을 제시할 수 없었을 것이다(Albers/Goldschmidt/Oehlke, pp.59, 184).

청년이 별개의 사회계층으로서 가지는 새로운 '독립성'은 규모상으로 아마도 19세기 초의 낭만주의시대 이래 필적할 만한 것이 없을 한 가지 현상에 의해서 상징되었다. 삶과 젊음이 함께 끝난 영웅이 바로 그것이다. 1950년대에 영화 스타 제임스 딘이 예기한 바 있는 이러한 인물은 청년의 특징적인 문화적 표현이 된 록 음악 분야에서 흔하게 볼 수 있었고 아마도 이상형이기까지 했다. 버디 홀리, 재니스 조플린, 롤링 스톤즈(1962년에 창단한 영국 출신의 록 음악 밴드/역주)의 브라이언 존스, 밥 말리, 지미 헨드릭스, 그밖의 수많은 대중적 신들이 조기사망이 예정된 생활방식의 희생물이 되었다. 그러한 죽음들을 상징적인 것으로 만든 것은 그 죽음이 상징한 젊음이 정의상 영구적이지 않다는 점이었다. 배우가 되는 것은 일생 동안의 직업이 될 수 있지만, '연인 역(役)의 배우(jeune premier)'가 되는 것은 그렇지 않은 법이다.

청년층의 구성원은 항상 바뀌지만 —— 대학생'세대'는 겨우 3-4년만 지속되는 것으로 유명하다 —— 그 대열은 항상 다시 채워진다. 청년층이 자의식적인 사회적 주체로 부상한 것은 갈수록, 소비재 제조업자들에 의해서 열광적으로 —— 선배 제조업자들에 의해서는 때때로 덜 기꺼이 —— 인정되었다. 그들 제조업자들은 '아동'이라는 칭호를 기꺼이 받아들이는 사람들과 '성인'이라는 칭호를 고집하는 사람들 사이의 공간이 확대되는 것을 발견했던 것이다. 1960년대 중반에는 베이든 파웰 자신의 운동인 영국의 보이 스카우트조차 시대 분위기에 대한 양보로 그 이름의 첫 부분('보이'/역주)을 버렸고 기존의 챙 넓은 스카우트 모자를 눈에 덜 거슬리는 베레모로 바꾸었다(Gillis, 1974, p.197).

사회 내에 연령집단들이 존재하는 것은 전혀 새로운 현상이 아니다. 과거에 부르주아 문명 내에서조차, 성적으로는 성숙했으나 신체적, 지적으로는 여전히 성장중에 있고 성인으로서의 생활경험이 부족한 사람들 층의 존재가 인정되었던 것이다. 사춘기가 보다 일찍 시작되고 최고 신장에 도달하는 시기가 보다 빨라짐에 따라 이러한 집단의 나이가 더욱 어려지고 있다는 사실(Floud et al, 1990) 자체가 그러한 상황을 바꾸지는 않았다. 그러한 사실은 청년층과, 그들을 그들 자신이 느끼는 것보다는 덜 성숙한 사람으로 다루기를 고집하는 그들의 부모 및 교사 사이의 긴장을 낳았을 뿐이다. 부르주아 계층은 그 계층의 젊은 남자들 —— 젊은 여자들과 달리—— 이 '정착'하게 되기 전에 '젊은 혈기로 난봉을 부리는' 소란스러운 시기를 거친다고 생각했다. 새로운 청년문화의 참신성은 세 가지 점에 있었다.

첫째, '청년기'는 성년기의 준비단계가 아니라 어떤 의미에서는 한 인간이 발전하는 과정의 최종단계로 인식되었다. 젊었을 때 최고에 달하며 이제 다른 어떤 활동보다도 더 인간의 야망을 대표하게 된 인간의 활동인 스포츠에서처럼, 인생은 명백히 30세 이후에 내리막길이었다. 그 나이 이후에는 인생이 기껏해야 약간 더 중요해질 뿐이었다. 이러한 인식이 실제로는, (스포츠와 몇몇 형태의 연예 그리고 아마도 순수수학의 경우를 제외하고는) 재산뿐만 아니라 권력, 영향력, 업적이 나이와 함께 증가하는 사회현실과 일치하지 않았다는 것은 세상이 불만족스러운 방식으로 조직된다는 또 하나의 증거였다. 1970년대 이전까지의 전후세계는 실제로, 과거 대부분의 시기보다 큰 정도로 노인 정치가들에 의해서 통치되었던 것이다. 즉 제1차 세계대전 종전 무렵이나 심지어는 개전 무렵에 이미 성인이었던 남자들 —— 아직은 여자들이 드물었다 —— 이 세계를 통치했다. 이러한 사정은 자본주의 세계(아데나워, 드골, 프랑코, 처칠)와 공산주의 세계(스탈린과 흐루시초프, 모택동, 호치민, 티토)뿐만 아니라 커다란 탈식민지 국가들(간디, 네루, 수카르노)에도 적용되었다. 고급장교보다 잃을 것이 적으므로 대체로 비교적 하급의 장교들이 일으키는 정치적 변화 유형인 군사 쿠데타로 성립한 혁명체제들에서조차 40세 미만의 지도자는 드물었다. 32세에 권력을 장악한 카스트로가 준 국제적 충격의 상당부분은 이러한 사정에서 비롯된 것이다.

그럼에도 불구하고, 사회의 젊은 층에 대한 조용하고 아마도 항상 의식적이지는 않은 양보가 나이 든 층의 기성사회에 의해서, 특히 번창하는 화장품산업, 모발용품산업, 개인위생용품산업에 의해서 이루어졌다. 그러한 산업들은 몇몇 선진국들의 축적된 부로 과도하게 큰 득을 보았다.[1] 1960년대 말부터 투표연령을 18세로 낮추는 경향이 —— 이를테면 미국, 영국, 독일, 프랑스에서 —— 나타났고 (이성간의) 성교에 대한 승낙연령(성교에 대한 [특히 여성의] 승낙이 법적으로 유효시되는 연령/역주)이 내려가는 징후 또한 나타났다. 평균 기대수명이 연장되고, 노인의 비율이 증가하고, 적어도 혜택받는 상층계급 및 중간계급의 경우 노년기가 연기되었던 시기에, 역설적이게도 퇴직연령이 더욱 낮아지고 '조기퇴직'이 불황기에 노동비용을 삭감하는 수단으로 애용되었다. 실직한 40세 이상의 기업간부들은 육체노동자나 화이트칼라 노동자들만큼이나 새로운 일자리를 구하기가 어렵다는 사실을 깨달았다.

청년문화의 두번째 새로운 점은 첫번째 점에서 나온 것이다. 즉 청년문화가 '선진 시장경제국들'에서 지배적이었거나 지배적이 되었다는 것이 그것인데, 그렇게 된 이유는 부분적으로는 청년문화가 이제 구매력의 상당부분을 차지하게 되었기 때문이고, 부분적으로는 각각의 새로운 성인세대들이 자의식적인 청년문화에 속한 채 사회화되었고 그러한 경험의 흔적을 지녔기 때문이며, 특히 놀라운 속도의 기술변화 덕분에 실제로 청년층이 보다 보수적인 또는 적어도 보다 적응력이 떨어지는 나이의 사람들에 비해서 상당한 이점을 가지게 되었기 때문이다. IBM이나 히타치 경영진의 연령구조가 어떻든지 간에 새로운 컴퓨터를 디자인하고 새로운 소프트웨어를 고안한 것은 그 회사의 20대 사원들이었다. 그러한 기계들과 프로그램들이 희망적이게도 천치도 다룰 수 있도록 만들어졌을 때조차, 그러한 것들과 함께 자라지 않았던 세대는 그것들과 함께 자란 세

---

1) 1990년에 세계 '미용품' 시장의 34퍼센트는 비공산주의 유럽, 30퍼센트는 북미, 19퍼센트는 일본이 차지했다. 세계인구의 나머지 85퍼센트에 포함되는 (부유한) 구성원들이 16-17퍼센트를 나누어 가졌다(*Financial Times*, 1991년 4월 11일자).

대에 비한 열세를 날카롭게 느끼고 있었다. 아이들이 부모로부터 배울 수 있는 것은, 부모는 모르는데 아이들이 아는 것보다 덜 명백해졌다. 각 세대의 역할이 뒤바뀌었다. 자신의 선배들을 닮기를 원하지 **않은** 학생들이 미국의 대학 캠퍼스에서 선구적으로 입었던, 의도적으로 민중적인 옷인 청바지가 평일이든 휴일이든 나타나게 되었고, 심지어 '창조적'인 직업이나 여타의 앉아서 일하는 직업들의 경우 머리가 희끗희끗한 많은 사람들에 의해서 근무중에 착용되기까지 했다.

도시사회의 새로운 청년문화가 가지는 세번째 독특성은 그 문화의 놀랄 만한 국제주의였다. 청바지와 록 음악은 그것이 공식적으로 용인된 모든 나라와, 1960년대부터의 소련처럼 용인되지 않은 일부 나라에서 '현대적' 청년의 상징, 즉 다수파가 될 운명의 소수파의 상징이 되었다(Starr, 1990, 제12-13장). 영어로 된 록 서정시는 종종 번역되지 않기까지 했다. 이는 대중적 문화 및 생활방식에서의 미국의 압도적인 문화적 헤게모니를 반영했다. 서구 청년문화의 핵심지역들 자체가 특히 음악적 기호라는 면에서 문화적 국수주의의 정반대에 해당하는 성향을 보였다는 점에 주목해야 하지만 말이다. 그 지역들은 카리브 해 연안과 라틴 아메리카 그리고 1980년대부터는 갈수록 아프리카로부터 수입한 양식을 환영했다.

이러한 문화적 헤게모니는 새로운 것이 아니지만, 그 헤게모니의 작동방식은 바뀌었다. 양차 세계대전 사이에 그것의 주된 매체는 미국의 영화산업 —— 대규모의 전지구적 배급망을 갖춘 유일한 산업이었던 —— 이었다. 관객의 수가 최대규모에 달했던 제2차 세계대전 종전 직후에는 수억 명의 대중이 미국 영화를 보았다. 텔레비전이 부상하고 국제적으로 영화제작이 늘고 헐리우드 스튜디오 시스템이 종식됨에 따라, 미국의 영화산업은 일정 부분의 우위와 보다 많은 부분의 관중을 잃었다. 1960년에 그 산업은 일본과 인도를 셈에 넣지 않고도 세계 영화생산고의 6분의 1만을 생산했다(*UN Statistical Yearbook*, 1961). 결국 그 헤게모니의 상당 부분을 다시 회복하게 될 것이었지만 말이다. 미국은, 광대하고 언어상으로 보

454

다 다양한 텔레비전 시장에 대해서는 영화산업에 비할 만한 지배력을 결코 행사하지 않았다. 미국 청년문화의 양식은 일종의 비공식적 삼투를 통해서 직접 또는 영국이라는 문화적 중간지점을 경유하여 그 신호를 증폭함으로써 확산되었고, 레코드와 나중에는 테이프를 통해서 확산되었으며 —— 레코드와 테이프의 주된 판촉매체는 이전이나 이후처럼 당시에도 구식의 라디오였다 —— 이미지를 전 세계에 배급함으로써 확산되었다. 즉 청바지를 입은 젊은 남녀들의 작지만 갈수록 커지고 영향력 있는 물결을 전세계에 확산시킨, 젊은이들의 국제적인 관광여행에 의한 직접적인 접촉을 통해서 확산되었고, 신속한 국제적 통신의 역량이 1960년대에 입증된, 대학들의 세계적인 연락망을 통해서 확산되었다. 또한 그 양식은 특히 소비사회에서의 유행의 힘을 통해서 확산되었다. 이제 대중들을 움직이게 된 유행의 힘은 동년배집단 내에서의 압력에 의해서 증대되었다. 전지구적인 청년문화가 탄생한 것이다.

이전 시기에도 그러한 문화가 등장할 수 있었을까? 그럴 수 없었을 것이 거의 확실하다. 청년문화의 고객들은 상대적, 절대적으로 훨씬 더 적었을 것이다. 그들의 수가 극적으로 증가한 것은 재학기간이 연장되고 특히 대학에서 동년배집단으로 함께 생활하는 젊은 남녀층이 대규모로 창출되었기 때문이다. 게다가 이학연령(전형적인 '선진국'의 경우 14-16세)에 전일제(全日制) 노동시장에 들어온 청소년들조차 황금시대의 번영과 완전고용 덕분에 그리고 그들의 부모가 보다 부유해져서 가계비에 대한 자녀의 도움을 덜 필요로 했기 때문에 그들의 선배보다 훨씬 더 독립적인 소비능력을 보유했다. 대중음악산업과, 유럽의 경우 대중시장용 패션산업을 혁명적으로 바꾼 것은 1950년대 중반에 바로 이러한 청(소)년 시장을 발견한 것이었다. 이 시기에 시작된 영국의 '10대(代) 붐'은, 갈수록 커져가는 사무실과 상점에서 비교적 높은 임금을 받는 젊은 여자들이 도시에 집중된 데에 기반한 것이었다. 이들은 종종 젊은 남자들보다 쓸 돈이 많았고 당시로서는, 전통적으로 남성들의 소비대상이었던 맥주와 담배에 덜 몰두했다. 그 붐은 "블라우스, 스커트, 화장품, 대중음악 레코드처럼 젊은 여자들의 구매가 두드러진 분야들에서 제일 먼저 힘을 발휘했다.”(Allen, 1968, pp.62-63) 그들이 가장 두드러지고 가장 시끄러운 청중인 대중음악 콘서트의 경우는 말할 것도 없고 말이다. 젊은이들의 돈의 힘은, 록 음악이 처음 등장한 1955년에 2억7,700만 달러였다가 1959년에 6억 달러, 1973년에 20억 달러로 올라간 미국의 레코드 판매고로 측정할 수 있다(Hobsbawm, 1993, p.xxix). 미국의 5-19세 연령집단에 속하는 사람들 모두가 1970년에, 1955년의 적어도 5배에 해당하는 돈을 레코드를 사는 데에 썼다. 부유한 나라일수록 레코드 산업의 규모가 컸다. 미국, 스웨덴, 서독, 네덜란드, 영국의 젊은이들은 1인당, 이탈리아와 스페인같이 보다 가난하지만 급속히 발전중인 나라들의 젊은이들이 쓴 돈의 7-10배에 해당하는 돈을 썼던 것이다.

시장에서의 독립적인 힘 덕분에 젊은이들은 정체성의 물질적, 문화적 상징들을 더욱 쉽게 발견할 수 있었다. 그러나 그 정체성의 윤곽을 더욱 뚜렷하게 만든 것은 이를테면 1925년 이전에 태어난 세대와 이를테면 1950년 이후에 태어난 세대 사이의 엄청난 역사적 차이였다. 그 차이는 과거의, 부모와 자식 간의 차이보다 훨씬 컸다. 1960년대와 그 이후에 10대 자녀를 둔 대부분의 부모는 그러한 차이를 뼈저리게 느끼게 되었다. 젊은이들은 그들의 과거와 단절된 사회 —— 중국, 유고슬라비아, 이집트처럼 혁명으로 바뀌었건, 독일과 일본처럼 정복과 점령으로 바뀌었건, 식민지 해방으로 바뀌었건 —— 에서 살았다. 그들은 대홍수 이전의 시대에 대한 기억이 전혀 없었다. 아마도, 러시아와 영국에서 나이 든 자들과 젊은이들을 잠시 단결시켰던 대(大)국민전쟁의 경험에 대한 공유를 통해서를 제외하고는, 젊은이들은 그들의 선배들이 경험하거나 느꼈던 것을 이해할 길이 전혀 없었다. 선배들이 과거에 대해서 말할 준비가 되어 있을 때조차 그랬다. 한편, 대부분의 독일, 일본, 프랑스의 선배들은 아예 그런 말을 하기를 꺼렸다. 국민회의가 정부나 정치기구인 시대의 인도 청년이 국민회의가 국민적 독립투쟁의 표현이었던 시대의 사람을 어떻게 이해할 수 있었겠는가? 심지어, 세계의 대학 경제학부들을 휩쓴 인도의 뛰어난 젊은 경제학자들이 그들 자신의 선생들 —— 식민지 시기의 최대 열망이 단순히 그들의 식민본국 모델과 '같아지는' 것이었던 —— 을 어떻게 이해할 수 있었겠는가?

황금시대는 적어도 1970년대 이전까지 이러한 격차를 더욱 벌어지게 했다. 완전고용의 시대에 자란 젊은이들이 1930년대의 경험을 어떻게 이해할 수 있었겠는가? 역으로, 일자리(특히, 연금권리가 보장된 안정된 직업)가 폭풍우가 몰아치는 바다 뒤의 안전한 항구가 아니라 어느 때라도 얻을 수 있고 몇 달 동안 네팔에 가고 싶으면 어느 때라도 그만둘 수 있는 것이었던 젊은 세대를 구세대가 어떻게 이해할 수 있었겠는가? 이러한 형태의 세대차이는 공업국들에 국한된 것이 아니었다. 농민층의 극적인 감소가 농촌세대와 전(前)농촌세대, 손일 세대와 기계화세대 사이에 비슷한 격차를 낳았던 것이다. 모든 아이들이 농가 출신이거나 농가에서 방학을 보냈던 시대의 프랑스에서 자란 프랑스의 역사학 교수들은 1970년대에, 젖짜는 여자들이 무슨 일을 하고 똥거름더미가 있는 농가 마당이 어떻게 생겼는지를 학생들에게 설명해야 한다는 사실을 발견했다. 게다가 이러한 세대차이는, 20세기의 정치적 대사건들을 겪지 않았거나 그러한 사건들이 자신의 사생활에 영향을 미치지 않는 한 그 사건들에 관해서 특별한 견해가 없었던 사람들 —— 전세계의 주민 대다수 —— 에게서조차 나타났다.

물론, 세계인구의 대다수는 —— 그러한 사건들을 겪었건, 겪지 않았건 —— 이제 어느 때보다도 젊었다. 높은 출생률에서 낮은 출생률로의 인구학적 이행이 아직 일어나지 않은 제3세계 대부분에서는 20세기 후반의 어떤 시기에도 전체 주민의 5분의 2에서 절반이 14세 미만이었던 것으로 보인다. 그들의 가족적 유대가 아무리 강력하고 그들을 지배하는 전통이 아무리 강력해도 그들의 인생관, 경험, 기대와 구세대의 그것들 사이에는 큰 차이가 있을 수밖에 없었다. 1990년대 초에 고국으로 돌아온 남아프리카 공화국의 망명정치인들은 아프리카 민족회의를 위해서 싸우는 것의 의미를, 아프리카 지구들에서 같은 깃발을 내건 젊은 '동지들'과 다르게 이해했다.

역으로, 넬슨 만델라가 투옥되고 나서 오랜 시일이 흐른 뒤에 태어난, 소웨토의 대다수 사람들이 만델라를 상징이나 우상 외의 다른 것으로 볼 수 있었을까? 그러한 나라들에서는 세대차이가 여러 점에서 서구 —— 영속적인 제도와 정치적 연속성이 구세대와 신세대를 결합시켰던 —— 보다 훨씬 더 컸다.

## III

청년문화는 풍속과 관습, 여가를 보내는 방식 그리고 상업예술 —— 갈수록, 도시인들이 숨쉬는 공기를 형성한 —— 의 혁명이라는, 보다 넓은 의미의 문화혁명의 모체가 되었다. 청년문화의 특징들 중 두 가지가 이 문제와 관련이 있다. 그 문화는 민중적인 동시에 도덕률 폐기론적이었다. 특히 개인적 행위 문제에서 그랬다. 각자 모두가 외부로부터의 속박이 가장 적은 상태에서 '자신의 일을 해야' 했다. 실제로는 동년배집단의 압력과 유행이 적어도 동년배집단과 하위문화 내에서는 전에 못지 않은 획일성을 부과했지만 말이다.

상층의 사회계층이 '민중'에게서 발견한 것으로부터 영감을 얻는 것은 그 자체로 새로운 것은 아니었다. 마리 앙투아네트 왕비가 취미로 소젖을 짠 것을 차치하고라도, 낭만주의자들이 농촌의 민속문화, 민속음악, 민속무용을 동경한 것이라든가, 보다 히피적인 낭만주의 지식인들(샤를 보들레르)이 도시의 노스탈지 드 라 부(빈민굴에 대한 동경)를 품었던 것 그리고 많은 빅토리아기 사람들이 하층신분 사람 —— 성별은 기호에 따라 달랐다 —— 과의 섹스를 유별나게 가치 있는 일로 느꼈던 것 등을 예로 들 수 있다(그러한 감정들은 20세기 말에도 전혀 사라지지 않았다). 제국의 시대에 들어와 처음으로 문화가 하층에서 상층으로 체계적인 영향을 미치기 시작했는데(「제국의 시대」 제9장을 보라), 이는 새로 발전하고 있던 서민예술의 강력한 영향을 통해서 그리고 더할 나위 없는 대중시장용

연예물인 영화를 통해서 이루어졌다. 그러나 양차 세계대전 사이에 대부분의 대중적, 상업적 연예물들은 여러 점에서 여전히 중간계급 헤게모니 아래에 있었거나 그 밑으로 들어갔다. 특히 고전적인 헐리우드 영화산업은 **품위 있는** 것이었다. 그것의 사회적 이상은 미국판의 건실한 '가족적 가치'라는 이상이었고, 그것의 이데올로기는 애국적 웅변의 이데올로기였다. 흥행실적을 추구하는 헐리우드 영화산업이, "미국적 생활방식을 장려했다"(Halliwell, 1988, p.321)라는 이유로 아카데미상을 탄 15편의 '앤디 하디' 영화들(1937-47)의 도덕세계와 양립할 수 없는 장르 —— 이를테면, 범법자들을 이상화할 위험이 있었던 초기 갱 영화들 —— 를 발견할 때마다 즉각 도덕질서가 회복되었다. 그 장르가 헐리우드 영화제작법(1934-66)의 안전한 틀 내에 이미 존재하던 것이 아닌 한 말이다. 그 법은 키스 장면(입을 벌리지 않은 키스)의 허용시간을 최대 30초로 제한했다. 헐리우드의 최대 성공작들 —— 이를테면 "바람과 함께 사라지다(Gone With The Wind)" —— 은 보통수준의 교양층 중간계급의 독서용으로 씌어진 소설들을 원본으로 한 것이었고, 윌리엄 새커리(1811-63, 영국의 소설가/역주)의 「허영의 시장(*Vanity Fair*)」이나 에드몽 로스탕(1868-1918, 프랑스의 극작가, 시인/역주)의 「시라노 드 베르주라크(*Cyrano de Bergerac*)」만큼이나 확고하게 그러한 문화에 속했다. 오직, 가벼운 희가극이나 서커스에서 유래한 희극영화와 같은 무정부적이고 민중적인 장르만이 잠시 고급화에 저항했다. 1930년대에는 그것조차 헐리우드의 '크레이지 코메디(crazy comedy)'라는 눈부신 불바르(boulevard) 장르의 압력으로 쇠퇴했지만 말이다.

또한 전간기에 성공을 거둔 브로드웨이 '뮤지컬'과 그것에 수반된 댄스곡 및 발라드 역시 부르주아적 장르였다. 재즈의 영향이 없었더라면 생각할 수도 없을 장르이기는 했지만 말이다. 그것들은 뉴욕의 중간계급 대중을 위해서 만들어졌다. 대본과 노래 가사는 명백히, 자신을 도시의 해방된 세련파로 보는 성인관중을 겨냥한 것이었다. 콜 포터의 노래 가사를 롤링 스톤즈의 가사와 잠깐만 비교해보아도 그러한 사실을 충분히 입증할 수 있을 것이다. 브로드웨이의 황금시대는 헐리우드의 황금시대와 마찬가지로 서민적인 것과 품위 있는 것의 공생에 기반한 것이었지, 민중적인 것이 아니었다.

1950년대의 새로운 점은, 적어도 갈수록 세계적인 경향을 지배하는 앵글로색슨 세계의 상층계급 및 중간계급 젊은이들이 도시하층계급의 음악과 옷, 심지어는 언어조차 —— 또는 그들이 도시하층계급의 것이라고 여긴 것을 —— 자신의 모델로 받아들이기 시작했다는 데에 있었다. 록 음악은 가장 놀랄 만한 예였다. 1950년대 중반에 록 음악은 미국의 가난한 흑인들을 겨냥한, 미국 레코드사의 '레이스(Race)'나 '리듬 앤드 블루스(Rhythm and Blues)' 목록의 게토를 갑자기 박차고 나와 젊은이, 특히 **백인** 젊은이의 보편적인 언어가 되었다. 과거의 노동계급 멋쟁이 청년들은 때때로 상류계층의 고급패션이나, 보헤미안 예술과 같은 중간계급 하위문화로부터 자신의 스타일을 취했었다. 노동계급의 젊은 여자들은 더욱더 그랬다. 이제 기묘한 반전이 일어난 것처럼 보였다. 하층 젊은이를 위한 패션시장이 독립성을 획득했고 귀족시장의 상황을 지배하기 시작했다. (양성 모두를 위한) 청바지가 진출함에 따라, 파리의 고급양복은 후퇴했고 보다 정확히 말해서, 대중시장용 제품을 파는 데에 자신의 유명한 이름들을 직접 사용하거나 사용을 허락함으로써 패배를 인정했다. 덧붙여 말하자면 1965년은 프랑스의 여성의류산업이 스커트보다 바지를 많이 생산한 첫 해였다(Veillon, p.6). 젊은 귀족들은 영국에서 그 계급에 속했음을 확실히 알 수 있는 억양을 버리고 런던 노동계급의 말투에 가깝게 말하기 시작했다.[2] 높은 지위의 젊은 남자들 —— 갈수록, 젊은 여자들 역시 —— 은 한때 육체노동자, 군인 등에게서나 볼 수 있었던 전혀 품위 없는 남성적 말투를 모방하여 외설적인 말을 대화중에 거리낌없이 사용하기 시작했다. 문학도 뒤지지 않았다. 한 뛰어난

---

2) 이튼 교의 청소년들은, 그 엘리트 기관의 한 부학장의 말에 따르면 1950년대 말부터 그러기 시작했다.

연극평론가가 '씨팔(fuck)'이란 말을 라디오 방송중에 썼고, 동화의 역사상 처음으로 신데렐라가 화려한 옷을 입지 **않고** 무도회의 꽃이 되었다.

서방세계 중간계급 및 상층계급 젊은이들의 기호가 이렇듯 민중적으로 바뀐 것 —— 브라질 지식인들의 삼바춤 옹호[3]에서 보듯이 제3세계에서조차 몇몇 비슷한 현상이 나타났다 —— 은 몇 년 뒤에 중간계급 학생들이 혁명적인 정치와 이데올로기에 몰려든 것과 어느 정도 관련이 있을 수도 있고 없을 수도 있다. 유행은 종종 예언적이지만 어떠한 방식으로 예언적인지는 아무도 모른다. 유행과 예술의 새로운 추세를 창출하는 것으로서 둘도 없는 중요성을 가지는 동성애 하위문화가 새로운 자유주의적 분위기 속에서 공적으로 부상한 것이 젊은 남자들 사이에서 혁명적 정치와 이데올로기로의 쇄도 경향을 더욱 강화했다는 사실은 거의 확실하다. 그러나 아마도, 민중적 스타일이 부모세대의 가치관을 거부하는 하나의 편리한 방식이었다는 것 또는 보다 정확히 말해서 그러한 스타일이 젊은이들이 선배들의 규칙과 가치관이 더 이상 유효하지 않은 것으로 보이는 세상을 다루는 방식을 모색할 수 있는 언어였다는 것 이상을 가정할 필요는 없을 것이다.

새로운 청년문화의 본질적 요소인 도덕률 폐기론은, 1968년 5월 파리에서 즉각 유명해진 포스터에 실린 말 "금지하는 것이 금지된다"라든가, (감옥에서) 형기를 치르지 않아본 사람은 누구도 절대로 믿어서는 안 된다는, 미국의 급진적 대중가요 가수 제리 루빈의 격언(Wiener, 1984, p.204)에서처럼 지적으로 표현될 때 가장 명백하게 드러났다. 이러한 말들은 겉보기와는 달리 전통적인 의미의 정치적 진술 —— 억압적인 법의 폐지를 목표로 한다는 협의(狹義)에서조차 —— 이 아니었다. 억압적인 법의 폐지는 그러한 말들의 목표가 아니었다. 그 말들은 사적인 감정과 욕구의 공적인 표명이

---

3) 브라질 대중음악계의 주요 인물인 치코 부아르케 데 올란다는, 1930년대에 그 나라의 지적, 문화적 부흥에서 중심적 인물이었던 한 저명한 진보적 역사가의 아들이다.

었다. 1968년 5월의 어느 슬로건처럼 "나는 나의 욕구의 현실성을 믿기 때문에 나의 욕구가 현실이라고 생각한다."(Katsiaficas, 1987, p.101) 그러한 욕구가 공적인 시위, 집단, 운동과 일치할 때조차 그리고 대중반란으로 보이고 때때로 그러한 효과를 가졌던 것에서조차 주관성이 그러한 욕구의 중심에 있었다. "개인적인 것이 정치적인 것이다"가 새로운 페미니즘 ―― 아마도 급진화시기의 가장 영속적인 결과물일 ―― 의 중요한 슬로건이 되었다. 그 슬로건은 단순히, 정치적 헌신에 대한 동기와 그러한 헌신으로 인한 만족이 개인적 차원의 것이라는 것, 정치의 성공기준은 그 정치가 사람들에게 어떠한 영향을 미치는가라는 것 이상의 의미를 가졌다. 몇몇 사람들은 그 슬로건이 단순히 '나는 나의 어떠한 걱정거리도 정치적인 것으로 볼 것이다'라는 것을 의미한다고 말했다. 1970년대의 어느 책 제목 「비만은 페미니즘적 문제다(*Fat Is a Feminist Issue*)」처럼 말이다.

"나는 혁명을 생각할 때면 섹스하고 싶은 생각이 든다"라는 1968년 5월의 슬로건은 레닌뿐만 아니라, 난잡한 성행위를 옹호함으로써 레닌의 공격을 받았던 빈의 젊은 공산당 투사 루트 피셔도 당혹케 했을 것이다(Zetkin, 1968, pp.28ff). 그러나 역으로, 지방담당 외판원처럼 "마음속으로는 다른 것을 좋아했던(Der Liebe pflegte ich achtlos)"(Brecht, 1976, II, p.722), 브레히트의 코민테른 관리는 1960-70년대의 전형적으로 정치의식적인 네오마르크스-레닌주의 급진파에게조차 이해될 수 없었을 것이다. 그들에게 중요한 것은 확실히, 혁명가들이 행동을 통해서 무엇을 성취하고 싶어하는가가 아니라, 혁명가들이 무엇을 하고 그 일을 할 때 어떻게 느끼는가였다. 섹스를 하는 것과 혁명을 하는 것은 명확히 구분될 수 없는 것이었다.

따라서 개인적 해방과 사회적 해방이 병행되었다. 국가, 부모와 이웃의 힘, 법, 인습 등의 굴레들을 타파하는 가장 분명한 방식은 섹스와 마약이었다. 전자는 그 다양한 형태 중 어떠한 것도 새로운 것이 아니었다. 한 우울한 보수주의 시인의 시구 "성교는 1963년에 시작되었다"(Larkin, 1988, p.167)가 의미한 것은 이러한 행위가 1960년대 이전에 드물었다거나 심지어 그가 그 행위를 하지 않았다는 것이 아니라 —— 그가 예로 든 것들인 —— 채털리 부인 재판(영국 작가 D. H. 로렌스의 장편소설 「채털리 부인의 사랑 *Lady Chatterley's Lover*」이 외설시비에 휘말려 1959-60년에 받은 재판/역주)과 '비틀즈의 첫번째 LP 레코드' 등장 이후에 그 행위의 공적인 성격이 바뀌었다는 것이다. 이전에 금지되었던 행위의 경우에는 그 행위 자체가 기존의 방식에 반대하는 의사표시가 쉽게 될 수 있었고, 이전에 공식적으로든 비공식적으로든 용인되었던 행위의 경우 —— 이를테면 레즈비언 관계 —— 에는 그 행위가 **의사표시**라는 사실이 특별히 강조되어야 했다. 따라서 이전까지 금지되었거나 비인습적이었던 행위에 공개적으로 몰두하는 것('커밍 아웃[coming out]')이 중요해졌다. 한편, 마약은 술이나 담배와는 달리 이전까지 상층, 하층, 소외층 사회의 작은 하위문화에 제한되어왔고 법적으로 허용되지 않았다. 마약이 일으킬 수 있는 센세이션은 충분한 매력이 될 수 있었으므로, 마약은 단지 반란의 제스처로서만 확산된 것은 아니었다. 그럼에도 불구하고 마약의 사용은 법적 정의상 불법행위였고, 서구 젊은이들에게 가장 인기 있는 마약이었던 마리화나가 아마도 술이나 담배보다 무해할 것이라는 사실 자체로 인해 그것을 피우는 것(대체로 사교행위)은 도전행위뿐만 아니라 그것을 금지한 세력에 대한 우위를 나타내는 행위가 되었다. 록 음악 팬과 급진파 학생들이 만났던 1960년대 미국이라는 보다 넓은 영역에서는, 술에 만취하는 것과 바리케이드를 치는 것 사이의 경계선이 종종 불명확했다.

공적으로 인정될 수 있는 행동 —— 성적 행동을 포함한 —— 의 영역 확대는 아마도, 이전까지는 인정될 수 없거나 일탈한 것으로 간주되었던 행동의 빈도와 실험을 증가시켰을 것이고 확실히 그러한 행동을 더 잘 눈에 띄게 했다. 일례로 미국의 경우 공개적으로 실행되는 동성애 하위문화가 공적으로 등장한 것은, 유행을 선도한 두 도시 샌프란시스코와 뉴욕 —— 서로 영향을 준 —— 에서조차

1960년대가 되고도 여러 해가 지나서의 일이었고, 이 두 도시에서 그러한 문화가 정치적 압력집단으로 부상한 것은 1970년대가 되어 서였다(Duberman et al, 1989, p.460). 그러나 이러한 변화들의 중요한 의미는 그 변화들이, 오래 전에 확립된 역사적인 사회적 인간 관계의 구조 —— 사회적 인습과 금지가 표현하고 재가하고 상징한 —— 를 암묵적이든 명시적이든 거부했다는 데에 있었다.

훨씬 더 중요한 것은 이러한 거부가 사회를 구조화하는 어떤 다른 방식의 이름으로가 아니라 —— 새로운 절대자유주의가, 그러한 칭호가 필요하다고 느낀 사람들에 의해서 이데올로기적 정당성을 부여받기는 했지만[4] —— 개인적 욕구의 무제한적인 자율성이라는 이름으로 행해졌다는 점이다. 그것은 자기애적 개인주의를 극한까지 밀고간 세계를 가정한 것이었다. 역설적이게도 인습과 속박에 대한 반란자들은 대중소비사회가 기반하고 있는 가정 또는 적어도, 소비재 재화와 용역을 판매하는 사람들이 그것들을 판매하는 데에 가장 효과적이라는 것을 발견한 심리적 동기부여를 공유했다.

세계는 이제, 자신의 개인적 욕구 추구로 특징지어지는 몇십억의 인간들로 구성된다고 암묵적으로 상정되었다. 개인적 욕구는, 이전까지는 금지되었거나 못마땅하게 여겨졌지만 이제는 허용된—— 이제 도덕적으로 인정받을 수 있게 되어서가 아니라 그렇게도 많은 자아들이 그러한 욕구를 가졌기 때문에 —— 욕구를 포함한다. 1990년대까지 공식적 자유화는 마약을 합법화하는 데까지 나아가지는 않았다. 마약은 계속해서 금지되었다. 금지의 엄격한 정도는 다양했고, 금지의 효과는 낮았지만 말이다. 1960년대 말부터 계속해서, 거대한 코카인 시장이 주로 북미와 약간 뒤에는 서유럽의 부유한 중간계급 사이에서 급속히 성장했다. 이는 그보다 약간 더 이른 시기에 보다 낮은 계층에서 성장한 헤로인 시장(역시 주로 북미)과 마

---

4) 그러나 자발적, 비조직적, 반(反)권위주의적, 절대자유주의적 행동이 새롭고 정의롭고 국가 없는 사회를 낳을 것이라고 믿는 이데올로기, 즉 바쿠닌주의적 또는 크로포트킨주의적 **무정부주의**의 부활은 거의 일어나지 않았다. 이러한 이데올로기가 당시 유행한 마르크스주의보다 1960-70년대의 학생반란자들 대부분의 실제 사고에 훨씬 더 가까웠지만 말이다.

찬가지로, 처음으로 범죄를 진정한 대사업으로 변모시켰다(Arlacchi, 1983, pp.215, 208).

IV

따라서 20세기 후반의 문화혁명은 사회에 대한 개인의 승리, 보다 정확히 말해서, 과거에 인간들을 사회라는 직물로 짜넣어온 실을 끊어버리는 것으로 볼 때 가장 잘 이해될 수 있다. 왜냐하면 그러한 직물은 인간들과 그들의 조직형태 사이의 실제 관계뿐만 아니라, 그러한 관계의 일반적 모델과 사람들의 서로에 대한 행동의 예상된 양식으로도 구성되었기 때문이다. 또한 그러한 직물 속에서는 사람들의 역할이 —— 항상 성문화(成文化)되지는 않았지만 —— 규정되었다. 그리하여 보다 오래된 행동관습이 뒤집히거나 존재이유를 상실할 때 종종 외상성(外傷性)의 불안정이 나타나거나, 이러한 상실을 느낀 사람들과 너무 어려서 아노미 사회 이외의 어떠한 사회도 모르는 사람들이 서로를 이해하지 못하는 사태가 일어났다.

일례로 1980년대에 브라질의 한 인류학자는 떼강도가 돈을 요구하고 여자친구를 강간하겠다고 위협하는 사태 —— 갈수록 일반화되어가는 —— 에 직면한 중간계급 남성이, 명예와 수치의 문화라는 그의 나라의 지중해성 문화 속에서 느낀 긴장에 대해서 묘사했다. 그러한 상황에서 신사는 언제나 자신의 목숨을 걸고, 돈은 지키지 못하더라도 여성을 보호할 것으로, 숙녀는 언제나 어느 경구처럼 '죽음보다 못한' 운명보다는 죽음을 택할 것으로 기대되어왔다. 그러나 20세기 말의 대도시라는 현실에서는 그러한 저항이 여성의 '명예'도 돈도 지키지 못할 것으로 보였다. 그러한 상황에서의 합리적인 방책은 공격자들이 화가 나서 진짜 신체상해나 심지어 살인을 저지르는 사태를 막기 위해서 굴복하는 것이었다. 전통적으로 결혼 전에는 순결, 결혼 뒤에는 남편에 대한 철저한 정절로 정의되는 여성의 명예로 말하자면, 남성과 여성 모두의 성적 행동에 관한 가정과 현실 —— 1980년대에 교육받고 인습에서 해방된 사람들 사이에서 보편화된 —— 에 비추어 볼 때 보호되고 있는 것은 정확히 무엇이었는가? 그러나 그 인류학자의 조사결과가 보여주었듯이 이러한 사정이 그 곤경을 덜어주지는 않았다는 것은 놀랄 만한 일이 아니다. 덜 극단적인 상황 —— 이를테면 일상적인 성적 충돌 —— 도 그에 필적할 만한 불안정과 정신적 고통을 낳을 수 있었다. 기존 관습 —— 그것이 아무리 비합리적이더라도 —— 에 대한 대안은 모종의 새로운 관습이나 합리적 행동이 아니라, 규칙이 전혀 없거나 적어도 무엇을 해야 하는가에 대한 합의가 전혀 없는 상태로 드러날지도 모른다.

세계 대부분에서 기존의 사회적 구조와 인습은 4반세기에 걸친 미증유의 사회적, 경제적 변화로 침식되고 뒤틀렸지만 아직 해체되지는 않았다. 이러한 사정은 대부분의 인류, 특히 빈민들에게는 다행한 일이었다. 왜냐하면 변화하는 세계에서 경제적 생존과 특히 성공에 친척, 공동체, 이웃의 망이 반드시 필요했기 때문이다. 제3세계 상당 지역에서 그러한 망은 정보망, 직업소개소, 노동과 자본의 집합소, 저축기구, 사회보장제도의 결합물 역할을 했다. 실제로, 응집력 있는 가족이 없었더라면 세계 일부 지역 —— 예를 들면 극동 —— 이 경제적으로 성공한 이유를 설명하기 어려울 것이다.

보다 전통적인 사회에서는 주로, 상업경제의 승리가 불평등에 기반한 기존 사회질서의 정당성을 침식했기 때문에 긴장이 나타나곤 했다. 기존 사회질서의 정당성이 침식된 이유는 평등주의를 보다 갈망하게 된 동시에 불평등의 기능적 정당성이 잠식되었기 때문이었다. 일례로 (1990년대가 되어서야 도전받은, 영국 왕가의 재산에 대한 잘 알려진 면세특권처럼) 인도 왕들의 부와 방탕은 이웃의 부나 방탕과는 달리 신민들의 시기나 분개를 사지 않았다. 그들의 부와 방탕은 사회 —— 아마도 심지어는 우주 —— 질서에서의 그들의 특별한 역할에 속했고, 그러한 역할의 표시였다. 그들의 역할은 어떤 의미에서는 그들 왕국을 유지하고 안정시키고 ——확실히—— 상징하는 것으로 여겨졌다. 다소 다른 형태로서 일본 실업계 거물

466

들의 상당한 특권과 사치 역시 거부감을 덜 불러일으켰다. 그들의
특권과 사치가 개인적으로 전유된 재산이 아니라, 자신에게 부여된
직위를 떠날 때 반납하는 영국 장관들의 사치품 —— 리무진, 공관
등 —— 처럼 기본적으로 그들이 경제에서 차지하는 공식적 지위에
따르는 것으로 인식되는 한 말이다. 우리가 알고 있듯이 일본에서
의 실제적인 소득분배는 서구의 사업계보다 훨씬 덜 불균등했다.
그러나 1980년대 일본의 상황을 멀리서 관찰한 사람조차 이 10년간
의 호황기에 이루어진 개인적 부의 급속한 축적과 그것의 공적 과
시로 인해 보통 일본인이 집에서 사는 형편 —— 보통 서구인들의
형편보다 훨씬 변변치 못한 —— 과 부유한 일본인의 형편 사이의
격차가 훨씬 더 커졌다는 인상을 거의 받지 않을 수 없었다. 일본
실업계 거물들의 특권이 국가와 사회에 대한 봉사에 따르는 적법한
특권으로서 충분히 보호받던 상황이 아마도 처음으로 중단되었다.

　서구는 몇십 년간의 사회혁명으로 훨씬 더 쑥밭이 되었다. 그러
한 붕괴의 극단적인 양상들은 세기말 서양의 공적인 이데올로기적
담론, 특히 분석적 깊이는 주장하지 않으면서 널리 보유된 신념의
형태로 공식화된 공적 진술에서 가장 쉽게 볼 수 있다. 한때 일부
페미니즘 집단들에서 흔히 볼 수 있었던 논의인, 여성의 가사노동
은 시장가격으로 평가되어야(그리고 필요하다면 보수가 지불되어
야) 한다는 주장이나, 낙태법 개정을 개인(여성)의 추상적이고 무제
한적인 '선택권'이라는 견지에서 정당화하는 것이 그 예다.[5] 세속적
서방사회에서 갈수록 신학의 자리를 차지하게 된 신고전주의적 경
제학의 광범위한 영향과 (미국의 문화적 헤게모니를 통한) 초(超)개
인주의적인 미국 법률체계의 영향이 그러한 수사(修辭)를 고무했
다. 그 수사의 정치적 표현은 영국의 수상 마거릿 대처의 말 "사회

5) 그러한 주장의 타당성은 그것을 정당화하기 위해서 사용된 논거와 명확히 구별해야
　한다. 가정에서의 남편, 아내, 자녀 사이의 관계는 시장에서의 구매자와 판매자 사이
　의 관계와 —— 관념상으로조차 —— 조금도 닮지 않았다. 아이를 가질 것인가 가지
　지 않을 것인가 하는 결정 역시 —— 일방적으로 결정되는 것이기는 해도 —— 그 결
　정을 하는 개인에게만 관계된 것이 아니다. 이러한 분명한 진술은 가정에서의 여성
　의 역할을 변화시키거나 낙태권을 옹호하려는 욕구와 완전히 양립 가능하다.

란 존재하지 않고, 개인들만이 존재한다"에서 읽을 수 있다.

　이론의 지나친 정도가 어떻든지 간에 현실 역시 종종 극단적이었다. 일찍이 1970년대에, 공공시설에의 수용이 정신병자들에게 미친 영향에 당연하게도 충격을 받은(조사자들이 정기적으로 충격을 받았듯이) 앵글로색슨 국가들의 사회개혁가들은 가능한 한 많은 수의 정신병자들을 감금상태에서 해방시켜 '지역사회에서 돌보게' 하자는 운동을 성공적으로 벌였다. 그러나 서방의 도시들에는 그들을 돌볼 지역사회가 더 이상 존재하지 않았다. 친척도, 그들을 아는 이도 전혀 없었다. 그들 자신에게 손짓하고 말하는, 플라스틱 가방을 든 집 없는 거지들로 가득 찬 뉴욕 같은 도시들의 거리만이 있었다. 그들은 운이 좋을 경우 또는 좋지 않을 경우(좋고 안 좋고는 관점에 따라 달랐다) 결국, 그들을 쫓아냈던 병원에서 감옥으로 이동했다. 미국에서 감옥은 미국 사회 —— 특히 흑인사회 —— 의 사회적 문제들의 주된 저장소가 되었다. 1991년에, 죄수인구율이 세계에서 제일 높은 이 나라의 죄수인구 —— 인구 10만 명당 죄수 426명 —— 가운데 15퍼센트가 정신질환을 앓는 것으로 전해진다(Walker, 1991 ; Human Development, 1991, p.32, 그림 2.10).

　서방에서 새로운 개인주의 도덕으로 가장 심각한 타격을 받은 제도는 전통적인 가족과 전통적인 교회조직들이었다. 이것들은 20세기 3/3분기에 극적으로 무너졌다. 특히, 카톨릭 교도 집단들을 결속시켜온 접합제가 놀랄 만한 속도로 부스러졌다. 1960년대 동안에 퀘벡 주(캐나다)의 미사 참석률이 80퍼센트에서 20퍼센트로 떨어졌고, 전통적으로 높았던 프랑스계 캐나다인의 출생률이 캐나다인의 평균 출생률 이하로 떨어졌다(Bernier, Boily, 1986). 여성해방, 보다 정확히 말해서 낙태를 포함한 산아제한과 이혼할 권리에 대한 여성의 요구가 교회와, 19세기에 기본적인 신자층이 되었던 사람들(「자본의 시대」를 보라) 사이에 아마도 가장 깊은 골을 팠다. 이러한 사정은 아일랜드와 교황 자신의 이탈리아처럼 카톨릭 국가로 유명한 나라들과 심지어는 —— 공산주의의 몰락 이후에 —— 폴란드에서조차 갈수록 명백해졌다. 사제직이나 여타의 종교생활에 관계된 직업을 선택하는 일은 급격히 줄었고, 실제로든 공식적으로든 자진해서 종교적 독신생활을 하겠다는 경우 역시 크게 줄었다. 요컨대 좋든 나쁘든 신자들에 대한 교회의 정신적, 비정신적 권위가, 삶과 도덕에 대한 교회의 통제와 20세기 말 사람들 행동의 현실 사이에 위치한 블랙홀 속으로 사라져갔다. 비교적 오래된 일부 프로테스탄트 종파들까지 포함해서, 자신의 구성원들에 대한 지배가 덜 강제적이었던 서방 교회들은 훨씬 더 급속하게 쇠퇴했다.

전통적인 가족적 유대가 약화된 것의 현실적 결과는 아마도 훨씬 더 심각했다. 왜냐하면 앞서 보았듯이, 가족은 언제나처럼 자신을 재생산하는 장치일 뿐만 아니라 사회적 협동의 장치이기도 했기 때문이다. 바로 그러한 장치로서 가족은 농업경제와 초기공업경제, 일국경제와 세계경제 모두를 유지하는 데에 반드시 필요한 존재였다. 이는 부분적으로는, 19세기 말에 자본의 집중과 대기업의 부상으로 근대적인 기업조직이 나타나기 전에 적절한 **비인격적** 자본주의 사업구조가 전혀 발전하지 않았기 때문이었다. 근대적인 기업조직은 시장(市場)이라는 애덤 스미스의 '보이지 않는 손'을 보충하게 될 '보이는 손'(Chandler, 1977)이었다.[6] 그러나 훨씬 더 강력한 이유는, 시장이 그것만으로는 어떠한 사적 이윤추구 체계에서나 중심적 요소인 신용이나 그것의 법적 등가물인 계약이행을 전혀 보장하지 않는다는 데에 있었다. 그러한 것의 보장에는 국가권력(17세기의 개인주의 정치이론가들이 잘 알고 있었듯이)이나 혈연이나 지연이 필요했다. 일례로, 이따금 물리적으로 거리가 먼 곳에서 활동이 이루어지고 보상이 크며 위험도도 높은 분야인 국제적인 무역, 은행업, 재정업무는 혈연집단 기업가들 —— 가급적이면, 유태인, 퀘이커 교도, 위그노 교도들처럼 특정한 종교로 결속한 집단 출신의—— 에 의해서 가장 성공적으로 수행되어왔다. 사실상 20세기 후반까

---

6) 기업자본주의('독점자본주의') 시대 이전의 실질적인 대기업의 운영모델은 사기업 경험이 아니라 국가 관료제나 군사 관료제에서 유래한 것 —— 이를테면 철도원들이 제복을 착용한 것 —— 이었다. 사실상 그러한 기업은 종종, 우체국이나 대부분의 전신전화국처럼 국가나, 이윤을 극대화하지 않는 그밖의 공공당국이 직접 운영했고 또 그래야만 했다.

지도 그러한 유대는, 법에 위배될 뿐만 아니라 법의 보호 밖에 있는 범죄사업에 여전히 필수적인 존재였다. 다른 어떤 것도 계약을 보증하지 않는 상황에서는 혈연과 살인위협만이 계약을 보증할 수 있는 법이다. 따라서 가장 성공적이었던 칼라브리아(이탈리아 남부의 한 지방/역주)의 마피아 가문은 견고한 형제집단으로 구성되었던 것이다(Ciconte, 1992, pp.361-62).

그러나 이제, 바로 이러한 비경제적인 집단적 유대 및 결속이 잠식되어갔고 그것에 수반된 도덕체계 역시 잠식되었다. 이러한 도덕체계 역시 근대 부르주아 산업사회보다 오래된 것이었지만 그것 역시 그러한 사회의 본질적인 부분을 구성하도록 개조된 것이었다. 권리와 의무, 상호의무, 죄악과 선행, 희생, 양심, 보상과 벌이라는 기존의 도덕용어는 만족스러운 새로운 언어로 더 이상 번역될 수 없었다. 일단 그러한 관행과 제도가 사회를 구조화하는 방식── 사람들을 서로 연결시켜주고 사회적 협동 및 재생산을 확보하는── 의 일부로 더 이상 인정되지 않자, 그러한 것들이 보유하던, 인간의 사회생활을 구조화하는 능력 대부분이 사라졌다. 그것들은 단순히 개인들의 선호의 표현으로 그리고 법이 이러한 선호의 우위를 인정해야 한다는 요구 정도로 축소되었다.[7] 불확실성과 예측불가능성이 만연하게 되었다. 나침반의 바늘은 더 이상 북쪽을 가리키지 않았고, 지도는 무용해졌다. 이것이 최고 선진국들에서 1960년대부터 계속해서 갈수록 분명해진 상황이다. 그러한 상황은 극단적 자유시장 자유주의에서 '포스트모더니즘' 등에 이르기까지 다양한 이론들을 통해서 이데올로기적으로 표현되었다. 그 이론들은 판단과 가치의 문제를 전적으로 회피하고자 했고, 보다 정확히 말해서 그러한 문제를 개인의 무제한적인 자유라는 유일한 공통적 요소로 환원시키고자 했다.

물론 처음에는, 대대적인 사회적 자유화의 이점이 골수 반동을

─────────

7) 이것이, 방임된 개인주의의 사회에──좌우간 미국에서──중심적 요소가 된 (법적 또는 헌법상의) '권리들'의 언어와, 권리와 의무가 동전의 양면인 기존의 도덕언어 사이의 차이다.

제외한 모두에게 엄청난 것으로, 그것의 손실은 최소한의 것으로 보였으며, 그러한 자유화가 경제적 자유화를 함축한 것으로 보이지도 않았다. 세계의 혜택받은 지역들의 주민들을 휩쓴 번영의 큰 물결 —— 갈수록 확대되고 후해지는 공공사회보장제도에 의해서 보강된 —— 은 사회가 해체됨으로써 생긴 잔해들을 제거한 것으로 보였다. 편부나 편모(압도적으로 편모)가 되는 것은 여전히, 가난한 생활로 이어지는 가장 확실한 길이었지만 현대 복지국가에서는 최소한의 생계유지와 피난처를 보장하는 것이기도 했다. 연금과 복지사업 그리고 마지막으로 양로원이, 자신의 자녀가 만년의 부모를 돌볼 수 없거나 더 이상 돌볼 의무를 느끼지 않는 경우의 고립된 노인들을 돌보았다. 마찬가지로 이전에는 가족의 일에 속했던 그밖의 일들을 다루는 것 —— 이를테면, 돈벌이를 하는 어머니들에게 필요한 것에 관심이 있는 사회주의자들이 오래 전부터 요구해왔듯이, 아기를 돌보는 책임을 어머니에게서 공공탁아소와 보육시설로 이전시키는 것 —— 도 당연해 보였다.

합리적 계산과 역사의 전개 둘 다, 다양한 종류의 진보 이데올로기 —— 전통적 가족이 여성이나 아동 및 청소년의 종속적 위치를 영속화했다는 이유에서든 보다 일반적인 절대자유주의적 이유에서든 전통적 가족을 비판한 모든 이데올로기를 포함한 —— 와 동일한 방향을 가리키는 것으로 보였다. 물질적으로, 공적인 식량제공이 대부분의 가족이 스스로에게 제공할 수 있는 것보다, 빈곤 때문이든 다른 이유에서든 명백히 더 나았다. 세계대전 종전 이후에 민주주의 국가들의 어린이들이 실제로 전보다 더 건강했고 더 잘 먹었다는 사실이 그 점을 입증했다. 또한 가장 부유한 나라들에서 복지국가들이 자유시장 정부들 및 이데올로그들의 조직적인 공격에도 불구하고 금세기 말까지 살아남았다는 사실이 그 점을 확증했다. 게다가 혈연의 역할이 일반적으로 '정부기관들의 중요성이 커짐에 따라 줄어든다'라는 것은 사회학자들과 사회인류학자들에게 일종의 상식이었다. 또한 혈연의 역할은 좋든 나쁘든 "산업사회의 경제적, 사회적 개인주의가 성장함에 따라" 쇠퇴했다(Goody, 1968, pp.402-03).  요컨대  오래  전에  예견되었듯이  공동사회(Gemein-schaft)가  이익사회(Gesellschaft)에,  공동체가  익명의  사회  속에서  연결된  개인들에게  자리를  내주고  있었다.

공동체와  가족이  쇠퇴하는  세계에서의  삶의  물질적  이점은  부인할  수  없는  것이었고  지금도  그렇다.  거의  인식되지  않은  사실은  20세기  중반까지  현대  산업사회의  얼마나  많은  부분이  오래된  공동체적,  가족적  가치관과  새로운  사회의  공생에  의존해왔던가라는  사실과,  따라서  그러한  가치관의  엄청나게  급속한  붕괴의  결과가  얼마나  극적인  것이  될  것인가라는  사실이었다.  이는  신자유주의  이데올로기의  시대 —— '최하층계급(underclass)'이라는  무시무시한  말이  1980년  전후에  사회-정치  용어집에  들어오거나  다시  들어온  시대[8] —— 에  명백하게  드러났다.  완전고용의  시대가  끝난  뒤의  선진  시장사회에서  '최하층계급'은,  어쨌든  1990년대까지  그러한  나라들의  주민들의  3분의  2를  위해서는  충분히  잘  돌아가는  것으로  보이는(그리하여  '3분의  2  사회'라는  말이  1990년대에,  그  사태를  우려하던  독일사회민주당  정치가  페터  글로츠에  의해서  만들어졌다)  시장경제(사회보장제도에  의해서  보강된)에서  자신과  가족들을  위해서  생계를  꾸려나갈  수  없거나  생계를  꾸려나가기를  원하지  않은  사람들이었다.  '최하층계급'이라는  말  자체가  '하층사회(under-world)'라는  오래된  말처럼  '정상적'  사회로부터의  배제를  함축했다.  그러한  '최하층계급들'은  기본적으로  공공주택과  공공복지에  의존 —— 암흑  및  준암흑  경제나  '범죄',  즉  정부의  세제(稅制)가  미치지  않는  경제  부문들에  진출함으로써  수입을  보충했을  때조차——했다.  그러나  이들은  응집된  가족관계가  대체로  붕괴된  계층이었으므로  비공식적인  경제 —— 합법적인  경제든  불법적인  경제든——로의  유입조차  극히  미미했고  불안정했다.  왜냐하면  제3세계에서의  상황과,  그  세계에서  북쪽  세계  나라들로의  새로운  대량이민  뒤의  상황이  입증했듯이,  빈민가와  불법이민자들의  비공식적인  경제

---

8) 19세기  말  영국에서  이  말에  해당했던  것은  '최하층민(residuum)'이다.

조차 혈연망을 통해서만 제대로 돌아갔기 때문이다.

　미국의 본토박이 니그로 도시주민 가운데 가난한 사람들 —— 미국 니그로[9]의 대다수에 해당하는 —— 이 그러한 '최하층계급'의 표준적 사례가 되었다. 그들은 공식적인 사회로부터 사실상 쫓겨난 시민들의 집단으로서 현실적으로 그 사회나 —— 다수의 젊은 남자들의 경우 —— 노동시장의 일부를 전혀 이루지 못했던 것이다. 사실상 그 집단의 많은 젊은이들, 특히 남성들은 자신들을 실제로 불법사회집단 내지 반(反)사회집단으로 보았다. 그러한 현상은 특정한 피부색의 사람들에 국한된 것이 아니었다. 지난 세기(19세기와 20세기 초)의 노동고용산업이 쇠락함에 따라 그러한 '최하층계급들'이 수많은 나라들에서 나타나기 시작했다. 사회복지를 담당한 공공당국이 집세를 시세대로 낼 여유나 집을 살 여유가 없는 모든 사람을 위해서 세웠지만 이제는 '최하층계급'이 거주하는 공영주택단지에서도 공동체는 존재하지 않았고 친척간의 규칙적인 상호 부조도 거의 이루어지지 않았다. 공동체의 마지막 잔재인 '이웃사랑'조차 대체로, 난폭한 남성 청소년 —— 갈수록 무장한 채 홉스적 정글을 활보하는 —— 에 대한 전반적 공포를 거의 극복하지 못했다.

　인간들이 어깨를 맞대고 살지만 사회적 존재로 살지는 않는 세계에 아직 진입하지 않은 지역들에서만 공동체가 어느 정도 존속했고 그와 함께 사회질서도, 대부분의 사람들에게 몹시 빈약한 것이기는 해도 존속했다. 1980년대 중반에 상층 20퍼센트의 주민이 그들 나라 소득의 60퍼센트 이상을 벌었던 반면, 하층 40퍼센트가 10퍼센트 내지 그 이하를 벌었던 브라질 같은 나라에서 소수 '최하층계급'이란 말을 그 누가 쓸 수 있었겠는가?(UN World Social Situation, 1984, p.84) 그것은 대체로 소득뿐만 아니라 지위도 불평등한 생활이었다. 그러나 대부분, 그러한 생활에는 '선진'사회의 도시생활에

---

9) 이 책을 쓸 당시에 공식적으로 선호된 표현은 '아프리카계 미국인(African-American)'이다. 그러나 이러한 이름들은 바뀌고 있고 —— 필자가 사는 동안 그러한 변화가 여러 번 있었다('유색인종', '니그로', '흑인') —— 앞으로도 계속 바뀔 것이다. 나는 아프리카 노예의 아메리카 대륙 후예들에게 경의를 표하고 싶어하는 사람들이 쓴 다른 어떤 말보다도 더 오래 통용되었던 것으로 보이는 말을 쓴 것이다.

만연된 불안정 —— 그 사회의 기존의 행동지침들은 해체되어, 불안정한 진공상태로 대체되었다 —— 이 여전히 존재하지 않았다. 20세기 세기말의 슬픈 역설은, 사회적으로 퇴보하고 있지만 전통적인 사회구조를 보유한 북아일랜드 —— 내전에 가까운 상태를 20년간 한 해도 쉬지 않고 겪고 난 뒤의 —— 에서 실업자로 사는 것이 영국의 대부분의 대도시들에서 사는 것보다, 사회복지와 안정에 관한 측정 가능한 모든 기준에 비추어 볼 때, 더욱 낫고 실제로 더욱 안전하다는 데에 있었다.

전통과 가치관의 붕괴라는 드라마의 주된 측면은, 이전에 가족과 공동체가 제공했던 사회적, 개인적 도움 없이 지내야 한다는 물질적 불이익이 아니었다. 그러한 도움은, 번영하는 복지국가의 경우 대체될 수 있었다. 대다수의 사람들이 여전히 친척, 후견, 상호 부조를 제외하고는 의존할 것이 거의 없었던, 세계의 가난한 지역들의 경우에는 그렇지 않았지만 말이다(세계의 사회주의 지역에 대해서는 제13장과 제16장을 보라). 붕괴 드라마의 주된 측면은 인간의 행동을 통제하던 기존의 가치체계와 관습 및 인습 모두의 해체에 있었다. 이러한 상실은 감지되었다. 그것은 '정체성 정치(identity politics)' —— 대체로 인종/민족적이거나 종교적인 —— 라고 불리게 된 것(그러한 현상 역시 미국에서 1960년대 말부터 눈에 띄게 되었다)의 등장과, 과거를 열렬히 그리워하며 가상의 과거시대—— 질서와 안정을 문제없이 구가했던 —— 를 되찾고자 하는 운동들의 부상에 반영되었다. 그러한 운동들은 강령을 보유한 운동이라기보다는 도와달라는 외침 —— 아노미 세계에서 소속할 곳으로서의 일정한 '공동체'에 대한 요구, 사회적 고립자들의 세상에서 소속할 곳으로서의 일정한 가족에 대한 요구, 정글에서의 일정한 피난처에 대한 요구 —— 이었다. 현실적인 모든 관찰자와 대부분의 정부가, 범죄자들을 처형하거나 장기징역에 처하는 방식으로 범죄를 줄일 수도, 심지어 통제할 수도 없다는 사실을 알고 있었지만, 또한 모든 정치가가, 반사회적인 것들을 **처벌**하라는 보통 시민들의 대대적인 요구 —— 이성적이든 그렇지 않든 —— 의 감정 섞인 막강한 힘을 잘 알고 있었다.

이상의 것들이 기존의 사회구조와 가치체계가 마모되고 해체되는 것의 정치적 위험성이다. 그러나 1980년대가 대체로 순수시장 지상권(至上權)의 깃발 아래 진전됨에 따라, 그러한 마모와 해체가 승리를 거둔 자본주의 경제에게도 위험한 것이라는 사실이 갈수록 명백해졌다.

왜냐하면 자본주의체제는, 시장의 작동에 기반하여 수립되는 동안에조차, 본질적으로 개인의 이익 추구 —— 애덤 스미스에 따르면 개인이라는 엔진에 불을 붙이는 —— 와 전혀 관련이 없는 수많은 경향들에 의존했기 때문이다. 그 체제는 애덤 스미스가 인간행동의 근본적인 동기들 중 하나라고 생각한 '일하는 습관', 사람들이 당장의 만족을 기꺼이 장기간 연기하는 태도, 즉 미래의 보상을 위해서 저축하고 투자하는 태도, 성취감, 상호 신용의 관습 그리고 어느 누구의 이익의 합리적 극대화에도 내재하지 않은 그밖의 태도들에 의존했다. 가족은 초기 자본주의에 없어서는 안 될 부분이 되었는데, 그 이유는 그것이 초기 자본주의에 이러한 수많은 동기들을 제공했기 때문이었다. '일하는 습관', 복종하고 충성하는 —— 회사에 대한 간부들의 충성을 비롯한 —— 습관, 극대화에 기반한 합리적 선택이론에 쉽게 들어맞을 수 없는 여타 행동방식들 역시 초기 자본주의에 없어서는 안 될 부분이 되었다. 자본주의는 이러한 것들 없이 기능할 수도 있었지만 실제로 그랬을 때 자본주의는 사업가들 자신에게조차 낯설고 문제 있는 것이 되었다. 그러한 일은, 1980년대에 미국과 영국 같은 초(超)자유시장 국가들의 금융가를 휩쓴 약탈적인 회사 '탈취(take-over : 주식 매점에 의한 회사 가로채기／역주)'와 여타 금융투기들 —— 이윤 추구와, 생산체제로서의 경제 사이의 모든 연결고리를 사실상 끊어버린 —— 의 유행이라는 형태로 일어났다. 바로 그러한 점이, 성장은 이윤극대화에 의해서만 이루어지지는 않는다는 것을 잊지 않았던 자본주의 나라들(독일, 일본, 프랑스)이 그러한 시장교란을 어렵게 또는 불가능하게 했던 이유다.

제2차 세계대전 동안에 19세기 문명의 몰락을 살펴본 칼 폴라니는 그 문명이 건설되는 데에 기반했던 가정 —— 자기 규제적이고 보편적인 시장체계라는 가정 —— 이 얼마나 예외적이고 전례 없는 것이었는가를 지적했다. 그는 애덤 스미스가 말한 "한 물건을 다른 물건과 교환하고 싶어하는 성향"이 "인류가 어떠한 경제활동—— 정치적, 지적, 정신적 활동에서도 그러한 것은 아니지만 —— 에서도 그러한 한 가지 특정한 성향의 지배를 받는다는 것을 실제적, 이론적으로 함축하는……산업체제"의 발전을 고무했다고 주장했다 (Polanyi, 1945, pp.50-51). 그러나 애덤 스미스가 모든 사람들이 자신의 경제적 이익을 추구하는 것이 그 자체로 자동적으로 국부(國富)를 극대화하게 될 정도를 과장했던 것과 똑같이, 폴라니는 그의 시기에 존재한 자본주의의 논리를 과장했다.

우리가 숨쉬고 있고 우리의 모든 활동을 가능케 하는 공기를 우리가 당연한 것으로 여기듯이, 자본주의는 그것의 작동이 이루어지는 환경, 그것이 과거로부터 물려받은 환경을 당연한 것으로 여겼다. 공기가 희박해졌을 때에야 비로소 자본주의는 그러한 환경이 얼마나 중요했던가를 발견했다. 바꾸어 말하면 자본주의는 자본주의적이기만 했던 것이 아니었기 때문에 성공했다. 이윤의 극대화와 축적은 자본주의 성공의 필요조건이었지만 충분조건은 아니었다. 자본주의가 물려받은 역사적 자산을 잠식하기 시작했고 그러한 자산 없이 작동하는 것의 어려움을 입증하기 시작한 것이 바로 20세기 3/3분기의 문화혁명이었다. 신(新)자유주의가 더 이상 예전처럼 그럴 듯하게 보이지 않게 된 바로 그 순간에 승리했다는 것은, 1970-80년대에 유행하게 되고 공산주의체제들의 몰락을 경멸의 시선으로 지켜본 신자유주의의 역사적 아이러니였다. 시장은 자신의 적나라한 모습과 부적절성을 더 이상 은폐할 수 없게 되었을 때 승리했다고 주장한 셈이다.

문화혁명의 주된 힘은 당연히, 기존 자본주의 핵심지대의 도시화된 '산업시장경제'에서 느껴졌다. 그러나 앞으로 보게 되듯이, 20세기 후반에 분출된 엄청난 경제적, 사회적 힘은 오늘날 '제3세계'라고 불리게 된 곳 역시 변화시켰다.

# 제12장 제3세계

[나는] 읽을 책이 없다면 그들의 [이집트] 시골 소유지에서 저녁을 보내
는 것이 따분할 것임에 틀림없으며, 시원한 베란다의 안락의자에 앉아서 좋
은 책을 한 권 읽는 것이 훨씬 더 쾌적한 생활을 가능케 할 것[이라고 말했
다.] 나의 친구는 즉시 다음과 같이 말했다. "그 지역의 지주가 저녁식사 후
에 베란다에 나가 밝은 조명을 받으며 총 맞지 않고 앉아 있을 수 있다고는
생각하지 않겠지?" 나 자신은 그렇게 생각했던 것 같다.
　　　　── 러셀 파샤(Pasha : 오스만 제국과 북아프리카에서 신분이 높은
　　　　　　　사람이나 고위직에 있는 사람을 가리키는 칭호/역주)(1949년)

마을에서의 대화가 상호 부조라는 주제와 그러한 부조의 일환으로 같은
마을 사람들에게 현금을 빌려준다는 주제로 넘어갈 때마다 마을 사람들간
의 협동이 줄어들고 있다고 슬퍼하는 말들이 나오지 않는 경우가 드물었다.
……그러한 말들에는 마을 사람들이 돈 문제에 대해서 갈수록 계산적이 되
고 있다는 사실에 대한 언급이 항상 수반되었다. 마을 사람들은 이어서 잊지
않고, 사람들이 언제나 기꺼이 도움을 주었던 '옛 시절'이라고 불리는 것으
로 화제를 돌리곤 했다.
　　　　　　　　　　　　　　　── M. b. 아브둘 라힘(1973년)

# I

탈식민화와 혁명은 지구의 정치지도(政治地圖)를 극적으로 변화
시켰다. 아시아에서 국제적으로 독립이 인정된 국가들의 수는 5배
로 늘었다. 1939년에 그러한 나라가 하나였던 아프리카에서는 이제

약 50개가 존재하게 되었다. 19세기 초의 탈식민화로 20개 내외의
라틴 공화국이 이미 생겨났던 아메리카 대륙에서조차 탈식민화로
12개가 더 늘었다. 그러나 이러한 독립국들과 관련하여 중요한 것
은 그 나라들의 수가 아니라 그 나라들이 공동으로 나타내는, 막대
하고 점증하는 무게와 압력의 인구였다.

이는 제2차 세계대전 종전 이후 종속국들에서 인구가 경이적으
로 폭증한 결과였다. 그 결과 세계인구의 균형상태가 바뀌었고 계
속해서 바뀌고 있다. 제1차 산업혁명 이래, 어쩌면 16세기 이래 그
균형은 '선진'세계, 즉 유럽 내의 인구 또는 유럽 출신 인구의 비중
이 커지는 쪽으로 바뀌어왔었다. 1750년에 세계인구의 20퍼센트에
못 미쳤던 그 인구는 1900년에 인류의 약 3분의 1로 증가했다. 파국
의 시대는 그러한 상황을 고정시켰으나, 세기 중반 이후에는 세계
인구가 전례 없이 높은 속도로 증가했고, 증가치 대부분은 한때 소
수 제국들의 지배를 받았거나 그들에게 정복될 뻔했던 지역들에서
나왔다. OECD 회원국인 부국들이 '선진세계'를 대표하는 것으로
본다면, 1980년대 말에 그 나라들 전체 인구는 인류의 15퍼센트에
불과했다. 몇몇 '선진국'들이 더 이상 자신을 재생산할 만큼 충분한
수의 아이들을 낳지 않았으므로, 부국들의 비중은 (이민의 유입이
없을 경우) 불가피하게 줄고 있다.

세계의 빈국들에서의 이러한 인구폭발 —— '황금시대'가 끝날 무
렵에 처음으로, 심각한 국제적 우려를 낳았던 —— 은 아마도 단기
20세기의 가장 깊은 변화가 될 것이다. 세계인구가 21세기 언젠가
에는 100억 명 선(또는 현재의 추정치가 몇 명이 되었든)에서 결국
고정될 것이라고 가정하더라도 말이다.[1] 1950년 이후 40년 사이에
두 배가 된 세계인구나, 30년도 안 되어서 두 배가 될 것으로 예상
할 수 있는 아프리카 인구 같은 경우는 역사적 선례가 전혀 없는 것

---

1) 20세기에 우리가 겪은 눈부시게 가속된 인구증가가 계속된다면 파국은 피할 수 없
   을 것 같다. 인류는 약 200년 전에 처음으로 10억 명이 되었다. 10억 명이 더 느는
   데에 120년, 30억 명이 되는 데에 35년, 40억 명이 되는 데에 15년이 걸렸다. 1980
   년대 말에 인구는 52억에 달했고, 2000년에는 60억을 넘을 것으로 예상되었다.

이다. 그러한 인구가 일으킬 수밖에 없는 현실적 문제들 역시 그랬
다. 그 문제들은 전체 인구의 60퍼센트가 15세 미만인 나라의 사회
적, 경제적 상황을 보기만 하면 알 수 있다.

　가난한 세계에서의 인구폭발은 눈부신 것이었다. 이 나라들에서
의 기본적 출생률은 같은 시기 '선진'국들에서의 출생률보다 대체
로 훨씬 더 높았고, 언제나 인구증가를 억눌렀던 엄청난 사망률이
1940년대 이후에 급격히 떨어졌던 —— 19세기 유럽에서의 사망률
하락보다 4-5배 큰 폭으로 —— 것이다(Kelley, 1988, p.168). 유럽에
서는 생활수준과 환경수준이 점진적으로 개선되고 난 뒤에서야 사
망률이 하락했던 반면, 현대적인 과학기술이 '황금시대'에 현대적
인 약품과 수송혁명이라는 형태로 빈국들의 세계를 폭풍처럼 휩쓸
었다. 처음으로 이루어진 의학 및 약학의 혁신이 1940년대부터 계
속해서 (이를테면 DDT와 항생제를 통해서) 생명을 대규모로 구할
수 있었다. 아마도 천연두의 경우를 제외하고는, 이전에는 결코 있
을 수 없던 일이었다. 그래서 출생률이 높은 상태를 유지하거나
번영기에 더욱 올라가기까지 했을 때 사망률은 수직으로 떨어졌
고 —— 멕시코에서는 1944년 이후 25년 사이에 반 이상 떨어졌
다 —— 그리하여 경제나 그 제도가 반드시 크게 변하지 않았더라도
인구가 급증했다. 이에 수반된 한 가지 결과는 부국과 빈국, 선진국
과 후진국 사이의 격차가 더욱 벌어진 것이었다. 양 지역의 경제가
동일한 속도로 성장했을 때조차 그랬다. 인구가 안정된 나라에서
30년 전의 2배로 늘어난 GDP를 분배하는 것과 (멕시코처럼) 30년
사이에 2배로 늘어난 인구에게 그러한 GDP를 분배하는 것은 전혀
다른 일이다.

　인구폭발이 제3세계 존재의 중심적 사실이므로 제3세계에 대한
어떠한 설명도 인구에 대한 고찰로 시작하는 것이 중요하다. 선진
국들의 과거역사는, 제3세계 역시 조만간, 낮은 출생률과 낮은 사망
률에 기반해서, 즉 자녀를 한두 명 넘게 두지 않는 것에 기반해서
그 인구를 안정시킴으로써, 전문가들이 '인구학적 이행'이라고 부
르는 것을 겪게 될 것을 암시하고 있다. '인구학적 이행'이 특히 동

아시아의 몇몇 나라에서 이루어지고 있는 중이라는 증거가 실제로 있지만, 단기 20세기가 끝날 무렵에 빈국들의 태반은 전(前) 소비에 트권을 제외하고는 그러한 길을 따라 그리 멀리 나아가지 않았다. 이러한 사정이 그 나라들의 빈곤이 지속된 한 가지 이유였다. 막대한 인구를 가진 몇몇 나라들은 먹여야 할 입이 해마다 수천만 개씩 추가되는 데에 너무도 우려한 나머지, 정부들은 때때로 산아통제나 여타의 자녀수 제한조치를 자국시민들에게 부과하는 데에 가차없이 강제책을 썼다(특히 1970년대 인도에서의 불임수술 캠페인과 중국의 '한 자녀' 정책). 그러나 어떤 나라에서도 인구문제가 그러한 조치들로 해결될 것 같지는 않다.

## II

그러나 빈국들이 전후(戰後)의 탈식민세계에 진입했을 때 인구문제는 그러한 국가들의 첫번째 관심사가 아니었다. 어떠한 형태를 취할 것인가?(가 첫번째 관심사였다/역주)

그 나라들이 이전의 주인 제국들이나 자신을 정복했던 나라들에서 유래한 정치체제를 채택했거나 채택하도록 촉구된 것은 놀랄 만한 일이 아니다. 사회혁명이나 (그것과 거의 다를 바 없는) 장기적인 해방전쟁의 결과로 부상한 소수 국가들은 소비에트 혁명 모델을 따르는 경향이 보다 컸다. 따라서 이론상 세계는 갈수록, 경쟁선거를 벌이는 의회공화국을 자임하는 나라들과, 단일 지도정당이 이끄는 소수의 '인민민주주의 공화국'들로 가득 차게 되었다(이제부터는 이론상 어느 나라나 민주주의였다. 공산주의 내지 사회혁명적 체제들만이 자신의 공식적 명칭에서 '인민적'이고/이거나 '민주주의적'임을 강조했지만 말이다[2]).

---

2) 공산주의가 무너지기 전에, 자신의 공식 명칭에 '인민(people's, popular)'이나 '민주주의'나 '사회주의'라는 말이 포함되었던 국가들은 다음과 같다 : 알바니아, 앙골라, 알제리, 방글라데시, 베냉, 버마, 불가리아, 캄보디아, 중국, 콩고, 체코슬로바키

실제상으로는 이러한 명칭들이 기껏해야, 그러한 새로운 국가들이 스스로를 국제적으로 어느 쪽에 위치시키고 싶어하는가를 나타낼 뿐이었다. 그 명칭들은 대체로, 오래 전부터 비현실적인 경향을 보여온 라틴 아메리카 공화국들의 공식적 정체(政體)들만큼이나 또한 그와 동일한 이유로 비현실적이었다. 대부분의 경우 그 명칭들은 그것에 걸맞는 물질적, 정치적 조건을 결여했던 것이다. 이러한 사정은 새로운 공산주의형 국가들조차 마찬가지였다. 그러한 국가들의 기본적으로 권위주의적인 구조와 단일 '지도정당'이라는 장치로 인해 그러한 형태의 국가가 비서구적인 배경의 국가들에게 자유주의 공화정보다 다소 덜 부적절한 것이 되기는 했지만 말이다. 일례로, 군부에 대한 (민간)정당의 우위는 공산주의 국가들의 흔들릴 수 없고 흔들리지 않은 몇 안 되는 원칙들 중 하나였으나, 1980년대에 혁명 성향의 국가들 중에서 알제리, 베냉, 버마, 콩고 공화국, 에티오피아, 마다가스카르, 소말리아 —— 그리고 다소 별난 리비아 —— 가 쿠데타로 집권한 군인들의 지배를 받았으며, 사회주의적인 바트 당 정부가 들어선 —— 서로 경쟁적인 형태이기는 하지만 —— 시리아와 이라크 역시 그랬다.

사실상 군사체제의 유행 내지 군사체제로 나아가는 경향이 제3세계 국가들 —— 정체 및 정치상으로 어디에 속하든지 간에 —— 의 공통 요소였다. 핵심적인 제3세계 공산주의체제들(북한, 중국, 인도차이나 공화국들, 쿠바)과, 멕시코 혁명으로 부상하여 오래 전에 확립된 체제를 차치한다면, 1945년 이후에 군사체제를 잠깐이라도 겪어보지 않은 공화국은 찾아보기 힘들다(소수의 군주국들은 몇몇 나라[타이]를 제외하고는 보다 안전했던 것으로 보인다). 물론 인도는 이 책을 쓰고 있는 시기에도 여전히, 민간인의 우위가 중단되지 않은 동시에 비교적 공정하게 정기적으로 치러지는 보통선거에 의한 정부이양이 중단되지 않은, 단연 가장 인상적인 예의 제3세계

---

아, 에티오피아, 동독, 헝가리, 북한, 라오스, 리비아, 마다가스카르, 몽고, 모잠비크, 폴란드, 루마니아, 소말리아, 스리랑카, 소련, 베트남, 남예멘, 유고슬라비아. 가이아나는 자신을 '협동조합 공화국'으로 공표했다.

국가이다. 이러한 점이 '세계 최대의 민주주의 국가'라는 호칭을 정당화하는지 여부는 우리가 에이브러햄 링컨의 '인민을 위한, 인민에 의한, 인민의 정부'를 얼마나 정확히 정의하느냐에 달려 있지만 말이다.

세계 —— 유럽에서까지도 —— 의 군사 쿠데타와 군사체제는 오늘날 우리에게 너무도 익숙해졌기 때문에, 당시에 나타난 규모의 것들이 명백히 새로운 현상이었다는 사실을 상기할 필요가 있다. 1914년에는, 군사 쿠데타가 전통의 일부였던 라틴 아메리카에서를 제외하고는 국제적으로 단 한 나라의 주권국가도 군사통치하에 있지 않았고, 라틴 아메리카에서조차 당시에는, 민간통치하에 있지 않은 주요 공화국은 혁명과 내전이 한창이었던 멕시코뿐이었다. 군국주의적 국가들, 즉 군부의 정치적 비중이 보통 이상으로 큰 국가들은 많이 있었고, 장교단 대부분이 정부에 동조하지 않는 국가들 —— 프랑스가 명백한 예다 —— 도 너댓 개 있었지만, 제대로 운영되고 안정된 국가들에서 군인들의 본능과 습관이란, 복종하고 정치에 개입하지 않는 것, 보다 정확히 말해서 공식적으로는 목소리가 없는 또 다른 명사집단인 지배계급 여성의 방식으로, 즉 막후에서 음모를 통해서만 정치에 개입하는 것이었다.

따라서 군사 쿠데타의 정치는 정부가 불안정하거나 정통성 없는 새로운 시대의 산물이었다. 그 주제에 관한 최초의 진지한 논의는, 마키아벨리를 잊지 않은 이탈리아 저널리스트 쿠르치오 말라파르테의 「쿠데타(*Coup d'État*)」로서 파국의 시대 중간쯤인 1931년에 등장했다. 초강대국간의 균형이 국경과 —— 보다 덜하게 —— 체제를 안정시킨 것으로 보이는 세기 후반에는 군인들의 정치개입이 어느 때보다도 흔해졌다. 지구가 이제 200개에 달하는 국가들로 가득차게 되었다는 이유만으로도 그랬다. 그 나라들 대부분이 새로 생긴 것이었고 따라서 전통적인 정통성을 전혀 가지지 않았으며, 대부분이 유능한 정부보다는 정치적 붕괴를 낳기 쉬운 정치제도들을 지녔다. 그러한 상황에서 군대는 종종, 전국규모로 행동 —— 정치적 행동이든, 다른 어떤 행동이든 —— 을 벌일 수 있는 유일한 집단이었다. 게다가 초강대국들간의 국제적 냉전은 주로 종속국이나 동맹국의 군대를 통해서 수행되었으므로, 이 군대들은 한 쪽 초강대국으로부터, 어떤 경우에는 —— 소말리아에서처럼 —— 처음에는 이쪽 초강대국, 나중에는 저쪽 초강대국으로부터 자금과 무기를 제공받았다. 탱크를 탄 자들이 정치에 관여할 여지가 전의 어느 때보다도 컸던 셈이다.

공산권 중심국들에서는 군인들이 당을 매개로 한 민간우위 원칙에 의해서 계속 통제받았다. 모택동이 광적인 말년에 때때로 그 원칙을 거의 포기하기는 했지만 말이다. 서방동맹측 중심국들의 경우에는, 정치적으로 불안정하지 않거나 그러한 불안정을 계속 억제할 효율적인 기제가 있었으므로 군사정치가 이루어질 여지가 여전히 작았다. 일례로 스페인에서는 프랑코 장군 사후에 새로운 왕의 보호 아래 협상을 통해서 자유민주주의로의 이행이 효율적으로 이루어졌고, 1981년에 자신들의 사상을 버리지 않은 프랑코주의 장교들이 일으킨 소반란은 왕이 그 반란을 인정하지 않음으로써 즉각 중단되었다. 이탈리아 —— 그 나라의 커다란 공산당이 정부에 참여하는 사태를 막기 위해서 미국이 쿠데타 가능성을 유지시켰던 —— 에서는 1970년대에 깊이를 알 수 없는 군부·첩보부·테러리스트 지하세계에서, 다양하고 여전히 원인불명인 행동들의 질풍이 여러 번 휘몰아쳤음에도 불구하고 민간정부가 지속되었다. 오직, 탈식민화 (즉 식민지 반란자들에게 당한 패배)의 충격이 견딜 수 없는 것으로 드러난 곳에서만 서방의 장교들이 군사 쿠데타를 일으키고 싶어했다. 1950년대에 인도차이나와 알제리를 계속 보유하려는, 승산 없는 싸움을 하던 시기의 프랑스와, 1970년대에 아프리카 제국이 무너졌을 때의 포르투갈(쿠데타의 정치적 지향성이 좌파였던)이 바로 그러한 경우였다. 두 경우 모두 군대가 곧 민간인의 통제 아래로 다시 들어왔다. 유럽에서 미국이 실질적으로 후원한 유일한 군사체제는, 1967년에 극도로 분별 없는 일군의 그리스 극우파 대령들이 (아마도 자발적으로) 수립한 —— 공산주의자들과 그 적들 사이의 내전(1944-49)이 양쪽 모두에게 쓰라린 기억을 남겼던 나라에서 —— 체제였다. 반대자들에 대한 조직적인 고문을 선호하기로 유명했던 그 체제는 자신의 정치적인 어리석음으로 인해서 7년 뒤에 무너졌다.

제3세계에서 군부가 개입하기에 유리한 조건은 훨씬 더 컸다. 몇백 명의 군인들 —— 외국인들로 보강되거나 때때로 대체되기까지한 —— 이 결정적인 중요성을 지닐 수 있고, 경험이 없거나 무능한 정부가 무질서, 부패, 혼란의 상태를 계속해서 낳기 쉬운, 약하고 종종 아주 작은 신생국가들에서 특히 그랬다. 아프리카 나라들 대부분의 전형적인 군사통치자는 큰 뜻을 품은 독재자가 아니라 곧 민간정부에게 권력이 다시 이양되기를 바라며 —— 그러한 희망이 수포로 돌아가는 일이 아주 잦았지만 —— 그러한 혼란을 진정으로 청산하고자 하는 사람이었다. 대체로 두 시도 모두 실패했고, 따라서 권력을 오랫동안 유지한 군사지도자는 거의 없었다. 어쨌든 해당 국가의 정부가 공산주의자들의 수중에 떨어질 기미가 약간이라도 있으면 미국의 후원이 사실상 보장되었다.

요컨대 군사정치는 군사첩보업무와 마찬가지로 보통의 정치나 첩보 업무가 결여됨으로써 생긴 공백을 채우는 경향이 있었다. 군사정치는 특별한 종류의 정치가 아니라 불안정하고 불확실한 주위 상황과 상관관계에 있는 것이었다. 그러나 지구상의 사실상 모든 전(前) 식민지들 및 종속국들이 이제 이런저런 방식으로, 다름 아닌 안정적이고 제대로 기능하고 효율적인 국가 —— 그 나라들 중 극소수에게만 해당했던 —— 를 필요로 하는 정책에 몰두했기 때문에 군사정치는 제3세계에서 갈수록 널리 퍼졌다. 그 나라들은 경제적 독립과 '발전'에 몰두했다. 제2라운드의 세계대전과 세계혁명 및 그 결과인 전지구적 탈식민화 직후에, 제국주의 나라들로 이루어지는 세계시장을 위한 1차 산물의 생산국으로서 번영한다는 기존의 계획 —— 멕시코의 포르피리오 디아스(1877-80, 1884-1911년의 대통령/역주)와 페루의 레기아(1908-12, 1919-30년의 대통령/역주)가 희망을 걸고 모방했던, 아르헨티나와 우루과이의 에스탄시에로(estanciero : 아르헨티나와 우루과이 사이의 라플라타 강 유역에 펼

쳐져 있는 광활한 사유지를 가리키는 '에스탄시아[estancia]'의 소
유자/역주) 육성 계획 —— 은 가망이 없어 보였다. 어쨌든 그러한
계획은 대공황 이후 더 이상 그럴 듯하게 보이지 않았던 터였다. 게
다가 민족주의와 반제국주의 둘 다 구(舊)제국들에 덜 의존적인 정
책을 요구했고, 소련의 사례는 대안적인 '발전' 모델을 제공했다. 소
련의 본보기가 1945년 이후 시기만큼 인상적으로 보였던 적도 없었
을 것이다.

따라서 보다 야심적인 국가들은 중앙계획식의 소련형 모델이든
수입대체방식이든 체계적인 공업화를 통해서 농업사회적 후진성을
종식시킬 것을 촉구했다. 두 방식 모두 —— 서로 다른 방법을 쓰기
는 했지만 —— 국가활동과 국가통제에 의존했다. 열대같이 더운 대
규모 제강소 —— 거대한 댐의 보호를 받는 거대한 수력발전소로부
터 동력을 공급받는 —— 로 대변되는 미래를 꿈꾸지 않는 덜 야심
적인 국가들조차 자국의 자원을 스스로 통제하고 개발하고 싶어했
다. 석유는 전통적으로 서방의 사기업들 —— 대체로 제국열강과 아
주 긴밀한 관계에 있는 —— 이 생산해왔는데, 각국의 정부들은 이
제, 1938년의 멕시코의 예를 따라 그 기업들을 국유화하고 국영기
업으로 운영하는 데에 몰두했다. 국유화를 자제한 정부들도 (특히,
ARAMCO[Arabian-American Oil Company, 아라비안-아메리칸
석유회사/역주]가 사우디아라비아에 50:50이라는, 지금까지 상상
도 할 수 없었던 수입분배 몫을 제안한 1950년 이후에) 석유와 가스
를 물리적으로 점유함으로써 외국기업과의 협상에서 유리한 고지
를 차지할 수 있다는 사실을 발견했다. 실제로, 세계의 석유 소유권
이 몇몇 회사들에서 비교적 소수의 석유생산국 정부들로 옮아갔으
므로, 결국 1970년대에 OPEC이 세계를 볼모로 몸값을 요구하는 일
이 가능해졌다. 요컨대, 신구(新舊)의 외국 자본가들에게 의존하는
데에 매우 만족한 탈식민화된 국가들이나 종속국들의 정부들(현대
좌파용어로 '신식민주의')조차 국가가 통제하는 경제 내에서 외국 자
본가들에게 의존했다. 아마도 1980년대까지 그러한 국가들 중 가장
성공적인 사례는 전에 프랑스령이었던 코트디부아르(Côte d'Ivoire :

서아프리카 남해안에 위치한 공화국/역주)가 될 것이다.

아마도 가장 성공적이지 않았던 사례는, 특히 그 정부가 선진국들조차 어렵다고 느낀 목표——이를테면 중앙에서의 국가계획에 의한 공업화——를 설정했을 때, 후진성으로 인한 장애요소들——숙련되고 경험 많은 전문가, 행정가, 경제정책 간부의 부족이라든가, 문맹이라든가, 경제근대화 계획에 대해 익숙치 않거나 공감이 부족한 상태——을 과소평가한 신생국들이 될 것이다. 일례로 수단과 더불어 독립이 허용된 최초의 사하라 이남 국가에 해당하는 가나는 고가(高價)의 코코아와 전시(戰時)의 벌이 덕분에 축적되었던 2억 파운드의 통화보유고——독립 인도의 파운드 잔고보다 높은 액수인——를, 공업화된 국가통제경제를 건설하고자 하는 데에 그리고 크와메 은크루마의 범아프리카 연합 계획을 실현하려는 데에 쏟아부었는데, 그 결과는 참담한 것이었고 1960년대에 코코아 가격이 폭락함으로써 상황은 더욱 악화되었다. 1972년까지는 그 원대한 계획들이 실패로 돌아갔고, 그 작은 나라의 국내공업들은 오직, 높은 관세장벽, 가격통제, 수입허가제 덕분에 살아남을 수 있었는데, 그러한 상황은 지하경제를 번성시켰고 고질적인 부정부패를 만연케 했다. 모든 임금생활자의 4분의 3이 공공부문에 고용되었고, (그리도 많은 여타의 아프리카 국가들에서처럼) 자급농업은 무시되었다. 은크루마가 통상적인 군사 쿠데타(1966)로 실각한 뒤에 그 나라는, 대체로 실망을 맛본 군사정부들과 이따금 민간정부들이 잇달아 들어서는 가운데, 환멸만을 안겨주는 길을 계속 걸어갔다.

사하라 이남 아프리카 신생국들의 우울한 기록 때문에, 국가가 계획하거나 후원한 경제발전의 길을 택한, 보다 나은 위치의 전(前)식민지들 내지 종속국들이 거둔 상당한 성과를 과소평가해서는 안된다. 1970년대부터 외교관들의 전문어인 NICs(신흥공업국)로 알려지게 된 나라들은 홍콩이라는 도시국가를 제외하고는 모두 그러한 정책에 기반했다. 브라질과 멕시코는, 그 나라들을 아주 약간이라도 아는 사람이라면 누구나 증언하듯이 관료제, 상당 규모의 부정부패, 커다란 낭비를 낳았지만 또한 양국 모두 몇십 년 동안 연간

7퍼센트의 성장률을 보였다. 요컨대 두 나라 모두 근대 공업경제로의 이행 —— 소원이었던 —— 을 성취했던 것이다. 실제로 브라질은 한동안 비공산권에서 8번째로 큰 공업국이 되기도 했다. 두 나라 모두 상당 규모의 국내시장을 제공할 정도로 인구가 충분히 많았으므로 수입대체산업에 의한 공업화는 적어도 꽤 오랫동안 적절한 것이었다. 정부의 지출과 활동이 국내의 높은 수요를 지탱해주었다. 브라질의 공공부문은 한때 국내총생산의 거의 절반에 관계했고, 20대 기업 중 19개를 차지했다. 한편, 멕시코에서는 공공부문이 전체 노동력의 5분의 1을 고용했고, 전국 임금총액의 5분의 2를 지불했다(Harris, 1987, pp.84-85). 극동에서의 국가주도 계획경제는 직접적인 공기업보다는 특혜가 주어진 사기업들 —— 정부가 신용과 투자를 통제하는 —— 에 기반하는 경향이 있었으나 경제발전이 국가에 의존했다는 점은 동일했다. 계획경제와 국가주도는 1950-60년대에 세계 도처에서 그리고 1990년대까지 NICs에서 벌어진 게임의 이름이었다. 이러한 형태의 경제발전이 만족스러운 결과를 낳을 것인가, 실망스러운 결과를 낳을 것인가는 해당 국가의 상황과 인간의 실책에 달려 있었다.

## III

발전(development) —— 국가가 통제하든 그렇지 않든 —— 은 자기 자신의 식량을 재배하며 살아가는 대다수의 제3세계 주민에게 직접적인 관심사가 아니었다. 국고세입을 한두 가지의 주요 수출용 작물 —— 커피, 바나나, 코코아 —— 에서 나오는 수입에 의존한 나라들이나 식민지들에서조차 그러한 작물은 대체로 소수의 제한된 지역들에 국한되었다. 중국뿐만 아니라 사하라 이남 아프리카와 대부분의 남아시아 및 동남아시아에서 주민 대다수는 계속해서 농업으로 먹고 살았다. 아직까지는 서반구와, 서부 이슬람의 건조지역에서만 농촌의 인적, 물적 자원이 대도시들로 빠져나가, 극적인 20

년 사이에 농촌사회가 도시사회로 바뀌었다(제10장을 보라). 블랙
아프리카(Black Africa : 아프리카 대륙 가운데 흑인이 거주하는, 사
하라 사막 이남의 여러 나라를 지칭/역주)의 상당 지역처럼 비옥하
고 인구밀도가 그리 높지 않은 지역에서는 대부분의 주민이 그대로
방임되었더라도 생계를 매우 잘 꾸려나갔을 것이다. 또한 그러한
지역의 주민들 대부분이 국가를 필요로 하지 않았다. 국가는 대체
로 많은 해를 끼치기에는 너무 약했고, 성가신 존재로 성장할 경우
에는 촌락 단위의 자급자족 생활로 돌아감으로써 아마도 무시될 수
있는 존재였다. 보다 큰 이점을 가지고 독립의 시대를 맞은 대륙은
거의 없었고 그 이점이나마 곧 날아갈 것이었다. 아시아와 이슬람
세계의 농민들 대부분은 훨씬 더 가난했거나 적어도 훨씬 더 못 먹
었으며, 때때로 인도에서처럼 역사적으로 극도로 가난했다 —— 제
한된 토지에 대한 사람들의 압력이 이미 더욱 심한 상태였다. 그럼
에도 불구하고 그들 중 꽤 많은 사람들에게는 자신들의 문제에 대
한 최선의 해결책이, 경제발전이 막대한 부와 번영을 가져올 것이
라고 말하는 사람들에게 말려드는 것이 아니라 오히려 그러한 사람
들의 접근을 막는 것으로 보였다. 오랜 경험이 그들과 그들에 앞선
선조들에게 좋은 것이 밖에서 오는 법은 없다는 것을 보여주어왔으
며, 여러 세대에 걸친 조용한 계산이 위험의 최소화가 이익의 극대
화보다 나은 정책이라는 것을 그들에게 가르쳐주어왔다. 그러나 이
러한 사정이 그들로 하여금 전지구적인 경제혁명의 영역에 전혀 못
들어오게 하지는 않았다. 그 경제혁명은 플라스틱 샌들, 가솔린 통,
구형 트럭 그리고 —— 물론 —— 서류뭉치를 든 정부관리들이라는
형태로 그들 중 보다 고립된 사람들에게까지 미쳤다. 그러나 경제
혁명은 그러한 지역들의 사람들을, 서류 및 사무실의 세계 안에서
일하고 그러한 세계를 통해서 일하는 사람들과 나머지 사람들로 분
리시키는 경향이 있었다. 농촌적인 제3세계 대부분에서 중심적 구
분선은 '해안'과 '내륙' 또는 도시와 벽지 사이에 그어졌다.[3] 문제는

---

3) 그러한 분리는 후진지역의 사회주의 국가들 일부에서도 볼 수 있었다. 이를테면,
   소비에트 카자흐스탄에서 토착주민들은 농경과 목축을 포기하는 데에 전혀 관심

근대성과 통치가 결합되어 '내륙'이 '해안'에 의해서, 벽지가 도시에 의해서, 문맹층이 식자층에 의해서 통치되었다는 데에 있었다. 태초에 말이 있었다. 곧 가나 독립국이 될 나라의 국회의원 104명 중에 68명이 일정한 형태의, 초등교육 이상의 교육을 받은 바 있는 사람들이었다. 또한 텔렝가나(남부 인도)의 입법의회 의원 106명 중에 97명이 중등 내지 고등교육을 받았고 50명이 대졸자였다. 두 지역 모두 당시의 주민들 대다수는 문맹이었다(Hodgkin, 1961, p.29 ; Gray, 1970, p.135). 게다가 제3세계 국가의 **중앙**정부에서 활동하기를 원하는 사람이면 누구나 그 지역의 공용어(반드시 그의 출신지 언어인 것은 아닌)뿐만 아니라 소수의 국제어들 중 하나(영어, 불어, 스페인어, 아랍어, 북경 중국어)나 적어도, 새 정부가 '국민' 문어(文語)로 발전시키는 경향이 있는 지역별 혼성 국제어(스와힐리어(Swahili), 바하사어[Bahasa : 인도네시아 공화국의 공용어/역주], 피진어[Pidgin : 중국의 상업영어. 중국어, 포르투갈어, 말레이어 등이 뒤섞인 영어/역주])를 읽고 쓸 줄 알아야 했다. 유일한 예외는 공식 문어(스페인어와 포르투갈어)가 다수 주민의 구어와 일치한 라틴 아메리카 지역이었다. 하이데라바드(인도)에서의 1967년 총선에 나온 공직자 후보들(34명) 중에서 단 3명만이 영어를 못했다(Bernstorff, 1970, p.146).

따라서 보다 외딴 곳이고 보다 후진적인 나라의 사람들조차 갈수록, 보다 높은 교육과정을 밟는 것의 이점을 깨닫게 ── 그러한 이점을 직접 공유할 수 없을 때조차, 아니 아마도 그러한 경우에 더욱 절실히 ── 되었다. 문자 그대로 아는 것이 힘이었다. 이는 국가가 국민들에게, 자신들로부터 자원을 수탈해서 국가공무원들에게 분배하는 기구로 보였던 나라들에서 가장 두드러졌다. 교육은 공직, 종종 앞길이 보장된 공직[4]을 의미했다. 공직은 뇌물과 수수료를 받

───

을 보이지 않았고, 공업화와 도시들을 비슷한 규모의 (러시아인) 이주민집단에게 맡겼다.

4) 이를테면, 1980년대 중반까지 베냉, 콩고, 기니, 소말리아, 수단, 말리, 르완다, 중앙 아프리카 공화국에서 그러했다(World Labour, 1989, p.49).

아낼 수 있고 가족과 친구들에게 일자리를 제공할 수 있는, 행운의 직업이었다. 일례로 마을 청년들 가운데 한 사람을 교육시키는 데에 투자했던 중앙아프리카의 한 마을은 그 교육이 보장해줄 공직으로부터, 마을 전체의 소득증가와 보호라는 형태로 보상받을 것을 기대했다. 어쨌든, 출세한 공무원은 그 나라 주민들 중 가장 보수가 좋은 사람이었다. 1960년대에 우간다 같은 나라에서 그러한 공무원은 그 나라 사람들의 1인당 평균소득의 112배에 해당하는 액수의 (법정)봉급을 받을 것을 기대할 수 있었다(영국에서의 그러한 비율은 10:1이었다)(UN World Social Situation, 1970, p.66).

시골에서 올라온 가난한 사람들이 교육의 이점을 직접 공유할 수 있는 것으로 보이는 곳(근대성에 가장 가깝고 식민주의와 가장 먼 제3세계 지역인 라틴 아메리카처럼)에서는, 배우려는 욕구가 사실상 보편적이었다. 마푸체 인디오들 사이에서 활동을 벌였던 한 칠레 공산당 조직가는 "그들 모두가 무언가를 배우고 싶어한다"라고 1962년에 필자에게 말했다. "나는 지식인이 아니며 그들에게 학교 지식을 가르칠 수 없다. 그래서 나는 그들에게 축구하는 법을 가르친다." 지식에 대한 이러한 갈망이 농촌에서 도시로의 놀랄 만한 대량이주 —— 1950년대부터 계속해서 남아메리카 대륙의 농촌을 비운 —— 를 상당 정도 설명해준다. 왜냐하면 모든 조사결과가 도시의 매력이 특히, 자녀들에 대한 보다 나은 교육 및 훈련의 기회에 있었다는 데에 일치하고 있기 때문이다. 도시에서 자녀들은 '무언가 다른 사람이 될 수 있었다.' 학교교육은 당연히 최고의 전망을 열어주었지만, 후진 농업사회 지역들에서는 자동차 운전과 같은 극히 단순한 기술조차 보다 나은 삶에 이르는 열쇠가 될 수 있었다. 그 기술은 안데스 산맥의 케츄아 마을에서 온 한 이주민이 그의 도시생활에 합류한 동향 출신의 사촌들과 조카들에게 가르쳐준—— 그들이 근대적 세계를 잘 헤쳐나가기를 바라면서 —— 첫번째 것이었다. 그의 구급차 운전사 직업이 그 자신의 가족이 성공하게 된 기반으로 드러나지 않았던가?(Julca, 1992)

라틴 아메리카 지역 밖의 농촌주민들이 조직적으로, 근대성을 위

490

협이라기보다는 희망으로 보기 시작한 것은 아마도 1960년대나 그 이후가 되어서야일 것이다. 그러나 그 이전에도 경제발전정책의 한 가지 측면이 그들에게 호소력 있는 —— 인류의 5분의 3 내지 그 이상에 해당하는, 농업으로 생계를 이어가는 사람들에게 직접 영향을 미치는 것이므로 —— 것으로 기대할 수 있었으니, 농지개혁이 바로 그것이다. 농업국들에서의 이러한 일반적인 정치적 슬로건은, 대(大)소유지를 분할해서 농민과 무토지 노동자들에게 재분배하는 것에서부터 봉건적 토지보유권이나 예속신분의 폐지에 이르기까지, 지대 인하와 다양한 종류의 소작제개혁에서 혁명적인 토지 국유화와 집산화에 이르기까지 무엇이든 포괄할 수 있었다.

이러한 슬로건이 제2차 세계대전 종전 이후 10년 동안보다 더 많이 나타났던 적도 없을 것이다. 그 슬로건은 정치 스펙트럼 전체에서 실행되었던 것이다. 1945-50년에 인류의 거의 절반이, 모종의 농지개혁을 겪는 나라들에서 살았다. 동유럽과 1949년 이후 중국의 경우 공산주의형의 개혁이었고, 전(前) 영국령 인도 제국의 경우 탈식민화의 결과였으며, 일본, 대만, 한국의 경우 일본의 패전, 보다 정확히 말해서 미국의 점령정책의 결과였다. 1952년의 이집트 혁명은 농지개혁의 범위를 서부 이슬람 세계로 확대시켰다. 이라크, 시리아, 알제리가 카이로의 예를 따랐던 것이다. 또한 1952년의 볼리비아 혁명은 남아메리카에 농지개혁을 도입했다. 비록 멕시코가 이미 1910년 혁명 이래, 아니 보다 정확히 말해서 1930년대의 혁명 재개 이래 오랫동안 아그라리스모(agrarismo : 토지재분배운동/역주)를 옹호해왔지만 말이다. 그러나 라틴 아메리카에서는 그 문제에 관한 정치적 선언과 통계조사가 갈수록 넘쳐흘렀음에도 불구하고, 피델 카스트로의 쿠바 혁명(그 섬나라에 농지개혁을 도입한)이 그 문제를 정치적 의제에 올려놓기 전까지는, 혁명이나 탈식민화나 패전이 너무 적어서 실제적인 농지개혁이 그리 많이 이루어지지 못했다.

근대화론자들에게 농지개혁문제는 정치적인 것(혁명적 체제에 대한 또는 혁명을 저지할 수 있는 체제에 대한 농민의 지지를 얻는 것 등)이었고, 이데올로기적인 것('토지를 땀 흘리는 사람들에게 돌려주는 것' 등)이었으며, 때때로 경제적인 것이었다. 대부분의 혁명가나 개혁가는 단순히, 전통적인 농민층과 무토지농이나 빈농에게 토지를 분배하는 것에서 너무 많은 것을 기대하지는 않았지만 말이다. 실제로 볼리비아와 이라크에서는 각각 1952년과 1958년에 이루어진 농지개혁 직후에 농업생산고가 급격히 떨어졌다. 공평하게 말하자면, 이집트와 일본 그리고 가장 두드러지게 대만에서처럼 농민의 기술수준과 생산성이 이미 높았던 곳에서는 농지개혁이, 이전까지 의심 많은 농촌민들에 의해서 그 발전이 억제되었던 잠재적 생산력의 상당 부분을 신속하게 해방시킬 수 있었다는 점을 덧붙여야겠지만 말이다(Land Reform, 1968, pp.570-75). 대규모 농민층의 존재를 계속 유지한다는 것은 비경제적이었고 지금도 그렇다. 현대 세계사에서 농업생산고의 급성장은 농경민의 수와 비율의 마찬가지로 극적인 감소와 함께 진행되었던 것이다. 제2차 세계대전 종전 이후가 가장 극적이었다. 그러나 농지개혁은 농민 —— 특히, 근대적 정신을 소유한 보다 큰 규모의 농업가 —— 에 의한 영농이 전통적인 영지, 제국주의적 플랜테이션 그리고 사실상 준(準)공업적 기반 위에서 농업을 운영하려는 무분별한 근대적 시도들 —— 소련형 거대 국영농장이나, 영국이 1945년 이후 탕가니카(지금의 탄자니아)에서 추진한 땅콩 생산계획과 같은 —— 만큼 효율적일 수 있고 그것들보다 탄력적일 수 있다는 것을 입증할 수 있었고 입증했다. 플랜테이션이 몇몇 경우에는 여전히 소규모의 미숙련 생산자들에 비해서 분명한 이점을 가졌지만, 커피나 심지어 설탕과 고무처럼 이전에는 기본적으로 플랜테이션 생산물로 생각되었던 작물들이 이제는 더 이상 그렇게 생각되지 않았다. 또한 종전 이후 제3세계 농업의 커다란 진보인 '녹색혁명' —— 새로운 작물의 과학적 선택—— 은 펀자브에서 보듯이 사업가정신의 농업가들에 의해서 성취된 것이었다.

그러나 농지개혁에 대한 가장 강력한 경제적 논거는 생산성이 아니라 평등에 있다. 대체로 경제발전은 장기적으로 볼 때 국민소득

분배의 불평등을 처음에는 증가시켰다가 나중에 감소시키는 경향이 있다. 경제적 쇠퇴와 자유시장에 대한 신학적 믿음은 최근에 여기저기에서 이러한 추세를 역전시키기 시작했지만 말이다. 황금시대가 끝날 무렵에 서방 선진국들의 사회가 제3세계의 경우보다 더 평등했다. 소득불평등은 라틴 아메리카에서 가장 심했고 아프리카가 그 다음이었던 반면, 수많은 아시아 나라들에서는 그 정도가 매우 덜했다. 그 나라들에서는 미국 점령군의 보호하에 또는 미국 점령군에 의해서 매우 급진적인 농지개혁이 부과되었던 것이다. 일본, 남한, 대만의 경우가 바로 그러했다(그러나 동유럽의 사회주의 국가들이나 당시의 오스트레일리아만큼 평등주의적이었던 나라는 없었다)(Kakwani, 1980). 이 나라들의 공업화가 성공을 거두는 모습을 지켜본 사람들은 자연히, 이러한 상황의 사회적 또는 경제적인 이점이 그 성공에 얼마만큼 기여했는가에 대해서 깊이 생각했다. 브라질 경제 —— 언제나 남반구의 미국이라는 지위를 얻기 직전까지 가지만 결코 그러한 지위에 도달하지 못한 —— 의 훨씬 더 단속적(斷續的)인 발전을 지켜본 사람들이 그 나라의 특히나 불평등한 소득분배 —— 국내공업시장의 규모를 불가피하게 제한한—— 가 그 경제의 발전을 얼마만큼 억제해왔던가에 대해서 생각한 것과 똑같이 말이다. 실제로 라틴 아메리카의 두드러진 사회적 불평등은, 그렇게도 많은 라틴 아메리카 나라들에서 체계적인 농지개혁이 없었다는 점 —— 마찬가지로 두드러진 —— 과 거의 무관하지 않다.

농지개혁은 의심할 바 없이 제3세계의 농민층으로부터 환영받았다. 적어도 그 개혁이 집단농장이나 협동조합 생산으로 바뀌기—— 공산주의 국가들에서 늘 그랬듯이 —— 전까지는 말이다. 그러나 근대화론자들의 농지개혁관은 농민들의 시각과는 달랐다. 농민들은 거시경제적 문제들에 무관심했고, 도시의 개혁가들과는 다른 시각에서 국가정치를 바라보았으며, 일반적 원칙이 아니라 특정한 권리에 기반해서 토지를 요구했다. 일례로 1969년에 페루에서 개혁적 장군들의 정부가 시행한 급진적인 농지개혁 —— 그 나라의 대토지 소유제(아시엔다)를 단번에 파괴해버린 —— 은 바로 이러한 이유

때문에 실패했다. 고지의 인디오 공동체들 —— 그들이 노동력을 제공한 안데스 산맥의 광대한 대목장과 불안정한 공존관계 속에서 살았던 —— 에게는 농지개혁이, 이전에 지주들에게 빼앗겼던 공유지와 목초지를 정당하게 '토착민공동체들'에게 반환하는 것을 의미할 뿐이었다. 그들은 빼앗긴 공유지 및 목초지의 경계선을 여러 세기가 지난 뒤까지도 정확히 기억했고, 그 땅의 상실을 결코 받아들이지 않았던 것이다(Hobsbawm, 1974). 그들은 공동체 —— 전혀 평등주의적이지 않은 —— 내에서의 전통적인 상호 부조말고는, 협동조합 실험으로든, 다른 새로운 영농방식으로든, 기존의 영농을 하나의 생산단위(이제는 공동체들 및 그것들의 이전 노동력이 소유하게 된)로 유지하는 데에 관심이 없었다. 농지개혁이 이루어진 뒤에 그 공동체들은 협동농장화된 사유지(이제 그 공동체들이 공동소유주가 된)를 '침탈하던' 관행으로 되돌아갔다. 마치 사유지와 공동체 사이(그리고 토지를 둘러싼 분쟁에서 공동체들 사이)의 갈등에서 아무것도 바뀌지 않은 것처럼 말이다(Gómez Rodríguez, pp.242-55). 그 공동체들에 관한 한 아무것도 바뀌지 않았다. 농민의 이상(理想)에 가장 가까운 농지개혁은 아마도 1930년대 멕시코의 농지개혁일 것이다. 그 개혁은 공유지를 양도 불가능한 것으로 촌락공동체들에게 주어서 그들이 원하는 대로 그 땅을 조직하도록 했고(에히도[ejido : 멕시코 인디오들의 전통적인 공동소유지/역주]), 농민들이 자급농업에 종사하는 것을 당연시했다. 그것은 정치적으로 엄청난 성공을 거두었으나 경제적으로 멕시코의 이후 농업발전과는 무관했다.


# IV


제2차 세계대전 종전 이후에 부상한 수십 개의 탈식민지 국가들이 라틴 아메리카의 대부분 국가들 —— 역시 명백히, 기존의 제국적, 산업적 세계에 종속된 지역에 속한 —— 과 함께 곧, 선진 자본주의 국가들의 '제1세계' 및 공산주의 국가들의 '제2세계'와 대비되어 '제3세계' —— 그 용어는 1952년에 만들어진 것으로 전해진다 (Harris, 1987, p.18) —— 로 분류되기에 이른 것은 놀랄 만한 일이 아니다. 이집트와 가봉, 인도와 파푸아뉴기니를 같은 종류의 사회로 다룬다는 명백한 불합리성에도 불구하고 이는 전적으로 받아들이기 어려운 것만은 아니었다. 왜냐하면 그 나라들 모두가 ('선진' 세계에 비해서) 가난했고,[5] 모두가 종속적이었으며, 모두가 '발전' 하기를 원하는 정부를 가졌고, 그들 중 어떤 나라도 대공황과 제2차 세계대전 직후에, 자본주의 세계시장(즉 경제학자들의 '비교우위'라는 교리)이나 국내의 자생적인 사기업이 그러한 목표를 달성할 것이라고 믿지 않았기 때문이다. 게다가 냉전이라는 그물이 지구 전체를 옭아맴에 따라, 행동의 자유가 조금이라도 있는 나라라면 어떤 나라도 두 동맹체제 중 어느 한 쪽에 가담하는 것을 피하고 싶어했다. 즉, 모두가 두려워한 제3차 세계대전에 끼지 않기를 원했던 것이다.

이는 '비동맹'국들이 냉전에서 양쪽 편 모두에 대해 동일하게 맞섰다는 것을 의미하지는 않는다. 그 운동(대체로, 1955년 인도네시아의 반둥에서 열린 첫번째 국제회의의 이름을 딴)의 고취자들과 투사들은 급진적인 식민지 전(前) 혁명가들 —— 인도의 자와할랄 네루, 인도네시아의 수카르노, 이집트의 가말 압델 나세르 대령, 비정통적 공산주의자인 유고슬라비아의 티토 대통령 —— 이었다. 이 나라들 모두가 그리도 많은 수의 전(前) 식민지체제들과 마찬가지로 그들 나름의(즉 비소련적인) 방식 —— 캄보디아 국왕의 불교 사회주의를 비롯한 —— 으로 사회주의적이었거나 사회주의적임을 주장했다. 그 나라들 모두가 소련에 대해 일정한 공감을 보였거나 적어도 소련으로부터 경제적, 군사적 도움을 받을 준비가 되어 있었다. 세계가 둘로 갈라진 뒤에 곧 미국이 자신의 오랜 반(反)식민주

---

5) 아주 드문 예외로 특히 아르헨티나를 들 수 있다. 그 나라는 부유하기는 했지만, 1929년까지 식량 수출국으로 번영하게 해주었던 대영제국의 쇠락 이후 결코 세를 만회하지 못했다.

의 전통을 포기했고 명백히 제3세계의 가장 보수적인 나라들에게서 지지를 구했으므로 이는 놀랄 만한 일이 아니었다. 이라크(1958년 혁명 전의), 터키, 파키스탄, 샤의 이란으로 구성된 CENTO(중동조약기구)와 파키스탄, 필리핀, 타이의 SEATO(동남아시아 조약기구) 둘 다 NATO를 중심축으로 한 반소(反蘇)군사체제를 완성할 목적으로 만들어진 것이었다(둘 중 어느 것도 대단한 것이 되지는 못했다). 기본적으로 아프리카와 아시아 나라들로 구성되었던 비동맹집단이 1959년의 쿠바 혁명 이후 3대륙에 걸친 집단이 되었을 때, 라틴 아메리카 비동맹국들이 서반구에서 북쪽의 큰 형(미국/역주)에 대해 가장 비우호적인 공화국들 가운데에서 나왔다는 것은 놀랄 만한 일이 아니었다. 그럼에도 불구하고, 친미 성향의 제3세계 국가들 —— 서방동맹체제에 실제로 가담했는지도 모르는 —— 과는 달리 비공산주의 반둥 국가들은 초강대국간의 세계적 대결에 말려들 의사가 전혀 없었다. 그 나라들은, 한국전쟁과 베트남 전쟁과 쿠바의 미사일 위기가 입증했듯이, 끊임없이 그러한 싸움에서 최전선이 될 가능성을 지녔던 것이다. 두 진영간의 (유럽에서의) 실제적인 경계선이 안정될수록, 대포를 발사하고 폭탄을 투하하는 일이 아시아의 산 속이나 아프리카의 숲속에서 벌어질 가능성은 높아졌다.

초강대국간의 대결이 세계적 차원에서 국가들간의 관계를 지배했고 어느 정도는 안정시켰지만 전적으로 통제하지는 않았다. 본질적으로 냉전과 무관한, 제3세계의 토착적 긴장이 끊임없이 충돌 —— 주기적으로 폭발하여 전쟁으로 이어지는 —— 의 조건을 창출했던 지역이 두 곳 존재했다. 중동과 인도 아대륙 북부가 그러한 지역이다(두 지역 모두 제국의 분할계획을 물려받은 곳임은 우연이 아니다). 후자의 분쟁지역은 미국인들을 끌어들이려는 파키스탄의 시도 —— 1980년대의 아프가니스탄 전쟁(제8장과 제16장을 보라) 이전까지는 실패한 —— 에도 불구하고 세계적 냉전으로부터 보다 쉽게 절연되어 있었다. 그리하여 서방인들은 3개의 지역전쟁들, 즉 1962년에 중국과 인도 사이에 불명확한 국경을 둘러싸고 벌어졌다가 중국이 승리한 전쟁, 1965년의 인도-파키스탄 전쟁(인도가 쉽게 승리), 동부 파키스탄(방글라데시)의 분리 —— 인도가 지원한 —— 에서 비롯된, 1971년의 두번째 인도-파키스탄 충돌에 대해서 기억은 고사하고 거의 듣지도 못했다. 미국과 소련은 호의적인 중립국이나 중재국 역할을 하고자 했다. 중동의 상황은 미국의 몇몇 동맹국들 —— 이스라엘, 터키, 샤의 이란 —— 이 직접 관련되어 있었기 때문에 그렇게 고립적일 수 없었다. 게다가 군사혁명이든 민간혁명이든, 잇달아 일어난 각국의 혁명들 —— 1952년의 이집트에서부터 1950-60년대의 이라크와 시리아, 1960-70년대의 사우디아라비아 그리고 1979년의 이란 자체에 이르기까지 —— 이 입증했듯이, 그 지역은 사회적으로 불안정했고 지금도 여전히 그렇다.

이러한 지역적 분쟁들은 본질적으로 냉전과 관련이 없었다. 소련은, 나중에 미국의 주된 동맹국으로 자리잡게 되는 이스라엘이라는 새로운 국가를 승인한 첫번째 국가들 중 하나였고, 아랍이나 여타 지역의 이슬람 국가들은 우파든 좌파든 자신의 국경 내에서 공산주의를 억누르는 데에 일치했다. 주된 파괴세력은 이스라엘이었다. 그곳에서 유태인 정착자들은 (아마도 1948년의 유태인 인구보다 큰 수일 70만 명의 비유태계 팔레스타인인들을 쫓아내고는)(Calvocoressi, 1989, p.215) 영국에 의한 분할에서 구상되었던 것보다 더 큰 규모의 유태인 국가를 수립했고, 그 때문에 10년에 한 번 꼴로 전쟁을 벌였다(1948, 1956, 1967, 1973, 1982). 18세기에 프로이센 왕 프리드리히 2세가 실레지엔 —— 그가 이웃나라 오스트리아로부터 빼앗은 —— 의 소유권에 대한 승인을 얻기 위해서 벌였던 전쟁에 가장 잘 비견될 수 있는 이러한 전쟁들을 벌이는 과정에서 이스라엘 역시 그 지역에서 군사적으로 가장 막강한 세력이 되었고 핵무기를 획득했으나, 확대된 국경지방에 살거나 중동에 뿔뿔이 흩어져 사는, 원한에 사무친 팔레스타인인들과의 관계는 말할 것도 없고 인접 국가들과의 안정된 관계를 수립하는 데에 실패했다. 중동은 소련의 붕괴로 냉전의 최전선에서 벗어나기는 했지만 여전히 전에 못지 않게 폭발적인 지역으로 남았다.

보다 작은 분쟁중심지 세 곳이 그러한 상태를 유지하는 데에 일조했다. 동부 지중해 지역, 페르시아만, 터키, 이란, 이라크, 시리아 간의 국경지역이 바로 그러한 곳들이었다. 터키, 이란, 이라크, 시리아 간의 국경지역에서는 쿠르드족이 민족독립을 얻고자 시도했으나 허사로 끝났다. 윌슨 대통령은 1918년에 경솔하게도 쿠르드족에게, 독립을 요구할 것을 촉구했었다. 강대국들 중에서 영속적인 지원국을 찾을 수 없었던 쿠르드족은 모든 이웃나라들간의 관계를 혼란시켰고, 그 나라들은 1980년대의 독가스를 포함해서 사용 가능한 모든 수단을 써서 쿠르드족을 학살 —— 산악 게릴라 전사들로 잘 알려진 쿠르드족의 기술이 막아내지 못하는 한 —— 했다. 그리스와 터키 둘 다 NATO의 가맹국이었으므로 동부 지중해 지역은 여전히 비교적 조용한 곳으로 남았다. 비록 양국간의 충돌이 터키의 키프로스 침공을 낳았지만 말이다. 키프로스는 1974년에 분할되었다. 한편, 페르시아 만에서의 지위를 둘러싼 서방열강, 이라크, 이란 사이의 경쟁은 1980-88년에 이라크와 혁명 이란 사이의 무자비한 8년 전쟁을 그리고 냉전이 끝난 뒤인 1991년에 미국 및 그 동맹국들과 이라크 사이의 전쟁을 낳을 것이었다.

제3세계의 일부 지역은 쿠바 혁명 이전까지는 여전히 세계적인 국제분쟁과 지역적인 국제분쟁 둘 다로부터 상당히 떨어져 있었다. 라틴 아메리카가 바로 그러한 지역이었다. 라틴 아메리카는, 본토의 몇몇 작은 땅조각들(가이아나, 당시에 영국령 온두라스로 알려진 벨리즈)과 카리브 해의 작은 섬들을 제외하고는 오래 전에 탈식민화했었다. 가난한 주민들조차 대다수가 카톨릭 교도였고 안데스 산맥과 중미 대륙 일부 지역을 제외하고는 유럽인들이 공유한 문화어를 말하거나 알아들었으므로 라틴 아메리카의 주민은 문화적으로나 언어상으로나 서방인이었다. 라틴 아메리카 지역은 이베리아 정복자들로부터 정교한 인종적 계서제를 물려받았지만 또한 압도적으로 남성적인 정복으로부터 대대적인 인종간 혼교(混交) 전통 역시 물려받았다. 유럽에서 이주민들이 대규모로 들어왔고 원주민이 극히 적었던, 남미의 남부 원뿔 모양 지역(아르헨티나, 우루과이, 남부 브라질)을 제외하고는 순수 백인들이 거의 없었다. 또한 원뿔 모양 지역을 포함한 모든 곳에서 성취도와 사회적 지위가 인종을 상쇄했다. 멕시코는 일찍이 1861년에, 한눈에 알아볼 수 있는 사포텍 인디오인 베니토 후아레스를 대통령으로 뽑았다. 또한 이 책을 쓰고 있을 때 아르헨티나의 대통령은 레바논계 이슬람 교도 이주민이었고, 페루의 대통령은 일본계 이주민이었다. 두 선택 모두 미국에서는 여전히 상상할 수도 없는 것이었다. 오늘날까지도 여전히 라틴 아메리카는, 다른 대륙들을 황폐하게 만들고 있는 인종정치와 인종민족주의의 악순환 바깥에 놓여 있다.

게다가 그 대륙의 대부분이 자신들이, 오늘날 단일한 지배적인 제국적 강대국에 대한 '신식민지적' 종속이라고 불리는 상태에 있다는 것을 분명히 인정하는 한, 미국은 비교적 큰 나라들에 포함과 해병대를 보내지 않을 만큼 현실적이었고 —— 작은 나라들에게 포함과 해병대를 사용하는 데에는 주저하지 않았다 —— 리오그란데 강에서 케이프혼(남미 최남단의 곳/역주)까지 라틴 아메리카 정부들은 워싱턴의 편에 계속 서는 것이 상책이라는 것을 더할 나위 없이 잘 알고 있었다. 1948년에 창설되었고 워싱턴에 본부를 둔 OAS(Organization of American States, 미주기구)는 미국과 의견을 달리하는 성향의 기구가 아니었다. 쿠바가 혁명을 일으켰을 때 그 나라는 OAS에서 쫓겨났다.

V

그러나 제3세계와 그것에 기반한 이데올로기들이 절정에 달한 바로 그 순간에 그 개념은 무너지기 시작했다. 1970년대에는 어떤 단일한 이름이나 라벨도, 갈수록 서로 달라지는 나라들의 집합체를 제대로 표현할 수 없다는 것이 점점 더 분명해졌다. 제3세계라는 용어는 세계의 빈국들을 부국들과 구별하는 데에 여전히 편리했고, 두 지역 —— 오늘날 종종 '북'과 '남'으로 불리는 —— 간의 격차가 두드러지게 벌어지고 있는 한, 그러한 구별은 매우 타당한 것이었

다. '선진'세계와 후진세계(즉 OECD국들[6]과 '하위 및 중위 경제국
들')의 1인당 GNP의 차이는 계속해서 벌어졌다. 전자 집단의 1인
당 GNP 평균은 1970년에 후자 집단의 14.5배였으나, 1990년에는
빈국들의 1인당 GNP의 24배를 넘었던 것이다(*World Tables*, 1991,
표 1). 그러나 명백히 제3세계는 더 이상 단일한 실체가 아니다.

제3세계를 분열시킨 것은 무엇보다도 경제적 발전이었다. 1973
년 OPEC의 승리는 처음으로, 어떤 기준으로 보더라도 대부분 후진
적이고 이전까지는 가난했으나 이제 세계적인 초백만장자국들로
부상한 —— 특히 그 나라들이 (대체로 이슬람교) 수장이나 술탄이
지배하는, 인구가 희박하고 자그마한 사막이나 숲들로 이루어졌을
때 —— 일군의 제3세계 국가들을 낳았다. 이를테면 50만 명의 주민
들 각자의 1인당 GNP(1975)가 이론상 1만3,000달러 이상 —— 당시
미국의 1인당 GNP의 거의 2배 —— (*World Tables*, 1991, pp.596,
604)에 달했던 아랍 에미리트 연합국을, 이를테면 당시의 1인당
GNP가 130달러인 파키스탄과 동일한 종류로 분류한다는 것은 명
백히 불가능한 일이었다. 인구가 많은 산유국들은 그렇게까지 성공
하지는 않았지만 그럼에도 불구하고, 단일한 1차 상품의 수출에 의
존하는 국가들이 다른 점에서는 아무리 불리한 조건을 가졌더라도
극도로 부유해질 수 있다는 것이 명백해졌다. 이렇게 쉽게 번 돈은
또한 거의 언제나, 그 나라들로 하여금 그 돈을 너무도 쉽게 잃도록
유혹했지만 말이다.[7] 1990년대 초에 이르면 사우디아라비아조차 결
국 빚더미에 앉게 되었다.

두번째, 제3세계의 일부 지역은 두드러지게 그리고 급속하게 공
업화되어 제1세계에 합류하는 중이었다. 여전히 제1세계보다 훨씬

----

6) OECD는 '선진' 자본주의 국가들의 대부분 —— 벨기에, 덴마크, 서독, 프랑스, 영
국, 아일랜드, 아이슬란드, 이탈리아, 룩셈부르크, 네덜란드, 노르웨이, 스웨덴, 스
위스, 캐나다, 미국, 일본, 오스트레일리아 —— 을 포함하고 있다. 냉전기에 창설
된 이 기구는 정치적인 이유들로 그리스, 포르투갈, 스페인, 터키도 포함시켰다.

7) 이는 제3세계적인 현상은 아니다. 한 냉소적인 프랑스 정치가는 영국의 북해 유전
(油田) 자원에 대한 이야기를 듣고는 '그들은 그것을 낭비하고 위기에 빠지게 될 것'
이라고 예언했던 것으로 전해진다.

더 가난하기는 했지만 말이다. 공업화 면에서 역사상 어느 성공담 못지 않게 눈부신 성공담을 보인 남한의 1인당 GNP(1989)는 유럽 공동체의 구성국들 중 단연 가장 가난한 포르투갈보다 약간 더 높았다(World Bank Atlas, 1990, p.7). 이 경우 역시, 질적 차이를 차치하고라도 남한은 더 이상 이를테면 파푸아뉴기니와 비교될 수 없다. 두 나라의 1인당 GNP는 1969년에 똑같았고 1970년대 중반까지는 여전히 같은 수준의 규모를 보였으나, 지금은 남한의 1인당 GNP가 파푸아뉴기니의 거의 5배에 달한다(World Tables, 1991, pp.352, 456). 앞서 보았듯이 NICs라는 새로운 범주는 국제적 전문어가 되었다. 명확한 정의는 없었지만 실제로 모든 종류의 NICs 명단들이 네 마리의 '태평양 호랑이(홍콩, 싱가포르, 대만, 남한)', 인도, 브라질, 멕시코를 포함하고 있다. 그러나 제3세계의 공업화과정은 말레이시아와 필리핀, 콜롬비아, 파키스탄, 타이와 그밖의 몇몇 나라들 역시 그 명단에 포함시킬 정도로 진전되었다. 실제로, 새로 급속히 공업화된 나라들의 범주는 세 개의 세계 모두에 걸쳐 있다. 왜냐하면 그 범주는 엄밀히 말해서, 스페인과 핀란드 같은 '공업화된 시장경제국들(즉 자본주의 국가들)'과, 1970년대 말 이후의 공산주의 중국은 말할 것도 없고 동유럽의 전(前) 사회주의 국가들 대부분 역시 포함해야 하는 것이기 때문이다.

실제로 1970년대에 관찰자들은 '새로운 국제분업', 즉 세계시장을 위해서 생산하는 공업들이 제1세대의 공업경제국들 —— 이전에 그 공업들을 독점했던 —— 에서 세계의 다른 지역들로 대대적으로 이전한 것에 대해 관심을 기울이기 시작했다. 이것은 부분적으로는, 기업들이 그들의 생산이나 공급의 일부나 전체를 구(舊)산업세계에서 제2세계, 제3세계로 의도적으로 이전 —— 결국, 뒤이어 연구와 개발처럼 첨단기술산업에서의 매우 복잡한 과정들조차 일부 이전되었다 —— 시킨 데에 기인한 것이었다. 현대 운송 및 통신의 혁명은 진정으로 세계적인 생산을 가능한 것인 동시에 경제적인 것이 되게 했다. 새로운 국제분업은 또한, 제3세계 정부들이 필요하다면 (가급적이면 안 그랬지만) 기존의 국내시장 보호책을 포기하는 대가로 수출시장을 정복함으로써 공업화하려는 의식적 노력에 기인한 것이기도 했다.

북미의 쇼핑몰에서 파는 상품들의 생산국 국적을 조사해본 사람이라면 누구나 확인할 수 있는, 이러한 경제의 세계화는 1960년대에 느리게 진전되었다가 1973년 이후 세계가 경제난에 빠진 몇십년 동안에 두드러지게 가속화되었다. 그 세계화가 얼마나 급속하게 진행되었는가 하는 것은 다시 한번 남한의 예가 잘 보여줄 것이다. 남한은 1950년대 말까지도 여전히 노동인구의 거의 80퍼센트가 농업에 종사했고 국민소득의 거의 4분의 3을 농업에서 얻었는데(Rado, 1962, pp.740, 742-43), 1962년에 제1차 경제개발 5개년계획을 개시한 그 나라는 1980년대 말에 이르면 GDP의 10퍼센트만을 농업에서 얻었고, 비공산주의 세계에서 8번째로 큰 공업경제국이 되었다.

세번째, 수많은 나라들이 국제적 통계의 밑바닥에 등장했다(보다 정확히 말하자면 가라앉았다). 그 나라들은 명백히 가난한 동시에 갈수록 뒤처졌으므로, 국제적 완곡어법으로도 그 나라들을 단순히 '개발도상국'으로 표현하기가 어렵게 되었다. 1인당 GNP(그들이 그러한 돈을 받았다면)가 1989년에 평균 330달러로 산정되었을 30억 명의 사람들을, 평균 GNP가 그들의 거의 3배에 달했던 도미니카 공화국, 에콰도르, 과테말라처럼 덜 가난한 나라들에 사는 보다 운 좋은 5억 명의 사람들이나, 평균 GNP가 거의 8배에 달했던 훨씬 더 사치스러운 다음 집단 구성원들(브라질, 말레이시아, 멕시코 등)과 구별하기 위해서, 재치있게도 저소득 개발도상국이라는 하위집단이 설정되었다(가장 부유한 집단에 속한 8억 명 내외의 사람들이 배당받은 1인당 GNP는 이론상 18,280달러였는데, 이는 인류의 밑에서부터 5분의 3까지의 사람들이 받은 액수의 55배에 달하는 수치다)(World Bank Atlas, 1990, p.10). 실제로 세계경제가 진정으로 세계화되어감에 따라, 특히 소비에트권 지역의 몰락 이후에, 보다 순수하게 자본주의적이고 사업가정신에 투철한 투자가들과 기업가들은 세계경제의 상당 지역이 자신들에게 수익성이 전혀 없다는 —— 아마도 그들이 그 지역의 정치가들과 공무원들로 하여금 불운한 시민들로부터 수탈했던 돈을 군비나 위신을 세우는 계획에 낭비하도록 매수할 수 없는 한[8] —— 사실을 발견했다.

이러한 나라들 가운데 불균형하게 많은 수를 불행한 대륙 아프리카에서 발견할 수 있었다. 냉전의 종식은 그러한 국가들로부터 경제적(대체로 군사적) 지원 —— 그 나라들 중 일부(이를테면 소말리아)를 무장 캠프들과 결국 싸움터들로 변모시켜온 —— 을 앗아갔다.

게다가 빈국들 사이의 분열이 갈수록 심화되었을 때, 세계화로 인해서 서로 다른 지역들이나 서로 다른 종류의 세계를 넘나드는 사람들의 이동이 눈에 띄게 늘었다. 이전의 어느 때보다도 많은 수의 관광객들이 부국들에서 제3세계로 몰려왔다. 몇몇 이슬람 국가들만 보자면, 1980년대 중반(1985)에 말레이시아의 인구 1,600만 명이 1년에 300만 명의 관광객을, 700만 명의 튀니지인이 200만 명의 관광객을, 300만 명의 요르단인이 200만 명의 관광객을 각각 맞았다(Kadir Din, 1989, p.545). 또한 빈국들에서 부국들로의 노동자 이민의 작은 물줄기는, 정치적 장벽에 의해서 막히지 않는 한, 거대한 급류로 부풀어올랐다. 마그레브 지역(튀니지, 모로코 그리고 무엇보다도 알제리) 출신의 이민자들이 1968년에 이미 프랑스의 모든 외국인의 거의 4분의 1을 차지했고(1975년에는 알제리 인구의 5.5퍼센트가 다른 나라로 이민갔다), 미국에 온 이민자 전체의 3분의 1이 라틴 아메리카 출신 —— 당시에도 여전히 중미 출신이 압도적으로 많았다 —— 이었다(Potts, 1990, pp.145, 146, 150). 이러한 이주가 구(舊)산업국들만 향한 것은 아니었다. 중동의 산유국들과 리비아의 외국인 노동자의 수는 불과 5년 만에(1975-80) 180만 명에서 280만 명으로 급증했다(Population, 1984, p.109). 그들 대부분은 그 지역에서 왔으나, 상당수가 남아시아나 더욱 먼 곳에서 왔다. 냉혹

---

8) "어림잡아 20만 달러의 5퍼센트면 최상층 아래 고위관리의 도움을 얻을 수 있고, 2백만 달러의 5퍼센트면 사무차관과 거래할 수 있다. 2천만 달러의 5퍼센트면 장관 및 그 부서의 고위관리와 접촉할 수 있으며, 2억 달러에서 조금만 떼어내면 '국가원수의 진지한 관심을 확보할 수 있다.'"(Holman, 1993)

한 1970-80년대에는 불행하게도 노동자 이민을, 기근, 정치적, 민
족적 박해, 전쟁, 내전을 피해서 왔거나 그러한 재난들로 집과 땅을
잃은 가족들의 이민 물결과 구별하기가 갈수록 어려워졌다. 그리하
여 (이론상) 피난민을 돕는 데에 몰두하는 동시에 (실천상) 빈국들
로부터의 이민을 막는 데에 몰두한 제1세계 나라들은 정치적, 법적
궤변을 늘어놓아야 한다는 심각한 문제에 직면했다. 그 나라들은,
제3세계로부터의 대량이민을 고무하거나 허용한 미국과 —— 보다
덜하지만 —— 캐나다, 오스트레일리아를 제외하고는, 자국민들 사
이에서 갈수록 커지는 외국인 혐오의 압력으로 이주민들을 못 들어
오게 하는 쪽을 택했다.


# VI


(자본주의) 세계경제의 놀랄 만한 '대약진'과 세계화의 진전은 제
3세계라는 개념을 분열시키고 붕괴시켰을 뿐만 아니라 제3세계의
사실상 전(全)주민을 의식적으로 근대세계에 들어오게 했다. 그들
은 근대세계를 반드시 좋아하지는 않았다. 실제로, 특히 이슬람 지
역 —— 그곳만은 아니지만 —— 의 몇몇 제3세계 나라들에서 확산된
많은 '근본주의'운동들과 여타의 명목상 전통주의적인 운동들은 명
확히 근대성에 대한 반란이었다. 물론, '근본주의' 같은 불명확한 라
벨이 붙은 운동들 모두가 그랬던 것은 아니지만 말이다.[9] 그러나 그
들은 자신들이 자기 아버지들의 세계와는 다른 세계에 속했다는 것
을 알았다. 그러한 세계는 먼지투성이의 시골길 버스나 트럭의 형
태로, 석유 펌프의 형태로, 건전지로 작동하는 트랜지스터 라디오
의 형태로 그들에게 다가왔다. 라디오는 그들에게 —— 아마도 그들

---

9) 일례로, 라틴 아메리카에서 흔히 볼 수 있는, '근본주의' 프로테스탄트 종파로의 개
종은 오히려, 그 지역 카톨릭이 대변하는 현상유지에 대한 '근대주의적' 반발이다.
또 어떤 '근본주의들'은 종족적 민족주의 —— 이를테면 인도에서의 —— 와 유사
하다.

자신의 구어(口語)인 방언이나 국어로 문맹자들에게까지 —— 세계를 가져다주었다. 이는 아마도 도시 이주민의 특권이었던 것으로 보이지만 말이다. 그러나 농촌민들이 수백만 명씩 도시로 이주한 세계에서 그리고 도시인구가 3분의 1이나 그 이상을 차지하게 되는 경우가 갈수록 흔해지는 아프리카 농촌국들 —— 나이지리아, 자이르, 탄자니아, 세네갈, 가나, 코트디부아르, 차드, 중앙아프리카 공화국, 가봉, 베냉, 잠비아, 콩고, 소말리아, 라이베리아 —— 에서조차 거의 모든 사람이 도시에서 일했거나, 도시에 사는 친척을 두었다. 이제부터는 농촌과 도시가 서로 뒤얽혔다. 가장 외딴 곳조차 이제는 플라스틱 판, 코카콜라 병, 값싼 디지털 시계, 인조섬유의 세계에 속하게 되었다. 역사의 기묘한 반전에 의해서 제3세계의 후진국이 제1세계에서 자신의 기술을 상품화하기 시작하는 일까지 벌어졌다. 유럽 도시의 거리 모퉁이에서 남미 안데스 산맥 출신의 인디오 행상인 소집단들이 구슬프게 플루트를 불었고, 뉴욕, 파리, 로마의 인도(人道) 위에서 서아프리카 출신의 흑인 행상인들이 그 나라 본토박이들에게 장신구들을 팔았다. 그 본토박이들의 조상이 검은 대륙으로의 무역항해중에 그랬듯이 말이다.

대도시가 변화의 도가니였던 것은 거의 확실하다. 그곳이 정의상 근대적이라는 이유만으로도 그랬다. 안데스 산맥 출신의 계층상승 중인 한 이주민이 자기 아이들에게 말하곤 했듯이 "리마에는 보다 많은 진보가 있고, 훨씬 더 많은 자극(más roce)이 있다."(Julca, 1992) 이주민들이 자신들의 도시생활을 건설하는 데에 전통사회의 도구들을 아무리 많이 써도 —— 그럼으로써 새로운 판자촌을 이전의 농촌공동체처럼 건설하고 조직해도 —— 도시에는 새롭고 전례없는 것이 너무 많았고 옛날의 습속들과 충돌하는 습속들이 너무 많았다. 이러한 현상이 젊은 여성들에게서 예상되는 행동에서보다 더 극적으로 나타난 곳도 없을 것이다. 그 분야에서 벌어진, 전통과의 단절은 아프리카에서 페루에 이르기까지 개탄의 대상이 되었다. 한 이민 소년은 리마에서 불린 전통적인 노래인 우아이노(제목은 '라 그링가[La gringa : 중남미와 이베리아 반도 사람이 아닌 여성을 경멸적으로 가리키는 말/역주]')를 통해서 다음과 같이 불평하고 있다.

> 네가 처음 고향에서 왔을 때엔 시골 처녀로 왔었지
> 그런데 리마에서 지금 넌 도시식으로 머리를 빗는구나
> 넌 심지어 기다려 '주세요'라고 말하네. 난 트위스트를 출거라네
> ……
> 점잔 빼지 마, 잘난 체하지 마
> ……
> 네 머리칼과 내 머리칼은 전혀 다르지 않다네.
> (Mangin, 1970, pp.31-32.)[10]

그러나 아시아 일부 지역에서는 과학적인 품종개량에 의한 농작물 농업의 극적인 '녹색혁명'을 통해서 근대성의식이 도시에서 농촌으로(농촌생활 자체가 새로운 작물, 새로운 과학기술, 새로운 조직화 및 마케팅 방식에 의해서 바뀌지 않은 곳에까지) 확산되었다. '녹색혁명'은 세계시장을 위한 새로운 수출용 작물들의 개발 —— 썩기 쉬운 것(열대지방 과일, 꽃)의 대량공수와 '선진'세계 소비자의 새로운 기호(코카인)에 의해서 가능해진 —— 에 의해서 1960년대(또는 그보다 약간 뒤)부터 줄곧 확산되었다. 그러한 농업상의 변화가 가져온 결과를 과소평가해서는 안 된다. 오래된 생활방식과 새로운 생활방식의 정면충돌이 콜롬비아의 아마존 강 국경지방보다 심했던 곳도 없을 것이다. 그곳은 1970년대에, 볼리비아산과 페루산 코카의 운송집결지이자 코카를 코카인으로 가공하는 제조소의 소재지가 되었다. 그러한 충돌은, 국가와 지주들로부터 도망쳐 온 국경

---

10) 또는 나이지리아의 오니차 시장문학(市場文學)에 나타난 새로운 유형의 아프리카 소녀의 이미지를 보라. "소녀들은 더 이상 부모들의 전통적이고 조용하고 얌전한 노리개가 아니다. 그들은 연애편지를 쓰고, 순진한 척하며, 자신에게 눈 먼 사람들과 남자친구들에게 선물을 요구한다. 그들은 남자들을 속이기까지 한다. 그들은 부모를 통해서 얻을 수 있는 가축이 더 이상 아니다."(Nwoga, 1965, pp.178-79)

지방 이주농들이 농민적 —— 생활방식의 공인된 보호자인 (공산주의) 게릴라 FARC(콜롬비아 혁명군/역주)의 보호를 받으며 —— 그곳에 정착하고 나서 몇 년 뒤에 일어났다. 이 곳에서는 시장(市場)이, 총, 개, 어망을 사용해 먹을 것을 구하고 자급농업으로 살아가던 사람들과 가장 무자비한 형태로 충돌했다. 유카와 바나나를 재배하는 한 뙈기 땅이, 엄청난 가격 —— 불안정한 가격이기는 하지만 —— 에 팔리는 작물을 재배하도록 하는 유혹을 어떻게 이겨낼 수 있었겠으며, 오래된 생활방식이 마약 제조업자 및 밀매상인과 그들의 방약무인한 무장경비원이 사는 신흥도시, 활주로, 술집, 매음굴의 틈바구니에서 어떻게 살아남을 수 있었겠는가?(Molano, 1988)

농촌은 실제로 바뀌어갔지만 그러한 변화조차 도시문명과 그 산업에 의존했다. 농촌의 경제 자체가 종종, 아파르트헤이트 남아프리카 공화국의 이른바 '블랙 홈랜드(black homeland : 남아프리카 공화국의 흑인원주민 반투족의 자치구/역주)'의 경우처럼 이농민들의 벌이에 의존했던 것이다. '블랙 홈랜드'는 그곳 주민들 소득의 10-15퍼센트만 낳았고 나머지 소득은 백인지역에 이주한 노동자들에게서 나왔다(Ripken and Wellmer, 1978, pp.196). 역설적이게도, 제1세계 일부 지역에서처럼 제3세계에서도 도시가 농촌경제의 구제자가 될 수 있었다. 도시의 강한 영향이 없었더라면 농촌경제는, 이민경험 —— 그들 자신의 경험이든 그들의 이웃의 경험이든—— 을 통해서 자신들에게 대안이 있다는 사실을 배운 사람들에게 버림받았을지도 모를 일이었던 것이다. 그들은, 조상들이 그래왔듯이, 지력이 고갈된 돌투성이 불모지에서 비참한 생계를 이어나가기 위해 일생 동안 뼈빠지게 일하는 것이 불가피한 일이 아니라는 사실을 발견했다. 1960년대부터 계속해서 지구 전역의 수많은 농촌 마을들 —— 낭만적인 모습을 지녔고 따라서 농업생산력이 아주 낮은 —— 에서 노인들을 제외한 모든 주민들이 빠져나갔다. 그러나 대도시경제에서 자신들이 차지할 수 있는 적소(適所) —— 이 경우에는 과일 판매, 보다 정확히 말하면 리마에서의 딸기 판매 —— 를 발견한 이주민들을 배출한 고지대공동체는 농장수입에서 비농장수입 —— 이주가구와 비이주가구의 복잡한 공생을 매개로 한 —— 으로의 전환에 의해 자신의 농촌적 성격을 유지하거나 재활성화할 수 있었다(Smith, 1989, chap. 4). 이례적으로 잘 연구된 이 특수한 사례에서 이주민들이 노동자가 되는 일이 드물었다는 것은 아마도 의미심장한 사실이 될 것이다. 그들은 제3세계의 거대한 '비공식 경제' 망에 소(小)상인으로 적응하는 쪽을 택했다. 왜냐하면 제3세계에서의 주된 사회적 변화는 아마도, 돈을 버는 일정한 수단 —— 아마도 여러 수단들 —— 에 종사한, 새롭고 갈수록 증가한 중간계급 및 하층 중간계급의 이주민들에 의해서 이루어진 변화였을 것이고, 제3세계 경제생활의 주된 형태는 —— 특히 매우 가난한 나라들의 경우 —— 공식 통계에서 벗어난 비공식 경제였던 것이다.

그리하여 제3세계 나라들의 근대화를 추구하거나 서구화된 소수 통치자들과 그 나라들의 인민대중 사이에 놓였던 깊은 도랑은 20세기 3/3분기의 어느 시기엔가부터 그 사회의 전반적인 변화에 의해서 채워지기 시작했다. 이 나라들 대부분에는 여전히, 적절한 정부 통계부서나 시장조사 및 여론조사기구나, 연구조사자들이 분주히 활동하는 학술적 사회과학 부문들조차 없었으므로 우리는 이러한 변화가 언제 어떻게 일어났는지, 이 변화에 대한 새로운 의식이 어떠한 형태를 취했는지 아직 모른다. 어쨌든 사회의 일반대중에게서 무엇이 일어나고 있는가 하는 것은 기록이 가장 잘 갖춰진 나라들에서조차 그것이 완전히 일어나기 전까지는 발견하기 어려운 법이다. 바로 이러한 사정이, 젊은이들 사이에서의 새로운 사회적, 문화적 유행의 초기 단계가, 대중문화산업의 경우처럼 그러한 유행으로써 돈을 버는 일에 종사하는 사람들에 의해서조차 —— 부모세대는 말할 것도 없고 —— 예측될 수 없고 예측되지 않고 종종 인식되지 않은 이유다. 그러나 제3세계 도시들에서 명백히 무언가가 엘리트 의식수준 아래에서 꿈틀거리고 있었다. 벨기에령 콩고(지금의 자이르)처럼 외관상 완전히 정체된 나라에서까지도 말이다. 그곳에서 조용한 1950년대에 발전되었던 형태의 대중음악이 1960-70년대 아프리카에서 가장 영향력 있는 종류가 된 것을 달리 어떻게 설명할 수 있겠는가?(Manuel, 1988, pp.86, 97-101) 또한 같은 문제로서, 벨기에인들로 하여금 1960년에 콩고를 사실상 즉각 독립시키게 한, 정치의식의 부상을 어떻게 설명할 수 있겠는가? 그전까지 이 식민지 — 토착민의 교육에 대해서, 토착민의 정치활동에 대해서와 거의 같은 정도로 적대적이었던 — 는 대부분의 관찰자들에게 "메이지 유신 이전의 일본처럼 바깥 세계와 단절된 상태로 계속 남을 것"(Calvocoressi, 1989, p.377)으로 보였던 것이다.

1950년대의 움직임이 어떠한 것이었든, 1960-70년대에 이르면, 커다란 사회적 변화가 일어나고 있다는 징후가 서반구에서 꽤 명백하게 드러났고, 남아시아 및 동남아시아의 주요 국가들과 이슬람 세계에서도 그러한 움직임을 부인할 수 없게 되었다. 역설적이게도 그러한 징후는 아마도, 제3세계에 해당하는 사회주의권 지역들, 이를테면 소비에트 중앙아시아와 카프카스에서 가장 덜 두드러졌다. 공산주의혁명이 보존의 수단이었다는 것은 그리 자주 인정되는 사실이 아니다. 공산주의혁명은 삶의 특정한 측면들 — 국가권력, 소유관계, 경제구조 등 — 을 변화시키기 시작했던 반면, 다른 측면들은 혁명 이전의 형태로 동결시키거나 어쨌든, 자본주의 사회에서의 변화로 인한 끊임없는 전반적 전복으로부터 보호했다. 좌우간 공산주의혁명의 가장 강력한 무기인 절대적인 국가권력은 인간행동을 변화시키는 데에, '새로운 사회주의형 인간'에 관한 적극적 수사(修辭)나 '전체주의'에 관한 부정적 수사에서 생각하는 것보다 훨씬 덜 효과적이었다. 소련-아프가니스탄 국경 북쪽에 사는 우즈베크인과 타지크인은 그 국경 남쪽에 사는 사람들보다 문맹률이 낮고 세속화 정도가 높고 잘살았던 것이 거의 확실하지만 양쪽의 습속은 사회주의의 70년 세월이 예상케 하는 것만큼 다르지는 않았을지도 모른다. 두 집안 사이의 원한 관계는 아마도 1930년대 이후 카프카스 당국의 주된 관심사가 아니었을 것(집단화 동안에 콜호즈의 탈곡기 사고로 한 사람이 죽자 집안간 싸움이 벌어져 소련 법률학 연보에 기록되기는 했지만)이지만, 1990년대 초에 관찰자들은 "체첸인 가문들의 대다수가 집안간 상호 복수 유형의 관계에 빠져 있었으므로 [체첸에서] 민족자멸이 벌어질 위험"(Trofimov and Djan-gava, 1993)이 있다고 경고했다.

이러한 사회적 변화의 문화적 결과가 무엇인가 하는 것은 역사가의 작업을 기다리고 있다. 여기서 그것을 검토할 수는 없다. 매우 전통적인 사회에서조차 상호의무와 관습의 망이 갈수록 압박을 당하게 된 것은 분명하지만 말이다. 어떤 이의 말에 따르면 "가나에서 그리고 아프리카 전역에서 확대가족은 심한 압박 속에서 기능하고 있다. 너무 여러 해 동안 너무 많은 고속차량이 지나간 다리처럼 그러한 가족의 토대는 금이 가고 있다.⋯⋯수백 마일의 나쁜 도로와 수세기의 발전이 농촌의 노인들과 도시의 젊은이들을 서로 갈라놓았다."(Harden, 1990, p.67)

역설적인 결과를 정치 면에서 평가하기는 보다 쉽다. 왜냐하면 주민 다수 또는 적어도 젊은이들과 도시인들이 근대적 세계에 진입함에 따라, 탈식민지 역사의 첫 세대를 형성한 서구화된 소수 엘리트들의 독점권이 도전을 받았기 때문이다. 또한 그들과 함께, 새로운 국가들이 기반했던 프로그램, 이데올로기, 공적 담론의 어휘와 구문 자체가 도전받았다. 도시의/도시화된 새로운 대중에게는, 새로운 강력한 중간계급 ── 아무리 교육을 많이 받았어도 ── 조차 기존의 엘리트(그 구성원들은 식민주의자들이나 유럽 및 미국 학교 출신 동창들과 함께 자신의 지위를 유지할 수 있었다)가 아니었고, 그 많은 수 때문에 그렇게 될 수도 없었다. 이러한 새로운 대중들은 종종 이들 중간계급에게 분개 ── 이는 특히 남아시아에서 매우 두드러진 현상이다 ── 했다. 어쨌든 빈민대중은 세속적 진보에 관한 서구의 19세기적 열망을 공유하지 않았다. 서부 이슬람국들에서는 기존의 비종교적 지도자들과 새로운 이슬람 대중민주주의 사이의 갈등이 명백해졌고 폭발적이 되었다. 서구 자유주의 나라들에서 입헌정부 및 법치와 관련된 가치들 ── 이를테면 여성의 권리 ── 이, 알제리에서 터키에 이르기까지, 그 나라 국민의 해방자들이나 그 후계자들의 군대에 의해 민주주의에 맞서 보호 ── 그러한 가치들이 존재했던 한 ── 되고 있었다.

갈등은 이슬람국들에 국한된 것이 아니었고, 기존의 진보라는 가치에 대한 반발이 빈민대중에 국한된 것도 아니었다. 인도 BJP 당의 힌두 배타주의는 새로운 사업가 및 중간계급에게서 상당한 지지를 받았다. 1980년대에 평화로운 스리랑카를 엘살바도르에나 비견될 만한 살육장으로 바꿔버린 열렬하고 무자비한 종족-종교적 민족주의는 뜻밖에도 유복한 불교국에서 등장한 것이었다. 그 민족주의의 깊은 원인은 두 가지 사회적 변화에서 찾을 수 있다. 사회질서가 무너진 촌락들의 깊은 정체성 위기와, 보다 나은 교육을 받은 젊은 층의 대규모 부상이 바로 그것이다(Spencer, 1990). 전출과 전입에 의해 변질된 촌락, 화폐경제로 인해 빈부차가 커짐으로써 분열된 촌락, 교육에 기반한 계층간 이동이 불균등하고 카스트 및 신분을 표시하는 신체적, 언어적 특징 —— 사람들을 나누었을 뿐만 아니라 그들의 지위에 관해서 어떠한 의심도 남기지 않았던 —— 이 약화됨으로써 빚어진 불안정에 시달린 촌락은 자신의 공동체에 관한 우려에서 벗어날 수 없었다. 이러한 사정은 특히, 함께 하는 것(togetherness) —— 그 자체가 새로운 개념인 —— 의 새로운 상징들과 의식(儀式)들이 출현한 —— 1970년대에 집회형태의 불교신앙이 갑자기 발전해서 기존의 개인적, 가족적 형태의 신앙을 대체한 것이라든가, 빌려온 녹음기에서 국가(國歌)가 울려퍼지는 것으로 시작되는 학교운동회 날이 제정된 것이 그 예다 —— 이유를 설명하는 데에 사용되어왔다.

이상의 것들이, 변화하고 있고 불붙기 쉬운 세계의 정치였다. 프랑스 혁명 이래 서구에서 발명되고 인정된 의미에서의 전국규모의 정치가 제3세계 많은 나라에서 아예 존재하지 않았거나 허용되지 않았다는 사실이 그 세계의 정치에 대한 예측을 더욱 어렵게 했다. 어느 정도 대중에 뿌리박은 정치의 오랜 전통이 존재했거나, 최소한 수동적인 시민들이, 자신들을 이끄는 '정치계급'의 정통성을 충분히 인정했던 곳에서는 연속성이 어느 정도 유지될 수 있었다. 가르시아 마르케스의 글을 읽어보면 알 수 있듯이, 콜롬비아인들은 한 세기 이상 동안 그래왔듯이 계속해서 소(小)자유주의자나 소(小)

보수주의자로 태어났다. 비록, 이러한 라벨들이 붙은 병의 내용물
은 바뀌었을지도 모르지만 말이다. 인도의 국민회의는 독립 이후
반세기 동안 변화하고 분열되고 개혁되었지만, 1990년대까지 인도
의 총선에서는 —— 일시적인 예외들만을 제외하고는 —— 국민회의
의 역사적 목표와 전통에 호소한 사람들이 계속해서 승리를 거두었
다. 공산주의가 다른 곳에서는 붕괴했지만, 영국에 대항한 국민적
투쟁이 간디나 네루가 아니라 테러리스트와 수바스 찬드라 보스를
의미했던 주(서벵골 주/역주)에서는 유능한 행정뿐만 아니라 힌두
(서부) 벵골의 뿌리깊은 좌파전통으로 인해 공산당(마르크스주의
당)이 거의 언제나 통치를 담당했다.

　게다가 구조적 변화 자체가 정치를, 제1세계의 역사에서 흔히 볼
수 있었던 방향으로 몰고 갈 수도 있었다. '신흥공업국들'은 노동자
들의 권리와 노동조합을 요구하는 산업노동계급을 발전시키는 경
향이 있었다. 브라질과 남한의 기록이 보여주었고, 동유럽의 기록
이 실제로 보여주었듯이 말이다. 그 나라들은 1914년 이전 유럽의
대중적 사회민주주의운동을 상기시키는 노동자-민중 정당들을 발
전시킬 필요가 없었다. 비록, 브라질이 1980년대에 그토록 성공적
인 국민정당인 노동자당(PT[Partido Trabalhista Brasileiro, 브라질
노동자당/역주])을 낳은 것이 사소한 사건은 아니지만 말이다(그
러나 그 당의 본거지인 상파울루 자동차산업에서의 노동운동 전통
은 민중주의적 노동법과 공산주의자 공장투사들의 결합물이었고,
그 당을 지원하고자 몰려든 지식인들의 전통은 확고히 좌파적이었
으며, 당이 제 발로 설 수 있도록 지원했던 카톨릭 성직자들의 이데
올로기 역시 그랬다).[11] 또한 산업의 급속한 성장은 대규모의 교육
받은 전문직 계급을 낳는 경향이 있었다. 그러한 계급은 결코 체제

11) 브라질의 노동자당과 현대 폴란드의 연대자유노조운동 사이의 유사성은, 전자의
　　사회주의 성향과 후자의 반(反)사회주의적 이데올로기를 제외하고는 두드러진 것
　　이었다. 성실한 프롤레타리아 지도자 —— 조선소 전기공과 자동차 제조 숙련노
　　동자 —— 와 지식인 고문단과 교회의 강력한 지지가 그 예다. 브라질 노동자당이
　　자신과 대립한 공산주의 조직을 대체하고자 했던 사실을 감안한다면 그 유사성은
　　더욱 크다.

전복적이지 않았지만, 공업화하는 권위주의체제의 시민적 자유화를 환영했을 것이다. 자유화에 대한 그러한 열망은 1980년대에 상이한 상황들에서, 즉 라틴 아메리카와 극동의 NICs(남한과 대만)에서뿐만 아니라 소비에트권 내에서 볼 수 있었고, 그 결과 역시 상이했다.

그럼에도 불구하고, 사회적 변화의 정치적 결과를 예견하기가 사실상 불가능한 제3세계 지역이 광활하게 존재했다. 확실한 것이라고는 그 세계의 불안정성과 가연성(可燃性)밖에 없었다. 제2차 세계대전 이후 반세기가 이를 증언해왔다.

이제, 탈식민화 이후 제3세계 대부분에게, 서방보다 더 적합하고 더 고무적인 진보 모델을 제공하는 것으로 보인 세계, 즉 소련을 모델로 한 사회주의체제들로 이루어진 '제2세계'를 볼 차례다.

# 제13장 '현실사회주의'

10월혁명은 최초의 탈자본주의 국가 및 사회를 수립함으로써 세계사적 분열을 낳았을 뿐만 아니라 마르크스주의와 사회주의 정치 역시 분열시켰다.……10월혁명 이후에는 사회주의 전략 및 전망이 자본주의에 대한 분석 대신에 정치적 모범에 기반하기 시작했다.

— 괴란 테어보른(1985, p. 227)

오늘날 경제학자들은……경제의 실질적인 작동양식과 공식적인 작동양식의 차이에 대해서 이전보다 훨씬 더 잘 이해하고 있다. 그들은 '2차 경제'에 대해서, 어쩌면 심지어 3차 경제에 대해서도 알고 있으며, 비공식적이지만 널리 퍼진 관행들 — 그것들 없이는 아무것도 작동하지 않는 — 의 소용돌이에 대해서 알고 있다.

— 모셰 레빈(Kerblay, 1983, p.xxii)

## I

1920년대 초에 전쟁과 내전의 먼지가 가라앉고 시체와 상처의 피가 굳었을 때, 1914년 이전에 차르의 정교(正敎) 러시아 제국이었던 곳의 대부분이 이전의 제국 그대로 모습을 드러냈다. 볼셰비키 정부가 이끌고 세계 사회주의의 건설에 헌신하는 제국이기는 했지만 말이다. 그것은, 매우 오래된 왕조-종교적 제국들 중에서 제1차 세계대전을 겪고도 살아남은 유일한 제국이었다. 제1차 세계대전은 그 술탄이 곧 모든 이슬람 교도의 칼리프였던 오스만 제국과, 로마 교회와 특별한 관계를 유지하던 합스부르크 제국 둘 다 산산조각

냈던 것이다. 두 제국 모두 패전의 압력으로 무너졌다. 러시아가 서쪽으로는 폴란드 국경에서부터 동쪽으로는 일본 국경에 이르는 단일한 다민족체로 살아남은 것은 10월혁명에 기인한 것임이 거의 확실하다. 다른 곳에서 이전의 제국들을 무너뜨렸던 긴장들이, 1980년대 말 —— 1917년 이래 소비에트 연방을 유지시켜왔던 공산주의 체제가 사실상 물러난 —— 에 소련에서 등장 또는 재등장했던 것이다. 미래야 어떻게 되었든 1920년대 초에 등장한 것은, 극도로 가난해지고 후진적 —— 차르 체제 러시아보다도 훨씬 더 후진적 —— 이지만 엄청난 규모의 단일한 국가였다. 양차 세계대전 사이에 공산주의자들이 즐겨 자랑했듯이 '전세계 육지의 6분의 1'이, 자본주의와 다르고 자본주의에 대립된 사회에 바쳐졌던 것이다.

세계 자본주의에서 탈퇴한 지역의 영토는 1945년에 극적으로 확대되었다. 유럽에서 그러한 영토는 이제, 대략 독일의 엘베 강에서 아드리아 해까지 그은 선의 동쪽 지역 전체와, 유럽 대륙에 남은 터키의 작은 부분과 그리스를 제외한 발칸 반도 전체를 포함하게 되었다. 전후(戰後)에 적군(赤軍)에 의해서 점령되고 1954년에 '독일 민주공화국(동독/역주)'으로 바뀐 독일의 일부 지역뿐만 아니라 폴란드, 체코슬로바키아, 헝가리, 유고슬라비아, 루마니아, 불가리아, 알바니아가 이제 사회주의 구역으로 이동했다. 전쟁과 1917년 이후 혁명의 여파로 러시아가 잃었던 지역의 대부분과, 이전에 합스부르크 제국에 속했던 한두 영토 역시 1939-45년에 소련에 의해서 회복되거나 획득되었다. 한편, 장래의 사회주의 지역이 극동 지역에서 새로 광활하게 확대되었다. 중국(1949)에서, 한국의 일부(1945)에서 그리고 30년 전쟁(1945-75) 동안에 프랑스령 인도차이나였던 곳(베트남, 라오스, 캄보디아)에서 공산주의체제로의 권력 이동이 있었던 것이다. 조금 뒤에 공산주의 지역은 서반구 —— 쿠바(1959)—— 와 아프리카(1970년대)에서 약간 더 확대되었지만, 대체로 1950년까지는 지구상의 사회주의권이 어느 정도 형태를 갖추게 되었다. 중국인의 엄청난 수 덕분에 사회주의권은 이제 세계 인구의 약 3분의 1을 포함하게 되었다. 중국, 소련, 베트남(5,800만 명)을 제외한 사회주의국들의 평균 규모는 그리 크지 않았지만 말이다. 사회주의 국가들의 인구는 몽골의 180만 명과 폴란드의 3,600만 명 사이였다.

이것은 일찍이 1960년대에 그 사회체제가 소비에트 이데올로기 용어로 '현존사회주의(really existing socialism)' ―― 다른, 더 좋은 종류의 사회주의가 있을지도 모르지만 현실에서는 이것이 실제로 작동한 유일한 종류의 것이라는 사실을 함축하거나 암시하는 모호한 용어 ―― 나라들로 불리게 된 지역의 세계였다. 그러한 세계는 또한 1980년대가 1990년대로 넘어갈 때 유럽에서 정치체제뿐만 아니라 사회-경제체제가 완전히 무너진 지역이기도 했다. 동양에서는 정치체제들이 당분간은 유지되었다. 비록 그 체제들이 다양한 정도로 수행한 사실상의 경제적 개조가 그 체제들이 이전까지 이해해온 사회주의의 청산이나 마찬가지 ―― 특히 중국의 경우 ―― 이기는 했지만 말이다. 다른 지역들에서 '현존사회주의'를 모방하거나 그것으로부터 고취받은, 산재해 있던 체제들은 무너졌거나 필시 오래 버틸 운명이 아니었다.

지구상의 사회주의 지역에 관해서 말할 수 있는 첫번째 것은 그것이 존재했던 시기 대부분 동안 경제적으로나 정치적으로나, 독립적이고 대체로 자기완결적인 소우주를 형성했다는 것이다. 그 지역이 나머지 세계경제 ―― 자본주의 세계경제, 즉 선진국들의 자본주의가 지배하는 세계경제 ―― 와 가진 관계는 놀랄 만큼 미약했다. 황금시대에 국제무역의 대호황이 절정에 달했을 때조차 선진 시장경제국들의 수출액의 4퍼센트 가량만이 '중앙계획경제국들'에 수출한 것이었고, 1980년대에 제3세계의 수출액 중 중앙계획경제국들에 수출한 액수의 비율도 이를 그리 넘지 않았다. 사회주의 경제국들은 얼마 안 되는 수출액 중 이보다는 약간 더 높은 비율을 나머지 세계에 수출했지만 그렇다 하더라도 1960년대(1965)에 그들 국제무역의 3분의 2는 그들 자신의 세계 내에서 이루어진 것이었다.[1](UN International Trade, 1983, vol. 1, p.1046)

---

1) 이 데이터는 엄격히 말해서 소련과 그 동맹국들에 관한 것이지만, 규모의 정도를

명백한 이유들로, '제1세계'에서 '제2세계'로의 사람들의 이동은 거의 없었다. 몇몇 동유럽 국가들이 1960년대부터 단체관광을 장려하기 시작하기는 했지만 말이다. 비사회주의국들로의 이민뿐만 아니라 일시적 여행도 엄격히 통제되었고 때때로 사실상 불가능했다. 본질적으로 소련 체제를 모델로 한, 사회주의 세계의 정치체제는 다른 곳에 현실적인 등가물이 전혀 없었다. 그 체제는, 국가권력을 독점한 —— 때때로 국가를 사실상 대신했다 —— 강력히 계서제적이고 권위주의적인 단일정당 —— 중앙에서 계획되는 통제경제를 운영하고, 단일하고 강제적인 마르크스-레닌주의 이데올로기를 (적어도 이론상으로) 그 나라 주민들에게 부과하는 —— 에 기반했다. '사회주의 진영(소련에서 1940년대 말부터 쓰이게 된 용어)'의 격리 내지 자기격리는 1970-80년대에 점차 무너졌다. 그럼에도 불구하고, 두 세계 사이에 지속된 상당한 정도의 상호 무지와 몰이해는 보통을 넘는 것이었다. 특히, 당시가 여행과 정보통신 둘 다 철저히 혁명적으로 바뀐 시기였다는 점을 염두에 둔다면 말이다. 오랜 시기 동안, 이 나라들에 관한 정보 중 극소수만이 유출될 수 있었고, 다른 쪽 세계에 관한 정보 중 극소수만이 유입될 수 있었다. 그리하여 제1세계의 교육받고 세련된 비전문가 시민들조차, 과거와 현재가 자신들의 경우와 매우 달랐던 나라들 그리고 종종 그 언어를 알아들을 수 없었던 나라들에서 그들이 보고 들은 것을 이해할 수 없다는 사실을 종종 발견했다.

두 '진영'이 분리된 근본적 이유는 의심할 바 없이 정치적인 것이었다. 앞서 보았듯이 10월혁명 이후에 소련은 세계 자본주의를, 세계혁명을 통해서 가능한 한 빨리 전복해야 할 적으로 보았다. 그러한 혁명은 일어나지 않았고, 소련은 자본주의 세계에 둘러싸인 채 고립되었다. 자본주의 세계의 가장 강력한 정부들 중 많은 수가 이러한 전지구적 체제전복 중심지가 수립되는 것을 막고 싶어했고, 나중에는 가능한 한 빨리 그것을 제거하고 싶어했다. 소련이 1933

---

보여주는 데에 도움이 될 것이다.

년이 되어서야 미국에게서 외교적으로 그 존재에 대한 공식적인 인정을 받았다는 사실만으로도 그 나라가 초기에 처했던 불법상태를 잘 알 수 있다. 게다가, 언제나 현실적이었던 레닌이 러시아의 경제발전에 대한 원조의 대가로 외국 투자가들에게 최대한 양보할 준비가 되어 있었고 실제로 그렇게 하기를 간절히 원했을 때조차, 실제로 투자가를 전혀 찾지 못했다. 그리하여 젊은 소련은 나머지 세계경제와 사실상 격리된 상태에서 자급적인 발전과정에 들어가야 했다. 역설적이게도 이러한 사정은 곧 소련에게 가장 강력한 이데올로기적 논거를 제공할 것이었다. 소련은, 1929년의 월스트리트 주가폭락 이후 자본주의 경제를 황폐시킨 거대한 경제불황에 영향받지 않은 것으로 보였다.

1930년대에 소련 경제를 고립시키고, 훨씬 더 극적으로 1945년 이후에, 확대된 소비에트권을 고립시키는 데에 정치가 다시 한번 일조했다. 냉전은 양 진영 사이의 경제적 관계와 정치적 관계 둘 다 냉각시켰다. 실제로 양 진영 사이의, 아주 사소한(또는 공인될 수 없는) 것을 제외한 모든 경제적 관계가 양쪽 다, 국가의 통제를 받아야 했다. 진영간 무역은 정치적 관계에 좌우되었다. 1970-80년대가 되어서야 '사회주의 진영'이라는 별개의 경제적 세계가 보다 넓은 세계경제에 통합되어간다는 징후가 나타났다. 사후적으로 돌아보면 이는 '현존사회주의'의 종식이 시작되는 것이었음을 알 수 있지만, 혁명과 내전에서 막 벗어난 소련 경제가 나머지 세계경제와 훨씬 더 긴밀한 관계 속에서 발전해나갈 수 없다고 볼 만한 이론적인 이유는 전혀 없었다. 중앙계획경제와 서구형 경제는 핀란드의 예가 보여주듯이 긴밀하게 결합될 수 있다. 핀란드는 한때(1983) 총수입액의 4분의 1 이상을 소련에서 수입했고, 총수출액 중 비슷한 비율을 소련에 수출했다. 그러나 역사가가 관심을 가지는 '사회주의 진영'은 가능태가 아니라 현실태다.

소련의 핵심적인 사실은 그 나라의 새로운 통치자인 볼셰비키 당이, 소련이 고립상태에서 살아남을 것이라고는 —— 자급적인 집산주의 경제의 핵('일국사회주의[socialism in one country]')이 되는 것에 ·대해서는 말할 것도 없고 —— 생각하지도 않았다는 데에 있었다. 유럽에서 사실상 경제적, 사회적 후진성의 대명사였던 이 엄청나게 육중한 영토에는, 그때까지 마르크스나 그의 신봉자들이 사회주의 경제를 수립하는 데에 필수적이라고 생각해왔던 조건들 중 어느 것도 존재하지 않았다. 마르크스주의의 창립자들은 러시아 혁명의 기능이 오직, 사회주의 건설의 필수조건이 갖추어진, 보다 선진적인 산업국들에서의 혁명을 촉발시키는 것일 수밖에 없다고 생각했다. 앞서 보았듯이 이는 바로 1917-18년에 일어날 것으로 보였던 것이고, 바로 그러한 생각이, 소비에트 권력과 사회주의를 지향하는 것을 러시아 볼셰비키의 방침으로 정한 레닌의 고도로 논쟁적 —— 적어도 마르크스주의자들 사이에서 —— 인 결정을 정당화하는 것으로 보였다. 레닌이 보기에 모스크바는 사회주의의 영구적인 수도인 베를린으로 옮길 수 있기 전까지의 일시적인 본부에 불과했다. 1919년에 세계혁명의 참모부로 창설된 공산주의 인터내셔널의 공식어가 러시아어가 아니라 독일어였던 —— 그리고 계속해서 그러했던 —— 것은 우연이 아니다.

소련이 당분간 —— 확실히, 짧지는 않을 시기 동안 —— 프롤레타리아 혁명이 승리한 유일한 나라가 될 것이라는 사실이 명백해지자 볼셰비키에게 논리적인, 사실상 유일하게 설득력 있는 정책은 소련의 경제와 사회를 가능한 한 빨리 후진적인 것에서 선진적인 것으로 변화시키는 것이었다. 이렇게 하는 알려진 가장 분명한 방식은, '우매하고' 무지하고 문맹이고 미신적이기로 악명 높은 대중의 문화적 후진성에 대한 전면적인 공격을, 기술의 근대화 및 산업혁명의 전면적 추진과 결합시키는 것이었다. 그리하여 소련 모델에 기반한 공산주의는 우선적으로, 후진국을 선진국으로 변화시키는 프로그램이 되었다. 초고속의 경제성장에 대한 이러한 몰두는 파국의 시대를 맞은 선진 자본주의 세계 —— 자신의 경제적 활력을 되찾을 길을 필사적으로 모색한 —— 에서조차 호소력이 없지 않았다. 그러한 몰두는 서유럽 및 북미 밖의 세계의 문제들에 대해서는 훨씬 더 직접 들어맞았다. 그 세계의 대부분은 소련의 농업사회적 후진성에서 자신의 모습을 볼 수 있었던 것이다. 경제발전에 대한 소련식 처방 —— 현대 산업사회에 필수적인 기간산업과 사회간접자본 시설을 초고속으로 건설할 것을 목표로 한, 국가의 중앙화된 경제계획 —— 은 자신들을 위해서 만들어진 것 같았다. 모스크바는 반(反)제국주의를 대표했기 때문에 디트로이트나 맨체스터보다 더 매력적인 모델이었을 뿐만 아니라, 특히 사적 자본도, 대규모의 사적, 이윤지향적 산업도 부족한 나라들에게 더욱 적합한 모델로 보였다. 이러한 의미의 '사회주의'가 제2차 세계대전 종전 이후에, 새로 독립한 수많은 전(前) 식민지 나라들 —— 그 정부들이 공산주의 정치체제를 거부했던 —— 을 고무했다(제12장을 보라). 공산주의체제에 합류한 나라들 역시, 체코슬로바키아와 장래의 독일민주공화국 그리고 —— 그보다는 덜하지만 —— 헝가리를 제외하고는, 후진적이었고 농업사회적이었으므로 소련식 경제처방이 적합한 것으로 보였고 그들의 새로운 통치자들은 진정한 열의를 가지고 경제건설 과업에 뛰어들었다. 게다가 그 처방은 효율적인 것으로 보였다. 양차 세계대전 사이에, 특히 1930년대에 소련의 경제성장률은 일본을 제외한 다른 모든 나라를 앞섰고, 제2차 세계대전이 끝나고 첫 15년 동안에 '사회주의 진영'의 경제는 서방의 경제보다 훨씬 더 빠르게 성장했던 것이다. 그 속도는 너무도 빨라서, 니키타 흐루시초프 같은 소련 지도자들은 그 성장곡선이 같은 속도로 계속 올라갈 경우 가까운 장래에 사회주의의 생산력이 자본주의의 생산력을 능가하게 될 것이라고 진지하게 믿을 정도였다. 영국의 해럴드 맥밀런 수상 역시 실제로 그렇게 믿었으며, 그러한 일이 일어나지 않을까 생각한 경제관찰자들은 1950년대에 한두 명이 아니었다.

기묘하게도, 사회주의의 중심적 기준이 될 '계획'이나, 중공업 위주의 급속한 공업화에 대한 어떠한 논의도 마르크스와 엥겔스의 저작들에서 볼 수 없다. 계획이라는 것이 사회화된 경제에 내재한 것이기는 하지만 말이다. 그러나 1917년 이전의 사회주의자들은 마르크스주의자든 아니든 자본주의에 반대하는 데에 너무 바빴던 나머지, 자본주의를 대체할 경제의 성격에 관해서 그리 많이 생각하지 못했고, 10월 이후의 레닌 자신도 그 자신의 표현대로 한쪽 발을 사회주의의 깊은 물에 담근 채 미지의 곳으로의 수영을 전혀 시도하지 않았다. 사태를 극도로 악화시킨 것은 내전의 위기였다. 그 위기는 1918년 중반에 모든 산업의 국유화와 '전시공산주의(War Communism)'를 낳았다. 적에게 포위당한 볼셰비키 국가는 전시공산주의를 통해서, 반혁명과 외국의 간섭에 대항하는 생사가 걸린 투쟁을 조직했고 그 투쟁을 위한 자원을 모으고자 했다. 자본주의 나라들에서조차 모든 전시경제는 국가에 의한 계획과 통제를 수반한다. 실제로, 계획에 대한 레닌의 생각에 특별히 영감을 준 것은 1914-18년 독일의 전시경제(앞서 보았듯이 아마도 그 시기의 그러한 종류의 것으로서는 최선의 모델이 아니었을)였다. 당연히도 공산주의 전시경제는 원칙상의 이유로, 사적인 소유 및 경영을 공적인 것으로 대체하고 시장과 가격기구를 불필요하게 만드는 ── 특히, 시장이나 가격기구나 전시에 단기간에 국민들의 힘을 동원하는 데에는 그리 쓸모가 없었으므로 ── 경향이 있었다. 또한 실제로 니콜라이 부하린과 같은 이상주의적 공산주의자들이 존재했다. 그들은 내전을, 공산주의 유토피아의 주요 구조들을 세울 기회로 보았고, 위기와 영구적, 전반적 부족상태를 관리하는 엄격한 경제와, 기본생필품을 사람들에게 현물 ── 빵, 옷, 버스표 ── 로 주는 비화폐적 배급을 그러한 사회적 이상(理想)의 스파르타적 예시(豫示)로 보았다. 사실, 소련 체제가 1918-20년의 싸움에서 승리를 거둠에 따라 전시공산주의가 ── 당분간은 아무리 필요하더라도 ── 계속될 수는 없다는 것이 명백해졌다. 이는 부분적으로는 농민들이 군대의 곡물징발 ── 전시공산주의의 토대였던 ── 에 반발하고 노동자들이 전시공산주의로 인한 곤궁에 반발할 것이기 때문이었고, 부분적으로는 전시공산주의가, 사실상 괴멸된 경제 ── 1913년에 420만 톤이었던 철과 강철의 생산고는 1920년에 20만 톤으로 떨어졌다 ── 를 회복하는 효과적인 수단을 전혀 제공하지 못했기 때문이었다.

레닌은 1921년에, 평소와 같은 현실주의적 자세로 신경제정책(NEP, New Economic Policy)을 도입했다. NEP는 사실상 시장을 재도입하는 것이었고, 그 자신의 말을 빌면 사실상 전시공산주의에서 '국가자본주의(State Capitalism)'로 후퇴하는 것이었다. 그러나 대대적으로 공업화해야 할 일, 정부계획에 의해 그렇게 해야 할 일이 소련 정부의 명백한 최우선적 과업이 된 것도 바로 그 시기, 즉 러시아의 이미 후퇴하고 있던 경제가 전전(戰前) 규모의 10퍼센트 수준으로 떨어졌을 때(제2장을 보라)였다. 또한 NEP가 전시공산주의를 소멸시켰던 반면, 국가의 통제와 강제는, 사회화된 소유 및 경영의 경제의 유일하게 알려진 모델로 여전히 남았다. 최초의 계획 수립기관인, 1920년의 러시아 국가전화위원회(國家電化委員會, GoElRo)는 당연히 기술의 현대화를 목표로 삼았으나, 1921년에 설치된 국가계획위원회(Gosplan)는 보다 보편적인 목표들을 가졌다. 그것은 소련이 망할 때까지 계속 그 이름으로 존속했다. 또한 그 기관은, 20세기 국가들의 경제를 계획하거나 심지어 그 경제에 대해 거시경제적 감독을 행사하기 위해서 만들어진 모든 국가기관들의 선조이자 고무자가 되었다.

NEP는 1920년대 러시아에서 열띤 논쟁의 주제였고 1980년대의 고르바초프 시기 초기에 다시 한번(정반대의 이유에서이기는 하지만)그러한 주제가 되었다. 1920년대에 NEP는 공산주의로서는 명백히 하나의 패배로 또는 적어도 사회주의를 향한 진군대열이 본류에서 잠깐 이탈한 것 —— 이런저런 길을 통해 본류로 돌아가는 길을 찾아야 하는 —— 으로 인식되었다. 트로츠키의 추종자들 같은 급진파는 가능한 한 빨리 NEP를 중지하고 공업화를 대대적으로 추진할 것을 원했다. 이는 결국 스탈린 치하에서 채택된 정책이었다. 전시공산주의 시기의 초급진주의를 받아들이지 않았던 부하린이 이끈 온건파는, 혁명 이전보다 더욱 압도적으로 소농농업(小農農業)이 우세해진 나라에서 볼셰비키 정부가 기능할 때 받아야 하는 정치적, 경제적 속박을 날카롭게 의식하고 있었다. 그들은 점진적 변화를 선호했다. 레닌 자신의 견해는 1922년에 뇌동맥경화증에 걸린 후 —— 그는 1924년 초까지 겨우 생명을 유지했다 —— 적절히 표현될 수 없었지만, 자신의 의사를 표현할 수 있는 동안, 점진적 변화를 선호했던 것으로 보인다. 한편, 1980년대의 논쟁은 스탈린주의 —— 실제로 NEP의 뒤를 이은 —— 에 대한 역사적인 사회주의적 대안, 즉 사회주의에 이르는 길로서 1920년대에 볼셰비키 우파와 좌파가 실제로 상상했던 길과는 다른 길에 대한 회고적 모색이었다. 회고적인 관점에서 부하린은 고르바초프의 원조가 되었다.

이러한 논쟁들은 더 이상 적절하지 않다. 과거를 돌아보면, '프롤레타리아 혁명'이 독일을 정복하는 데에 실패했을 때, 러시아에서 사회주의 권력을 수립하기로 한 결정에 대한 원래의 정당화 사유가 사라졌다는 것을 알 수 있다. 설상가상으로 러시아는 내전에서 살아남았을 때 폐허상태였고, 차르 체제 시절보다 훨씬 더 낙후된 상태였다. 사실, 차르, 귀족, 젠트리, 부르주아지는 사라졌다. 200만 명이 이민을 떠났고, 덧붙여 말하자면 그 과정에서 소련 국가는 상당 비율의 교육받은 간부들을 잃었다. 그러나 차르 시대의 공업발전의 성과도 사라졌고, 볼셰비키 당에 사회적, 정치적 기반을 제공했던 산업노동자들 대부분도 사라졌다. 혁명과 내전으로 그들은 죽었거나, 흩어졌거나, 공장에서 국가와 당의 사무실로 자리를 옮겼다. 남은 것은, 과거에 훨씬 더 확고히 정박하고, 복구된 촌락공동체의 부동불변의 농민대중 속에 훨씬 더 확고히 닻을 내린 러시아였다. 혁명은 (이전의 마르크스주의적 견해와는 반대로) 그들 농민에게 토지를 주었다. 아니 보다 정확히 말해서 혁명은, 1917-18년에 농민들이 토지를 점유하고 분배하는 것을 승리와 존속에 필요한 대가로 받아들였다. 여러 면에서 NEP는 농민 러시아의 짧았던 황금시대였다. 볼셰비키 당은 이러한 대중 위에 떠있는 채 더 이상 아무도 대변하지 않았다. 레닌이 평소와 같이 명석하게 인식했듯이, 볼셰비키 당에게 유리한 것이라고는 그 당이 그 나라의 공인되고 확립된 정부이고 앞으로도 계속 그럴 것 같다는 사실뿐이었다. 그 외 다른 것은 전혀 가지지 못했다. 더욱이 그 나라를 실제로 통치한 것은 평균적으로 전보다 훨씬 덜 교육받고 훨씬 덜 조건을 갖춘, 미숙한 크고 작은 관료들이었다.

게다가, 혁명에 의해 러시아에서의 자산과 투자금이 몰수될 것을 우려한 외국의 정부들과 자본가들에 의해서 고립화되고 배척당한 이 체제에게 어떤 선택권이 있었을까? 사실상 NEP는 소련 경제를 1920년의 폐허로부터 회복시키는 데에 눈부실 정도로 성공했다. 1926년에 이르면 소련의 공업생산고가 전전(戰前) 수준을 다소간 회복했다. 그리 큰 의미가 있는 사실은 아니었지만 말이다. 그 시기의 소련은 1913년과 마찬가지로 여전히 압도적으로 농촌사회(두 시기 모두 인구의 82퍼센트)였고(Bergson and Levine, 1983, p.100 ; Nove, 1969), 실제로 7.5퍼센트만이 농업 이외의 부문에 종사했다. 이러한 농민대중이 도시에 무엇을 팔고 싶어했으며 도시로부터 무엇을 사고 싶어했는가, 또한 자신의 수입 중에서 얼마를 저축하고자 했는가, 수백만 명 중 얼마나 많은 수가 농장을 떠나 도시의 가난에 직면하기보다는 농촌에서 먹고 사는 쪽을 택했는가 하는 것들이 러시아 경제의 미래를 결정했다. 왜냐하면 그 나라는, 국가의 세금수입을 차치한다면, 이용 가능한 다른 투자 및 노동의 원천이 전혀 없었기 때문이다. 모든 정치적 고려를 차치할 때, NEP —— 수정해서든 아니든 —— 를 계속 수행한다면 기껏해야, 그리 높지 않은 속도의 공업화를 이루었을 것이다. 더욱이 공업이 훨씬 더 크게 발전하기 전까지는, 농민들이 도시에서 살 수 있는 물건, 즉 자신의 잉여물을 농촌에서 먹고 마시기보다는 팔 생각이 나게끔 할 만한 물건들이 별로 없었다. ('협상가격차 위기[scissors crisis]'로 알려진) 이러한 사정은 결국 NEP를 목졸라 죽이는 밧줄이 될 것이었다. 60년 뒤에, 비슷하지만 이번에는 프롤레타리아측의 '협상가격차'가 고르바초프의 페레스트로이카의 토대를 침식했다. 소련 노동자들은 다음과 같이 주장할 것이었다. 경제가 우리들의 올라간 임금으로 살 만한 소비재를 생산하지 않는데, 우리가 왜 구태여 보다 높은 임금을 벌기 위해서 생산성을 높이겠는가? 그러나 소련 노동자들이 자신들의 생산성을 높이지 않는다면 이러한 소비재가 어떻게 생산될 수 있을까?

따라서 NEP —— 즉 관제탑을 장악한 국가가 조종하는, 농민시장 경제에 기반한 균형 잡힌 경제성장 —— 가 오래 갈 만한 전략으로 판명되기는 힘들었다. 사회주의를 공언한 체제로서, NEP에 반대하는 정치적 주장이 어쨌든 압도적으로 우세했다. NEP는 이 새로운 사회의 건설에 몰두하는 소수 세력을 소상품생산과 소기업 —— 방금 전복된 자본주의를 부활시킬 —— 의 손에 내맡기는 것이 아닐까? 그러나 볼셰비키 당을 망설이게 한 것은 대안책의 예상비용이었다. 대안책은 강제적인 공업화를 의미했다. 그것은 일종의 2차 혁명이었는데, 이번에는 아래로부터 일어나는 혁명이 아니라 위로부터 국가권력에 의해서 부과되는 혁명이었다.

뒤이은 소련의 흑철시대(iron age : 그리스 신화상의 황금시대, 은시대, 청동시대에 뒤이은 인류사 최후, 최악의 시대/역주)를 이끈 스탈린은 유별나게 —— 몇몇 사람들에 따르면 유일무이하게——사납고 무자비하고 주저하지 않는 전제군주였다. 그보다 더 전반적인 규모로 공포정치를 능숙하게 이끈 사람도 거의 없을 것이다. 볼셰비키 당의 다른 지도자 밑에서였다면 소련 인민들이 덜 고생했을 것이고 희생자들의 수도 보다 적었을 것임에는 의심할 바 없다. 그럼에도 불구하고, 소련에서의 어떠한 급속한 근대화정책도 당시의 상황에서는 무자비할 수밖에 없었고, 대다수 인민들의 의사에 반하여 부과되고 그들에게 상당한 희생을 부과하는 것이었기 때문에, 어느 정도는 강제적일 수밖에 없었다. 또한 '계획들'을 통해서 이러한 정책을 수행하는 중앙집중화된 통제경제는 마찬가지로 불가피하게 경제적 사업보다는 군사작전에 더 가까웠다. 한편, 초기의 5개년계획들(1929-41)에 의해서 위험한 속도로 진행된 공업화는, 대중적으로 진정한 도덕적 정당성을 지닌 군사행동처럼, 그 정책이 인민들에게 부과한 '피, 노고, 눈물, 땀' 자체에 의한 지지를 낳았다. 처칠이 알고 있었듯이 희생 자체가 동기를 부여할 수 있는 법이다. 아마도 믿기 어렵겠지만, 다시 한번 농민들을 토지에 묶인 농노가 되게 하고 경제의 주요 부분들을 400만-1,300만 명의 감옥 노동력(강제노동수용소들)에 의존하게 만든(Van der Linden, 1993) 스탈린주의체제조차 상당한 지지 —— 분명 농민들로부터는 아니지만(Fitzpatrick, 1994) —— 를 받았음이 거의 확실하다.

1928년에 NEP를 대체한 5개년계획들의 '계획경제'는 거친 수단, 1920년대의 선구적인 국가계획위원회 경제학자들의 정교한 계산──그 자체가, 20세기 후반의 정부들과 대기업들이 이용할 수 있는 계획수단보다 훨씬 더 거칠었던──보다 훨씬 더 거친 수단일 수밖에 없었다. 기본적으로, 산업들을 운영하기보다는 새로운 산업들을 창출하는 것이 당시 계획경제의 사업이었고, 그 계획경제는 어떠한 대공업경제에서도 토대가 될 기본적인 중공업과 에너지 생산──석탄, 철, 강철, 전기, 석유 등──에 당장의 우위를 부여하는 길을 택했다. 소련은 적절한 원료들이 유별나게 풍족했으므로 그러한 선택은 논리적인 동시에 편리한 것이었다. 전시경제──소련의 계획경제는 일종의 전시경제였다──에서처럼 생산목표액은, 비용과 비용효과를 고려하지 않고도 설정될 수 있고 실제로 종종 그럴 수밖에 없으며, 그 목표액이 달성될 수 있는가와 언제 달성될 수 있는가가 중요하다. 그처럼 생사가 달린 사업들 모두가 그렇듯이, 목표를 달성하고 마감시간을 넘기지 않는 가장 효과적인 방법은 총력을 다해 막대한 양을 생산하도록 긴급명령을 내리는 것이다. 위기가 그러한 방식을 운영하는 형태이다. 소련 경제는, 위로부터의 명령에 따라 빈번하게 이루어진, 거의 제도화된 '돌격대적 노력(shock efforts)'으로 인해 일상적 절차들이 종종 중단되는 구조로 정착되었다. 뒤에 가서 흐루시초프는 '고함소리(shouting)' 명령을 따르는 방식과는 무언가 다른 방식으로 체제를 돌아가게 할 방법을 필사적으로 모색할 것이었다(Khruschev, 1990, p.18). 이전에 스탈린은 초인적인 노력을 고취하는 비현실적인 목표액을 의도적으로 설정하고는 '돌격' 방식을 썼던 것이다.

게다가 일단 정해진 목표액은 이해되어야 했고, 아시아 깊숙히 가장 멀리 떨어진 생산기지에서까지──적어도 제1세대 때는 경험이 부족하고 제대로 교육받지 못하고 기계보다는 나무 쟁기에 더 익숙했던 행정가들, 경영자들, 기술자들, 노동자들(1930년대 초에 소련을 방문했던 만화가 데이비드 로는 한 집단농장 소녀가 '얼 빠진 채 트랙터로부터 젖을 짜내려 애쓰는' 모습을 그리고 있다)에 의

526

해서 ── 달성되어야 했다. 이는 정교화라는 요소를 철저히 제거했
다. 바로 그러한 이유로 갈수록 중앙집중화되는 책무를 맡았던 최
상층에서의 경우를 제외하고 말이다. 일찍이 나폴레옹과 그의 참모
장이 그의 원수(元帥)들 ── 본질적으로, 사병에서 승진한, 훈련받
지 않은 전투장교들이었던 ── 의 기술부족을 상쇄해야 했듯이, 모
든 결정권은 갈수록 소련 체제의 최상층에 집중되었다. 국가계획위
원회의 과잉집중화는 경영자의 부족을 상쇄했다. 이러한 절차의 결
점은 경제기구뿐만 아니라 그 체제의 다른 모든 부분의 엄청난 관
료주의화에 있었다.[2]

경제가 여전히 거의 최저생활수준에 머물러 있고 근대적 공업의
토대를 쌓기만 하면 되었던 한, 주로 1930년대에 발전된 이렇듯 조
야한 체제는 잘 굴러갔다. 그 체제는 역시 거친 방식으로 자신의 유
연성을 발전시키기까지 했다. 일단의 목표들의 설정이 반드시, 복
잡하게 뒤얽힌 현대경제에서 보듯이, 다른 목표들의 설정으로 곧장
이어지지는 않았다. 실제로, 외국의 도움으로부터 격리된 후진적이
고 원시적인 나라로서는, 통제된 공업화가 그 낭비와 비효율성에도
불구하고 인상적으로 기능했다. 그 공업화는 소련을 단 몇 년 내에
주요 공업경제국으로 변모시켰고, 독일과의 전쟁에서 전체 인구
의 3분의 1이 사는 지역과 ── 여러 산업들에서 ── 공장의 절반
을 일시적으로 잃었음에도 불구하고 그 전쟁에서 살아남고 승리
할 수 있었던 ── 차르 러시아와는 달리 ── 공업경제국으로 변모
시켰다. 또한 인민들이 이러한 전쟁수행 과정에서의 미증유의 희생
(Milward, 1979, pp.92-97)이나 실로 1930년대의 희생을 견딜 수
있거나 견뎌냈을 체제는 소련 이외에는 거의 없었을 것이라는 점을
덧붙여야 한다. 그 체제는 주민들의 소비수준을 최저상태로 유지시
키기는 했지만 ── 1940년에 그 경제의 신발 생산량은 소련의 주민
1인당 한 켤레를 약간 넘는 분량에 불과했다 ── 그들에게 최소한

2) "다층적인 계획이 존재하지 않는 상태에서 모든 주요 생산그룹과 모든 생산단위에
충분히 명확한 지시를 내릴 수 있으려면 그 중심부는 엄청난 업무부담을 질 수밖
에 없다."(Dyker, 1985, p.9)

의 사회적 수준을 보장해주었다. 그 체제는 그들에게 일자리, 통제된 가격과 사용료/집세(즉 보조금 지급)의 의식주, 연금, 보건 서비스, 대체적인 평등 —— 스탈린 사후(死後)에 '노멘클라투라(nomenklatura : 구소련에서 당 및 국가기구의 권력을 장악했던 특권계급/역주)'에게 특권을 부여하는 보상제도가 걷잡을 수 없게 되기 전까지 —— 을 주었던 것이다. 또한 훨씬 더 풍부하게 교육을 제공했다. 주민들 대부분이 문맹이었던 나라가 현대 소련으로 변모한 것은 어떤 기준으로 보더라도 크나큰 성과였다. 또한 가장 가혹한 시기에 조차 소련의 발전이 개인적인 출세와 성공은 물론이고 새로운 지평이 열리는 것, 즉 어둠과 무지에서 벗어나 도시, 빛, 진보로 나아가는 것을 의미했던 수백만 명의 농촌출신 사람들에게, 새로운 사회에 대한 옹호론은 전적으로 설득력 있는 것이었다. 어쨌든 그들은 다른 것은 전혀 몰랐던 것이다.

그러나 이러한 성공담이 농업과, 농업으로 살아가는 사람들에게는 적용되지 않았다. 공업화는 농민층에 대한 착취에 기반했던 것이다. 소련 정부의 농민 및 농업 정책에 대해 옹호할 만한 점은 거의 없다. 아마도, 늘상 주장되어왔듯이 농민들이 '사회주의적인 원시적 축적(그 정책에 찬성했던, 트로츠키의 한 추종자[프레오브라젠스키(E. Preobrazhenskii) : 구소련의 정치가, 경제학자(1886-1937)/역주]가 썼던 말)'[3]의 부담을 떠맡은 유일한 계층은 아니었다는 점을 제외하고는 말이다. 노동자들 역시, 미래의 투자를 위한 자원을 생산하는 부담의 일부를 떠맡았던 것이다.

농민들 —— 주민의 대다수 —— 은 적어도 (전혀 효력이 없었던) 1936년 헌법이 마련되기 전까지는 법적, 정치적 지위가 열등했다. 또한 그들은 세금을 보다 많이 내야 했고 보다 덜 보호받았을 뿐만 아니라, NEP를 대체한 기본적인 농업정책, 즉 협동농장이나 국영농장으로의 강제 집단화로 인해 막대한 피해를 입었다. 그 정책의

---

3) 마르크스에 따르면, 몰수와 약탈에 의한 '원시적 축적'은 자본주의로 하여금 최초의 자본 —— 이후에 자기 자신의 내생적(内生的) 축적을 떠맡는 —— 을 얻을 수 있도록 하는 데에 반드시 필요한 것이었다.

직접적 결과는 곡물생산고를 떨어뜨리고 가축의 수를 거의 반으로 줄이고 그럼으로써 1932-33년에 대기근을 낳은 것이었다. 집단화는 러시아 농업의 이미 낮았던 생산성을 더욱 떨어뜨렸다. 그 생산성은 1940년에 가서야 또는 제2차 세계대전이라는 그 이상의 재난을 감안하면 1950년에 가서야 NEP 수준을 회복했다(Tuma, 1965, p.102). 이러한 하락을 보상하고자 했던 대대적인 기계화 역시 너무도 비효율적이었고 계속 그러했다. 소련 농업이 약간의 잉여곡물을 생산해 수출하기까지 했던 ── 소련이 차르 러시아와 같은 주요 수출국이 될 것으로는 결코 보이지 않았지만 ── 유망한 전후시기(戰後時期)가 끝나자, 그 나라 농업은 더 이상 자국의 주민을 먹여 살릴 수 없게 되었다. 소련 농업은 1970년대 초부터 계속해서, 때때로 총수요의 4분의 1 수준까지, 세계 곡물시장에 의존했다. 집단적 방식이 약간이나마 완화됨으로써 농민들이 개인소유의 작은 땅뙈기 ── 그러한 땅은 1938년에 총 경지면적의 약 4퍼센트를 차지했다 ── 에서 시장에 팔 것을 생산하는 것이 허용되지 않았더라면, 소련의 소비자는 검은 빵말고는 먹을 것이 별로 없었을 것이다. 요컨대, 소련은 비효율적인 소농농업을 비효율적인 집단농업으로 바꾸는 데에 막대한 비용을 들인 셈이다.

이는 종종 그렇듯이, 볼셰비키 계획 고유의 특성보다는 소련의 사회적, 정치적 조건을 반영한 것이었다. 사적 경작과 다양한 정도로 결합된 협동조합과 집단화 ── 또는 이스라엘의 키부츠처럼 소련의 어느 것보다도 공산주의적인 것조차 ── 는 성공적일 수 있는 반면, 순수 소농경작은 종종, 농토에서 수익을 올리는 것보다는 정부에게서 보조금을 받아내는 데에 더 유능했다.[4] 그러나 소련에서의 농업정책이 실패작이었음에는 전혀 의심할 바 없다. 또한 그 실패작은, 적어도 초기에는, 잇달은 사회주의체제들에 의해서 너무도

---

4) 일례로, 농업이 대부분 집단화된 헝가리는 1980년대 전반에, 프랑스의 4분의 1밖에 안 되는 면적의 농경지에서 프랑스보다 많은 농산물을 수출했고, 농지면적이 헝가리의 거의 3배에 달했던 폴란드와 비교해서는 (가치면에서) 약 2배에 달하는 농산물을 수출했다. 폴란드의 농업은 프랑스와 마찬가지로 집단적이 아니었다 (FAO Production, 1986, FAO Trade, vol. 40, 1986).

자주 모방되었다.

소련의 발전의 또 다른 측면 —— 좋게 말할 점이 거의 없는—— 은 지나치게 비대해진 엄청난 규모의 관료제이다. 그것은 중앙집중화된 명령식 정치가 낳은 것으로서, 스탈린조차 이를 극복할 수 없었다. 실제로, 1930년대 말의 대공포정치는, "미로같이 복잡한 관료제와, 그것이 대부분의 정부통제나 명령에서 교묘히 빠져나가는 상황을 극복하려는"(Lewin, 1991, p.17) 또는 적어도 그러한 관료층이 경직된 지배계급이 되어버리는 사태 —— 결국 브레주네프 시기에 일어나게 될 —— 를 막으려는 스탈린의 필사적인 시도였다는 주장이 진지하게 제기되어왔다. 행정을 보다 유연하고 보다 효율적인 것으로 만들려는 어떠한 시도도 오히려 행정을 불어나게 하고, 행정을 더욱 필수불가결한 것으로 만들 뿐이었다. 1930년대 말에 행정인원의 증가율은 전체 고용의 증가율의 2.5배에 달했다. 전쟁이 임박했을 때, 블루칼라 노동자 2명당 1명 이상의 행정관이 존재했다 (Lewin, 1991). 스탈린 시기에 이들 간부들의 최상층은 "언제라도 파국을 맞을 수 있는, 유례 없이 강력한 노예였다. 그들의 권력과 특권에는 죽음을 암시하는 것이 언제나 그림자처럼 따라다녔다"라고 전해진다. 스탈린이 죽은 뒤에, 아니 보다 정확히 말해서 '위대한 보스들' 중 마지막 인물인 흐루시초프가 1964년에 물러난 뒤에는 그 체제에 정체(停滯)를 막을 것이 더 이상 존재하지 않게 되었다.

그 체제의 세번째 결점이자 결국 그 체제를 가라앉게 한 결점은 체제의 경직성이었다. 그 체제는 기본적으로, 특성과 품질이 미리 결정된 제품의 생산고를 끊임없이 늘리도록 맞추어진 것으로서, 양(증가 이외에는)이나 질의 변화나 기술혁신을 위한 메커니즘을 원천적으로 보유하지 못했다. 실제로 그 체제는 발명품들을 어떻게 다루어야 할지 몰랐고, 그것들을 군산복합체와 구분되는 것으로서의 민간경제 부문에 쓰지도 않았다.[5] 소비자들로 말하자면, 그들이

---

5) "모든 발명품들의 3분의 1만이 경제에 적용되고 있고, 그것이 적용되더라도 확산되는 일은 드물다."(Vernikov, 1989, p.7) 이 데이터는 1986년에 관한 설명으로 보인다.

필요한 물건을 공급받은 것은 그들의 선호도를 알려주었을 시장에 의한 것도, 경제체제나 —— 앞으로 보게 되듯이 —— 정치체제가 가지는, 그들에게 유리한 어떤 성향에 의한 것도 아니었다. 그와는 반대로, 자본재를 최대한 증가시키려는, 체제의 원래의 성향이 계획기구에 의해서 재생산되었다. 그 체제의 성과로 주장할 수 있는 것은 기껏해야, 경제가 성장함에 따라, 산업구조가 자본재 생산에 유리한 상태를 계속 유지할 때조차 소비재의 공급이 늘어났다는 것뿐이다. 그러나 분배체계가 매우 부실했고 무엇보다도, 서비스업들을 조직하는 제도가 아예 존재하지 않아서, 소련에서 생활수준의 상승 —— 1940-70년대에 매우 두드러지게 향상되었다 —— 은 사실상, 대규모의 '2차' 경제 내지 '암흑' 경제 —— 특히 1960년대 말부터 급속히 성장한 —— 의 도움으로써만 또는 그러한 경제에 의해서만 이루어질 수 있었다. 비공식적 경제는 말 그대로 공식적 조사에서 벗어나있으므로 그 규모는 추정할 수밖에 없다. 1970년대 말에 소련의 도시주민은 사적인 소비자·의료·법률 서비스에 약 200억 루블을 썼고, 거기에 덧붙여 약 70억 루블을 서비스 확보를 위한 '팁'으로 썼다는 평가가 있기는 하지만 말이다(Alexeev, 1990). 이는 당시에 그 나라의 총수입액에 맞먹는 액수였을 것이다.

요컨대 소련 체제는 그 나라 인민이, 최소한의 사회적 수준을 보장해주는 생활수준과, 최저생활수준을 약간 넘는 물질적 생활수준에 만족할 것이라는 가정하에서, 매우 후진적인 미개발국을 가능한 한 급속하게 공업화할 목적으로 설계된 체제였다. 그러한 생활수준이 어느 정도가 될 것인가는, 공업화를 더욱 진전시키도록 맞추어진 경제의 전반적 성장의 열매가 국민들에게 얼마나 흘러들어오느냐에 달려있었다. 그 체제는 비효율적이고 낭비적이기는 했지만 이러한 목표들을 달성했다. 1913년의 차르 제국은 세계 인구의 9.4퍼센트의 인구로써 세계의 '국민소득' 총액의 6퍼센트와 세계 공업생산고의 3.6퍼센트를 생산했는데, 1986년의 소련은 세계인구의 6퍼센트도 안 되는 인구로 세계 '국민소득'의 14퍼센트와 세계 공업생산고의 14.6퍼센트를 생산했다(그러나 세계 농업생산고에서 차지하는 비율은 약간만 늘었다)(Bolotin, 1987, pp.148-52). 러시아는 주요 공업강국으로 변모했고, 거의 반세기 동안 유지되었던 초강대국이라는 소련의 지위는 사실상 이러한 성공에 기반한 것이었다. 그러나 공산주의자들의 기대와는 반대로, 소련의 경제발전의 엔진은, 차량이 일정한 거리를 간 뒤에 운전자가 가속 페달을 밟으면 속도가 올라가기보다는 떨어지도록 만들어진 것이었다. 그 체제의 활력에는 자신의 힘을 소진시키는 메커니즘이 내재했던 것이다. 바로 이러한 것이 1944년 이후에 인류의 3분의 1이 살았던 경제들에게 모델이 되었던 체제다.

또한 소련 혁명은 매우 특수한 정치체제 역시 발전시켰다. 볼세비키 당이 속했던 마르크스주의적 노동운동 및 사회주의운동을 포함해서 유럽의 좌파 대중운동들은 두 가지 정치적 전통에 의존했다. 선거적 —— 때때로 심지어 직접적 —— 민주주의가 그 하나고, 프랑스 혁명의 자코뱅 국면으로부터 물려받은, 중앙집중화된 행동을 지향하는 혁명사업이 다른 하나다. 19세기 말 유럽의 거의 모든 곳에서 부상한 대중적 노동운동들과 사회주의운동들은 정당이든, 노동조합이든, 협동조합이든, 이 모든 것의 결합물이든지 간에 내부구조 면에서나 정치적 열망 면에서나 매우 민주주의적이었다. 실제로, 폭넓은 선거권에 기초한 정체(政體)가 아직 존재하지 않았던 곳에서는 그 운동들이 그러한 정체를 촉구하는 주요 세력이었고, 마르크스주의자들은 무정부주의자들과는 달리 기본적으로 **정치적** 행동에 몰두했다. 그러나 소련의 정치체제 —— 그 역시 나중에 사회주의 세계로 이전될 —— 는 사회주의운동들의 민주적 측면과 완전히 결별한 것이었다. 비록 이론상으로는 그 측면에 대한 헌신—— 갈수록 공론적(空論的)이 되어간 —— 을 유지했지만 말이다.[6] 그 체제는 자코뱅적 유산보다도 훨씬 더 멀리 나아갔다. 자코뱅적 전

---

6) 일례로 공산당들의 중요한 특징인 권위주의적 집중제의 공식적 이름은 '민주집중제'였고, 1936년의 소련 헌법은 이를테면 미국 헌법에 못지 않게 다당제 선거를 허용하는, 이론상 전형적인 민주적 헌법이다. 그것의 많은 부분은, 1917년 이전의 고참 마르크스주의 혁명가로서 이러한 유형의 헌법이 사회주의 사회에 적합하다고 확신한 부하린이 초안을 잡았으므로, 그 헌법이 겉치레였던 것만은 아니다.

통은 혁명적 단호함과 무자비한 행동을 아무리 강조하더라도 개인의 독재를 선호하지는 않았던 것이다. 요컨대 소련 경제가 통제경제였듯이, 소련 정치는 통제정치였다.

이러한 사태전개는 부분적으로는 볼셰비키 당의 역사를, 부분적으로는 젊은 소련 체제가 직면한 위기와 긴급한 선결문제를, 부분적으로는 '강철 인간'이라는 스스로 택한 정치적 이름('스탈린'은 '강철'을 뜻하는 러시아어 '스탈[stal]'에서 딴 이름이다/역주)으로 소련의 전제군주가 된, 술고래 구두수선공의 아들인 그루지야 출신의 전(前) 신학도, 즉 이오시프 비사리오노비치 스탈린(1879-1953)의 특성을 반영한 것이었다. 직업적 혁명가들의 유례 없이 효율적이고 규율 잡힌 핵심부대인 레닌의 '전위당' 모델은 중앙지도부가 할당한 임무를 수행하는 데에 적합하게 만들어진 것으로, 마찬가지로 혁명적인 수많은 다른 러시아 마르크스주의자들이 처음부터 지적해왔듯이, 권위주의적이 될 가능성이 있었다. 당이 이끈다고 주장하는 대중을 당이 아예 대체해버리는 '대체주의'를 무슨 수로 중단시킬 것인가? 당원들, 보다 정확히 말해서 그들의 입장을 표명하는 정규적인 당대회들을 (선출된) 위원회들이 대체하는 것은 어떻게 중단시킬 것인가? 중앙위원회를 실질적인 작전지도부가 대체하고, 결국 (이론상 선출된) 단일한 지도자가 실제로 이 모든 것을 대체하는 것은 어떻게 중단시킬 것인가? 레닌이 독재자가 되고 싶어하지도 않았고, 그렇게 될 수 있는 위치에 있지도 않았다고 해서 또는 볼셰비키당이 다른 모든 좌파 이데올로기 조직과 마찬가지로 군사참모부로서보다는 끊임없이 토론하는 단체로 행동했다고 해서, 그렇게 될 위험이 덜 현실적이었던 것은 아닌 것으로 드러났다. 10월혁명 이후에 볼셰비키가 불과 몇천 명의 불법세력집단에서 수십만 내지 결국 수백만 명의 직업적 동원가들, 행정가들, 행정관들, 관리자들——'고참 볼셰비키들'의 존재와, 트로츠키처럼 그들 편에 합류했던 여타의 1917년 이전 사회주의자들의 존재를 무색케 한——의 대중정당으로 바뀜에 따라 그 위험은 더욱 직접적인 것이 되었다. 그들은 이전의 좌파 정치문화 중 어느 것도 공유하지 않았다.

그들이 아는 것은 당이 옳다는 것과, 혁명을 지키려면 상부 당국이 내린 결정을 무조건 실행해야 한다는 것이 전부였다.

당 안팎의 민주주의, 자유언론, 시민적 자유, 관용에 대한 볼셰비키들의 혁명 이전의 태도가 어떠했든지 간에 1917-21년의 상황은, 깨지기 쉽고 고투하는 소비에트 권력을 유지하는 데에 필요한(또는 필요한 것으로 보이는) 모든 행동에 몰두한 당에게(그리고 당내에), 갈수록 권위주의적이 되어가는 통치방식을 부과했다. 소비에트 권력은 실제로 일당정부로 출발한 것도, 반대를 허용하지 않는 정부로 출발한 것도 아니었지만, 강력한 보안기구로 보강된 일당독재로 반혁명세력에게 공포정치를 폄으로써 내전에서 승리했다. 마찬가지로 중요한 점은 당 자신이 당내민주주의를 포기했다는 것이다. 즉 대안정책에 대한 집단적 토론이 금지되었다(1921). 이론상 당을 지배한 '민주집중제'는 그냥 집중제만이 되었다. 당은 더 이상 자신의 당헌에 따라 움직이지 않았다. 1년마다 열리던 소련공산당대회는 덜 정기적으로 열리게 되었고, 스탈린 치하에서는 아예 예측할 수 없고 특별한 경우에 열리는 대회가 되었다. NEP 시기는 비정치 분야의 긴장상태를 풀어주었으나, 당이 포위당한 소수파 —— 역사는 자기 편이겠지만, 당장은 러시아의 대중과 러시아의 현재가 좋아하지 않는 방향으로 활동하고 있는 —— 라는 감정은 완화되지 않았다. 위로부터 산업혁명을 추진하기로 한 결정은 자동적으로 그 체제로 하여금 권력을, 아마도 내전기보다 훨씬 더 무자비하게——권력을 계속해서 행사하기 위한 기구가 훨씬 더 커졌으므로 —— 휘두르도록 하는 결과를 가져왔다. 권력분립의 마지막 남은 요소인, 소비에트 정부가 당과 구별되는 행동을 벌일 수 있는 적당한——줄어들고는 있지만 —— 여지가 완전히 사라진 것도 그때였다. 당의 단일한 정치적 지도부는 이제, 다른 모든 것을 복종시킴으로써 절대권력을 자기 손에 집중시켰다.

체제가 스탈린 치하에서, 시민들의 생활과 사고의 모든 측면을 전면통제하고자 하는 전제정이 된 것, 그리하여 시민들의 생활 전체가 가능한 한 그 체제의 목표들 —— 최고권력에 의해서 규정되고 명시된 —— 의 달성에 종속된 것은 바로 이러한 시점(時點)이었다. 확실히 이것은 마르크스와 엥겔스가 생각한 것도, (마르크스주의적인) 제2인터내셔널과 그것에 속한 정당들 대부분에서 전개된 것도 아니었다. 일례로, 로자 룩셈부르크와 함께 독일 공산주의자들의 지도자가 되었고 1919년에 그녀와 함께 반동적 장교들에 의해서 암살당한 카를 리프크네히트는 독일사회민주당 창립자의 아들이었음에도 마르크스주의자를 자임하지도 않았다. 오스트리아 마르크스주의자들은 그들의 명칭이 암시하듯이 마르크스를 신봉했지만 그들 자신의 다양한 길을 가는 데에 전혀 개의치 않았으며, 공식적인 이단자로 낙인찍힌 사람 —— 에두아르트 베른슈타인이 그의 '수정주의'로 인해 그렇게 되었듯이 —— 조차 문제 없이, 적법한 사회민주주의자가 될 수 있었다. 실제로 베른슈타인은 계속해서 마르크스와 엥겔스 저작들의 공식적인 편집자로 일했다. 사회주의 국가가 집단적으로 그 나라 지도자들에게 교황의 무오류성 같은 것을 부여해야 한다는 생각은 말할 것도 없고(어떤 단일한 사람이 그러한 역할을 한다는 것은 생각도 할 수 없는 일이다), 그 국가가 모든 시민에게 동일한 생각을 하도록 강제해야 한다는 생각조차 1917년 이전의 어떤 주요 사회주의자에게도 떠오르지 않았을 것이다.

기껏해야, 마르크스주의적 사회주의는 그 지지자들에게 개인적인 열렬한 헌신의 대상, 즉 세속종교의 몇몇 특징들을 가진 희망과 신념의 체계였다고(비사회주의적인 십자군집단들의 이데올로기보다 더하지는 않지만), 보다 정확하게 표현하자면, 그 사회주의가 일단 대중운동이 되면 복잡미묘했던 이론이 불가피하게, 기껏해야 교리문답, 최악의 경우라고 해보았자 동일시와 충성의 상징 —— 경례해야 하는 깃발과 같은 —— 정도로 변화한다고 주장할 수 있었다. 중부 유럽의 사회주의 지식인들이 오래 전부터 주목해왔듯이 그러한 대중운동들은 지도자들을 찬양하고 심지어 숭배하는 경향도 있었다. 좌파정당들 내에서 논쟁과 경쟁을 벌이는 잘 알려진 경향이 대체로 이러한 찬양 및 숭배를 어느 정도 통제했을 것이라는 점은 말하고 넘어가야 하지만 말이다. 붉은 광장에 레닌의 커다란 무덤 —— 위대한 지도자의 시신을 충성스러운 지지자들이 영원히 볼 수 있도록 보존한 —— 을 세운 것은 러시아의 혁명전통에서 나온 것이 아니라, 후진적인 농민들에 대한 기독교 성인과 유골의 호소력을 소련 체제를 위해서 동원하려는 명백한 시도였다. 또한 정통과 불관용은, 레닌이 건설한 볼셰비키 당에 어느 정도는 그 자체의 가치로서가 아니라 실용적인 이유로 도입된 것이라고 주장할 수 있었다. 레닌은 유능한 장군처럼 —— 또한 그는 기본적으로 행동의 계획가였다 —— 사병들 사이의 논쟁이 실천상의 효율성을 떨어뜨리는 것을 원하지 않았다. 게다가 그는 다른 천재적인 행동가들과 마찬가지로 자신이 가장 잘 알고 있으며 다른 의견들을 들을 시간이 거의 없다고 확신했다. 이론적으로 그는 정통 —— 심지어는 근본주의적인 —— 마르크스주의자였다. 왜냐하면 혁명을 본질로 하는 이론의 원문을 조금이라도 건드리면 타협론자들과 개량주의자들을 고무할 것임이 그에게는 명백했기 때문이다. 그러나 실천상으로는 주저하지 않고 마르크스의 견해를 변경했고 자유로이 그 견해를 확장했다. 스승에 대한 문자상의 충성은 항상 유지한 채 말이다. 1917년 이전 시기의 대부분 동안 그는 러시아의 좌파에서, 심지어는 러시아의 사회민주주의 내에서조차 포위당한 소수파를 이끌었고 대표했으므로, 의견을 달리하는 자들에게 관대하지 않다는 평판을 얻었으나 일단 상황이 바뀌자, 반대자들을 비난했을 때와 마찬가지로 그들을 환영하는 데에 거의 망설이지 않았다. 또한 10월혁명 이후에조차 그는 당내에서의 그의 권위가 아니라 변함없이 논쟁에 의존했다. 앞서 보았듯이, 그의 견해가 계속해서 도전받지 않은 것도 아니었다. 그가 계속 살았다면 의심할 바 없이 계속해서 반대자들을 비난했을 것이고, 내전기에 그랬듯이 그의 실용적인 불관용은 한도가 없었을 것이다. 그러나 그가 보편적이고 의무적인, 일종의 세속판 국가적, 개인적 종교 —— 그의 사후(死後)에 발전된—— 를 구상했다는 증거는 없으며 묵인했을 것이라는 증거조차 없다. 스탈린이 그러한 종교를 의식적으로 만든 것은 아닌지도 모른다. 그는 단순히, 후진적인 농민 러시아 및 그 나라의 전제적이고 정통

536

적인 전통의 주류라고 본 것에 따랐던 것인지도 모른다. 그러나 그가 없었다면 그러한 종교가 발전했을 것으로 보이지 않으며, 다른 사회주의 체제들에 부과되거나 그 체제들에 의해서 모방되는 사태는 분명 벌어지지 않았을 것이다.

그러나 한 가지는 말하고 넘어가야 한다. 독재의 가능성은, 제거 불가능한 단일정당에 기반한 어떠한 체제에도 내재하며, 레닌의 볼셰비키처럼 중앙집중화된 계서제에 기반하여 조직된 당에서는 그 가능성이 더욱 높아진다. 제거 불가능성은, 혁명이 전복되어서는 안 되며 혁명의 운명은 다른 어느 누구도 아니라 자신들의 손에 달려있다는 볼셰비키들의 철저한 확신의 또 다른 이름에 불과했다. 볼셰비키들은 부르주아 체제가, 보수당 정부가 패배하고 자유당이 뒤를 잇는 것에 대해서는 사회의 부르주아적 성격을 변화시키지 않으므로 위험하지 않은 것으로 보지만 공산주의체제에 대해서는 용인하지도 않고 용인할 수도 없을 것 —— 공산주의체제가, 구질서를 회복하려는 세력에 의해서 전복되는 것을 결코 용인할 수 없는 것과 동일한 이유로 —— 이라고 주장했다. 혁명적 사회주의자들을 포함해서 혁명가들은 —— 자신들이 '인민'의 이익을 위해서 행동하고 있다고 아무리 진지하게 확신했더라도 —— 선거적인 의미에서의 민주주의자가 아니었다. 당이 '영도적 역할'을 정치적으로 독점한다는 가정으로 인해, 민주적인 소비에트 체제가 민주적인 카톨릭 교회만큼이나 거의 불가능하게 되었지만, 그러한 가정이 개인의 독재를 의미하지는 않았다. 공산주의 정치체제를 비세습적인 군주정이 되게 한 것은 스탈린이었다.[7] 키가 작고,[8] 조심스럽고, 불안정하고, 잔인하고, 야행성이고, 끊임없이 의심했던 스탈린은 여러 점에

───────────

7) 군주정과의 유사성은, 실제로 세습승계의 방향으로 움직인 몇몇 공산주의국들의 경향 —— 이전의 사회주의자들과 공산주의자들에게는 상상도 할 수 없는 것으로 보였을 —— 이 잘 보여주고 있다. 북한과 루마니아가 그러한 두 예였다.

8) 1957년에 철거되기 전에 붉은 광장의 대형 무덤에서 스탈린의 방부보존된 시신을 보았던 필자는 그렇게도 키가 작았던 사람이 그렇게도 막강한 권력을 휘둘렀다는 사실에 놀랐던 것이 기억난다. 의미심장하게도, 모든 영화들과 사진들은 그의 키가 겨우 5피트 3인치였다는 사실을 은폐했다.

서, 현대의 정치인들보다는 수에토니우스(고대 로마의 전기작가,
역사가[69?-140?]/역주)의 「황제들의 생애(*De Vita Caesarum*)」에
나오는 인물을 닮았다. 인상적이지 않고 사실상 잊기 쉬운 외모를
지녔고 1917년에 당대의 한 관찰자(수하노프)가 "음울하고 흐릿한
사람"이라고 불렀던 그는 정상에 오를 때까지 필요에 따라 사람들
의 환심을 샀고 책략을 썼다. 그러나 물론 그는 자신의 상당한 재능
덕분에 혁명 이전에 이미 정상에 거의 접근했다. 그는 민족문제 인
민위원으로서 혁명 이후 첫 정부의 구성원이었다. 그가 마침내 당
과 (사실상) 국가의 필적할 자 없는 지도자가 되었을 때 그에게는,
히틀러를 그의 당의 창건자이자 인정받는 지도자로 만들어주고 그
에 대한 측근들의 충성을 강제 없이 유지시켜준, 자신의 운명에 대
한 명료한 의식과 카리스마와 자신감이 부족했다. 스탈린은 그의
개인적 권력이 미치는 다른 모든 것과 마찬가지로 자신의 당을 테
러와 공포를 통해서 지배했다.

  스탈린은 세속적 그리스 정교 —— 세속적 성인(聖人)으로 변화된
그 창시자의 시신이 크렘린 밖에서 순례자들을 맞는 —— 의 수호자
인 세속적 차르와 같은 존재가 됨으로써 선전에 대한 충분한 감각
을 보여주었다. 정신적으로 서구의 11세기에 해당하는 세계에 사는
농민들과 목축민들에게는 그러한 방법이 새로운 체제의 정통성을
확립하는 가장 효율적인 방식임에 거의 틀림없었다. 스탈린이 단순
하고 무조건적이고 교조적인 교리문답으로 바꾸어버린 '마르크스-
레닌주의'가 문자해독 제1세대에게 사고하는 법을 처음으로 가르
치는 전범이 되었듯이 말이다.[9] 또한 그의 공포정치를 단순히 폭군
의 무제한적인 개인적 권력의 행사로만 볼 수도 없다. 그가 그러한
권력의 행사와 자신이 불러일으킨 공포와 생사여탈권의 행사를 즐
겼다는 것은 의심할 바 없다. 그의 위치에 있는 자라면 마음대로 얻
을 수 있을 물질적 보상에 대해서 그가 전적으로 무관심했다는 것
이 의심할 바 없듯이 말이다. 그러나 그의 개인적인 심리적 괴벽이

---

9) 이것들만이 아니다. 1939년판 「소련 공산당[볼셰비키]사 : 약사」는 그것의 거짓말
   들이나 지적 한계와 상관없이 교육상 훌륭한 교과서 역할을 했다.

538

어떻든지 간에 스탈린의 공포정치는 이론적으로는, 그가 통제권을
가지지 못했을 때의 신중함과 마찬가지로, 합리적으로 유용한 전술
이었다. 실제로 공포정치와 신중함 둘 다 위험을 피한다는 원칙에
기반한 것이었고, 그러한 원칙은 바로, 상황을 평가하는(볼셰비키
용어를 쓰자면 '마르크스주의적으로 분석을 하는') 자신의 능력——
레닌의 유별난 능력이었던 —— 에 대한 자신감 부족을 반영한 것이
었다. 스탈린의 무시무시한 질주는 공산주의 사회라는 유토피아적
목표에 대한 완강하고 중단 없는 추구로서의 의미를 제외하면 무의
미하다. 그는 죽기 몇 달 전에 자신의 마지막 출판물을 그러한 목표
를 재확언하는 데에 바쳤다(Stalin, 1952).

소련에서의 권력은 볼셰비키들이 10월혁명을 통해서 얻은 유일
한 것이었고, 권력은 그들이 사회를 변화시키는 데에 사용할 수 있
는 유일한 도구였다. 사회를 변화시키는 일은 끊임없이 난관들——
이런저런 방식으로 끊임없이 부활하는 —— 에 부딪쳤다(이것이 '프
롤레타리아가 권력을 장악'하고 나서 몇십 년 동안은 계급투쟁이
더욱 강화될 것이라는, 다른 점에서는 불합리한 스탈린의 테제의
의미다). 따라서 사회를 변화시키는 과정에 대한 가능한 모든 장애
물들을 제거하는 데에 일관되고 가차없이 권력을 사용하기로 한 결
단력만이 궁극적인 성공을 보장할 수 있었다.

세 가지 사항이 이러한 가정에 기반한 정책을 살인적인 불합리성
으로 몰고 갔다.

그 첫번째는, 궁극적으로 자신만이 앞으로 가는 방법을 알고 있
으며 자신만이 그 방식을 추구하는 데에 충분히 단호하다는 스탈린
의 신념이다. 많은 정치가들과 장군들이 이처럼 자신이 꼭 필요하
다는 생각을 가졌으나, 절대권력을 가진 자들만이 다른 이들에게
그러한 신념을 공유하도록 강제할 수 있는 법이다. 일례로, 이전 형
태의 공포정치와는 달리 당 자체와 특히 당 지도부를 겨냥한 1930
년대의 대숙청은, 무자비해진 많은 볼셰비키들 —— 1920년대의 다
양한 반대파들에 맞서 스탈린을 지지했었고 집단화와 5개년계획이
라는 대약진을 진정으로 지지했던 사람들을 포함해서 —— 이 그 시

기의 무자비한 잔혹행위와 그 시기가 부과한 희생이 그들이 기꺼이 받아들일 만한 정도를 넘는다는 것을 깨달은 뒤에 시작되었다. 의심할 바 없이 그들 중 많은 수는 레닌이 스탈린의 지나친 잔인성 때문에 그를 자신의 후계자로 밀기를 거부했다는 사실을 기억했다. 제17차 소련공산당(볼셰비키)대회는 스탈린에 대한 상당한 반대를 드러냈다. 그것이 그의 권력에 대해 실질적인 위협이 되었는지는 결코 알 수 없을 것이다. 왜냐하면 1934-39년에 400만-500만 명의 당원과 관리가 정치적 이유로 체포되어 그들 중 40만-50만 명이 재판 없이 처형되었고, 1939년 봄에 열린 다음 번(제18차) 대회에는 1934년의 제17차 대회에 참석했던 1,827명의 대표들 중에 겨우 37명의 생존자들만이 참석했기 때문이다(B. Kerblay, 1983, p.245).

이러한 공포정치를 전례 없이 잔인하게 만든 것은 인습적인 것이든 아니든 어떠한 한계도 인정하지 않았다는 점이었다. 그것은 커다란 목표가 그것을 달성하는 데에 필요한 모든 수단을 정당화해준다는 신념(이것이 모택동의 신념일 수는 있지만)이나, 현세대에게 부과된 희생이 아무리 크더라도 앞으로 무한히 이어질 세대들이 거둘 수확에 비하면 아무것도 아니라는 신념에 의한 것이라기보다는 총력전의 원리를 모든 시기에 적용한 결과였다. 레닌주의는 아마도, 다른 마르크스주의자들로 하여금 레닌을 '블랑키주의자(무장한 소수정예에 의한 권력의 탈취와 독재의 필요를 주장한, 프랑스의 혁명적 사회주의자 블랑키[Louis Auguste Blanqui, 1805-81]의 사상을 추종하는 사람/역주)'나 '자코뱅'으로 의심하게 한 강한 주의주의(主意主義) 성향 때문에 기본적으로 군사적인 사상으로 볼 수 있을 것 —— 클라우제비츠(프로이센의 장군이자 군사이론가[1780-1831]. 저서 「전쟁론(Vom Kriege)」은 근대전쟁에 관한 고전적 이론서로 유명하다/역주)에 대한 레닌 자신의 찬탄이 나타내듯이—이다. 볼셰비키 정치의 어휘 전체가 그 점을 입증하지는 않았지만 말이다. '누가 누구를?'이 레닌의 기본적인 좌우명이었다. 즉 승자가 모든 것을 얻고 패자가 모든 것을 잃는 제로섬 게임으로서의 투쟁이었다. 우리가 알고 있듯이 자유주의 국가들조차 양차 세계대전

을 그러한 정신으로 수행했고, '적국'의 주민과 —— 제1차 세계대전
의 경우 —— 자국의 군대에게까지 부과할 준비가 되어있는 고통에
대해 한계를 전혀 설정하지 않았다. 실제로, 일정한 주민집단——
선험적인 이유로 정의된 —— 전체를 희생시키는 것까지도 전쟁의
일부가 되었다. 제2차 세계대전 동안 일본 출신의 모든 미국 시민
이나 영국 내의 모든 독일인 및 오스트리아인 거주자에 대해서 취
해진 —— 잠재적인 적국 스파이들이 끼어있을지도 모른다는 이유
로 —— 억류조치가 그 예다. 이것은 19세기적인 문명진보가 중단되
고 야만성의 부활로 되돌아가는 과정 —— 음울한 기둥줄기로서 이
책 전체를 꿰뚫고 있는 —— 의 일환이었다.

다행히, 법이 지배하고 자유언론을 가진, 입헌적이고 가능한 한
민주적인 국가들에는 대항세력들이 어느 정도 존재한다. 그러나 절
대권력체제에는 그러한 세력이 존재하지 않는다. 살아남기 위해서
라도 그리고 절대적 권력의 사용은 자멸적일 수 있으므로, 권력을
제한하는 관습이 결국 발전할 수도 있지만 말이다. 편집증은 절대
권력의 논리적인 최종결과물이다. 스탈린 사후에 그의 계승자들은
유혈시대를 끝내자는 데에 암묵적으로 일치했다. 스탈린 시대의 인
명손실을 온전히 평가하는 일은 (고르바초프 시대 이전까지는) 여
전히 국내의 반체제인사들과 국외의 학자들이나 정치평론가들에게
맡겨졌지만 말이다. 그때부터 비로소 소련의 정치가들은 자신의 침
상에서 —— 때때로 고령에 —— 임종을 맞이했다. 1950년대 말에 강
제노동수용소들이 텅 비게 되었을 때에도 여전히 소련은 서방의 기
준으로 볼 때 시민들을 부당하게 다루는 사회였지만, 유례 없이 대
규모로 시민들을 투옥하고 살해하는 사회는 더 이상 아니었다. 실
제로 1980년대에는 감옥에 있는 주민 수의 비율이 미국보다 명백히
낮았다(미국의 경우 인구 10만 명당 죄수 426명인데 비해 소련은
인구 10만 명당 268명)(Walker 1991). 게다가 1960-70년대에 소련
은 사실상, 보통 시민들이 아마도 범죄나 소요나 국가에 의해서 의
도적으로 살해당할 위험이 아시아, 아프리카, 남북 아메리카의 다
른 상당수의 나라들보다 적은 사회가 되었다. 그럼에도 불구하고

소련은 여전히 경찰국가였고, 권위주의적인 사회였으며, 어떠한 현실적인 기준으로 보더라도 자유스럽지 않은 사회였다. 시민들은, 공식적으로 인정받거나 허용된 정보만을 입수할 수 있었고 —— 다른 어떤 종류의 정보도 고르바초프의 글라스노스트('개방') 정책 이전까지는 여전히, 적어도 법률상 처벌대상이 될 수 있었다 —— 여행하고 이주할 자유는 공식적인 허가에 달려 있었다. 그러한 허가는 소련 내에서는 갈수록 명목상의 규제가 되었으나, 국경을 넘어야 하는 경우 —— 다른 '사회주의' 우방국으로 갈 때조차 —— 에는 매우 현실적인 규제였다. 이러한 점들 모두에서 소련은 여전히 차르 러시아보다 명백히 뒤떨어졌다. 게다가, 대부분의 일상적 용도에서는 법의 지배가 이루어졌으나 행정부의 위력, 이를테면 자의적인 투옥이나 유배가 여전히 존재했다.

처형 및 강제노동수용소 인구에 관한 공식 통계 —— 현존하는 것이든 입수 가능하게 될 것이든 —— 조차 손실 전체를 포괄할 수 없고, 추정치는 평가자가 세운 가정에 따라서 크게 달라지므로, 러시아의 흑철시대의 인명손실을 충분히 계산하는 것은 아마도 결코 가능하지 않을 것이다. "불길한 역설로서, 우리는 몰살당한 반체제 인사들의 수보다 이 시기의 소련 가축 수의 감소에 대해서 더 잘 알고 있다"고 전해진다(Kerslay, 1983, p.26). 1937년 인구조사결과의 발표금지조치만으로도 거의 넘을 수 없는 장애물이 되고 있다. 그러나 어떠한 가정을 세우든[10] 직간접적인 희생자의 수는 일곱 자리보다는 여덟 자리로 계산해야 한다. 이러한 상황에서, 2,000만이나 그 이상의 수치보다는 1,000만에 가까운 '줄잡은' 추정치를 택할 것인가 말 것인가는 그리 중요하지 않다. 어떠한 수치도 부끄럽지 않을 수 없고, 정당화는커녕 변명할 여지가 있을 수 없다. 나로서는, 1937년의 소련 전체인구가 1억6,400만 명이었던 것으로 전해지는데 이는 제2차 5개년계획(1933-38)의 예상인구보다 1,670만 명이 적은 수라는 것을 논평 없이 덧붙이겠다.

---

10) 그러한 계산절차들의 불확실성에 대해서는 Kosinski, 1987, pp.151-52를 보라.

소련 체제는 야수적이고 독재적이었지만 '전체주의적'이지는 않았다. 전체주의라는 말은 1920년대에 이탈리아 파시즘에 의해서 자신의 목표들을 표현하기 위해 창안된 것으로, 제2차 세계대전 종전 이후에 공산주의 비판자들 사이에서 인기를 끌게 되었던 말이다. 그전까지 그 말은 거의, 이탈리아 파시즘과 독일 국가사회주의 둘 다를 비판하는 데에만 사용되었었다. 그것은 주민들에게 전면적인 물리적 통제를 가할 뿐만 아니라 선전과 교육을 독점함으로써 인민들로 하여금 그 체제의 가치관을 내면화하게 하는 데에 사실상 성공한 전면적인 중앙집중화된 체제를 나타냈다. 조지 오웰의 「1984」(1948년에 출판)는 서방의 이러한 전체주의 사회관에 가장 강력한 형태를 부여했다. 세뇌된 대중이 '빅 브러더(Big Brother)'로부터 항상 감시를 받고 있고 이따금 나타나는 고립된 개인만이 의견을 달리하는 사회가 그것이다.

이는 확실히 스탈린이 이루기를 **원했을** 사회다. 마르크스는 말할 것도 없고 레닌과 여타 고참 볼셰비키들도 격분시켰겠지만 말이다. 그 사회가 목표로 삼았던, 지도자의 사실상의 신격화(나중에 조심스럽게 '개인숭배'로 완곡하게 표현된 것)나 적어도 그를 덕의 화신으로 규정하는 것만큼은 어느 정도 성공을 거두었고 이는 오웰이 풍자한 바 있다. 역설적이게도 그 성공은 스탈린의 절대권력에 기인한 것이라고 보기 어렵다. 1953년 스탈린의 사망 소식을 듣고 진심으로 눈물을 흘린, '사회주의'국들 밖의 공산주의 투사들 —— 많은 이들이 실제로 그랬다 —— 은, 스탈린이 상징하고 고취한 것이라고 믿은 운동으로의 자발적인 개종자들이었다. 대부분의 외국인들과는 달리 모든 러시아인들은 자신들의 운명이 얼마나 고통스러웠고 지금도 여전히 얼마나 고통스러운가에 대해서 충분히 잘 알았다. 그러나 어떤 의미에서 스탈린은 단순히, 러시아 땅의 강력하고 정통성 있는 통치자이자 이 나라를 근대화한 사람으로서 또한 최근에는, 적어도 대(大)러시아인들에게 진정으로 국민적인 투쟁이었던 전쟁에서의 그들의 지도자로서 어느 정도 그들 자신을 대표했다.

그러나 다른 모든 점에서 그 체제는 '전체주의적'이 아니었다. 이는 그 용어의 유용성을 상당히 의심케 하는 사실이다. 그 체제는 '사상전향'의 확보는커녕 효율적인 '사상통제'도 행사하지 않았으며 사실상 놀랄 정도로 시민들을 탈정치화했다. 마르크스-레닌주의라는 공식적 교의는 사실상 주민들 대부분의 마음 속에 침투하지 않았다. 왜냐하면 그러한 비의적(秘儀的) 지식이 요구되는 직업에 관계하지 않는 한, 그 교의는 그들의 생활과 별 관련이 없었기 때문이다. 마르크스주의에 헌신한 나라에서 40년간 교육을 받은, 부다페스트의 마르크스 광장의 행인들이 카를 마르크스가 누구냐라는 질문을 받았을 때 나온 답변은 다음과 같았다.

> 그는 소련의 철학자였고, 엥겔스는 그의 친구였다. 글쎄, 그밖에 무슨 말을 할 수 있을까? 그는 늙어 죽었다. (또 다른 행인 :) 물론, 정치가다. 또 그는, 그는, 그 이름이 뭐더라……맞아, 레닌! 레닌의 저작들을 헝가리어로 잘 번역했다(Garton Ash, 1990, p.261).

대다수의 소련 시민들은 정치와 이데올로기에 관해 높은 곳에서 나온 대부분의 공적 진술들을, 자신들의 일상적 문제들에 직접 관련이 없는 한 —— 관련이 있는 경우는 드물었다 —— 아마도 전혀 내면화하지 않은 것으로 보인다. 합리적이고 '과학적'임을 자임하는 이데올로기 위에 세워진 사회에서 지식인들만이 그러한 진술들을 진지하게 받아들여야 했다. 그러나 역설적이게도, 그러한 체제가 지식인들을 필요로 했고 그 체제에 대해서 공적으로 이의를 제기하지 않는 지식인들에게 상당한 특권과 이권을 주었다는 사실 자체가 국가의 통제권에서 벗어난 사회적 공간을 창출했다. 스탈린의 공포정치처럼 무자비한 공포정치만이 비공식적인 지식인들을 완전히 침묵시킬 수 있었다. 소련에서 그러한 지식인들은 1950년대에 공포라는 얼음이 녹기 시작하자마자 —— 「해빙(Ottepel)」(1954)은 재능 있는 생존자인 일리야 에렌부르크(1891-1967)가 쓴 영향력 있는 문제소설의 제목이었다 —— 재등장했다. 1960-70년대에는 개혁공산주의자라는 불분명하게 용인된 형태든, 지적, 정치적, 문화적으로 철저히 의견을 달리하는 형태든, 반대의견이 소련의 무대를 지배했다. 비록 공식적으로는 여전히 '단일체적인' —— 볼셰비키가 즐겨 썼던 용어 —— 나라였지만 말이다. 이러한 상황은 1980년대에 더욱 분명하게 드러날 것이었다.

## II

제2차 세계대전 종전 이후에 탄생한 공산주의 국가들, 즉 소련을 제외한 모든 공산국들은 소련형(形)의 —— 즉 스탈린주의적인—— 틀 속에서 만들어진 공산당들이 지배했다. 이는 어느 정도는 중국 공산당 —— 1930년대에 모택동의 지도 아래 모스크바로부터 실질적으로 독립한 —— 에조차 적용된다. 그리고 나중에 제3세계로부터 '사회주의 진영'에 들어온 나라들에게는 아마도 덜 적용될 것이다. 카스트로의 쿠바와, 1970년대에 등장했고 역시 스스로를 공식적으로 기존의 소련 모델과 동일시하는 경향이 있었던 아프리카, 아시아, 라틴 아메리카의 보다 단명(短命)한 여러 체제들이 그 예다. 이들 모두에서, 고도로 중앙집중화된 권력구조를 가진 일당제 정치체제, 정치권력에 의해서 규정된 문화적, 지적 진리의 공식적 선포, 중앙에서 국가가 계획한 경제, 심지어 스탈린주의적 유산의 가장 명백한 잔재인, 강력하게 그려진 최고지도자를 볼 수 있다. 실제로, 소련 정보부를 포함한 소련 군대가 직접 점령한 국가들에서는 정부들이 소련의 본을 따라야 했다. 이를테면, 스탈린 모델에 따라 그 나라 공산주의자들에 대한 공개적 정치재판과 숙청을 벌였던 것이다. 스탈린 모델에 대해서 토착 공산당들은 자발적인 열의를 전혀 보이지 않았다. 폴란드와 동독에서는 공산당들이 대체로 이러한 만화 같은 재판절차를 용케 피하기까지 했고 어떠한 공산당 지도자도 살해당하거나 소련 정보부에 넘겨지지 않았지만, 티토와의 단교 직후에 유명한 지도자들이 불가리아(트라이초 코스토프)와 헝가리(라슬로 라이크)에서 처형되었고, 스탈린의 말년에는 체코슬로바키아 공산당 지도자들에 대한 특히나 믿기 어려운 대규모 재판 —— 두드러지게 반유태주의 성향을 띤 —— 으로 그 당의 기존 지도부에 속했던 많은 사람들이 처형되었다. 이는 갈수록 편집증을 보인 스탈린 자신의 행동 —— 그는 육체적으로나 정신적으로나 퇴락해갔고 자신의 가장 충성스러운 지지자들까지도 제거하고자 했다 —— 과 다소 관계가 있었을 수도 있고 없었을 수도 있다.

1940년대에 새로 들어선 체제들은, 유럽의 경우 모두 적군(赤軍)의 승리로 가능해진 것이기는 하지만, 그 군대의 힘으로써만 수립된 것은 네 경우뿐이었다. 폴란드와, 독일의 점령된 부분과 루마니아(이 나라에서 공산주의운동을 벌인 사람들은 기껏해야 몇백 명에 불과했고, 그들 중 대부분은 민족상 루마니아인이 아니었다) 그리고 사실상 헝가리가 그러한 경우였다. 유고슬라비아와 알바니아의 경우는 매우 자생적인 체제였고, 체코슬로바키아에서는 1947년에 공산당이 총투표 수의 40퍼센트를 얻은 것이 당시의 진정한 힘을 거의 확실히 반영했으며, 불가리아에서는 공산당의 영향력이, 그 나라에서 그리도 보편화되었던 친러시아적 감정에 의해서 강화되었다. 중국, 북한, 전(前) 프랑스령 인도차이나 —— 정확히 말해서, 냉전기의 분열 이후 그 나라들의 북부 —— 에서의 공산당 집권은 소련의 무기에 전혀 힘입지 않았다. 1949년 이후, 보다 작은 공산주의체제들이 잠깐 동안 중국의 지원으로 득을 보았지만 말이다. 쿠바를 필두로 나중에 '사회주의 진영'에 들어온 경우들은 자력으로 이루어진 것이었다. 아프리카에서의 분투하는 게릴라들의 해방운동이 소비에트권으로부터의 중대한 지원을 기대할 수 있기는 했지만 말이다.

그러나, 공산주의 권력이 적군(赤軍)에 의해서만 부과되었던 국가들에서조차 새로운 체제는 초기에 일시적으로 정통성을 누렸고, 한동안은 다소 진정한 지지를 받았다. 앞서 보았듯이(제5장), 명백히 드러난, 구세계의 완전한 파멸 위에서 새로운 세계를 건설한다는 생각은 많은 젊은이들과 지식인들을 고무했다. 당과 정부가 아무리 인기 없더라도, 양자가 전후의 재건사업에 보인 정력과 단호함 자체가 광범위한 동의 —— 내키지 않는 것이었다 해도 —— 를 끌어모았다. 사실상, 새로운 체제들이 이러한 사업에서 성공을 거두었다는 점은 부인하기 어렵다. 앞서 보았듯이 보다 후진적인 농업국들에서는 공업화, 즉 진보와 근대성에 대한 공산당의 몰두가 당의 대열 밖에서도 많은 호응을 얻었다. 불가리아나 유고슬라비아와 같은 나라들이, 전쟁 이전의 속도로 추정되는 것보다, 아니 전쟁 이전에 가능했던 속도보다도 훨씬 더 급속하게 성장하고 있다는 것을 누가 의심할 수 있었겠는가? 오직, 1939-40년에 소련으로 넘어간 지역들과, 1945년 이후 얼마 동안 계속해서 소련이 자국의 재건을 위해 약탈했던 독일의 소련권 지역(1954년 이후에는 독일민주공화국)의 경우처럼, 원시적이고 무자비한 소련이 덜 후진적인 지역이나 어쨌든 선진적인 도시들을 보유한 지역을 점령하고 강제로 흡수한 경우에만 대차대조표가 전적으로 부정적인 결과를 보여주었다.

공산주의 국가들 —— 자생적인 것이든 위로부터 부과된 것이든 —— 은 정치적으로는, 소련이 이끄는 단일한 블록을 구성하는 일부터 시작했다. 소련의 지도권은, 1949년에 중국을 완전히 지배하게 된 공산주의체제로부터조차 —— 서방에 맞선 단결이라는 이유로 —— 지지를 받았다. 비록, 모택동이 1930년대 중반에 중국공산당의 독보적인 지도자가 된 이래 줄곧 그 당에 대한 모스크바의 영향력은 약했지만 말이다. 모택동은 소련에 대한 충성을 계속 공언하면서 자신의 길을 갔고, 스탈린은 현실주의자로서 동방의 사실상 독립적인 거대한 형제당과의 관계를 긴장시키지 않을 만큼 신중했다. 1950년대 말에 흐루시초프가 그 관계를 긴장시킨 결과는 격렬한 불화였다. 중국이 국제 공산주의운동에 대한 소련의 지도권에 도전했던 —— 그리 성공을 거두지는 않았지만 —— 것이다. 소련군이 점령한 유럽 지역의 국가와 공산당에 대한 스탈린의 태도는 덜 유화적이었는데 그 이유는, 그의 군대가 동유럽에 여전히 존재했기 때문만이 아니라, 그가 모스크바와 그 자신에 대한 각국 공산당의 진정한 충성에 의지할 수 있다고 생각했기 때문이기도 했다. 1948년에, 몇 달 전만 해도 냉전기의 재건된 공산주의 인터내셔널('공산주의 정보국', 즉 코민포름)의 본부가 벨그라드에 세워질 정도로 충성스러웠던 유고슬라비아의 공산당 지도부가 공개적인 관계단절에 이를 정도로 소련의 지시에 반대했을 때 그리고 모스크바가 티토를 제쳐놓고 충실한 공산주의자들의 충성에 호소한 것이 유고슬라비아에서 진지한 호응을 거의 받지 못했을 때 스탈린은 놀랐을 것임에 거의 틀림없다. 그의 반응은 그답게도, 숙청과 공개적 정치재판을 나머지 위성국들의 공산당 지도부로 확산시키는 것이었다.

그럼에도 불구하고 유고슬라비아의 이탈은 나머지 공산주의운동에 별로 영향을 끼치지 않았다. 소비에트권의 정치적 붕괴는 1953년에 스탈린이 사망하고, 특히 1956년의 제20차 소련공산당대회에서 스탈린주의시대 일반과 보다 신중하게 스탈린 자신에 대해 공식적으로 공격이 가해짐으로써 시작되었다. 소련이라는 단일체가 균열되었다는 소식은 매우 제한된 소련 내의 청중을 겨냥한 것—— 외국 공산주의자들은 흐루시초프의 비밀연설을 들을 대상에서 제외되었다 —— 이었지만 곧 밖으로 새어나갔다. 소련의 지배를 받던 유럽 지역에서 그 효과는 즉각적으로 나타났다. 몇 달 안에 폴란드에서 새로운 개혁적인 공산당 지도부가 (아마도 중국의 조언에 도움받아) 평화적으로 모스크바의 인정을 받았고, 헝가리에서는 혁명이 터졌다. 여기서는 또 다른 개혁 공산주의자인 임레 나지가 이끄는 새로운 정부가, 상상컨대 소련인들이 용인했을지도 모르는—— 그들의 의견은 둘로 나뉘었다 —— 일당통치의 종식뿐만 아니라 헝가리의 바르샤바 조약기구로부터의 탈퇴와 앞으로의 중립 —— 소련인들이 용인하지 않을 —— 을 선언했다. 혁명은 1956년 11월 러시아 군대에 의해서 진압되었다.

소비에트권 내에서의 이러한 큰 위기가 (선전이라는 용도를 제외하고는) 서방연합에 의해서 이용되지 않았다는 사실은 동서관계의 안정성을 나타내는 것이었다. 양쪽 다 서로의 영향권의 경계선을 암묵적으로 인정했고, 1950-60년대에는 이러한 균형상태를 깨뜨릴 토착적인 혁명적 변화가 쿠바에서를 제외하고는 지구상에 전혀 나

타나지 않았다.[11]

정치가 그렇게도 명백히 통제받는 체제들에서는 정치의 발전과 경제의 발전 사이에 명확한 선을 그을 수 없다. 일례로 폴란드 정부와 헝가리 정부는 공산주의에 대한 열의부족을 그리도 분명히 보여준 인민들에게 경제적 양보를 하지 않을 수 없었다. 폴란드에서 농업은 탈집단화되었고 —— 이로써 농업의 효율성이 현저히 나아지지는 않았지만 —— 보다 중요하게는 노동계급의 정치적 힘이 급격한 중공업화로 크게 강화되어 그때부터 암묵적으로 인정되었다. 어쨌든, 1956년의 사건들을 촉발시킨 것은 포즈난에서의 산업노동자들의 움직임이었다. 그때부터 1980년대 말에 연대자유노조 (Solidarność)가 승리할 때까지 폴란드의 정치와 경제는, 불가항력의 집단인 정권과 확고부동한 대상인 노동계급 사이의 대결에 의해서 지배되었다. 노동계급은 처음에는 조직이 없다가 결국 고전적인 노동운동 —— 여느 때처럼 지식인들과 동맹을 맺은 —— 으로 조직되었고 마침내 정치운동을 형성했다. 마르크스의 예언 그대로 말이다. 다만 이 운동의 이데올로기는 마르크스주의자들이 우울하게 덧붙여야 했듯이 반(反)자본주의적이 아니라 반(反)사회주의적이었다. 이 대결은 대체로, 폴란드 정부가 주기적으로 물가를 올림으로써 기본생계비에 대한 상당한 보조금을 삭감하려 했던 시도를 둘러싸고 일어났다. 그러한 시도는 파업을 낳았고 이에는 으레 (정부의 위기가 발생한 뒤에) 후퇴가 뒤따랐다. 헝가리의 경우, 1956년 혁명이 패배한 뒤에 소련인들이 부과한 지도부는 보다 진정으로 개혁주의적이고 효율적이었다. 그 지도부는 야노쉬 카다르(1912-89)의 지도하에 조직적으로 (아마도 소련 내의 유력한 부서들로부터 암묵적인 지지를 받으며) 체제를 자유화하고, 반대파를 회유하고, 소련이 받아들일 만하다고 볼 한계 내에서 1956년의 목표들을 사실상 달성

11) 1950년대에 중동 —— 1952년의 이집트와 1958년의 이라크 —— 에서 일어난 혁명들은 소련의 외교적 성공을 위한 커다란 기회를 제공했음에도 불구하고, 서방측의 우려와는 반대로 이러한 균형상태를 전혀 바꾸지 않았다. 이는 주로 그 나라들의 체제가 자국의 공산주의자들을, 시리아와 이라크에서처럼 그들이 영향력 있는 경우 무자비하게 제거했기 때문이다.

하기 시작했다. 이러한 점에서 그 지도부는 1980년대 이전까지는 명백히 성공적이었다.

체코슬로바키아의 경우는 그렇지 않았다. 그 나라는 1950년대 초의 무자비한 숙청 이후 정치적으로 침체했으나, 조심스럽고 시험적으로 탈스탈린화하기 시작했다. 이 과정은 1960년대 후반에 두 가지 이유로 급격히 가속화되었다. (공산당의 슬로바키아인 구성원들을 포함한) 슬로바키아인들 —— 이중민족국가에서 결코 마음이 편치만은 않았던 —— 은 당내의 잠재적인 반대파를 후원했다. 1968년의 당 쿠데타로 서기장에 선출된 사람이 슬로바키아인인 알렉산더 두프체크였다는 것은 우연이 아니다.

그러나 이와는 전혀 별개로, 경제를 개혁하고 소련형의 통제체제에 일정한 합리성과 유연성을 도입하려는 압력이 1960년대에 들어와서 갈수록 억제하기 어렵게 되었다. 앞으로 보게 되듯이 당시에 그러한 압력은 공산권 전역에서 느껴졌다. 그 자체가 정치적으로 폭발적인 것은 아니었던 경제적 탈집중화는 지적 자유화와 더욱 크게는 정치적 자유화에 대한 요구와 맞물릴 때 폭발적인 것이 되었다. 체코슬로바키아에서는 스탈린주의가 특히 거칠고 오래 지속되었기 때문만이 아니라, 그렇게도 많은 공산주의자들(특히, 나치의 점령 전후에 진정한 대중적 지지를 받았던 당 출신의 지식인들)이 자신들이 여전히 품고 있는 공산주의적 희망과 체제의 현실 사이의 괴리에 깊은 충격을 받았기 때문에 이러한 요구가 더더욱 강력했다. 나치가 점령한 유럽 지역에서 흔히 보듯이, 당이 레지스탕스 운동의 중심이 되었던 곳에서는 그러한 당이, 그러한 시대의 헌신이 사심없음을 보증하는 젊은 이상주의자들을 매혹했다. 필자의 한 친구처럼 1941년에 프라하에서 입당한 사람이 희망과, 고문이나 죽음의 가능성 이외에 무엇을 기대할 수 있었겠는가?

언제나 그랬듯이 —— 공산주의 국가들의 구조를 감안할 때 사실상 불가피한 일이지만 —— 개혁은 위로부터, 즉 당내에서부터 이루어졌다. 정치-문화적인 소요와 흥분 뒤에 찾아온 동시에 그러한 소요와 흥분을 수반한 1968년의 '프라하의 봄'은 다른 곳에서 논의한

(제10장을 보라) 전지구적인 학생급진주의의 전반적 폭발과 일치했다. 그것은 대양들과 사회체제의 경계선을 넘어 발생하고, 캘리포니아와 멕시코에서 폴란드와 유고슬라비아에 이르기까지 동시적인 사회운동 —— 주로 학생중심의 —— 을 낳은 보기 드문 운동들 중 하나였다. 체코슬로바키아 공산당의 '행동강령'은 일당독재를 다소 위험하게 다원주의적 민주주의로 변화시키는 것이었지만, 그 자체는 소련인들로서 받아들일 만한 것일 수도 있고 아닐 수도 있었다. 그러나 '프라하의 봄'이 동구 소비에트권 내의 균열을 드러내고 증폭시킴에 따라 그 블록의 응집성과 아마도 존재 자체가 위태로워진 것으로 보였다. 한 쪽에서는, 폴란드와 동독처럼 대중적 지지를 받지 못한 강경노선체제들이 체코의 본을 따라 자국 역시 불안정해지지 않을까 우려하여 체코 사태를 격렬히 비판했고, 다른 쪽에서는 대부분의 유럽 공산당들과 개혁적 헝가리인들 그리고 소비에트권 밖에서는 유고슬라비아의 티토의 독립적인 공산주의체제뿐만 아니라 1965년 이후 새로운 지도자 니콜라이 차우셰스쿠(1918-89)의 지도하에(국내문제에서 차우셰스쿠는 결코 개혁공산주의자가 아니었다) 민족주의에 기반하여 모스크바와 거리를 두기 시작한 루마니아가 체코슬로바키아인들을 열렬히 지지했다. 티토와 차우셰스쿠 둘 다 프라하를 방문했고 대중으로부터 영웅으로 환대받았다. 그리하여 모스크바는 분열과 주저가 없지 않았지만 프라하 정권을 군대의 힘으로 뒤엎기로 결심했다. 이것은 결국, 모스크바 중심의 국제공산주의운동 —— 1956년의 위기로 이미 금이 갔던 —— 이 사실상 종식된 것으로 판명되었다. 그러나 그 사건은 소비에트권의 단결을 20년 더 유지시켜주었다. 그때부터는 소련의 군사적 개입 위협으로써만 가능했지만 말이다. 소비에트권의 마지막 20년 동안에는, 통치를 맡은 공산당들의 지도부조차 자신들이 하고 있는 일에 대한 어떠한 현실적 믿음도 잃었던 것으로 보인다.

한편, 정치와는 별개로, 소련식 중앙계획경제체제를 개혁하거나 변화시켜야 할 필요성이 갈수록 절박해졌다. 한편으로는, 비사회주의 선진경제국들이 전례 없이 성장하고 번영함으로써(제9장을 보

라) 두 체제간의 이미 상당했던 격차가 더욱 벌어졌다. 이러한 사정은, 두 체제가 동일한 나라의 서로 다른 지역에 공존했던 독일에서 특히 두드러졌다. 다른 한편, 1950년대 후반까지는 서방 경제보다 앞섰던 사회주의 경제의 성장률이 현저히 떨어지기 시작했다. 1950년대에 (공업화의 첫 12년간, 즉 1928-40년의 비율과 거의 맞먹는) 연간 5.7퍼센트의 비율로 증가했던 소련의 GNP는 그 증가율이 1960년대에 5.2퍼센트, 1970년대 전반에 3.7퍼센트, 70년대 후반에 2.6퍼센트, 고르바초프 이전의 마지막 5년(1980-85)에 2퍼센트로 떨어졌다(Ofer, 1987, p.1778). 동유럽의 기록도 비슷했다. 기본적으로 탈집중화를 통해서 체제를 더욱 유연하게 만들려는 시도가 1960년대에 소비에트권의 거의 전역에서 행해졌다. 특히 소련 자체에서 1960년대에 코시긴 수상의 지도 아래 이루어졌다. 그러나 그러한 시도들은 헝가리 개혁을 제외하고는 그리 성공적이지 않았고, 몇몇 경우 거의 진척되지도 않았거나 (체코슬로바키아에서처럼) 정치적 이유로 허용되지 않았다. 사회주의체제들의 가족에서 다소 별난 구성원인 유고슬라비아는 스탈린주의에 대한 적대로 인해 국가주도의 중앙계획경제를 자율적인 협동조합기업체제로 대체했으나 다른 사회주의국들보다 눈에 띄게 더 성공적이었던 것은 아니었다. 세계경제가 1970년대에 불확실한 새로운 시기에 들어갔을 때, 동이나 서의 어느 누구도 더 이상, '현존'사회주의 경제가 비사회주의 경제를 앞지르고 능가할 것으로, 아니 비사회주의 경제에 뒤지지 않을 것으로조차 기대하지 않았다. 그러나 사회주의 경제의 앞날은, 전보다는 의심스러웠지만 당장 우려할 만한 것으로는 보이지 않았다. 이러한 사정은 곧 바뀔 것이었다.

# 제3부
# 산사태

# 제14장 위기의 몇십 년

나는 일전에 미국의 경쟁력에 관한 질문을 받고는 그것에 관해서는 전혀 생각하지 않는다고 대답했다. 우리 NCR(National Cash Register Company, 국민금전등록기사[社]/역주)은 우리 자신을, 우연히 미국에 본사를 두게 된 전지구적으로 경쟁력 있는 회사라고 생각한다.

　　　　　　　　　　　　—— 자녀선 셸, 「NY 뉴스데이」지 1993년

　특히 신경통적인 수준에서 (대량실업의) 결과들 중 하나는, 현대의 조사들에 따르면 얻기가 아무리 어렵더라도 일자리를 여전히 **원하고** 의미 있는 직업을 여전히 **바라는** 젊은이들의, 나머지 사회로부터의 점차적 소외일 수 있다. 보다 넓게 말해서, 앞으로의 10년간의 사회는 '우리'가 점점 더 '그들'과 분리되는 사회(단순화시키면, 두 부분은 노동인구와 경영진을 각각 대표한다)일 뿐만 아니라, 다수파 집단들이 갈수록 분열되어 노동인구의 젊고 상대적으로 덜 보호받는 구성원들이 더 잘 보호받고 더 경험이 많은 구성원들과 대립하는 사회가 될 위험이 어느 정도 있을 수밖에 없다.

　　　　　　　　　　—— OECD 사무총장(Investing, 1983, p.15)

# I

　1973년 이후 20년의 역사는, 세계가 방향을 잃고 불안정과 위기에 빠져드는 역사다. 그러나 1980년대 이전까지는 황금시대의 토대가 어떻게 돌이킬 수 없이 무너졌는가가 분명하지 않았다. 세계의 한 쪽 부분 —— '현실사회주의'의 소련과 동유럽 —— 이 완전히 무너지기 전까지는, 위기의 전지구적 성격이 비공산주의 선진지역들에서 인정되는 것은 고사하고 인식되지도 않았다. 그 점이 인식되었을 때조차 여러 해 동안 경제난은 여전히 '경기후퇴(recession)'였다. 파국의 시대를 떠올리는 '불황(depression)'이나 '공황(slump)'이라는 용어의 사용에 대한 반세기간의 금기는 완전히 깨지지 않았다. 그 말을 쓰기만 하면 그것을 불러내는 셈이 될지도 모를 일이었다. 1980년대의 '경기후퇴'가 '50년 동안 있었던 것 중 가장 심각한 것'—— 1930년대라는 실제 시기를 직접 명시하는 것을 신중하게 피한 구절 —— 이기는 했지만 말이다. 광고업자들의 언어마술을 경제의 기본원리로까지 승격시킨 문명은 자기기만적 메커니즘에 빠졌다. 1990년대 초가 되어서야 비로소 우리는 —— 이를테면 핀란드에서 —— 현재의 경제난이 실제로 1930년대의 경제난보다 더 심하다는 고백을 듣는다.

이는 여러 점에서 당혹스러운 것이다. 세계경제가 왜 덜 안정적이 될 수밖에 없었는가? 경제학자들이 말했듯이 경제를 안정시키는 요인들은 전보다 실제로 더 강해졌다. 비록, 미국의 레이건과 부시 대통령 정부나 영국의 대처 여사와 그 후임의 정부 같은 자유시장 정부들이 이러한 요인들 중 일부를 약화시키고자 했지만 말이다 (World Economic Survey, 1989, pp.10-11). 컴퓨터에 의한 재고억제, 나아진 통신과 빨라진 수송은 기존 대량생산의 불안정한 '재고주기'—— 팽창기에 필요할 '경우에 대비해(just in case)' 물품을 대량으로 생산했다가 수축기에 그 물품들을 파는 동안 생산을 갑자기 중단하는 —— 의 중요성을 감소시켰다. 일본인들이 개척했고 1970년대의 과학기술로 가능해진 새로운 방법은, 재고를 크게 줄이고 '적기에(just in time)' 상인들에게 물품을 공급할 수 있게 생산하는 것으로서 어쨌든, 변화하는 수요를 만족시키기 위해서 당장에 생산고를 바꿀 수 있는 능력이 훨씬 더 커졌다. 이제는 헨리 포드가 아니라 베네통의 시대였다. 동시에 정부측 소비와, 개인소득 중 정부로부터 나온 부분(사회보장비와 복지비 지출 같은 '이전지출[移轉支出]')의 상당한 비중 역시 경제를 안정시켰다. 그 두 부분을 합친 액수는 GDP의 약 3분의 1에 달했다. 어쨌든 두 부분 모두 위기의 시대에 ―― 실업, 연금, 보건활동의 비용이 늘었다는 이유만으로도 ―― 증가했다. 이러한 시대가 단기 20세기가 끝날 무렵에도 여전히 계속되고 있으므로, 경제학자들이 역사가들의 최후의 무기인 사후적(事後的) 지혜를 이용하여 설득력 있는 설명을 찾을 수 있으려면 몇 년 더 기다려야 할지도 모른다.

물론 1970-90년대의 경제난을 양차 세계대전 사이의 경제난과 비교하는 것은 부적절한 것이다. 제2의 대공황에 대한 공포가 이 시기에 끊임없이 출몰했지만 말이다. '그것이 다시 일어날 수 있을까?'라는 질문은, 특히 1987년 미국(과 전세계) 주가의 또 한번의 극적인 폭락과 1992년의 커다란 국제 환율위기 뒤에 많은 사람들이 물었던 질문이다(Temin, 1993, p.99). 1973년 이후의 위기의 몇십 년은 1873년 이후의 몇십 년 ―― 당시에도 '대불황(Great Depression)'이라는 이름이 붙여지기는 했지만 ―― 과 마찬가지로 1930년대 의미의 '대불황'이 아니었다. 세계경제는 일시적으로조차 붕괴하지 않았다. 황금시대가 1973-75년에 고전적인 주기적 공황과 매우 비슷한 양상으로 끝나기는 했지만 말이다. '선진 시장경제국들'에서의 공업생산고는 1년에 10퍼센트씩, 국제무역량은 13퍼센트씩 떨어졌던 것이다(Armstrong, Glyn, 1991, p.225). 선진 자본주의 세계의 경제성장은 계속되었다. 1960년대에야 비로소 산업혁명이 시작된 (주로 아시아의) '신흥공업국들', 즉 NICs(제12장을 보라)에 속한 몇몇 나라를 제외하고는 황금시대보다 훨씬 더 느린 속도이기는 했지만 말이다. 선진경제국들의 GDP를 모두 합친 액수의 1991년까지의 증가는 경기후퇴기인 1973-75년과 1981-83년의 단기간의 침체에 의해서도 거의 중단되지 않았다(OECD, 1993, pp.18-19). 세계의 경제성장의 원동력인, 공산품의 국제무역은 계속되었고 1980년대의 호황기에는 황금시대에 비견되는 속도로 증가하기까지 했다. 단기 20세기 말의 선진 자본주의 세계 나라들은 하나로 묶어서 보았을 때 1970년대 초보다 훨씬 더 부유하고 생산적이었으며, 그 나라들이 여전히 중심적 요소를 차지하는 세계경제는 훨씬 더 역동적이었다.

다른 한편, 지구상의 특정한 지역들의 상황은 훨씬 덜 장미빛이었다. 아프리카, 서아시아, 라틴 아메리카에서는 1인당 GDP의 증가가 중단되었다. 그러한 지역들에서는 대부분의 사람들이 1980년대에 실제로 더욱 가난해졌고, 생산고는 아프리카와 서아시아의 경우 80년대 대부분의 시기 동안, 라틴 아메리카의 경우 몇 년 동안 떨어졌다(UN, World Economic Survey, 1989, pp.8, 26). 이 지역들에게 1980년대가 심각한 불황의 시기였다는 점을 진정으로 의심하는 사람은 아무도 없었다. 서양에서 이전에 '현실사회주의'였던 지역으로 말하자면, 1980년대에 약간이나마 지속적으로 성장했던 경제가 1989년 이후에 완전히 무너졌다. 이 지역의 경우 1989년 이후의 위기를 대공황과 비교하는 것은 더할 나위 없이 적절하다. 1990년대 초의 황폐화를 과소평가하는 셈이기는 하지만 말이다. 러시아의 GDP는 1990-91년에 17퍼센트, 1991-92년에 19퍼센트, 1992-93년에 11퍼센트 떨어졌다. 1990년대 초에 약간의 안정화가 시작되었지만, 1988-92년에 폴란드는 GDP의 21퍼센트 이상을, 체코슬로바키아는 거의 20퍼센트를, 루마니아와 불가리아는 30퍼센트 내지 그 이상을 잃었다. 1992년 중반에 그 나라들의 공업생산고는 1989년의 절반에서 3분의 2 사이였다(*Financial Times*, 1994년 2월 24일자 ; EIB papers, 1992년 11월, p.10).

동양의 상황은 그렇지 않았다. 소비에트권 지역 경제의 와해와, 같은 시기 중국 경제의 눈부신 성장 사이의 대조적인 양상보다 더 두드러진 것도 없을 것이다. 중국에서, 그리고 사실상, 1970년대에 세계경제의 가장 역동적인 경제지역으로 부상한 동남아시아와 동아시아의 많은 나라들에서 —— 기묘하게도 1990년대 초의 일본은 제외하고 —— '불황'이라는 말은 무의미했다. 그러나 자본주의 세계경제는, 번창하기는 했지만 마음 편하지는 않았다. 전쟁 이전에 자본주의에 대한 비판을 지배했었고 황금시대가 한 세대 동안에 거의 제거했던 문제들 —— '빈곤, 대량실업, 누추함, 불안정'(p.373를 보라) —— 이 1973년 이후에 다시 나타났다. 성장은 1974-75년, 1980-82년, 1980년대 말에 또다시, '경미한 경기후퇴'와 구별되는 심한 불황에 의해서 중단되었다. 서유럽에서 실업률은 1960년대에 평균 1.5퍼센트였는데, 1970년대에 4.2퍼센트로 증가했다(Van der Wee, p. 77). 1980년대 후반에 호황이 절정에 달했을 때 유럽 공동체에서의 평균 실업률은 9.2퍼센트였고 1993년에는 11퍼센트였다. 실업자들(1986-87)의 절반은 1년 이상, 3분의 1은 2년 이상 일자리가 없는 상태였다(Human Development, 1991, p.184). 잠재적 노동인구가 더 이상 황금시대처럼 전후의 베이비붐에 의해서 늘어나지 않았고 호황기나 불황기나 젊은이들의 실업률이 나이 든 노동자들의 경우보다 훨씬 더 높은 경향이 있었으므로, 사람들은 영구실업이 어쨌든 줄어들 것으로 기대했을 것이다.[1]

빈곤과 누추함으로 말하자면, 1980년대에 가장 부유하고 선진적인 축에 속하는 여러 나라들에서조차 사람들은 거리에서 일상적으로 거지들을 보고, 집 없는 사람들이 문간의 판지상자 속에서 비바람을 피하는 훨씬 더 충격적인 광경을 보는 데에 다시 한번 익숙해졌다. 이들이 경찰에 의해서 사람들의 눈에 띄지 않는 곳으로 쫓겨나지 않는 한 말이다. 1993년 뉴욕의 밤에는 언제나 평균 2만3,000명의 사람들이 거리나 공공대피소에서 잤다. 이들은, 1988-93년에 거주할 집이 없었던 적이 한번이라도 있는, 그 도시인구의 3퍼센트 중에서 극히 일부에 불과했다(*New York Times*, 1993년 11월 16일자). 영국(1989)에서는 공식적으로 40만 명이 '집 없는 사람'으로 분류되었다(UN Human Development, 1992, p.31). 1950년대나 심지어 1970년대 초에 어느 누가 이러한 사태를 예상했겠는가?

집 없는 극빈자들의 재등장은 새로운 시대에 사회적, 경제적 불평등이 현저하게 심화된 것의 일환이었다. 세계적 기준으로 볼 때, 부유한 '선진 시장경제국들'은 소득분배 면에서 특별히 불공평하지는 않았다(또는 아직은 그렇지 않았다). 그러한 나라들 중 가장

---

1) 1960-75년에 '선진 시장경제국들'에서 15-24세의 인구는 약 2,900만 명이 증가했으나 1970-90년에는 약 600만 명만 증가했다. 덧붙여 말하자면, 1980년대 유럽에서의 청년 실업률은 사회민주주의적인 스웨덴과 서독을 제외하면 놀랄 만큼 높았다. 그 비율(1982-88)은 영국의 경우 20퍼센트 이상, 스페인은 40퍼센트 이상, 노르웨이는 46퍼센트였다(UN World Survey, 1989, pp.15-16).

불평등한 나라들 —— 오스트레일리아, 뉴질랜드, 미국, 스위스——
에서는 상위 20퍼센트의 가구들이 평균적으로, 하위 5분의 1에 해
당하는 가구들의 8-10배에 달하는 소득을 벌었고, 상위 10퍼센트
가 대체로 그들 나라의 총소득 중 20-25퍼센트를 가져갔다. 최상층
의 스위스인들과 뉴질랜드인들 그리고 싱가포르와 홍콩의 부자들
만이 이보다 훨씬 더 높은 비율의 소득을 벌었다. 이는 상위 10퍼센
트가 그들 나라 총소득의 3분의 1 이상을 얻은 필리핀, 말레이시아,
페루, 자메이카, 베네수엘라 같은 나라들의 불평등과는 비교도 안
되며, 상위 10퍼센트가 자국 총소득의 40퍼센트 이상을 가져갔던
과테말라, 멕시코, 스리랑카, 보츠와나와는 더더욱 비교가 안 될 것
이다. 경제적 불평등의 세계 챔피언 자리를 다투는 브라질[2]은 말할
것도 없고 말이다. 사회적 불공평으로서는 비길 바 없는 이 나라에서
는 하위 20퍼센트의 인구가 국민총소득의 2.5퍼센트를 나누어 가졌
던 반면, 상위 20퍼센트가 국민총소득의 거의 3분의 2를 차지했고 상
위 10퍼센트가 거의 절반을 전유했다(UN World Development,
1992, pp.276-77 ; Human Development, 1991, pp.152-53, 186).[3]

그럼에도 불구하고 위기의 몇십 년 동안에 '선진 시장경제국들'
에서 불평등이 의심할 바 없이 증대했다. 황금시대에 노동계급에게
익숙했던, 실질소득의 거의 자동적인 증가가 이제 중단되었으므로
더더욱 그러했다. 빈부의 양극단에 속하는 사람들의 수가 증가했고
양자 사이의 소득격차는 더욱 벌어졌다. 1967-90년에, 5천 달러 이
하를 버는 미국 흑인의 수(1990)와 5만 달러 이상을 버는 사람의 수
모두 증가했고 그 중간에 해당하는 소득을 번 사람들은 줄었다

---

2) 실제 챔피언들, 즉 기니(Gini) 계수가 0.6을 넘는 나라들은 역시 아메리카 대륙의
   훨씬 더 작은 나라들이었다. 불평등에 대한 편리한 척도인 기니 계수는 불평등의
   정도를, 평등한 소득분배를 가리키는 0.0에서 불평등의 최대치인 1.0까지로 측정한
   다. 1967-85년에 온두라스의 계수는 0.62, 자메이카는 0.66이었다(UN Human
   Development, 1990, pp.158-59).
3) 가장 불평등한 나라들 중 일부는 비교할 만한 데이터를 입수할 수 없다. 그러한 나
   라들로는 확실히 아프리카와 라틴 아메리카의 다른 몇몇 국가들과 아시아의 터키
   와 네팔 역시 들 수 있을 것이다.

*(New York Times*, 1992년 9월 25일자). 부유한 자본주의국들이 이전의 어느 때보다도 훨씬 더 부유해졌고 그 국민들도 이제는 대체로 황금시대의 후한 복지 및 사회보장제도에 의해서 보호받았으므로(p.395를 보라) 사회적 불안은 예상했던 것보다 적었지만, 1973년 이전보다 느리게 성장하는 경제에서 국가세입보다 빠르게 치솟는 막대한 사회복지비 지출로 정부재정이 크게 압박을 받았다. 부유한 —— 그리고 주로 민주주의적인 —— 나라들의 거의 어떠한 정부도 —— 공공사회복지에 매우 적대적인 나라들의 경우는 물론 안 그랬지만 —— 상당한 노력에도 불구하고 그러한 분야에 대한 커다란 비율의 지출을 줄이지 못했고 심지어 증가를 막지도 못했다.[4]

1970년에는 어느 누구도 이 모든 일의 발생을 의도하기는커녕 예상하지도 못했다. 1990년대 초에 이르면 불안정과 분개의 분위기가 상당수의 부유한 나라들에서조차 확산되기 시작했다. 앞으로 보게 되듯이, 그러한 분위기는 그 나라들에서의 전통적인 정치형태의 붕괴에 기여했다. 1990-93년에는, 선진 자본주의 세계조차 불황기에 들어갔다는 사실을 부인하려는 시도가 거의 이루어지지 않았다. 불황에 대해서, 그것이 끝나기를 바라는 것 이외에 무엇을 해야 할지 안다고 진지하게 주장하는 사람은 아무도 없었다. 그럼에도 불구하고, 위기의 몇십 년에 관한 중심적인 사실은 자본주의가 더 이상 황금시대만큼 잘 기능하지 않았다는 것이 아니라 그것의 작동이 통제할 수 없게 되었다는 것이다. 세계경제의 변덕을 어떻게 다루어야 할지를 알거나 그 변덕을 관리할 수단을 보유한 사람은 아무도 없었다. 황금시대에 그러한 일을 하기 위한 주요 수단이었던 정부정책 —— 전국적 또는 국제적으로 조정된 —— 은 더 이상 효과가 없었다. 위기의 몇십 년은 국민국가가 경제적 힘을 잃은 시대였던 것이다.

---

4) 1972년에 14개의 그러한 국가들이 중앙정부의 지출에서 평균 48퍼센트를 주택공급, 사회보장제, 복지, 보건에 썼는데 1990년에는 평균 51퍼센트를 썼다. 오스트레일리아와 뉴질랜드, 미국과 캐나다, 오스트리아, 벨기에, 영국, 덴마크, 핀란드, 독일(서독), 이탈리아, 네덜란드, 노르웨이, 스웨덴이 바로 그러한 국가들이다(계산의 출처는 UN World Development, 1992, 표 11).

　대부분의 정치가들, 경제학자들, 사업가들이 —— 여느 때처럼—— 경제적 국면의 순환의 영속성을 인식하지 못했기 때문에 이러한 사정이 즉각 명백하게 드러나지는 않았다. 1970년대에 대부분 정부들의 정책과 대부분 국가들의 정치는 1970년대의 난관이 일시적인 것에 불과하다고 가정했다. 1-2년 지나면 이전의 번영과 이전의 성장으로 다시 돌아갈 것으로 생각되었다. 한 세대 동안 그렇게도 잘 기능해온 정책을 바꿀 필요는 없었다. 1970년대에 대한 이야기는 기본적으로, 정부들이 —— 제3세계와 사회주의 국가들의 경우 종종, 단기차관으로 그치기를 바란 것에 깊게 빠짐으로써 —— 시간을 벌면서 케인스주의적 경제운영이라는 기존의 처방을 썼다는 이야기였다. 마침 가장 선진적인 자본주의 나라들에서 사회민주주의 정부들이 1970년대 상당 기간 동안 들어섰거나, (1974년의 영국과 1976년의 미국에서처럼) 보수주의 정부의 막간극이 실패한 뒤에 다시 들어섰다. 이러한 정부들은 황금시대의 정책들을 포기할 성향의 정부가 아니었다.

　제시된 유일한 대안은 초자유주의적인 경제를 신봉하는 소수파가 선전한 것이었다. 무제한적인 자유시장을 신봉한, 오랫동안 고립되어온 소수파는 경기폭락 이전부터 이미 혼합경제 운영과 완전고용에 대한 케인스주의자들을 비롯한 옹호자들의 지배를 공격하기 시작했다. 개인주의에 대한 기존 옹호자들의 이데올로기적 열의는 이제, 특히 1973년 이후 관례적인 경제정책들의 명백한 무능과 실패에 의해서 더욱 강화되었다. 새로 창설된(1969) 노벨 경제학상은 1974년부터 신자유주의 경향을 지지했다. 1974년에는 프리드리히 폰 하이에크(p.377를 보라)에게, 2년 뒤에는 경제적 초자유주의에 대한 역시 전투적인 옹호자인 밀턴 프리드먼에게 그 상이 돌아갔던 것이다.[5] 1974년 이후 자유시장 지지자들은 공세적 입장이 되었다. 칠레를 제외하고는 1980년대가 되어서야 비로소 정부정책을 지배하게 되었지만 말이다. 칠레에서는 1973년에 민주정치가 전

---

5) 그 상은 1969년에 제정되었고, 1974년 이전에는 명백히 자유방임 경제학과 관련이 **없는** 사람들에게 주어졌다.

복된 뒤 공포정치적 군사독재로 인해 미국의 조언자들이 무제한적인 자유시장경제를 도입할 수 있었는데, 덧붙여 말하자면 이러한 사례는, 자유시장과 정치적 민주주의 사이에 선천적인 관계가 전혀 없음을 증명하는 것이었다(하이에크 교수를 공정히 대하자면, 그는 서구의 평범한 냉전선전가들과는 달리 양자 사이에 그러한 관계가 있다고 주장하지 않았다).

케인스주의자들과 신자유주의자들 사이의 싸움은 전문적 경제학자들간의 순수히 기술적인 대결도, 새로 발생한 경제적 문제들을 다루는 방법에 대한 모색도 아니었다(이를테면 경기침체와 물가급등의 예상치 못한 결합 —— 1970년대에 그것을 지칭하는 것으로 '스태그플레이션'이라는 전문용어가 발명되어야 했던 —— 을 그 누가 고려에 넣기라도 했는가?). 그 싸움은 서로 양립할 수 없는 이데올로기들의 전쟁이었다. 양쪽 다 경제학적 근거를 댔다. 케인스주의자들은 고임금, 완전고용, 복지국가가 팽창을 촉진하는 소비자 수요를 창출하며, 보다 많은 수요를 경제에 제공하는 것이 경제불황을 다루는 최선의 방법이라고 주장했다. 신자유주의자들은 황금시대의 경제와 정치가 인플레이션에 대한 통제와, 정부와 사기업 모두의 비용삭감 —— 자본주의 경제에서 경제성장의 실질적 원동력인 이윤이 증가할 수 있도록 하는 —— 을 막았다고 주장했다. 어쨌든 그들은 자유시장이라는 애덤 스미스의 '보이지 않는 손'이 '국부(國富)'의 최대한의 성장과, 부와 소득의 가장 잘 지속될 만한 분배를 낳을 수밖에 없다고 주장했고, 케인스주의자들은 그러한 주장을 받아들이지 않았다. 그러나 양쪽 경제학 모두, 선험적인 인간사회관인 이데올로기적 입장을 합리화했다. 신자유주의자들은, 20세기의 눈부신 경제적 성공담을 보여준 사회민주주의 스웨덴을 불신했고 좋아하지 않았는데 그 이유는 스웨덴이 위기의 몇십 년에 들어서 난관에 빠질 운명 —— 다른 경제형태들과 마찬가지로 —— 이었기 때문이 아니라, "평등과 연대라는 집단주의적 가치를 보유한 이름난 스웨덴식 경제모델"(*Financial Times*, 1990년 11월 11일자)에 기반했기 때문이었다. 반대로, 영국의 대처 여사 정부는 경제적 성공의 시기에조차 좌파에게 인기가 없었는데, 이는 그 정부가 비사회적이고 사실상 반사회적인 이기주의에 기반했기 때문이었다.

이상의 것들은 논증하기가 거의 쉽지 않은 입장들이다. 이를테면 의료상의 용도로 쓰일 피를, 자신의 피를 시장가격으로 팔 용의가 있는 사람에게서 삼으로써 가장 잘 얻을 수 있다는 것을 증명할 수 있다고 가정해보자. 이러한 사실이, R. M. 티트머스가 「증여관계(*The Gift Relationship*)」(Titmuss, 1970)에서 그렇게도 웅변적이고 강력하게 제시했던, 영국의 자발적인 무료헌혈제도에 대한 논거를 약화시켰을까? 물론 아니었을 것이다. 티트머스 역시 영국식 혈액 제공법이 상업적 방법 못지 않게 효율적이고 그러한 방법보다 안전하다고[6] 지적했지만, 그러한 지적이 없었더라도 그 논거는 약화되지 않았을 것이다. 우리들 중 많은 수에게, 시민들이 자신이 모르는 같은 인간들을 사심없이 도와줄 준비가 되어있는 —— 아무리 상징적인 차원에 불과한 도움이라도 —— 사회가, 다른 조건들이 동일할 경우, 그렇지 않은 사회보다 더 낫다. 1990년대 초에 이탈리아의 정치체제가 풍토병적 부정부패에 대한 유권자들의 반란으로 산산조각 났는데, 그 반란은 많은 이탈리아인들이 그러한 부정부패로 실제로 고통받아서가 아니라 —— 그들 중 상당수, 아마도 과반수는 그로부터 득을 보았을 것이다 —— 도덕적인 이유로 일어난 것이었다. 도덕적 질타의 폭풍이 날려버리지 않은 정당은 체제에 관여하지 않은 정당들뿐이었다. 또한 절대적인 개인적 자유의 옹호자들은 무제한적인 시장자본주의의 명백한 사회적 불공평에 부딪치고도 입장을 바꾸지 않았다. (1980년대 대부분 동안 브라질에서 그랬듯이) 그러한 자유가 경제성장을 낳지 않았을 때조차 말이다. 반대로, (필자처럼) 평등과 사회적 공평의 가치를 믿는 사람들은 일본에서 보듯이(p.492를 보라)[7] 자본주의의 경제적 성공조차 비교적 평등주

---

6) 이 점은 1990년대 초에 영국은 아니지만 몇몇 나라의 수혈 부서들이, 환자들이 구매로 얻은 혈액을 통해서 HIV/AIDS 바이러스에 감염된 사실을 발견함으로써 확증되었다.

7) 1980년대에 전체 인구 중 가장 부유한 20퍼센트가 가장 가난한 20퍼센트의 총소득

의적인 소득분배에 크게 의지하는 것인지도 모른다고 주장할 수 있는 기회를 환영했다. 양쪽 다 자신의 근본적인 신념을 실용적인 주장 ── 이를테면 자유시장의 가격결정에 의한 자원의 할당이 최선인지 아닌지에 관한 ── 으로도 표현했다는 것은 부차적인 의미만을 가졌다. 그러나 물론, 양쪽 다 경기후퇴를 다룰 정책을 제시해야 했다.

이 방면에서 황금시대 경제학의 지지자들은 그리 성공적이지 않았다. 그 이유는 부분적으로는, 그들이 완전고용, 복지국가, 전후의 합의정치에 대한 자신들의 정치적, 이데올로기적 몰두에 발이 묶였기 때문이었다. 보다 정확히 말해서, 그들은 황금시대의 성장이 그침으로써 이윤과 비영리적 소득이 서로를 침해하지 않고는 더 이상 증가할 수 없게 되자 자본의 요구와 노동의 요구 양쪽으로부터 압박을 받았다. 1970-80년대에, 가장 우수한 사회민주주의 국가인 스웨덴은 산업보조금을 지급하고 국가 및 공공부문의 고용을 극적으로 확산시키고 확대하는 사업을 벌임으로써 완전고용을 유지하는 데에 현저한 성공을 거두었고, 그럼으로써 복지제도가 눈에 띄게 신장될 수 있었다. 그러나 그러한 정책은 고용된 노동자들의 생활수준의 상승을 억제하고, 고소득에 대해 가혹한 세율을 부과하고, 심한 적자를 냄으로써만 유지될 수 있었다. 대약진의 시절로 돌아갈 수 없었으므로 이러한 조치들은 일시적인 조치일 수밖에 없었고, 1980년대 중반부터는 폐기되었다. 단기 20세기 말에 '스웨덴 모델'은 그 나라에서조차 후퇴했다.

그러나 그 모델은 또한, 아마도 훨씬 더 근본적으로, 1970년 이후 경제의 세계화에 의해서도 침식되었다. 경제의 세계화로 인해서, 통제할 수 없는 '세계시장'이 모든 국가 ── 아마도, 거대한 경제를

---

의 4.3배를 벌었는데 이는 다른 어떤 (자본주의) 공업국 ── 스웨덴까지도── 의 수치보다도 낮은 것이다. 유럽 공동체의 8대 공업국의 평균은 6배, 미국은 8.9배였다(Kidron/Segal, 1991, pp.36-37). 다른 식으로 표현하자면, 1990년에 억만장자의 수가 미국은 93명, 유럽 공동체는 스위스와 리히텐슈타인에 주소를 둔 33명을 포함하지 않을 경우 59명이었는데 일본은 9명이었다(ibid.).

가진 미국은 제외하고 —— 의 정부들의 운명을 좌우하게 되었던 것이다(게다가 '시장'이 보수주의 정부보다는 좌파 정부를 훨씬 더 불신하는 경향이 있다는 것은 부정할 수 없는 사실이었다). 1980년대 초에는 프랑스 —— 당시 사회당 정부가 이끌었던 —— 같이 크고 부유한 나라조차 일방적으로 경기부양책을 쓰는 것이 불가능하다는 것을 깨달았다. 미테랑 대통령이 선거에서 승리하고 2년도 안 되어서 프랑스는 국제수지의 위기에 부딪쳐 자국의 통화를 평가절하해야 했고, 케인스주의적인 수요촉진정책을 '인간의 얼굴을 한 긴축정책'으로 대체해야 했다.

다른 한편, 1980년대 말에 가서야 분명하게 드러난 사실이지만 신자유주의자들도 어찌할 바를 몰랐다. 그들은, 황금시대에 부, 고용, 정부세입이 끊임없이 증가한 덕분에 황금시대적 정부정책들이 유지될 수 있었던 상황이 일단 중단되자, 그러한 정책들의 이름으로 그리도 자주 비호되었던 경직성, 비효율성, 경제적 낭비를 공격하는 데에 별 어려움을 느끼지 않았다. 수많은 좋은 배들의 선체를 덮고 있던 '혼합경제'라는 외피를 벗겨내는 데에 신자유주의라는 세척제를 써서 유익한 결과를 가져올 여지는 상당히 많았다. 영국의 좌파조차 대처 여사가 영국 경제에 가한 무자비한 충격요법들 중 일부는 아마도 반드시 필요했을 것이라는 점을 결국 인정하게 되었다. 정부에 의한 운영과 국영기업들에 대한 환멸 —— 1980년대에 매우 일반화된 —— 가운데 일부는 근거가 충분한 것이었다.

그럼에도 불구하고, 사업은 좋은 것이고 정부는 나쁜 것이라는 단순한 믿음(레이건 대통령의 말을 빌면 "정부는 해결책이 아니라 문제다")은 대안적인 경제정책이 아니었다. 사실상, 레이건의 미국에서조차 중앙정부의 지출이 국민총생산의 약 4분의 1에 달했고, 실제로 유럽 공동체의 선진국들의 경우 평균적으로 GNP의 40퍼센트를 넘었던 세계로서는(UN World Development, 1992, p.239) 그러한 믿음이 대안적인 정책이 될 수도 없었다. 그렇게 육중한 규모의 경제는 능률적인 방식으로 비용과 이익을 충분히 의식하며(항상 그랬던 것은 아니지만) 운영될 수 있었지만 시장처럼 움직이지도 않았고 그럴 수도 없었다. 그렇게 움직이는 것으로 이데올로그들이 가장했을 때조차 말이다. 어쨌든 대부분의 신자유주의 정부들은, 자신들이 단지 시장의 힘을 고무할 뿐이라고 주장하면서도, 자국의 경제를 관리하고 조종할 수밖에 없었다. 더욱이 국가의 비중을 줄일 수 있는 방법은 전혀 없었다. 자유시장체제들 중에서 가장 이데올로기적이었던 대처주의 영국은 14년 집권 끝에 실제로, 노동당이 집권했을 때보다 약간 더 많은 세금을 시민들에게 부과했다.

사실, 1989년 이후 서방의 경제수완가들의 조언에 따라 경제의 운영권을 하루 아침에 자유시장에게 넘기려는, 예상대로 파멸적이었던 몇몇 시도들이 행해진 소비에트권 지역의 전(前) 사회주의 국가들에서를 제외하고는, 단일하거나 명확한 신자유주의 경제정책이란 존재하지 않았다. 최대의 신자유주의체제인 레이건 대통령의 미국은 공식적으로는 재정상의 보수주의(즉 균형 잡힌 예산)와 프리드먼의 '통화주의'를 표방했지만, 실제로는 1979-82년의 불황을 타개하는 데에 케인스주의적 방법을 썼다. 막대한 적자재정을 운용하고 역시 막대한 군비증강에 들어갔던 것이다. 1984년 이후 워싱턴은 달러의 가치를 전적으로 통화의 정확성과 시장에 맡기기는커녕 외교적 압력을 통한 의식적인 관리로 돌아갔다(Kuttner, 1991, pp.88-94). 공교롭게도, 자유방임경제학에 가장 깊이 몰두한 체제들은 또한 때때로, 특히 레이건의 미국과 대처의 영국의 경우, 노골적으로 민족주의적이었고 외부세계를 믿지 않았다. 역사가는 두 태도가 모순적이라는 데에 유념하지 않을 수 없다. 어쨌든 신자유주의의 승리는 1990년대 초의 세계적 경기후퇴로 인해 그리고 아마도 소련 공산주의의 몰락 이후 지구상에서 가장 역동적이고 급성장하고 있는 경제가 공산주의 중국의 경제라는 예기치 않은 발견으로 인해 더 이상 지속되지 않았다. 중국에 대한 발견으로, 서방의 경영대학원 강좌들과, 잘 팔리는 종류의 책인 경영학 입문서의 저자들은 기업가의 성공비결을 찾기 위해서 공자(孔子)의 가르침을 자세히 검토하는 추세를 보였다.

위기의 몇십 년의 경제적 문제들이 유별나게 심하고 사회적으로 파괴적인 것이 된 것은 주기적 변동이 구조적 격변과 일치했기 때문이었다. 1970-80년대의 문제들에 부딪친 세계경제는 더 이상 황금시대의 세계경제가 아니었다. 앞서 보았듯이 황금시대의 예견 가능한 산물이기는 했지만 말이다. 그 세계경제의 생산체계는 기술혁명에 의해서 변형되었고 엄청난 정도로 세계화 또는 '초국적화'되면서 극적인 결과들을 가져왔다. 게다가 1970년대가 되면 앞 장들에서 논의한, 황금시대의 사회적, 문화적으로 혁명적인 결과들뿐만 아니라 생태학적으로 잠재적인 결과들을 간과하는 것이 불가능하게 되었다.

이 점들을 밝히는 최선의 방법은 노동과 실업에 관해서 살펴보는 것이다. 공업화의 일반적 경향은 인간의 기술을 기계의 기술로, 인간의 노동을 기계의 힘으로 대체함으로써 사람들을 일자리에서 쫓아내는 것이었다. 이러한 끊임없는 산업혁명으로 가능해진, 경제의 막대한 성장이 사라진 기존의 일자리보다 많은 수의 새로운 일자리들을 자동적으로 낳을 것이라는 가정은 옳은 것이었다. 그러한 경제가 효율적으로 기능하는 데에 얼마나 큰 집단의 실직노동자가 필요한가에 대해서는 의견이 분분했지만 말이다. 황금시대는 명백히 이러한 낙관주의를 확증했다. 앞서 보았듯이(제10장을 보라) 공업은 너무도 크게 성장해서 가장 공업화된 나라들에서조차 공업노동자의 수와 비율이 심하게 줄지 않았다. 그러나 위기의 몇십 년에는 명백히 팽창하고 있는 산업들에서조차 노동자의 수가 엄청난 속도로 줄기 시작했다. 1950-70년에 미국에서 통화량(通話量)이 5배로 증가했을 때 장거리전화 교환수의 수가 12퍼센트 감소했으나, 1970-80년에는 통화량이 3배로 증가하는 동안에 교환수의 수가 40퍼센트나 줄었다(Technology, 1986, p.328). 노동자의 수는 상대적으로나 절대적으로나 또한 어쨌든 급속하게 줄었다. 이 몇십 년간에 증가한 실업은 주기적인 것일 뿐만 아니라 구조적인 것이었다. 불경기 때 잃은 일자리는 경기가 호전되었을 때 돌아오지 않을 것 ── 결코 돌아오지 않을 것이었다.

이는 새로운 국제적 분업으로 인해 몇몇 산업들이 기존 지역의 나라들과 대륙들에서 새로운 지역의 나라들과 대륙들로 넘어감으로써 기존의 공업중심지가 '러스트벨트'가 되거나, 어떤 면에서는 훨씬 더 유령같이, 전면개조를 통해서 이전 산업의 모든 흔적이 사라진 풍경의 도시로 바뀌었기 때문만은 아니었다. 새로운 공업국들의 부상은 사실상 두드러진 것이었다. 제3세계의 그러한 나라들 7개국이 1980년대 중반에 이미 세계의 전체 강철 중 24퍼센트를 소비했고 15퍼센트를 생산 —— 이는 여전히, 다른 어떤 지표 못지 않게 좋은 공업화지표다 —— 했다.[8] 게다가, 국경을 자유로이 넘나드는 경제적 교류 —— 특성상, 일자리를 구하는 이주민들의 경우는 제외하고 —— 의 세계에서 노동집약적 산업들은 자연스럽게 고임금국에서 저임금국으로, 다시 말해서 미국과 같은 부유한 자본주의 중심국들에서 주변국들로 이동했다. 엘패소에서 텍사스 주 임금으로 고용된 모든 노동자는, 강 건너 멕시코의 후아레스에서 그 임금의 10분의 1로 노동자 —— 하급 노동자조차 —— 를 고용할 수 있는 한, 경제적으로 사치스러운 존재였을 것이다.

그러나 전(前) 공업국들과 새로운 초기 공업국들조차, 조만간 가장 싼 인간조차 그의 일을 할 수 있는 기계보다는 비싼 존재로 만들어버리는 냉혹한 기계화의 논리와, 진정으로 세계규모인 자유무역 경쟁의 논리 —— 마찬가지로 냉혹한 —— 에 지배당했다. 브라질에서의 노동력이 디트로이트와 볼프스부르크에 비해서 저렴하기는 했지만, 상파울루의 자동차산업 역시 기계화로 인해 잉여노동력이 증가한다는, 미시간이나 니더작센 지방과 동일한 문제에 부딪쳤다 (또는 그렇다는 말을 필자가 1992년에 그곳 노동조합 지도자들에게서 들었다). 기계의 성능과 생산성은 기술의 진보에 의해서 꾸준히 그리고 사실상 끝없이 향상될 수 있었고, 기계의 비용은 극적으로 줄일 수 있었다. 그러나 항공운송의 속도개선과 100미터 달리기 세계기록의 향상을 비교하면 알 수 있듯이 인간의 경우는 그렇지 않았다. 또한 어쨌든 인간노동력의 비용은 어떠한 길이의 시간에 대

---

8) 중국, 남한, 인도, 멕시코, 베네수엘라, 브라질, 아르헨티나(Piel, 1992, pp.286-89).

해서도, 해당 사회에서 받아들일 만한 것으로 간주되는 최저수준에서 —— 아니, 사실상 어느 수준에서든 —— 인간의 생명을 유지시킬 수 있는 비용 이하로 줄일 수 없다. 인간은 자본주의 생산체계에 적합하게 쓰일 수 있도록 만들어지지 않았다. 기술수준이 높아질수록 생산의 인적 요소는 기계적 요소에 비해서 비싸졌다.

위기의 몇십 년의 역사적 비극은 이제는 생산에서 인간들이 기계에 밀려나는 속도가, 시장경제가 그들을 위해서 새로운 일자리를 낳는 속도보다 훨씬 더 빨라졌다는 데에 있었다. 게다가 이러한 과정은 전지구적 경쟁, 직간접적으로 최대의 단일 고용주인 정부에 대한 재정적 압박 그리고 특히 1980년 이후, 당시 우세했던 자유시장 신학 —— 이윤을 극대화하는 형태의 기업, 특히 당연히 자신의 재정적 이익 이외에는 어떠한 이익도 고려하지 않는 사기업에게 일자리를 넘기라고 압박하는 —— 에 의해서 가속화되었다. 이는 다른 무엇보다도, 정부와 여타 공공단체들이 더 이상 "최후의 의지대상으로서의 고용주"로 불릴 수 없게 되었음을 의미했다(World Labour, 1989, p.48). 경제불황과 신자유주의 정부들의 적대 둘 다로 인한, 노동조합들의 쇠퇴가 이러한 과정을 촉진했다. 왜냐하면 일자리를 보호하는 것이 노동조합이 가장 소중히 여기는 기능들 중 하나였던 것이다. 세계경제는 팽창하고 있었지만, 그 팽창이 특별한 자격 없이 노동시장에 들어온 사람들을 위한 일자리를 자동적으로 낳는 메커니즘은 크게 약화되고 있었다.

다른 측면에서 이 문제에 접근해보자. 인류의 대다수를 구성해왔던 농민층은 기록된 역사 내내 농업혁명에 의해서 잉여노동력을 낳았으나 과거에는, 더 이상 농지에 있을 필요가 없게 된 수백만 명의 농민들이 노동력이 부족한 다른 곳의 직종들 —— 일할 용의나, 땅을 파고 벽을 세우는 것과 같은 농촌기술의 변용이나, 그 일에 대해서 배울 능력만을 요구한 —— 에 쉽게 흡수되었다. 그러면 이번에는 그러한 직종들의 노동자들이 불필요한 존재가 되었을 때 그들에게 과연 어떠한 일이 일어났을까? 그들 중 일부가 정보화시대의 지속적으로 팽창한 고급직종들(그것들 대부분은 갈수록 고등교육을 요구했다)에 종사하기 위해서 재교육받을 수 있었지만, 그러한 직종의 일자리들이 충분히 존재했던 것은 아니었다(Technology, 1986, pp.7-9, 335). 마찬가지 경우로서, 여전히 농촌에서 대량으로 빠져나온 제3세계 농민들에게는 어떠한 일이 일어났을까?

자본주의 부국들의 경우 그러한 사람들에게는 의지할 만한 복지제도가 있었다. 비록, 언제나 복지에 의존해야만 하는 사람들은 스스로를 일해서 먹고 산다고 생각하는 사람들에게 분개와 경멸의 대상이 되었지만 말이다. 빈국들의 경우 그러한 사람들은 크고 불투명한 '비공식' 또는 '평행' 경제 —— 성인 남녀와 아이들이 잡일, 용역, 편법, 구매, 판매, 취득의 결합을 통해서(그 방식을 정확히 아는 사람은 없었다) 먹고 살았던 —— 에 참가했다. 부국들의 경우 그들은 갈수록 분리되고 격리된 '최하층계급'을 형성 또는 재형성하기 시작했다. 그들의 문제는 사실상, 해결할 수 없지만 —— 그들은 영속적인 소수집단에 불과했으므로 —— 부차적인 것으로 간주되었다. 미국의 본토박이 흑인주민들로 이루어진 게토 사회[9]는 그러한 하층사회의 교과서적인 예가 되었다. 제1세계에 '암흑경제'가 없었다는 이야기는 아니다. 조사자들은, 1990년대 초에 영국의 2,200만 가구가 100억 파운드 이상을 현금으로 보유했다는 사실에 놀랐다. 그 액수는 한 가구당 평균 460파운드에 해당하는 것으로서, "암흑경제가 주로 현금을 취급하기" 때문에 그렇게 높았던 것으로 전해진다(*Financial Times*, 1993년 10월 18일자).


## II


인간의 노동을 축출하도록 대대적으로 개조된 경제와 불황의 결합은 음울한 긴장상태를 낳았고 그러한 분위기가 위기의 몇십 년의

---

9) 카리브 해 및 스페인어권 아메리카에서 미국으로 이민 온 흑인들은 기본적으로, 다른 이주민집단들과 같은 방식으로 행동했고, 그럼으로써 노동시장에서 본토박이 흑인들과 같은 정도로 배제당하지 않을 수 있었다.

정치를 지배했다. 한 세대 동안 사람들은 완전고용에 또는 자신이
원하는 종류의 일을 틀림없이 어디선가 곧 얻을 수 있다는 확신에
익숙해졌다. 이미 1980년대 초의 불황으로 제조업에 종사한 노동자
들의 생활이 다시 불안정하게 되었지만, 영국과 같은 나라들에서
화이트칼라 및 전문직 계층의 상당수가 자신의 일자리도, 자신의
미래도 안전하지 않다는 것을 느낀 것은 1990년대 초의 불황에 와
서야였다. 그 나라의 가장 번창했던 부문에 속한 사람들 중 거의 절
반이 일자리를 잃을지도 모른다고 생각했던 것이다. 이러한 시기들
에는, 자신들의 기존 생활방식이 어쨌든 이미 침식되고 무너지고
있었던 사람들(제10-11장을 보라)이 어찌할 바를 모르는 경향을 보
였다. "미국 역사상 10대 대량살인사건 가운데……8건이 1980년 이
후 발생했다"라는 것이 우연이었을까? 이는 대체로 30-40대의 백
인 중년남성이 "외롭고 좌절당하고 분노에 찬 오랜 기간 끝에" 저
지른 행위로서, 종종 실직이나 이혼과 같은 인생사의 파국에 의해
서 촉진된 것이었다.[10] 그들을 고무했을지도 모르는 "미국에서 증
가하는 증오의 문화"(Butterfield, 1991)조차 우연이었을까? 이러한
증오는 확실히 1980년대 대중음악의 가사에서 들을 수 있게 되었고
영화와 텔레비전 프로그램의 갈수록 심해지는 잔인성을 통해서 분
명히 드러나게 되었다.

여러 나라에서 서구 의회민주주의의 안정성이 입각했던 국제적
균형이 냉전의 종식으로 파괴되기 전에조차, 이러한 방향상실감과
불안감이 선진국들의 정치에 구조상의 상당한 균열과 변화를 가져
왔다. 경제난의 시기에 유권자들은 어떠한 당이나 정권이 집권하든
그것을 비난하는 경향이 있는 것으로 잘 알려져 있지만, 위기의 몇
십 년의 새로운 점은 정부에 대한 반발이 기존의 반정부세력에게
반드시 유리하지는 않았다는 데에 있었다. 주된 패배자는 서구의
사회민주당이나 노동당이었다. 지지자들을 만족시키는 그 당들의

---

10) "이는 특히……중년에 사정이 좋아져서 이사를 간 수백만 명의 사람들 중 일부에
　　게 적용된다. 그들이 목적을 이룬 다음에 그곳에서 직장을 잃을 경우 그들에게는
　　의지할 사람이 사실상 아무도 없다."

주된 수단 —— 정부에 의한 경제적, 사회적 조치 —— 은 힘을 잃었던 한편, 이 지지자들의 핵심집단인 노동계급은 잘게 분열되었다 (제10장을 보라). 새로운 초국적인 경제에서, 국내임금은 전보다 훨씬 더 직접적으로 대외적 경쟁에 노출되었고, 그 임금을 보호하는 정부의 능력은 훨씬 작아졌다. 동시에 불황기에는, 전통적인 사회민주당 지지자 집단을 이루던 다양한 세력의 이해관계가 서로 달라졌다. 즉 일자리가 (상대적으로) 안정된 사람들과 불안정한 사람들, 오래되고 노조가 있는 지역 및 산업의 사람들, 새롭고 노조가 없는 지역에서의 덜 위협받는 새로운 산업의 사람들, '최하층계급'으로 전락한, 일반적으로 평판이 나쁜 불황기 희생자들로 분열되었던 것이다. 게다가 1970년대 이후에 수많은 지지자들(주로 청년층과/또는 중간계급)이 좌파의 주요 정당들을 버리고 보다 특화된 운동들 —— 특히 '환경'운동, 여성운동 등의 이른바 '신사회운동(new social movement)' —— 에 가담했고 그럼으로써 좌파 정당들을 약화시켰다. 1990년대 초에 노동당 정부나 사회민주당 정부는 —— 명목상 사회주의자들이 이끄는 행정부들조차 자신의 전통적인 정책들을 자의든 타의든 포기했으므로 —— 1950년대만큼이나 드물게 되었다.

이러한 공백에 발을 들여놓은 새로운 정치세력들은 우파의 외국인 혐오 및 인종주의 세력에서부터 분리주의 정당들(주로 종족적/민족주의 세력이었지만 그렇지 않은 세력도 존재했다) 그리고 좌파 소속을 자임하는 각종 '녹색'정당들과 여타의 '신사회운동들'에 이르기까지 각양각색의 세력들로 구성되었다. 이들 중 몇몇은 자국 내의 정치에서 중요한 위치 —— 때로는 일정 지역에서의 우세—— 를 확보했다. 단기 20세기 말까지 그들 중 어떤 세력도 기성 정치세력을 실제로 대체하지는 못했지만 말이다. 나머지 세력들에 대한 지지도는 크게 오르내렸다. 대부분의 유력한 세력들은 민주주의적, 시민적 정치의 보편주의를 거부하고는 일정한 집단정체성의 정치를 지향했고, 그 결과 외국인과 외부인에 대한 그리고 모두를 포괄하는 국민국가 —— 미국과 프랑스의 혁명 전통에서 나온 —— 에 대한 노골적인 적대감을 공유했다. 우리는 이러한 새로운 '정체성 정치(identity politics)'의 부상에 대해서 나중에 다시 살펴볼 것이다.

그러나 이러한 운동들의 중요성은 그것들의 실제 내용보다는 '기존의 정치'에 대한 거부에 있었다. 가장 막강한 운동들 중 몇몇은 본질적으로 이러한 거부에 기반했다. 이탈리아의 분리주의 단체인 북부연맹, 1992년 대통령 선거에서 텍사스의 한 부유한 무소속 정치가(로스 페로/역주)를 지지했던 미국 유권자의 20퍼센트 그리고 마찬가지 경우로, 한번도 이름을 못 들어본 사람이기 때문에 확실히 신뢰할 수 있다는 이유로 1989년과 1990년에 실제로 무명인사를 대통령으로 뽑은 브라질(페르난두 콜로르 지 멜로[재임 1990-92]/역주)과 페루(알베르토 후지모리[재임 1991-]/역주)의 유권자들이 바로 그러한 예다. 영국에서 1970년대 초 이후 여러 번, 커다란 제3당의 등장이 저지된 것은 오직, 체계상 민의를 제대로 반영하지 못하는 선거제도 때문이었다. 자유당이 단독으로 혹은 노동당에서 떨어져 나온 온건한 사회민주당과 협력해서 혹은 그 당과 합당한 뒤에, 양대 정당 중 하나에 거의 맞먹는 —— 또는 그보다 훨씬 더 많은 —— 지지를 얻었던 것이다. 장기적인 집권 기록을 가진 기성 정당들에 대한 선거상의 지지가 1980년대 말과 1990년대 초에 극적으로 폭락한 것 —— 프랑스의 사회당(1990), 캐나다의 보수당(1993), 이탈리아의 여당들(1993) —— 은, 마찬가지로 불황기였던 1930년대 초 이래 처음 있는 일이었다. 요컨대 위기의 몇십 년 동안에, 민주적인 자본주의국들에서 그때까지 안정적이었던 정치구조가 산산조각 나기 시작했다. 게다가 성장할 잠재력이 가장 컸던 새로운 정치세력은 대중주의적인 민중선동, 크게 부각된 개인의 지도력, 외국인에 대한 적대를 결합시킨 세력이었다. 전간기에서 살아남은 자들이 낙담한 것은 당연했다.

## III

비슷한 위기가 역시 1970년경부터 '중앙계획경제국들'로 이루어진 '제2세계'의 토대를 잠식하기 시작했다는 것은 그리 주목되지 않았던 사실이다. 그러한 사실은 그 세계의 정치체제의 경직성 때문에 처음에는 은폐되었다가 나중에 부각되었다. 그리하여 변화가 일어났을 때 그 양상은, 중국의 경우 모택동 사후인 1970년대 후반에, 소련의 경우 브레주네프 사후인 1983-85년에 그러했듯이 갑작스러운 것이었다(제16장을 보라). 국가에 의한 중앙계획식 사회주의는 경제 면에서 개혁을 몹시 필요로 한다는 것이 1960년대 중반부터 분명해졌다. 1970년대부터는 계속해서, 실제로 경기가 후퇴하고 있다는 강력한 징후들이 나타났다. 이는 그 나라들의 경제가 다른 모든 경제와 마찬가지로 —— 아마도 동일한 정도로는 아니겠지만 —— 초국적인 세계경제의 제어할 수 없는 움직임과 예측할 수 없는 변동에 영향받게 된 바로 그 시기였다. 소련이 국제 곡물시장에 대거 진입한 것과 1970년대 석유위기의 충격은, '사회주의 진영'이 세계경제의 변덕으로부터 안전한, 사실상 자급적인 지역경제로서는 최후를 맞았다는 것을 극적으로 표현해주었다(p.515를 보라).

동과 서는 기묘하게도, 어느 쪽에서도 통제할 수 없는 초국적인 경제에 의해서뿐만 아니라 냉전기 역학관계상의 기묘한 상호 의존에 의해서 서로 결합되었다. 이러한 사정은, 앞서 보았듯이(제8장을 보라) 초강대국들과 그 두 초강대국 사이의 세계 모두 안정시켰고, 그러한 상호 의존이 깨졌을 때 그것들 모두 무질서에 빠뜨릴 것이었다. 무질서는 정치적인 것일 뿐만 아니라 경제적인 것이기도 했다. 왜냐하면 소비에트 정치체제가 갑자기 무너짐으로써, 소비에트권에서 발전되어온 지역간 분업과 상호의존망 역시 무너졌고, 그리하여 그러한 분업이나 의존망에 맞추어졌던 나라들과 지역들은 자신들이 미처 대비하지 못한 세계시장에게 각개격파 당할 수밖에 없었기 때문이다. 그러나 서방 역시, 공산권의 기존 '대응 세계체제'의

576

잔해들을 자신의 세계시장에 통합할 준비가 되어 있지 않았다. 유럽 공동체가 그랬듯이 그러한 통합을 원했을 때조차 말이다.[11] 전후 유럽의 눈부신 경제성공담을 보여주었던 핀란드는 소비에트 경제의 붕괴로 큰 불황에 빠졌다. 유럽 최대의 경제강국인 독일은, 그 정부가 (은행가들의 경고를 무시하고서) 1,600만 인구의 동독이라는, 사회주의 경제의 비교적 작은 부분을 흡수하는 데에 따르는 어려움과 비용을 완전히 과소평가했다는 이유만으로, 자국경제와 유럽 전체에 엄청난 부담을 줄 운명이었다. 그러나 이러한 것들은 소비에트권 붕괴의 예상치 못한 결과들 —— 그 붕괴가 실제로 일어나기 전까지는 거의 아무도 예상하지 못한 —— 이었다.

그럼에도 불구하고 한편으로는, 서구에서처럼 동구에서도 생각할 수도 없던 것들을 생각할 수 있게 되었고 보이지 않던 문제들이 보이게 되었다. 일례로 서구와 동구 모두에서 환경보호가 1970년대에 중요한 캠페인 이슈 —— 그 이슈가 고래의 보호든, 시베리아의 바이칼 호의 보존이든 —— 가 되었다. 공적 토론에 대한 제한을 감안할 때, 우리는 이들 사회에서 비판적 사고가 정확히 어떻게 발전했는지는 알 수 없지만, 1980년에 이르면 헝가리의 야노스 코르나이와 같은, 그 체제 내의 지난날 개혁적이었던 일급의 공산주의 경제학자들이 사회주의 경제체제에 대한 두드러지게 부정적인 분석을 발표했고, 소련 사회체제의 결함에 대한 철저한 조사 —— 1980년대 중반에 알려지게 된 —— 가 명백히 노보시비르스크 등지의 학자들 사이에서 장기간 구상되고 있었다. 지도급 공산주의자들이 사회주의에 대한 신념을 실제로 포기한 것이 언제인가를 정확히 알기란 훨씬 더 어려운데, 그 이유는 1989-91년 이후에 그들로서는 자신의 전향시기를 실제보다 앞당겨 잡는 것이 다소 이로웠기 때문이다. 경제에서 벌어진 상황은 정치의 경우에 —— 어쨌든 서양의 사

11) 1993년에 열린 국제 콜로키움에서 한 불가리아인이 다음과 같이 고통스럽게 절규했던 것이 생각난다. "당신들은 우리가 무엇을 하기를 원하는가? 우리는 전(前) 사회주의국들에 있던 우리의 시장을 잃었다. 유럽 공동체는 우리의 수출품을 가져가고 싶어하지 않는다. 유엔의 충실한 회원국으로서 우리는 보스니아 봉쇄 때문에 이제 세르비아에 물건을 팔 수도 없다. 우리는 어디로 가야 하는가?"

회주의국들에서 ─── 고르바초프의 페레스트로이카가 앞으로 보여
주게 되듯이, 훨씬 더 분명하게 볼 수 있었다. 레닌에 대한 그들의
역사적 찬미와 애착에도 불구하고, 많은 개혁공산주의자들이 레닌
주의의 정치적 유산 중 많은 부분을 포기하기 원했을 것이라는 데
에는 거의 의심할 바 없다. 그러한 말을 입 밖에 낼 준비가 되어 있
는 사람은 (동구의 개혁가들이 매력을 느꼈던 이탈리아 공산당의
경우를 제외하면) 거의 없었지만 말이다.

　사회주의 세계의 대부분의 개혁가들이 아마도 원했을 것은 공산
주의를 서구의 사회민주주의와 같은 것으로 변화시키는 것이었다.
그들의 모델은 로스앤젤레스라기보다는 스톡홀름이었다. 하이에크
와 프리드먼에 대한 비밀 예찬자들이 모스크바나 부다페스트에 많
이 있었다는 증거는 없다. 공산주의체제의 위기가 황금시대 자본주
의의 위기 ─── 사회민주주의체제의 위기이기도 한 ─── 와 시기적
으로 일치한 것은 그들의 불운이었다. 공산주의의 갑작스러운 붕괴
로 점진적 변화라는 계획이 바람직하지 않은 동시에 실행 불가능한
것으로 보이게 된 것 그리고 그 붕괴가, 순수자유시장 이데올로그
들의 철저한 급진주의가 자본주의 서구에서 (잠시) 승리했을 때 일
어난 것은 훨씬 더 큰 불운이었다. 이러한 사정으로 인해 그러한 급
진주의가 탈공산주의체제들의 이론적 교시가 되었다. 현실에서는
다른 어떤 곳과도 마찬가지로 실현 불가능한 것으로 드러났지만 말
이다.

　동구의 위기와 서구의 위기는 여러 면에서 유사했고 정치와 경제
둘 다를 통해서 단일한 전지구적 위기와 연결되어 있었지만, 양자
는 두 가지 중요한 점에서 달랐다. 적어도 소비에트권의 경직되고
열등한 공산주의체제에게 그 위기는 생사가 걸린 문제였고 결국 그
위기에서 살아남지 못했다. 그러나 자본주의 선진국들에서는 경제
체제의 존속이 결코 문제가 되지 않았고, 정치체제들의 붕괴에도
불구하고 아직까지는 이 체제들의 생존능력 역시 문제가 되지 않았
다. 이는 공산주의의 종식으로, 앞으로의 인류역사는 자유민주주의
의 역사가 될 것이라는 한 미국 저술가(프랜시스 후쿠야마/역주)의

받아들이기 어려운 주장이 나온 이유를 설명해줄지도 —— 그러한 주장을 정당화할 수는 없더라도 —— 모른다. 이 체제들은 극히 중대한 한 가지 점에서만 위험한 상태에 있었다. 즉 앞으로도 단일영토국가로서 존재하는 것이 더 이상 보장되지 않았던 것이다. 그러나 1990년대 초에, 분리주의운동의 위협을 받은 서구의 국민국가들 중 단 한 나라도 실제로 붕괴하지 않았다.

파국의 시대에는 자본주의가 끝날 날이 가까워온 것으로 보였다. 대공황은 당대의 책 제목처럼 「이 최종적 위기(*This Final Crisis*)」 (Hutt, 1935)로 묘사될 수 있었다. 그러나 이번에는 선진 자본주의의 당장의 미래에 대해서 진지하게 묵시록적 태도를 보이는 사람이 거의 없었다. 비록, 프랑스의 역사가이자 미술상인 한 사람이 1976년에, 지난 날 나머지 자본주의 세계를 이끌어온 미국 경제의 추진력이 이제 모두 소진되었다는, 일리가 없지 않은 근거로 서구 문명의 종식을 확고히 예언했지만 말이다(Gimpel, 1992). 따라서 그는 현재의 불황이 "다음 천년기까지 계속될 것"으로 예상했다. 1980년대 중반이나 심지어 후반까지도 소련의 전망에 대해서 역시 묵시록적 태도를 보인 사람이 거의 없었다는 점을 덧붙이는 것이 공정할 것이다.

그러나 바로 자본주의 경제의 보다 크고 보다 제어하기 힘든 역동성 때문에 서구사회의 사회적 구조는 사회주의 사회보다 훨씬 더 깊게 침식되었고, 그 결과 이러한 점에서는 서구의 위기가 더욱 심각했다. 소련과 동유럽의 사회구조가 산산조각난 것은 체제붕괴의 결과이지, 선행조건이 아니었다. 서독과 동독의 경우처럼 비교가 가능한 곳을 보자면, 전통적 독일의 가치관과 습관이, 경제적 기적을 이룩한 서쪽 지역보다 공산주의 치하에서 더 잘 보존되었던 것으로 보인다. 소련에서 이스라엘로 이주한 유태인들은 그곳에서 고전음악계를 부흥시켰는데 이는 그들이, 생음악 연주회를 보러 가는 것이 여전히 교양 있는 행동의 전형적인 부분이었던 —— 어쨌든 유태인들에게 —— 나라에서 왔기 때문이었다. 음악회 청중이 실제로 아직까지는, 주로 중년이나 노년층으로 구성되는 소수집단으로 전락하지 않았던 것이다.[12] 모스크바와 바르샤바의 주민들은 뉴욕이나 런던의 주민들을 괴롭히는 것, 즉 현저히 증가하고 있는 범죄율, 공공장소의 위험, 아노미 상태 젊은이들의 예측 불가능한 폭력에 덜 시달렸다. 또한 서구에서조차 사회적으로 보수적이거나 인습적인 사람들을 격분시켰던 종류의 행동 —— 그들은 그러한 행동을 문명의 붕괴에 대한 증거로 보았고 음울하게 '바이마르'라고 중얼거렸다 —— 을 공공연하게 과시하는 경우도 명백히 거의 없었다.

　동구와 서구 사이의 이러한 차이가 얼마나 서구사회의 보다 큰 부에 기인하고 얼마나 동구국가의 훨씬 더 엄격한 통제에 기인하는지는 판단하기 어렵다. 몇몇 점에서는 동구와 서구가 같은 방향으로 발전했다. 둘 다, 가족의 규모가 작아졌고, 이혼이 다른 지역보다 자유로웠으며, 나라 인구 —— 또는 어쨌든 보다 도시화되고 산업화된 지역의 인구 —— 가 간신히 재생산되었다. 또한 둘 다, 식별할 수 있는 한, 서방의 전통적인 종교들의 지배력이 급격히 약화되었다. 종교 조사자들이 소련 붕괴 이후 러시아에서 예배참석률은 높아지지 않았으나 종교신앙은 부흥하고 있다고 주장하고 있지만 말이다. 1989년 이후의 사건들이 보여주었듯이 폴란드 여성들은 카톨릭 교회가 자신들의 부부생활에 대해서 지시하는 것을 이탈리아 여성들만큼이나 싫어하게 되었다. 공산주의시대에는 폴란드인들이 민족주의적, 반소적(反蘇的) 이유로 교회에 열렬한 애착을 보였었는데 말이다. 명백히 공산주의체제들은 사회적으로 하위문화와 대항문화 그리고 모든 종류의 지하세계가 싹틀 만한 여지를 덜 제공했고, 반대의견을 억압했다. 게다가 너무도 무자비하고 대대적인 공포정치 —— 그러한 국가들 대부분의 역사를 물들인 —— 의 시기를 겪어온 사람들은 권력행사가 보다 온건해졌을 때조차 머리를 숙이고 있는 경향이 있었다. 그럼에도 불구하고, 사회주의 사회에서의 생활이 상대적으로 평온했던 것은 공포 때문이 아니었다. 그 체제는 서구 자본주의의 전면적인 영향으로부터 시민들을 격리시킴

---

12) 세계의 양대 음악중심지 중 하나인 뉴욕에서는, 1990년대 초에 고전음악연주회의 청중이 1,000만 인구 중에서 2만-3만 명이었던 것으로 전해진다.

으로써 서구의 사회적 변화의 전면적인 충격으로부터 그들을 보호 했던 것이다. 그들이 겪은 어떠한 변화도 국가나 국가에 대한 그들 의 반응을 통해서 나왔다. 국가가 바꾸는 일에 착수하지 않은 것은 이전의 상태 그대로 남았다. 집권한 공산주의의 역설은 그것이 보 수적이라는 데에 있었다.

## IV

(현재 공업화하고 있는 지역들을 포함한) 제3세계라는 광대한 지 역에 대해서 일반화하기란 거의 불가능하다. 그 지역의 문제들을 전체적으로 검토할 수 있는 한에 있어서는 제7장과 제12장에서 그 러한 검토를 시도했다. 앞서 보았듯이 위기의 몇십 년은 그 지역에 매우 다양한 방식으로 영향을 끼쳤다. 1970-85년의 15년 사이에 텔 레비전 소유자의 수가 인구의 6.4퍼센트에서 99.1퍼센트로 증가한 남한(Jon, 1993)을, 인구의 반 이상 —— 1972년보다 많은 수 —— 이 빈곤선 아래에 있고 1인당 소비가 줄고 있는 페루 같은 나라 (Anuario, 1989)와 어떻게 비교할 수 있는가? 사하라 이남 아프리카 의 황폐화된 나라들과의 비교는 말할 것도 없고 말이다. 인도 같은 아대륙 내에서의 긴장은 성장하는 경제와 변화를 겪는 사회가 가지 는 긴장이었고, 소말리아, 앙골라, 라이베리아 같은 지역들에서의 긴장은, 그 미래에 대해서 낙관하는 사람이 거의 없는 대륙에서 해 체되어가는 나라들이 가지는 긴장이었다.

단 하나의 일반화만이 확실한 것이었다. 1970년 이후, 이 지역에 속한 거의 모든 나라들이 빚더미에 깊이 빠졌다는 것이 그것이다. 1990년에 3대 국제 채무국(600억-1,100억 달러) —— 브라질, 멕시 코, 아르헨티나 —— 에서부터 100억 달러 이상씩 빚진 28개국과, 10 억-20억 달러를 빚진 작은 나라들에 이르기까지 모두가 제3세계에 속했다. 세계은행은 자신이 조사한 '저소득' 경제와 '중정도 소득' 경제의 96개국 중에서, 외채가 실제로 10억 달러 미만인 나라 ——

레소토와 차드 같은 나라들 —— 는 7개국뿐인 것으로 추산했고(세계은행이 그 사실을 아는 것은 당연했다), 그러한 나라들의 외채조차 20년 전의 몇 배에 달하는 것이었다. 1970년에는 10억 달러 이상을 빚진 나라가 단 12개뿐이었고 100억 달러 이상을 빚진 나라는 전혀 없었다. 보다 현실적으로 표현하자면, 1980년에 여섯 나라가 자국의 GNP와 거의 맞먹거나 그보다 큰 액수의 빚을 졌는데, 1990년에는 24개국 —— 한 지역 전체가 해당되는 예로서, 사하라 이남 아프리카의 **모든** 나라가 이에 포함된다 —— 이 자국의 생산액보다 많은 액수를 빚졌다. 상대적으로 가장 심하게 빚진 나라들을 아프리카에서 볼 수 있는 것(모잠비크, 탄자니아, 소말리아, 잠비아, 콩고, 코트디부아르)은 놀랄 만한 일이 아니었다. 그 나라들 중 일부는 전쟁으로, 일부는 수출품가격의 폭락으로 혼란을 겪었던 것이다. 그러나 이러한 엄청난 빚에 대한 이자를 지불하는 데에 가장 높은 비용을 부담해야 하는 나라들, 즉 그러한 비용이 그 나라 총수출액의 4분의 1 내지 그 이상에 달한 나라들은 보다 고르게 퍼져 있었다. 사실상, 세계의 모든 지역들 중에서 사하라 이남의 아프리카는 그러한 수치보다 다소 낮은 비용을 부담했던 지역에 속했고, 그러한 점에서 남아시아, 라틴 아메리카 및 카리브 해 지역, 중동보다 형편이 좋은 편이었다.

실제로 이러한 돈은 전혀 상환될 것 같지 않았으나, 은행들은 계속해서 이자를 얻는 한 —— 1982년에 평균 9.6퍼센트(UNCTAD)—— 개의치 않았다. 1980년대 초에 진정한 공황의 순간이 있었다. 멕시코를 필두로 라틴 아메리카의 주요 채무국들이 더 이상 돈을 지불할 수 없었고, 서구의 은행망은 붕괴 직전까지 갔다. 몇몇 가장 큰 은행들이 (오일 달러가 쏟아져 들어오며 투자를 외쳤던) 1970년대에 너무도 마음껏 돈을 빌려준 바람에 이제 법적으로 파산에 몰렸던 것이다. 부국들의 경제로서는 다행스럽게도, 라틴 아메리카의 3대 채무국이 단결하는 데에 실패했고, 채무이행을 유예하는 협정들이 따로따로 체결되었으며, 은행들은 정부들과 국제기관들의 도움으로, 잃은 자산을 점차 탕감하고 법적 지불능력을 유지할 시간을 벌었다. 채무위기는 여전히 존재했으나 더 이상 치명적으로 발전할 가능성은 없었다. 당시는 아마도, 자본주의 세계경제에게 1929년 이래 가장 위험한 시기가 될 것이다. 그것에 관한 충분한 이야기는 아직 씌어지지 않았다.

빈국들의 부채가 증가하는 동안에, 그들의 자산이나 잠재적 자산은 증가하지 않았다. 오직 이윤이나 잠재적 이윤으로만 판단하는 자본주의 세계경제는 위기의 몇십 년에 명백히, 제3세계의 상당 지역을 포기하기로 결정했다. 1970년에 '저소득 경제' 42개국 가운데 19개국에서 외국의 순투자액이 제로였는데, 1990년에는 외국의 직접투자가들이 26개국에 대해서 관심을 전혀 가지지 않았다. 실제로, 유럽 밖의 거의 100개국에 달하는 저소득 및 중정도 소득의 나라들 중에서 14개국에서만 상당 규모의 투자(5억 달러 이상)가, 8개국에서만 대규모의 투자(약 10억 달러나 그 이상)가 이루어졌다. 8개국 중 네 나라는 동아시아와 동남아시아(중국, 타이, 말레이시아, 인도네시아)에, 세 나라는 라틴 아메리카(아르헨티나, 멕시코, 브라질)에 위치했다.[13] 갈수록 하나가 되어간 초국적인 세계경제는 버림받은 지역들을 완전히 간과하지는 않았다. 그러한 지역들 가운데 보다 작고 보다 경치가 아름다운 곳은 관광천국이나, 정부의 통제를 피할 수 있는 오프쇼어 구역으로서 잠재력을 가졌다. 지금까지 관심을 끌지 못하던 영토에서 적절한 자원이 발견되면 당연히 상황이 바뀌었다. 그러나 전반적으로, 세계의 커다란 부분이 세계경제에서 탈락해갔다. 소비에트권이 붕괴된 후, 트리에스테와 블라디보스토크 사이의 지역 역시 그러한 경우로 보였다. 1990년에 약간이라도 외국의 순투자를 끌어들인 동유럽의 전(前) 사회주의 국가는 폴란드와 체코슬로바키아뿐이었다(UN World Development, 1992, 표 21, 23, 24). 구소련의 광대한 지역은 명백히, 자원이 풍부해서 상당한 돈을 끌어들이는 지역들 내지 공화국들과, 자신의 빈약한 장비들에 맡겨진 지역들로 나뉘었다. 제2세계였던 지역의 대부분

---

13) 투자가들에게 인기 있었던 나머지 한 나라는 다소 놀랍게도 이집트였다.

은 이런저런 방식으로 제3세계의 지위에 동화되어갔다.

　따라서 위기의 몇십 년의 주된 결과는 부국과 빈국 사이의 격차
가 더욱 벌어진 것이었다. 사하라 이남 아프리카의 실질 1인당
GDP는 1960-87년에 공업국들의 14퍼센트에서 8퍼센트로, (아프
리카와 비아프리카 나라들 모두를 포함하는) '최후진'국들의 1인당
GDP는 9퍼센트에서 5퍼센트로 떨어졌다.[14](UN Human Develop-
ment, 1991, 표 6)


V


　초국적인 경제가 세계에 대한 지배를 확립함에 따라 그 경제는,
1945년 이후에 사실상 보편화된 중요한 제도인 영토국민국가의 토
대를 잠식했다. 그러한 국가는 더 이상, 자신의 일에 대해 줄어들고
있는 부분 이상을 통제할 수 없었던 것이다. 따라서 노동조합, 의
회, 전국적인 공공방송망과 같이 그 활동영역의 범위가 실제로 영
토경계선에 의해서 규정되는 조직들은 쇠퇴해갔던 반면, 초국적기
업, 국제통화시장, 위성시대의 세계화된 대중매체 및 통신과 같이
그렇지 않은 조직들은 강화되었다. 어떠한 경우에도 자신의 위성국
가들을 통제할 수 있었던 초강대국들의 소멸은 이러한 경향을 더욱
강화할 것이었다. 국민국가들이 20세기에 발전시켜 온, 대체하기
가장 힘든 기능인 복지, 교육, 보건 업무에 대한 '이전지출(移轉支
出)'과 여타의 기금 배당을 통해서 주민들에게 소득을 재분배하는
기능조차 이론적으로는 더 이상 영토별로 독립적일 수 없었다. 유
럽 공동체나 유럽 연합과 같은 초국적인 존재들이 몇 가지 점에서
그러한 기능을 보충했던 경우를 제외하고는 그 기능 대부분이 실제

---

14) '최후진국'은 유엔이 만든 범주다. 대체로 최후진국들의 연간 1인당 GNP는 300
　달러 미만이다. '실질 1인당 GDP'는 공식적인 환율로만 환산하는 것이 아니라
　'국제적 구매력 평가'의 수준에 따라 그 나라에서 구매할 수 있는 양으로 환산하
　여 수치를 표현하는 방식이다.

적으로는 여전히 영토별로 독립적일 수밖에 없었지만 말이다. 자유
시장 신봉자들의 전성기에는, 그때까지 원칙적으로 공적 기구들에
의해서 수행되어온 활동들을 중단시키고 '시장'에 내맡기는 경향에
의해서 국가의 토대가 더욱더 침식되었다.

　아마도 놀라운 일은 아니겠지만 역설적이게도, 이러한 국민국
가의 약화는 기존의 영토국민국가를, 대체로 민족-언어적 독점에
대한 일정 집단의 요구에 기반한 (보다 작은) 새로운 국민국가가
되고자 하는 것들로 세분하는 새로운 풍조와 병행되었다. 처음에,
그러한 자치주의 및 분리주의 운동들의 부상 —— 주로 1970년 이후
의 —— 은 대체로 서방의 현상이었다. 즉 영국, 스페인, 캐나다, 벨
기에, 심지어 스위스와 덴마크에서도 볼 수 있고 이 나라들뿐만 아
니라 1970년대 초부터, 사회주의 국가들 중 가장 중앙집중화되지
않은 유고슬라비아에서도 볼 수 있었던 것이다. 공산주의의 위기로
인해 그러한 운동은 동쪽으로 확산되어, 그곳에 새로운 명목상의
국민국가들이 1991년 이후에, 20세기 중 다른 어떤 시기보다도 많
이 형성될 수 있었다. 한편, 캐나다 국경 남쪽의 서반구에서는 1990
년대 이전까지 사실상 그러한 움직임이 없었다. 또한 아프가니스탄
과 아프리카 일부 지역처럼 1980-90년대에 국가들이 붕괴되고 분
해된 지역에서는 기존 국가에 대한 대안이 새로운 국가들로의 분할
이라기보다는 무정부상태였다.

　이러한 사태전개는 역설적인 것이었다. 새로운 소형 국민국가들은
명백히, 기존 국민국가들과 똑같은 결함들로 고통받았던 것 —— 오
히려 보다 작아졌으므로 보다 많은 고통을 받았다 —— 이다. 이는,
20세기 말에 이용 가능한 실제적인 국가 모델이 자치적인 제도들을
갖춘 일정한 영토의 모델 —— 요컨대 혁명의 시대의 국민국가 모
델 —— 뿐이었다는 이유만으로도, 보기보다는 덜 놀라운 일이었다.
게다가 1918년 이후 모든 체제들이 '민족자결'이라는 원칙에 몰두해
왔고, 그 원칙은 갈수록 민족-언어적 차원에서 정의되었다. 이 점에
서 레닌과 윌슨 대통령은 일치했다. 베르사유 강화조약의 유럽도, 소
련이 된 나라도 그러한 국민국가들의 집합체로 생각되었다. 소련(과

나중에 그 본을 따른 유고슬라비아)의 경우는, 이론상 —— 실제상으로는 아니지만 —— 탈퇴할 권리를 보유한 그러한 국가들의 연합체였다.[15] 그러한 연합체가 붕괴했을 때, 그 붕괴는 자연스럽게, 이미 정해진 분리선에 따라 일어날 것이었다.

그러나 사실, 위기의 몇십 년의 새로운 분리주의적 민족주의는 19세기와 20세기 초가 낳은 국민국가와 전혀 다른 현상이었다. 그것은 사실상 세 가지 현상의 결합물이었다. 그 하나는 기존 국민국가들의 지위하락에 대한 반발이었다. 이는 1980년대에 유럽 공동체의 회원국들이나 잠재적 회원국들 —— 노르웨이와 대처 여사의 영국처럼 때때로 정치적 외관이 서로 크게 다른 —— 이 그들이 중요하다고 생각하는 문제에 대한 전유럽적 표준화 속에서 지역적 자치권을 보유하려는 시도를 통해 갈수록 분명하게 드러났다. 그러나 국민국가의 주된 전통적인 자위수단인 보호무역주의가 위기의 몇십 년에 파국의 시대보다 훨씬 더 약했다는 점이 중요했다. 전지구적인 자유무역은 여전히 이상(理想)이자 놀랄 만한 정도로 현실—— 국가통제경제가 무너진 뒤에는 어느 때보다도 더 —— 이었다. 몇몇 국가들이 대외경쟁으로부터 자국을 보호하기 위해서, 인정되지 않은 방법들을 개발하기는 했지만 말이다. 일본인들과 프랑스인들이 이 방면의 전문가로들 이야기되지만, 아마도 이탈리아인들이 국내 자동차시장의 가장 큰 몫을 계속 차지하는 데에 거둔 성공(즉 피아트[FIAT, Fabbrica Italiana Automobili Torino/역주]의 사례)이 가장 두드러진 예가 될 것이다. 그럼에도 불구하고 이러한 것들은 지연책에 불과했다. 비록, 갈수록 격렬해지고 때때로 성공을 거두기도 했지만 말이다. 아마도, 쟁점이 경제적인 것일 뿐만 아니라 문화적 정체성의 문제이기도 한 경우에 그러한 움직임은 가장 격렬한 싸움의 양상을 보였다. 프랑스인들과, 정도는 덜하지만 독일인들은 자국농민들에게 상당한 보조금을 계속 지급하기 위하여 투쟁했는데 이는 농민들의 표가 절대 필요해서만이 아니라 농민들의 영

---

15) 이 점에서 소련은 미국의 주들과 달랐다. 미국의 주들은 아마도 텍사스 주를 제외하고는, 1865년에 남북전쟁이 끝난 뒤부터 탈퇴할 권리를 가지지 못했다.

농 —— 아무리 비효율적이고 경쟁력이 없더라도 —— 이 파괴되는 것은 그 나라의 특질의 일부인 경치와 전통이 파괴되는 것을 의미한다고 진정으로 느꼈기 때문이기도 했다. 프랑스인들은 다른 유럽인들의 지지를 받으며, 영화와 시청각물 분야에서의 자유무역에 대한 미국의 요구에 반대했는데 이는, 자신들의 공적, 사적 스크린들이 미국 상품의 홍수에 파묻힐 것 —— 미국에 기반한(이제는 국제적으로 소유되고 통제되지만) 오락산업이 이전에 헐리우드가 보였던 정도의 힘으로 잠재적인 세계적 독점권을 회복했으므로 —— 에 대한 우려 때문만이 아니었다. 프랑스인들은 또한, 정당하게도, 상대적 비용과 수익성에 대한 순수한 계산이 불어를 쓰는 영화의 제작을 종식시킬 것이라는 점을 참을 수 없다고 느꼈던 것이다. 경제적 논거가 어떻든지 간에 이 세상에는 보호해야만 하는 것들이 존재했다. 어떤 정부가, (그곳이 개인 구매자들에게 팔릴 수 있다고 가정할 때) 그 자리에 고급 호텔, 쇼핑몰, 회의장을 세우는 것이 기존의 관광수입보다 큰 수입을 그 나라의 GNP에 덧붙일 것임을 증명할 수 있다고 해서 샤르트르 대성당이나 타지마할을 부술 것을 진지하게 고려하겠는가? 그러한 질문은 명확히 표현하기만 한다면 답변할 필요도 없는 것이다.

두번째 것은 부유층의 집단적 이기주의로 가장 잘 표현될 수 있는 것으로서, 대륙, 나라, 지역 내에서의 점증하는 경제적 불균형을 반영하는 것이다. 구식의 국민국가 정부들 —— 중앙집중화되었든 연방제든 —— 뿐만 아니라 유럽 공동체 같은 초국적체들은 자신의 영토 전체를 발전시킬 것을 그리고 그러한 이유로 영토 전체에 부담과 혜택을 어느 정도 골고루 돌아가게 할 것을 책임으로 받아들였다. 이는 보다 부유하고 보다 선진적인 지역이 보다 가난하고 보다 후진적인 지역에게 (중앙에서의 일정한 분배절차를 통해서) 보조금을 지급하거나 심지어, 양자의 격차를 줄이기 위하여 후자에 우선적으로 투자한다는 것을 의미했다. 유럽 공동체는 그 후진성과 빈곤이 나머지 회원국들에게 너무 큰 부담을 주지 않을 정도의 국가들만을 회원국으로 받아들일 만큼 현실적이었다. 미국과 캐나다

(1990년의 1인당 GNP가 약 2만 달러)를 1인당 GNP가 그 수치의 8분의 1인 멕시코와 결합시킨, 1993년의 북미자유무역지역(NAFTA, North American Free Trade Area)에는 그러한 현실성이 전혀 없었다.[16] 부유한 지역이 가난한 지역에게 보조금을 지급하기를 매우 꺼려한다는 것은 특히 미국에서, 지방정부에 대한 연구자들에게 오래 전부터 익숙한 사실이었다. 빈민들이 거주하고, 부자들이 교외로 빠져나감으로써 과세기준이 낮아지는 등의 '도심' 문제는 대체로 이러한 사정에 기인했다. 누가 빈민들을 위해서 돈을 내고 싶어했겠는가? 샌타모니카와 말리부 같은 로스앤젤레스의 부유층 교외는 그 도시에서 떨어져나갔고, 1990년대 초에 스태튼 섬은 동일한 이유로 뉴욕에서 분리되는 데에 표를 던졌다.

위기의 몇십 년의 분리주의적 민족주의 중 일부는 명백히 이러한 집단적 이기주의가 낳은 것이었다. 유고슬라비아를 해체하자는 압력은 '유럽적인' 슬로베니아와 크로아티아에서 나왔고, 체코슬로바키아를 분할하자는 압력은 '서구적'임을 외치는 체코 공화국에서 나왔다. 또한 카탈로니아와 바스크 지방은 스페인에서 가장 부유하고 가장 '선진적인' 지역이었고, 라틴 아메리카에서 중요한 분리주의의 유일한 조짐은 브라질의 가장 부유한 주(州)인 리우그란데두술에서 나타났다. 이러한 현상의 가장 순수한 예는 1980년대 말에 갑자기 부상한 롬바르드 연맹(나중에 북부연맹으로 개칭)이었다. 그 연맹은 이탈리아의 '경제적 수도'인 밀라노를 중심으로 한 지역을 정치적 수도인 로마로부터 분리시키는 것을 목표로 삼았다. 영광스러웠던 과거 중세와 롬바르드 방언에 관한 그 연맹의 수사(修辭)는 민족주의적 선동에서 흔히 볼 수 있는 것이었지만, 실질적인 논점은 부유한 지역이 자신의 자원을 남에게 주고 싶지 않았다는 데에 있었다.

세번째 요소는 아마도 주로, 20세기 후반의 '문화혁명' —— 선진 세계의 그렇게도 많은 주민들을 고아나 가족을 잃은 사람으로 만

---

16) 유럽 연합의 가장 가난한 회원국인 포르투갈의 1990년 GNP는 유럽 공동체의 평균 수치의 3분의 1이었다.

든, 전통적인 사회적 규범, 사회구조, 가치관의 엄청난 해체 —— 에 대한 반응이 될 것이다. '공동체'라는 말이, 사회학적 의미에서의 공동체를 현실생활에서 찾기 어렵게 된 이 몇십 년 동안보다 더 무차별적이고 더 공허하게 쓰인 적도 없을 것이다. '지성공동체', '홍보공동체', '게이 공동체' 등이 그 예다. '정체성집단(identity group)' —— 어떤 사람이 자명하게, 전혀 의심할 바 없이 '속할' 수 있는 인간집단 —— 의 부상은 항상 자신에 대해서 주시하는 나라인 미국의 저술가들에 의해서 1960년대 후반부터 주목되었다. 이 집단들 대부분은 명백한 이유들로 공통의 '민족성'에 호소했고, 집단적 분리주의를 추구하는 다른 집단의 사람들도 (동성애 활동가들이 '동성애 민족'이라는 말을 쓰듯이) 동일한 민족주의적 언어를 사용했다.

가장 체계적으로 다민족적인 국가들에서 이러한 현상이 나타난 것이 시사하듯이, 정체성집단의 정치는 '민족자결주의' —— 민족주의의 본질인, 특정한 '민족'과 일치하는 영토국가를 창출하려는 욕구 —— 와 본질적인 관계가 없었다. 미국의 흑인이나 이탈리아인에게 분리란 무의미했으며 그들의 민족적 정치에 속하지도 않았다. 캐나다에서 우크라이나인의 정치는 우크라이나적인 것이 아니라 캐나다적인 것이었다.[17] 실제로, 도시사회처럼 거의 당연히 이질적인 사회에서 민족적 정치나 그와 유사한 정치의 본질은 비민족적 국가의 자원을 놓고, 자기 집단에 대한 충성이 가지는 정치력을 발휘해서 다른 집단들과 몫을 다투는 것이었다. 라틴 아메리카인, 동양인, 동성애자 유권자집단이 각기 자신들의 대표자를 뽑는 데에 유리하도록 개편된 뉴욕 시의회 선거구에서 선출된 정치가들은 뉴

17) 기껏해야, 각국의 이주민 공동체들은 자신의 원래의 고국이나 선택한 고국을 대표하여 '원거리 민족주의'라고 불린 것을 발전시킬 수 있었다. 그것은 그 나라들에서 민족주의 정치의 극단을 대표했다. 북미의 아일랜드인과 유태인이 이러한 분야에서 원래의 선구자들이었으나, 이주가 낳은 전지구적 민족이산은 그러한 조직들을 증가시켰다. 인도에서 온 시크 교도(Sikh 敎徒 : 펀자브 지방을 중심으로 한 힌두교의 개혁종교이며, 유일영원한 신의 신앙을 강조하고 우상숭배를 금하며 카스트 제도를 부인하고 이슬람교와는 서로 반목하고 있는 종교인 시크교를 신봉하는 사람들/역주) 이주민들의 조직이 그 예다. 원거리 민족주의는 사회주의 세계의 붕괴와 함께 진가를 발휘했다.

욕 시로부터 더 적은 것이 아니라 더 많은 것을 얻기를 원했다.

　민족적 정체성 정치가 세기말의 종족적 민족주의와 가지는 공통점은 한 사람의 집단정체성이, 실재하고 아마도 근본적이고 변하지 않고 따라서 영구적인 어떤 개인적 특징 —— 그 집단의 다른 성원들과는 공유하고 그밖의 누구와도 공유하지 않는 —— 에 있다는 주장에 있었다. 인간공동체들 사이의 구별을 가능케 하는 실제적인 차이들이 약화되었으므로 배타성은 그러한 정체성에 더더욱 필수적인 것이 되었다. 미국의 유태인 청년들이 자신들의 '뿌리'를 찾아 나선 것은, 유태인임을 한 눈에 알아볼 수 있도록 하던 것들 —— 특히, 제2차 세계대전 이전 시절의 격리와 차별 —— 이 더 이상 유태인의 유효한 표지가 아니게 되었을 때였다. 퀘벡 민족주의는 '별개의 사회'임을 주장했으므로 분리를 주장한 셈이었지만, 그것이 실제로 중요한 세력으로 부상한 것은 분명히, 퀘벡이 더 이상 '별개의 사회' —— 1960년대까지는 명백히 그러한 사회였다 —— 가 아니게 되었을 때였다(Ignatieff, 1993, pp.115-17). 도시사회에서의 민족의 유동성 자체가 집단의 유일한 기준으로서의 민족 선택을 자의적이고 인위적인 것으로 만들었다. 미국의 경우 흑인, 라틴 아메리카계 주민, 영국계 및 독일계 사람들을 제외한 **모든** 민족의 미국 태생 여성들 가운데 적어도 60퍼센트가 자신의 집단 밖의 사람과 결혼했다(Lieberson, Waters, 1988, p.173). 한 집단의 정체성은 갈수록, 다른 집단들의 비정체성을 주장함으로써 만들어져야 했다. 세계주의적인 청년문화의 제복을 입고 그러한 문화의 헤어스타일과 음악 취미를 가진, 독일의 신(新)나치 스킨헤드가 그 나라의 터키인과 알바니아인을 때리는 것말고 어떻게 자신들의 본질적인 독일성을 입증할 수 있었겠는가? 대부분의 역사 동안 다양한 민족과 종교가 이웃으로 함께 살아온 곳에서 어떤 지역의 '본질적으로' 크로아티아적인 또는 세르비아적인 성격이, 자신들에게 '속하지' 않는 자들을 제거하는 것말고 어떻게 확립될 수 있었겠는가?

　이러한 배타적인 정체성 정치의 비극은 독립국가를 세우려고 하든 그렇지 않든 어떠한 경우에도 제대로 작동할 수 없다는 데에 있

590

었다. 단지 제대로 굴러가는 척할 수 있을 뿐이었다. 브루클린의 이탈리아계 미국인들은 (아마도 갈수록) 이탈리아인임을 고집하고, 자신들의 토속어로 생각되는 언어에 유창하지 못한 점을 구실로 서로에게 이탈리아어로 말했지만[18], 이탈리아인이라는 것이 그 자체로는 전혀 무의미한 —— 비교적 작은 특정 시장에 들어갈 수 있는 열쇠로서를 제외하면 —— 미국 경제 속에서 일했다. 자신의 집단 밖의 사람들은 이해할 수 없고 따라서 본질적으로 그들에게 전달할 수도 없는, 흑인의, 힌두인의, 러시아인의, 여성의 진실이 존재한다는 주장은 그러한 견해를 고취하는 것만을 기능으로 삼는 단체들 밖에서는 살아남을 수 없었다. 물리학을 공부하는 이슬람 근본주의자들은 이슬람 물리학을 공부하는 것이 아니었고, 유태인 공학자들은 하시디즘(Hasidism : 18세기 후반에 폴란드에서 제창된 신비적 경향이 농후한 유태교 내의 신앙부흥운동/역주) 공학을 배우는 것이 아니었으며, 문화적 민족주의에 가장 투철한 프랑스인이나 독일인조차 세계를 돌아가게 하는 과학자와 기술전문가의 지구촌에서 활동하려면 중세의 라틴어와 비슷한 단일한 세계어 —— 우연히도 영어에 기반하게 된 —— 로 의사소통해야 한다는 것을 알았다. 대량학살, 대량추방, '민족청소'에 의해서 이론상 동질적인 민족영토들로 나누어진 세계조차 불가피하게, 사람들(노동자, 관광객, 사업가, 기술자)과 유행의 대규모 이동과 세계경제의 촉수에 의해서 또다시 이질적이 되었다. 어쨌든 그것은 제2차 세계대전 동안과 종전 이후에 '민족청소된' 중부 유럽 나라들에게 일어난 일이었다. 그것은 또한 갈수록 도시화되는 세계에서 불가피하게 일어날 일이기도 했다.

따라서 정체성 정치와 세기말 민족주의는 20세기 후반의 문제들을 다루는 프로그램이라기보다는 —— 효과적인 프로그램은 더더욱 아니었다 —— 오히려 이러한 문제들에 대한 감정적인 대응이었다.

---

18) 나는 뉴욕의 한 백화점에서 그러한 대화를 우연히 들었다. 그들의 부모나 조부모 이주민들은 이탈리아어가 아니라 나폴리어나 시칠리아어나 칼라브리아어로 말했을 것임에 거의 틀림없다.

세기말에 가까워짐에 따라, 이 문제들을 실제로 다룰 수 있는 제도와 기구가 없다는 사실이 갈수록 분명하게 드러났다. 국민국가는 더 이상 그 문제들을 다룰 수 없었다. 그러면 누가 또는 무엇이 그것들을 다룰 수 있었는가?

미국과 소련이 세계문제에 대해 결정을 취하는 데에 계속해서 충분히 합의할 것이라는 가정 —— 즉각 무너진 —— 아래에서 1945년에 국제연합이 창설된 이래 다양한 기구들이 그러한 목적으로 고안되었다. 국제연합에 대해서 좋게 말할 수 있는 점은 기껏해야, 그 전신인 국제연맹과 달리 세기 후반 내내 존속했고 사실상 그 회원국이라는 사실이 갈수록 한 국가가 정식으로 국제사회의 주권국으로 인정되었다는 것을 입증하게 된 클럽이 되었다는 점뿐이다. 국제연합에게는 그 구조의 성격상, 회원국들에 의해서 할당된 것으로부터 독립된 힘이나 자원이 전혀 없었고, 따라서 독자적인 행동을 취할 힘이 전혀 없었다.

각국의 행동 사이의 조정에 대한 절박한 필요성 때문에 위기의 몇십 년 사이에 국제기구들의 수는 어느 때보다도 빨리 증가했다. 1980년대 중반에 정부간(政府間) 기구는 365개, 민간기구는 4,615개나 있었는데 이는 1970년대 초의 두 배를 넘는 것이었다(Held, 1988, p.15). 게다가 자연보호나 환경 같은 문제들에 대한 전지구적 행동은 점점 더 절박한 것으로 인식되었다. 그러나 불행하게도, 그러한 행동을 성취할 수 있는 유일한 공식적 절차인, 주권을 가진 국민국가들이 개별적으로 국제조약을 체결하고 비준하는 것은 느리고 불편하고 부적절한 방법이었다. 남극대륙을 금렵지구로 정하고 고래 사냥을 영원히 금지하려는 시도들이 입증했듯이 말이다. 1980년대에 이라크 정부가 독가스로 수천 명의 시민들을 죽임으로써, 진정으로 전세계적인 몇 안 되는 국제협정인, 화학무기의 사용을 금지하는 1925년의 제네바 조약을 위반했다는 사실 자체가, 사용 가능한 국제적 수단의 무력함을 입증해주었다.

그럼에도 불구하고, 국제적인 행동을 확보하는 두 가지 방식이 사용 가능했고, 위기의 몇십 년 동안에 두 방식 모두 상당히 강화되었다. 그 하나는, 더 이상 제 발로 세상에 설 정도로 강하지 않다고 느낀 중간 규모의 국가들이 자국의 권력을 초국적인 권력체에게 자 발적으로 양도한 것이었다. 유럽 경제공동체(1980년대에 유럽 공동 체로, 1990년대에 유럽 연합으로 개칭)는 1970년대에 규모가 두 배 로 늘었고 1990년대에는 회원국들의 문제에 대한 자신의 권한을 강 화하는 동시에 자신의 규모를 더욱더 확대할 준비를 했다. 이렇듯 이중으로 커질 것이라는 사실은 의심할 바 없는 것이었다. 비록, 각 국에서 회원국 정부와 여론 둘 다에 의한 상당한 국민적 저항을 야 기할 것이었지만 말이다. 유럽 공동체/연합의 힘은, 브뤼셀에 있는 선출되지 않은 중앙기구가 독립적으로 정책을 주도했고, 매우 간접 적인 경로 —— (선출된) 회원국 정부들의 대표들의 정기적인 회의 와 협상이라는 —— 를 제외하고는 민주주의 정치의 압력을 사실상 받지 않았다는 사실에 있었다. 이러한 사정 덕분에 유럽 공동체/연 합은 특별한 거부권에만 복종하는 효율적인 초국적 권력체로 기능 할 수 있었다.

　국제적 행동의 나머지 한 수단 역시 마찬가지로 —— 더하지는 않 지만 —— 국민국가들과 민주주의로부터 보호되었다. 제2차 세계대 전 종전 직후에 창설된 국제금융기구들, 주로 IMF와 세계은행 (p.382 이하를 보라)의 권한이 바로 그것이다. 1970년대부터 '7개국 그룹(G7, Group of Seven : 7개국 재무장관 회의/역주)'이라는 막 연한 명칭하에 갈수록 제도화된 주요 자본주의국들의 과두정(寡頭 政)을 기반으로 한 그 기구들의 권한은 위기의 몇십 년 동안에 갈수 록 커졌다. 왜냐하면 그 시기에 세계환율의 통제할 수 없는 변덕, 제3세계의 채무위기, 1989년 이후 소비에트권 경제의 붕괴로 갈수 록 많은 수의 나라들이 부국들의 차관제공에 의존하게 되었기 때문 이다. 이러한 차관은 갈수록, 해당 국가가 국제금융기구들의 마음 에 맞는 경제정책을 추구한다는 조건으로 제공되었다. 1980년대 신 자유주의 신학의 승리는 실제로, 조직적인 민영화와 자유시장 자본 주의라는 정책으로 표현되었다. (소련 붕괴 이후 러시아에서처럼) 그러한 정책은 해당 국가의 경제문제에 당장 적합한 것이든 그렇지

않든 간에, 너무도 파산한 나머지 그 정책에 저항할 수 없었던 정부
들에게 부과되었다. 존 메이너드 케인스와 해리 덱스터 화이트가
자신들이 매우 다른 목표 —— 특히 그들 각국에서의 완전고용이라
는 목표 —— 를 염두에 두며 세웠던 기구들의 이러한 변화에 대해
서 어떻게 생각했을 것인지를 추측해보는 것은 흥미로운 일이지만
슬프게도 무의미한 일이다.

그러나 이러한 기구들은, 어쨌든 부국들이 빈국들에 정책을 부과
하는 데에 효율적인 국제적 권력체들이었다. 20세기 말에도 여전
히, 이러한 정책들의 결과가 무엇이며 그 정책들이 세계의 발전에
어떠한 영향을 미치게 될지는 드러나지 않았다.

세계의 두 광대한 지역이 그 정책들의 성과를 곧 검증할 것이었
다. 그 하나는, 서방 공산주의체제가 몰락한 뒤 황폐해진, 소련 및
소련과 연합했던 유럽과 아시아의 경제들로 구성된 지역이었고, 나
머지 하나는 제3세계의 상당 지역에 해당하는 사회적 화약고였다.
다음 장에서 보게 되듯이 두번째 지역은 1950년대 이후 지구상의
정치적 불안정의 주된 요인이 되었다.

# 제15장 제3세계와 혁명

1974년 1월, 벨레타 아베베 장군은 시찰하러 가는 길에 고데 막사에서 잠깐 묵었다.……다음 날 궁정에 믿어지지 않는 보고가 들어왔다. 사병들이 장군을 붙잡고는 그에게 자신들이 먹는 것을 먹도록 강요하고 있다는 것이다. 음식은 너무도 명백히 썩은 것이었기 때문에 몇몇 사람들은 장군이 병에 걸려 죽지 않을까 걱정하고 있다. [에티오피아의] 황제는, 그 장군을 풀어주고 병원으로 호송하도록 자신의 친위대를 비행기로 보냈다.

—— 리샤르트 카푸친스키, 「황제」(1983, p.120)

우리는 [대학 실험농장의] 죽일 수 있는 모든 소를 죽였다. 그러나 우리가 소를 죽이고 있는 동안 농촌 여자들은 그 가엾은 짐승들이 무슨 짓을 했다고 그렇게 죽이냐고 울부짖기 시작했다. 여자들(señoras)이 "오, 가엾어라"라고 울부짖기 시작하자 우리는 그만두었지만 이미 거의 4분의 1에 해당하는 80마리 정도를 죽인 상태였다. 우리는 모두 죽이고 싶었지만 농촌 여자들이 울기 시작했기 때문에 그럴 수 없었다.

우리가 잠시 그곳에 있었을 때, 말을 타고 아야쿠초에 가던 길의 한 신사가 그들에게 가서 무슨 일이냐고 물었다. 그리하여 그 사건은 다음 날 라 보스(La Voz) 라디오 방송국에서 보도되었다. 바로 그때 우리는 돌아오던 중이었고, 몇몇 동지들이 작은 라디오를 가지고 있어서 그 보도를 들을 수 있었다. 그 뉴스로 인해 우리는 기분이 좋아졌다. 그렇지 않았겠는가?

—— 센데로 루미노소의 한 청년 조직원, 「시대」(1990, p.198)

## I

제3세계의 변화와 점진적인 해체 및 분열을 어떻게 해석하든지 간에 그 세계 전체가 한 가지 근본적인 점에서 제1세계와 달랐다. 제3세계는 전세계에 분포한 혁명지대 —— 방금 이루어진 혁명이든, 임박한 혁명이든, 일어날 수 있는 혁명이든 —— 였던 반면, 제1세계는 전세계적 냉전이 시작되었을 때 정치적, 사회적으로 대체로 안정적인 상태였다. 제2세계의 경우는 지표 밑에서 분노가 아무리 부글부글 끓더라도 당의 지배력과 소련의 군사개입 가능성에 의해서 그 폭발이 억제되었다. 반면에 일정한 규모를 가진 제3세계 국가들 가운데 1950년(또는 그 나라가 건설되었을 때)부터의 시기에 혁명이나, 혁명을 억누르거나 예방하거나 촉진하기 위한 군사 쿠데타나, 그밖의 형태의 국내 무장투쟁을 겪지 않은 나라는 극소수에 불과했다. 이 책을 쓰고 있을 때까지의 시기 동안 중요한 예외는 인도와, 수명이 길고 권위주의적인 가부장주의자들 —— (전에 니아살랜드라는 식민지였던) 말라위의 반다 박사나 코트디부아르의 (1994년까지) 불멸의 존재였던 무슈 펠릭스 우푸에-부아니와 같은 —— 이 통치한 소수의 식민지들이다. 이렇듯 고질적인 사회적, 정치적 불안정이 제3세계의 공통분모였다.

이러한 불안정은 전세계 기존 질서의 수호자인 미국에게도 명백히 인식되었다. 미국은 그러한 불안정을 소련 공산주의와 동일시하거나 적어도, 패권을 다투는 전지구적인 대투쟁에서 상대방 진영의 영구적, 잠재적 자산이 되는 것으로 간주했다. 거의 냉전 초기부터 미국은 경제원조와 이데올로기적 선전에서부터 공식적, 비공식적인 무력전복과 대규모 전쟁에 이르기까지 모든 수단을 동원해 이러한 위험요소를 제거하는 싸움에 들어갔다. 그 과정에서 미국은 가급적이면, 우호적이거나 매수된 해당국 정권과 결탁했지만 필요한 경우 그 정권의 도움 없이 싸움을 벌이기도 했다. 바로 이러한 사정이, 제1세계와 제2세계가 19세기 이래 가장 긴 평화의 시대에 들어갔을 때, 제3세계를 계속 전쟁지역으로 남게 한 이유다. 소비에트 체제가 무너지기 전에, 약 1,900만 —— 어쩌면 2,000만 —— 명이 1945-83년에 일어난 100건 이상의 '대규모 전쟁과 군사행동 및 전투'에서 죽었던 것으로 추정되는데 사실상 그 전투 모두가 제3세계에서 벌어진 것이었다. 동아시아에서 900만 명 이상, 아프리카에서 350만 명, 남아시아에서 250만 명이 죽었고, 중동지역의 경우 가장 살인적인 전쟁이었던 1980-88년의 이란-이라크 전쟁 —— 막 시작된 —— 을 셈에 넣지 않고도 50만 명을 약간 넘는 수가 죽었으며, 라틴 아메리카에서는 그보다 약간 적은 수가 죽었다(UN World Social Situation, 1985, p.14). (3,000만 인구의 나라에서) 사망자 수가 300만-400만 명으로 추산되는 1950-53년의 한국전쟁(Halliday and Cummings, 1988, pp.200-01)과 30년간의 베트남 전쟁(1945-75)이 단연 최대의 전쟁이었는데, 바로 그 전쟁들에만 미군 자신이 직접 대규모로 개입했다. 두 전쟁에서 각각 약 5만 명씩의 미국인이 죽었다. 베트남인과 여타 인도차이나인의 인명손실은 추산하기 어렵지만 가장 적게 잡은 추정치가 200만 명에 달한다. 그러나 특히 아프리카에서 벌어진 몇몇 대리전 성격의 반공전쟁들 역시 이에 못지 않게 잔혹했다. 1980-88년에 모잠비크와 앙골라 정부에 맞선 전쟁들에서 약 150만 명이 죽었고(두 나라의 합친 인구 수는 약 2,300만 명이었다) 1,200만 명이 고향에서 쫓겨나거나 기아선상에 놓였던 것으로 전해진다(UN, Africa, 1989, p.6).

제3세계의 혁명적 잠재력은 공산주의체제들에게도 명백히 인식되었다. 앞서 보았듯이 식민지 해방의 지도자들이 스스로를 사회주의자로 보는 경향이 있었고, 소련과 같은 종류의 해방, 발전, 근대화계획을 세웠으며 소련과 같은 노선을 밟았다는 이유만으로도 그랬다. 서구식으로 교육받은 경우 자신들이 레닌과 마르크스로부터 영감을 받았다고 생각하기까지 했다. 비록, 제3세계에서 강력한 공산당은 보기 드물었고 (몽골, 중국, 베트남 외에는) 어느 나라에서도 민족해방운동의 주력이 되지는 못했지만 말이다. 그러나 몇몇 새로운 정권들은 레닌주의형 정당의 유용성을 인식하여, 자신들의 레닌주의형 정당을 건설하거나 —— 1920년 이후 중국에서 손문이 그랬듯이 —— 차용했다. 특별한 힘과 영향력을 획득한 몇몇 공산당들은 (1950년대의 이란과 이라크에서처럼) 활동을 제한당하거나 1965년의 인도네시아에서처럼 대량학살당했다. 인도네시아의 경우, 친공산주의적 군사 쿠데타로 알려진 사건 뒤에 약 50만 명의 공산주의자들이나 공산주의자로 생각된 사람들이 살해당했다. 이는 아마도 역사상 최대의 정치적 학살이 될 것이다.

소련은 공산주의 정부가 이끄는 지역을, 서양에서 소련이 점령했거나 동양에서 중국이 관여하는(소련은 그러한 관여를 전적으로 통제하지는 못했다) 지역의 범위 이상으로 확대하는 것을 의도하지도 기대하지도 않았으므로, 수십 년 동안 제3세계의 혁명운동, 급진운동, 해방운동과의 관계에 대해서 기본적으로 실용주의적인 입장을 취했다. 이러한 사정은, 공산당이 전혀 중요한 역할을 하지 않았던 수많은 자생적 혁명들이 자기 힘으로 권력을 장악한 —— 특히 쿠바(1959)와 알제리(1962)에서 —— 흐루시초프 시기(1956-64)에조차 바뀌지 않았다. 아프리카의 탈식민화 역시, 반(反)제국주의자, 사회주의자, 소련의 벗 —— 특히, 소련이 구(舊)식민주의에 물들지 않은, 기술 등의 지원을 제공했을 때 —— 이라는 칭호 정도만을 요구하는 민족 지도자들을 집권시켰다. 가나의 크와메 은크루마, 기니의 세쿠 투레, 말리의 모디보 케이타, 벨기에령 콩고의 비운의 파트리스 루뭄바가 그러한 예다. 루뭄바는 살해당함으로써 제3세계의 우상이자 순교자가 되었다(소련은 1960년에 제3세계 학생들을 위해서 세웠던 제민족 우애 대학교를 '루뭄바 대학교'로 개칭했다). 모스크바는 그러한 새로운 정권들에 공감을 표시했고 도와주었다. 곧 아프리카의 새로운 국가들에 관한 지나친 낙관주의는 포기했지만 말이다. 전(前) 벨기에령 콩고의 경우 모스크바는, 그 광대한 식민지에 대한 갑작스러운 독립 허용에 뒤이은 내전(여기에 유엔군이 개입했는데 두 초강대국 모두 이를 달가워하지 않았다)에서 미국과 벨기에의 피보호자 내지 꼭두각시들에 맞서 루뭄바 세력측에 무기를 지원해주었다. 그 결과는 실망스러운 것이었다.[1] 새로운 정권들

598

중 하나인 쿠바의 피델 카스트로 정권이 실제로, 공식적으로 공산주의를 선언함으로써 모두를 놀라게 했을 때 소련은 미국과의 관계를 영원히 위태롭게 할 위험을 감수하지는 않았지만 그 정권을 비호해주었다. 그럼에도 불구하고, 소련이 1970년대 중반 이전까지는 혁명을 통해서 공산주의 영역을 확대하기를 계획했다는 현실적인 증거가 전혀 없으며, 1970년대 중반에조차 증거들은 소련이, 자신이 직접 창출하지는 않았던 유리한 국면을 이용한 것이라는 사실을 시사해준다. 흐루시초프의 희망은 자본주의가 사회주의의 경제적 우위로 인해 자연스럽게 사멸하는 데에 있었다는 것을 나이 든 독자들은 기억할 수 있을 것이다.

실제로, 국제 공산주의운동에 대한 소련의 지도권이 1960년에 중국의 도전을 받았을 때 —— 다양한 비정통 마르크스주의자들로부터 혁명의 이름으로 도전받은 것은 말할 것도 없고 —— 모스크바의 제3세계 관계자들은 기존의 신중한 온건정책을 계속 유지했다. 제3세계 나라들에서 적(敵)은 자본주의 —— 그것이 존재하는 경우—— 가 아니라 전(前) 자본주의와 그 나라의 기득권세력 및 그들을 지원하는 (미)제국주의였다. 전진하는 길은 무장투쟁이 아니라, '민족' 부르주아지나 프티부르주아지를 동맹군으로 하는 폭넓은 인민전선 내지 국민전선이었다. 요컨대 모스크바의 제3세계 전략은, 10월혁명의 대의에 대한 배반을 비난하는 것에 철저히 반대하는 1930년대의 코민테른 노선(제5장을 보라)을 계승한 것이었다. 무장투쟁의 길을 선호하는 사람들을 격분케 한 이러한 전략은 1960년대 초의 브라질과 인도네시아, 1970년의 칠레에서 보듯이 때때로 성공을 거둔 것으로 보였다. 그 전략이 이렇듯 절정에 달했을 때, 1964년 이후의 브라질, 1965년의 인도네시아, 1973년의 칠레에서 보듯이 공포정치를 수반한 군사 쿠데타로 갑자기 중단된 것은 아마도 놀랄 만한 일이 아닐 것이다.

---

1) 당시 (이론상) 루뭄바 세력의 지역에서 사태를 보고한, 폴란드의 한 뛰어난 저널리스트가 콩고의 비극적인 무정부상태를 가장 생생하게 묘사하고 있다(Kapuszinski, 1990).

그럼에도 불구하고 제3세계는 이제, 사회혁명에 대한 신념을 여전히 가지고 있는 사람들의 희망과 믿음의 중심 기둥이 되었다. 제3세계는 인류의 대다수를 대표했다. 그것은 폭발을 기다리는 전지구적인 화산이자, 그 진동이 대지진을 예고하는 지진지역으로 보였다. 황금시대의 안정되고 자유주의적인 자본주의 서구에서 "이데올로기의 종언"이라고 자신이 불렀던 것에 대한 분석자(Bell, 1960)조차 천년왕국적, 혁명적 희망의 시대가 제3세계에서는 아직 끝나지 않았다는 것을 인정했다. 제3세계는 10월 전통의 구(舊)혁명가들이나, 번창했지만 천박했던 1950년대의 범용함에 진저리치는 낭만주의자들에게만 중요했던 것이 아니었다. 인도주의적 자유주의자와 온건파 사회민주주의자를 포함한 좌파 전체가 사회보장제 입법과 실질임금 인상 이상의 무언가를 필요로 했다. 제3세계는 그들의 이상(理想)을 간직할 수 있었다. 계몽주의 대전통에 속한 당파들은 현실정치뿐만 아니라 이상을 필요로 하며, 이상 없이는 살아남을 수 없다. 그렇지 않다면, 비혁명적 진보의 보루들인 스칸디나비아 국가들, 네덜란드, (프로테스탄트) 세계교회협의회가 제3세계 나라들에 원조를 제공하는 데에 보인 진정한 열의 —— 19세기의 선교활동 지원에 대한 20세기 후반의 등가물 —— 를 어떻게 설명할 수 있겠는가? 바로 이러한 사정이 20세기 후반에 유럽의 자유주의자들로 하여금 제3세계의 혁명가들과 혁명들을 지지하거나 격려하도록 했다.

## II

혁명의 적들과 혁명가들 모두에게 강한 인상을 준 것은 1945년 이후 제3세계에서, 즉 세계 어디에서나 혁명투쟁의 주된 형태가 게릴라전으로 보이게 되었다는 점이었다. 1970년대 중반에 작성된 '주요 게릴라전 연대기'에는 제2차 세계대전 종전 이래 32건이 기록되었는데 3건(1940년대 말의 그리스 내전, 1950년대의 영국에 대항한 키프로스의 투쟁, 1969년부터의 얼스터를 제외하고는 모두 유럽과 북미 밖에서 일어난 것이었다(Laqueur, 1977, p.442). 그 목록은 쉽게 연장될 수 있었다. 혁명이 야산에서만 발생한다는 표현은 전적으로 정확한 것은 아니었다. 그것은 좌파 군사 쿠데타의 역할을 과소평가한 것이다. 그러한 쿠데타는 유럽의 경우 확실히 1974년에 포르투갈에서 그러한 종류의 극적인 예가 발생하기 전까지는 있을 법하지 않은 일로 보였으나, 이슬람 세계에서는 꽤 흔한 일이었고, 라틴 아메리카에서도 예상할 수 없는 일은 아니었다. 1952년의 볼리비아 혁명은 광부들과 군대반란자들이 연합해서 이룬 것이었고, 페루 사회의 가장 급진적인 개혁은 1960년대 말과 1970년대의 군사 정권에 의한 것이었다. 게릴라전만을 중시하는 것은 또한, 기존 방식인 도시에서의 대중의 행동의 혁명적 잠재력을 과소평가한 것이다. 그 잠재력은 1979년의 이란 혁명에 의해서 그리고 그보다 뒤에 동유럽에서 입증될 수 있었다. 그러나 20세기의 3/4분기에 모든 시선은 게릴라들에게 집중되었다. 게다가 게릴라 전술은 소련 정책에 비판적인 급진 좌파의 이데올로그들에 의해서 강력히 선전되었다. (소련과 불화를 빚은 뒤의) 모택동과 1959년 이후의 피델 카스트로, 보다 정확히 말해서 그의 동지인 미남의 방랑객 체 게바라(1928-67)가 게릴라 활동가들을 고무했다. 베트남의 공산주의자들은 게릴라 전략의 단연 가장 막강하고 성공적인 실천가들이었고 프랑스인들과 미국의 물리력 모두 패배시킴으로써 국제적으로 상당한 찬탄을 받았지만, 그 찬미자들에게 좌파의 이데올로기 내분에 끼어들도록 고무하지는 않았다.

1950년대는 제3세계 게릴라 투쟁들로 가득 찬 시기였는데 거의 모두, 이런저런 이유로 전(前) 식민당국이나 그 지역 식민자들이 평화적인 탈식민화에 반발한 식민지 나라들에서 일어났다. 해체되어가던 대영제국의 말라야, 케냐(마우마우 운동), 키프로스와, 해체되어가던 프랑스 제국의 알제리와 베트남이 그 예인데, 알제리, 베트남의 경우 훨씬 더 심각한 전쟁을 빚었다. 게릴라 전략을 세계의 전면에 부각시킨 것은 기묘하게도, 전형적이 아니었지만 성공적인,

비교적 작은 운동 —— 확실히 말라야 반란보다도 작은(Thomas,
1971, p.1040) —— 이었다. 1959년 1월 1일에 쿠바라는 카리브 해의
섬나라를 장악한 혁명이 바로 그것이다. 피델 카스트로(1927-)는
라틴 아메리카 정치에 특유하지 않은 인물이 아니었다. 정책은 불
분명했지만, 개인적인 용맹을 보여주고 전제정에 맞선 자유라는 대
의 —— 어떠한 종류의 것이든 —— 의 영웅이 되기로 굳게 결심한,
명문지주 집안 출신의 원기왕성하고 카리스마적인 젊은이가 적시
에 출현한 것이다. 그의 구호("조국 아니면 죽음을" —— 처음에는
"승리 아니면 죽음을" —— 과 "우리 승리하리라")조차 옛날 해방시
대의 것으로, 감탄할 만하지만 정확성이 부족했다. 그는 권총을 차
고 다니는 아바나 대학 학생운동집단에 속했던 불분명한 시기를 거
친 후, 풀헨시오 바티스타 장군(1933년에 하사관으로서 군사 쿠데
타로 데뷔한 이래 쿠바 정계에서 흔히 볼 수 있는 부도덕한 인물)
—— 1952년에 다시 정권을 장악하고 헌법을 폐지했던 —— 의 정부
에 대항하는 반란을 택했다. 피델의 활동방식은 행동주의적인 것이
었다. 1953년에 군대 막사를 기습했다가 감옥에 갔고 추방당했다가
게릴라 부대를 이끌고 쿠바에 침입했다. 두번째 침입시도 끝에 가
장 외딴 시골의 산 속에 거점을 마련하게 되었다. 준비가 부실했던
도박이 성과를 거두었다. 순군사적인 견지에서 본다면, 그 도전은
대단치 않은 것이었다. 아르헨티나의 의사이자 천부적인 게릴라 지
도자인 게바라는 148명 —— 사실상 정복을 완수할 때까지 300명으
로 늘었다 —— 을 데리고 쿠바의 나머지 지역을 정복하는 일에 착
수했다. 피델 자신의 게릴라는 1958년 12월에, 1,000명의 주민이 사
는 소도시를 처음으로 점령했을 뿐이다(Thomas, 1971, pp.997,
1020, 1024). 그가 1958년까지 입증한 것은, 비정규군이 커다란 '해
방구'를 통제할 수 있으며 명백히 사기가 떨어진 군대의 공격을 막
아낼 수 있다는 것이 전부 —— 그 자체도 상당한 것이었지만——
였다. 피델이 승리한 것은 바티스타 체제가 취약했기 때문이었다.
그 체제는 편의상의 지지나 사리사욕으로 인한 지지말고는 실질적
인 지지를 전혀 못 받았으며, 오랜 부정부패로 나태해진 사람에 의

해서 통치되었던 것이다. 민주주의적 부르주아에서 공산주의자에
이르기까지 모든 정치계급이 단결해서 바티스타에 저항하고 그 독
재자 자신의 관리들, 군인들, 경찰들, 고문자들이 그의 시대가 끝났
다고 결론 내리자마자 바티스타 체제는 무너졌다. 피델은 바티스타
의 시대가 끝났다는 것을 증명했고, 당연하게도 그의 세력이 정부
를 물려받았다. 지지자가 거의 없었던 나쁜 체제가 전복된 셈이었
다. 대부분의 쿠바인들은 반란군의 승리를 진정으로, 해방과 무한
한 가능성 —— 그 군대의 젊은 사령관의 모습으로 상징된 —— 의
순간으로 느꼈다. 아마도, 발코니의 마이크들 앞에 서고 대중들로
부터 우상시되는 카리스마적인 인물들로 가득 찬 시대인 단기 20세
기에, 한 번에 몇 시간씩 연설하고 자신의 다소 비체계적인 생각을
군중(필자를 포함) —— 자신의 말을 경청하고 의심하지 않는——
과 공유한, 주름진 전투복 차림의 몸집 크고 턱수염을 길렀으며 꼼
꼼하지 않은 이 사람만큼, 회의적이거나 적대적인 청중이 적었던
지도자도 또 없었을 것이다. 이번만큼은 혁명이 집단적인 밀월로
체험되었던 것이다. 혁명은 어디에 이를 것인가? 그곳은 어딘가 더
나은 곳일 수밖에 없었다.

　1950년대의 라틴 아메리카 반란자들은 불가피하게, 볼리바르에
서부터 쿠바 자체의 호세 마르티에 이르는 그들의 역사적 해방자들
의 수사(修辭)뿐만 아니라 1917년 이후 좌파의 반제국주의적, 사회
혁명적 전통에도 의존하게 되었다. 그들은 '농지개혁' —— 그것이
무엇을 의미하든(p.490를 보라) —— 을 옹호하는 동시에, 적어도 암
묵적으로 미국에 반대했다. 멕시코의 옛 유력자인 포르피리오 디아
스의 표현을 빌면, 신과는 너무도 멀고 미국과는 너무도 가까운 가
난한 중앙아메리카에서 특히 그랬다. 피델도 그의 어떤 동지도 급
진파이기는 했지만 공산주의자는 아니었고, (두 사람을 제외하고
는) 마르크스주의자들의 공감 —— 어떤 종류든 —— 을 받는다는 주
장조차 하지 않았다. 사실, 칠레 공산당을 차치하면 라틴 아메리카
에서 그러한 유일한 대중정당이었던 쿠바 공산당은, 그 일부가 다
소 늦게 피델의 운동에 합류하기 전까지는 특히나 비우호적이었다.

양자 사이의 관계는 명백히 싸늘했다. 미국의 외교관들과 정책고문들은 그 운동이 친공산주의적인지 아닌지를 끊임없이 논쟁했으나 —— 그것이 친공산주의적이었다면, 이미 1954년에 과테말라의 개혁적인 정부를 뒤엎었던 CIA는 자신이 해야 할 일을 알았을 것이다 —— 결국 친공산주의적이 아닌 것으로 명백히 결론지었다.

그러나 무장 게릴라 봉기를 수행하려는 사람들의 일반적인 사회혁명적 이데올로기에서부터 매카시 상원의원의 시대인 1950년대 미국의 열렬한 반공주의 —— 라틴 아메리카의 반제국주의적 반란자들로 하여금 자동적으로 마르크스를 보다 호의적으로 보도록 부추긴 —— 에 이르기까지 모든 것이 피델주의운동을 공산주의 방향으로 몰고 갔다. 전지구적인 냉전이 나머지 역할을 했다. 새로운 체제가 미국의 반감을 샀다면 —— 미국의 투자를 위협하는 것만으로도 그럴 가능성이 매우 높았다 —— 그 체제는 미국의 대(大)적대국의 거의 보장된 공감과 지지에 의존할 수 있었다. 게다가 대중 앞에서 스스럼없이 독백극을 벌이는 피델의 통치형태는 한 나라 —— 아무리 작은 나라이더라도 —— 나 혁명을 단기간이라도 이끌어갈 수 있는 방법이 아니었다. 인민주의조차 조직을 필요로 하는 법이다. 공산당은 혁명진영에서 그에게 조직을 제공할 수 있는 유일한 기구였다. 양자는 서로를 필요로 했고 수렴되었다. 그러나 피델이 쿠바가 사회주의국이 될 것이며 그 자신이 공산주의자 —— 다분히 자기식의 공산주의자이기는 했지만 —— 라는 사실을 깨닫기 훨씬 전인 1960년 3월에 이미 미국은 그를 공산주의자로 취급하기로 결정했고, 그의 정부를 뒤엎는 공작을 벌일 권한을 CIA에게 부여했다(Thomas, 1971, p.271). 1961년에 미국측은 피그스 만에 망명자들을 침투시켰으나 실패했다. 공산주의 쿠바는 미국의 봉쇄로 고립되고 갈수록 소련에 의존한 채, 키웨스트(Key West : 미국 플로리다 주 남서단의 섬/역주)에서 불과 70마일 떨어진 곳에서 살아남았다.

전지구적 보수주의의 1950년대가 끝날 무렵에 서반구와 선진국들의 좌파에게 호감을 사거나 게릴라 전략을 보다 널리 알리는 데에 그 어떤 혁명도 이보다 더 적합할 수는 없었을 것이다. 쿠바 혁명은 모든 것을 갖추었다. 즉, 소설 같은 사건, 산 속에서의 영웅적 행위, 사심 없고 대범하고 젊은 —— 서른을 갓 넘은 사람들이 가장 나이 많은 축이었다 —— 학생출신 지도자들, 룸바(rumba : 19세기 초, 쿠바의 아프리카계 주민 사이에서 발생한 춤곡 또는 그 춤. 활기차고 빠른 4분의 2 박자 리듬이 특색이며, 특수한 타악기를 사용한다/역주) 리듬에 맞춰 몸을 흔들며 환호하는 열대 관광낙원의 국민들이 있었던 것이다. 게다가 그 혁명은 좌파의 모든 혁명가들이 환호할 수 있는 것이었다.

사실, 그 혁명은 소련인들이 소련과 자본주의 사이의 평화공존을 우선시하던 것에 오래 전부터 불만을 품어온, 모스크바에 대한 비판자들로부터 보다 환영받는 경향이 있었다. 피델의 본보기는, 일촉즉발의 대륙이자 특히 영웅적인 자세로 헌신적인 용맹을 발휘하기 좋아하는 대륙인 라틴 아메리카 전역에서 지식인 투사들을 고무했다. 잠시 후 쿠바는, 범(汎)라틴 아메리카 혁명과 '제2, 제3의, 다수의 베트남' 창출의 투사인 게바라의 촉구로 대륙 전역에서 봉기를 고무하게 되었다. 프랑스의 젊고 뛰어난 한 좌파주의자(그밖에 누가 그러겠는가?)가, 혁명을 일으킬 기회가 무르익은 대륙에서 필요한 것은 무장투사들의 소집단을 적당한 산 속으로 들여와 대중해방투쟁을 위한 '핵(foco)'을 형성하는 것뿐이라는 생각을 체계화함으로써 적절한 이데올로기를 제공했다(Debray, 1965).

라틴 아메리카의 모든 열정적인 청년집단들이 카스트로나 트로츠키나 모택동의 깃발 아래 한결같이 불운했던 게릴라 투쟁에 나섰다. 비정규군에 대한 농민들의 지지기반이 오래 전부터 존재했던 중앙아메리카와 콜롬비아에서를 제외하고는 그러한 시도들 대부분이 거의 즉각 무산되었고, 그 과정에서 유명인사들 —— 볼리비아에서는 체 게바라 자신, 콜롬비아에서는 역시 잘생기고 카리스마적인 사제 반란자 카밀로 토레스 신부 —— 과 무명인들의 시체들을 뒤에 남겼다. 그것은 극적으로 잘못 구상된 전략이었다. 1964년부터 이 책을 쓰고 있을 때까지 콜롬비아에서 (공식적으로 공산주의적인) FARC(콜롬비아 혁명군)가 입증했고, 1980년대에 페루에서 (모택동주의적인) 센데로 루미노소('빛나는 길' 운동)가 입증했듯이, 조건이 맞을 경우 이 나라들 중 많은 수에서 효과적이고 지속적인 게릴라 운동이 가능**했으므로** 더더욱 잘못된 것이었다.

또한 농민들이 게릴라의 길을 갔을 때조차 게릴라가 농민운동인 경우는 ── 콜롬비아의 FARC는 드문 예외다 ── 드물었다. 게릴라들을 제3세계의 농촌으로 이끈 것은 압도적으로 젊은 지식인들이었다. 이들은 처음에는 그들 나라의 안정된 중간계급에서 나왔고, 나중에는 농촌의 부상하는 프티부르주아지의 아들과 (보다 드물게) 딸인 대학생들로 구성된 신세대에 의해서 증원되었다. 이러한 사실은, 게릴라 전술이, 낙후된 농촌지역에서 대도시세계로 이동한 경우 ── 1960년대 후반부터 제3세계의 혁명적 좌파 중 일부 (이를테면 아르헨티나, 브라질, 우루과이와 유럽에서)에게서 나타난 현상인 ── 에도 적용되었다.[2] 또한 도시의 게릴라 행동은 농촌의 경우보다 훨씬 더 개시하기 쉬웠는데, 그 이유는 대중과의 연대나 공모에 의존할 필요가 없고 대도시의 익명성과 돈의 구매력 그리고 최소한의 동조세력 ── 대체로 중간계급 ── 을 활용할 수 있기 때문이었다. 이러한 '도시 게릴라' 내지 '테러리스트' 집단들은 자금조달을 위한 습격은 말할 것도 없고 극적인 전시효과의 급습과 극적인 살해(1973년에 바스크족 ETA가 프랑코의 예정 후계자인 카레로 블랑코 제독을 죽였고, 1978년에 이탈리아의 붉은 여단 [Brigate rosse]이 이탈리아 수상 알도 모로를 죽였다)가 그들 나라에서 혁명을 일으키는 것보다 쉽다는 것을 발견했다.

왜냐하면 라틴 아메리카에서조차 정치적 변화를 위한 주된 세력은 민간정치인들과 군부였기 때문이다. 1960년대에 남미의 상당 지역에 쇄도하기 시작한 우익 군사정권들의 물결 ── 혁명 멕시코와, 1948년의 혁명 뒤에 군대를 실제로 폐지한 소국 코스타리카를 제외

────────

2) 중요한 예외는 얼스터의 IRA(Irish Republican Army, 아일랜드 공화군) 과격파, 단명한 미국의 '흑표범단(Black Panthers)', 난민수용소들로의 민족이산의 산물인 팔레스타인 게릴라 등의 '게토' 게릴라 운동으로 불릴 수 있는 것의 활동가들이다. 이들은 대부분 또는 전부가 세미나가 아니라 거리의 아이들로부터 나왔으며, 그 게토에 중간계급이 별로 없는 경우 특히 그러했다.

하고는 중미에서 군사정부는 한물 간 것이 결코 아니었다 —— 은 주로 무장반란자들에 대한 대응에서 비롯된 것이 아니었다. 아르헨티나의 경우 군사정권은 민중주의적 지도자인 후안 도밍고 페론(1895-1974)의 정부 —— 그 정부의 힘은 노동자들의 조직화와 빈민들의 동원에 있었다 —— 를 뒤엎고 들어선 것(1955)이었고 그후에도 간헐적으로 몇 번 들어섰는데, 이는 페론주의 대중운동이 파괴될 수 없는 것으로 드러났고 대안으로서의 안정적인 민간정부는 수립될 수 없었기 때문이었다. 페론이 1973년에 망명지에서 돌아와서 —— 이번에는 그 나라 좌파의 상당수가 그의 등에 업혀 함께 돌아왔다 —— 자신의 지지세력의 우세함을 다시 한번 입증하자 군부는 또다시 피와 고문과 애국적 수사(修辭)로써 정권을 장악했고 그들의 집권은, 1982년에 벌어진 무의미하지만 결정적이었던 단기간의 영국-아르헨티나 전쟁에서 그들의 군대가 패배함으로써 쫓겨나기 전까지 계속되었다.

브라질에서도 군부는 1964년에 이와 매우 비슷한 적으로부터 권력을 탈취했다. 즉 브라질의 위대한 민중주의적 지도자인 제툴리우 바르가스(1883-1954)의 계승자들이 1960년대 초에 정치적 좌파 쪽으로 변화하면서 민주화와 농지개혁을 제안하고 미국의 정책에 대한 회의(懷疑)를 드러냈던 것이다. 군사정권의 무자비한 탄압에 구실을 준 1960년대 말 게릴라들의 소규모 공격은 현실적으로 그 정권에 최소한의 도전도 되지 못했다. 그러나 1970년대 초 이후 그 체제는 긴장이 완화되기 시작했고 1985년까지는 민간정부로 돌아갔다는 사실을 언급하고 넘어가야 할 것이다. 칠레의 경우 적(敵)은 사회주의자, 공산주의자, 여타 진보세력이 연합한 좌파 —— 유럽(그리고 이 경우 칠레)의 전통에서 '인민전선'으로 알려진(제5장을 보라) —— 였다. 그러한 전선은 이미 1930년대에 칠레의 선거에서 승리를 거둔 바 있다. 당시에 워싱턴은 덜 초조해했고, 칠레는 민간 입헌주의의 본보기가 되었다. 1970년에는 인민전선의 지도자인 사회주의자 살바도르 아옌데가 대통령으로 선출되었는데 그의 정부가 불안정해지자 1973년에, 미국이 강력히 지원하고 아마도 직접 준비까지 했을 군사 쿠데타에 의해서 전복되었다. 그 쿠데타는 칠레에 1970년대의 군사정권들에서 흔히 볼 수 있었던 특징들 —— 공식적, 준공식적 처형 내지 학살, 죄수들에 대한 조직적인 고문, 정적들의 대량추방 —— 을 도입했다. 군부 지도자 피노체트 장군은 17년 동안 권좌에 남았다. 그는 칠레에 경제적 초자유주의 정책을 도입하는 데에 그 권력을 사용했고 그럼으로써 무엇보다도, 정치적 자유주의와 민주주의가 경제적 자유주의의 당연한 짝이 아니라는 것을 입증했다.

1964년 이후 혁명 볼리비아에서의 군부의 집권은 아마도 그 나라에 대한 쿠바의 영향에 관한 미국의 우려와 어느 정도 관련이 있었을 것이다. 그곳에서 게바라 자신이 미숙한 게릴라 봉기 시도중에 죽었지만, 볼리비아는 그 나라의 어떤 군인 —— 아무리 거칠어도—— 에 의해서도 단기간 동안조차 쉽게 통제될 수 있는 곳이 아니었다. 군부시대는 15년 동안 장군들 —— 갈수록 마약거래의 이윤에 눈독들이게 된 —— 이 급속히 교체되던 끝에 종식되었다. 우루과이에서는 군부가, 유별나게 이성적이고 효과적이었던 '도시 게릴라' 운동을 일상적인 살해와 고문의 구실로 삼았지만, 진정으로 지속적인 민주주의 국가로 묘사할 수 있었던 유일한 남미 국가에서 1972년에 군부가 정권을 장악한 이유를 설명해주는 것은 아마도, 전통적인 양당제에 맞선 '범(汎)좌파' 인민전선의 부상일 것이다. 우루과이인들은 군사통치자들이 제시한 불구화된 헌법을 결국 부결시킴으로써 자신들의 전통을 잊지 않았음을 보여주었고, 1985년에 민간정부로 돌아갔다.

게릴라를 통한 혁명방식은 라틴 아메리카, 아시아, 아프리카에서 보다 극적인 성공을 이미 달성했고 앞으로도 그럴 가능성을 보였지만 선진국들에서는 거의 무의미했다. 그러나 제3세계가 농촌과 도시의 게릴라를 통해서 제1세계의 갈수록 많은 수의 젊은 반란자들과 혁명가들 또는 단순히 문화적 이단자들을 고무했다는 것은 놀랄 만한 일이 아니다. 록 음악 보고자들은 우드스톡 음악제(1969)에 모인 젊은 청중을 "평화적 게릴라 부대"에 비유했다(Chapple and

Garofalo, 1977, p.144). 체 게바라의 초상화는 동경의 학생시위대가 우상처럼 들고 다녔고, 턱수염을 기르고 베레모를 쓴 더할 나위 없이 남성적인 그의 얼굴은 대항문화의 비정치적인 사람들조차 가슴 뛰게 했다. 1968년의 전지구적인 '신좌파'에 대한 박식한 개설서(Katsiaficas, 1987)에서 그의 이름보다 더 자주 언급되는 이름은 (철학자 마르쿠제의 이름을 제외하면) 없었다. 실제상으로는 베트남의 지도자 호치민의 이름("호, 호, 호치민")이 훨씬 더 자주 제1세계 좌파의 시위중에 불렸지만 말이다. 핵무기에 대한 반대를 제외하면, 다른 어떤 것보다도 좌파를 많이 동원한 것은 제3세계 게릴라들에 대한 지지와, 1965년 이후 미국의 경우 그들과 싸우러 파병되는 것에 대한 저항이었던 것이다. 알제리 해방전쟁에 참가했던 카리브 해의 한 정신과 의사(프란츠 오마르 파농[1925-61]/역주)가 쓴 「대지의 저주받은 자들(*Les Damnés de la terre*)」은, 폭력을 피억압자를 위한 정신적 해방의 방식으로 찬미한 것에 감동한 지식인 활동가들 사이에서 막강한 영향력을 행사하는 교과서가 되었다.

　요컨대, 열대우림 속에서 싸우는 유색인종 게릴라들의 모습은 1960년대 제1세계의 급진화를 구성하는 필수적인 부분이자 아마도 그것에 가장 큰 영감을 주었을 요소였다. 갈수록 많은 문헌들이 '세계체제(world system)'라고 부르게 된 것의 '중심국들'에 의해서 착취당하고 '종속상태'로 전락한, 가난해지고 농업이 우세한 '주변국들'을 해방시킴으로써 세계가 해방될 것이라는 신념인 '제3세계주의'가 제1세계 좌파의 이론가들 중 상당수를 사로잡았다. '세계체제' 이론가들이 암시하듯이 세계가 안고 있는 문제들의 뿌리가 근대 산업자본주의의 부상이 아니라 16세기 유럽 식민주의자들의 제3세계 정복에 있다면, 20세기에 이러한 역사의 진행을 역전시키는 것이 제1세계의 무력한 혁명가들에게 무기력상태로부터의 탈출구를 제공할 것이었다. 이러한 취지의 가장 강력한 논의들 중 일부가, 국내의 토착세력에 의한 사회주의의 승리를 거의 기대할 수 없는 미국 마르크스주의자들에게서 나왔다는 사실은 놀랄 만한 일이 아니다.

## III

번창하는 산업자본주의국들에서는 어느 누구도 더 이상, 봉기와 대중행동에 의한 사회혁명이라는 고전적 전망을 진지하게 받아들이지 않았다. 그러나 서방의 번영이 절정에 달한 바로 그때, 자본주의 사회의 중심부 자체에서 정부들은 갑자기, 예상치 않게, 그리고 얼핏 보아서는 불가해하게, 구식의 혁명처럼 보일 뿐만 아니라 외관상 튼튼했던 체제의 취약성을 드러내는 무언가에 직면하게 되었다. 1968-69년에 반란의 물결이 제1, 2, 3세계 모두 또는 상당 부분을 휩쓸었던 것이다. 그 물결은 기본적으로 대학생들이라는 새로운 사회세력이 몰고 온 것으로, 그들의 수는 이제 중간규모의 서방국들에서조차 10만 단위로 계산되었고 곧 100만 단위로 계산될 것이었다(제10장을 보라). 게다가 그들의 수의 힘은, 그들의 정치적 효과를 높이는 세 가지 정치적 특징에 의해서 보강되었다. 그들은 자신들이 속한 거대한 지식공장들 —— 그들에게 자유시간을 대공장 노동자들의 경우보다 훨씬 더 많이 남겨주는 —— 에서 쉽게 동원되었다. 그들은 또한 대체로 수도에서 볼 수 있어서 정치가들과 대중매체의 이목을 끌었다. 또한 그들은 교양계급의 일원이었고 종종 안정된 중간계급의 자녀였으며 그 사회의 지배 엘리트의 충원기반 —— 거의 모든 곳에서 그러했지만 특히 제3세계에서 —— 이었으므로, 그들을 향해서 총을 겨누기가 하층 사람들의 경우와는 달리 쉽지 않았다. 서구와 동구 모두에서 사상자가 많이 난 경우는 없었다. 1968년 5월 파리에서 벌어진 광범위한 폭동과 가두투쟁에서조차 사상자 수는 크지 않았다. 당국은 순교자가 생기지 않도록 주의했다. 1968년 멕시코시티에서처럼 대학살이 벌어진 경우—— 공식적 집계에 따르면 군대가 공공집회를 해산시키는 과정에서 사망자가 28명, 부상자가 200명 생겼다(González Casanova, 1975, vol. II, p. 564) —— 에는 그 이후 국내정치의 방향이 완전히 바뀌었다.

따라서 학생반란은 지나치게 효과가 컸고, 특히 1968년의 프랑스와 1969년 이탈리아의 '뜨거운 가을'이 보여주었듯이 그 반란이, 전국의 경제를 일시적으로 마비시킨 거대한 물결의 노동계급파업을 촉발시켰을 때 그러했다. 그러나 물론 그러한 반란들은 진정한 혁명도 아니었고 그렇게 발전할 경향을 보이지도 않았다. 노동자들이 그러한 반란에 가담한 경우, 그들에게 그 반란은 자신들이 지난 20년간 인지하지 못한 채 축적해온 단체교섭력을 발견할 기회에 불과했다. 그들은 혁명가가 아니었다. 제1세계의 학생들이 정부의 타도나 권력장악과 같은 하찮은 문제들에 관심을 가지는 경우는 드물었다. 실제로 프랑스의 학생들은 1968년 5월에 드골 장군을 거의 파멸 직전까지 몰고갔고 확실히 그의 임기를 단축시켰으며(그는 1년 뒤에 사임했다), 같은 해 미국의 반전 학생시위는 존슨 대통령을 물러나게 하기는 했지만 말이다(제3세계의 학생들은 권력의 현실에 보다 접근했고, 제2세계의 학생들은 자신들이 권력의 현실에서 멀리 떨어져 있을 수밖에 없다는 사실을 알았다). 서방의 학생반란은 그보다는 문화혁명 —— 부모세대의 '중간계급'적 가치관으로 대변되는 사회의 모든 것에 대한 거부 —— 에 가까웠고, 제10-11장에서도 그러한 혁명으로 논의한 바 있다.

그럼에도 불구하고 그러한 반란은 반란학생세대의 상당수를 정치화하는 데에 일조했고 그들은 자연스럽게, 급진적 혁명과 전면적 사회변혁의 공인된 고무자들 —— 마르크스, 10월혁명의 비스탈린주의적 우상들, 모택동 —— 에 의존하게 되었다. 반파시즘 시대 이래 처음으로 마르크스주의 —— 더 이상 모스크바의 정통 마르크스주의에 국한되지 않는 —— 가 많은 수의 서방 청년지식인들의 마음을 끌었다(물론 제3세계에서는 마르크스주의가 그들의 마음을 끌지 않게 된 적이 결코 없었다). 그 마르크스주의는, 다양한 비주류 학문들과 결합되고 때때로 민족주의적이거나 종교적인 여타 이데올로기들과 결합된 독특한 세미나 지향적 마르크스주의였다. 그것은 노동하는 삶의 체험이 아니라 교실에서 나왔던 것이다. 실제로 그러한 마르크스주의는 마르크스의 이러한 새로운 제자들의 실제적인 정치행동과는 거의 무관했다. 그들의 정치적 행동은 대체로, 분석을 필요로 하지 않는 종류의 급진적 투쟁성을 요구했던 것이다. 원래의 반란에 대한 유토피아적 기대가 사라지자 많은 이들이 기존의 좌파 정당들로 돌아가거나, 보다 정확히 말해서, 갔다. 그러한 정당들은 (이 시기에 재건된 프랑스 사회당이나 이탈리아 공산당처럼) 부분적으로는 젊은이들의 열정이 주입됨으로써 활기를 되찾았다. 또한 그 운동은 주로 지식인들의 운동이었으므로 많은 이들이 학계에 진출했다. 그 결과, 미국의 학계는 전례 없는 정치-문화적 급진주의자 집단을 얻게 되었다. 또 다른 이들은 자신들을 10월 전통의 혁명가로 보았고, 대중조직들에 침투하기 위해서든 테러 활동을 위해서든 레닌주의 노선에 따라 기간요원들로 구성된, 가급적이면 비밀조직의 성격을 띤 소규모의 단련된 '전위'조직들에 가입하거나 그러한 조직들을 재창출했다. 바로 이 점에서 서방이 제3세계와 일치했다. 제3세계 역시, 소집단의 폭력으로 대중들의 패배를 상쇄하고자 하는 비합법 투사들의 단체들로 가득 찼던 것이다. 1970년대 이탈리아의 다양한 '붉은 여단'은 볼셰비키에서 유래한 유럽 단체들 가운데 아마도 가장 중요한 것이 될 것이다. 민족주의 이데올로기와 사회혁명적 이데올로기의 직접행동 집단들 —— 때때로 두 이데올로기를 동시에 추구한 —— 이 다양한(대체로 소규모였던) '적군파', 팔레스타인과 바스크의 반란자들, IRA 등으로 구성된 국제망 —— 다른 비합법적 망들과 부분적으로 겹치는 —— 속에서 서로 연결되고, 정보부서들에 의해서 침투되고, 아랍이나 동구 국가들에 의해서 보호받고 필요한 경우 지원받는, 기묘한 비밀음모 세계가 부상했다.

그것은 첩보물과 공포 스릴러물 작가들에게 이상적인 환경이었다. 그들에게 1970년대는 황금시대였다. 그 시대는 또한 서방의 역사에서 고문과 대항 테러라는 가장 어두운 시대이기도 했다. 그것은 고문과, 사람들을 '사라지게 하는' 신원불명의 '암살대'나 마크 없는 순찰차를 타고 다니는 납치 및 암살단 —— 그러나 그들이 군대와 경찰에 속한 자들이라는 것은 모두가 알고 있었다 —— 과, 민주주의적 통제로부터는 말할 것도 없고 정부로부터도 사실상 독립된 군당국, 경찰, 정보 및 보안당국과, 형언하기 어려운 '더러운 전쟁'[3]이라는, 근대사에서 지금까지 기록된 시기 가운데 가장 암울한 시기였다. 이러한 양상은 영국처럼 법과 입헌적 절차의 전통이 오래되고 강력한 나라에서조차 볼 수 있었다. 영국의 경우, 북아일랜드에서의 충돌 초기에 심각한 권력남용이 있었고 이는 고문에 관한 국제사면위원회 보고서의 주목을 끌었다(1975). 이러한 양상은 아마도 라틴 아메리카에서 가장 심했을 것이다. 그리 주목되지 않은 사실이지만 사회주의국들은 이러한 불길한 유행에 별로 영향받지 않았다. 그 나라들에게 공포정치의 시대는 이미 과거지사가 되었던 것이다. 그들의 국경 내에는 테러리스트 운동이 전혀 존재하지 않았고, 그들의 상황에서는 펜이 검보다 강하다는 것, 보다 정확히 말해서 타자기(와 서구의 공공연한 항의)가 폭탄보다 강하다는 것을 아는 공개적 반체제 인사들의 소집단만이 존재했다.

1960년대 말의 학생반란은 기존 세계혁명의 마지막 환호성이었다. 그것은 가치관의 영구적 전복과 새로운 완전한 사회를 추구한다는 오래된 유토피아적 의미에서나, 거리에서의 행동과 바리케이드, 폭탄과 산 속에서의 매복을 통해서 그러한 목표달성을 추구한다는 기능적 의미에서나 혁명적이었다. 또한 그것은, 1789년부터 1917년까지 혁명전통의 이데올로기가 보편적이고 국제주의적이었기 때문에 —— 1960년대의 전형적 산물인, 바스크족의 분리주의운동인 ETA와 같이 배타적으로 민족주의적인 운동조차 어떤 의미에서는 마르크스주의적이라고 주장했다 —— 뿐만 아니라 처음으로 세계가 또는 적어도 학생 이데올로그들이 사는 세계가 진정으로 전 지구적이 되었기 때문에 세계적인 것이었다. 동일한 책들(1968년에는 거의 확실히 마르쿠제의 책을 포함한)이 거의 동시에 부에노스아이레스, 로마, 함부르크의 학생서점들에 나타났다. 동일한 혁명 관광객들이 대양과 대륙을 넘어 파리에서 아바나로, 상파울루로,

---

3) 1976-82년에 벌어진 아르헨티나의 '더러운 전쟁'에서 '사라지거나' 살해당한 사람의 수에 대한 가장 정확한 추정치는 약 1만 명이다(Las Cifras, 1988, p.33).

볼리비아로 갔다. 빠르고 저렴한 세계항공여행과 전기통신을 당연
시하는 첫 인류세대인, 1960년대 말의 학생들은 소르본, 버클리, 프
라하에서 일어난 일을 동일한 지구촌의 동일한 사건의 일부로 인식
하는 데에 전혀 어려움이 없었다. 캐나다의 구루(guru)인 마셜 맥루
언(1960년대에 유행한 또 하나의 이름)에 따르면 우리 모두가 한 지
구촌에서 살았다.

그러나 이는 1917년 세대가 이해한 세계혁명이 아니라, 더 이상
존재하지 않는 무언가에 대한 꿈이었다. 그것은 종종, 바리케이드
를 친 것처럼 행동하면 그에 동조하는 마술에 의해서 어떻게든 바
리케이드가 세워질 것이라는 주장보다 별 나을 바 없는 꿈이었다.
보수주의 지식인 레이몽 아롱은 파리에서의 '1968년 5월 사건'을 그
리 부정확하지 않게도 거리극 또는 심리극으로 묘사하기까지 했다.

서방세계에서는 어느 누구도 더 이상 사회혁명을 기대하지 않았
다. 대부분의 혁명가들은 마르크스의 표현에 따르면 "자본주의의
무덤을 파는 사람"인 산업노동계급을, 정통교의에 충실할 때를 제
외하고는 더 이상, 근본적으로 혁명적인 계급으로 간주하지도 않았
다. 서반구에서는, 이론에 투철한 라틴 아메리카의 극좌파 사이에
서나, 이론을 좋아하지 않는 북미의 학생반란자들 사이에서나 기존
의 '프롤레타리아'는 혜택받는 노동귀족으로서든, 베트남 전쟁에
대한 애국적 지지자로서든 급진주의의 적으로 간주되기까지 했다.
혁명의 미래는 제3세계의 (사람들이 급속히 빠져나가고 있는) 농촌
에 달려 있었지만, 그곳의 주민들은 카스트로들과 게바라들이 이끄
는, 멀리서 온 무장한 반란의 사도들에 의해 수동성에서 벗어나야
했다는 사실 자체가, 역사의 필연성으로 인해 "대지의 저주받은 자
들"이 스스로 자신들의 족쇄를 깨부술 것 —— 인터내셔널 가(歌)가
노래했듯이 —— 이라는 기존의 신념이 어느 정도 시들었음을 시사
했다.

게다가 혁명은 —— 그것이 현실이거나 가능성이 높은 것이었던
곳에서조차 —— 계속해서 진정으로 세계적인 것이었을까? 1960년
대의 혁명가들이 희망을 두었던 운동들은 세계적인 것의 정반대였

다. 베트남인들, 팔레스타인인들, 식민지해방을 위한 다양한 게릴라 운동들은 그들 자신의 국내문제에만 관심을 두었다. 그들은 보다 넓은 목표를 가진 공산주의자들이 이끄는 경우에만 또는 냉전세계체제의 양극구조로 인해 그들이 자동적으로 적의 적의 친구가 되는 경우에만 보다 넓은 세계와 연결되었다. 기존의 세계주의가 얼마나 중요하지 않게 되었는가 하는 것은 공산주의 중국에 의해서 입증되었다. 공산주의 중국은 세계혁명의 수사(修辭)에도 불구하고 자기중심적인 민족정책을 가차없이 추구하면서, 1970-80년대에는 공산주의 소련에 맞서 미국과 제휴하는 정책으로 나아갔고, 소련과 공산주의 베트남 두 나라 모두와 실제로 무력충돌을 빚었던 것이다. 국경을 넘어서 추구되는 혁명은 완화된 형태의 지역운동들—— 범아프리카, 범아랍 그리고 특히 범라틴 아메리카 운동 —— 에서만 존속했다. 그러한 운동들은 적어도, 동일한 언어(스페인어, 아랍어)를 말하고 망명자나 반란계획자로서 이 나라에서 저 나라로 자유롭게 이동하는 지식인 투사들에게 어느 정도 현실성을 띠었다. 심지어 그러한 운동들 중 일부 —— 특히 피델주의적 운동 —— 는 진정으로 세계주의적인 요소를 가졌다고 주장할 수 있었다. 어쨌든 게바라 자신은 잠시 콩고에서 싸웠고, 쿠바는 1970년대에 북동부 아프리카와 앙골라의 혁명적 체제들을 지원하러 군대를 보냈던 것이다. 그러나 라틴 아메리카의 좌파 외에, 얼마나 많은 사람들이 전(全)아프리카 또는 전(全)아랍 차원의 사회주의적 해방의 성공을 현실적으로 기대했겠는가? 이집트와 시리아 그리고 느슨하게 결합된 예멘으로 구성된 단명한 아랍연합공화국(1958-61)의 붕괴와, 시리아와 이라크의 똑같이 범아랍적이고 사회주의적인 바트 당 정권들 사이의 끊임없는 불화가 초국적인 혁명의 취약성 내지 심지어 정치적 비현실성을 입증하지 않았던가?

실제로, 세계혁명이 퇴색했다는 가장 극적인 증거는 그러한 혁명에 헌신한 국제운동의 와해였다. 1956년 이후 소련과 소련이 이끄는 국제운동은 혁명에 대한 호소의 독점권과, 그 호소를 통일하는 이론 및 이데올로기에 대한 독점권을 잃었다. 이제는 여러 종류의

마르크스주의자와 몇몇 종류의 마르크스-레닌주의자가 존재하게
되었으며, 1956년 이후까지도 자신의 깃발에서 이오시프 스탈린의
얼굴을 지우지 않은 공산당들조차 두세 가지 유형으로 나뉘었다(중
국공산당, 알바니아 공산당, 정통의 인도 공산당에서 떨어져 나온
매우 다른 [마르크스주의적] 공산당).

　중국이 1958-60년에 소련과 갈라서고 소련 진영으로부터의 국가
들의 이탈과, 그 진영에 대항하는 공산당들의 창립을 촉구 —— 별
성공은 거두지 못했지만 —— 함에 따라 이탈리아 공산당을 필두로
한 (주로 서구의) 공산당들이 모스크바와 공공연히 거리를 두기 시
작함에 따라, 그리고 1947년의 원래의 '사회주의 진영'조차 이제는,
철저히 헌신적인 불가리아4)에서부터 전적으로 독립적인 유고슬라
비아에 이르기까지, 소련에 대한 충성의 정도가 다양한 국가들로
분열됨에 따라, 모스크바 중심의 국제 공산주의운동으로 남았던 것
은 1956-68년에 분해되었다. 1968년, 한 형태의 공산주의 정책을
다른 형태의 공산주의 정책으로 대체하기 위해서 행해진 소련의 체
코슬로바키아 침공은 '프롤레타리아 국제주의'의 사망을 공식적으
로 선포하는 것이었다. 그 이후부터는 모스크바 편의 공산당들조차
소련을 공개적으로 비판하고 모스크바의 정책과 일치하지 않는 정
책('유로코뮤니즘')을 채택하는 것이 다반사가 되었다. 모스크바와
의견을 달리하거나 반(反)모스크바적인 세력들은 효과적인 국제조
직을 구성하지 못하고 경쟁적인 분파조직들만을 낳았으므로, 국제
공산주의운동의 종식은 모든 종류의 사회주의적, 사회혁명적 국제
주의의 종식이기도 했다. 희미하게나마 세계해방의 전통을 여전히
상기시키는 유일한 기구는 오래된, 보다 정확히 말해서 재건된 사
회주의 인터내셔널(1951)이었다. 이 기구는 대체로 서구의 여당들
과 여타 정당들을 대표하는 것으로서, 세계혁명이든 아니든 공식적
으로 혁명을 포기했고 대부분의 경우 마르크스의 사상에 대한 믿음
조차 포기했다.

---

4) 불가리아는 실제로 소비에트 공화국으로서 소련에 통합될 것을 요구했으나 국제
　적 외교상의 이유로 거부당했던 것으로 보인다.

# IV

그러나, 1917년 10월 방식의 사회혁명 전통 —— 또는 일각에서 주장하듯이, 원조격의 1793년 프랑스 자코뱅 방식의 혁명전통조차 —— 이 고갈되었다 해도, 혁명을 낳는 사회적, 정치적 불안정은 계속 존재했다. 화산의 활동은 멈추지 않았다. 세계 자본주의의 황금시대가 1970년대 초에 끝남에 따라 혁명의 새로운 물결이 세계의 상당 부분을 휩쓸었고, 1980년대에는 서방 공산주의체제들의 위기가 그 뒤를 이었으며, 그 위기는 1989년에 그 체제들의 붕괴로 끝났다.

1970년대의 혁명들은 압도적으로 제3세계에서 일어나기는 했지만 그 전체상은 지리적, 정치적으로 부조화를 보였다. 그 혁명들은 놀랍게도 유럽에서 시작되었다. 1974년 4월에 그 대륙에서 가장 장수한 우익체제인 포르투갈 체제가 전복되었고, 그 직후에 훨씬 더 단명했던 그리스의 극우파 군부독재가 무너졌던 것이다(pp.482-83을 보라). 1975년, 오래도록 기다려온 프랑코 장군의 사망 뒤에 스페인에서 이루어진, 권위주의체제에서 의회주의 정부로의 평화적 이행이 남부 유럽에서의 이러한 입헌민주주의로의 복귀를 완성했다. 이러한 변화들은 유럽의 파시즘과 제2차 세계대전 시대 이래 연기되어온 미완의 과업을 완수한 것으로 볼 수 있었다.

포르투갈을 혁명적으로 바꾼 급진적 장교들의 쿠데타는 아프리카의 식민해방 게릴라와의 오랜 전쟁 —— 식민해방을 무산시킨—— 속에서 태동된 것이었다. 포르투갈 군대는 1960년대 초부터 그러한 전쟁을 벌여왔다. 아마도 아프리카의 모든 해방지도자들 가운데 가장 유능한 존재일 아밀카르 카브랄이 1960년대 말에 휴전에 이를 때까지 싸웠던 소(小)식민지 기니-비사우에서를 제외하고는 큰 어려움이 없었지만 말이다. 아프리카의 게릴라 운동은, 콩고 내전과 남아프리카 공화국의 아파르트헤이트 정책의 강화(흑인 '홈랜드'의 창출, 샤프빌 학살)에 뒤이어 1960년대에 증가했으나 그리 큰 성공

# 변화하는 세계

34. 오래된 것의 무늬 : 중국 귀주(貴州)
여평하(黎平河) 유역의 계단경작지.

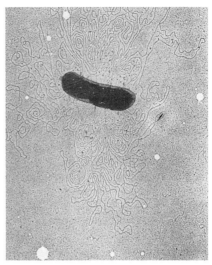

35. 새로운 것의 무늬 : 자신의 염색체
들을 방출하고 있는 장내(腸內) 세균
을 전자현미경으로 본 모습(배율 : 5만
5,000배).

## 오래된 것에서 새로운 것으로

36. 8,000년 만에 끝난 세계 : 밭을 가는 중국 농민.

37. 구세계와 신세계의 만남 : 서베를린의 터키인 이민자 부부.

38. 이민자들 : 1950년대 런던에 희망을 가지고 도착한 서인도 제도인들.

39. 난민들 : 세기말의 아프리카.

40. 도시생활 : 구세계 —— 아메다바드(인도).

41. (왼쪽) 도시생활 : 신세계 —— 시카고.
43. (맞은 편 상단 왼쪽) 수송 : 철도. 19세기의 유산 —— 독일 아우크스부르크.
44. (맞은 편 상단 오른쪽) 수송 : 20세기에 승리를 거둔 내연기관. 텍사스 주 휴스턴의 고속도로, 자동차들, 대기오염.

42. 도시생활 —— 지하철 : 도쿄 신주쿠의 러시 아워.

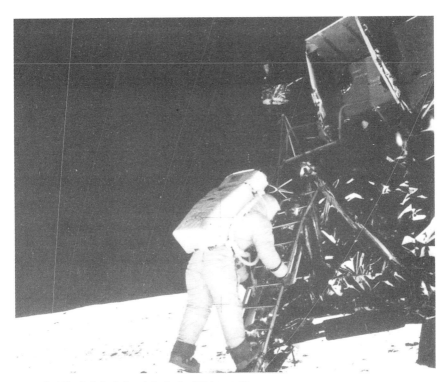

45. 지구를 넘어선 수송. 최초의 달 착륙(1969년).

# 인간에서 기계로

46. 생산중인 사람들 : 1930년대의 통조림 제조공장 ── 텍사스 주의 애머릴로.

47. 무인생산 : 둔저네스(워싱턴 주의 한 마을/역주) 원자력 발전소.

48. 사람들이 이전에 생산했던 곳 : 북부 잉글랜드(미들즈브러)의 탈산업화.

## 일상생활의 변화

49. 주방혁명 : 냉장고.

50. 거실혁명 : 텔레비전.

53. 구체제 —— 문민형 : 1937-40년의 영국 수상인 네빌 체임벌린(1869-1940)이 낚시하고 있는 모습.

54. (왼쪽) 구체제 —— 제복형 : 버마의 마운트배튼 제1백작이자 인도의 마지막 총독인 루이스 (프랜시스 앨버트 빅터 니콜라스)(1900-79).

51. (맞은 편 하단 왼쪽) 쇼핑의 변화 : 슈퍼마켓.

52. (맞은 편 하단 오른쪽) 레저의 변화 : 소형화와 이동가능성—— 휴대용 카세트 라디오.

55. 신체제 —— 혁명가로서의 지도자 : 트럭 위에서 연설하고 있는 레닌(1917년).

56. 신체제 —— 혁명가로서의 지도자 : 1931년에 간디가 영국 정부와 협상하기 위해서 이스트 엔드(East End : 런던 동부의 옛 빈민가/역주)의 한 인보관(隣保館)을 떠나는 모습.

개인숭배 : 우상으로서의 통치자

57. (왼쪽) 스탈린(이오시프 비사리오
노비치 드주가슈빌리, 1879-1953).
58. (아래) 히틀러의 생일 퍼레이드
(1939년).

59. (왼쪽) 중국의 '마오 의
장': 앤디 워홀이 본 모택
동(1893-1976).
60. (아래) 테헤란에 정장
(正裝) 안치된, 혁명 이란의
지도자 아야톨라 호메이니
(1900-89)의 시신.

61. (왼쪽) 1917년 이후 반란자로서의 예술가. 게오르그 그로스(1893-1959)가 독일의 지배계급을 맹렬히 공격한 그림.
62. (아래) 1930년대 ―― 프롤레타리아 : 런던에서 행진하고 있는 영국의 조선소 노동자들.

63. 1960년대 ─── 학생 : 캘리포니아 주 버클리에서의 베트남 전쟁반대시위. 여성들의 두드러진 존재에 주목하라.

## 전망

64. 세기말 : 세계정복에 대한 주장.

65. 걸프 전쟁이 끝난 뒤(1991년).

66. 자유시장이 철시한 뒤 : 집 없는 사람.

67. 자유 앞에서 : 남아프리카 공화국에서의 투표행렬(1994년).

68. 1914년으로부터 80년 뒤의
사라예보.

을 거두지 못했고, 부족간 경쟁과 중-소(中蘇) 경쟁에 의해서 약화
되었다. 소련의 지원이 증가하면서 —— 한편, 중국은 모택동의 '대
문화혁명'이라는 기괴한 격변을 겪느라 여념이 없었다 —— 그 운동
은 1970년대 초에 다시 활기를 띠었지만, 식민지들이 1975년에 마
침내 독립을 획득할 수 있었던 것은 포르투갈 혁명 덕분이었다(모
잠비크와 앙골라는 곧, 또다시 남아프리카 공화국과 미국의 공동
개입으로 훨씬 더 살인적인 내전의 수렁에 빠졌다).

그러나 포르투갈 제국이 무너짐에 따라, 아프리카에서 가장 오래
된 독립국이자 기아에 시달리던 에티오피아에서 큰 혁명이 일어났
다. 황제가 자리에서 쫓겨나고(1974) 결국, 소련과 확고히 동맹을
맺은 좌파 군사정부가 들어섰다. 그리하여 소련은 그 지역에서의
지원대상을 소말리아의 시아드 바레의 군부독재정권(1969-91)——
당시에 역시 마르크스와 레닌에 대한 열광을 선전했던 —— 에서 에
티오피아 정부로 바꾸었다. 에티오피아의 새로운 체제 역시 도전에
부딪쳤고 결국 1991년에, 역시 마르크스주의 성향을 띤 지역적 해
방 또는 분리 운동에 의해서 전복되었다.

이러한 변화들은, 적어도 이론상으로 사회주의라는 대의에 헌신
하는 체제들의 유행을 가져왔다. 다호메이는 보통의 군부 지도자
치하에서 인민 공화국을 선포하면서 국명을 베냉으로 바꾸었다. 마
다가스카르(말라가시) 섬 역시 1975년에 보통의 군사 쿠데타 뒤에
사회주의에 대한 헌신을 선언했고, 콩고(탐욕스럽기로 유명한 친미
적인 군국주의자 모부투 치하에서 자이르로 개칭한 이웃 대국 전
[前] 벨기에령 콩고와 혼동해서는 안 된다) 역시 군부 치하에서 인
민공화국으로서의 성격을 강조했다. 남로디지아(짐바브웨)에서는
백인통치 독립국을 세우려던 11년간의 시도가 1976년에, 부족별,
정치적 지향별로(각각 러시아 편과 중국 편으로) 나뉜 두 게릴라 운
동의 점증하는 압력에 밀려 종식되었다. 1980년에 짐바브웨는 그
게릴라 지도자들 가운데 한 사람의 통치하에 독립국이 되었다.

이러한 운동들은 이론상 1917년의 오래된 혁명 계보에 속했지만
실제로는 명백히 다른 종류에 속했다. 마르크스와 레닌의 분석이

겨냥했던 사회와 사하라 이남의 탈식민 아프리카 사회의 차이를 감안하면 이는 불가피한 현상이었다. 그러한 분석의 조건들 중 일부가 적용되는 유일한 아프리카 국가는 경제적으로 선진적이고 산업화된 식민자 자본주의국인 남아프리카 공화국이었다. 그곳에서는 부족간, 종족간의 경계를 넘은 진정한 대중 해방운동 —— 아프리카 민족회의 —— 이 진정한 대중 노동조합운동 조직과 유능한 공산당의 도움을 받아 등장했다. 냉전이 끝난 뒤에는 아파르트헤이트 체제조차 그 운동에 의해서 후퇴할 수밖에 없었다. 그러나 여기서조차 그 운동은 몇몇 아프리카 부족들 사이에서 지나치게 강력했고 다른 부족들(이를테면 줄루족) 사이에서는 상대적으로 훨씬 약했는데, 아파르트헤이트 체제는 바로 이러한 상황을 이용했고 그러한 전술은 어느 정도 성과를 거두었다. 다른 모든 곳에서도, 교육받고 서구화된 도시지식인들이라는 작거나 때때로 아주 작은 핵심간부층의 경우를 제외하고는, '민족적' 동원이나 여타 동원은 기본적으로 부족에 대한 충성이나 부족간 동맹에 기반했으며, 이러한 상황 덕분에 제국주의자들은 —— 특히 앙골라에서 보듯이 —— 새로운 정권들을 공격하는 데에 다른 부족들을 동원할 수 있었다. 마르크스-레닌주의가 이들 나라에서 가지는 유일한 적합성은 단련된 소수정예당과 권위주의 정부를 만드는 비결에 있었다.

　미국의 인도차이나 철수는 공산주의의 전진을 더욱 강화했다. 이제 베트남 전체가 확고한 공산주의 정부의 지배에 들어갔고, 비슷한 정부들이 라오스와 캄보디아에도 들어섰다. 캄보디아의 경우 '크메르 루즈' 당의 지도 아래, 그 당의 지도자 폴 포트(1925-)의 파리 카페 모택동주의와, 타락한 도시문명을 파괴하고 싶어하는 벽지의 무장농민층이 결합되어 두드러지게 살인적인 양상을 띠었다. 그 새로운 정권은, 1978년에 베트남의 침공으로 물러나고 인간적인 정부가 복귀할 때까지 20세기의 기준으로 보더라도 엄청난 수의 시민들 —— 그 추정치는 적어도 전인구의 20퍼센트에 달했다 —— 을 죽였다. 권좌에서 쫓겨난 뒤에는 —— 매우 우울한 외교상의 에피소드들 중 하나로서 —— 중국과 미국 진영 둘 다 반소적(反蘇的), 반(反)

베트남적 이유로 폴 포트 정권의 잔당을 계속해서 지원했다.

1970년대 말에는 혁명의 물결이 미국에 직접 영향을 미쳤다. 워싱턴의 확실한 지배구역이었던 중앙아메리카와 카리브 해 지역이 좌선회할 것으로 보였던 것이다. 그 지역 소(小)공화국들에 대한 미국 지배의 중추였던 소모사 가문을 타도한 1979년의 니카라과 혁명도, 엘살바도르의 커져가던 게릴라 운동도 또한 파나마 운하에 걸터앉은 골치아픈 존재인 토리호스 장군(파나마의 실질적인 독재자[1968-78]로서, 1977년에 미국과의 파나마 운하 협정을 타결지어 결국 파나마 운하의 통제권을 확보했다/역주)조차도 쿠바 혁명과 마찬가지로 미국의 패권을 심각하게 약화시키지는 못했다. 1983년에 그레나다라는 작은 섬나라에서 일어난 혁명 —— 레이건 대통령이 무력으로 진압한 —— 은 말할 것도 없고 말이다. 그러나 그러한 운동들의 성공은 1960년대의 실패와 두드러지게 대조를 이루었으며, 레이건 대통령 시기(1980-88)의 워싱턴을 히스테리에 가까운 분위기에 몰아넣었다. 또한 이것들은 의심할 바 없이 혁명적 현상——라틴 아메리카에서 흔히 볼 수 있는 유형의 것이기는 하지만——이었다. 기본적으로 비종교적이고 반교권적인 구좌파 전통에 속한 사람들을 당혹케 한 동시에 걱정시킨, 주된 새로운 점은 반란들을 지원하거나 심지어 직접 가담하고 이끌기까지 한 마르크스주의-카톨릭 사제들의 출현이었다. 콜롬비아에서 열린 주교회의(1968)에서 지지된 '해방신학'에 의해 정당화된 이러한 경향은 쿠바 혁명 이후에 등장한 것으로[5], 전혀 예상치 않았던 곳인 예수회에서 지적으로 강력한 지지를 받았고 바티칸으로부터는 예상대로 반대를 받았다.

역사가는 10월혁명에 대한 공감을 표시한 이들 1970년대의 혁명들조차 10월혁명과 얼마나 거리가 먼 것이었는지를 알고 있지만, 미국 정부들은 불가피하게 그 혁명들을 기본적으로 공산주의 초강대국의 세계공략의 일환으로 간주했다. 이는 부분적으로, 냉전이라

---

5) 필자는 카스트로 자신이, 아바나에서 행한 대연설들 중 하나에서, 이 놀랄 만한 새로운 동맹군을 환영할 것을 청중들에게 촉구하면서 이러한 사태전개에 놀랐다는 감정을 표현했던 것이 생각난다.

는 제로섬 게임의 규칙으로 생각되고 있던 것에 기인한 것이다. 한 쪽 선수의 실점은 상대 선수의 득점일 수밖에 없었다. 또한 미국은 제3세계 대부분에서 보수주의 세력과 결탁했고 1970년대에는 어느 때보다도 더욱 그러했으므로 혁명으로 손해 보는 쪽에 서게 되었다. 게다가 워싱턴은 소련의 핵무기증강에 대해서 우려할 이유가 어느 정도 있다고 생각했다. 어쨌든 세계 자본주의의 황금시대와 세계 자본주의에서 달러가 중심적 지위를 누리던 시대는 끝났던 것이다. 미국의 초강대국으로서의 위치는, 전반적으로 예견되었던 베트남에서의 패전으로 불가피하게 약화되었다. 지구상에서 가장 큰 군사강국이 결국 1975년에 베트남에서 물러나야 했다. 골리앗이 다윗의 고무총에 맞아 쓰러진 이래 그와 같은 패주는 일찍이 없었다. 특히 1991년의 이라크와의 걸프 전쟁에 비추어볼 때, 보다 자신 만만했던 미국이 1973년에 OPEC의 쿠데타를 그리 반대 없이 받아들이지는 않았을 것이라고 생각하는 것이 과연 지나친 생각일까? OPEC이, 유전 이외에는 정치적 중요성이 전혀 없으며 이제 강요할 수 있게 된 높은 유가 덕분에 아직은 완전무장하지 않은, 주로 아랍 권에 속한 국가들의 집단 이상의 의미를 가질 수 있었겠는가?

미국은 불가피하게 전지구적 패권의 어떠한 약화도 자신에 대한 도전이자, 소련의 세계지배 야욕의 표시로 받아들였다. 그리하여 1970년대의 혁명들은 이른바 "제2차 냉전"(Halliday, 1983)을 낳았다. 제2차 냉전은 여느 때처럼 두 진영 사이의 대리전으로, 주로 아프리카와 나중에는 아프가니스탄에서 벌어졌다. 특히 아프가니스탄에서는 소련 군대 자체가 제2차 세계대전 이래 처음으로 자신의 국경 밖의 일에 개입하게 되었다. 소련 자신이 새로운 혁명들 덕분에 지구상의 세력균형을 자신에게 약간 유리한 쪽으로 변화시킬 수 있었다 —— 보다 정확히 말해서, 1970년대에 중국과 이집트에서의 후퇴(워싱턴은 이들 나라의 제휴대상을 겨우 변화시켰다)로 인해 입었던 커다란 외교적 손실을 적어도 일부나마 상쇄할 수 있었다——고 느꼈다는 주장은 간단히 거부될 수 없다. 소련은 아메리카 대륙에는 발을 들이지 못했지만 다른 곳들, 특히 아프리카에 전보다 훨썬 큰 정도로 개입했으며 그 개입은 어느 정도 성공을 거두었다. 카스트로의 쿠바가 미국의 새로운 종속국 소말리아에 대한 에티오피아의 공격(1977)과, 미국이 지원하는 반군운동인 UNITA 및 남아프리카 공화국 군대에 대한 앙골라의 공격을 지원하러 군대를 보내는 것을 소련이 허용하거나 고무했다는 사실만으로도 그 점을 알 수 있다. 소련의 공식성명은 이제, 완전 공산국들 이외에 '사회주의 지향국들'이라는 표현을 썼다. 앙골라, 모잠비크, 에티오피아, 니카라과, 남예멘, 아프가니스탄이 그러한 명칭으로 1982년 브레주네프의 장례식에 참석했다. 소련은 이들 혁명을 일으키지도 조종하지도 않았지만, 명백히 그 혁명들을 다소 민첩하게 자기 편으로 맞아들였던 것이다.

그럼에도 불구하고, 이후에 일련의 체제들이 붕괴하거나 전복된 것은 소련의 야심도, '공산주의 세력의 세계적 음모'도 이러한 격변들에 책임이 있을 수 없음을 입증했다. 1980년부터 줄곧, 불안정해지기 시작한 것은 소련 체제 자체였고 1980년대가 끝날 무렵에는 그 체제가 와해되었다는 이유만으로도 그러했다. '현존사회주의'의 몰락과 그것이 어느 정도로 혁명으로 다루어질 수 있는지의 문제는 다음 장에서 논의할 것이다. 그러나 동구의 위기에 앞서 발생한 대혁명조차, 1970년대의 다른 어떤 체제변화보다도 미국에게 큰 타격을 주기는 했지만, 냉전과는 전혀 무관했다.

그 혁명이란 다름 아닌, 1979년 이란의 샤를 타도한 것이었다. 그것은 1970년대의 혁명들 가운데 단연 가장 컸고 20세기의 주요 사회혁명들 중 하나로 역사에 기록될 것이다. 그것은 샤가 미국의 확고한 지지와 자국의 석유자원 —— 그 가치가 1973년 이후 OPEC의 가격혁명으로 증가한 —— 에 기반하여 착수했던 눈부신 근대화와 공업화(군비증강은 말할 것도 없고) 프로그램에 대한 응답이었다. 그는 의심할 바 없이, 거대하고 무시무시한 비밀경찰을 가진 절대적 통치자들에게서 흔히 보이는 과대망상증의 여타 징후들 외에도, 서아시아의 최대 권력자가 되고 싶어하는 욕구를 드러냈다. 근대화는 샤가 알고 있듯이, 상당수의 소작농과 차지농(借地農)을 상당수의 준경제적 소토지 보유농이나, 도시로 이주한 실직노동자들로 변화시키는 농지개혁을 의미했다. 테헤란의 인구는 180만 명(1960)에서 600만 명으로 증가했다. 정부가 선호한 자본집약적인 첨단기술 농업관련 산업은 잉여노동력을 보다 많이 낳았지만 1인당 농업생산고를 늘리지 못했고, 그 생산고는 1960-70년대에 오히려 떨어졌다. 1970년대 후반에 와서는 이란은 식량의 대부분을 해외로부터 수입했다.

그러므로 샤는 갈수록 공업화에 의존했고, 그것에 소요되는 비용은 석유판매를 통해서 조달했다. 그 나라의 공업은 세계시장에서 경쟁력이 없었으므로 국내에서 장려되고 보호받았다. 쇠락하는 농업, 비효율적인 공업, 외국으로부터의 대량수입 —— 특히 무기의 —— 과 유가급등이 결합되어 인플레이션을 낳았다. 아마도 근대적 경제부문에 직접 종사하지 않는 대부분의 이란인들이나 성장하고 번영을 누리던 도시사업가 계급의 생활수준이 실제로 혁명 이전의 몇 년간 급강하했던 것으로 보인다.

샤의 정력적인 문화적 근대화 역시 그에게 불리하게 돌아갔다. 여성의 지위개선에 대한 그(와 황후)의 열렬한 지지는, 아프가니스탄의 공산주의자들 역시 인식했듯이, 이슬람 사회에서 인기가 있을 법하지 않은 것이었다. 또한 교육에 대한 마찬가지로 순수한 그의 열의는 대중의 문자해독률을 상승시켰고(그러나 인구의 약 절반이 여전히 문맹이었다) 대규모의 혁명적 학생 및 지식인 집단을 낳았다. 그리고 공업화는 특히 석유산업에서, 노동계급의 전략적으로 중요한 지위를 강화시켰다.

샤는 1953년에 CIA가 대규모 민중운동에 맞서 조직한 쿠데타에 의해서 왕위에 복귀했으므로, 의존할 만한 충성과 정통성이라는 자산을 그리 많이 축적하지 못했다. 그의 왕조인 팔라비가(家) 자체가 창건자인 레자 샤(본명은 레자 칸[Reza Khan]/역주) —— 카자크 여단의 군인이었던 그는 1925년에 황제의 칭호를 획득했다 —— 의 쿠데타만을 회고할 수 있을 뿐이었다. 그러나 1960-70년대에 기존의 공산주의자들과 민족주의자들의 저항은 비밀경찰에 의해서 진압되었고, 지역적, 종족적 운동들도, 보통의 좌파 게릴라 집단들——정통 마르크스주의적인 것이든 이슬람-마르크스주의적인 것이든——의 움직임도 진압되었다. 이들은, 기본적으로 도시대중의 운동이었던 그 폭발——1789년의 파리에서 1917년의 페트로그라드에 이르는 오랜 혁명전통으로 돌아간 셈인——의 기폭제를 제공할 수 없었다. 농촌은 여전히 조용했다.

기폭제는 이란 상황의 독특한 산물인, 조직되고 정치적으로 활동적인 이슬람 성직자층에서 나왔다. 그들은 이슬람 세계의 다른 어느 곳에서도——시아파에서조차——비슷한 존재를 찾아볼 수 없는 공적 지위를 차지했다. 그들은 과거에 시장상인들이나 수공업자들과 함께 이란 정계의 활동가집단을 형성했었다. 그들은 이제, 정부에 반대할 이유를 충분히 가진 거대한 집단인 새로운 도시민중을 동원했다.

그들의 지도자인, 복수심에 불탄 저명한 노인 아야톨라 루홀라 호메이니는, 성도(聖都) 쿰에서의 성직자 활동에 대한 경찰의 탄압과 농지개혁에 대한 국민투표 제안에 반대하는 시위를 이끌었던 1960년대 중반 이후 망명생활을 해왔다. 그때부터 그는 왕정을 비이슬람교적이라고 비난했고, 1970년대 초부터는 철저히 이슬람교적인 형태의 정부를 세울 것 그리고 전제적인 당국에 반항하고 나아가 실제로 권력을 장악할 성직자의 의무, 요컨대 이슬람 혁명을 설파하기 시작했다. 이는 정치적으로 행동주의적인 시아파 성직자들에게조차 급진적인 혁신이었다. 이러한 견해는 탈(脫)코란적 장비인 녹음기를 통해서 대중에게 전달되었고, 대중은 그 견해에 귀를 기울였다. 1978년에 성도에서 젊은 학생신자들이 비밀경찰에 의한 암살로 알려진 사건에 대한 항의시위를 벌이다가 총에 맞아 쓰러졌다. 이어서 순교자들의 죽음을 애도하는 후속 시위들이 준비되었고 그것은 40일마다 반복될 것이었다. 그 시위들의 규모는 계속 증가하여 그해 말에는 수백만 명이 정권에 반대하는 시위를 벌이러 거리에 쏟아져 나왔다. 게릴라들 역시 다시 행동에 들어갔다. 석유산업 노동자들은 유전을 폐쇄하고 결정적으로 효과적인 파업에 들어갔고, 상인들은 가게 문을 닫았다. 나라 전체의 움직임이 중단되었고, 군대는 그 봉기를 진압하지 못했거나 진압을 거부했다. 1979년 1월 16일 샤는 망명길에 올랐고 이란 혁명은 승리했다.

이 혁명의 새로운 점은 이데올로기에 있었다. 이전까지는 혁명적인 것으로 공인된 사실상 모든 현상이 1789년 이후의 서구 혁명——보다 정확히 말해서 비종교적 좌파의 일부 유형(주로 사회주의나 공산주의)—— 의 전통과 이데올로기 그리고 일반적으로 어휘를 따랐었다. 전통적인 좌파는 사실상 이란에 존재했고 활동적이었으며, 샤를 타도하는 데에 그 세력이 행한 역할—— 이를테면 노동자들의 파업——은 전혀 사소한 것이 아니었다. 그러나 그러한 세력은 새로운 정권에 의해서 거의 즉각 제거되었다. 이란 혁명은 종교적 근본주의의 깃발 아래 행해지고 승리한 최초의 혁명이었다. 그것은 또한 서기 7세기——이 곳은 이슬람 세계이므로, 보다 정확히 말해서 코란이 씌어진 헤지라(Hegira : 622년에 예언자 마호메트가 메카의 보수적 특권상인과 귀족의 박해로 소수의 신도와 함께 메디나로 이주한 일. 이 해를 이슬람교 원년으로 한다/역주) 이후의 상황——로 돌아가자는 계획을 공언하는 인민주의적 신정체제(神政體制)로 구체제를 대체한 최초의 혁명이었다. 기존 유형의 혁명가들에게, 이는 마치 교황 피우스 9세가 1848년의 로마 혁명을 주도한 격의 기묘한 사태전개였다.

이는 이제부터 종교적 운동들이 혁명을 낳았다는 것을 의미하지는 않는다. 비록 1970년대부터 줄곧 이슬람 세계에서 그러한 운동들이 의심할 바 없이, 그들 나라의 불어나는 인구의 중간계급과 지식인들 사이에서 대중적인 정치세력이 되었고 이란 혁명의 영향하에 반란을 주도하기는 했지만 말이다. 이슬람 근본주의자들은 바트당 정권의 시리아에서 반란을 일으켰다가 거칠게 진압당했고, 경건한 사우디아라비아에서 가장 신성한 성소들에 난입했으며, (한 전기기사의 주도로) 이집트의 대통령을 암살했는데 이 모두가 1979-82년에 일어난 것이었다.[6] 어떤 단일한 혁명교리도, 세계를 바꾸기

6) 이 시기에 유행한 폭력적 정치를 보여준 여타의 외관상 종교적인 운동들은 보편주

위한 —— 세계를 뒤집는 것과 구별되는 것으로서의 —— 어떤 단일한
지배적 계획도 구래의 1789/1917년 혁명전통을 대체하지 못했다.

　이는 구래의 전통이 정치무대에서 사라졌다거나 체제를 전복할
어떠한 힘도 잃었다는 것조차 의미하지 않는다. 비록, 소련 공산주
의의 몰락으로 세계의 상당 지역에서 그러한 전통으로서의 공산주
의가 사실상 제거되었지만 말이다. 기존의 이데올로기들은 라틴 아
메리카에서 상당한 영향력을 계속 보유했다. 그 대륙의 경우, 1980
년대의 가장 막강한 반란운동인 페루의 센데로 루미노소가 자신의
모택동주의를 과시했던 것이다. 그러한 이데올로기들은 아프리카
와 인도에서도 활력을 유지했다. 게다가, 냉전의 상식에 익숙한 사
람들로서는 놀랍게도 소련형의 '전위'여당들은 소련의 붕괴 뒤에도
특히 후진국들과 제3세계에서 살아남았다. 그러한 당들은 남부 발
칸 지역에서는 진정한 선거들에서 승리했고, 쿠바, 니카라과, 앙골
라에서 그리고 심지어 소련 군대의 철수 뒤에 카불(아프가니스탄의
수도/역주)에서도, 그 나라들이 모스크바의 단순한 종속국 이상임
을 입증했다. 그러나 이러한 지역들에서조차 기존의 전통은 잠식되
었고 종종 내부로부터 사실상 파괴되었다. 이를테면 세르비아에서
는 공산당이 대(大)세르비아 국수주의 정당으로 변모했고, 팔레스
타인 운동의 경우 비종교적 좌파의 지도권이 갈수록 이슬람 근본주
의의 부상에 의해서 잠식되었다.


V


　따라서 20세기 말의 혁명들은 두 가지 특징을 가진 셈이었다. 기
존 혁명전통의 위축과 대중의 부흥이 그것이었다. 앞서 보았듯이

---

　의적인 호소력을 결여했고 사실상 의도적으로 배제했으며, 종족 동원의 변종으로
보는 것이 가장 나을 것이다. 이를테면 스리랑카에서의 신할리족(Sinhalese 族 : 스
리랑카 인구의 약 70%를 차지하는 민족/역주)의 전투적 불교와 인도에서의 힌두
교 및 시크교 극단주의가 그러했다.

(제2장을 보라) 1917-18년 이래 일반 대중들 속에서 혁명이 이루어진 경우는 거의 없었다. 대부분의 혁명들은 헌신적이고 조직된 소수정예 활동가들에 의해서 이루어졌거나, 군사 쿠데타나 군사적 정복의 경우처럼 위로부터 부과되었다. 이는 그 혁명들이 적절한 상황에서 진정으로 대중적이지 않았다는 것을 의미하지는 않는다. 혁명이 외국의 정복자들과 함께 찾아온 경우를 제외하면, 대중의 지지 없이 혁명이 성공한 경우는 드물었다. 그러나 20세기 말에 '대중'은 지지하는 역할을 맡은 자들이라기보다는 주역으로 무대에 복귀했다. 소수정예의 행동주의는 농촌이나 도시의 게릴라와 테러 행위라는 형태로 계속 존재했고 선진국들과, 남아시아 및 이슬람 지역의 상당부분에서 사실상 풍토병이 되었다. 미국 국무성의 계산에 따르면 국제 테러 사건들은 1968년의 125건에서 1987년의 831건으로, 희생자의 수는 241명에서 2,905명으로 거의 지속적으로 증가했다 (UN World Social Situation, 1989, p.165).

정치적 암살의 목록은 더욱 길어졌다. 몇 사람만 나열하자면 이집트의 안와르 사다트 대통령(1981), 인도의 인디라 간디 수상(1984)과 라지브 간디 수상(1991)을 예로 들 수 있다. 영국에서 IRA 과격파의 활동과 스페인에서 바스크족 ETA의 활동은 이러한 유형의 소집단폭력의 전형을 보여준다. 그러한 유형의 폭력은, 번창하는 국제적 무기거래로 인해 지구 전역에 대량으로 확산된 지극히 강력하고 저렴한 휴대용 폭발물과 무기의 도움으로, 몇백 명 내지 심지어 몇십 명의 활동가들만으로도 수행할 수 있다는 이점을 가졌다. 이상의 것들은 제1, 2, 3세계 모두 갈수록 야만적이 되어가는 징후였고, 천년기 말에 도시 사람들이 익숙하게 호흡하게 된, 폭력과 불안정이 일반화된 공기를 통해서 세상을 더욱 오염시켰다. 그러나 그러한 유형의 폭력이 정치혁명에 기여한 바는 적었다.

이란 혁명이 보여주었듯이 수백만 명의 민중들이 거리에 자발적으로 쏟아져 나온 것은 사정이 달랐다. 10년 뒤에 동독에서, 독일민주공화국의 시민들이 서독으로 이주함으로써 그들의 발과 차로 자신의 체제에 반대투표하기로 결심한 것 —— 헝가리가 자신의 국경

을 개방하기로 결정한 것에 의해 결정적으로 촉진되기는 했지만,
조직되지 않고 자발적인 —— 역시 그랬다. 베를린 장벽이 무너지기
전의 두 달 사이에 약 13만 명이 서독으로 넘어왔다(Umbruch,
1990, pp.7-10). 또한 텔레비전이 최초로 혁명의 순간을 포착했던
루마니아의 경우도 그랬다. 그 정권에 의해 광장에 소집된 군중은
독재자의 축 늘어진 얼굴에 대해 환호를 보내기보다는 야유를 던지
기 시작했다. 또한 팔레스타인의 이스라엘 점령지역에서 1987년에
시작된 인티파다(intifada)라는 대중적 비협력운동이, 이제부터는
수동성이나 암묵적인 인정이 아니라 적극적인 억압만이 이스라엘
의 점령을 유지할 수 있음을 입증했던 것도 그러한 예에 속한다. 지
금까지 움직이지 않았던 주민들을 행동하도록 자극한 것이 무엇이
건 간에 —— 텔레비전과 녹음기 같은 현대적 의사전달수단으로 인
해, 가장 외딴 곳에 있는 사람들조차 세상사로부터 격리되기가 어
려워졌다 —— 사태의 추이를 결정한 것은 기꺼이 뛰쳐나오려는 대
중의 의지였다.

　이러한 대중의 행동은 그것만으로 체제를 전복하지는 않았고 그
럴 수도 없었다. 그것은 심지어 강압과 총구에 의해서 갑자기 중단
될 수도 있었다. 1989년 중국에서 민주주의를 요구하는 대중동원이
북경 천안문 광장의 대학살로 중단되었듯이 말이다(학생들과 도시
민들의 이 운동은 규모가 크기는 했지만 중국에서 얼마 안 되는 소
수만을 대표했다. 그러나 그것은 정권으로 하여금 크게 주저하게
할 만큼 큰 규모였다). 그러한 대중동원이 성취한 것은 체제의 정통
성 상실을 입증하는 것이었다. 1917년의 페트로그라드에서처럼 이
란에서도 정통성의 상실이, 가장 고전적인 양상인 군대와 경찰의
명령 불복종에 의해 입증되었다. 동유럽에서 정통성의 상실은 소련
의 지원거부로 이미 사기가 떨어진 구체제들에게 그들의 시대가 끝
났음을 확신시켰다. 그것은 시민들이 발로 투표하는 것이 선거에서
투표하는 것보다 효과적일 수 있다는 레닌의 격언을 교과서적으로
입증한 것이었다. 물론, 한데 모인 시민들의 발걸음 소리만으로는
혁명을 일으킬 수 없었다. 그들은 군대가 아니라 군중, 즉 개인들의

통계학적 집합체였다. 그들은 지도자와 정치구조 또는 전략이 효과를 발휘하기를 원했다. 이란에서 그들을 동원한 것은 체제의 적들에 의한 정치적 항의운동이었다. 그 운동을 혁명으로 바꾼 것은 수백만 명이 그 운동에 동참하기로 한 의지였지만 말이다. 그렇게 대중이 대규모로 직접 개입한 이전의 사례들 역시 이와 똑같이 위로부터의 정치적 촉구 —— 인도의 국민회의가 1920-30년대에 영국인들에 협조하지 말라고 촉구한 것이든(제7장을 보라), 페론 대통령의 지지자들이 유명한 '충성의 날'에 부에노스아이레스의 5월 광장에서, 구속된 자신들의 영웅의 석방을 요구하라고 촉구한 것이든(1945) —— 에 응한 것이었다. 게다가 중요한 것은 그들의 수 자체가 아니라 그들로 하여금 효과적인 기능을 발휘하게 한 상황에서 행동한 사람들의 수였다.

한데 모여서 발로 투표하는 것이 20세기 말에 정치의 그렇게도 중요한 일부가 된 이유는 아직 이해하기 어렵다. 한 가지 이유는 이 시기에 통치자와 피치자 사이의 격차가 거의 모든 곳에서 더욱 벌어졌다는 데에 있을 것이다. 시민들이 무엇을 생각하는지를 알아낼 수 있는 정치적 기제와, 그들이 때때로 정치적 선호를 표현할 수 있는 수단을 제공해주는 국가들에서는 이러한 격차의 증가가 혁명이나 완전한 접촉 상실을 낳을 것으로 보이지 않았지만 말이다. 거의 만장일치의 불신임의 표명은, 정통성을 잃었거나 (점령구역에서의 이스라엘처럼) 정통성이 전혀 없는 체제들에서 —— 특히, 정통성의 부재를 자신들에게 숨길 때[7] —— 행해지는 경향이 가장 컸다. 그러나 기존의 정치 및 정당 제도에 대한 거부의 대대적인 표명은, 확립되고 안정된 의회민주주의체제들에서조차 일반화되었다. 1992-93년 이탈리아의 정치적 위기와, 몇몇 나라의 선거에서 단지 어느 기존 정당과도 관계하지 **않았다**는 것이 공통분모인 새롭고 커다란 세력이 부상한 것이 그 예다.

그러나 대중이 부활한 또 다른 이유가 있다. 지구, 특히 제3세계

---

7) 동독이 무너지기 넉 달 전에 그 나라에서 행해진 지방선거에서 여당은 98.85퍼센트의 득표율을 얻었다.

의 도시화가 그것이다. 1789년부터 1917년까지 혁명의 고전기에는, 구체제가 대도시에서 전복되었으나 새로운 체제는 농촌의 말없는 국민투표에 의해서 영구화되었다. 1930년대 이후 국면의 혁명들의 새로운 점은 그것들이 농촌에서 일어나고 일단 승리한 뒤에 도시로 유입되었다는 데에 있었다. 20세기 말에는 소수의 낙후된 지역들 외에는, 제3세계에서조차 혁명이 다시 한번 도시로부터 나왔다. 일정한 규모를 가진 국가의 주민들 다수가 이제 도시에서 살았거나 그렇게 될 경향을 보였기 때문에 그리고 권력이 위치한 대도시가 —— 그 당국이 주민들의 충성을 잃지 않는 한 —— 특히 현대의 과학기술 덕분에 농촌의 도전을 막아내고 살아남을 수 있었기 때문에 혁명은 도시에서 나올 수밖에 없었다. 아프가니스탄 전쟁 (1979-88)은 농촌의 반란자들 —— 외세로부터 지원받고 자금을 조달받으며 현대 첨단무기를 갖춘 —— 로 가득 찬 고전적인 게릴라 나라에서, 도시에 기반한 정권이 자신이 의존했던 외국군대가 철수한 뒤까지도 유지될 수 있음을 입증했다. 나지불라 대통령의 정부는 소련 군대가 떠난 뒤에도 몇 년을 더 존속함으로써 모두를 놀라게 했다. 결국 그 정부가 무너진 것도 카불이 농촌의 군대에 더 이상 저항할 수 없어서가 아니라 정부 자신의 직업군인들 중 일부가 상대편으로 넘어가기로 결심했기 때문이었다. 1991년의 걸프 전쟁 뒤에 이라크에서 사담 후세인은, 군사적으로 약한 상태에서, 그의 나라 북부와 남부에서 일어난 대반란들에 맞서 계속 버틸 수 있었는데 이는 기본적으로, 그가 바그다드를 잃지 않았기 때문이었다. 20세기 말의 혁명들은, 승리하려면 도시의 혁명이어야 했다.

그러한 혁명들은 계속해서 일어날 것인가? 1917-20년, 1944-62년, 1974-78년, 1989년-, 이렇게 네 차례 발생했던 20세기 혁명의 커다란 물결 다음에 또 한 차례의 붕괴와 전복이 올 것인가? 현재 존재하는 국가들 중 소수만이 혁명, 무력 반(反)혁명, 군사 쿠데타, 국내의 무력충돌을 전혀 겪지 않은 채 탄생하거나 존속했던 세기[8]

---

8) 인구 50만 이하의 소국들을 제외한다면, 시종일관 '입헌적'이었던 국가는 미국, 오스트레일리아, 캐나다, 뉴질랜드, 아일랜드, 스웨덴, 스위스, 영국(북아일랜드는 제

를 돌이켜 본 사람이라면 어느 누구도, 1989년에 도취감에 젖은 일부 자유민주주의 신봉자들이 예견했던 평화적, 입헌적 변화의 전반적 승리에 많은 돈을 걸지 않을 것이다. 세번째 천년기에 들어서고 있는 세계는 안정된 국가들이나 안정된 사회들의 세계가 아니다.

그러나 세계 또는 적어도 세계의 대부분이 폭력적인 변화들로 가득 찰 것임이 사실상 확실하다 해도, 이러한 변화의 성격은 불분명하다. 단기 20세기 말의 세계는 혁명적 위기라기보다는 사회적 붕괴의 상태에 있다. 물론 그러한 세계에는 1970년대의 이란처럼, 정통성을 상실한 증오받던 체제를 전복할 만한 ── 그러한 체제를 대체할 수 있는 세력이 이끄는 민중봉기를 통해서 ── 조건들이 존재하는 나라들도 포함되지만 말이다. 이 책을 쓰던 시기에 그러했던 나라들로는 알제리와, 아파르트헤이트 체제가 물러나기 전의 남아프리카 공화국을 들 수 있다(혁명적 조건들 ── 잠재적인 것이든 현실적인 것이든 ── 이 반드시 혁명의 성공을 낳는 것은 아니다). 그럼에도 불구하고 기존 질서에 대한 이러한 종류의 초점이 명확한 불만은 오늘날, 현재에 대한 초점 없는 거부, 정치조직의 부재나 불신 또는 단순히 분해과정 ── 각국들의 국내 및 국제 정치가 최대한 적응하려 하는 ── 보다 덜 일반적인 현상이다.

세계는 또한 폭력 ── 과거보다 더 많은 폭력 ── 으로 가득 찼고, 아마도 마찬가지의 의미를 가지는 것으로, 무기들로 가득 찼다. 히틀러가 독일과 오스트리아에서 집권하기 전의 시기에는 민족간의 긴장과 증오가 격심하기는 했지만, 그러한 긴장과 증오가 신나치의 스킨헤드 10대들이 이민자들이 사는 집에 불을 질러서 터키인 일가족 6명을 죽이는 식의 형태를 취했을 것이라고 생각하기 어렵다. 그러나 1993년에 그러한 사건이 평온한 독일 한복판에서, 덧붙여 말하자면 그 나라에서 노동계급 사회주의의 전통이 가장 오래된

───
외)뿐이다. 제2차 세계대전 동안과 종전 이후에 점령되었던 국가들은 입헌성이 깨지지 않은 나라로 분류하지 않았지만, 군사 쿠데타나 국내의 무력도전을 겪은 적이 전혀 없는, 소수의 전(前) 식민지들이나 정체된 나라들 ── 이를테면 가이아나, 부탄, 아랍 에미리트 연합국 ── 역시 '비혁명적'인 나라로 간주할 수 있다.

곳 중 하나인 도시(졸링겐)에서 일어났을 때 사람들은 아연실색했지만 더 이상 놀라지 않았다.

게다가 고도로 파괴적인 무기와 폭발물을 손에 넣기란 오늘날 너무도 쉬운 일이 되어서, 선진사회에서 평소에 국가가 무기를 독점하는 것은 더 이상 당연한 일이 아니게 되었다. 또한 전(前) 소비에트권을 대체한 빈곤과 탐욕의 무정부상태에서는, 핵무기나 핵무기를 만드는 수단이 정부가 아닌 집단의 수중에 들어가는 상황이 더이상, 상상도 할 수 없는 것이 아니게 되었다.

따라서 세번째 천년기의 세계는 계속해서, 폭력적인 정치와 폭력적인 정치적 변화의 세계로 남을 것임에 거의 틀림없다. 그러한 정치와 변화에 관해서 유일하게 불확실한 것은 그러한 정치와 변화가 어디에 이를 것인가라는 것이다.

# 제16장 사회주의의 종식

그러나 〔혁명 러시아의〕 건강은 반드시 필요한 한 가지 조건에 달려 있다. (언젠가 교회에서조차 나타났던) 권력의 암시장이 절대로 열리지 않아야 한다는 조건이 바로 그것이다. 유럽에서 보이는 권력과 돈 사이의 유착관계가 러시아에도 침투한다면 그때는 아마도 그 나라가 아니라, 심지어 그 당이 아니라 러시아에서의 공산주의가 파멸할 것이다.

—— 발터 벤야민(1979, pp.195-96)

단일한 공식적 신조가 유일하게 효력 있는 행동지침이라는 것은 더 이상 사실이 아니다. 하나 이상의 이데올로기들이 그리고 여러 사고방식들과 여러 준거들들이 뒤섞인 채 사회 전체에뿐만 아니라 당내와 지도부 내에 공존하고 있다.……엄격하고 성문화된 '마르크스-레닌주의'는 공식적인 수사(修辭)의 경우를 제외하고는 그 체제의 현실적인 요구에 부응할 수 없었다.

—— 모셰 레빈(Kerblay, 1983, p.xxvi)

근대화 달성의 열쇠는 과학과 기술의 발전에 있다.……공허한 말로는 우리의 근대화계획이 성과를 거두지 못할 것이다. 우리는 지식과 전문인력을 가져야 한다.……지금 중국은 과학, 기술, 교육 면에서 선진국들에 꼬박 20년은 뒤진 것으로 보인다.……일본인들은 일찍이 메이지 유신 때 과학, 기술, 교육에 상당한 노력을 쏟기 시작했다. 메이지 유신은 부상하는 일본 부르주아가 떠맡은 일종의 대규모 근대화운동이었다. 우리는 프롤레타리아로서 더 잘해내야 하고 더 잘할 수 있다.

—— 등소평, "지식을 중시하고 전문인력을 중시하라"(1977년)

# I

1970년대에 한 사회주의 국가는 자신의 상대적인 경제적 후진성을 특히 걱정했다. 이웃나라 일본이 자본주의 국가들 가운데 가장 눈부시게 성공을 거두었으므로 더더욱 그러했다. 중국 공산주의는 단순히 소련 공산주의의 변종으로 볼 수 없다. 소련의 위성체제의 일부가 아님은 말할 것도 없고 말이다. 첫째, 그 공산주의는 소련보다 훨씬 더 많은 인구 —— 사실, 다른 어떤 국가보다도 많은 —— 를 가진 나라에서 승리했다. 중국 인구통계의 불확실성을 감안하더라도, 전세계 인류의 5명 중 1명 정도는 중국 본토에서 사는 중국인이었다(동아시아와 동남아시아에도 상당수의 화교가 존재했다). 게다가 중국은 민족구성이 대부분의 다른 나라들보다 훨씬 더 동질적일 뿐만 아니라 —— 인구의 약 94퍼센트가 한족(漢族)이었다 —— 아마도 최소한 2,000년 동안 단일한 —— 간헐적으로 분열되었지만—— 정치적 단위를 이루어왔다. 훨씬 더 중요한 점으로, 이 두 천년기 대부분 동안 중국제국과 아마도, 이 문제에 대해서 일정한 생각을 가진 주민들 대부분은 중국을 세계문명의 중심이자 모델로 간주했다. 반면 그다지 중요하지 않은 몇몇 경우를 제외하고는, 공산주의 체제가 승리를 거둔 다른 **모든** 나라들 —— 소련을 비롯한 —— 은, 보다 선진적이고 모범적인 문명중심지에 비해서 문화적으로 뒤지고 주변적이었으며 스스로를 그렇게 보았다. 스탈린 시절에 소련이 지식과 기술을 서구에 별로 의존하지 않았으며 전화에서 비행기에 이르기까지 모든 주요 발명품이 자국에서 나왔다고 귀에 거슬리게 주장한 것 자체가 이러한 열등감의 뚜렷한 징후였다.[1]

옳게도, 자신의 고전문명, 예술, 필기문자, 사회적 가치체계를 다

---

[1] 1830년경-1930년의 러시아의 지적, 과학적 성과는 사실상 엄청난 것이었고, 주목할 만한 몇몇 기술혁신 —— 후진성으로 인해 경제적으로 개발될 수 있었던 경우는 드물었지만 —— 을 포함했다. 그러나 소수 러시아인들의 뛰어남과 세계적 중요성은 서구에 대한 러시아의 전반적인 열세를 더욱 부각시킬 뿐이다.

른 나라들 —— 특히 일본 자체 —— 을 위한 널리 인정된 영감의 원천이자 모델로 보았던 중국의 경우는 그렇지 않았다. 집단적으로든, 중국인 개인으로서든 다른 어떤 민족에 비해서 지적, 문화적으로 아무리 뒤떨어졌더라도 확실히, 그러한 열세가 전혀 무의미했다. 중국에게 자신을 조금이라도 위협할 수 있는 이웃 나라가 전혀 없었으며, 화기를 받아들인 덕분에 국경지방에서 야만족들을 막아내는 데에 더 이상 어떠한 어려움도 없었다는 사실 자체가 —— 그러한 사실로 인해서 그 제국이 서구의 제국주의적 팽창에 대비하지 못했을 때조차 —— 우월감을 더욱 굳혔다. 19세기에 군사적 열세로 표현되었기 때문에 더할 나위 없이 명백하게 드러난 중국의 기술상의 열세는 기술이나 교육상의 무능력에 기인한 것이 아니라 전통적인 중국문명의 자족감과 자만심 자체에 기인한 것이었다. 이러한 자족감과 자만심 때문에 중국은 일본이 1868년의 메이지 유신 이후 해냈던 것 —— 유럽 모델을 대대적으로 채택함으로써 '근대화'에 돌입한 것 —— 을 하기를 꺼렸다. 그러한 과업은 오래된 문명의 수호자인 고래(古來)의 중국제국이 무너진 뒤에야, 사회혁명 —— 동시에 유교체제에 대한 문화혁명이기도 했던 —— 을 통해서 행해질 수 있었고 행해질 것이었다.

따라서 중국 공산주의는 사회적인 동시에 민족적 —— 그 말이 논점을 교묘히 피하는 것이 아니라면 —— 인 것이었다. 공산주의혁명에 불을 붙인 사회적 기폭제는 중국 민중(처음에는, 외국의 제국주의적 통제가 행해지고 때때로 근대적 공업이 존재한 이문화지역〔異文化地域〕들인 중부 및 남부 중국의 연안 대도시들 —— 상해, 광동, 홍콩 —— 의 노동대중, 나중에는 그 나라의 막대한 인구의 90퍼센트를 차지한 농민층)의 엄청난 가난과 억압이었다. 농민들의 상태는 중국의 도시주민보다 훨씬 열악했다. 도시민들의 1인당 소비량은 농민들의 약 2.5배에 달했다. 중국의 엄청난 가난은 서구의 독자들로서는 상상도 하기 어려울 정도다. 일례로, 공산당이 권력을 장악했을 때(1952년의 자료) 보통 수준의 중국인들은 기본적으로 하루에 0.5킬로그램의 쌀이나 여타 곡물을 먹고 살았고, **1년에**

0.08킬로그램 이하의 차를 소비했으며, 5년 정도마다 한 번씩 신발한 켤레를 새로 얻었다(China Statistics, 1989, 표 3.1, 15.2, 15.5).

중국 공산주의의 민족적 요소는, 20세기 중국의 모든 정치운동들의 지도부 대부분을 제공한 상층 및 중간 계급 출신의 지식인들을 통해서 그리고 야만적인 외국인들은 그들과 거래하는 중국인 개개인들과 중국 전체에게 전혀 득이 되지 않는다는, 중국의 대중 사이에 의심할 바 없이 널리 퍼진 감정을 통해서 작동했다. 중국은 19세기 중반 이래 국내에 들어온 모든 외국에 의해서 공격받고 패배당하고 분할되고 착취당했으므로 그러한 가정은 터무니없는 것이 아니었다. 전통적인 이데올로기의 반제국주의 대중운동은 중국제국이 무너지기 전부터 이미 친숙한 존재 —— 이를테면 1900년의 이른바 의화단사건 —— 였다. 일본의 중국 정복에 대한 저항이 중국의 공산주의자들을, 1930년대 중반의 패배한 사회적 선동가세력에서 중국 인민 전체의 지도자이자 대표자로 탈바꿈시켰음에는 거의 의심할 바 없다. 그들은 중국 빈민들의 사회적 해방 역시 촉구했으므로 민족의 해방과 부흥에 대한 그들의 호소는 (주로 농촌의) 대중에게 더더욱 설득력 있는 소리가 되었다.

이 점에서 그들은 그들의 맞수인 (보다 오래된) 국민당에 비해 이점을 누렸다. 국민당은 1911년에 중국제국이 무너진 뒤에 군벌들이 이끌던 중국제국의 흩어진 조각들을 끌어모아 단일하고 강력한 중국공화국을 재건하는 일을 시도해왔다. 양당의 단기적 목표는 양립할 수 없는 것으로 보이지 않았고, 양당의 정치적 기반 모두 (공화국이 자신의 수도로 삼은 곳을 비롯해서) 남부 중국의 보다 선진적인 도시들에 있었으며, 양당의 지도부 모두 거의 같은 종류의 교양 엘리트들 —— 한 쪽 당은 사업가들 쪽으로, 다른 쪽 당은 농민들과 노동자들 쪽으로 어느 정도 기울어져 있다는 것을 감안하더라도 —— 로 구성되었다. 이를테면 양당 모두, 중국 제국의 엘리트층인 전통적 지주(地主)와 신사(紳士) 출신의 사람들이 사실상 동일한 비율로 존재했다. 서구식 고등교육을 받은 지도자들이 공산주의자들 쪽에 더 많은 경향이 있기는 했지만 말이다(North/Pool, 1966, pp.378-82). 또한 두 운동 모두 1900년대의 반제국주의 운동—— 1919년 이후 북경의 학생들과 교사들 사이에서 민족감정이 고조된 운동인 '5·4운동'에 의해서 더욱 강화된 —— 에서 나왔다. 국민당의 지도자인 손문은 애국자이자 민주주의자이자 사회주의자였고, 소련 —— 유일하게 혁명적이고 반제국주의적인 강대국 —— 에게 조언과 지지를 구했으며, 볼셰비키형의 단일 국가당이 자신의 과업을 수행하는 데에 서구 모델들보다 더 적합하다는 것을 알았다. 사실, 공산주의자들은 주로 이러한 소련과의 관계를 통해서 중요한 세력이 되었다. 그러한 관계 덕분에 그들은 공식적인 민족운동에 통합될 수 있었고, 1925년에 손문이 사망한 뒤에는 북벌 —— 공화국이 자신이 아직 통제하지 못했던 중국의 나머지 절반으로 영향력을 확대한 —— 에 참여할 수 있었던 것이다. 손문의 계승자인 장개석(1897-1975)은 1927년에 러시아인들과 관계를 끊고 공산주의자들 —— 당시 그들의 주된 대중적 지지기반은 소수의 도시 노동계급에게 있었다 —— 을 탄압했지만 그 나라에 대한 완전한 지배를 결코 달성하지 못했다.

자신들의 주된 관심을 농촌으로 돌려야 했던 공산주의자들은 이제 국민당에 대항하여 농민에 기반한 게릴라 전쟁을 벌였다. 그 전쟁은 대체로 —— 특히, 그들 자신의 분열과 혼란 그리고 중국의 현실과 거리가 먼 모스크바의 정책 때문에 —— 성공을 거두지 못했다. 1934년에 그들의 군대는 영웅적인 '대장정'을 통해서 북서쪽 끝의 외딴 곳으로 후퇴해야 했다. 이러한 사태전개로 인해, 오래 전부터 농촌전략을 선호해온 모택동이, 연안(延安)으로 쫓겨난 공산당의 독보적인 지도자로 부상했으나 당장은 공산주의자들의 세가 커질 전망이 보이지 않았다. 반면, 국민당은 1937년에 일본이 침공하기 전까지 그 나라 대부분에 대한 자신의 지배권을 꾸준히 확대시켜갔다.

그러나 국민당은 혁명적 계획 —— 동시에 근대화와 재건의 계획이기도 했던 —— 을 포기했을 뿐만 아니라 중국인들에 대한 진정한 대중적 호소력이 부족했기 때문에 경쟁상대인 공산주의자들을 당해내지 못하게 되었다. 장개석은 결코 케말 아타튀르크 ── 젊은 소련 공화국과 우호적인 관계를 유지하면서 자국의 공산주의자들을 자신의 목적에 활용했다가 쫓아버린(장개석보다는 덜 심했지만), 근대화를 지향한 반제국주의적, 민족적 혁명의 또 다른 지도자 ── 가 되지 않았다. 그는 아타튀르크처럼 군대를 가졌지만, 그 군대는 민족적 충성심 ── 공산주의 군대의 혁명적 사기는 말할 것도 없고 ── 을 가진 군대가 아니라, 혼란과 사회적 붕괴의 시대에 제복과 총이 최선의 생계책이었던 자들로 구성되고, 그러한 시대에는 '권력이 총구에서 나온다'라는 것과 수익과 부 역시 그렇다는 것을 알고 있는 ── 모택동 자신이 알았듯이 ── 자들이 지휘하는 군대였다. 그는 도시의 중간계급으로부터 상당한 지지를 받았고 아마도 해외의 부유한 중국인들로부터는 훨씬 더 많은 지지를 받았겠지만, 중국인들의 90퍼센트와 그 나라의 거의 모든 영토는 도시들 밖에 있었다. 그들은, 사병(私兵)들을 거느린 군벌들에서부터 신사 가문과 제국 권력구조의 잔재에 이르는 지방 명사들과 권력가들의 지배를 받았는데, 국민당은 바로 이들과 타협했다. 일본인들이 중국 정복에 본격적으로 착수했을 때 국민당 군대는 그들이, 국민당의 진정한 세력기반이었던 연안 도시들을 단기간에 쑥밭으로 만드는 것을 막을 수 없었다. 중국의 나머지 지역에서는 국민당 군대가── 언제나 그렇게 될 가능성이 있었지만 ── 또 하나의 부패한 지주-군벌체제가 되었고, 그리하여 일본인들에 저항하는 데에 비효율적이었다. 한편, 공산주의자들은 일본에게 점령된 지역들에서 일본인들에 대한 대중적 저항을 효과적으로 동원했다. 그들이 단기간의 내전을 통해서 거의 경멸을 드러내며 국민당 군대를 물리치고는 1949년에 중국을 장악했을 때, 그들은 도망가던 국민당 세력 잔당을 제외한 모든 이에게 중국의 적법한 정부이자, 40년의 공위기간 끝의 제국왕조의 진정한 계승자였다. 그들은 마르크스-레닌주의당으로서의 경험 덕분에, 정부정책을 중앙에서부터 그 거대한 나라의 가장 외딴 마을에 이르기까지 수행할 수 있는 ── 대부분의 중국인들이 진정한 제국의 역할이라고 생각하는 ── 전국규모의 훈련된 조직을 만들어낼 수 있었기 때문에 더더욱 쉽게 그러한 존재로 받아들여졌다. 교의보다는 **조직**이, 세계를 변화시키는 것에 대한 레닌의 볼셰비즘의 주된 기여였던 것이다.

그러나 물론 그들은 부활한 제국 그 이상이었다. 그들이 의심할 바 없이 중국사의 거대한 연속성에서 득을 보기는 했지만 말이다. 중국의 역사는 보통의 중국인들이 '천명(天命)'을 받은 정부와 관계를 가지고자 하는 방식과, 중국을 통치하는 자들이 자신의 과업에 대해서 생각하고자 하는 방식 둘 다를 결정했다. 공산주의체제 내에서의 정치적 논쟁이, 16세기에 충성스러운 관리가 명나라 황제 가정제(嘉靖帝 : 중국 명나라의 11대 황제[1507-66]. 잔인하기로 악명이 높았다/역주)에게 말했던 것에 의거하여 벌어졌을 나라는 중국밖에 없을 것이다.[2] 바로 이것이, 1950년대에 나이 든 완고한 중국 문제 전문가 ——「더 타임스」지 통신원 ——가, 21세기에는 공산주의가 민족적 이데올로기로 존속할 중국에서를 제외하고는 남아있지 않을 것이라고 주장함으로써 필자처럼 당시에 그 말을 들은 사람들에게 충격을 주었던 것의 의미이다. 대부분의 중국인들에게 공산주의는 무엇보다도 일종의 회복, 즉 질서와 평화의 회복, 복리의 회복, 관리들이 당나라 이래의 선례에 호소하던 통치제도의 회복, 위대한 제국 및 문명의 위대함의 회복인 혁명이었던 것이다.

첫 몇 년간은 대부분의 중국인들이 그러한 회복을 이룰 것으로 보였다. 농민들은 1949-56년에 곡물식량의 생산고를 70퍼센트 이상 증가시켰는데(China Statistics, 1989, p.165) 이는 아마도 방해요소가 아직은 그리 많지 않았기 때문일 것이다. 또한 1950-52년의 한국전쟁에 대한 중국의 개입은 국내에 심각한 공포 분위기를 낳았지만, 중국의 공산군이 강력한 미국을 처음에는 패배시켰다가 다음에는 다가오지 못하게 한 능력은 인상적인 것이 아닐 수 없었다. 공

---

2) 1959년 「인민일보(人民日報)」에 실린 논설 "해서매황제(海瑞罵皇帝)"를 참조하라. 동일한 필자(오함[吳晗])가 1960년에 고전적인 경극 "해서파관(海瑞罷官)"의 대본 —— 몇 년 뒤에 '문화혁명'을 촉발시키는 계기가 된 —— 을 썼다(Leys, 1977, pp.30, 34).

업과 교육을 발전시키기 위한 계획의 수립은 1950년대 초에 시작되었다. 그러나 얼마 안 가 새로운 인민공화국은, 이제 도전받지 않고 도전받을 수 없게 된 모택동의 치하에서, 그 위대한 지도자가 야기한 극도로 전횡적인 파국의 20년에 돌입하기 시작했다. 1956년부터 급속히 악화된 소련과의 관계는 1960년에 두 공산주의 강국 사이의 떠들썩한 단교로 끝났고, 이로써 모스크바로부터의 중요한 기술지원과 여타의 물질적 원조가 중단되었다. 그러나 이는 중국 인민의 수난을 낳았다기보다는 악화시킨 요인이었다. 그들의 수난은 다음의 3대 수난으로 특징지어졌다. 1955-57년의 지나치게 급속한 농업 집단화, 1958년의 공업 '대약진운동(大躍進運動)'에 뒤이은, 아마도 20세기 최대의 기근이 될 1959-61년의 대기근,[3] 1976년에 모택동이 사망함으로써 끝난 '문화혁명'의 10년이 그것이다.

이렇듯 격변을 향해서 돌진한 것은 주로 모택동 자신의 탓이었다는 데에 일반적으로 의견이 일치되고 있다. 그의 정책들은 당지도부 내에서 종종 마지못해 받아들여졌고 때때로 —— 특히 '대약진'의 경우에 —— 명백한 반대에 부딪혔는데, 그는 '문화혁명'을 추진함으로써만 이를 극복할 수 있었다. 그러나 이상의 것들은 중국 공산주의의 특수성 —— 모택동 자신이 그것의 대변인인 —— 을 인식하지 않고는 이해될 수 없다. 중국 공산주의는 러시아 공산주의와 달리 마르크스 및 마르크스주의와 직접적인 관계를 사실상 전혀 가지지 않았다. 그것은 레닌을 통해서, 보다 정확히 말하면 스탈린의 '마르크스-레닌주의'를 통해서 마르크스에 도달한, 10월혁명 이후의 운동이었다. 마르크스주의 이론에 대한 모택동 자신의 지식은 거의 전적으로, 1939년의 스탈린주의적인 「소련 공산당[볼셰비키]사 : 약사(History of the CPSU [Bol'sheviki] : Short Course)」에서 나왔던 것으로 보인다. 그러나 마르크스-레닌주의라는 외피 밑에

---

3) 중국의 공식적 통계에 따르면 1959년의 그 나라 인구는 6억7,207만 명이었다. 이전 7년간의 자연성장률이 1년에 적어도 2퍼센트였으므로(실제로는 평균 2.17퍼센트) 1961년의 중국 인구는 6억9,900만 명이 될 것으로 예상할 수 있다. 그러나 실제로는, 예상치보다 **4,000만**이 적은 수인 6억5,859만 명이었다(China Statistics, 1989, 표 T3.1과 T3.2).

매우 중국적인 유토피아주의 —— 이는 국가의 수반이 되기 전까지 중국 밖을 여행한 적이 전혀 없으며 지적 형성이 전적으로 국내에서 이루어졌던 모택동의 경우에 특히 두드러졌다 —— 가 존재했다. 물론 이러한 유토피아주의에는 마르크스주의와의 접점이 존재했다. 모든 사회혁명적 유토피아는 공통점을 가지기 마련이며, 모택동은 의심할 바 없이 매우 진지하게, 자신의 시각에 맞는 마르크스와 레닌의 측면들을 포착했고 자신의 시각을 정당화하는 데에 그것들을 이용했다. 그러나 전원일치로 단결된 사회라는 그의 이상사회관, 즉 "개인의 철저한 자기희생과 집단에 대한 철저한 헌신(이) 최고의 선인……일종의 집단주의적 신비주의"로 논의되는 것은, 적어도 이론적으로 그리고 궁극적 목표로 개인의 완전한 해방과 자기실현을 설정하는 고전적 마르크스주의에 정반대되는 것이다 (Schwartz, 1966). 인간을 개조함으로써 그러한 이상사회를 낳는다는, 정신적 변화의 힘에 대한 독특한 강조는, 의식과 주의주의(主意主義)에 대한 레닌과 나중에는 스탈린의 믿음을 수용한 것이지만, 그러한 믿음을 훨씬 넘는 것이었다. 레닌은 정치적 행동과 결정의 역할에 대한 믿음에도 불구하고, 현실적 상황이 행동의 효율성에 심각한 제한을 가한다는 사실을 결코 잊지 않았고 —— 그가 어찌 잊을 수 있었겠는가? —— 스탈린조차 자신의 힘에는 한계가 있다는 것을 인정했다. 그러나 대약진이라는 광기는, '주체적 힘'이 전능하며 사람들이 원한다면 산을 움직이고 폭풍을 몰아치게 **할 수 있다**는 믿음 없이는 상상할 수도 없는 것이다. 전문가들은 당신에게 무엇을 할 수 있고 무엇을 할 수 없는지를 말했으나, 혁명적 열정은 그것만으로 모든 물질적 장애를 극복할 수 있었고 정신은 그것만으로 물질을 변화시킬 수 있었다. 따라서 '빨갱이'가 되는 것은 전문가가 되는 것보다 더 중요한 일이라기보다는, 전문가가 되는 것에 대한 대안이었다. 1958년에 만장일치로 열정이 고조된다면 중국은 **즉각** 공업화될 것이고 긴 세월을 뛰어넘어, 공산주의가 **즉각** 완전히 기능할 미래로 도약할 것이었다. 중국이 1년 사이에 강철생산을 두 배로 늘리는 데에 사용한 —— 실제로 그 생산량은 1960년에 세 배 이

상으로 늘었다가 1962년에는 대약진 이전보다 낮은 수준으로 다시
떨어졌다 —— 뒷마당의 무수한 질 낮은 소형 용광로들이 그러한 변
혁의 한 면을 대표했고, 1958년에 단 두 달 만에 세워진 농민들의
2만4,000개의 '인민공사(人民公社)'가 다른 한 면을 대표했다. 가족
생활 —— 여성들을 가사노동과 육아로부터 해방시켜서 연대로 편
성하여 들판으로 보낼 수 있도록 하는 공동탁아소와 공동식당——
을 포함해서 농민생활의 모든 측면이 집단화되었다는 점에서뿐만
아니라 6대 기본 서비스의 무료제공이 임금과 화폐수입을 대체할
것이라는 점에서 인민공사는 완전히 공산주의적이었다. 6대 기본
서비스란 식량제공, 의료, 교육, 장례식, 이발, 영화였다. 명백히 이
는 별 성과를 거두지 못했다. 몇 달 못 가서 수동적인 저항에 부딪
쳐 그 제도의 보다 극단적인 측면들이 포기되었다. 그 저항이 (스탈
린의 집단화처럼) 1960-61년의 기근을 낳은 자연과 결합되기 전에
는 그러한 측면들이 포기되지 않았지만 말이다.

　의지에 의한 변혁의 능력에 대한 이러한 믿음은 어느 정도는, '인
민'에 대한 보다 특유한 모택동주의적인 믿음에 기반한 것이었다.
인민은 언제라도 변화될 준비가 되어있고 따라서 대전진에 창조적
으로 그리고 중국의 전통적인 지성과 재능을 총동원해 참여할 준비
가 되어있는 존재였다. 그것은 기본적으로 예술가의 낭만주의적 시
각이었다. 모택동이 쓰기 좋아한 시와 붓글씨를 평가할 수 있는 사
람들의 의견으로 미루어 보건대 그리 훌륭한 예술가는 못 되었지만
말이다(시를 그림에 비유해서 말한 영국의 동양학자 아서 웨일리의
견해에 따르면 "히틀러의 그림만큼 나쁘지는 않지만 처칠의 그림
만큼 좋지는 않았다"). 그러한 시각으로 인해 그는 다른 공산당 지
도자들의 회의적이고 현실주의적인 조언에도 불구하고, 혁명과 아
마도 그 자신이 구엘리트 지식인들을 이미 변화시켰을 것이라는 가
정하에 그들에게 1956-57년의 '백화제방'운동을 통해서 자신들의
재능을 마음껏 발휘할 것을 촉구했다('백화제방[百花齊放], 백가쟁
명[百家爭鳴]'). 덜 고무적인 동지들이 예상했듯이 자유로운 사상
의 분출에 새로운 질서에 대한 전원일치의 열의가 부족한 것으로

드러나자, 지식인 그 자체에 대해서 모택동이 본래 가졌던 불신이 더욱 굳어졌다. 그러한 불신은 10년간의 문화대혁명에서 극적으로 표현될 것이었다. 그 시기에 고등교육은 사실상 완전히 중단되었고 기존의 지식인들은 대대적으로 농촌에서의 강제적인 육체노동을 통해서 갱생되었다.[4] 그럼에도 불구하고, '모든 학파[즉 지방별로 경험이 다른 학파들]를 경쟁시킨다'라는 원칙하에서 대약진 동안에 생산의 모든 문제를 해결할 것이 촉구된 농민들에 대한 모택동의 믿음은 여전히 변함 없었다. 왜냐하면 —— 모택동이 마르크스주의 변증법으로 해석한 것에서 지지를 발견한 모택동 사상의 또 다른 측면으로서 —— 모택동은 근본적으로, 투쟁과 갈등과 고도의 긴장이 생존에 반드시 필요할 뿐만 아니라 옛 중국 사회의 약체성에 다시 빠지는 것을 막아준다고 확신했기 때문이었다. 변함없는 항구성과 조화에 대한 옛 중국 사회의 고집 자체가 그 사회의 약체성이었던 것이다. 공산주의 그 자체인 혁명은 끊임없이 투쟁을 새로 벌임으로써만 정체상태로 퇴보하지 않을 수 있었다. 혁명에는 끝이 결코 있을 수 없었다.

모택동주의 정책의 독특성은 그것이 '극단적인 **형태**의 서구화인 동시에 전통적인 양식으로의 부분적 복귀'였다는 데에 있었다. 그 정책은 사실상 후자에 크게 의존했다. 이전의 중국제국은, 적어도 황제의 권력이 강력하고 안정되었으며 따라서 정통성을 가졌던 시기에, 통치자의 독재정치와 신민들의 묵종 및 복종으로 특징지어졌던 것이다(Hu, 1966, p.241). 단 1년 사이에(1956) 중국 농민가구의 84퍼센트가 조용히 집단화되었다 —— 명백히 소련 집단화의 결과들 중 어떤 것도 보이지 않은 채 —— 는 사실만으로도 이를 알 수 있다. 중공업 지향적인 소련 모델에 입각한 공업화에 무조건적인

---

4) 1970년에 중국 전체의 '고등교육기관들'의 총학생수는 4만8,000명, 그 나라의 실업학교들의 학생수(1969)는 2만3,000명, 사범대학들의 학생수(1969)는 1만5,000명이었다. 대학원생에 관한 자료가 전혀 없다는 사실은 그들을 위한 시설이 전혀 없었음을 암시한다. 1970년에 총 4,260명의 젊은이들이 고등교육기관에서 자연과학을 공부하기 시작했고, 총 90명이 사회과학을 공부하기 시작했다. 당시 인구 8억3천만의 나라에서 그러했다(China Statistics, 표 T17.4, T17.8, T17.10).

우선권이 부여되었다. 대약진정책의 살인적인 비합리성은 주로, 중국 정권이 소련 정권과 공유했던 신념, 즉 농업이 공업화의 수요를 충족시키는 동시에, 자원을 공업투자에서 농업투자로 돌리지 않은 채 자활해야 한다는 신념에 기인한 것이었다. 이는 기본적으로 '물질적' 인센티브 대신에 '정신적' 인센티브를 사용한다는 것을 의미했고 실제상으로는, 중국에서 이용할 수 없었던 기술 대신에, 이용할 수 있는 거의 무제한의 인간노동력을 사용한다는 것을 의미했다. 동시에 농촌은 게릴라 시대 이래 줄곧 그래왔듯이 계속해서 모택동 체제의 토대로 남았고, 대약진 모델은 소련과 달리 농촌을 공업화의 장소로도 우선시했다. 모택동 치하의 중국은 소련과 달리 대규모의 도시화를 전혀 겪지 않았다. 1980년대가 되어서야 비로소 농촌인구가 80퍼센트 이하로 떨어졌던 것이다.

대대적인 잔인성과 몽매주의를, 신성한 지도자의 사상을 위한 초현실주의적으로 비합리적인 요구들과 결합시킨 기록인, 20년간의 모택동 시대의 기록에 아무리 놀라더라도, 가난에 허덕이던 제3세계의 기준에서 볼 때 중국 인민은 사정이 나은 편이었다는 것을 잊지 말아야 한다. 모택동 시대가 끝날 무렵 중국의 평균 식량소비량(칼로리)은 모든 나라들의 중간수준을 약간 넘었고, 아메리카 대륙의 14개국과 아프리카 대륙의 38개국보다 높았으며, 아시아 나라들의 거의 중간치 —— 말레이시아와 싱가포르를 제외한 남아시아 및 동남아시아의 모든 나라보다 훨씬 높았다 —— 였다(Taylor/Jodice, 1983, 표 4.4). 출생시 평균 기대수명은 주로 사망률의 극적이고 —— 기근시기를 제외하고는 —— 지속적인 하락 덕분에 1949년의 35세에서 1982년의 68세로 올라갔다(Liu, 1986, pp.323-24). 중국의 인구는 대기근을 감안하더라도 1949년과 모택동 사망 사이에 약 5억4천만에서 약 9억5천만 명으로 증가했으므로, 경제가 그럭저럭 —— 1950년대 초의 수준을 약간 넘는 정도로 —— 그들을 먹여살렸으며 그들에 대한 의류의 공급을 약간 증가시켰음이 분명하다(China Statistics, 표 T15.1). 교육 —— 초등교육조차 —— 은, 출석수를 2,500만 명이나 떨어뜨린 기근과 1,500만 명이나 줄인 문화혁명으로 피해를 보았다. 그럼에도 불구하고 모택동이 사망한 해에 초등학교에 다니는 아동의 수가 모택동이 집권했을 때의 6배였다는 사실 —— 즉 1952년까지도 취학률은 50퍼센트 미만이었던데 비해서 1976년에는 96퍼센트였다 —— 은 부정할 수 없다. 명백히, 1987년까지도 12세 이상의 인구 중 4분의 1 이상이 여전히 문맹이거나 '반(半)문맹' —— 여성 문맹률은 38퍼센트나 되었다 —— 이었지만 중국어를 읽고 쓸 줄 아는 것이 유별나게 어렵다는 것과, 1949년 이전에 태어난 34퍼센트의 인구 중 아주 작은 비율만이 중국어를 완전히 습득했던 것으로 추정된다는 것을 잊지 말아야 한다(China Statistics, pp.69, 70-72, 695). 요컨대 모택동 시대의 성과는 회의적인 서방 관찰자들 —— 회의적이지 않은 사람들도 많았다—— 에게는 강한 인상을 주지 못했겠지만, 이를테면 인도인이나 인도네시아인들에게는 틀림없이 인상적으로 보였을 것이며, 80퍼센트를 차지하는 농촌의 중국인들 —— 세계로부터 격리되었고 기대수준이 자신의 아버지들이 품었던 것과 같았던 —— 에게는 특별히 실망스러운 것으로 보이지 않았을 것이다.

그럼에도 불구하고 중국의 국제적 위상이 혁명 이후에 퇴보했다 —— 특히 이웃 비공산국들에 비해서 —— 는 것은 부인할 수 없다. 중국의 1인당 경제성장률은 모택동 시대(1960-75)에 인상적이기는 했지만 —— 중국의 관찰자들이 틀림없이 주시했을 동아시아 국가들을 열거하자면 —— 일본, 홍콩, 싱가포르, 남한, 대만보다 낮았다. 중국의 총 GNP는 막대했지만 캐나다와 거의 동일한 규모였고 이탈리아보다 낮았으며 일본의 4분의 1에 불과했다(Taylor/Jordice, 표 3.5, 3.6). 1950년대 중반 이래 위대한 지도자가 이끌어온 피해막심한 지그재그 항로는 오직, 모택동이 1965년에 군대의 지지를 받으며 젊은 '홍위병(紅衛兵)'의 무정부적인 —— 처음에는 학생들의 —— 운동을 벌임으로써, 그를 조용히 밀어냈던 당지도부와 모든 종류의 지식인들을 공격했기 때문에 지속될 수 있었다. 바로 이것이, 모택동이 질서를 회복하기 위해서 군대를 불러들이고 어쨌든 당의 통제력을 어느 정도 회복해야 했을 때까지 꽤 오랫동안 중국을 황폐하게 만든 문화대혁명이었다. 그는 명백히 기진맥진했고 그가 없는 모택동주의란 실질적인 지지를 거의 못 받았으므로, 모택동주의는 1976년에 그가 사망한 뒤에 그리고 그 지도자의 미망인인 강청(江靑)을 필두로 한 '4인방(四人幇 : 문화혁명 기간중 가혹한 정책을 수행했다는 죄목으로 유죄판결을 받은 급진적인 정치 엘리트들의 핵심집단. 강청[江靑], 왕홍문[王洪文], 장춘교[張春橋], 요문원[姚文元]/역주)'이라는 극단적 모택동주의자들이 체포당한 뒤에 ── 이들의 체포는 모택동 사후에 거의 즉각 이루어졌다 ── 사라졌다. 실용주의적인 등소평(鄧小平)의 지도하에 새로운 행로가 즉각 시작되었다.

## II

중국에서의 등소평의 새로운 노선은 '현존사회주의'의 구조를 극적으로 변화시킬 필요가 있다는 것을 가장 솔직하게 공적으로 인정한 것이었으나, 1980년대에 들어오면서, 사회주의화되었다고 주장하는 모든 체제들에 무언가 심각한 문제가 있다는 것이 갈수록 명백해졌다. 소련의 경제성장의 둔화는 쉽게 인지할 수 있었다. 계산되었고 계산될 수 있었던 거의 모든 것 ── 국내총생산, 공업생산고, 농업생산고, 자본투자액, 노동생산성, 1인당 실질소득 ── 의 5년 단위 성장률이 1970년 이후 꾸준히 떨어졌다. 경제는 실제로 후퇴하지는 않았지만 갈수록 지친 황소의 속도로 발전하고 있었다. 게다가 소련은 공산품 세계무역의 대국들 중 하나가 되기는커녕 국제적으로 후퇴하는 것으로 보였다. 1960년에 소련의 주요 수출품은 기계류, 장비, 운송수단, 금속 및 금속제품이었지만 1985년에 소련은 수출을 주로(53퍼센트) 에너지(즉 석유와 가스)에 의존했다. 반대로, 수입품의 거의 60퍼센트가 기계류, 금속 등과 소비재 공산품으로 구성되었다(SSSR, 1987, pp.15-17, 32-33). 소련은 결국 보다 선진적인 공업경제국들 ── 실제로는 주로 자신의 서방 위성국들,

특히 체코슬로바키아와 동독(이 나라들의 공업은 자신의 결함을 개선하는 데에 많은 힘을 들이지 않은 채, 소련의 무제한적이고 지나친 요구를 하지 않는 시장에 의존할 수 있었다[5]) —— 의 에너지 생산 식민지와 같은 나라가 되었다.

실제로 1970년대에 이르면 경제성장만이 느려지는 것이 아니라, 사망률 같은 기본적인 사회적 지표들조차 더 이상 개선되지 않았다는 것이 분명해졌다. 이는 아마도 다른 어떤 점보다도 더 사회주의에 대한 신뢰를 손상시켰을 것이다. 왜냐하면 보다 큰 사회적 정의를 통해서 보통 사람들의 삶을 개선하는 사회주의의 능력은 본래, 보다 큰 부를 낳는 능력에 의존하지 않았기 때문이다. 소련, 폴란드, 헝가리에서의 출생 시 평균 기대수명이 공산주의가 붕괴하기 전 20년 동안 실제로 변하지 않았다 —— 사실상 때때로 떨어졌다 —— 는 것은, 대부분의 다른 나라들에서는 그 수명이 계속해서 올라갔으므로(이에는 우리가 자료를 가지고 있는 쿠바와 아시아의 공산국들이 포함된다는 것을 언급해야 할 것이다) 심각하게 우려할 만한 사실이었다. 1969년에 오스트리아인, 핀란드인, 폴란드인은 평균적으로 동일한 나이(70.1세)에 죽을 것으로 기대할 수 있었으나, 1989년에 폴란드인의 기대수명은 오스트리아인과 핀란드인보다 약 4년이 짧은 것이었다. 이러한 사정으로 그 국민은 인구통계학자들이 암시하듯이 더욱 건강해질 수도 있겠으나 이는 오직, 사회주의 국가들의 국민이 자본주의 국가들에서는 여전히 살아있을 수 있는 나이에 죽기 때문에 그런 것이었다(Riley, 1991). 소련 및 다른 곳의 개혁가들은 이러한 추세를 갈수록 우려하는 눈길로 바라보지 않을 수 없었다(World Bank Atlas, 1990, pp.6-9 and World Tables, 1991, passim).

이 시기에 소련에서 인식된 퇴행의 또 다른 징후는 '노멘클라투라'라는 말의 부상으로 나타났다(그 말은 반체제 인사의 저술들을

---

5) "당시의 경제정책 입안자들에게는, 소련의 시장이 고갈될 수 없으며 소련이 끊임없는 외연적 경제성장에 필요한 양의 에너지와 원료를 대줄 수 있는 것으로 보였다."(D. Rosati and K. Mizsei, 1989, p.10)

통해서 서방으로 퍼졌던 것으로 보인다). 그 시기 전까지는, 레닌
주의 국가들의 지휘체계를 구성하는 당 간부라는 고위관리집단은
국외에서 존경받았고 내키지 않았지만 감탄의 대상이 되었었다.
트로츠키주의자들과 ── 유고슬라비아의 경우 ── 밀로반 질라스
(Djilas, 1957) 같은 국내의 패배한 반대파가 그 집단이 관료주의적
타락과 개인적 부정부패에 빠질 가능성을 지적하기는 했지만 말이
다. 사실상 1950년대와, 심지어 1960년대까지도 서방과 특히 미국
의 논평의 전반적인 논조는 바로 여기에 ── 즉 공산당들의 조직체
계와 충성스럽게(무자비하기는 하지만) '노선'을 수행하는, 하나로
뭉친 사심 없는 간부들의 집단에 ── 공산주의의 전세계적 전진의
비밀이 있다는 것이었다(Fainsod, 1956 ; Brzezinski, 1962 ; Duver-
ger, 1972).

이에 반해서, 소련 공산당의 행정용어의 일부로 쓰이는 경우를
제외하고는 실제로 1980년 이전에 알려지지 않았던 노멘클라투라
라는 말은 정확히, 브레주네프 시대의 이기적인 당관료제의 결점들
── 무능과 부패의 결합 ── 을 연상시키게 되었다. 또한 실제로,
소련 자체가 주로 특혜, 족벌주의, 뇌물수수의 체계를 통해서 작동
했다는 것이 갈수록 분명해졌다.

헝가리를 제외하고는, 유럽에서 사회주의 경제를 개혁하려는 진
지한 시도들은 실제로 프라하의 봄 이후 자포자기되었다. 때때로
있었던, 이전의 통제경제로 돌아가려는 시도들의 경우는, 스탈린주
의적 형태이든(차우셰스쿠의 루마니아에서처럼) 경제학 대신에 도
덕적 열의로 추정되는 것과 주의주의(主意主義)를 사용한 모택동주
의적 형태이든(카스트로의 경우처럼), 말하지 않는 편이 더 나을 것
이다. 브레주네프 시기는, 기본적으로 그 체제가 눈에 띄게 쇠락하
는 경제에 관한 어떠한 진지한 시도도 중단했기 때문에 개혁가들에
의해서 '정체의 시대'로 불렸다. 세계시장에서 밀을 사는 것이, 명백
히 갈수록 그 나라 인민들을 제대로 먹여살리지 못하는 소련의 농
업에 대한 개혁을 시도하는 것보다 쉬웠다. 나라 전체에 만연된 뇌
물수수와 부정부패의 체계를 통해서 경제의 녹슨 엔진에 기름을 치

는 것이 그러한 엔진을 청소하고 재조정하는 —— 대체하는 것은 말할 것도 없고 —— 것보다 쉬웠다. 장기적으로 무슨 일이 일어날지 누가 알았겠는가? 단기적으로는, 소비자들을 행복하게 유지하거나 어쨌든 그들의 불만을 일정한 한계 내로 묶어두는 것이 보다 중요한 것으로 보였다. 따라서 아마도 1970년대 전반(前半)에는 소련의 주민들 대부분이, 기억할 수 있는 다른 어떤 시대보다도 잘살았고 그렇게 느꼈던 것으로 보인다.

유럽에서 '현존사회주의'가 부딪친 문제는, 사실상 세계경제 밖에 있었고 따라서 대공황을 면했던 전간기 소련과는 달리 이제는 사회주의가 갈수록 세계경제에 말려들었고 따라서 1970년대의 충격을 면하지 못했다는 데에 있었다. 제3세계 일부 지역뿐만 아니라 유럽과 소련의 '현실사회주의' 경제국들이 세계 자본주의 경제가 황금시대가 끝난 뒤에 맞은 위기의 진정한 희생물이 되었던 반면, '선진 시장경제국들'은 흔들리기는 했지만 적어도 1990년대 초 이전까지는 큰 문제 없이 어려운 시기를 헤쳐나갔다는 것은 역사의 아이러니다. 1990년대 초 이전까지 실제로 독일과 일본 같은 몇몇 나라의 전진은 거의 주춤하지 않았다. 그러나 '현실사회주의'는 이제, 갈수록 해결하기 어려워지는 자신의 구조적 문제들뿐만 아니라, 변동하고 있고 불확실한 세계경제 —— 현실사회주의가 갈수록 통합된 —— 의 문제들에도 부딪치게 되었다. 이는 1973년 이후 세계 에너지 시장을 변화시킨 국제석유위기라는 모호한 사례를 통해서 설명될 수 있다. 모호한 이유는 그 위기의 효과가 잠재적으로 부정적인 동시에 긍정적이었기 때문이다. 낮았고 실질적으로 종전 이후 계속 하락하던 유가가 세계 산유국 카르텔인 OPEC의 압력으로 1973년에 약 4배로 뛰었고, 이란 혁명 직후인 1970년대 말에 또다시 거의 3배로 뛰었다. 실제의 변동폭은 훨씬 더 극적이었다. 1970년에 석유는 1배럴에 평균 2.53달러로 팔렸는데, 1980년 말에 1배럴의 가치는 약 41달러였다.

석유위기는 두 가지의 외관상 운 좋은 결과를 가져왔다. 마침 소련이 가장 중요한 나라들 가운데 하나로 꼽혔던 산유국들에게 그 위기는 검은 액체를 황금으로 변화시키는 것이었다. 그것은 매주 복권당첨이 보장된 격이었다. 수백만 달러가 힘 들이지 않고 그냥 굴러들어옴으로써 경제개혁에 대한 요구가 늦추어졌고, 덧붙여 말하자면 소련은 서방 자본주의 국가들로부터의 급증하던 수입품에 대한 값을, 에너지를 수출해서 번 돈으로 치를 수 있게 되었다. 1970-80년에 '선진 시장경제국들'에 대한 소련의 수출액은 총 수출액의 19퍼센트가 좀 안 되는 비율에서 32퍼센트로 증가했다(SSSR, 1987, p.32). 혁명적 소요가 다시 한번 제3세계를 휩쓸었던(제15장을 보라) 1970년대 중반에 브레주네프의 체제를, 미국과 경쟁하는 보다 적극적인 국제정책으로 몰고 갔고 미국과 무기경쟁을 벌이려는 자멸적인 과정으로 몰고 간 것이 바로 이러한 뜻밖의 엄청난 횡재였다고 논의되기도 한다(Maksimenko, 1991).

석유위기의 외관상 운 좋은 또 다른 결과는, 종종 인구가 아주 적은 억만장자 OPEC 국가들에서 쏟아져나온 달러 홍수가, 돈을 빌리기를 원하는 어떠한 국가에게도 국제금융제도를 통해서 차관의 형태로 분배된 것이었다. 주머니 속에 쏟아져 들어올 수백만 달러의 차관이라는 유혹을 뿌리친 개발도상국은 거의 없었고 이는 1980년대 초에 세계적 외채위기를 낳을 것이었다. 그러한 유혹에 굴복한 사회주의 국가들 —— 특히 폴란드와 헝가리 —— 에게 차관은, 성장을 가속화하기 위한 투자에 비용을 대는 동시에 자국국민들의 생활수준을 끌어올릴 수 있는, 신이 내린 선물로 보였다.

사회주의 경제 —— 특히 마음껏 돈을 쓴 폴란드 경제 —— 는 자금의 쇄도를 생산적으로 활용하기에는 너무 경직되어 있었으므로 그러한 차관은 1980년대의 위기를 더욱 첨예화시켰을 뿐이었다. 서유럽의 석유소비량(1973-85)이 유가인상에 대한 반응으로 40퍼센트 떨어진 데에 반해 소련과 동유럽의 소비량은 같은 시기에 불과 20퍼센트 정도만 떨어졌다는 사실 자체가 이를 말해준다(Köllö, 1990, p.39). 소련의 생산비용이 급증한 동시에 루마니아 유전이 고갈됨으로써 에너지 절약의 실패가 더더욱 부각되었다. 1980년대 초에 동유럽은 심각한 에너지 위기에 빠졌다. 이는 또한 (헝가리처럼 더욱 빚을 많이 짐으로써 인플레이션을 촉진하고 실질임금을 떨어뜨린 나라를 제외하고는) 식량과 공산품의 부족을 낳았다. 바로 이것이 유럽의 '현존사회주의'가 자신의 마지막 10년간으로 드러난 시기에 들어갔을 때의 상황이었다. 그러한 위기를 다루는, 당장에 효과를 발휘할 유일한 방법은, 적어도 중앙계획이 여전히 기능했던 나라의 경우(헝가리와 폴란드에서는 더 이상 전혀 기능하지 않았으므로), 중앙의 엄격한 명령과 규제에 대한 전통적인 스탈린주의적 의존이었다. 그러한 방법은 1981-84년에 어느 정도 성과를 거두었다. 외채는 (이 두 나라에서를 제외하고는) 35-70퍼센트만큼 하락했다. 이는 기본적인 개혁 없이 역동적인 경제성장으로 돌아갈 수 있다는 환상적인 희망을 고무하기까지 했으나, 그러한 희망은 결국 "외채위기에 빠지고 경제적 전망이 더욱 악화되는 대후퇴(Great Leap Back)를 낳았다."(Köllö, p.41) 바로 이러한 시기에 미하일 세르게예비치 고르바초프가 소련의 지도자가 되었다.

## III

이 시점에서 우리는 '현존사회주의'의 경제에서 정치로 돌아가야 한다. 왜냐하면 고위의 정치든 하위의 정치든 간에 정치가 결국 1989-91년에 소비에트권 유럽의 붕괴를 낳았기 때문이다.

정치적으로 동유럽이 소비에트 체제의 아킬레스건이었고, 폴란드(그리고 보다 덜한 정도로 헝가리)가 가장 취약한 지점이었다. 앞서 보았듯이 프라하의 봄 이후 그 지역 대부분에서 위성국 공산주의 정권들은 정통성을 완전히 잃게 되었음이 분명해졌다.[6] 그 정권들은 소련의 개입 위협이 뒷받침하는 국가의 강압에 의해서 또는

---

6) 발칸 반도의 덜 발전된 지역 —— 알바니아, 남부 유고슬라비아, 불가리아 —— 은, 1989년 이후 첫 다당제 선거에서 공산주의자들이 여전히 승리를 거두었으므로 아마도 예외가 될 것이다. 그러나 이 지역에서조차 그 체제의 취약성이 곧 명백하게 드러났다.

기껏해야 —— 헝가리에서처럼 —— 시민들에게 동유럽의 평균 수준
보다 훨씬 나은 물질적 조건과 상대적 자유를 제공 —— 그러나 경
제위기로 인해 그것을 계속 제공하는 것은 불가능해졌다 —— 함으
로써 유지되었다. 그러나 한 나라를 제외하고는, 심각한 형태의 조
직된 정치적 반대나 여타의 공적인 반대가 전혀 불가능했다. 폴란
드에서는 세 가지 요인의 결합 덕분에 그러한 형태가 나올 수 있었
다. 그 나라의 여론은 압도적으로, 정권에 대한 혐오에 의해서뿐만
아니라 반(反)러시아적(그리고 반유태적)이고 의식적으로 로마 카
톨릭적인 폴란드 민족주의에 의해서 단결되었다. 교회는 전국규모
의 조직을 독립적으로 보유했고, 그 나라의 노동계급은 1950년대
중반 이후 때때로 대규모 파업을 벌임으로써 자신의 정치력을 과시
해왔다. 그 정권은 오래 전부터, 저항이 조직되지 않는 한(책략을
쓸 여지는 위험할 정도로 줄었지만), 체념한 채 암묵적으로 반대를
용인하거나 —— 1970년의 파업이 당시 공산당 지도자의 사직을 강
제했을 때처럼 —— 물러서기까지 했다. 그러나 1970년대 중반부터
그 정권은 정치적으로 조직된 노동운동 —— 정치적 경험이 풍부한
반체제 지식인들(주로 전[前] 마르크스주의자들)로 구성된 고문단
으로부터 지원을 받은 동시에, 1978년에 카롤 보이티우아가 역사상
최초의 폴란드인 교황(요한 바오로 2세)으로 선출된 것에 고무되어
갈수록 공격적이 되어간 교회로부터도 지원을 받은 —— 에 맞서야
했다.

　1980년에 폴란드 연대자유노조운동이 실제로, 대중파업이라는
무기로 무장한 국민적인 대중저항운동으로서 승리한 것은 두 가지
사실을 입증했다. 폴란드의 공산당 정권이 막다른 지경에 이르렀다
는 것과, 그 정권은 대중운동에 의해서 전복될 수 없었다는 것이 그
것이다. 1981년에 교회와 국가는 3군 사령관이 이끄는 몇 년간의
계엄령체제 —— 공산주의적인 동시에 민족적인 적법성을 그럴 듯
하게 주장할 수 있는 —— 를 도입함으로써 소련의 무력개입 위험
(진지하게 고려되었던)을 막아내자는 데에 조용히 합의했다. 질서
는 군대보다는 경찰에 의해서 별 어려움 없이 재확립되었으나 사실

상, 여느 때와 마찬가지로 경제문제에 대처하는 데에 무력했던 정부는 여전히 국민여론의 조직된 표현으로 존재했던 저항운동에 맞설 만한 능력을 가지지 못했다. 그리하여 러시아인들이 개입을 결심하든가, 아니면 폴란드 정권이 가능한 한 빨리 국가당의 '영도적 역할'을 기조로 하는 일당제 —— 공산주의체제들의 핵심적 위치를 차지하는 —— 를 포기해야 하는, 즉 물러나야 하는 상황이 되었다. 그러나 나머지 위성국 정부들이 이러한 시나리오의 전개를 초조하게 주시하면서 대체로 자국의 인민들 역시 그러한 일을 벌이는 것을 중단시키고자 했고 그러한 시도가 허사로 돌아갔을 때, 소련 정부가 더 이상 개입할 준비가 되어 있지 않다는 것이 갈수록 명백해졌다.

1985년에 열정적인 개혁가 고르바초프가 소련 공산당 서기장으로 정권을 잡았다. 이는 뜻밖의 일이 아니었다. 사실상, 병세가 심했던 서기장이자 전에 KGB의 수뇌였던 유리 안드로포프(1914-84) —— 1983년에 사실상 브레주네프 시대를 결정적으로 끝낸 —— 가 사망하지 않았더라면 변화의 시대는 1-2년 더 빨리 시작되었을 것이다. 큰 변화가 가까운 장래에 일어날 것이라는 것이 소련의 궤도 안팎의 다른 모든 공산주의 정부들에게 전적으로 분명하게 인식되었다. 그 변화가 무엇을 낳을지는 신임 서기장에게조차 불확실하게 보였지만 말이다.

고르바초프가 비난한 '정체의 시대(zastoi)'는 사실, 소련 엘리트의 감정이 정치적, 문화적으로 격심하게 끓어올랐던 시대였다. 이러한 엘리트에는, 소련 계서제 꼭대기에 위치한, 자체 호선(互選)되는 공산당 지도자들이라는 비교적 작은 집단 —— 실질적인 정치적 결정이 이루어졌거나 이루어질 수 있었던 유일한 곳 —— 뿐만 아니라, 그 나라를 실제로 돌아가게 하는 경제관리자들과 교양 있고 기술교육을 받은 중간계급이라는 비교적 큰 집단 —— 아카데미 회원, 기술지식인, 다양한 종류의 전문가와 간부 —— 도 포함되었다. 어떤 점에서는 고르바초프 자신이 이러한 새로운, 교육받은 간부세대를 대표했다. 그는 법학을 공부했는데, 기존의 스탈린주의적 간부

로 상승하는 고전적인 길은 이와 달리, 공장 바닥에서 출발해 기사
나 농업경영자를 거쳐 정치기구에 들어오는 것이었다(당시도 여전
히 그러한 경우가 놀랄 만큼 많았다). 이러한 동요의 깊이는 당시
출현한 공개적 반체제 인사들 집단의 규모 —— 기껏해야 몇백 명——
로 측정할 수 없다. 금지되거나 (유명한 '두꺼운 잡지'「노븨 미르
(Novy Mir)」의 경우처럼 용감한 편집자들의 영향을 통해서) 반(半)
합법화된 비판과 자기비판이 브레주네프 치하의 대도시적 소련——
특히 국가안전부서와 외무부서 같은, 당과 국가의 주요 부문들을
포함한 —— 의 문화적 환경에 만연했다. 고르바초프의 글라스노스
트('개방' 또는 '투명성') 촉구에 대한 갑작스러운 엄청난 반응은 이
러한 배경말고는 거의 설명될 수 없다.

그러나 정치가 및 지식인 계층의 반응을 소련 인민대중의 반응으
로 간주해서는 안 된다. 대부분의 유럽 공산주의 국가들의 인민들
과는 달리 소련의 인민들에게는 그 체제가, 그들이 (별로 매력적이
지 않았던 1941-44년의 독일 점령 상황을 제외하고는) 다른 어떠한
체제도 몰랐거나 알 수 없었다는 이유만으로도, 적법하고 전적으로
인정받는 것이었다. 1990년에 60세 이상의 모든 헝가리인이 공산주
의 이전 시대에 대한 청소년기나 성년기의 기억을 어느 정도 가졌
으나, 소련의 88세 미만의 본토박이 주민 중 어느 누구도 그러한 직
접적인 경험을 가질 수 없었다. 또한 소련 국가의 정부가 내전이 끝
난 이래 전혀 공백기 없이 이어져왔다면, 그 나라 자체 —— 1939-
40년에 얻거나 다시 얻은 서부 국경지방 영토를 제외하고 —— 는
훨씬 더 긴 시기 동안 공백기 없이 또는 사실상 공백기 없이 지속되
어왔다. 그것은 새로운 경영진이 이끄는 구(舊)차르 제국이었다. 덧
붙여 말하자면 바로 이러한 사정이, 1980년대 말 이전에 (1918-40
년에 독립국이었던) 발트 국가들과 (1918년 이전에 러시아 제국이
아니라 합스부르크 제국에 속했던) 서부 우크라이나와 아마도,
1918-40년에 루마니아에 속했던 베사라비아(몰도바)를 제외하고는
어디에서도 심각한 정치적 분리주의의 징후가 전혀 없었던 이유다.
발트 국가들에서조차 공개적인 반체제 인사는 러시아보다 별로 많

지 않았다(Lieven, 1993).

게다가 소련 체제가 단순히 자생적이고 국내에 뿌리박은 체제였을 뿐만 아니라 —— 시간이 지남에 따라, 원래 다른 민족들보다 대러시아인(Great Russian : 주로 유럽부(部) 구소련의 북부 및 중부에 살고 있는 러시아의 주요 민족/역주)들이 훨씬 더 우세했던 당조차 유럽 및 자카프카지예 공화국들의 주민들을 거의 동일한 비율로 맞아들였다 —— 체제가 인민들에게 순응했듯이 인민들 자신이 명시하기 어려운 방식으로 그 체제에 순응했다. 반체제 풍자가 지노비예프가 지적했듯이 실제로 "새로운 소련인"이 존재했다. 그러한 인간이 소련의 다른 어떤 것과도 마찬가지로 그의(또는 여성이 고려되는 한 —— 그러한 경우는 거의 없었지만 —— 그녀의) 공식적인 공적 이미지에 일치하지는 않았지만 말이다. 그/그녀는 그 체제에서 편안함을 느꼈다(Zinoviev, 1979). 그 체제는 생계를 보장해주었고, 별로 높지 않지만 현실적인 수준의 포괄적인 사회보장제와 사회적, 경제적으로 평등주의적인 사회 그리고 적어도 사회주의의 전통적 열망들 중 하나인 폴 라파르그의 "게으를 권리"(Lafargue, 1883)를 제공해주었다. 게다가 대부분의 소련 시민들에게 브레주네프 시대는 '정체'가 아니라, 그들과 그들의 부모 또는 심지어 조부모가 이제껏 경험한 시대 중 가장 좋은 시대를 의미했다.

급진적 개혁가들이 소련의 관료제뿐만 아니라 소련의 인간성에 부딪치게 된 것은 놀랄 만한 일이 아니다. 한 개혁가는 반(反)평민적인 엘리트주의 특유의 짜증 섞인 어조로 다음과 같이 썼다.

우리의 체제는 사회로부터 부양받는 개인, 주는 것보다는 받는 데에 더 관심 있는 개인이라는 범주를 낳았다. 이것이 소련 사회 전반에 만연된······이른바 평등주의 정책의 결과다.······사회가, 결정하고 분배하는 자들과 명령받고 물품을 받는 자들이라는 두 부분으로 나누어진 것이 우리 사회의 발전을 억제하는 주된 요소들 중 하나다. 호모 소비에티쿠스(Homo sovieticus)는······밸러스트인 동시에 브레이크다. 그는 한편으로는 개혁에 반대하고, 다른 한편으로는 기존 체제의 지지기반을 이룬다(Afanassiev, 1991, pp.13-14).

소련의 대부분은 사회적, 정치적으로 안정된 사회였는데 그럴 수 있었던 것은 의심할 바 없이 부분적으로는, 허가와 검열에 의해서 다른 나라들에 대한 무지가 계속 유지되었기 때문이지만 결코 그것 때문만은 아니었다. 폴란드, 체코슬로바키아, 헝가리와는 달리 소련에는 1968년 학생반란에 해당하는 것이 없었다는 것이 과연 우연일까? 고르바초프 시대에조차 개혁운동이 (서부의 몇몇 민족주의 지역들을 제외하고는) 젊은이들을 어느 정도 큰 규모로 동원하지 않았다는 것이 우연일까? 개혁운동이 이른바 '30-40대의 반란'이었다는 것, 즉 종전(終戰) 뒤에, 그러나 불편하지 않은 무기력상태의 브레주네프 시대가 시작되기 전에 태어난 세대의 반란이었다는 것이 우연일까? 소련에서 변화에 대한 압력이 어느 곳으로부터 나온 것이든, 민초들로부터 나온 것은 아니었다.

실제로 그러한 압력은, 나올 수밖에 없었을 때, 꼭대기에서 나왔다. 명백히 열정적이고 진지한 공산주의 개혁가가 1985년 3월 15일에 정확히 어떻게 소련 공산당의 수반이라는, 스탈린의 계승자가 되었는지는 여전히 불분명하며, 마지막 몇십 년의 소련사가 비난과 자기변명보다는 역사연구의 주제가 될 때까지는 앞으로도 계속해서 불분명할 것이다. 어쨌든 중요한 것은 크렘린 정치의 세부사항이 아니라 고르바초프 같은 사람의 집권을 가능케 한 두 가지 조건이다. 첫째, 브레주네프 시대 공산당 지도부의 심해져가는 동시에 갈수록 노출된 부정부패가 —— 아무리 간접적인 방식의 것이더라도 —— 당의 이데올로기를 여전히 믿는 당의 일부 사람들을 격분시키지 않을 수 없었다. 또한 아무리 타락한 당이더라도 사회주의자인 지도자가 전혀 없는 공산당이 존재하기 어렵다는 것은, 기독교인인 주교와 추기경이 전혀 없는 카톨릭 교회가 존재하기 힘든 것과 마찬가지 이치 —— 양자 모두 진정한 신념체계에 기반한 것이므로 —— 다. 두번째, 소련 경제를 실제로 돌아가게 한, 교육받고 기술상의 자격을 갖춘 계층이, 급격하고 사실상 근본적인 변화가 이루어지지 않는다면 그 경제가 조만간 불가피하게 무너질 것이라는 것을 날카롭게 인식하고 있었다. 그 경제가 무너질 수밖에 없는 이유는 그 체제의 뿌리깊은 비효율성과 경직성 때문만이 아니라 그 경제의 결함이 군사적 초강대국으로서의 지위 —— 쇠락하는 경제가 전혀 뒷받침할 수 없었던 —— 가 요구하는 것들에 의해서 더욱 악화되었기 때문이었다. 경제에 대한 군사적 압박은 실제로, 여러 해만에 처음으로 소련 군대가 직접 참전한 1980년 이후 위태롭게 증가해왔다. 소련은 아프가니스탄에서 어느 정도의 안정을 확립하기 위해서 그 나라에 군대를 보냈다. 아프가니스탄은 1978년 이후 그 나라의 공산당인 인민민주당에 의해서 통치되어왔는데 그 당은 서로 싸우는 두 분파로 분열되었고 두 분파 모두, 농지개혁이라든가 여성을 위한 권리들의 도입과 같은 불경한 활동으로 인해 그 나라의 지주들과 이슬람교 성직자 및 여타의 현상유지 옹호자들의 반감을 샀다. 그 나라는 1950년대 초 이래, 서방세계의 혈압을 그다지 올리지 않은 채 조용히 소련의 영향권 내에 있었다. 그러나 미국은 소련의 움직임을 '자유세계'에 대한 심각한 군사적 공격으로 간주하기로 했고(또는 그렇게 간주하는 척했고), 그러한 입장에 따라 (파키스탄을 통해서) 이슬람 근본주의자인 산악전사들의 수중에 돈과 첨단무기를 무제한으로 쏟아부었다. 소련의 강력한 지원을 받은 아프가니스탄 정부는 예상대로 그 나라의 주요 도시들을 지키는 데에 별 어려움이 없었지만 소련측의 비용은 지나치게 높은 것이었다. 결국 아프가니스탄은 —— 의심할 바 없이 워싱턴의 일부 사람들이 의도했듯이 —— 소련의 베트남이 되었다.

이러한 상황에서 소련의 새로운 지도자로서 소련 내의 상황을 바꾸기 위해, 경제를 출혈시키던, 미국과의 제2차 냉전적 대결을 가능한 한 빨리 중단하는 것 외에 무슨 일을 할 수 있었을까? 바로 이것이 고르바초프의 당장의 목표였고 그가 가장 크게 성공을 거둔 일이었다. 그는 놀랄 정도로 짧은 기간에, 회의적인 서방정부들에게조차 그것이 소련의 진짜 의도임을 납득시켰던 것이다. 그러한 성공은 그에게 서방에서의 엄청난 인기를 지속적으로 안겨다주었으나 소련 내에서는 이와 대조적으로 그에 대한 열광이 갈수록 줄어들었고, 결국 그는 1991년에 그러한 상황의 희생물이 되었다. 어떤 한 사람이 약 40년간의 세계냉전을 끝냈다면 그가 바로 그러한 사람이었다.

1950년대 이래 공산주의 경제개혁가들의 목표는 시장에 의한 가격결정과 기업식의 손익계산을 도입함으로써 중앙계획 통제경제를 보다 합리적이고 유연하게 만드는 것이었다. 헝가리의 개혁가들은 이러한 방향으로 어느 정도 나아갔고, 체코슬로바키아의 개혁가들은 1968년의 소련 점령이 없었더라면 그러한 방향으로 훨씬 더 전진했을 것이다. 그들은 그러한 개혁이 정치체제를 자유화하고 민주화하는 일 역시 더욱 쉽게 만들 것이라고 생각했다. 이것은 고르바초프의 입장이기도 했다.[7] 그는 당연히 그러한 입장이 '현존'사회주의보다 나은 사회주의를 회복 또는 수립하는 길이라고 보았다. 소련 내의 어떤 영향력 있는 개혁가가 사회주의의 포기를 고려한다는 것은 있을 수는 있으나 ── 정치적으로 전혀 실현 불가능한 것으로 보였다는 이유만으로도 ── 극히 가능성이 낮은 것이었다. 다른 곳에서는, 개혁에 관계했던 노련한 경제학자들이 그 체제 ── 그것의 결함들에 대한 체계적인 분석은 1980년대에 처음으로 내부로부터 공공연하게 이루어졌다 ── 가 내부로부터는 개혁될 수 없다고 결론짓기 시작했지만 말이다.[8]

# IV

고르바초프는 소련 사회주의를 변화시키자는 운동을, (경제와 정치구조 둘 다의) 개조라는 뜻의 페레스트로이카와 정보의 자유라는 뜻의 글라스노스트라는 두 가지 슬로건을 가지고 시작했다.[9]

───────────────

7) 그는 공식적으로 선출되기 전에조차, 이탈리아 공산당의 극도로 '폭 넓고' 사실상 사회민주주의적인 입장에 대해서 공공연하게 공감을 표시했었다(Montagni, 1989, p. 85).

8) 이러한 종류의 가장 중요한 텍스트들은 헝가리인 야노스 코르나이가 쓴 것── 특히 「부족의 경제학(*The Economics of Shortage*)」(Amsterdam, 1980) ── 이다.

9) 글라스노스트가, 작가인 알렉산드르 솔제니친이 소련에서 추방당하기 전인 1967

　두 슬로건 사이에는 해결할 수 없는 모순으로 드러난 것이 존재했다. 소련 체제를 돌아가게 했던 것도, 그것을 변화시킬 수 있는 것으로 생각되었던 것도 오직, 스탈린주의 시대로부터 물려받은 사령부 격의 당/국가기구뿐이었다. 이는 러시아의 역사에서 쉽게 볼 수 있었던 —— 차르 시대에조차 —— 상황이었다. 개혁은 꼭대기로부터 나왔던 것이다. 그러나 당/국가기구는 동시에, 체제 —— 그 기구가 창출했고, 순응했고, 커다란 기득권이 걸려 있었고, 그에 대한 대안을 생각해내기가 어렵다는 사실을 발견한 —— 를 변화시키는 데에 주된 장애물이었다.[10] 그것이 유일한 장애물은 결코 아니었다. 개혁가들 —— 러시아에서만이 아닌 —— 은 그들의 나라와 인민들이 자신들의 촉구에 반응을 보이지 않는 것을 언제나 '관료제'의 탓으로 돌리고 싶어했지만, 당/국가기구의 대부분이 어떠한 주요 개혁에 대해서도 적대감을 숨긴 채 타성적으로 환영했다는 것은 부인할 수 없다. 글라스노스트는 그러한 저항에 맞서서 기구 안팎에서 지지를 동원하기 위한 것이었으나, 그것의 논리적 귀결은 행동할 수 있는 유일한 세력의 토대를 잠식한 것이었다. 앞서 암시했듯이 소련 체제의 구조와 그것의 작동방식은 기본적으로 군대와 비슷했다. 군대를 민주화하는 것이 그것의 효율성을 개선해주지는 못하는 법이다. 다른 한편, 군대 방식을 원하지 않는다면 그러한 방식을 파괴하기 전에 먼저 민간인 방식의 대안이 사용 가능한지 보아야 한다. 그렇게 하지 않는다면 개혁은 재건이 아니라 붕괴를 낳을 것이다. 고르바초프가 이끄는 소련은 글라스노스트와 페레스트로이카 사이의 이렇듯 갈수록 넓어지는 구렁 속으로 빠져들어갔다.

---

　년에 소비에트 작가동맹대회에 보내는 공개서한에서 촉구했던 것이라는 사실은, 공식적 개혁가들과 브레주네프 시기의 반체제 사고(思考) 사이의 상호 침투에 대한 흥미로운 증거다.

10) 중국의 한 공산당 관료가 1984년에 이와 비슷한 '개조'가 한창일 때 필자에게 말했듯이 "우리는 자본주의의 요소들을 우리 체제에 재도입하고 있지만 우리가 자신들을 어디로 몰고가는지 어떻게 알 수 있겠는가? 아마도 상해의 몇몇 노인들을 제외하면, 1949년 이래 중국에 사는 어느 누구도 자본주의가 무엇인지에 대해 전혀 경험이 없을 것이다."

상황을 더욱 악화시킨 것은 개혁가들의 마음속에 글라스노스트가 페레스트로이카보다 훨씬 더 명확한 강령이었다는 점이다. 글라스노스트는 일반적으로 이해하듯이, 법의 지배와 시민적 자유의 향유에 기반한 입헌적, 민주적 국가의 도입 내지 재도입을 의미했다. 이는 당과 국가의 분리와, (스탈린의 부상 이래의 모든 진행과정과 반대로) 실질적인 통치의 장소가 당에서 국가로 바뀌는 것을 의미했다. 이는 또한 일당제와, 당의 '영도적 역할'의 종식을 의미했다. 그것은 또한 명백히, 모든 수준에서 소비에트가 진정하게 선출된 대의체의 형태로 부활하는 것 —— 강력한 행정부에 권력을 수여하지만 그 행정부를 통제할 수 있는, 진정으로 주권을 가진 의회가 될 최고 소비에트가 그 절정을 이루는 —— 을 의미했다. 어쨌든 이론은 그랬다.

실제로, 새로운 헌법에 따른 체제가 결국 수립되었다. 페레스트로이카의 새로운 경제체제는 1987-88년에 소규모 사기업('협동조합') —— 즉, '제2경제'의 상당 부분 —— 에 대한 내키지 않는 합법화와, 언제나 적자를 내던 국영기업들에 대해서 파산을 원칙적으로 허용하는 결정에 의해 겨우 윤곽이 잡혔다. 실제로, 경제개혁에 대한 수사(修辭)와 현저히 약화되어가는 경제현실 사이의 괴리가 날이 갈수록 커졌다.

이는 몹시 위험한 것이었다. 왜냐하면 헌법개정은 일단의 정치적 기구들을 분해해서 또 다른 일단의 기구들로 대체한 것에 불과했기 때문이다. 그러한 변화는 새로운 제도들이 무엇을 할 것인가라는 문제를 여전히 미해결상태로 남겨놓았다. 민주주의에서의 결정과정이 아마도 군대식 명령체제에서보다 더 번거롭겠지만 말이다. 대부분의 인민들에게 다른 점은, 그들이 때때로 진정한 선거를 통한 선택권을 가진다는 것과 중간중간에 정부를 비판하는 야당 정치인들의 얘기를 들을 수 있다는 것뿐이었다. 한편, 페레스트로이카의 기준은 경제가 원칙적으로 어떻게 운영되는가가 아니라, 쉽게 나열할 수 있고 측정할 수 있는 점들에서 경제가 매일 어떠한 성과를 보이는가였고 그럴 수밖에 없었다. 페레스트로이카는 오직 결과에 의해서만 평가되었던 것이다. 대부분의 소련 시민들에게 이는, 그들의 실질소득과 그것을 버는 데에 필요한 노력과 그들이 얻을 수 있는 재화와 용역의 양과 범위가 얼마나 달라지는가 그리고 그러한 재화와 용역을 얼마나 얻기 쉬운가에 달려 있었다. 경제개혁가들이 무엇에 반대했고 무엇을 폐지하고 싶어했는지는 매우 분명했으나 그들의 적극적인 대안인, '경제정책을 결정하는 중앙'으로부터 거시경제학적으로 지도받는, 자율적이고 경제적으로 생존 가능한 기업들 —— 공기업이든 사기업이든 협동조합이든 —— 의 '사회주의 시장경제'는 단순한 문구에 불과했다. 그것은 단지 개혁가들이 사회주의의 이점을 잃지 않은 채 자본주의의 이점을 가지고 싶어했다는 것을 의미할 뿐이었다. 어느 누구도 중앙집중화된 국가통제경제에서 새로운 체제로의 이행이 현실적으로 어떻게 이루어질 수 있는지 그리고 —— 역시 중요한 것으로 —— 앞으로 당분간 국가경제와 비국가경제라는 이중 경제로 존속할 수밖에 없는 것이 실제로 어떻게 작동할 것인지에 대해서 최소한의 생각도 가지지 못했다. 젊은 개혁가 지식인들에 대한 대처주의적이거나 레이건주의적인 초급진적 자유시장 이데올로기의 호소력은 그 이데올로기가 이 문제들에 대한 과감할 뿐만 아니라 **자동적인** 해결책을 제공할 것을 약속했다는 데에 있었다(예상대로 그 이데올로기는 그러한 해결책을 주지 않았다).

고르바초프 개혁가들에게 이행의 모델에 가장 가까운 것은 아마도 1921-28년의 신경제정책에 대한 희미한 역사적 기억이었을 것이다. 그 정책은 어쨌든 "1921년 이후 여러 해 동안 농업, 상업, 공업, 세입을 다시 활성화하는 데에 눈부신 성과를 낳았고", "시장의 힘에 의존했기"때문에, 붕괴한 경제의 건강을 회복시킬 수 있었다(Vernikov, 1989, p.13). 게다가 모택동주의가 종식된 이후 시장자유화와 탈집중화라는 매우 비슷한 정책이 중국에서 극적인 성과를 거두었다. 1980년대에 중국의 GNP 성장률은 남한에게만 뒤지는 것으로, 연간평균이 거의 10퍼센트에 달했던 것이다(World Bank Atlas, 1990). 그러나 극도로 가난하고 기술적으로 뒤떨어졌으며 농촌이 압도적으로 우세했던 1920년대의 러시아와, 고도로 도시화되고 공업화된 1980년대의 소련 —— 가장 선진적인 산업 부문인 군산학복합체(軍産學複合體)(우주계획을 포함)가 어쨌든 단일한 고객으로 이루어진 시장에 의존했던 —— 은 서로 비교조차 할 수 없을 정도로 현격하게 다른 것이었다. 1980년의 러시아가 (당시의 중국처럼) 여전히 농촌민 —— 금전욕 이상의 부에 대한 생각이 텔레비전을 가지고 싶어하는 정도에 불과할(1970년대 초에 이미 소련 인구의 약 70퍼센트가 텔레비전을 하루에 평균 1시간 반씩 시청했다)(Kerblay, pp.140-41) —— 이 80퍼센트를 차지하는 나라였다면 페레스트로이카가 다소 더 잘 기능했을 것이라는 말은 그리 틀린 말이 아니다.

그럼에도 불구하고 소련의 페레스트로이카와 중국의 페레스트로이카 사이의 현격한 차이는 그러한 시차에 의해서만 설명될 수 없고, 심지어 중국인들이 주의깊게 자신들의 중앙통제체제를 그대로 유지했다는 명백한 사실로도 설명될 수 없다. 사회체제와 무관하게 경제성장에 유리한 것으로 드러난 극동의 문화적 전통으로부터 중국인들이 어느 정도 득을 보았는가를 조사하는 일은 21세기의 역사가들에게 맡겨야 할 것이다.

1985년에 어느 누가 6년 뒤에 소련과 그 공산당이 더 이상 존재하지 않게 될 것이라고 또한 사실상 유럽의 다른 모든 공산주의체제들이 사라질 것이라고 진지하게 생각했겠는가? 서방정부들이 1989-91년의 갑작스러운 붕괴에 전혀 대비하지 못했던 것으로 판단하건대, 서방의 이데올로기적인 적의 임박한 죽음에 대한 예언은 공적 수사(修辭)를 약간 바꾼 것에 불과한 것이었다. 소련을 갈수록 급박하게 절벽으로 몰고 간 것은 권위의 분해나 다를 바 없었던 글라스노스트와, 어떠한 대안도 제공하지 않은 채, 경제를 돌아가게 한 기존의 메커니즘을 파괴하고 그 결과 시민들의 생활수준을 갈수록 급격히 떨어뜨린 페레스트로이카의 결합이었다. 그 나라는 경제적 무정부상태에 빠진 바로 그 순간에 다원주의적 선거정치를 향하여 움직였다. 계획경제가 시작된 이래 처음으로 러시아는 1989년에

5개년계획을 더 이상 세우지 않았다(Di Leo, 1992, p.100n). 글라스 노스트와 페레스트로이카의 결합은 소련의 경제적, 정치적 통합의 얇은 토대를 침식했으므로 폭발성을 띤 결합이었다.

소련 —— 그것의 구성요소들이 주로 당, 군대, 비밀경찰이라는 전(全)연방적 기구들과 중앙계획에 의해서 결합된 —— 은 구조적으로 갈수록 지방분권화되어갔는데, 그러한 과정이 장기간의 브레주네프 시대보다 더 급속하게 이루어진 것은 결코 아니었다. 사실상 소련의 상당 부분은 자치권을 가진 봉건영주들의 체제였다. 그 체제의 각 지방 우두머리들 —— 자신들 밑에 지방별 지휘관들을 둔 연방공화국들의 당 서기들과, 경제를 계속 돌아가게 한, 크고 작은 생산단위의 관리자들 —— 은, 그들을 임명하고 전임시키고 면직시키고 호선하는 모스크바의 중앙 당기구에 대한 의존관계 정도에 의해서 그리고 모스크바에서 수립된 '계획을 이행할' 필요성에 의해서 서로 결합되었다. 각 영토의 우두머리들은 이렇듯 매우 넓은 범위 내에서 상당한 독립을 누렸다. 실제로, 실질적 기능을 보유한 기구들을 직접 운영해야 했던 사람들이 중앙으로부터 독립된 수평관계의 망을 발전시키지 않았다면 경제는 전혀 돌아가지 않았을 것이다. 비슷한 위치에 있는 다른 간부들과 부정거래를 벌이고 물물교환하고 특혜를 교환하는 이러한 망은 명목상 계획된 전체 경제 내의 또 다른 '제2경제'였다. 덧붙여 말하자면, 소련이 보다 복잡한 산업적, 도시적 사회가 됨에 따라 실제 생산 및 분배와, 시민들에 대한 일반적 보호를 담당한 간부들은, 자신의 상관들이지만 사복을 채우는 것 —— 그들 중 많은 수가 브레주네프 시대에 종종 엄청난 방식으로 그랬듯이 —— 말고는 구체적인 기능이 더 이상 분명하지 않았던 장관들과 순수 당 인사들에 대해서 갈수록 비우호적이 되었다. 노멘클라투라의 갈수록 극에 달하고 만연된 부정부패에 대한 혐오가 개혁을 진전시킨 초기의 연료였고, 고르바초프는 경제간부들, 특히 정체된 —— 과학기술용어로는 마비된 —— 경제의 운영을 진정으로 개선하기 원했던 군산복합체 간부들에게서 페레스트로이카에 대한 꽤 확고한 지지를 받았다. 사태가 실제로 얼마나 악화되었는지를 그들보다 더 잘 아는 이가 없었던 것이다. 게다가 그들은 자신의 활동을 수행하는 데에 당을 필요로 하지 않았다. 당 관료층이 사라지더라도 그들은 그 자리에 계속 있을 것이다. 그들은 반드시 필요한 존재였지만 관료층은 그렇지 않았다. 실제로, 그들은 소련이 무너진 뒤에도 계속 그 자리에 **있었다**. 공산주의가 무너진 뒤에 그들은 이전에 법적 소유권 없이 지휘해온 기업들의 (잠재적인) 법적 소유자로서, 새로 생긴(1990) '산학연합(産學聯合, NPS)'과 그 후속 단체들 내의 압력집단으로 조직되었던 것이다.

당의 명령체계는 부패하고 비효율적이고 대체로 기생적이었지만, 명령에 기반한 경제에서 그러한 체계는 여전히 없어서는 안 될 존재였다. 당의 권위에 대한 대안은 단기적으로, 입헌적, 민주적인 권위가 아니라 권위 부재였다. 이것이 실제로 일어난 일이었다. 고르바초프는 그의 후임인 옐친과 마찬가지로 자신의 권력기반을 당에서 국가로 바꾸었고, 헌법상의 대통령으로서 포고령에 의해 통치할 수 있는 권력을 합법적으로 축적했는데 몇몇 경우 그러한 권력은 이론상, 이전의 어떤 소련 지도자 —— 스탈린까지 포함해서—— 가 공식적으로 누렸던 것보다도 큰 것이었다(Di Leo, 1992, p. 111). 새로 확립된 민주적, 보다 정확히 말해서 입헌적-공적 의회인 인민대의원대회와 최고 소비에트(1989) 이외에는 아무도 그 사실에 주목하지 않았다. 소련에서는 더 이상 아무도 통치하지 않았고, 보다 정확히 말해서 아무도 복종하지 않았다.

따라서 소련은 암초를 향해서 돌진하는 고장난 거대한 유조선처럼 키를 잃은 채 해체를 향해서 떠내려갔다. 균열선은 이미 그어졌다. 한편으로는 대체로 국가의 연방구조 속에 구체화된 영토별 자치권력체계 단위로, 다른 한편으로는 자율적인 경제복합체 단위로 그어졌던 것이다. 소비에트 연방이 구성되었던 기반으로서의 공식적 이론이, 15개의 연방공화국들[11]에서나, 각 공화국들 내의 자치적

---

11) 영토상, 인구상으로 단연 최대인 러시아 연방(RSFSR, Russian Soviet Federated Socialist Republic) 외에도 아르메니아, 아제르바이잔, 벨로루시, 에스토니아, 그루지야, 카자흐스탄, 키르기스스탄, 라트비아, 리투아니아, 몰도바, 타지키스탄,

인 지역 및 영역들에서나 민족집단별로 영토상의 자치권을 가진다
는 이론이었으므로, 민족주의적 분열은 그 체제 내에 원천적으로
잠재해 있었던 셈이다. 소규모의 발트 3국을 제외하고는 분리주의
가, (에스토니아, 라트비아, 리투아니아, 아르메니아에서) 글라스노
스트에 부응하여 최초의 민족주의적 '전선' 내지 운동조직들이 수
립된 1988년 이전에는 생각조차 되지 않았지만 말이다. 그러나 이
단계(1988년의 상황/역주)에서는 발트 3국에서조차 그러한 전선들
과 조직들이 중앙을 공격하기보다는 불충분하게 고르바초프주의적
인 그 지역 공산당들이나, 아르메니아의 경우 이웃 아제르바이잔을
공격했다. 목표는 아직까지는 독립이 아니었다. 비록 1989-90년에
선거정치로의 돌진의 영향으로 그리고 새로운 의회들 내에서 급진
적 개혁가들과 조직적으로 저항을 벌인 당내 기성세력 사이에 벌어
진 투쟁뿐만 아니라, 고르바초프와 그에게 화가 난 희생자이자 경
쟁자이자 결국 뒤를 잇게 될 옐친 사이의 알력의 영향으로 민족주
의가 급속하게 급진화되었지만 말이다.

본질적으로 급진적 개혁가들은 철통같이 자신을 방어한 당 고위
층을 공격하기 위해서 공화국들 내의 민족주의자들에게서 지지를
구했고, 그러한 과정에서 이들의 힘을 강화시켰다. 러시아 자체에
서는, 주변 공화국들 —— 러시아로부터 보조금을 받고 갈수록 러시
아보다 더 잘산다고 느껴진 —— 의 이해관계와 충돌하는 러시아의
이해관계에 대한 호소가, 중앙의 국가기구에 확고히 뿌리내린 당
관료주의를 추방하려는 급진주의자들의 투쟁의 강력한 무기였다.
낡은 정치에서의 성공을 위한 재능(냉혹함과 교활함)을 새로운 정
치에서의 성공을 위한 재능(대중선동, 명랑함, 대중매체에 대한 감
각)과 결합시킨, 통제사회가 낳은 당의 오랜 실력자인 옐친으로서,
정상에 오르는 길은 고르바초프의 소비에트 연방 기구들의 기선을
제압할 수 있도록 러시아 연방을 장악하는 데에 있었다. 사실, 그때
까지 소비에트 연방과 그것의 가장 중요한 구성요소인 러시아 연방

투르크메니스탄, 우크라이나, 우즈베키스탄이 있었다.

은 서로 명확히 구별되는 존재가 아니었다. 옐친은 러시아를 다른 공화국들과 같은 일개 공화국으로 변화시킴으로써 소비에트 연방의 해체를 사실상 촉진했다. 그가 통제하는 러시아가 소비에트 연방을 사실상 대체할 것이었다. 이것이 1991년에 실제로 일어난 일이었다.

경제적 분해는 정치적 분해를 진전시키는 데에 일조한 동시에 정치적 분해에 의해서 촉진되었다. 계획과, 중앙으로부터의 당 지시가 사라졌으므로 실질적인 **국민**경제는 존재하지 않았고, 모든 공동체와 영토 또는 영토를 관리할 수 있는 여타의 단위들이 자기보호 및 자급자족이나 상호 교환으로 치달을 뿐이었다. 그러한 행위들에 언제나 익숙했던 지방의 큰 기업도시들의 통솔자들은 공산품을, 그 지역의 집단농장의 대표들이 내놓은 식료품과 교환했다. 극적인 사례로, 레닌그라드 당 지도자인 기다스포프는 그 도시의 심각한 곡물부족 문제를 해결하기 위해 카자흐스탄 당수인 나자르바예프에게 전화를 걸어서 신발과 강철을 곡물과 교환했다(Yu Boldyrev, 1990). 그러나 기존 당 서열의 두 정상급 인물 사이의 이러한 종류의 거래조차 사실상 전국적 분배체계를 무시한 것이었다. "지방배타주의, 자급자족, 원시적 관행들로의 퇴보가 지방의 경제적 힘들을 자유화한 법들의 현실적인 결과로 보였다."(Di Leo, p.101)

돌아설 수 없는 지점에 이른 것은 프랑스 혁명 발생 200주년인 1989년 후반이었다. 당시 프랑스의 '수정주의' 역사가들은 그 혁명이 더 이상 존재하지 않거나 20세기 정치와 무관하다는 것을 입증하느라 바빴다. (18세기 프랑스에서 그랬듯이) 정치적 붕괴가 그해 여름에 민주적인 또는 대체로 민주적인 새 의회들이 소집된 뒤에 일어났다. 경제적 붕괴가 1989년 10월-1990년 5월의 결정적인 몇 달 동안에 돌이킬 수 없게 되었다. 그러나 당시 세계의 이목은 그와 관련되지만 부차적인 현상에 집중되었다. 유럽의 위성국 공산주의 정권들의 갑작스럽고 역시 뜻밖이었던 해체가 그것이다. 1989년 8월과 그해 말 사이에 폴란드, 체코슬로바키아, 헝가리, 루마니아, 불가리아, 동독에서 ―― 루마니아를 제외하고는 총 한 방 쏘지 않고 —— 공산주의 권력이 물러나거나 더 이상 존재하지 않게 되었다. 그 직후에, 소련의 위성국이 아니었던 두 발칸 국가 —— 유고슬라비아와 알바니아 —— 역시 더 이상 공산주의체제가 아니게 되었다. 동독은 곧 서독에 병합되었고, 유고슬라비아는 곧 분해되어 내전에 들어갔다. 그 과정은 서방세계의 텔레비전 스크린을 통해서 방영되었을 뿐만 아니라, 다른 대륙들의 공산주의 정권들에 의해서 근심 어린 눈으로 주시되었다. 그러한 정권들로는 중국처럼 (적어도 경제문제에 대해서) 급진적으로 개혁주의적인 정권에서 쿠바처럼 구식의 철저한 중앙집중제적인 정권(제15장을 보라)에 이르기까지 여러 종류가 있었지만 아마도 그 모두가 소련이 무제한적인 글라스노스트에 빠지고 권위가 약화된 것이 정말로 사실인지 의심했을 것이다. 자유화와 민주주의를 위한 운동이 소련에서 중국으로 확산되었을 때 북경 정부는 1989년 중반에 어느 정도의 명백한 망설임과 격렬한 내부논쟁 끝에 가장 명백한 방식으로, 즉 프랑스 혁명 동안에 대중들의 소요를 진압하는 데에 역시 군대를 사용한 나폴레옹이 "한 방의 포도탄"이라고 불렀던 것을 통해서, 자신의 권위를 재확립하기로 결정했다. 군대는 수도의 중심 광장에서 대규모 학생시위대를 해산시키는 과정에서 상당한 인명손실을 냈다. 이 책을 쓰고 있을 때 믿을 만한 자료는 입수할 수 없었지만 아마도 수백 명이 죽었던 것으로 보인다. 천안문 광장 대학살은 서방의 여론을 소름끼치게 했고, 그 사건으로 인해 중국공산당은 의심할 바 없이, 당원들을 포함해서 젊은 세대의 중국 지식인들 사이에서 여전히 누렸을지도 모르는 정통성의 대부분을 잃었다. 그러나 중국 정권은 그 사건으로 인해서 당장은 정치적 문제에 부딪치지 않은 채 성공적인 경제자유화정책을 계속 자유로이 수행할 수 있었다. 1989년 이후 공산주의의 붕괴는 소련과 그 궤도 내의 국가들(양차 세계대전 사이에 중국의 지배 대신에 소련의 보호를 택했던 외몽골을 포함한)에 국한되었다. 멀리 떨어져 있고 고립된 쿠바뿐만 아니라 아시아의 살아남은 공산주의체제 3개국(중국, 북한, 베트남)은 당장은 영향받지 않았다.

## V

1789년의 200주년에는 특히나, 1989-90년의 변화들을 동유럽 혁명으로 묘사하는 것이 자연스럽게 보였고, 완전한 체제전복에 이른 사건들이 곧 혁명적인 사건인 한 그러한 말은 적절한 것이지만 실제로는 오해를 불러일으키는 말이다. 동유럽의 체제들 중 어떤 것도 **전복**되지는 않았던 것이다. 폴란드를 제외하고는 어떤 체제에도, 조직된 것이든 아니든 그 체제에 심각한 위협이 될 만한 국내세력이 전혀 없었고, 폴란드의 경우에는 강력한 정치적 반대세력이 있었다는 사실이 오히려, 그 나라의 체제가 하루아침에 붕괴되지 않고 타협과 개혁의 협상과정을 통해서 교체되는 결과를 낳았다. 스페인이 1975년 프랑코 장군의 사후에 민주주의로 이행했던 방식과 다르지 않게 말이다. 소비에트권 내의 체제들에 대한 가장 직접적인 위협은 모스크바에서 나왔다. 모스크바는 더 이상 1956년과 1968년처럼 군사적 개입을 통해서 그들을 구제해주지 않을 것——냉전이 끝남으로써 그 체제들이 소련에게 전략적으로 덜 필요하게 되었다는 이유만으로도 —— 임을 명확히 했던 것이다. 모스크바는, 그 체제들이 살아남기를 원한다면 폴란드와 헝가리 공산주의자들의 자유화, 개혁, 유연성의 노선을 따르는 것이 현명할 것이라고 보았지만, 같은 이유로 베를린과 프라하의 강경파에게 강요하지는 않을 것이었다. 각 체제는 자신의 일을 자신이 결정할 것이었다.

소련이 물러났다는 것 자체가 그 체제들의 파산을 예고했다. 그 체제들은 오직, 자신의 주위에 만들어놓은 공백 —— 이민(그것이 가능한 곳의 경우)이나 주변적인 반체제 지식인 집단의 형성(소수에게만 국한된)을 제외하고는 현 상태에 대한 대안을 전혀 허용하지 않는 —— 덕분에 권력을 계속 유지했다. 시민들의 대다수는 대안이 전혀 없었기 때문에 현 상황을 있는 그대로 받아들였다. 정력과 재능과 야심을 가진 사람들은 체제 내에서 활동했는데 그 이유는 이러한 것들을 요구하는 어떠한 지위도, 사실상 재능의 어떠한 공적 표현 —— 장대높이뛰기나 체스와 같은 전적으로 비정치적인 분야에서조차 —— 도 체제 내에서 또는 체제의 허용을 통해서 존재하거나 이루어졌기 때문이다. 이러한 사정은 주로 예술분야에서의 허용된 저항 —— 체제의 쇠퇴기에 발전할 수 있었던 —— 에조차 적용되었다. 이민하지 않는 길을 택했던 반체제 작가들이 공산주의 몰락 이후에 부역자로 취급당하는 수모를 겪으며 깨달았듯이 말이다.[12] 대부분의 사람들이, 정부의 의견에 동조하지 않는 것에 대한 형벌이 더 이상 무섭지 않을 때조차 투표나 시위와 같은, 체제에 대한 형식적 지지 표명 —— 초등학교 어린이들을 제외하고는 아무도 그 진실성을 믿지 않는 —— 을 비롯한 조용한 삶을 택한 것은 놀랄 만한 일이 아니다. 특히 체코슬로바키아와 구동독 같은 강경노선의 나라들에서 구체제가 무너진 뒤에 그 체제가 그렇게도 격렬하게 비난받았던 이유들 중 하나는 다음과 같다.

엉터리 선거에서 대다수가 불쾌한 결과 —— 그리 심각한 결과가 아닐지라도 —— 를 피하는 쪽에 표를 던졌다. 또한 그들은 의무적인 행진에 참가했다.……보잘것없는 특전만으로도 경찰 밀고자들을 쉽게 얻을 수 있었는데, 그들은 종종 매우 가벼운 압력만으로도 봉사하는 데에 동의했다.(Kolakowski, 1992, pp.55-56)

그러나 그 체제를 진정으로 신뢰했거나 그 체제에 대해 충성을 느꼈던 이는, 그 체제를 통치한 자들 중에서조차 거의 없었다. 그들은 대중이 결국 수동성을 버리고 반대의사를 표명했을 때 의심할 바 없이 놀랐지만 —— 그 놀란 모습은 1989년 12월 군중의 충성스러운 환호 대신에 야유에 부딪친 차우셰스쿠 대통령의 얼굴을 담은 비디오테이프에 영구적으로 포착되었다 —— 그들을 놀라게 한 것은 반대의사가 아니라 오직 행동이었다. 진실이 드러난 순간에 어떠한

---

12) 러시아의 작가 솔제니친과 같은 공산주의의 열렬한 적조차, 그의 초기 소설들의 발표를 개혁주의적 목적으로 허용/고무했던 체제를 통해서 작가로서의 명성을 굳혔다.

동유럽 정부도 군대에게 발포를 명령하지 않았다. 루마니아에서를 제외하고는 모두가 조용히 물러났고, 루마니아에서조차 정부의 저항은 짧았다. 아마도 그들은 통제권을 다시 얻을 수 없었겠지만 아무도 통제권의 회복을 시도조차 하지 않았다. 어느 곳의 공산주의 과격파집단도 자신의 신념을 위해서 또는 수많은 이들 국가에서의 40년 공산주의 통치의 인상적인 기록을 위해서조차 벙커 속에서 죽을 준비가 되어 있지 않았다. 그들이 무엇을 수호해야 했는가? 서방 이웃 나라들에 대한 열세가 자명하게 드러난 경제체제? 그 체제는 갈수록 쇠약해지고 있었고, 진지하고 이성적인 개혁시도가 이루어진 곳에서조차 개혁 불가능한 것으로 드러났다. 아니면 지난 날 공산당 간부들을 고무해온 논거, 즉 사회주의가 자본주의보다 우월하며 자본주의를 대체할 운명이라는 논거를 명백히 상실한 체제? 그러한 논거는 1940년대나 심지어 1950년대까지도 믿기 어려운 것으로 보이지 않았지만, 이제 누가 그것을 믿을 수 있었겠는가? 공산주의 국가들은 더 이상 단결조차 하지 않았고 때때로 사실상 서로 무기를 들고 싸우기까지 했으므로(이를테면 1980년대 초의 중국과 베트남) 더 이상 단일한 '사회주의 진영'이라는 말조차 쓸 수 없게 되었다. 기존의 희망들 중에서 남은 것이라고는 10월혁명의 나라인 소련이 지구상의 양대 초강대국 중 하나라는 사실밖에 없었다. 아마도 중국을 제외하고는 모든 공산주의 정부와 제3세계의 어지간히 많은 공산당과 공산국 또는 공산주의운동이 상대편의 경제적, 전략적 우위에 대한 이러한 균형추의 존재 덕을 얼마나 많이 보았는지를 잘 알고 있었다. 그러나 소련은 자신이 더 이상 질 수 없는 정치-군사적 부담을 눈에 띄게 줄여나갔고, 결코 모스크바의 종속국이 아니었던 공산국들(유고슬라비아, 알바니아)조차 그러한 균형추의 소멸이 자신들을 얼마나 크게 약화시킬 것인지를 깨닫지 않을 수 없었다.

어쨌든 소련에서나 유럽에서나 한때 오래된 신념으로 버텨왔던 공산주의자들은 이제 과거의 세대가 되었다. 1989년에 여러 나라에서 60세 미만의 사람들 가운데 공산주의와 애국주의를 결합시켰던 경험, 즉 제2차 세계대전과 레지스탕스의 경험을 공유할 수 있는 사람은 드물었고, 50세 미만의 사람들 중에서는 그 시기에 대한 직접적인 기억을 가진 사람조차 거의 없었다. 국가들의 정당화 원칙은 대부분의 국민들에게 공식적인 수사(修辭)이거나 고령자들의 일화집에 불과했다.[13] 당원들조차 젊은 사람들의 경우는 기존 의미의 공산주의자가 아니라 우연히 공산당의 통치를 받게 된 나라에서 출세한 남녀(안타깝게도 여성은 훨씬 적었다)인 경우가 보통이었다. 시대가 일단 바뀌면 그리고 그러한 행동이 허용될 경우, 그들은 즉시 자신의 옷을 바꿔 입을 태세가 되어 있었다. 요컨대 소련의 위성국체제들을 운영한 사람들은 자신의 체제에 대한 신념을 잃었거나 결코 가진 적이 없었다. 그들은 체제가 작동할 수 있는 한, 체제를 작동시켰을 뿐이다. 소련 자신이 그 체제들과 관계를 끊으려 한다는 것이 분명해지자 (폴란드와 헝가리의 경우처럼) 개혁가들은 평화적인 이행을 협상하고자 했고, (체코슬로바키아와 동독의 경우처럼) 강경파들은 시민들이 더 이상 복종하지 않는다는 것 —— 군대와 경찰은 여전히 복종했지만 —— 이 명백해질 때까지 버티고자 했다. 그들은 두 경우 모두, 자신들의 시대가 끝났다는 것을 깨달았을 때 조용히 물러났고, 그럼으로써 그러한 행동은 명백히 '전체주의' 체제들로서는 상상도 할 수 없는 것이라고 주장해온 서방 선전가들에게 무의식적으로 복수했다.

그들은 단기간에, 반체제나 반정부를 대표해왔고 대중시위—— 구체제들이 평화적으로 물러나는 계기가 된 —— 를 조직해왔거나 성공적으로 촉구해왔던 —— 아마도 조직하는 쪽보다는 촉구하는 쪽에 더 유능했던 것으로 보이는 —— 남녀들(이번에도 여성은 훨씬 드물었다)로 대체되었다. 그러한 대체세력은, 교회와 노동조합이 반정부의 주력이었던 폴란드에서를 제외하고는, 단기간 민중의 선두에 서게 되었던 일군의 단상(壇上) 지도자들인 종종 매우 용감했

---

13) 이는 명백히, 해방투쟁이 1970년대 중반까지 계속되었던 베트남과 같은 제3세계 공산국들의 경우에는 적용되지 않는다. 그러나 거기에서도 역시 국민들의 기억 속에는 아마도 해방전쟁의 내분이 더 생생하게 남아 있었던 것으로 보인다.

던 몇몇 지식인들 —— 종종, 역사가에게 생각나는 1848년 혁명들에
서처럼 대학교수나 예술계 인사 —— 로 이루어졌다. 잠시 동안, 반
체제 철학자들(헝가리)이나 중세사 역사가들(폴란드)이 대통령이
나 수상으로 고려되었고, 실제로 극작가 바츨라프 하벨이, 스캔들
을 일으키기 좋아하는 미국인 록 음악가에서부터 합스부르크 고위
귀족의 구성원(슈바르첸베르크 공)에 이르는 별난 구성의 고문단에
둘러싸인 채 체코슬로바키아의 대통령이 되었다. 또한 '시민사
회' —— 권위주의적 국가를 대체한, 자발적인 시민들의 조직들이나
사적 활동들의 총체 —— 에 대한 논의와, 볼셰비즘에 의해서 왜곡
되기 전의 혁명원칙들로의 복귀에 대한 논의가 봇물처럼 터져 나왔
다.[14] 안타깝게도 자유와 진실의 순간은 1848년처럼 이번에도 지속
되지 않았다. 정치와, 국정을 운영하는 자리들은 늘상 그러한 역할
을 맡았던 자들에게로 되돌아갔다. 특별'전선들'이나 '시민운동들'
은 부상했을 때만큼이나 급속하게 무너졌다.

　소련의 경우 역시 마찬가지였던 것으로 드러났다. 그 나라에서
당과 국가의 붕괴는 1991년 8월 이전까지는 보다 느리게 진행되었
다. 페레스트로이카의 실패와 그에 따른 시민들의 고르바초프에 대
한 거부는 갈수록 명백해졌다. 그의 인기가 정당하게도 여전히 높
았던 서방에서는 그 사실이 제대로 인식되지 않았지만 말이다. 페
레스트로이카의 실패는 그 소련의 지도자로 하여금 일련의 비밀공
작들을 벌이고, 소련 정치의 의회주의화로 부상한 정치집단들이나
권력집단들과의 동맹관계를 계속해서 변화시킬 수밖에 없도록 했
다. 이러한 행위로 인해서 그는, 처음에 그를 중심으로 집결했던 개
혁가들 —— 사실상 그가 국가를 변화시키는 세력으로 만들어준——
로부터도, 파편화된 당 블록 —— 그가 그 힘을 파괴해버린 —— 으로

---

14) 필자는 1991년 워싱턴의 한 회의에서 벌어졌던 그러한 논의들 중 하나가 주미 스
페인 대사에 의해서 구름 위에서 내려왔던 것이 생각난다. 그는 1975년 프랑코 장
군의 사후에 (당시 주로 자유주의적 공산주의자였던) 젊은 학생들과 전(前) 학생
들이 이와 거의 비슷한 감정을 느꼈다고 회고했는데, 그의 생각에 따르면 '시민사
회'는 단지, 잠시 동안 실제로 민중 전체를 대변하게 된 젊은 이데올로그들이 그
러한 상황을 영구적인 것으로 보고 싶어한다는 것을 의미할 뿐이었다.

부터도 불신당하게 되었다. 그는, 자신이 개혁하고 싶어했던 것을 파괴했고 그 과정에서 자신도 파괴된 알렉산드르 2세[15](1855-81)에 비견될 만한, '해방자 차르' 공산주의자라는 비극적 인물이었고 그러한 인물로 역사에 남을 것이다.

매력적이고 진지하고 지적이고 진정으로 공산주의 —— 그가 스탈린의 부상 이래 부패했다고 본 —— 의 이상(理想)에 따라 움직였던 고르바초프는 역설적이게도, 그가 낳은 민주주의 정치의 혼란을 헤쳐나가기에는 너무도 조직에 충실한 사람이었고, 단호한 행동을 취하기에는 너무도 위원회 중심적인 사람이었으며, 민중들의 현실에 대한 기존 당 보스의 감각을 갖기에는 도시적, 산업적 러시아 —— 그가 다룬 적이 전혀 없는 —— 에 대한 경험이 너무 없었다. 그의 문제는 경제를 개혁하기 위한 효과적인 전략이 없었다는 데에 있다기보다는 —— 그가 물러난 뒤에조차 아무도 그러한 전략을 가지지 못했다 —— 그가 그의 나라의 일상적 경험으로부터 너무 동떨어져 있었다는 데에 있었다.

전후세대에 속하는 또 한 사람의 50대 지도급 소련 공산주의자와 대비해보는 것이 유익할 것이다. 1984년에 개혁 추세의 일환으로 아시아의 카자흐스탄 공화국을 맡게 된 누르술탄 나자르바예프는 (다른 많은 소련 정치가들처럼 그리고 고르바초프나 사실상 비사회주의국들의 어떤 정치가와도 다르게) 공장노동자에서 출발해 전업(專業) 공직자가 된 사람이었다. 그는 자신의 공화국의 대통령이 됨으로써 당에서 국가로 이동했고, 지방분권화와 시장을 비롯한 필요한 개혁들을 추진했으며, 고르바초프와 소련 공산당의 몰락 —— 그가 환영하지 않았던 —— 이후에도 살아남았다. 그러한 몰락 뒤에도 그는 여전히, 그림자 같은 '독립국가연합(CIS)' 내에서 가장 힘있는 사람들 중 하나였다. 그러나 항상 실용주의자였던 나자르바예프는 그의 봉토(와 그곳의 주민)의 위치를 최대한 활용하는 정책을 체계적으로 추진했고, 시장개혁이 사회혼란을 일으키지 않도록 최대한

---

15) 그는 농노를 해방했고 여타의 수많은 개혁들을 수행했으나, 그의 치세에 처음으로 일정한 세력으로 성장한 혁명운동집단에 속한 사람들에게 암살당했다.

주의를 기울였다. 시장은 예스, 통제되지 않은 물가상승은 단호히
노였다. 그 자신이 선호한 전략은 다른 소비에트(또는 구[舊]소비
에트) 공화국들 —— 그는 중앙아시아 소비에트 공동시장을 선호했
다 —— 과의 쌍무적인 무역거래와, 외국자본과의 합작사업이었다.
그는 러시아나 심지어 비공산국들 사람을 일부 고용했으므로, 급진
적인 경제학자들의 견해에 반대하지 않았던 셈이다. 즉 제2차 세계
대전 종전 이후의 자본주의 경제가 실제로 얼마나 성공적으로 작동
했는가를 생생하게 보여준 남한 경제기적의 브레인 중 하나를 초빙
했던 것이다. 생존과 아마도 성공에 이르는 길은 선의(善意)보다는
현실주의라는 딱딱한 자갈로 포장되었다.

  소련의 말년은 슬로 모션의 파국이었다. 1989년 유럽 위성국들의
몰락과, 독일 통일에 대한 모스크바의 마지못한 인정은 국제적 강
대국으로서의 소련 —— 초강대국으로서는 말할 것도 없고 —— 의
붕괴를 입증했다. 1990-91년의 페르시아만 위기에서 소련이 어떠한
역할도 할 수 없었다는 것은 이러한 사실을 부각시킬 뿐이었다. 국제
적으로 말해서 소련은 큰 전쟁에서 전면적으로 패배한 나라 —— 실
제로는 한 차례의 전쟁도 치르지 않았지만 —— 와도 같았다. 그럼에
도 불구하고 소련은 전(前) 초강대국의 군대와 군산복합체를 계속
보유했고, 그러한 상황이 그 나라의 정치에 상당한 제한을 가했다.
국제적 지위폭락이, 민족주의 감정이 강력했던 공화국들, 특히 발
트 3국과 그루지야에서 분리주의를 고무했지만 —— 리투아니아는
1990년 3월에 도발적으로 전면독립을 선언함으로써 능력을 시험했
다[16] —— 소비에트 연방의 해체가 민족주의 세력들에 기인한 것은
아니었다.

  그 해체는 기본적으로 중앙권위의 분해에 기인한 것이었다. 그러
한 분해는 그 나라의 모든 지역이나 그 밑의 행정단위들로 하여금
자신을 돌보고, 특히 대혼란에 빠진 경제의 폐허에서 건질 수 있는

---

16) 아르메니아 민족주의는 아제르바이잔에 카라바흐 산 지역을 요구함으로써 소련
  의 붕괴를 촉진했지만, 소련의 소멸을 원할 정도로 정신나가지는 않았다. 소련이
  존재하지 않았더라면 아르메니아 역시 존재하지 않았을 것이다.

모든 것을 건지도록 강제했다. 굶주림과 부족이 소련의 마지막 2년 동안에 일어난 모든 일의 이면에 있었다. 주로, 글라스노스트의 명백한 수혜자였던 대학교수 출신의 절망한 개혁가들은 구체제와 그것에 관한 모든 것이 완전히 파괴되기 전까지는 아무것도 이루어질 수 없다는 묵시록적 극단주의로 치달았다. 경제적인 측면에서는, 전면적인 사유화를 이루고 100퍼센트 자유시장을 어떠한 댓가를 치르고라도 즉각 도입함으로써 기존 체제를 완전히 분쇄해야 한다. 대략 몇 주 또는 몇 달 내에 이러한 일을 하기 위한 극적인 계획들('500일 프로그램'이 존재했다)이 제안되었다. 이러한 정책들은 자유시장이나 자본주의 경제에 대한 어떠한 이해에도 기반하지 않았다. 비록 그것들은 소련을 방문한 미국과 영국의 경제학자들과 재정전문가들이 강력히 추천한 것이기는 하지만 말이다. 그들의 견해는 또한 소련 경제에서 실제로 진행되고 있는 것에 대한 어떠한 이해에도 기반하지 않았다. 양쪽(극단주의적 개혁가들과, 미국과 영국의 경제학자들 및 재정전문가들/역주) 다 기존 체제, 보다 정확히 말해서 통제경제 —— 그것이 존재하는 한 —— 가 주로 사유재산과 사기업에 기반한 경제보다 훨씬 열등하며, 구체제는 개조된 형태조차 운이 다했다고 가정한 점에서는 옳았다. 그러나 양쪽 다, 중앙에서 계획된 통제경제가 이런저런 형태의, 시장에 의해서 돌아가는 경제로 실제로 어떻게 변화될 것인가 하는 현실적 문제를 다루는 데에 실패했다. 대신에 그들은 초급 경제학 강의식으로 시장의 장점들을 추상적으로 증명하기를 반복했다. 그들은 수요와 공급이 일단 자유롭게 작동할 수 있게 되면, 시장이 자동적으로 상점의 선반들을, 생산자들이 내놓지 않았던 상품들 —— 알맞은 가격의—— 로 채워줄 것이라고 주장했다. 그러나 소련의 오랫동안 고생해온 시민들 대부분은 그러한 일이 일어나지 않을 것임을 알고 있었고 실제로, 소련이 더 이상 존재하지 않게 된 후 충격요법적 자유화가 단기간 시행되었을 때 그러한 일은 일어나지 않았다. 게다가 그 나라의 어떠한 진지한 관찰자도, 2000년에도 여전히 소련 경제의 국가 및 공공 부문이 상당한 비중을 차지하지는 않을 것이라고 생각하지 않았다. 프리드리히 폰 하이에크와 밀턴 프리드먼의 사도들은 그러한 혼합경제라는 생각 자체를 비난했다. 그들은 그 경제가 어떻게 운영될 수 있는지 또는 어떻게 변화될 수 있는지에 대해서 조언할 말이 전혀 없었다.

그러나 최종적 위기가 결국 도래했을 때 그 위기는 경제적인 것이 아니라 정치적인 것이었다. 당, 계획수립자와 과학자, 국가에서부터 군대, 보안기구, 스포츠 당국에 이르기까지 소련의 사실상 기성 권력조직 전체에게 소련의 전면적 붕괴라는 생각은 받아들일 수 없는 것이었다. 1989년 이후조차 발트 3국을 제외한 그 어느 곳에서 다수의 소련 시민들이 그러한 붕괴를 원했는지 또는 상상이라도 했는지는 알 수 없지만 그랬을 가능성은 별로 없어 보인다. 1991년 3월의 국민투표에서 유권자의 76퍼센트 —— 그 수치에 대해서 어떠한 유보조건을 달든 —— 가 "어떤 민족에 속한 사람이든 권리와 자유를 완전히 보호받는, 주권을 가진 동등한 공화국들의 연방으로 쇄신된 것으로서" 소련을 유지하자는 쪽에 표를 던졌던 것이다 (*Pravda*, 1991년 1월 25일자). 그러한 붕괴는 확실히, 공식적으로는 연방의 어떤 주요 정치가의 정책에도 속하지 않았다. 그러나 중앙의 분해는 불가피하게 원심력을 강화하고 붕괴를 피할 수 없게 한 것으로 보이며, 특히 옐친 —— 고르바초프의 별이 기욺에 따라 그의 별이 떠올랐다 —— 의 정책 때문에 더더욱 그렇게 되었다. 이제 연방은 유명무실해졌고 공화국들이 유일한 실체가 되었다. 4월 말에 고르바초프는 9개의 주요 공화국들[17]의 지지를 받으며 '연방조약'을 맺었다. 이 조약은 1867년의 오스트리아-헝가리 타협의 방식과 다소 비슷하게, (직선제로 선출된 연방 대통령을 수반으로 한) 중앙의 연방권력의 존재를 계속 유지하기 위한 것이었다. 그 조약에 따르면 연방권력은 군대와 대외정책을 맡고, 각 공화국 재정정책의 상호 조정과 나머지 세계와의 경제적 관계에 대한 조정을 담당할 것이었다. 그 조약은 8월 20일에 발효될 예정이었다.

---

17) 즉 발트 3국, 몰도바, 그루지야 그리고 —— 불분명한 이유로 —— 키르기스스탄을 제외한 모든 공화국들.

당과 소련의 기성 권력층 대부분에게는 이 조약 역시, 다른 모든 법규와 마찬가지로 운이 다한, 고르바초프의 또 하나의 공문(空文)에 불과했다. 그리하여 그들은 그 조약을 연방의 묘비명으로 간주했다. 조약 발효 예정일 이틀 전에 연방의 사실상 모든 유력자들, 즉 국방부 장관과 내무부 장관, KGB 국장, 소련의 부통령과 수상, 당의 핵심인물들이 대통령 겸 서기장이 없으므로(그는 휴가중에 연금당했다) 비상위원회가 권력을 인수할 것이라고 선언했다. 그것은 쿠데타라기보다는 —— 모스크바에서 아무도 체포되지 않았고 방송국들조차 접수되지 않았다 —— 시민들이 질서와 통치로의 복귀를 환영하거나 적어도 조용히 받아들일 것이라는 자신 있는 희망 속에서 실질적인 권력기구의 작동 재개를 선언한 것이었다. 그것은 혁명이나 민중들의 봉기에 의해서 패배하지 않았다. 모스크바의 주민들은 여전히 조용했고, 쿠데타에 항의하는 파업에 대한 촉구는 무시되었던 것이다. 소련사의 대부분이 그랬듯이, 그것은 오래도록 고통받던 인민들과 무관하게 소집단의 행동가들이 벌인 연극이었다.

그러나 그것이 다는 아니었다. 30년, 아니 심지어 10년 전만 해도 권력이 실제로 어디에 있다는 선언만으로 충분했을 것이다. 사실은 이번에도 소련의 시민들 대부분은 일어서지 않았다. (여론조사에 따르면) 국민의 48퍼센트와 —— 덜 놀랄 만한 일로 —— 당 위원회의 70퍼센트가 '쿠데타'를 지지했다(Di Leo, 1992, pp.141, 143n). 마찬가지로 중요했던 사실로, 쿠데타의 성공을 기대하는 외국정부들의 수가 쿠데타를 인정하고 싶어하는 외국정부들의 수를 넘었다.[18] 그러나 당/국가의 권력에 대한 구식의 재확언은 머릿수 계산보다는 전국민의 자동적인 동의에 의지하는 것이었다. 1991년에는 중앙권력도, 전국민의 복종도 존재하지 않았다. 진정한 쿠데타였다면 소련의 영토와 주민 대부분에 대해 성공을 거두었을지도 모르며,

---

18) '쿠데타' 첫 날에 핀란드 정부의 약식 공보는 고르바초프 대통령의 연금 소식을 네 페이지의 공보문 중 세번째 페이지 중간부 하단에서 논평 없이 간략하게 보도했다. 그 공보는 쿠데타 시도가 명백히 실패한 뒤에서야 의견을 표명하기 시작했다.

군대와 보안기구가 아무리 분열되고 불안정했더라도 아마도, 수도
에서 쿠데타를 성공시키는 데에 충분히 신뢰할 만한 군대를 발견할
수 있었을 것이다. 그러나 권위를 상징적으로 재확언하는 것은 더
이상 충분한 행위가 아니었다. 고르바초프는 옳았다. 페레스트로이
카는 사회를 변화시킴으로써 음모자들을 패배시켰다. 그러나 페레
스트로이카는 고르바초프 역시 패배시켰다.

　음모자들이 가장 대비하지 못했을 또는 가장 원하지 않았을 것이
내전이었으므로, 상징적인 쿠데타는 상징적인 저항에 의해서 패배
할 수 있었다. 사실상 그들의 행위는 대부분의 사람들이 우려했던
것인, 내전상태에 빠지는 것을 중단시키기 위한 것이었다. 그리하
여 유명무실한 소련 기구들이 음모자들의 편에 섰던 반면, 방금 큰
표차로 공화국 대통령으로 선출된 옐친이 이끄는 덜 유명무실한 러
시아 공화국 기구들은 그들의 편에 서지 않았다. 옐친이 그의 본부
를 지키기 위해서 몰려든 몇천 명의 지지자들에 둘러싸인 채, 본부
앞에 늘어선 당황해하는 탱크들을 무시하는 것이 전세계의 텔레비
전 스크린에 비치자, 음모자들은 싸움을 그만둘 수밖에 없었다. 정
치적 재능과 결단력이 고르바초프의 스타일과 극적인 대조를 보인
옐친은 용감할 뿐만 아니라 안전하게, 공산당을 해산하고 그로부터
재산을 몰수할 기회 그리고 소련의 자산으로 남은 것을 러시아 공
화국에 넘길 기회를 즉각 포착했다. 소련은 공식적으로 몇 달 뒤에
사멸했다. 고르바초프 자신은 세상에서 잊혀졌다. 쿠데타를 받아들
일 준비가 되어 있었던 세계는 이제 옐친의 훨씬 더 효과적이었던
역쿠데타를 받아들였고, 국제연합 및 여타의 장소에서 러시아를 사
멸한 소련의 당연한 계승자로 대우했다. 소련의 기존 구조를 구하
려던 시도는 어느 누가 예상했던 것보다도 더 갑작스럽고 돌이킬
수 없게 그 구조를 파괴해버렸다.

　그러나 이는 경제, 국가, 사회의 문제들 중 어느 것도 해결하지
못했다. 한 가지 점에서 그것은 그 문제들을 더욱 악화시켰다. 다른
공화국들은 이제, 이전의 비민족적인 소련의 경우와 달리, 자신들
의 큰 형인 러시아를 두려워하게 되었던 것이다. 특히, 러시아 민

족주의가 옐친이 군대 —— 그 핵심이 항상 대러시아인 출신이었
던 —— 의 환심을 사는 데에 쓸 수 있었던 최상의 카드였으므로 더
더욱 그러했다. 대부분의 공화국들에는 러시아 민족이라는 상당 규
모의 소수민족이 살고 있었으므로, 공화국들간의 경계선을 재조정
해야 할지도 모른다는 옐친의 암시는 급속한 전면분리를 촉진했다.
우크라이나는 즉각 독립을 선언했다. 모든 민족(대러시아인을 포
함)에 대한 중앙권력의 치우치지 않은 억압에 익숙했던 주민들이
처음으로, 한 민족을 위한 모스크바의 억압을 우려하게 되었다. 실
제로, 이는 연방의 외양을 띤 것을 유지할 수 있다는 희망조차 무산
시켰다. 소련을 계승한 공허한 '독립국가연합'은 곧 현실성을 완전
히 잃었고, 연방의 마지막 생존자인 (극도로 성공적이었던) 연합 팀
—— 1992년 올림픽 대회에 출전하여 미국을 눌렀던 —— 조차 오래
지속될 운명으로 보이지 않았던 것이다. 따라서 소련의 파괴는 거
의 400년간의 러시아사를 완전히 반전시켜, 그 나라를 표트르 대제
(1672-1725) 이전 시대의 면적과 국제적 지위에 가까운 상태로 되
돌아가게 했다. 러시아는 차르 치하에서건 소련으로서건 18세기 중
엽 이래 강대국이었으므로, 그것의 분해는 트리에스테와 블라디보
스토크 사이에 국제적 공백 —— 근대세계사에서 1918-20년의 내전
기라는 단기간을 제외하고는 일찍이 존재한 적이 없었던 —— 을 남
겼고, 그 공백은 광대한 범위에 걸친 무질서, 투쟁, 잠재적 파국의
지역이 되었다. 바로 이것이 천년기가 끝날 무렵의 세계 외교관들
과 군인들에게 제시된 의제였다.


# VI


두 가지 소견으로 이상의 개관을 끝맺을까 한다. 첫번째 것은 공
산주의가 이슬람 세력의 첫 세기 정복 이래 다른 어떤 이데올로기
보다도 급속하게 정복했던 거대한 지역에 대한 자신의 지배력이 얼
마나 피상적인 것으로 드러났는가에 주목하는 것이다. 극도로 단순

화된 형태의 마르크스-레닌주의가 엘베 강과 중국해 사이의 모든 시민들에게 (세속적) 정통교리가 되었지만, 그것은 자신을 부과한 정치체제들과 함께 하루아침에 사라졌다. 이렇듯 역사적으로 다소 놀라운 현상이 일어난 이유를 두 가지 제시할 수 있다. 공산주의는 대중의 개종에 기반한 것이 아니라 간부들 또는 (레닌의 표현을 빌면) '전위'의 신념이었다. 농민들 사이에서 성공적으로 움직이는 게릴라를 물 속의 물고기에 비유한 모택동의 유명한 경구조차 능동적인 요소(물고기)와 수동적인 요소(물) 사이의 구별을 함축한 것이다. 비공식적인 노동운동과 사회주의운동(일부 대중적 공산당들을 포함)은 탄광촌의 경우처럼 그 운동이 속한 지역사회나 선거구와 공간상으로 일치할 수도 있었으나, 여당으로서의 공산당들은 모두 자의로 그렇게 되었든, 정의상으로든 소수정예당이었다. 공산주의에 대한 '대중'의 동의는 자신들의 이데올로기적인 확신이나 그밖의 확신에 달려 있는 것이 아니라, 공산주의체제하에서의 삶이 자신들에게 이로운가 그리고 자신들의 상황이 다른 이들의 상황에 비해서 어떠한가에 대한 판단에 달려 있었다. 주민들이 다른 나라들과 접촉하는 것이나 심지어 다른 나라들에 대한 정보를 입수하는 것조차 철저히 막던 것이 일단 불가능해지면 그러한 판단은 회의적인 것이 되었다. 또한 공산주의는 기본적으로 도구적인 신념이었다. 현재는 막연한 미래에 도달하는 수단으로서만 가치를 가졌던 것이다. 그러한 신념체계는, 드문 경우 —— 이를테면 승리가 현재의 희생을 정당화해주는 애국전쟁 —— 를 제외하고는 보편적인 교회들보다는 분파들이나 엘리트들에게 더 적합한 것이다. 교회들의 활동분야는 궁극적인 구원의 전망이야 어떻든지 간에 일상적인 범위의 인간생활이고 그럴 수밖에 없다. 공산당들의 간부들조차 그들이 일생을 바쳤던 현세적 구원이라는 천년왕국적 목표가 일단 막연한 미래로 넘어가면 일상적인 생활상의 만족에 집중하기 시작했다. 그러한 일이 일어났을 때, 일반적으로 당은 그들의 행동에 어떠한 지침도 제공하지 못했다. 요컨대 공산주의는 그 이데올로기의 본성상 성공으로 평가받기를 요구했고, 실패에 전혀 대비하지 않았다.

그렇다면 공산주의는 왜 실패 —— 보다 정확히 말해서 붕괴——
했는가? 소련이 무너지면서 마르크스의 분석 —— 소련이 예증한다
고 주장해온 —— 에 대한 가장 강력한 논거들 중 하나를 제공한 것
은 소련의 역설이다. 마르크스는 1859년에 다음과 같이 썼다.

> 인간들은 자신의 생존수단을 사회적으로 생산하는 과정에서 자신의 의지
> 와는 독립된 일정한 필연적 관계들, 즉 자신의 물질적 생산력의 일정한 발전
> 단계에 조응하는 생산관계들 속에 들어간다.……사회의 물질적 생산력은
> 일정한 발전단계에 이르면, 지금까지 자신이 그 안에서 운동해왔던 기존의
> 생산관계나, 그것의 법적 표현에 불과한 소유관계와 모순된다. 이러한 관계
> 들은 생산력의 발전이 이루어지는 형식으로부터 그 발전을 가로막는 질곡
> 으로 바뀐다. 그때부터 사회혁명의 시대가 시작된다(「정치경제학 비판(*Zur
> Kritik der politischen Ökonomie*)」의 서문/역주).

마르크스가 말했듯이 생산력이 사회적, 제도적, 이데올로기적 상부
구조와 충돌하게 된 사례로 이보다 더 명확한 사례도 드물 것이다.
소련의 경우, 그러한 상부구조가 후진적인 농업경제를 선진적인 공
업경제로 변화시켰는데, 그로 인해 이제 생산관계가 생산력을 발전
시키던 힘에서 그 질곡으로 바뀌는 시점에 도달했던 것이다. 그렇
게 시작된 '사회혁명의 시대'의 첫번째 결과는 구체제의 붕괴였다.
　　그러나 무엇이 그 체제를 대체할 것인가? 이 지점에 이르면, '인
류는 언제나 자신이 풀 수 있는 문제들만을 자신에게 제기'하므로
구체제의 전복이 더 나은 체제로 이어질 수밖에 없다고 주장한 마
르크스의 19세기 낙관주의를 더 이상 따를 수 없다. '인류', 보다 정
확히 말해서 볼셰비키가 1917년에 자신들에게 제기한 문제들은 그
들의 시간과 장소의 상황에서는 해결할 수 없었거나 매우 불완전하
게만 해결할 수 있었다. 또한 오늘날, 소련 공산주의의 붕괴로 제기
된 문제들에 대한 해결책을 가까운 장래에 볼 수 있다거나, 구소련
및 발칸 공산국들의 주민들에게 명백한 개선으로 느껴질 해결책이
다음 세대가 끝나기 전에 나타날 것이라고 주장하려면 상당 수준의

배짱이 필요할 것이다.

소련의 붕괴로 '현존사회주의'의 실험은 끝났다. 왜냐하면 중국에서처럼 공산주의체제들이 살아남고 성공한 곳에서조차 그 체제들은, 완전히 집단화된 국가(또는 협동조합)소유경제 —— 사실상 시장이 존재하지 않는 —— 에 기반하고 중앙에서 통제하며 국가가 계획하는 단일한 경제라는 원래의 이상을 포기했기 때문이다. 이러한 실험이 앞으로 또다시 되풀이될 것인가? 소련에서 발전된 형태로는 되풀이되지 않을 것임이 분명하고, 총력전 전시경제와 같은 상황이나 그와 유사한 비상사태시를 제외하고는 아마도 어떠한 형태로도 되풀이되지 않을 것이다.

이는 소련의 실험이 자본주의에 대한 세계적 대안으로서가 아니라, 특수하고 반복될 수 없는 역사적 맥락에서 광대하고 너무도 낙후한 나라의 특별한 상황에 대한 일단의 특정한 대응들로서 설계된 것이기 때문이다. 다른 곳에서의 혁명의 실패로 소련은, 1917년의 마르크스주의자들 —— 러시아 마르크스주의자들을 포함한 —— 의 전반적인 여론에 따르면 사회주의를 건설하기 위한 조건이 전혀 존재하지 않았던 나라에서 홀로 사회주의의 건설에 전념해야 했다. 사회주의 건설 시도는 주목할 만한 성과들 —— 특히 제2차 세계대전에서 독일을 패배시킬 수 있었던 능력 —— 을 낳았지만 그 과정에서 엄청나고 참을 수 없는 인명손실을 냈고, 결국 앞길이 막힌 경제와 좋게 말할 점이 전혀 없는 정치체제로 드러난 것을 낳을 수밖에 없었다('러시아 마르크스주의의 아버지'인 게오르기 플레하노프가 10월혁명은 기껏해야 '붉은 색의 중국제국'이 될 수 있을 것이라고 예언하지 않았던가?). 소련의 보호를 받으며 부상한 다른 '현존' 사회주의 역시 동일하게 불리한 조건하에서 움직였다. 불리한 정도가 덜했고, 소련에 비해서 사람들의 고생이 훨씬 덜했지만 말이다. 이러한 유형의 사회주의의 소생이나 부활은 가능하지도, 바람직하지도 —— 그것에 유리한 조건이 존재한다고 가정하더라도 —— 필요하지도 않다.

소련 실험의 실패가 전통적 사회주의의 기획 전체, 즉 기본적으로 생산수단, 분배수단, 교환수단의 사회적 소유와 계획적 관리에 기반한 경제에 대한 신뢰도를 얼마나 떨어뜨리는가 하는 것은 또 다른 문제다. 그러한 기획이 이론상 경제적으로 합리적이라는 사실은 제1차 세계대전 이전부터 경제학자들이 인정해왔다. 기묘하게 도 그 이론이 사회주의자들이 아니라 비사회주의적인 순수경제학 자들에 의해서 수립되었지만 말이다. 그러한 기획이 실천상으로 결함을 가질 것이라는 점은 —— 관료주의화만 보더라도 —— 명백했다. 사회주의는 소비자들에게 그들에게 무엇이 좋은지를 말하기보다는 그들이 바라는 바를 고려해야 했으므로, 그 기획이 시장에 의한 가격결정을 통해서든, 현실주의적인 '가격계산'을 통해서든 적어도 부분적으로는 **가격**을 통해서 작동해야 했다는 사실 역시 명백했다. 그 주제가 당연히 많이 논의된 1930년대에 이 문제들에 대해서 생각한 서방의 사회주의적 경제학자들은 실제로, 계획수립—— 가급적이면 분산된 단위에서의 —— 을 가격과 결합시키는 것을 가정했다. 그러한 사회주의 경제의 실현가능성을 입증하는 것은, 그러한 경제가 이를테면 황금시대 혼합경제의 사회적으로 보다 공정한 형태보다 반드시 더 우월하다는 것을 입증하는 것과는 물론 별개의 문제이다. 사람들이 그러한 경제를 더 좋아할 것임을 입증하는 것과 별개의 문제임은 말할 것도 없고 말이다. 그것은 단지, 사회주의 일반의 문제를 '현존사회주의'라는 특정한 경험의 문제와 분리해서 보는 것일 뿐이다. 소련 사회주의의 실패가 다른 종류의 사회주의의 가능성을 손상시키지는 않는다. 막다른 길에 몰린 소련식 중앙통제-계획경제가 자신을 원한 대로 '시장사회주의'로 개혁할 수 없었다는 것 자체가 사실상, 두 종류의 발전경로 사이의 격차를 입증해준다.

10월혁명의 비극은 분명히, 그 혁명이 일종의 무자비하고 거친 통제사회주의를 낳을 수밖에 없었다는 데에 있었다. 1930년대의 가장 세련된 사회주의 경제학자들 가운데 하나인 오스카르 랑게는, 미국에서 자신의 모국 폴란드로 사회주의를 건설하러 돌아갔다가 결국 런던의 한 병원에서 사망했다. 그는 죽음이 임박해서, 자신을 찾아온 친구들과 찬미자들 —— 나 자신을 포함한 —— 에게 몇 마디 말을 했는데, 내가 기억하기로는 다음과 같이 말했다.

내가 1920년대에 러시아에 있었다면 난 부하린주의적 점진주의자였을 거야. 내가 소련의 공업화에 대해서 조언했다면 러시아의 유능한 계획수립자들이 실제로 그랬듯이 보다 유연하고 제한된 일련의 목표들을 권고했을 것이네. 하지만 돌이켜 생각해보면 끊임없이 다음과 같이 자문하게 되네. 제1차 5개년계획을 무차별적으로, 거칠게, 기본적으로 계획 없이 급속하게 추진하는 것 이외에 대안이 있었을까? 대안이 있었다고 말할 수 있으면 좋으련만 난 그렇게 말할 수 없다네. 난 답을 찾을 수 없다네.

# 제17장 전위예술의 사멸 ──
# 1950년 이후의 예술

투자로서의 예술은 1950년대 초보다 그다지 이르지 않은 시기에 등장한
개념이다.

       ── G. 라이틀링거, 「취미의 경제학」 제2권(1982, p.14)


우리의 경제를 계속 돌아가게 하는 물건들인 대형의 백색 가정용품들 ──
냉장고, 난로, 이전에 자기(磁器)로 만들고 흰색이었던 모든 물건 ── 이 이
제는 색깔을 띠게 되었다. 이는 새로운 현상이다. 이러한 물건들에 팝아트가
깃들어 있다. 매우 좋은 일이다. 당신이 오렌지 주스를 마시려고 냉장고 문
을 열 때 마법사 맨드레이크가 담을 넘어 온다.

       ── 스텃즈 터클, 「분할된 거리 : 미국」(1967, p.217)


# I

예술의 사회적 뿌리가 아무리 명백하고 아무리 깊다 하더라도 예
술의 발전을 어느 정도 당대의 상황에서 분리될 수 있는 것으로 또
한 자신의 규칙에 따르며 그에 따라 평가될 수 있는 인간활동의 한
부문이나 종류로 다루는 것이 역사가들 ── 필자를 포함한 ── 의
습관이다. 그러나 지금까지 기록된 인간생활의 변화 중 가장 혁명
적인 변화의 시대에는, 역사적 고찰에 대한 이러한 오래되고 편리
한 원칙조차 점점 더 비현실적이 되어간다. 이는 '예술' '창작'이나
기교로 분류될 수 있는 것과 그렇지 않은 것 사이의 경계선이 갈수
록 불분명해지거나 심지어 아예 사라졌기 때문에 혹은 세기말의 한

영향력 있는 문학평론사조가 셰익스피어의 「맥베스(*Macbeth*)」가 「배트맨(*Batman*)」보다 더 나은지 못한지를 판별하는 것이 불가능하고 무의미하며 비민주적이라고 생각했기 때문만은 아니다. 이는 예술 분야 또는 구식의 관찰자들이 예술이라는 이름으로 불렀을 것 내에서 일어나는 일을 결정하는 힘이 압도적으로 외생적(外生的)이었기 때문이기도 하다. 엄청난 과학기술혁명의 시대에 예상할 수 있듯이 그 힘은 압도적으로 과학기술적인 것이었다.

과학기술은 예술을 어디에나 존재하는 것이 되게 함으로써 가장 명백히 혁명적으로 변화시켰다. 라디오는 이미 소리 —— 말과 음악 —— 를 선진국들의 대부분 가정에 가져왔고, 후진국들에서도 계속 확산되었다. 그러나 라디오를 보편화시킨 것은 그것을 작고 휴대할 수 있게 만든 트랜지스터와, 라디오를 공식적인(따라서 주로 도시의) 전력망에서 독립시킨 오래 가는 전지였다. 축음기나 전축은 이미 오래된 것이고, 기술적으로 개선되기는 했지만 여전히 비교적 주체스러운 존재였다. 1950년대에 급속하게 자리잡은 LP 레코드(1948)(Guiness, 1984, p.193)는 대중음악과는 달리 78rpm(revolutions per minute : 분당 회전수를 표시하는 단위/역주) 레코드의 한도인 3-5분 내에 끝나도록 작곡되는 예가 드문 고전음악의 애호가들에게 득이 되었지만, 자신이 선택한 음악을 진정으로 운반 가능하게 만든 것은, 갈수록 작아지고 전지로 작동하는 휴대용 녹음기/재생기로 들을 수 있는 카세트테이프였다. 카세트테이프는 1970년대에 세계를 휩쓸었고, 쉽게 복사할 수 있다는 이점을 추가로 지녔다. 1980년대에 이르면 음악은 어디서나 들을 수 있게 되었다. 음악은, (종종 그렇듯이) 일본인들이 개발한 포켓형 기구에 꽂은 이어폰을 통해서 가능한 모든 활동에 사적으로 수반되거나, (확성기가 아직은 성공적으로 소형화되지 않았으므로) 휴대용의 큰 '게토-블래스터(ghetto-blaster)'를 통해서 더할 나위 없이 공적으로 발산되었다. 이러한 기술혁명은 문화적으로뿐만 아니라 정치적으로도 중요한 결과를 가져왔다. 1961년에 드골 대통령은 프랑스 징집병들에게 그들의 지휘관들의 군사 쿠데타에 따르지 말 것을 호소하는 데에 성공했는데, 이는 병사들이 자신의 말을 휴대용 라디오를 통해서 들을 수 있었기 때문이었다. 또한 1970년대에, 장래 이란 혁명의 지도자가 될 망명객 호메이니의 연설이 이란 내에 쉽게 들어와 복사되고 확산되었다.

텔레비전은 결코 라디오만큼 쉽게 휴대용이 되지는 않았지만 —— 또는 적어도 그것은 축소에 의해서 소리보다 훨씬 많은 것을 잃었다 —— 움직이는 영상을 집 안에 들여왔다. 게다가 텔레비전은 여전히 라디오보다 훨씬 더 비싸고 물리적으로 다루기 힘든 기구이기는 했지만 곧, 거의 전세계적으로 언제나 일부 후진국들 —— 도시의 기본시설을 갖춘 곳이면 어디서나 —— 의 빈민들조차 손에 넣기 쉽게 되었다. 1980년대에 브라질 같은 나라의 인구 중 약 80퍼센트가 텔레비전을 손에 넣을 수 있었다. 이는 미국에서 1950년대에 그리고 부유한 영국에서 1960년대에 이 새로운 매체가 대중오락의 표준형태로서 라디오와 영화 둘 다를 대체했던 것보다 더 놀랄 만한 일이다. 텔레비전에 대한 대중의 수요는 압도적으로 컸다. 선진국들에서 텔레비전은 (여전히 다소 비싼 기구인 비디오 플레이어를 통해서) 영화 전편(全篇)을 집안의 작은 스크린에서 볼 수 있게 하기 시작했다. 대형 스크린용으로 제작된 영화들이 대체로 축소과정에서 피해를 보기는 했지만, 비디오 플레이어는 시청자에게 무엇을 보고 언제 볼 것인가에 대한 이론상 거의 무제한적인 선택권을 주는 이점을 가지고 있었다. 가정용 컴퓨터의 확산으로 소형 스크린은 이제 개인이 외부세계와 연결되는 주된 시각적 고리가 될 것으로 보였다.

과학기술은 예술을 어디에나 존재하는 것으로 만들었을 뿐만 아니라 또한 예술에 대한 지각력을 변화시켰다. 전기에 의해서 기계적으로 재생된 음악이, 녹음되거나 생음 그대로의 대중음악을 듣는 표준적인 형태가 되어버린 시대, 어떤 어린이라도 동화상을 정지시킬 수 있고 소리나 영상을 반복시킬 수 있는 —— 이전에는 문자로 된 것만 다시 읽을 수 있었지만 —— 시대, 마술 쇼가 텔레비전 광고 방송 —— 30초 내에 극적인 이야기를 하는 것을 포함해서 —— 에서 과학기술이 해낼 수 있는 것에 비하면 아무것도 아니게 된 시대에 자란 사람이, 현대의 첨단기술 덕분에 텔레비전의 이용 가능한 전 (全)채널 사이를 몇 초 내에 이동할 수 있게 되기 전 시대의 단순한 단선적이거나 연속적인 지각력을 되찾기란 거의 불가능하다. 과학 기술은 예술의 세계를 변화시켰다. '고급예술', 특히 보다 전통적인 예술의 세계보다 대중예술 및 연예의 세계를 먼저, 더욱 완전하게 변화시켰지만 말이다.


## II


그러면 고급예술의 경우에는 어떠한 일이 벌어졌는가?

파국의 시대가 끝난 뒤 세계의 고급예술의 발전에 관해서 언뜻 보기에 가장 두드러진 점은 그 예술이 지리적으로 엘리트 문화의 전통적인 중심지(유럽)에서 현격히 벗어났다는 것과 ── 전례 없는 전지구적 번영의 시대였으므로 ── 그 예술을 후원하는 데에 이용할 수 있는 재정적 자원의 엄청난 증가였다. 앞으로 보게 되듯이 보다 면밀하게 검토해보면 생각보다는 덜 고무적인 사실로 드러나겠지만 말이다.

(1947-89년에 서방 사람들 대부분이 '서유럽'이라는 뜻으로 말했던) '유럽'이 더 이상 고급예술의 주된 고향이 아니라는 것은 진부한 사실이 되었다. 뉴욕은 시각예술의 중심지로서 파리를 대체했음을 자랑했다. 즉 뉴욕은 미술품 시장으로, 살아있는 미술가들이 최고가의 상품이 된 곳으로 통했던 것이다. 보다 의미 있는 사실로, 대체로 그들의 문학적 평가보다는 정치적 감각이 더욱 흥미로운 기구인 노벨 문학상 심사위원회가 비유럽 문학을, 이전에는 (싱클레어 루이스가 첫 수상자가 된 1930년 이래 꾸준히 상을 탄) 북미의 경우를 제외하고는 거의 완전히 무시했으나 1960년대부터 줄곧 진지하게 다루기 시작했다. 1970년대가 되면, 진지한 소설 독자라면 어느 누구도 일군의 뛰어난 라틴 아메리카 작가들과 접촉하지 않을

수 없었다. 또한 진지한 영화광이라면 어느 누구도, 1950년대의 구로자와 아키라(1910-)를 필두로 국제영화제들을 휩쓴 일본의 영화감독 거장들이나 뱅골의 사탸지트 라이(1921-92)를 찬미하거나 적어도 찬미하는 것처럼 말하지 않을 수 없었다. 1986년에 사하라 이남의 아프리카인으로서는 최초로 나이지리아의 올레 소잉카(1934-)가 노벨상을 탔을 때 아무도 놀라지 않았다.

유럽으로부터의 장소이동은 시각적으로 가장 눈에 띄는 예술인 건축 분야에서 훨씬 더 명백했다. 앞서 보았듯이 양차 세계대전 사이에 건축에서의 모더니즘 운동의 실제 성과는 매우 적었다. 그 운동이 진가를 충분히 발휘하게 된 전후(戰後)에는 '국제주의 양식'에 따라 건축된, 가장 크고도 가장 많은 수의 기념물들이 미국에 세워졌다. 미국은 그 양식을 더욱 발전시켰고 결국 주로, 1970년대부터 계속해서 거미줄처럼 전세계에 확산된 미국 소유 호텔들의 망을 통해서 여행중의 회사간부들과 부유한 관광객들을 위한 독특한 형태의 꿈의 궁전을 수출했다. 그러한 기념물들은 가장 특징적인 형태인 교회 중앙본당이나 초대형 온실 —— 대체로 실내에 나무, 식물, 분수가 있고, 투명한 엘리베이터가 벽의 안쪽이나 바깥쪽에서 눈에 보이게 미끄러지듯 올라가며, 도처에 유리와 극장식 조명장치가 설치된 —— 을 통해서 쉽게 볼 수 있었다. 20세기 후반 부르주아 사회에 그러한 건축물들이 가지는 의미는 19세기 부르주아 사회에 일류 오페라 극장이 가졌던 의미와 같다. 그러나 모더니즘 운동은 다른 곳에서도 마찬가지로 걸출한 기념물들을 낳았다. 르 코르뷔지에(1887-1965)는 인도에서 주요 도시(찬디가르) 전체를 건설했고, 오스카어 니마이어(1907-)는 브라질에서 그러한 도시(브라질리아)를 거의 건설했지만, 아마도 모더니즘 운동이 낳은 대형 건축물 가운데 가장 아름다운 것 —— 역시 사적인 후원이나 이윤보다는 공적인 주문에 의해서 건설된 —— 은 멕시코시티에서 볼 수 있는 국립인류학박물관(1964)이 될 것이다.

예술의 기존 유럽 중심지들이 아마도 이탈리아를 제외하고는 전쟁피로증의 징후를 보이고 있었다는 것 역시 명백해 보였다. 이탈

리아에서는 대체로 공산주의자들이 주도한 반(反)파쇼 자기해방의
분위기가, 주로 이탈리아의 '네오리얼리즘' 영화들을 통해서 국제
적으로 영향을 미친 약 10년간의 문화적 르네상스를 고무했다. 프
랑스의 시각예술은 전간기 파리 유파 —— 그 자체가 1914년 이전
시대의 잔광에 불과했던 —— 의 명성을 유지하지 못했다. 프랑스
소설가들의 명성은 주로 문학적이라기보다는 지적인 명성, 즉 그들
의 창조적인 작업으로서보다는 (1950-60년대의 '누보 로망'처럼)
새로운 수법의 발명자로서나 (장 폴 사르트르처럼) 소설 이외의 산
문 작가로서의 명성이었다. 1945년 이후의 '진지한' 프랑스 소설가
들 가운데 1970년대까지도 그러한 국제적 명성을 유지했던 이가 있
었던가? 아마도 없었을 것이다. 영국의 예술계는 특히, 런던이 1950
년 이후에 음악회와 연극 상연의 세계중심지들 가운데 하나로 변모
했기 때문에 이보다 훨씬 더 생기가 넘쳤고, 모험적인 기획으로 국
내보다 해외 —— 파리나 슈투트가르트 —— 에서 더 명성을 얻은 소
수의 전위예술 건축가들을 낳기도 했다. 제2차 세계대전 종전 이후
의 영국이 서유럽 예술계에서 전간기보다 덜 주변적인 위치를 차지
하기는 했지만, 그 나라가 항상 강세를 보였던 분야인 문학에서의
기록은 특별히 인상적이지 않았다. 시 분야에서는 작은 아일랜드의
전후 작가들이 충분히 영국에게 굴하지 않을 수 있었다. 서독으로
말하자면, 그 나라의 자원과 성과가 그리고 실제로 그 나라의 영광
스러웠던 과거 바이마르와 현재의 본이 현저하게 대비되었다. 이것
은 12년간의 히틀러 시대의 피해막심한 영향과 후유증으로만 설명
될 수 없다. 전후 50년 동안 서독 문단에서 활동한 최고의 인재들
중 여러 명이 서독 출신이 아니라 동쪽에서 온 이주민들(파울 첼란
과 귄터 그라스 그리고 동독에서 온 그밖의 여러 사람)이었다는 사
실은 의미심장하다.

　물론 독일은 1945-90년에 분단되어 있었다. 양쪽의 대조적인 모
습 —— 전투적으로 자유민주주의적이고 시장지향적이고 서구적인
쪽과, 공산주의 중앙집중화의 교과서적 형태인 다른 한 쪽 —— 이
고급문화의 이동에 관한 기묘한 한 측면, 즉 적어도 몇몇 시기에 고

급문화가 공산주의체제에서 상대적으로 더 번성하게 된 것에 대해서 설명해준다. 이러한 측면은 분명, 모든 예술에 적용되는 것도 아니고, 스탈린의 독재와 모택동의 독재처럼 진정으로 살인적인 독재나, 루마니아의 차우세스쿠(재임 1961-89)와 북한의 김일성(재임 1945-94)의 전제정처럼 보다 작은 규모의 과대망상적인 전제정에 시달리던 국가들에도 물론 적용되지 않는다.

게다가 예술이 공적인 —— 즉 중앙정부의 —— 후원에 의존하는 한, 독재자들이 보통 보이는 과시적인 거대함에 대한 선호가 예술가들의 선택권을 제한했고, '사회주의 리얼리즘'으로 알려진 일종의 낙관적인 감상적 신화에 대한 공식적 강조도 동일한 결과를 빚었다. 1950년대를 그리도 특징지었던, 네오빅토리아조 양식의 탑들이 늘어선 넓은 광장들이 언젠가 탄복자들을 만날 수도 있겠지만 —— 이를테면 모스크바의 스몰렌스크 광장 —— 그것들의 건축상의 가치에 대한 발견은 후일로 미루어질 수밖에 없다. 다른 한편, 공산주의 정부들이 예술가들에게 정확히 무엇을 해야 하는지 말하기를 고집하지 않았던 경우에, 문화활동에 대한 정부의 후한 장려금 지급(또는 다른 이들의 표현대로 정부의 계산성 부족)이 도움이 되었다는 점은 인정해야 할 것이다. 서방측이 1980년대의 대표적인 전위예술적 오페라 연출가를 동베를린에서 수입한 것은 아마도 우연이 아닐 것이다.

소련은 적어도 1917년 이전의 영광이나 심지어 1920년대의 홍분과 비교해볼 때, 문화적으로 여전히 미개척지였다. 아마도, 사적으로 가장 실행하기 쉬운 예술이자 20세기 러시아의 대전통이 1917년 이후에 명맥을 가장 잘 유지했던 예술 —— 안나 안드레예프나 아흐마토바(1889-1966), 마리나 이바노프나 츠베타예바(1892-1960), 보리스 레오니도비치 파스테르나크(1890-1960), 알렉산드르 알렉산드로비치 블로크(1890-1921), 블라디미르 블라디미로비치 마야코프스키(1893-1930), 조지프 브로드스키(1940- ), 니콜라이 알렉세예비치 보즈네센스키(1933- ), 벨라 아하토프나 아흐마둘리나(1937- )—— 인 시(詩) 분야를 제외하고 말이다. 소련의 시각예술은 특히, 이데올로기적, 미학적, 제도적 정통의 엄격한 부과에다가 나머지 세계로부터의 철저한 고립까지 겹쳐 피해를 보았다. 브레주네프 시기에 소련의 일부 지역에서 등장하기 시작한 열렬한 문화적 민족주의 —— 러시아에서의 그리스 정교적, 슬라브주의적 민족주의(솔제니친[1918- ]), 아르메니아에서의 신화-중세찬미적 민족주의(이를테면 세르게이 파라쟈노프[1924- ]의 영화들) —— 는 주로, 체제와 당이 추천한 모든 것을 거부한 —— 그리도 많은 지식인들이 그랬듯이 —— 사람들에게 지방적인 보수주의 전통 이외에는 달리 의존할 전통이 없었다는 사실에서 비롯된 것이다. 게다가 소련의 지식인들은 통치체제로부터뿐만 아니라 소련의 보통 시민들 대부분 —— 다소 모호한 방식으로 소련의 정통성을 받아들였고, 자신들이 아는 유일한 삶이자 1960- 70년대에 실제로 눈에 띄게 나아지고 있었던 삶에 순응했던 —— 으로부터도 극도로 고립되어 있었다. 그들 지식인들은 통치자들을 증오했고 피치자들을 —— (네오슬라브주의자들처럼) 러시아 정신을 더 이상 존재하지 않는 러시아 농민의 형상으로 이상화했을 때조차 —— 경멸했다. 이는 창조적인 예술가에게 유리한 분위기가 아니었고, 지식인들을 강압하던 기구의 해체는 역설적이게도 인재들의 역할을 창조에서 선동으로 전환시켰다. 20세기의 주요 작가로 살아남을 것으로 보이는 솔제니친은 설교문이나 역사적 탄핵문을 쓸 자유가 아직은 부족했기 때문에 여전히 소설(「이반 데니소비치의 하루(*Odin den iz zhizni Ivana Denisovicha*)」, 「암병동(*Rakovy korpus*)」)을 씀으로써 설교해야 했던 사람이다.

1970년대 후반까지 공산주의 중국의 상황을 지배한 것은 무자비한 억압이었고, 드물게 행해진 일시적인 유화책('백화제방') —— 다음 숙청의 희생자들을 선정하는 데에 일조한 —— 은 그러한 억압을 더욱 부각시킬 뿐이었다. 모택동 체제는, 20세기 역사에서 유례를 찾아볼 수 없는 문화, 교육, 지성에 대한 반대운동이었던 1966- 76년의 '문화혁명'으로 절정에 달했다. 그 혁명은 10년 동안 중등교육과 대학교육을 사실상 중단시켰고, (서방의) 고전음악 및 여타 음악의 연주를 —— 필요하다면 악기를 부숨으로써 —— 중지시켰으며,

연극 및 영화의 전국 상연(영)목록을 (한때 상해 영화계의 이류 여배우였던, 위대한 지도자의 아내가 보기에) 정치적으로 올바른 6편 정도 —— 이것들이 끊임없이 반복 상연(영)되었다 —— 로 줄였다. 이러한 경험과, 정통을 부과하던 중국의 오래된 전통 —— 모택동 사후 시대에 수정되었지만 포기되지는 않은 —— 둘 다로 인해, 공산주의 중국의 예술이 발산하는 빛은 여전히 약했다.

이에 반해, 동유럽의 공산주의체제들에서는 창조력이 빛을 발했다. 적어도, 정통의 부과가 일단 조금이라도 완화되었을 때 —— 탈스탈린화의 시기에 그랬듯이 —— 말이다. 이전까지는 자국에서조차 그리 눈에 띄지 않았던 폴란드, 체코슬로바키아, 헝가리의 영화산업이 1950년대 말부터 줄곧, 예기치 않게 번창했고 당분간 어디에서나 재미있는 영화들의 가장 두드러진 원천들 가운데 하나가 되었다. 해당 국가들에서 문화적 생산을 위한 기제의 붕괴 역시 수반했던 공산주의의 붕괴 이전까지는 억압의 재개조차(체코슬로바키아에서는 1968년 이후, 폴란드에서는 1980년 이후) 그러한 번창을 중단시키지 않았다. 비록, 1950년대 초 동독 영화산업의 다소 유망한 출발이 정치권력에 의해서 중단되기는 했지만 말이다. 국가의 대규모 투자에 크게 의존한 예술이 공산주의체제하에서 예술적으로 번창했다는 것은 창작문학이 그러했다는 것보다 더 놀라운 일이다. 왜냐하면 관대하지 않은 정부 치하에서조차 어쨌든 책들은 '장롱 맨 아랫서랍용으로' 또는 친교집단들을 위해서 씌어질 수 있었기 때문이다.[1] 작가들이 애초에 겨냥했던 독자대중이 아무리 좁은 범위였다 해도 몇몇 작가들은 국제적인 찬사를 받았다. 그 예로서, 부유한 서독보다 훨씬 더 흥미있는 재능을 보인 동독인들과, 1968년 이후에 국내외 이주를 통해서만 그 저작들이 서방으로 흘러들어간 1960년대 체코인들을 들 수 있다.

이러한 인재들 모두가 공유한 것은 선진 시장경제국들의 작가들

---

1) 그러나 수동타자기와 카본지(紙)보다 뒤에 나온 기술은 이용할 수 없었으므로, 베끼는 작업은 여전히, 믿어지지 않을 정도로 힘이 많이 드는 것이었다. 페레스트로이카 이전의 공산주의 세계는 정치적 이유들로 인해 복사기를 사용하지 않았다.

과 영화제작자들이 거의 보유하지 못한 것이자 서방의 연극인들(미국과 영국의 경우 1930년대까지 거슬러 올라가는, 흔치 않은 정치적 급진주의의 성향을 보인 집단)이 꿈꾸었던 것, 즉 대중이 자신의 작품을 필요로 한다는 느낌이었다. 실제로, 실질적인 정치와 자유언론이 존재하지 않는 상태에서는 예술계 종사자들이 자국민들 내지 적어도 그들 가운데 식자층이 생각하고 느끼는 바를 대변하는 **유일한** 사람들이었다. 이러한 느낌을 가진 것은 공산주의체제들의 예술가들에게만 국한된 것이 아니라, 지식인들이 현재의 정치체제와 사이가 나쁘면서 자유로이 —— 무제한적으로 자유롭지는 않았지만 —— 자신의 의사를 공개적으로 표현할 수 있었던 다른 체제들의 예술가들에게도 해당되었다. 남아프리카 공화국의 아파르트헤이트 체제는 자신에 대한 반대자들로 하여금 지금까지 그 아대륙에서 나왔던 것보다도 많은 양의 훌륭한 문학을 낳도록 고무했다. 또한 1950-90년대에 멕시코 남쪽의 라틴 아메리카 지식인들 대부분이 그들의 인생 중 일정 시점에서 정치적 망명자가 되는 경향이 있었다는 것은 서반구의 그 지역이 달성한 문화적 성취와 무관하지 않다. 동일한 논리가 터키의 지식인들에게도 적용된다.

그럼에도 불구하고 동유럽에서의 일부 예술의 모호한 번성에는 용인된 저항으로서의 기능 이상의 의미가 있었다. 젊은 축에 속한 예술가들 대부분은 자신의 나라가 비참한 전시(戰時)가 끝난 뒤에 불만족스러운 체제하에서조차 어떻게든 새 시대에 돌입할 것이라는 희망에 고무되었고, 일부는 —— 그러한 사실을 기억하고 싶어하지 않는 사람도 많았지만 —— 적어도 전후의 초기 몇 년 동안 젊음의 돛으로 유토피아의 바람을 실제로 느꼈다. 몇몇 예술가들은 자신의 시대에 의해서 계속해서 고무받았다. 이를테면, 아마도 외부세계에 알려진 최초의 알바니아 소설가일 이스마일 카다레(1930-)는 엔베르 호자(알바니아 최초의 공산주의자 국가원수[1908-85]/역주)의 강경노선체제의 대변자라기보다는, 공산주의 치하에서 처음으로 세계에서 일정한 지위를 가지게 된 조그마한 산악국의 대변자가 되었다(그는 1990년에 외국으로 이주했다). 나머지 예술가들 대부분은 조만간 다양한 정도의 반대파로 이동했지만, 상호 배타적인 두 편으로 갈린 세계에서 그들에게 제시된 유일한 대안(서독으로 넘어가는 것이든, 자유 유럽 방송[Radio Free Europe]이든)은 거부하는 경우가 많았다. 또한 폴란드에서처럼 기존 체제에 대한 거부가 전면화되었던 곳에서조차 가장 젊은 층을 제외하고는 모두가, 선전가의 흑색과 백색뿐만 아니라 회색을 식별할 수 있을 만큼 그들 나라의 1945년 이후 역사에 대해서 충분히 잘 알고 있었다. 바로 그러한 사정이 안제이 바이다(1926- )의 영화들에 비극적인 특성을 부여하고, 1960년대의 체코슬로바키아 영화제작자들 —— 당시 30대였던 —— 과, 자신의 꿈을 잊지는 않았지만 환멸을 느낀 동독의 작가들 —— 크리스타 볼프(1929- ), 하이너 뮐러(1929- ) —— 에게 모호성을 부여하고 있다.

역설적이게도 제2세계(사회주의권)와 여러 제3세계 지역들에서 예술가와 지식인은 적어도 박해 사이사이의 시기에 명성과 상대적인 부 및 특권 둘 다를 누렸다. 사회주의 세계에서 그들은 가장 부유한 시민들에 속했고 집단적인 감옥과 같은 나라 안에서 가장 보기 드문 자유 —— 해외여행할 권리라든가 심지어 외국문학에 접할 수 있는 권리 —— 를 누렸다. 사회주의체제에서는 그들의 정치적 영향력이 전혀 없었으나, 제3세계의 여러 지역에서(그리고 공산주의의 몰락 이후, 전에 '현존사회주의'였던 세계에서 잠시) 지식인 또는 심지어 예술가라는 것이 공적인 이점이 되었다. 라틴 아메리카에서 유명한 작가들은 그들의 정치적 견해와 거의 무관하게 가급적이면 파리에서의 외교관직을 기대할 수 있었다. 유네스코 본부의 위치 덕분에 원하는 어떤 나라도 센 강 좌안(파리 센 강 남안[南岸] 지구로 예술가, 작가, 학생이 많이 모여드는 곳/역주) 찻집들 부근에 자국시민들을 배치할 기회를 얻었던 것이다. 교수들은 언제나, 장관 —— 가급적 경제부처의 —— 으로 한차례 일하게 될 것을 기대했지만, 예술계 인사가 (페루에서 유명한 소설가가 그랬듯이) 대통령 후보로 나서거나 (탈공산주의시대의 체코슬로바키아와 리투아니아에서처럼) 실제로 대통령이 되었던 1980년대 말의 풍조는 새로

운 것으로 보인다. 그 이전에도 유럽과 아프리카의 신생국들에서
그러한 선례를 볼 수 있기는 하지만 말이다. 그 나라들은 해외에서
알려진 소수의 시민들을 내세우는 경향이 있었다. 이를테면 1918년
폴란드에서의 연주회 피아니스트들, 세네갈에서의 불어 시인들, 기
니에서의 무용가들이 아마도 그러한 예가 될 것이다. 그러나 대부
분의 서방 선진국들에서는 소설가, 극작가, 시인, 음악가가 어떠한
상황 —— 지적인 분위기에서조차 —— 에서도 정치가로 성공할 가
망이 없었다. 아마도 문화부 장관으로서를 제외하고 말이다(프랑스
의 앙드레 말로, 스페인의 호르헤 셈프룬).

　전례 없는 번영의 시대에 예술에 대한 공적, 사적 재정지원은 전
의 어느 때보다도 훨씬 큰 규모일 수밖에 없었다. 일례로, 결코 공
적 후원의 선두에 서지 않았던 영국 정부조차 1939년에는 예술 분
야에 90만 파운드를 썼던 반면, 1980년대 말에는 10억 파운드 이상
을 썼다(*Britain : An Official Handbook*, 1961, p.222 ; 1990, p.426).
사적 후원은 미국의 경우를 제외하고는 덜 중요했다. 미국에서는
억만장자들이 적절한 재정적 특혜에 고무받아, 부분적으로는 ——
특히 제1세대 재벌들의 경우 —— 인생에서의 보다 고상한 것에 대
한 진정한 이해로 인해서, 부분적으로는 공식적인 사회적 계서제가
존재하지 않는 상황에서 메디치 신분이라고 불릴 만한 것이 다음으
로 최고의 것이었기 때문에, 다른 어느 나라보다도 큰 규모로 교육,
학문, 문화를 후원했다. 이들 대규모 지출자들은 갈수록, (과거처
럼) 단순히 자신의 수집품들을 국립 또는 시립 미술관에 기증하기
만 한 것이 아니라 자신의 이름을 딴 자기 자신의 박물관을 세우거
나, 적어도 박물관 내에 그들 자신의 수집품들을 그 소유자나 기증
자가 제안한 형태로 전시하는 자기 자신의 방을 따로 둘 것을 주장
했다.

　미술품시장으로 말하자면, 거의 반세기 동안의 불황의 먹구름이
1950년대부터 계속해서 걷혔다. 특히 프랑스의 인상파와 후기 인상
파, 파리의 가장 저명한 초기 모더니즘 화가들의 그림 가격이 하늘
로 치솟아, 그 위치가 처음에는 런던으로, 다음에는 뉴욕으로 이동

한 국제미술품시장에서의 거래액이 1970년대에는 제국의 시대의 (실질가격으로 환산한) 최고기록에 맞먹었고 1980년대의 미친 듯한 강세(強勢) 시장에서는 그 기록을 훨씬 넘어서기에 이르렀다. 인상파와 후기 인상파의 가격은 1975-89년에 23배로 올라갔다(Sotheby, 1992). 그러나 이전 시기와의 비교는 이제 불가능하게 되었다. 사실, 여전히 부자들이 미술품을 수집하기는 했지만 —— 일반적으로, 오래된 돈은 옛날 대가의 작품들을 선호하고, 새로운 돈은 새로운 것을 찾아간다 —— 미술품 구매자가 투자를 목적으로 사는 경우가 갈수록 늘었다. 이전에 사람들이 투기를 목적으로 금채굴권을 사들였듯이 말이다. (최고의 자문을 받아) 미술품으로 돈을 많이 번 영국철도연금재단은 미술애호가 단체로 볼 수 없다. 1980년대 말의 미술품 거래의 전형적인 사례는 웨스턴 오스트레일리아(오스트레일리아 서부의 주/역주)의 한 벼락부자가 반 고흐의 그림을 3,100만 파운드를 주고 산 것인데, 그 액수의 상당부분은 경매인들이 꿔준 것이었으며 아마도 양쪽 다, 가격이 더욱 올라서 그 그림이 은행대부를 위해 보다 가치 있는 담보가 되고 그 상인의 장래 이윤이 늘어날 것을 기대했을 것이다. 공교롭게도 양쪽 다 그 기대가 무산되었다. 퍼스(웨스턴 오스트레일리아 주의 주도/역주)의 본드 씨는 파산했고 미술품 투기붐은 1990년대 초에 폭락했다.

돈과 예술 사이의 관계는 언제나 모호하다. 20세기 후반의 예술의 주된 성과가 많은 부분 돈의 덕을 보았는지는 전혀 분명하지 않다. 대체로 큰 것이 아름답거나 어쨌든 여행안내서에 보다 쉽게 들어갈 수 있게 되는 건축 분야는 제외하고 말이다. 한편, 또 다른 종류의 경제적 발전은 의심할 바 없이 대부분의 예술에 깊은 영향을 미쳤다. 예술이 학계와 고등교육기관들 —— 그것들의 엄청난 팽창은 다른 곳(제10장)에서 이미 본 바 있다 —— 에 흡수된 것이 바로 그것이다. 이러한 발전은 일반적인 동시에 특수한 것이었다. 일반적으로 말해서, 20세기 문화의 중대한 새로운 현상인, 대중시장의 요구에 맞추어진 혁명적인 대중연예산업의 부상은 전통적인 형태의 고급예술을 엘리트 게토 내의 것으로 축소시켰는데, 세기 중반부터 그 게토의 주민들은 기본적으로, 고등교육을 받은 사람들이었다. 연극과 오페라의 관중, 그들 나라의 고전문학과, 평론가들이 진지하게 여기는 종류의 시와 산문의 독자들, 박물관과 미술관의 손님들은 압도적으로, 적어도 중등교육을 이수한 사람들에 속했다. 이윤을 극대화하는 연예산업이 금지된 —— 사회주의권이 몰락하고 나서 그러한 금지가 풀릴 때까지 —— 사회주의 세계의 경우를 제외하고 말이다. 20세기 후반의 도시화된 어느 나라의 보통 문화도 대중 연예산업 —— 영화, 라디오, 텔레비전, 대중음악 —— 에 기반했다. 확실히 록 음악의 성공 이후에는 엘리트도 이 산업에 한몫 끼었으며 그 과정에서 지식인들은 의심할 바 없이 그 산업을 엘리트 취향에 맞게 변형시켰다. 이러한 영역 밖에서는 분리가 갈수록 철저해졌다. 왜냐하면 대중시장산업에 끌리는 대중의 태반은 고급문화 팬들이 열광하는 장르들을 우연한 기회를 통해서만 접했던 것이다. 루치아노 파바로티가 푸치니의 아리아를 부르는 것이 1990년 월드컵 축구대회와 결합될 때라든가, 헨델이나 바흐의 곡에서 취한 짧은 테마가 텔레비전 광고에 슬며시 나올 때처럼 말이다. 중간계급이 되기를 원하지 않는다면 셰익스피어 연극을 애써 보지 않아도 되었다. 역으로, 중간계급이 되고 싶다면 가장 분명한 방법은 중등학교 입학시험에 통과하는 것이므로 그 연극을 보지 않을 수 없었다. 그 연극이 시험과목에 포함되었으니 말이다. 극단적인 경우—— 계급에 따라 분열된 영국이 그 두드러진 예인 —— 에는, 식자층에게 읽히는 신문과 비식자층에게 읽히는 신문이 사실상 서로 다른 세계에 속했다.

보다 특수하게는, 고등교육의 엄청난 팽창이 일자리를 갈수록 많이 제공했고, 상업적인 것에 별로 끌리지 않는 남녀들을 위한 시장을 형성했다. 이는 문학분야에서 가장 극적인 예를 볼 수 있었다. 시인들은 대학 강단에 섰거나 적어도 대학에서 살았다. 몇몇 나라들에서는 소설가라는 직업과 교수라는 직업이 서로 상당 정도로 겹침으로써, 전적으로 새로운 장르가 1960년대에 출현하고 —— 상당수의 잠재적 독자들이 그러한 환경에 익숙했으므로 —— 번창하기에 이르렀다. 소설의 일상적인 주제인 남녀관계 이외에도 학문적 교류, 국제적 세미나, 대학가의 가십, 대학생들의 독특한 행태와 같은, 보다 난해한 성질의 문제들을 다루는 캠퍼스 소설이 바로 그것이다. 보다 위험하게도 학계의 요구는, 세미나에서의 정밀분석에 적합하고 따라서 복잡성 —— 불가해성까지는 아니더라도 —— 으로 득을 보는 창작물의 생산을 고무했다. 그것은 위대한 제임스 조이스 —— 그의 후기 저작은 순수독자들의 수와 해설자들의 수가 비슷했다 —— 의 예를 따른 것이기도 했다. 시인들은 다른 시인들이나, 자신의 작품을 토론할 것으로 예상되는 학생들을 위해서 시를 썼다. 대학교의 봉급, 보조금, 필독도서 목록에 의해서 보호받는 비상업적인 창작예술은 반드시 번창하리라고 기대할 수는 없지만 적어도 안전하게 살아남을 것을 기대할 수 있었다. 안타깝게도 학계 성장의 또 다른 부산물이 그러한 예술의 지위를 잠식했다. 주석자들이 텍스트는 그것에 대한 독자의 생각일 뿐이라고 주장함으로써 그러한 예술작품들 자체를 그 주체로부터 독립시켰던 것이다. 그들의 주장에 따르면 플로베르를 해석하는 평론가가 저자만큼이나, 어쩌면 —— 그 소설은 주로 학문적 목적을 위해서 다른 사람들이 읽음으로써만 존속했으므로 —— 저자보다도 더한 정도로 보바리 부인의 창조자였다. 이러한 이론은 전위예술적 연극연출가들(그전에는 옛날 제작자 겸 배우들과 영화계 거물들)에 의해서 오래 전부터 애호되어왔다. 그들에게 셰익스피어나 베르디는 기본적으로, 그들 자신의 모험적이고 가급적 도발적인 해석을 위한 소재였다. 이러한 해석들은 때때로 성공을 거두었지만 실제로, 갈수록 난해해지는 인텔리 예술의 성향을 분명히 나타냈다. 왜냐하면 그것들 자체가 이전의 해석에 대한 논평이거나 비판이었고, 비법을 전수받은 사람들을 제외하고는 충분히 이해할 수 없는 것이었기 때문이다. 그러한 양식은 대중적인 장르인 영화에까지 확산되어, 세련된 감독들이 대중들에게는 계속해서 피와 정액을 즐기게 하면서(또한 잘만 되면 흥행수익도 유지하면서), 감독의 암시를 이해하는 엘리트들에게는 영화에 대한 자신의 박식을 과시하기도 했다.[2]

　21세기의 문화사 책들이 20세기 후반의 고급예술의 예술적 성과를 어떻게 평가할지를 짐작할 수 있을까? 그럴 수 없음이 명백하지만, 그러한 책들이 무엇보다도, 19세기에 크게 번창했었고 20세기 전반(前半)까지도 존속한 특징적인 장르들의 쇠퇴 —— 적어도 지역적인 —— 를 간과하지 않을 것임은 거의 확실하다. 우선적으로 떠오르는 예는 조각이다. 이 예술의 주된 표현물인 공공 기념물이, 질이 양을 따라가지 못한다는 점이 일반적으로 인정되고 있는 독재국들에서를 제외하고는 제1차 세계대전 종전 이후 사실상 사라졌다는 이유만으로도 그렇다. 또한 회화가 전간기와도 달랐다는 인상을 피할 수 없다. 어쨌든, 주요 인물로 인정될 만한(이를테면 화가 자신의 나라 밖의 미술관에 전시될 만한 가치가 있는) 1950-90년의 화가 목록을 전간기의 그러한 목록에 필적할 수준으로 작성하기란 어려울 것이다. 전간기 목록에는 우리가 기억나는 사람들만 적어본다면 최소한, 에콜 드 파리에 속한 화가로 파블로 피카소(1888-1973), 앙리 마티스(1869-1954), 생 수틴(1894-1943), 마르크 샤갈(1889-1985), 조르주 루오(1871-1955), 그밖에 파울 클레(1879-1940), 그리고 어쩌면 두세 명의 러시아인과 독일인, 한두 명의 스페인인과 멕시코인이 포함될 것이다. 20세기 후반의 목록을 이러한 목록과 어떻게 비교할 수 있겠는가? 그 목록에 뉴욕의 '추상표현주의'파의 몇몇 지도자들과 프랜시스 베이컨, 두 명의 독일인이 포함되더라도 말이다.

　고전음악 분야에서도 역시 옛 장르의 쇠퇴가 연주의 막대한 증가 —— 주로 신선미 없는 고전을 되풀이 연주하는 형태였지만—— 에 의해서 은폐되었다. 1950년 이후에 새로 작곡된 오페라로서, 국제적인 상연 목록이나 일국의 상연 목록에라도 확실하게 들어가게 된 오페라가 과연 몇 개나 될까? 그 목록은 1860년에 태어난 사람이

2) 일례로, 표면상으로는 알 카포네의 시카고에 관한 흥분시키는 경찰-갱 영화(실제로는 원래 장르의 혼성모방작품이지만)인 브라이언 드 팔마의 "언터처블(The Untouchables)"(1987)에는 에이젠슈테인의 "전함 포템킨"의 한 장면을 그대로 흉내낸 장면이 나오는데, 그러한 모방은 유모차가 오데사 계단을 질주해 내려오는 그 유명한 장면을 보지 못한 사람에게는 이해될 수 없는 것이다.

가장 젊은 축에 속하는 작곡가들의 작품을 끊임없이 반복하는 것이었다. 독일과 영국(한스 베르너 헨체, 에드워드 벤저민 브리튼 그리고 많아야 두세 명 더)을 제외하고는 그랜드 오페라를 만든 작곡가가 거의 없었다. 미국인들(이를테면 레오나드 번스타인[1918-90])은 뮤지컬이라는 덜 형식적인 장르를 더 좋아했다. 비러시아인으로서 계속해서, 19세기에 기악곡의 최고 성과로 간주되었던 교향곡을 작곡한 작곡가는 과연 몇 명이나 될까?[3] 계속해서 풍부하게 공급된 음악 분야의 뛰어난 인재들은 전통적인 표현형태를 포기하는 경향이 컸다. 그러한 표현형태가 고급예술시장을 여전히 압도적으로 지배했지만 말이다.

이와 비슷한 19세기 장르의 후퇴는 소설분야에서 명백히 볼 수 있다. 물론 소설은 계속해서 막대한 양이 씌어지고 구매되고 읽혔다. 그러나 20세기 후반의 대하소설과 대하소설가들 —— 사회 전체나 역사시기 전체를 주제로 삼는 —— 은 서구 문화의 중심지역 밖에서 찾을 수 있다. 이번에도 러시아는 예외다. 러시아에서는 스탈린주의 경험에서 살아남는 주된 창작방식으로서 초기 솔제니친과 함께 소설이 다시 부상했다. 우리는 크게 쓰는 전통의 소설을 시칠리아(쥬세페 토마시 디 람페두사의 「표범(Il gattopardo)」), 유고슬라비아(이보 안드리치, 미로슬라브 크를레자), 터키에서 찾을 수 있다. 라틴 아메리카에서도 그러한 소설을 확실히 볼 수 있을 것이다. 이전까지 관련국들 밖에서는 알려지지 않았던 라틴 아메리카 소설은 1950년대부터 줄곧 세계의 문학계를 사로잡았다. 전세계적인 걸작으로 가장 주저없이 즉각 인정되는 소설은, 코카인의 대명사가 되기 전까지는 선진세계의 식자층 대부분이 지도상에서 그 위치를 찾는 데에도 애를 먹었던 나라인 콜롬비아에서 나왔다. 가브리엘 가르시아 마르케스의 「백 년 동안의 고독(Cien años de soledad)」이 바로 그것이다. 몇몇 나라, 특히 미국과 이스라엘에서의 유태인

---

3) 프로코피에프가 7곡, 쇼스타코비치가 15곡을 작곡했고, 스트라빈스키조차 3곡을 작곡했으나, 이 곡들 모두가 20세기 전반(前半)에 속하거나 그 시기에 거의 만들어졌다.

소설의 두드러진 부상은 아마도 히틀러 치하에서 그 민족이 겪은 경험이 남긴 예외적인 충격 —— 직접적으로든 간접적으로든 유태인 작가들이 다루어야 한다고 느꼈던 —— 을 반영하는 것이 될 것이다.

고급예술 및 문학의 고전적 장르의 쇠퇴는 물론 인재의 부족에 기인한 것이 아니었다. 왜냐하면 인간들 사이의 예외적인 재능의 분포 및 그 변화에 관해서 우리가 아는 바는 거의 없지만, 급속히 변화한 것이 이용할 수 있는 재능의 양이라기보다는 그 재능을 표현하게 되는 동기나, 재능을 표현하는 출구나, 특정한 방식으로 표현하도록 고무하는 요인이라고 가정하는 것이 보다 무난하기 때문이다. 오늘날의 토스카나인들이 피렌체 르네상스의 세기보다 재능이 부족하다든가 심지어 미학적 감각이 떨어진다고 가정할 만한 합당한 이유는 전혀 없다. 예술 분야의 인재들이 기존의 표현방식을 포기한 것은 새로운 방식들이 이용 가능했거나 매력적이었거나 득이 되었기 때문이다. 이미 전간기에 조르주 오리크나 벤저민 브리튼과 같은 젊은 전위예술 작곡가들이 현악 4중주보다는 영화에 쓰일 사운드트랙을 작곡하고 싶어했듯이 말이다. 많은 수의 일상적인 그리기 작업이, 승리를 거둔 카메라의 작업으로 대체되었다. 카메라는 한 가지 예를 들자면, 패션 그림을 그리는 작업을 거의 전적으로 인수했다. 전간기에 이미 멸종되어갔던 연속소설은 텔레비전 시대에 텔레비전 연속극에게 자리를 내주었다. 공장식으로 제작하는 헐리우드 스튜디오 시스템이 무너진 뒤에 그리고 대규모 영화관중이 텔레비전과 나중에는 비디오를 보러 각자의 집안으로 들어감에 따라 개인의 창조적 재능을 발휘할 여지가 훨씬 더 커진 영화가 한때 소설과 희곡이 차지했던 자리를 차지하게 되었다. 연극 제목을 두 편씩 댈 수 있는, 현재 살아있는 극작가의 이름을 5개라도 말할 수 있는 문화애호가 1명당, 십수 명의 영화감독의 대표작들 모두에 대해서 술술 이야기할 수 있는 사람은 50명 꼴로 존재했다. 이보다 더 자연스러운 일도 없을 것이다. 구식의 '고급문화'에 따르는 사회적 지위만이 그 문화의 전통적 장르의 훨씬 더 급속한 쇠퇴를 막았다.[4]

　그러나 오늘날 고전적인 고급문화의 토대를 잠식하고 있는 훨씬 더 중요한 요인이 두 가지 있었다. 그 첫번째 것은 대량소비사회의 보편적인 승리였다. 1960년대부터 줄곧, 서방세계 —— 와 갈수록, 도시화된 제3세계 —— 의 사람들에게 태어날 때부터 죽을 때까지 따라다닌 이미지는 소비를 광고하거나 구체화하는 이미지이거나, 상업적인 대중연예 전용의 이미지였다. 도시생활에 따라다닌 소리는 집 안이나 집 밖이나 상업적 대중음악의 소리였다. '고급예술'이 가장 '교양 있는' 사람들에게 미친 영향조차 이러한 소리와 이미지에 비해서는 기껏해야 우연적인 것이었다. 특히, 과학기술에 기반한 소리와 이미지의 승리가, 계속해서 고급문화를 경험하는 주된 매체였던 인쇄된 글에 심한 압력을 가했으므로 더더욱 그러했다. 가벼운 오락물 —— 주로 여성들을 위한 연애소설, 남성들을 위한 다양한 종류의 스릴물 그리고 아마도 자유화시대에 일종의 에로물이나 포르노 문학 —— 의 경우를 제외하고, 직업적, 교육적인 용도나 여타 교육상의 용도가 아닌 목적으로 진지하게 책을 읽는 사람은 소수인 편이었다. 교육혁명으로 그러한 사람들의 절대수가 증가하기는 했지만 인쇄물이 더 이상 구전(口傳) 영역 밖의 세계에 이르는 주된 관문이 아니게 되었으므로, 이론상 전국민이 읽고 쓸 줄 아는 나라들에서 독서능력은 하락했다. 1950년대 이후에는 부유한 서방세계의 식자층계급의 자녀들조차 자신의 부모들만큼 자발적으로 독서에 습관을 붙이지 않았다.

　서방의 소비사회를 지배한 말씀은 더 이상 성경 말씀 —— 세속적 저술가들의 이야기는 말할 것도 없고 —— 이 아니라 상품들 —— 또는 그밖에 살 수 있는 것이면 무엇이든 —— 의 상표명이었다. 상표명들은 티셔츠에 인쇄되거나 여타의 옷들에 부착되어, 그 옷을 입은 사람에게 그 상표명이 상징하고 약속하는 정신적 가치의 생활양식(대체로 젊은이들에 알맞은)을 부여하는 마력을 발휘했다. 그러한 사회의 우상이 된 이미지들은 대중연예와 대중소비의 우상들,

―――――――――――――
4) 한 뛰어난 프랑스 사회학자가 「구별(La Distinction)」이라는 제목의 책(Bourdieu, 1979)에서 문화를 계급의 표지(標識)로 사용하는 것에 대해서 분석했다.

즉 스타와 통조림이었다. 1950년대에 소비자 민주주의의 중심지에서 주도적 유파의 화가들이 구식 미술보다 훨씬 더 강력한 힘을 발휘한 광고인들 앞에서 물러났던 것은 놀랄 만한 일이 아니다. '팝아트'(앤디 워홀, 로이 리히텐슈타인, 로버트 라우션버그, 클라에스 올덴버그)는 미국 상업주의의 시각적 장식물들 —— 수프 통조림, 기(旗), 코카콜라 병, 마릴린 먼로 —— 을 가능한 한 정확하고 무감각하게 재현하는 데에 시간을 보냈다.

이러한 양식은 (19세기 의미의) 예술로서는 무시할 만한 것이었지만 그럼에도 불구하고 대중시장의 승리가 소비자들의 물질적 욕구뿐만 아니라 정신적 욕구를 충족시키는 것에도 기반한다 —— 사소하지 않은 여러 점에서 —— 는 것을 인식하고 있었다. 이는 광고 회사들이 오래 전에 '스테이크가 아니라 지글거리는 소리'를, 비누가 아니라 아름다움에 대한 꿈을, 수프 통조림이 아니라 가족의 행복을 파는 것으로 자신의 전략을 조정했을 때부터 막연하게나마 알고 있었던 사실이다. 1950년대에 점점 더 분명해진 것은, 그러한 양식이 미학적 차원이라고 불릴 수 있는 것인, 때때로 능동적이지만 주로 수동적인 민중적 창조성 —— 생산자들이 이에 부응하기 위한 경쟁을 벌여야 했던 —— 을 가졌다는 점이다. 1950년대 디트로이트 자동차 디자인의 바로크 양식적 과잉은 정확히 이 점을 염두에 둔 것이었다. 또한 1960년대에 몇몇 지적 비평가들은 이전에는 압도적으로, 미학적으로 가치가 없다거나 '상업적'이라는 이유로 거부되었던 것, 즉 거리에서 실제로 남자들과 여자들의 시선을 끌었던 것에 대해서 연구하기 시작했다(Banham, 1971). 이전의 지식인들—— 이제 갈수록 '엘리트주의자(1960년대의 새로운 급진주의에 의해서 열광적으로 채택된 단어)'로 규정된 —— 은 대중을 경멸했었다. 그들은 대중을, 대기업측에서 대중의 구매를 바라는 물건을 수동적으로 받아들이기만 하는 사람들로 보았던 것이다. 그러나 1950년대는, 북미 흑인 게토에서 자력으로 만들어진 도시 블루스에서 유래한 젊은이들 용어인 로큰롤의 승리를 통해서, 대중 자신이 그들이 무엇을 좋아하는지를 알고 있거나 적어도 자신들이 좋아하는 것을 인정한다는 것을 가장 극적으로 입증했다. 록 음악으로 큰 돈을 번 레코드 산업은 록 음악을 계획하기는커녕 낳지도 않았고 단지, 그 음악을 발견한 아마추어들과 거리 모퉁이의 작은 실행가들로부터 그것을 인계받았을 뿐이다. 그 과정에서 록 음악은 의심할 바 없이 변질되었다. '예술(그것이 옳은 말이라면)'은 땅에서 자란 예외적인 꽃에서 나오기보다는 땅 자체에서 나온 것으로 보였다. 게다가 시장과 반(反)엘리트주의적 급진주의가 동시에 공유한 대중주의의 생각처럼 예술에서 중요한 것은 좋은 것과 나쁜 것, 세련된 것과 단순한 것을 구별하는 것이 아니라 기껏해야, 많은 사람의 마음을 끄는 것과 적은 사람의 마음을 끄는 것을 구별하는 것이었다. 이는 구식의 예술개념이 들어설 여지를 그리 많이 남기지 않았다.

그러나 고급예술의 토대를 침식한 훨씬 더 강력한 요인은, 19세기 말 이래 비공리주의적인 예술창작을 정당화해왔고 모든 구속으로부터의 자유에 대한 예술가들의 요구에 대해 합리적인 근거를 확실히 제공해왔던 '모더니즘'의 사멸이었다. 혁신이 모더니즘의 핵심이었다. '모더니티'는 과학과 기술에서 유추하여, 예술은 항상 진보하며 따라서 오늘의 양식은 어제의 양식보다 우월하다고 암묵적으로 가정했다. 그것은 정의상, 1880년대에 비판적인 용어가 된 **아방가르드**(avant-garde, 전위예술가들)의 예술, 즉 이론적으로는 언젠가 다수를 획득하기를 기대하지만 실제로는 아직 그러지 못한 데에 만족하는 소수파의 예술이었다. '모더니즘'은 그것의 특정한 형태가 어떤 것이든, 사회와 예술 둘 다에서의 19세기 부르주아-자유주의적 인습에 대한 거부와, 기술적, 사회적으로 혁명적인 20세기——빅토리아 여왕, 빌헬름 황제, 시어도어 루스벨트 대통령의 예술과 생활양식은 명백히 부적합한(「제국의 시대」 제9장을 보라) —— 에 어느 정도 적합한 예술을 창조할 필요성에 대한 인식에 기반한 것이었다. 관념적으로는 두 가지 목표가 양립했다. 입체파는 빅토리아조의 대표적인 회화에 대한 거부 및 비판인 동시에 대안이었을 뿐만 아니라, '예술가들'이 '예술작품들'을 예술 자체와 그들 자신의 이름으로 모으는 것이었다. 마르셀 뒤샹의 소변기의 (의도적인) 예술적 허무주의와 다다이즘이 오래 전에 입증했듯이 그 두 목표가 실제상으로는 일치할 필요가 없었다. 이러한 것들은 어떤 종류의 예술로서 나온 것이 아니라 반(反)예술로 나온 것이었다. 또한 '모더니즘' 예술가들이 20세기에 추구한 사회적 가치관들과, 그것들을 말, 소리, 이미지, 형태를 통해서 표현하는 방식들 역시 관념적으로는 서로 융합될 것이었다. 본질적으로 사회적 유토피아에 적합하다고 주장된 형태로 그 유토피아를 건설하는 양식이었던 모더니즘 건축의 경우에 주로 그랬듯이 말이다. 이 또한, 실제상으로는 형식과 내용이 논리적으로 연결되지 않았다. 이를테면 르 코르뷔지에의 '찬란한 도시(cité radieuse)'가 왜 경사진 지붕보다는 평평한 지붕의 고층건물들로 이루어져야 하는가?

그럼에도 불구하고, 앞서 보았듯이 20세기의 전반기에는 '모더니즘'이 일정한 성과를 거두었다. 그것의 이론적 토대의 취약성은 눈에 띄지 않았고, 그것의 방식들(이를테면 12음 음악이나 추상미술)이 허용한 발전의 한계선은 아직 돌파되지 않았으며, 그것의 구조물은 아직은 내부 모순이나 잠재적 균열에 의해서 금이 가지 않았다. 전위예술의 형식상의 혁신과 사회적 희망은 세계대전과 세계공황 그리고 잠재적인 세계혁명의 경험에 의해서 여전히 밀착되었다. 반파시즘의 시대는 반성을 연기시켰다. 모더니즘은 공업 디자이너들과 광고회사들 사이에서를 제외하고는 여전히 전위예술과 저항에 속했다. 모더니즘은 승리하지 않았다.

모더니즘은 사회주의체제들에서를 제외하고는 히틀러에 대한 승리를 공유했다. 모더니즘은 미술과 건축 분야에서 미국을 정복했다. 화랑들과 일류회사 사무실들을 '추상표현주의' 작품들로, 미국 도시들의 상업지역을 '국제주의 양식'의 상징물들 —— 하늘을 할퀴기보다는 하늘을 배경으로 지붕을 평평하게 한, 똑바로 선 길다란 직육면체 —— 로 가득 채웠던 것이다. 그러한 상징물들은 미스 반 데어 로에의 시그램 빌딩처럼 아주 우아했거나 세계무역센터처럼 매우 높았다(둘 다 뉴욕에 위치했다). 구(舊)대륙 —— 이제는 모더니즘을 '서구적 가치관'과 연관짓는 경향을 보이는 —— 에서는 어느 정도 미국의 추세를 따라, 시각예술에서는 추상(비조형미술)이, 건축에서는 모더니즘이 기성 문화계의 일부, 때때로 지배적 일부가 되었고, 영국처럼 문화계가 침체된 것으로 보이는 나라들에서는 그러한 추세 덕분에 문화계가 활기를 되찾기까지 했다.

그러나 1960년대 말부터는 모더니즘에 대한 두드러진 반발이 갈수록 분명해졌고 1980년대에는 그러한 반발이 '포스트모더니즘'과 같은 이름들을 걸고 유행하게 되었다. 그것은 '운동'이라기보다는 예술에서의 미리 정해진 어떠한 판단기준이나 가치기준도 거부하는 것 또는 실제로 그러한 판단의 가능성을 거부하는 것이었다. 이러한 반발이 처음으로, 그리고 가장 두드러지게 느껴졌던 건축 분야에서는 치펀데일식 페디먼트가 마천루들을 압도했다. 그것은 바로 '국제주의 양식'이라는 용어의 공동 창안자인 필립 존슨(1906-)에 의해서 세워졌으므로 더더욱 도발적인 것이었다. 이전에는 자연스럽게 형성된 맨해튼의 하늘 윤곽선을 현대 도시경관의 모델로 삼았던 비평가들이 이제는, 일정한 체계가 전혀 없는 로스앤젤레스 —— 무정형의 쓸모없는 사막이자, '자기 자신의 일을 하는' 사람들의 천국(또는 지옥)인 —— 의 가치를 발견했다. 미학-도덕적 규칙들이 비록 비합리적인 것이기는 해도 현대건축을 지배해왔으나 이제부터는 무엇이든지 괜찮았다.

건축에서 모더니즘 운동이 이룬 성과는 인상적인 것이었다. 그 운동은 1945년 이후에, 세계 곳곳을 연결시켜준 공항, 공장, 사무실 건물, 여전히 세워져야 했던 공공건물 —— 제3세계의 수도들, 제1세계의 박물관, 대학, 극장 —— 을 세웠다. 그 운동은 1960년대에 전세계의 대대적인 도시재건을 주도했다. 사회주의 세계에서조차 그 운동의 기술혁신 —— 저렴하고 신속한 주택단지 건설에 기여한 —— 이 그 흔적을 남겼던 것이다. 그 운동은 의심할 바 없이, 매우 아름다운 건물들이나 심지어 걸작품들을 상당수 낳았다. 추한 건물들도 다수 낳았고, 보다 몰개성적이고 비인간적인 개미집들도 매우 많이 낳았지만 말이다. 1950년대의 파리 미술을 1920년대의 것과 비교해보면 즉각 알 수 있듯이, 전후(戰後)의 모더니즘 회화

및 조각의 성과는 전간기의 성과보다 훨씬 적었고 대체로 훨씬 못
했다. 그것은 주로, 갈수록 절망적이 되어가는 일련의 묘책들——
미술가들이 자신의 작품에, 즉각 알아볼 수 있는 개인적 특성을 부
여하고자 했던 —— 과, 구식의 미술가들을 휩쓸어버린 비예술의 홍
수에 직면하여 내놓은 일련의 절망 내지 기권 선언들(팝아트, 장 뒤
뷔페의 아르 브뤼[art brut : 1940년대에 프랑스의 화가 장 뒤뷔페
가 발전시킨, 세련되지 못하고 미숙하며 심지어 꼴사나운 미술/역
주] 등) 그리고 낙서와 여타의 조각들의 흡수나, 주로 투자와 수집
가들을 위해서 구매되는 종류의 예술을 우스꽝스러운 수준으로 떨
어뜨리는 행위 —— 벽돌이나 흙더미에 개인의 이름을 쓴다거나('미
니멀 아트'), 영구적이 되지 않도록 극도로 단명하게 함으로써 예술
이 그러한 상품이 되는 것을 막는('퍼포먼스 아트') 등의 —— 의 흡
수로 이루어졌다.

　임박한 죽음의 냄새는 이러한 전위예술가들에게서 났다. 미래가
누구의 것이 될지는 아무도 몰랐지만 더 이상 전위예술가들의 것은
아니었다. 그들은 자신들이 주변적 위치에 서게 되었다는 것을 어
느 때보다도 잘 알았다. 돈벌이에 능한 사람들에 의해서 과학기술
을 통해 이루어진 지각과 표현상의 실질적인 혁명과 비교할 때, 화
실 보헤미안들의 형식상의 혁신은 어린애 장난에 불과했다. 미래파
화가들이 캔버스 위에서 속도를 흉내내 그린 것을 진짜 속도나, 심
지어 기관차 발판 위에 영화 카메라를 설치하는 것 —— 누구라도
할 수 있는 —— 과 비교한다면? 연주회에서 모더니즘적 합성의 전
자음향을 실험하는 것 —— 모든 흥행주가 그것이 흥행실적에 대한
집착의 폐해라는 것을 알았다 —— 을, 전자음향으로 수백만 명의
음악을 만들어내는 록 음악과 비교한다면? 모든 '고급예술'이 게토
안으로 격리되었지만, 전위예술가들이 게토에서의 그들 자신의 부
분이 작고 계속 줄어들고 있다는 사실 —— 쇼팽과 쇤베르크의 판매
고를 비교하면 확실히 알 수 있는 —— 을 깨닫지 않을 수 있었을까?
시각예술에서의 모더니즘의 주된 보루인 추상조차 팝아트의 부상
으로 헤게모니를 잃었다. 구상(具象)이 다시 한번 정통이 되었다.

그러므로 '포스트모더니즘'은 자신감에 넘친 양식과 지칠대로 지친 양식 둘 다를, 보다 정확히 말해서 건축과 토목공사처럼 이런저런 양식으로 계속되어야만 하는 활동방식과, 하나씩 팔 수 있도록 화가(畫架)에 얹어서 그리는 장인적 생산처럼 그 자체로 필수적이지 않은 활동방식 둘 다를 공격한 셈이었다. 따라서 포스트모더니즘을, 이전의 전위예술의 발전처럼 주로 예술 안에서의 한 경향으로 분석하는 것은 잘못된 일일 것이다. 실제로 우리는, '포스트모더니즘'이라는 용어가 예술과 전혀 무관한 모든 종류의 분야로 확산되었다는 것을 알고 있다. 1990년대에 이르면 '포스트모던' 철학자, 사회과학자, 인류학자, 역사가 그리고 그밖에도 이전에 전위예술에 우연히 관계하게 되었을 때조차 자신의 용어를 전위예술에서 빌리는 경향을 보이지 않았던 여타 학문 분야의 '포스트모던' 학자들이 존재했다. 물론 문학평론은 포스트모더니즘을 열광적으로 받아들였다. 실제로, 프랑스어를 쓰는 지식인층 사이에서 다양한 이름('해체', '탈구조주의' 등)으로 선구를 보였던 '포스트모던' 유행은 (미국의) 문학 부문으로 확산되었고 이어서 나머지 인문사회과학 분야로 확산되었다.

모든 '포스트모더니즘들'은 객관적 현실의 존재에 관한 그리고/또는 합리적인 수단을 통해서 그러한 현실에 대한 합의된 이해에 도달할 가능성에 관한 본질적 회의주의를 공유했다. 그 모두가 급진적 상대주의를 지향했다. 따라서 그 모두가 정반대의 가정에 기반한 세계 —— 과학 및 과학에 기반한 기술에 의해서 변화된 세계 —— 의 본질에 도전했고, 그러한 세계를 반영하는 진보 이데올로기에 도전했다. 우리는 낯설지만 예상 못했던 것은 아닌 이러한 모순의 발전을 다음 장에서 살펴볼 것이다. 그 모순은 보다 제한된 고급예술 분야 내에서는 그리 심하지 않았는데, 그 이유는 전에 보았듯이(「제국의 시대」 제9장을 보라) 모더니즘 전위예술가들이 '예술'이라고 주장할 수 있는 것(또는 어쨌든 '예술'로서 팔거나 대여하거나 여타의 방법으로 이윤을 남기며 창작자에게서 떼어놓을 수 있는 작품을 낳을 수 있는 것)의 범위를 이미 거의 무한대로 확대시켰기 때문이었다. '포스트모더니즘'이 낳은 것은 오히려, 새로운 양식의 허무주의적 경박이라고 본 것에 불쾌감을 느낀 사람들과, 예술을 '진지하게' 받아들이는 것은 또 하나의 진부한 과거의 유물에 불과하다고 생각하는 사람들 사이의 (주로 세대간의) 차이였다. 후자의 사람들은, 유명한 프랑크푸르트 학파의 마지막 보루인 사회철학자 위르겐 하버마스를 그렇게도 격분시킨 "플라스틱으로 위장한 ……문명의 쓰레기더미"가 도대체 어떻단 말이냐고 반문했다 (Hughes, 1988, p.146).

그러므로 '포스트모더니즘'은 예술에 국한된 것이 아니었다. 그럼에도 불구하고 그 용어가 예술계에서 제일 처음 등장한 데에는 아마도 충분한 이유가 있었을 것이다. 사실, 전위예술의 본질 자체가 과거의 용어로 도저히 표현할 수 없는 것, 즉 20세기의 현실을 표현하는 방법에 대한 모색이었다. 이것은 그 세기의 두 가지 큰 꿈 중 하나였다. 다른 하나는 그 현실의 근본적 변혁에 대한 추구였다. 두 꿈 모두 서로 다른 의미에서 혁명적이었으나, 둘 다 동일한 세계에 관한 것이었다. 그 두 꿈은 1880-90년대에 어느 정도 일치하였고, 1914년과 파시즘의 패배 사이의 시기에 다시 한번 일치했다. 그러한 시기들에 창조적 인재들 —— 대체로 좌파였으나 결코 항상 좌파에서만 나오지는 않았던 —— 은 두 가지 의미 모두에서 혁명적이거나 적어도 급진적인 경우가 아주 많았다. 그러나 두 꿈 모두 실패할 운명이었다. 사실, 둘 다 2000년의 세계를 너무도 깊이 변화시켜 그것들의 흔적을 지우기란 상상할 수도 없지만 말이다.

돌이켜 보건대 전위예술혁명의 기획은 지적 독단 때문이든, 자유주의적 부르주아 사회에서 창작예술이 보인 생산방식의 성격 때문이든 분명, 처음부터 실패할 운명이었다. 전위예술가들이 과거 100년 동안 자신의 의사를 표명해온 수많은 선언들 거의 모두가 목적과 수단, 즉 목표와 그것을 달성하는 방법 사이의 일관성 부족을 나타내고 있다. 특별한 형태의 새로움이, 낡은 것을 거부하기로 한 것의 필연적인 결과는 아니다. 조성(調性)을 의도적으로 회피하는 음악이 반드시, 반음계 12음의 순열에 기반한 쇤베르크의 12음 음악인 것은 아니며, 그러한 순열이 12음 음악의 유일한 기반인 것도 아니고, 12음 음악이 반드시 무조(無調)인 것도 아니다. 입체파는 아무리 매력적이라 해도 어떠한 이론적 근거도 가지지 않았다. 사실상, 새로운 절차와 규칙들을 위해서 전통적인 절차들 및 규칙들을 버린다는 결정 자체가 특정한 종류의 새로운 것을 선택하는 것만큼이나 자의적일 수 있다. 체스계에서 '모더니즘'에 해당하는, 1920년대의 이른바 '하이퍼모던'파의 선수들(레티, 그륀펠트, 님조비치 등)은 일부 선수들과는 달리 게임 규칙을 바꿀 것을 제안하지 않았다. 그들은 단지, 역설을 활용함으로써 —— 인습에서 탈피한 방식으로 첫 수를 둔다든가('첫 수 뒤에 P-K4 백[白]의 게임은 최후의 고통을 맞는다'), 중앙을 차지하기보다는 관찰하는 식으로 —— 인습(타라슈의 '고전'파)에 반대했을 뿐이다. 대부분의 작가들 그리고 물론 대부분의 시인들 역시 실제상으로 이와 마찬가지였다. 그들은 계속해서 전통적인 절차들 —— 예를 들면 적절한 것으로 보이는 압운시 —— 을 받아들였고, 다른 식으로 인습과 관계를 끊었다. 카프카는 그의 산문이 덜 모험적이라고 해서 조이스보다 덜 '모던'하지는 않았다. 게다가 모더니즘 스타일이 이를테면 기계나 (나중에는) 컴퓨터의 시대를 표현함으로써 지적 근거를 가진다고 주장하는 경우에 그 연관성은 순전히 은유적인 것이었다. 어쨌든 "기술적 복제 가능의 시대의 예술작품"(Benjamin, 1961)을 자신의 개인적 영감만을 인정하는 창조적 예술가 개인이라는 이전 모델에 동화시키려는 시도는 실패할 수밖에 없었다. 창조는 이제 기본적으로, 개인적인 작업이라기보다는 협동작업이었고 손으로 하는 일이라기보다는 과학기술에 의한 것이었다. 1950년대에 무엇보다도 1930-40년대의 헐리우드 B급 영화들에 대한 열광에 기반해서 영화를 단일한 창조적 작가(auteur)인 감독의 작품으로 보는 이론을 발전시킨 프랑스의 젊은 영화평론가들의 생각은 불합리한 것이었다. 왜냐하면 조화로운 협동과 분업이, 공적, 사적 스크린들을 통해서 매일 저녁시간을 채워주거나 신문이나 잡지 같은 정신적 소비를 위한 정기적인 연속간행물을 생산하는 일에 종사하는 사람들의 본질적 요소였고 지금도 그렇기 때문이다. 주로 대중시장을 위한 생산물이거나 대중 시장의 부산물이었던, 20세기의 특징적인 창작형태들에 몰려든 인재들은 19세기의 고전적인 부르주아 모델의 인재들보다 열등하지 않았지만, 고전적인 예술가의 고독한 자 역할을 해낼 여유는 더 이상 없었다. 그들이 고전적인 선배 예술가들과 가진 유일한 직접적인 관계는 고전적인 '고급예술'의 제한된 부문을 통한 것이었다. 항상 집단을 통해서 기능해온 연극이 바로 그 부문이다. 구로자와 아키라(1910- )나 루치노 비스콘티(1906-76)나 세르게이 에이젠슈테인(1898-1948) —— 20세기의 의심할 바 없이 위대한 예술가 3명의 이름만 들자면(이들 모두 연극인 출신이었다) —— 이 플로베르나 쿠르베나 심지어 디킨스의 방식으로 창작하기를 원했다면 그들 중 어느 누구도 그렇게 성공을 거두지 못했을 것이다.

그러나 발터 벤야민이 말했듯이, '기술적 복제 가능'의 시대는 창작이 진행되는 방식을 변화시켰을 뿐 아니라 —— 그럼으로써 영화와, 그것에서 나온 모든 것(텔레비전, 비디오)을 20세기의 중심예술로 만들어주었다 —— 인간이 현실을 지각하고 창작물을 체험하는 방식까지 변화시켰다. 그러한 지각과 체험은 더 이상 세속적 예배와 기도 행위 —— 19세기 부르주아 문명의 전형인 박물관, 미술관, 연주회장, 공공극장이 그 교회당을 제공한 —— 를 통해서 이루어지지 않았다. 이제는 그러한 시설물들을 자국인들보다는 외국인들로 채워준 관광과 교육이, 그러한 종류의 예술 소비의 마지막 보루였다. 이러한 체험을 하는 사람들의 수는 물론 전의 어느 때보다도 훨씬 늘었지만, 피렌체의 우피치 미술관에서 "봄(Primavera : 피렌체의 초기 르네상스 화가 산드로 보티첼리가 그린 그림[1477-78]/역주)"이 보이는 곳으로 사람들을 밀어제치고 들어간 뒤에 경외감으로 입을 다물지 못하는 사람들이나, 시험준비의 일환으로 셰익스피어의 책을 읽고는 감동에 젖은 사람들 대부분조차 대체로 이전과는 다른 다면적이고 잡다한 지각세계에서 살았다. 그들에게는 감각을 통한 인상과 심지어 관념이 모든 방면에서 동시에 들어오는 —— 신문 지면상의 헤드라인과 사진, 기사와 광고 그리고 눈이 지면을 훑고 있는 동안 이어폰에서 들리는 소리까지 이제 결합됨으로써, 즉 이미지, 목소리, 인쇄물, 음향의 병치를 통해서 —— 경향이 있었고, 그 모두가 아마도 건성으로 받아들여졌을 것이다. 무언가가 잠시 주의를 집중시키지 않는 한 말이다. 이는 오래 전부터 도시민들이 거리를 체험한 방식이었고, 민중의 장터와 서커스가 기능한 방식 —— 낭만주의자들의 시대 이래 예술가들과 비평가들에게 친숙한 —— 이었다. 새로운 점은 과학기술이 공적인 생활뿐 아니라 사적인 일상생활까지 예술로 가득 차게 했다는 데에 있었다. 미적 체험을 피하기가 이보다 더 어려웠던 적도 없었을 것이다. 예전 같으면 예술이라고 불렸을 것이 어디에나 존재하는 환경에서 '예술작품'은 말, 소리, 이미지의 홍수 속에서 실종되었다.

예술작품은 여전히 예술작품으로 불릴 수 있었는가? 위대하고 영구적인 작품들은 그러한 것들을 좋아하는 사람들에 의해서 여전히 발견될 수 있었다. 비록 선진국들에서는, 단일한 개인에 의해서만 창작되고 그 사람의 것으로만 볼 수 있는 작품들이 갈수록 주변적인 존재가 되어갔지만 말이다. 또한 건축물을 제외하고는 복제를 위해서 만들어진 것이 아닌 단일한 창작물 역시 주변적인 존재가 되어갔다. 여전히, 부르주아 문명의 전성기에 지배적이었던 평가기준들을 가지고 예술작품을 평가하고 그 등급을 매길 수 있었는가? 그렇기도 하고 그렇지 않기도 하다. 연대에 따라 가치를 평가하는 것은 예술의 경우에 전혀 적합하지 않았다. 즉 창작품은 르네상스기에 그랬듯이 단지 오래되었다고 해서 또는 전위예술가들의 주장처럼 단지 다른 것보다 최근의 것이라고 해서 더 나은 것일 수는 없었다. 전위예술가들의 기준은, 그것이 소비재산업 —— 짧은 유행주기와, 집중적이지만 단기적인 사용을 위한 물품의 순간적인 대량판매로 수익을 올리는 —— 의 경제적 이해관계와 융합되었던 20세기 후반에 불합리하게 되었다.

다른 한편, 예술에서 중요한 것과 사소한 것, 좋은 것과 나쁜 것, 전문적인 것과 아마추어적인 것을 구별하는 것은 여전히 가능한 동시에 필요했으며, 수많은 관계자들이 유일한 가치척도가 판매고라

는 이유로 또는 그러한 구별이 엘리트주의적이라는 이유로 또는 포
스트모더니즘이 주장하듯이 객관적인 구별이란 전혀 있을 수 없다
는 이유로 그러한 구별을 거부했으므로 더더욱 필요했다. 사실상,
이데올로그들과 판매원들만이 그러한 불합리한 견해를 공공연하게
주장했고, 사적인 입장에서는 그들 대부분조차 자신이 좋은 것과
나쁜 것을 구별한다는 것을 알고 있었다. 1991년에 영국의 크게 성
공을 거둔 한 대중시장 보석상인이 한 사업가회의에서 자신의 이윤
은, 보다 나은 것에 대한 취미가 전혀 없는 사람들에게 똥을 팖으로
써 나온다고 말해서 물의를 일으켰다. 그는 포스트모더니즘 이론가
들과는 달리 질에 대한 판단이 삶의 일부라는 것을 알았던 것이다.

   그러나 그러한 판단이 여전히 가능했더라도, 대부분의 도시민들
이 삶의 영역과 예술의 영역, 내부로부터 발생한 감정의 영역과 외
부로부터 발생한 감정의 영역 또는 일의 영역과 여가의 영역을 갈
수록 구별할 수 없게 된 세상에서 그러한 판단이 여전히 의미가 있
었을까? 보다 정확히 말해서, 그렇게도 많은 전통적 예술이 피난처
로 삼고 있는 학교와 학계라는 전문화된 폐쇄공간 밖에서도 그러한
판단이 여전히 의미를 가졌을까? 그러한 물음을 제기하거나 그것에
답하려는 시도 자체가 논점을 옳은 것으로 가정해 놓고 논하는 것
일 수 있으므로 이에 답하기는 어렵다. 고전음악에 적용할 수 있는
용어와 매우 비슷한 용어로 재즈의 역사를 쓰거나 재즈의 성과를
논의하기는 —— 사회적 환경상의 상당한 차이와, 이러한 형태의 예
술의 대중과 경제학을 감안하면서 —— 아주 쉽지만, 그러한 절차가
록 음악에 대해서도 적용될 수 있을지는 전혀 분명치 않다. 록 음악
역시 미국의 흑인음악에서 나온 것이지만 말이다. 루이 암스트롱이
나 찰리 파커의 성과가 무엇인가 하는 것과 그들이 다른 당대인들
보다 낫다는 것은 분명하거나 입증할 수 있지만, 특정한 소리를 자
신의 삶에 융합시켜본 적이 없는 사람이 지난 40년간 록 음악의 골
짜기를 휩쓸었던 소리의 거대한 홍수에서 이런 저런 록 그룹을 끄
집어내기란 훨씬 더 어려운 것으로 보인다. 빌리 홀리데이는 (적어
도 이 책을 쓰던 시기까지) 그녀가 죽고 나서 여러 해가 지난 뒤에

태어난 청취자들과 의사소통할 수 있었다. 그러나 롤링 스톤즈와 동시대 사람이 아닌 사람들 가운데 어느 누가 1960년대 중반에 이 그룹이 일으켰던 열광 같은 것을 보일 수 있겠는가? 오늘날 어떤 소리와 이미지에 대한 열정 가운데 연대에 기반한 것, 즉 그 노래가 감탄할 만한 것이어서가 아니라 '우리의 노래'이기 때문에 열정을 보인 것이 얼마나 될까? 우리로서는 알 수 없다. 우리가 알 수 있기 전까지는, 현재의 예술이 21세기에 어떠한 역할을 할 것인지, 아니 살아남기라도 할 것인지 자체가 불분명하다.

한편, 과학의 역할의 경우는 그렇지 않다.

# 제18장 마법사와 도제 ── 자연과학

오늘날 세계에 철학이 들어설 자리가 있다고 생각하는가?

물론 있기는 하지만 현 상태의 과학적 지식과 성과에 기반할 경우에만 그렇다. ……철학자들은 과학으로부터 자신을 격리시킬 수 없다. 과학은 우리의 인생관과 세계를 거대하게 확대시키고 변화시켰을 뿐 아니라, 지성이 작동하는 규칙들도 혁명적으로 변화시켰다.

── 클로드 레비-스트로스(1988)

그 저자가 구겐하임 특별연구원으로 있는 동안 쓴 기체역학에 대한 표준 교과서는 산업의 요구에 의해서 규정된 형식을 갖추었다고 그 자신이 밝혔다. 이러한 틀 내에서는 아인슈타인의 일반상대성이론을 확증하는 것이 '중력의 효과를 정확하게 밝힘으로써 탄도 미사일의 정확도'에 대한 개선을 향하여 중대한 일보를 내딛은 것으로 보이게 되었다. 전후의 물리학은 갈수록 집중연구대상을 군사적으로 적용되는 것으로 생각되는 영역으로 좁혀나갔다.

── 마거릿 제이콥(1993, pp.66-67)

# I

역사상 20세기보다 더 자연과학이 지배하고 자연과학에 의존한 시기도 없을 것이다. 그러나 갈릴레오의 주장 철회 이래 자연과학에 대해 20세기보다 덜 마음 편했던 시기도 없었다. 이는 그 세기를 다루는 역사가가 씨름해야 하는 역설이다. 그 역설과 씨름하기 전에 우선, 그러한 현상의 규모부터 보도록 하자.

1910년에 독일과 영국의 물리학자와 화학자는 모두 합쳐 약

8,000명에 달했는데, 1980년대 말에 연구와 실험적 개발에 실제 종사하는 전세계 과학자와 공학자의 수는 약 5백만 명으로 추산되었고, 그중에서 거의 100만 명이 주도적인 과학 강국인 미국에서 활동했으며, 유럽 국가들에서 활동한 사람의 수는 그보다 약간 더 컸던 것으로 추산되었다.[1] 과학자들은 선진국들에서조차 계속해서 인구 중 작은 부분만을 차지했지만, 그들의 수는 최고 선진경제국들에서조차 계속해서 매우 극적으로 증가하여 1970년 이후 20년 사이에 거의 두 배가 되었다. 그러나 1980년대 말에 이르면 그들은, 잠재적 과학기술인력이라고 불릴 수 있는 훨씬 더 큰 빙산 —— 기본적으로 그 세기 후반의 교육혁명(제10장을 보라)을 반영하는—— 의 일각에 불과하게 되었다. 그러한 빙산은 전세계 인구의 약 2퍼센트 그리고 북미 인구의 약 5퍼센트를 차지했다(UNESCO, 1991, 표 5.1). 실제 과학자들은 점점 더, 그러한 직업을 획득할 수 있는 자격증이 되어버린 '박사논문'을 통해서 선발되었다. 1980년대에 전형적인 서방 선진국은 그러한 과학 박사학위를 1년에 주민 100만 명당 약 130-40개씩 배출했다(Observatoire, 1991). 그러한 나라들은 또한 —— 가장 자본주의적인 나라들에서조차 —— 주로 정부기금으로 그러한 활동에 천문학적인 액수를 썼다. 실제로, 가장 비용이 많이 드는 형태의 '거대과학'은 (1990년대까지는) 미국을 제외한 모든 단일국의 능력을 넘어서는 것이었다.

그러나 한 가지 중요한 새로운 점이 있었다. 과학논문(그것의 편수는 10년마다 두 배로 늘었다)의 90퍼센트가 4가지 언어(영어, 러시아어, 프랑스어, 독일어)로 발표되었다는 사실에도 불구하고 유럽 중심적 과학은 20세기에 막을 내렸다. 파국의 시대와, 특히 파시즘의 일시적 승리로 인해서 과학의 무게중심은 미국으로 넘어갔고 그 중심은 지금도 여전히 미국에 위치한다. 1900-33년에 미국에게 돌아간 노벨 과학상은 7개뿐이었으나 1933-70년에는 77개가 돌아갔다. 유럽인들이 이주한 다른 나라들 —— 캐나다, 오스트레일리아,

---

1) 이보다 훨씬 컸던 당시 소련의 수치(약 150만 명)는 아마도 온전히 비교할 수 있는 수치는 아니었을 것이다(UNESCO, 1991, 표 5.2, 5.4, 5.16).

종종 과소평가되는 아르헨티나[2] —— 도 독립적인 연구 중심지로 떠올랐다. 그중 몇몇 나라들(뉴질랜드, 남아프리카 공화국)은 규모나 정치상의 이유로 주요 과학자들 대부분을 해외로 수출했지만 말이다. 동시에, 비유럽 과학자들 —— 특히 동아시아와 인도 아대륙 출신의 —— 의 부상도 두드러졌다. 제2차 세계대전이 끝나기 전에는 노벨 과학상을 탄 아시아인이 단 1명이었으나(1930년에 물리학상을 탄 찬드라세카라 벤카타 라만), 1946년 이후에는 그러한 상이 명백히 일본, 중국, 인도, 파키스탄 사람의 이름을 가진 10명 이상의 연구자들에게 돌아갔으며, 그러한 수치조차 명백히 아시아 과학의 부상을 과소평가한 것이다. 1933년 이전의 기록이 미국 과학의 부상을 과소평가한 것처럼 말이다. 하지만 20세기 말에도 절대적으로 그리고 상대적으로는 훨씬 더 두드러지게 적은 수의 과학자를 배출하는 지역 —— 이를테면 아프리카와 라틴 아메리카의 대부분——이 여전히 존재했다.

그러나 아시아인 노벨상 수상자들 중 (적어도) 3분의 1이 출신국의 이름으로가 아니라 미국 과학자로 등장한 것은 주목할 만한 사실이다(실제로, 미국의 노벨상 수상자들 중 27명이 제1세대 이민자다). 갈수록 지구촌화되어가는 세계에서, 자연과학이 단일한 세계어를 쓰고 단일한 방법론으로 작동한다는 사실 자체가 역설적이게도 자연과학을, 그것을 개발할 자원을 충분히 보유한 비교적 소수의 중심국들, 즉 소수의 매우 선진적인 부국들과 특히 미국에 집중시키는 데에 일조했던 것이다. 세계의 과학자들이 파국의 시대에는 정치적 이유로 유럽에서 빠져나갔었는데, 1945년 이후에는 주로 경제적 이유로 가난한 나라들에서 부유한 나라들로 빠져나갔다.[3] 이는 당연한 현상이었는데, 왜냐하면 1970-80년대에 선진 자본주의 국가들이 연구와 개발에 전세계 지출의 거의 4분의 3을 썼던 반면,

2) 3개의 노벨상 —— 모두 1947년 이후 —— 이 그 나라에 돌아갔다.

3) 매카시 선풍 때 미국에서 일시적으로 소규모 빠져나갔던 것과, 소비에트권 지역으로부터 때때로 진행되었던 보다 큰 규모의 정치적 탈출(1956년의 헝가리, 1968년의 폴란드와 체코슬로바키아, 1980년대 말의 중국과 소련)뿐 아니라 동독에서 서독으로 꾸준히 이루어진 유출을 덧붙일 수 있다.

가난한 나라들('개발도상국')은 불과 2-3퍼센트만을 썼던 것이다 (UN World Social Situation 1989, p.103).

그러나 선진세계 내에서조차 과학은 점차 집중되었는데 그 이유는 부분적으로는 사람과 자원의 집중 —— 효율성을 높이기 위한 —— 때문이었고, 부분적으로는 고등교육의 엄청난 증가가 연구기관들 사이의 서열, 보다 정확히 말해서 과두정을 불가피하게 낳았기 때문이었다. 1950-60년대에 미국의 박사학위 절반이 15대 명문대 대학원에서 나온 것이었고, 그 결과 가장 유능한 젊은 과학자들이 더욱 그 학교들에 몰렸다. 민주주의적, 대중주의적 세계에서 과학자들은 국가보조금이 지급되는 비교적 소수의 중심지들에 집중된 엘리트층이었다. 그들은 하나의 종(種)으로서, 집단을 이루어 존재했는데 그 이유는 통신('말을 걸 상대')이 그들의 활동에 중심적이었기 때문이다. 시간이 지남에 따라 그들의 활동은 갈수록 비과학자들로서는 이해할 수 없는 것이 되었다. 아마추어들이 대중화를 위한 방대한 문헌 —— 때때로 최고의 과학자들 자신이 집필한 —— 의 도움을 받아 필사적으로 이해하려 들었지만 말이다. 실제로, 전문화가 심화됨에 따라 과학자들조차, 자신의 분야 밖에서 무엇이 일어나고 있는지를 서로에게 설명해줄 잡지들을 갈수록 필요로 했다.

20세기가 과학에 의존하고 있다는 사실은 굳이 증명할 필요도 없다. '고등'과학, 다시 말해서 일상적 경험으로는 얻을 수 없고, 다년간의 학교교육 —— 비의적(秘儀的)인 대학원교육으로 절정에 달하는 —— 을 받지 않고는 실행될 수도, 이해조차 될 수도 없는 종류의 지식은 19세기 말 이전까지는 현실에 대한 적용범위가 비교적 좁았다. 17세기의 물리학과 수학이 기사(技士)들을 지배했고, 18세기 말과 19세기 초의 화학 및 전기 분야에서의 발견이 빅토리아조 중반에 이미 공업과 통신에 필수적인 요소가 되었으며, 전문적 과학연구자들의 탐구가 기술진보를 선도하는 데에 없어서는 안 될 것으로 인정되었다. 요컨대 과학에 기반한 기술은 이미 19세기 부르주아 세계의 중심에 위치했다. 실행가들이, 18세기가 뉴턴을 다루었고

19세기 말이 다윈을 다루었듯이, 과학이론의 승리를 다루는 방법을 —— 시의적절하게 그 승리를 이데올로기로 전환시키는 것을 제외하고는 —— 완전히 알지는 못했지만 말이다. 그럼에도 불구하고 인간생활의 광대한 영역은 계속해서 경험, 실험, 기술, 교육받은 상식 그리고 기껏해야, 이용 가능한 최상의 실행과 기술에 관한 지식의 체계적 보급에 의해서만 지배되었다. 농업, 건축, 의술 그리고 사실상, 인간들에게 필수품과 사치품을 공급하는 광범위한 활동영역이 명백히 그러했다.

19세기의 3/3분기에 이러한 사정이 바뀌기 시작했다. 제국의 시대에 현대 첨단기술의 윤곽이 드러나기 시작했을 뿐 아니라 —— 자동차, 비행기, 라디오, 영화를 연상하기만 하면 된다 —— 현대 과학이론(상대성, 양자[量子], 유전학)의 윤곽 역시 드러나기 시작했다. 게다가 무선전신에서 X-선의 의료적 사용에 이르기까지 —— 둘 다 1890년대의 발견에 기반한 것이다 —— 가장 비의적이고 혁명적인 과학적 발견이 이제, 즉각 기술로 실현될 잠재력을 가진 것으로 인식되었다. 이렇듯 단기 20세기의 첨단과학을 1914년 이전에 이미 볼 수 있었고 20세기 후반의 첨단기술이 그 속에 이미 내재해 있었지만, 그럼에도 불구하고 아직은 첨단과학이 지구상의 **어디서나** 일상생활을 유지하는 데에 필수적인 것은 아니었다.

천년기가 종반에 가까워짐에 따라 첨단과학은 바로 그러한 존재가 되었다. 앞서 보았듯이(제9장을 보라) 선진적인 과학적 이론과 연구에 기반한 기술이 20세기 후반의 경제 호황을 지배했고 그러한 사정은 더 이상 선진세계에만 해당되는 것이 아니었다. 최첨단기술의 유전학이 없었더라면 인도와 인도네시아는 폭증하는 자신의 인구를 먹여살릴 식량을 충분히 생산하지 못했을 것이다. 또한 20세기 말까지는 생물공학이 농학과 의학 둘 다에서 중요한 요소가 되었다. 그러한 응용과학들에 관해서 중요한 점은, 그것들이 최첨단의 선진국들에서조차 보통 주민들의 세계와는 너무도 거리가 먼 발견과 이론에 기반했기 때문에 그러한 과학들이 실용적인 의미를 가진다는 것을 초기에 알 수 있었던 사람은 전세계에서 몇십 명, 또는 많아야 몇백 명에 불과했다는 점이었다. 독일의 물리학자 오토 한이 1939년 초에 핵분열을 발견했을 때, 저명한 닐스 보어(1885-1962)처럼 그 분야에서 가장 활동적이었던 과학자들 가운데 몇몇 사람들조차 그것이 평화시나 전시에 —— 어쨌든 가까운 장래에—— 실용적인 의미를 가질 수 있을지를 의심했다. 그것의 잠재력을 이해한 물리학자들이 그들 나라의 장군들과 정치인들에게 이야기를 하지 않았다면 그들은 확실히 그 사실을 몰랐을 것이다. 그들 자신이 대학원의 물리학자 —— 그럴 확률은 매우 낮았다 —— 가 아닌한 말이다. 또한 현대 컴퓨터 이론의 토대를 제공하게 될, 앨런 튜링이 쓴 1935년의 유명한 논문은 원래 수리논리학자들을 위한 순이론적인 탐구물로 씌어진 것이었다. 전쟁이 그를 비롯한 사람들에게 암호해독을 위한 업무를 개시하는 데에 이론을 적용할 기회를 주었지만, 튜링의 논문이 등장했을 때 소수의 수학자들을 제외하고는 아무도 그것에 주목하기는커녕 읽지도 않았다. 당시 조깅 취미를 가진 하급 특별연구원이었던 꼴사나운 외모에 창백한 얼굴의 이 천재 —— 죽은 뒤에 동성애자들 사이에서 일종의 우상이 된 —— 는 그 자신의 대학에서조차 두드러진 인물이 전혀 아니었다. 적어도 나는 그를 그러한 인물로 기억하지 않는다.[4] 사안의 중요성이 공인된 문제들을 해결하려는 시도에 과학자들이 명백히 종사했을 때조차, 고립된 한 쪽 구석에 위치한 소규모의 두뇌집단만이 자신들이 해야 할 일이 무엇인지를 알았다. 일례로 필자는 프란시스 해리 크

---

4) 튜링은 동성애 행위로 유죄판결을 받고 나서 1954년에 자살했다. 당시에 동성애 행위는 공식적으로 범죄였고, 의학적으로나 심리학적으로 치료할 수 있는 병적 상태인 것으로 여겨졌다. 그는 자신에게 부과된 강제적인 '치료'를 견뎌낼 수 없었다. 그는 1960년대 이전 영국에서의 (남성) 동성애 불법화의 희생물이라기보다는, 그 자신이 동성애를 인정하지 못한 것의 희생물이었다. 그의 성적 성향은 케임브리지의 기숙학교인 킹스 칼리지의 환경에서 그리고 각종 변태와 별난 사람들의 집합소로 이름난 블레칠리의 전시(戰時) 암호해독 시설물 —— 그가 전후에 맨체스터로 가기 전에 생활했던 —— 에서는 어떠한 문제도 일으키지 않았다. 오직, 대부분의 사람들이 살아가는 세상을 완전히 인정하지 않는 사람만이 (일시적인) 남자친구가 자신의 아파트를 털었다고 불평하러 경찰에 갔을 것이다. 그 신고는 경찰에게 두 범법자를 동시에 잡을 기회를 주었다.

릭과 제임스 듀이 왓슨이 DNA 구조('이중나선')의 성공적인 발견 ─── 20세기의 중대한 발견들 중 하나로 즉각 인정된 ─── 을 준비하던 바로 그 시기에 케임브리지 대학의 특별연구원이었는데, 당시에 크릭을 사교상으로 만났던 것은 기억나지만 우리 대부분은, 내가 다니던 대학 교문에서 불과 몇십 야드밖에 안 떨어진 곳에서, 우리가 정기적으로 그 앞을 지나다니던 실험실과 우리가 술을 마시던 술집에서 이러한 엄청난 발전이 부화되고 있다는 것을 전혀 몰랐다. 이는 우리가 그러한 문제들에 전혀 관심이 없어서가 아니었다. 단지, 그러한 문제들을 연구한 사람들이, 우리가 그들의 연구에 기여할 수 없거나 아마도 그들의 어려움이 정확히 무엇인지를 이해조차 못했을 것이기 때문에, 우리에게 그 문제들에 대해서 말할 필요를 전혀 느끼지 않았을 뿐이다.

과학상의 혁신이 아무리 비의적이고 불가해하다 해도 일단 이루어지고 나면 거의 즉각 실제적인 기술로 바뀌었다. 일례로, 트랜지스터는 1948년에 고체물리학 연구, 즉 약간 불완전한 반도체의 전자석 특성에 관한 연구의 부산물로 부상한 것이었고(그것의 발명자들은 8년 내에 노벨상을 받았다), 광학 연구에서 나온 것이 아니라 분자를 전계(電界)에 공명(共鳴)시켜서 진동시키는 실험에서 나온 레이저(1960) 역시 그러한 것이었다(Bernal, 1967, p.563). 레이저의 발명자들 역시 신속하게 노벨상을 통해서 인정받았고, 케임브리지의 소련인 물리학자 표트르 카피차(1978) 역시 초전도체를 낳은 저온물리학 분야의 연구로 ─── 뒤늦게 ─── 노벨상을 받았다. 압도적인 자원 집중이 믿을 수 없을 만큼 짧은 시간 내에 가장 어려운 기술적 문제들을 해결할 수 있다는 것을 ─── 적어도 영미인들에게 ─── 입증한 1939-46년의 전시(戰時) 연구경험[5]이 전쟁이나 국가위신

5) 나치 독일이 핵폭탄을 만들지 못한 것은 기본적으로, 독일 과학자들이 그것을 만드는 법을 몰랐거나 마지 못해서든 기꺼이든 만들려고 하지 않아서가 아니라, 독일의 전쟁기구가 필요한 자원을 핵폭탄 제조에 쏟을 용의나 능력이 없었기 때문이었다는 것이 오늘날에는 분명해졌다. 그들은 핵폭탄을 만들려는 노력을 포기했고, 보다 즉각적인 성과를 보장하는 로켓에 집중하는 쪽 ─── 보다 비용효율적인 집중으로 보이는 ─── 으로 관심을 전환했다.

(이를테면 우주공간의 탐험)을 위한, 비용에 신경 쓰지 않는 기술개발을 고무했다. 이는 또다시 실험실 과학을 기술로 변화시키는 것을 촉진했고, 그러한 기술 중 일부는 일상적인 용도를 위한 폭넓은 잠재력을 가진 것으로 드러났다. 레이저가 이러한 속도를 보여준 사례이다. 1960년에 실험실에 처음 등장한 레이저는 1980년대 초까지는 콤팩트 디스크의 형태로 소비자의 손에 들어오게 되었다. 생물공학은 스타트를 훨씬 더 빨리 끊었다. 재조합 DNA 기술, 즉 한 종의 유전자를 다른 종의 유전자와 결합하는 기술은 1973년에 처음으로 충분히 실행 가능한 것으로 인정되었다. 그로부터 20년도 안 되어서 생물공학은 의학과 농학의 주요 투자분야가 되었다.

게다가 주로 정보 이론 및 실행의 놀랄 만한 폭증 덕분에 과학의 새로운 발전은 갈수록 빠른 속도로, 최종수요자측의 이해를 전혀 필요로 하지 않는 기술로 옮겨졌다. 그 전형적인 결과는, 적절한 자리에서 누르기만 하면 자동으로 움직이고 자동으로 수정되며 가능한 한 스스로 결정까지 내리는 절차가 개시되는, 전적으로 백치도 사용할 수 있는 버튼이나 키보드 세트였다. 그 절차는 평균적인 인간의 제한되고 믿을 수 없는 기술과 지력을 투입할 것을 더 이상 요구하지 않았던 것이다. 사실상 그 절차는 이상적으로는, 무언가가 잘못되었을 때를 제외하고는 인간이 전혀 개입하지 않고도 작동하도록 프로그램될 수 있었다. 1990년대의 슈퍼마켓 계산대가 이러한 인간적 요소의 제거를 전형적으로 보여주었다. 그 장치는 조작수에게 그 나라에서 쓰이는 지폐와 동전을 알아보고 손님이 낸 돈의 액수대로 자판을 누르는 일 외에는 요구하지 않았다. 자동검색기가, 구입물에 부착된 바코드를 가격으로 번역하고 모든 구입물 가격을 합친 다음에 손님이 낸 돈의 액수에서 물건 값 총액을 빼서 거스름돈을 얼마 주어야 하는지를 조작수에게 말해주었다. 이 모든 활동의 실행을 확실하게 유지하는 절차는 엄청나게 복잡한 하드웨어와 매우 정교한 프로그래밍의 결합에 기반한 것이므로 극도로 복잡한 것이다. 그러나 무언가가 잘못되지 않는 한 또는 무언가가 잘못되기 전까지는 20세기 말 과학기술의 그러한 기적은 기계 조작수들에게 기수(基數)의 인식, 최소한의 주의력, 지루함을 집중적으로 견딜 수 있는 다소 큰 능력만을 요구했다. 심지어 글을 읽고 쓰는 능력조차 요구하지 않았다. 대부분의 조작수들에게, 2.15파운드를 내야 한다고 손님에게 알려주라고 말하고 10파운드짜리 지폐에 대한 거스름돈으로 7.85파운드를 내주라고 자신들에게 지시하는 힘은 이해할 수 없는 것인 만큼이나 자신과 무관한 것이었다. 그들은 그 힘을 작동시키는 데에 그것에 관한 어떤 것도 이해할 필요가 없었다. 마법사의 도제는 더 이상 자신의 지식 부족에 대해서 고민할 필요가 없었던 것이다.

사실상 슈퍼마켓 계산대 조작수의 상황은 20세기 말의 표준적인 인간을 대표하고, 우리가 무엇이 진행되고 있는지를 알거나 알고 있다고 생각하더라도 이해하거나 변경할 필요가 없는 전위적인 과학기술의 기적의 작동을 대표하는 것이었다. 다른 누군가가 우리를 대신해 그 일(이해와 변경/역주)을 할 것이거나 했다. 왜냐하면 우리 자신이 이런저런 특정 분야의 전문가 —— 이를테면 기계가 고장났을 때 고칠 수 있다거나, 기계를 설계하거나 만들 수 있는 종류의 사람 —— 라고 가정하더라도 일상적인 다른 과학기술 제품들 대부분에 대해서는 무지하고 이해 못하는 문외한이기 때문이다. 또한 우리가 그렇지 않다 해도, 우리가 사용하는 물건이 작동하는 원인과 그것의 기저에 깔린 원리에 대한 우리의 이해는 대체로 별 의미 없는 지식이다. 카드를 제조하는 기술적 공정이 (정직한) 포커 게임자에게 무의미하듯이 말이다. 팩스는 런던의 팩스가 로스앤젤레스의 팩스로 글을 어떻게 보내는지에 대해서 전혀 모르는 사람들이 사용할 수 있도록 고안되었다. 그것은 전자공학 교수가 작동시킨다고 해서 더 잘 기능하는 것도 아니다.

따라서 과학은 과학기술로 가득 찬 인간생활을 통해서 20세기 말의 세계에 자신의 기적을 매일 보여주고 있는 셈이다. 과학은—— 외딴 벽지에 사는 사람들조차 트랜지스터 라디오와 전자계산기를 알고 있으므로 —— 알라신이 독실한 이슬람 교도들에게 그렇듯이 반드시 필요하고 어디에나 존재한다. 초인적인 성과를 낳는 일부

인간활동들의 이러한 능력이 적어도 '선진' 산업사회의 도시지역에서 언제부터 일반적으로 의식되었는가 하는 것은 논의의 여지가 있다. 그것은 확실히, 1945년에 최초의 핵폭탄이 터진 뒤의 일일 것이다. 그러나 20세기가 과학이 세계와 세계에 대한 우리의 지식 둘 다를 변화시킨 세기였다는 데에는 의심할 바 없다.

아마도 우리는 19세기의 세속적 이데올로기들이 그랬듯이 20세기의 이데올로기들이 인간정신의 승리인 과학의 승리를 자랑으로 여길 것이라고 예상했을 것이다. 사실상 우리는 심지어, 과학에 대한 19세기의 저항의 커다란 보루였던 전통적인 종교적 이데올로기들의 저항이 약화되는 것까지 기대했을 것이다. 왜냐하면 앞으로 보게 되듯이 20세기 대부분 동안 전통적인 종교의 지배력이 느슨해졌을 뿐만 아니라 종교 자체가 선진세계의 다른 어떤 인간활동과도 마찬가지로 첨단과학에 기반한 기술에 의존하게 되었기 때문이다. 1900년대의 주교나 이맘(imam : 이슬람교 사원에서 예배를 관장하는 성직자/역주)이나 성자는 위기에 직면해서 마치 갈릴레오나 뉴턴이나 패러데이나 라부아지에가 존재하지 않았던 양, 즉 15세기 과학기술에 기반해서 행동할 수 있었고, 19세기 과학기술은 신학이나 성전(聖典)과의 양립 가능성이라는 문제를 전혀 야기하지 않았다. 바티칸이 위성으로 통신하고 토리노 수의의 진품 여부를 방사성 탄소 연대 측정법을 통해서 시험해야 하는 시대, 호메이니가 카세트 테이프를 통해서 자신의 말을 국외에서 이란으로 전파하는 시대, 코란 법에 헌신한 국가들 역시 핵무기를 갖추려 하는 데에 몰두하는 시대에 과학과 성전(聖典) 사이의 충돌을 못 본 체하기란 훨씬 더 어려워졌다. 가장 복잡한 현대과학을 그것에 기반한 과학기술을 통해서 사실상 받아들인 정도는 너무도 커서, 세기말 뉴욕에서 최첨단의 전자제품 및 사진제품의 판매가 대체로 하시디즘 —— 극도의 의식주의(儀式主義)와 일종의 18세기 폴란드 복장을 입고 다니기를 고집하는 것말고도 지적 탐구보다 황홀경을 선호하는 것으로 주로 알려진 일종의 동방 메시아 신앙적 유태교 —— 의 특성이 될 정도였다. 어떤 면에서 '과학'의 우위는 공식적으로 인정되기까지

했다. (이 세상은 6일 동안 현재의 모습대로 창조된 것이므로) 진화론을 성서에서 어긋난다고 하여 거부한 미국 내의 프로테스탄트 근본주의자들은 다윈의 가르침이 자신들이 '창조과학'이라고 표현한 것의 가르침에 의해서 대체되거나 적어도 저지될 것을 요구했다.

그러나 20세기는 자신의 가장 비범한 성과이자 자신이 의존한 과학에 대해 마음이 편치 못했다. 자연과학의 진보는 의심과 두려움 속에서 진행되었고, 그러한 의심과 두려움은 때때로 이성과 이성의 모든 산물에 대한 증오와 거부로 타올랐다. 또한 과학과 반(反)과학 사이의 아직 정의되지 않은 공간에서, 불합리함을 통해서 궁극적인 진리를 추구하는 사람들과 허구들로만 이루어진 세계에 대한 예언자들 사이에서 20세기, 특히 세기 후반의 특징적인 장르이자 대체로 영국과 미국에서 나온 '과학소설'이 갈수록 많이 발견되었다. 줄 베른(1828-1905)이 선구적으로 보여주었던 그 장르는 19세기가 막 끝날 무렵에 H. G. 웰스(1866-1946)에 의해서 시작되었다. 텔레비전과 와이드스크린을 통해서 친숙해진 우주 서부극 —— 우주 캡슐이 말에 해당하고 살인광선이 6연발 권총에 해당하는 —— 과 같은 보다 아동적인 형태들이 첨단장치를 가지고 환상적인 모험이라는 옛 전통을 지속시키기는 했지만, 그 장르에 속한 보다 진지한 소설들의 경향은 세기 후반에 인간의 생활조건과 그 전망에 대한 음울하거나 적어도 모호한 시각을 보여주는 쪽으로 바뀌었다.

과학에 대한 의심과 두려움은 네 가지 감정에 의해서 야기되었다. 과학은 이해할 수 없다는 감정, 과학의 실제적인(그리고 동시에 도덕적인) 결과는 예측할 수 없으며 아마도 파국적일 것이라는 감정, 과학은 개인의 무력감을 강화하며 권위를 잠식한다는 감정이 그것이며, 과학이 사물의 자연적 질서에 간섭하는 한 선천적으로 위험한 것이라는 감정 역시 빠뜨려서는 안 될 것이다. 첫 두 감정은 과학자들과 아마추어 둘 다가 공유한 것이고, 마지막 두 감정은 주로 문외한들에게 속한 것이다. 비과학자 개개인은 자신들의 무력감에 대해, "하늘과 땅에는……당신의 철학 속에서 꿈꿀 수 있는 것 이상의 것들이 있다"라는 햄릿의 구절에 따라 '과학이 설명할 수 없는' 것들을 찾아내거나, 그것들이 '공식적 과학'에 의해서 설명될 수 있다고 믿기를 거부하거나, 불가해한 것을 바로 불합리하게 보인다는 **이유로** 열심히 믿는 식으로 반응할 수밖에 없었다. 적어도 미지의 세계에서는 모두가 마찬가지로 무력할 것이었다. 과학의 가시적인 승리가 크면 클수록 불가해한 것에 대해서 추구하는 열망은 더욱 커졌다. 결국 원자폭탄으로 끝난 제2차 세계대전 직후에 미국인들(1947)은 명백히 과학소설에 고무받아 '미확인 비행물체'의 대대적인 출현을 목격하는 데에 열중했고, 이는 여느 때처럼 그들의 문화적 추종자들인 영국인들에 의해서 모방되었다. 사람들은 이 비행물체들이 우리 문명과 다르며 우리 문명보다 우월한 외계문명에서 온 것으로 굳게 믿었다. 보다 열광적인 목격자들은 이상하게 생긴 외계인들이 이 '비행접시'에서 나오는 것을 실제로 보았고, 한두 명은 외계인들이 자신을 비행접시에 태워줬다고 주장하기까지 했다. 그 현상은 전세계적인 것이 되었다. 이들 외계인의 착륙지점 분포지도는 앵글로색슨 영토에 착륙했거나 그 주변을 선회한 경우가 압도적으로 많았음을 보여주기는 하지만 말이다. UFO에 대한 어떠한 회의주의도 자신들의 좁은 시야를 넘어서는 현상을 설명하는 데에 무력한 편협한 과학자들의 시샘 탓으로, 심지어 보통 사람들에게 상부 지식을 숨기기 위해서 그들의 알 권리를 억압하려는 자들의 음모 탓으로 돌려졌다.

이러한 것들은 전통적인 사회의 마술과 기적에 대한 믿음이 아니었다. 전통적인 사회에게 현실에 대한 그러한 종류의 개입은 매우 불완전하게 통제되었던 생활에 속한 것이었고, 이를테면 비행기를 보는 것이나 전화에 대고 말하는 경험보다 훨씬 덜 놀라운 것이었다. 또한 인쇄술이 발명된 이래로 단면인쇄 목판화에서 미국의 슈퍼마켓 계산대에 이르기까지, 대중문학이 증언해온 기괴하고 괴상하고 경이적인 것에 대해서 인간들이 보편적, 영구적으로 느꼈던 매력에 속한 것도 아니었다. 그것은 과학의 요구와 지배에 대한 거부였다. 상수도에 불소를 투입하는 관행 —— 그렇게 함으로써 현대 도시주민의 충치가 극적으로 줄어들 것이라는 사실이 발견된 뒤에 행해진 —— 에 대한 비주류집단의 (역시 미국 중심의) 이색적인 반발에서 보듯이 그러한 거부는 때때로 의식적인 것이었다. 그러한 관행은, 충치를 선택할 자유라는 이름으로뿐만 아니라 (보다 극단적인 반대자들의 경우) 강제로 독을 넣음으로써 인간들을 약화시키려는 비열한 음모라는 이유로 열렬한 저항에 부딪쳤다. 또한 이러한 반발과정에서 과학 그 자체에 대한 의심은 과학의 현실적 결과에 대한 두려움과 결합되었고, 이는 스탠리 큐브릭의 영화 "닥터 스트레인지러브(Dr. Strangelove)"(1963)에서 생생하게 그려진 바 있다.

생활이 갈수록 의료기술을 포함한 현대 과학기술 및 그 위험에 지배받게 됨에 따라 북미 문화에 고질적인, 건강에 대한 지나친 염려 역시 그러한 두려움을 확산시켰다. 사람들 사이의 분쟁에 관한 모든 문제를 법적 소송으로 해결하기를 유별나게 좋아하는 미국인들의 성향 덕분에 우리는 이러한 두려움에 대해서 자세히 살펴볼 수 있다(Huber, 1990, pp.97-118). 살정제(殺精劑)가 선천적 결손증을 유발하는가? 송전선(送電線)이 그 부근에 사는 주민들에게 의학적인 해를 끼치는가? 일정한 판단기준을 가진 전문가들과 희망이나 공포만을 가진 일반인들 사이의 괴리는, 낮은 정도의 위험은 높은 수준의 이익을 위해서 치를 만한 대가라는 냉정한 판단과, 당연히 (적어도 이론상으로) 위험이 전혀 없는 상태를 원하는 개인들 사이의 차이로 인해서 더욱 벌어졌다.[6]

요컨대 그러한 두려움은 자신들이 과학의 지배를 받으며 산다는 것을 알 뿐인 사람들이 과학의 미지의 위협에 대해서 가진 두려움이었고, 그들의 시각의 성격에 따라 강도와 초점이 달라지는 두려움이었으며, 현대사회에 대한 두려움이었다(Fischhof et al., 1978, pp.127-52).[7]

---

6) 이러한 영역에서 이론과 실제 사이의 차이는 막대한 것이다. 실제 생활에서는 매우 큰 위험을 감수할 각오가 되어 있는 사람들(이를테면 고속도로 위를 달리는 차에 탄 사람이나 뉴욕에서 지하철을 이용하는 사람)이 다소 드문 경우에 부작용이 있다는 이유로 아스피린을 절대로 먹으려 하지 않을 수도 있는 것이다.

7) 그 책의 공저자들은 다음 25가지 과학기술의 위험과 이익을 평가했다. 냉장고, 복

그러나 세기 전반(前半)에는 과학에 대한 주된 위협이 과학의 무제한적이고 통제할 수 없는 힘에 위축감을 느낀 사람들로부터가 아니라, 그러한 힘을 통제할 수 있다고 생각한 사람들로부터 나왔다. 유일하게(종교적 근본주의로 돌아간, 당시로서는 드문 예를 차치한다면) **원칙에 따라** 과학연구에 간섭한 두 종류의 정치체제는 둘 다 무제한적인 기술진보에 깊이 몰두했고, 둘 중 한 체제의 경우는, 자신을 '과학'과 동일시하고 이성과 실험에 의한 세계정복을 환호하는 이데올로기에 몰두했다. 그러나 스탈린주의와 독일 국가사회주의 둘 다, 기술상의 목적으로 이용할 때조차 —— 서로 다른 방식으로 —— 과학을 거부했다. 그들이 반대했던 것은 선험적인 진리에 표현된 세계관과 가치관에 대한 과학의 도전이었다.

따라서 두 체제 모두 아인슈타인 이후의 물리학에 대해 불편해했다. 나치는 그것을 '유태인적'이라고 거부했고, 소련 이데올로그들은 그것을 레닌이 썼던 의미로 충분히 '유물론적'이지 않다고 거부했다. 현대국가들이 한 사람도 예외없이 포스트아인슈타인주의자인 물리학자들 없이는 유지될 수 없었으므로, 두 체제 모두 실제상으로는 그러한 물리학을 용인했지만 말이다. 그러나 국가사회주의자들은 유태인들과 이데올로기적 반대자들을 망명길에 오르게 함으로써 유럽 대륙의 핵심적인 물리학 인재들을 잃었고, 덧붙여 말하자면 그 결과 20세기 초 과학계에서 독일이 차지했던 우위가 무너졌다. 1900-33년에는 물리학과 화학 부문에서의 노벨상 66개 중에서 25개가 독일에게 돌아갔지만, 1933년 이후에는 약 10분의 1만이 돌아갔다. 또한 두 체제 모두 생물학과도 좋은 관계를 유지하지 못했다. 나치 독일의 인종정책은 진지한 유전학자들을 기겁하게 했다. 그들은 —— 대체로 인종주의자들의 우생학에 대한 열광 때문에 —— 제1차 세계대전 종전 이후에 ('부적격자'의 살해를 포함한)

---

사기, 피임약, 현수교, 원자력, 전자게임, 진단용 X선, 핵무기, 컴퓨터, 백신 접종, 수도물에 대한 불소 첨가, 지붕의 태양에너지 수집기, 레이저, 정신안정제, 폴라로이드 사진, 화석 전력, 자동차, 영화 특수효과, 구충제, 마취제, 방부제, 심장 절개술, 민간 항공, 유전공학, 풍차(Wildavsky, 1990, pp.41-60도 보라).

인간 유전자 도태 및 개량 정책과 일정한 거리를 두기 시작했다. 독일의 생물학자들과 의사들 중에 국가사회주의자들의 인종주의를 지지하는 사람들이 상당수 있었다는 사실이 슬프게도 인정되어야 하지만 말이다(Proctor, 1988). 스탈린 치하의 소련 체제는 이데올로기적인 이유로 그리고 충분한 노력을 기울이면 **어떠한** 변화도 성취할 수 있다는 원칙 —— 일반적으로는 진화, 특수하게는 농학 분야의 경우는 그렇지 않다는 것을 과학이 지적했던 반면 —— 에 국가정책이 충실했기 때문에 유전학과 사이가 나빠지게 되었다. 다른 상황이었다면 진화론 생물학자들이 (물려받는 것은 유전자라는) 다윈의 신봉자들과 (생물의 일생 동안에 획득되고 훈련된 형질이 유전된다고 믿는) 라마르크의 신봉자들로 갈리어 벌인 논쟁은 세미나와 실험실에서 해결될 문제였을 것이다. 실제로, 대부분의 과학자들은 획득된 형질의 유전에 대한 만족할 만한 증거가 전혀 발견되지 않았다는 이유만으로도 다윈이 이기는 쪽으로 해결될 것이라고 생각했다. 그러나 스탈린 치하에서는 주변적인 생물학자 트로핌 데니소비치 리센코(1898-1976)가, 비교적 느린 전통적 수확 —— 및 목축 —— 과정을 피할 수 있는 라마르크적 방식에 의해서 농장생산고를 증가시킬 수 있다는 주장으로 정치당국의 지지를 획득했다. 당시에는 당국과 의견이 맞지 않는 것은 현명하지 못한 처사였다. 소련 유전학자들 가운데 가장 유명했던 아카데미 회원 니콜라이 이바노비치 바빌로프(1885-1943)는 리센코와 의견이 달랐다는 이유로 강제노동수용소에서 생을 마쳐야 했다(그의 견해는 소련의 나머지 진지한 유전학자들에 의해서 공유되었다). 소련의 생물학이 외부세계에서 통용된 유전학을 의무적으로 거부하는 데에 공식적으로 몰두한 것은 제2차 세계대전 이후에 가서야 —— 적어도 독재자가 사망할 때까지 —— 였지만 말이다. 그러한 정책들이 소련의 과학에 미친 영향은 예상대로 피해막심한 것이었다.

　국가사회주의형 체제와 소련 공산주의형 체제는 여러 점에서 전혀 달랐지만 자국의 시민들이 '진실한 교의' —— 세속적인 정치/이데올로기 당국에 의해서 공식화되고 부과된 것이기는 하지만——

에 동의해야 한다는 신념을 다같이 공유했다. 따라서 그렇게도 많은 사회에서 발견되는, 과학에 대한 모호한 태도와 불안은 그러한 국가들에서는, 시민들의 개인적 신념에 대해서 불가지론적 태도를 취한 —— 세속 정부들이 장기 19세기 동안에 배운 대로 —— 정치체제들과는 달리 **공식적으로** 표현되었다. 실제로 세속정통교리체제의 부상은 앞서 보았듯이(제4장과 제13장을 보라) 파국의 시대의 부산물이었고 오래 지속되지 않았다. 어쨌든, 과학을 강제로 이데올로기적 틀에 맞추려는 시도는 (소련의 생물학에서처럼) 진지하게 행해진 경우에는 명백히 역효과를 냈고, (독일과 소련의 물리학에서처럼) 이데올로기의 우위를 단언하기만 하면서 과학에 재량권이 주어진 경우에는 우스꽝스럽게 되었다.[8] 과학이론에 일정한 기준을 공식적으로 부과하는 것은 20세기 말에 종교적 근본주의에 기반한 체제들에게서 다시 한번 나타났다. 그럼에도 불구하고 특히 과학 자체가 갈수록 믿을 수 없게 되고 불확실해졌기 때문에 과학에 대한 불안은 지속되었다. 그러나 세기 후반이 되기 전까지는 그 불안은 과학의 실제적 결과에 대한 공포 때문에 생긴 것이 아니었다.

사실, 과학자들 자신이 그들의 발견의 잠재적 결과가 무엇이 될지를 어느 누구보다도 잘 알았고, 어느 누구보다도 먼저 알고 있었다. 최초의 원자폭탄이 사용되었을 때(1945)부터 줄곧 과학자들 중 일부는 정부에 있는 자신의 주인들에게 세계가 이제 마음대로 쓸 수 있게 된 파괴력에 대해서 경고했다. 그러나 과학이 곧 잠재적인 재난이라는 생각은 본질적으로 세기 후반에 속한 것, 즉 초기 국면 —— 핵전쟁의 악몽 —— 에는 1945년 이후 초강대국들간의 대결의 시대, 다음의 보다 보편적인 국면에서는 1970년대에 시작된 위기의 시대에 속한 것이었다. 반면 파국의 시대는 아마도 세계의 경제성장속도가 크게 떨어졌기 때문에 여전히 과학에 대한 자기만족의 시대였다. 즉 자연의 힘을 통제하는 인간의 능력에 대해서 또는

---

8) 일례로 나치 독일에서 베르너 하이젠베르크는 상대성이론을 가르치는 것을 허락받았는데, 단 아인슈타인의 이름을 언급하지 말아야 한다는 조건이었다(Peierls, 1992, p.44).

아무리 나빠도, 인간이 할 수 있는 최악의 일에 대한 자연의 순응력에 대해서 만족했던 것이다.[9] 한편, 당시에 과학자들 자신을 불안하게 한 것은 그들의 이론과 발견으로 무엇을 만들 것인지를 그들 자신이 확실히 알지 못했다는 데에 있었다.

## II

일찍이 제국의 시대에 과학자들의 발견과, 감각경험에 기반하거나 감각경험에 의해서 상상할 수 있는 현실 사이의 고리가 끊어졌고 또한 과학과, 상식에 기반하거나 상식에 의해서 상상할 수 있는 종류의 논리 사이의 고리 역시 끊어졌다. 그 두 단절은 서로를 더욱 강화하는 방향으로 상호 작용했다. 자연과학의 진보는 갈수록, 실험실에서 실험하기보다는 종이철에 방정식(즉 수학적 문장)을 쓰는 사람들에게 의존하게 되었던 것이다. 20세기는 이론가들이 실행가들에게 자신의 이론에 비추어 무엇을 찾게 될 것이며 무엇을 찾아야 하는지를 말해주는 세기, 바꿔 말해서 수학자의 세기가 될 것이었다. 아직은 이론이 부족하다고 그 분야의 권위자가 내게 알려준 바 있는 분자생물학은 예외적인 경우이다. 관찰과 실험이 부차적이 되었다는 얘기는 아니다. 그와는 반대로 관찰과 실험의 기술은 새로운 장치와 새로운 기술 ── 그것들 중 몇몇에는 노벨상이라는 과학계의 최고 영예가 수여되었다[10] ── 에 의해서 17세기 이래 어느 시기보다도 깊게 혁명적으로 변화되었다. 한 가지 예만 들자면, 단순한 시계(視界) 확대의 한계가 전자현미경(1937)과 전파망원경(1957)에 의해서 극복되었고 그 결과, 분자와 심지어 원자의 영역

---

9) "사람들은 조물주가 자신의 피조물에 바보라도 다룰 수 있는 몇몇 요소들을 도입했다는 것과, 인간이 그 피조물에 큰 피해를 입히기에는 너무도 무력하다는 것을 의식하고 있기 때문에 편안하게 잠들 수 있다"라고 1930년에 캘리포니아 과학기술연구소의 로버트 앤드류스 밀리컨(1923년의 노벨상 수상자)이 썼다.

10) 제1차 세계대전 이후 물리학 및 화학 부문의 노벨상 가운데 20개를 훨씬 넘는 수가 전적으로 또는 부분적으로, 새로운 연구방법, 장치, 기술에 돌아갔다.

그리고 우주의 멀리 떨어진 곳을 훨씬 더 깊숙히 들어가 관찰하는 것이 가능해졌다. 최근 몇십 년 동안에 루틴의 자동화와 갈수록 복잡해지는 형태의 실험활동 및 계산 —— 이를테면 컴퓨터에 의한 —— 이 실험자, 관찰자 그리고 갈수록 모델 구성 이론가의 힘을 엄청나게 증대시켰다. 몇몇 분야, 특히 천문학에서 이러한 사정은 발견 —— 때때로 우연한 —— 으로 이어졌고 그 발견은 다시 이론의 혁신을 불가피하게 했다. 현대 우주론은 근본적으로 그러한 두 가지 발견의 결과물이다. 은하계 스펙트럼의 분석에 기반해서 우주가 팽창하고 있음에 틀림없다는 에드윈 파웰 허블의 견해(1929)와 1965년 우주배경복사(라디오 잡음)에 대한 아노 앨런 펜지어스와 로버트 우드로 윌슨의 발견이 그것이다. 과학은 이론가들과 실행가들 사이의 협동작업이고 또 그래야만 하지만 단기 20세기에는 이론가들이 조종석에 앉았다.

과학자들 자신에게는 감각경험 및 상식과의 단절이 그들의 분야 및 방법론의 전통적인 확실성과의 단절을 의미했다. 그 결과는 세기 전반(前半)에 의심할 바 없는 과학의 여왕이었던 물리학의 추이를 따라가봄으로써 가장 생생하게 밝힐 수 있다. 사실상 물리학은 여전히, 살아있는 것이든 죽은 것이든 모든 물질 가운데 가장 작은 요소들에 관한 것인 동시에 물질의 가장 큰 전체, 즉 우주의 구성과 구조에 관한 학문이므로 20세기 말까지도 여전히 자연과학의 중심 기둥이었다. 후반에 들어와서, 1950년대 이후 분자생물학혁명에 의해서 변모된 생명과학으로부터 갈수록 많은 경쟁자들을 맞기는 했지만 말이다.

뉴턴 물리학 —— 막스 플랑크와 앨버트 아인슈타인의 이론에 의해서 그리고 1890년대 방사능의 발견에 뒤따른 원자론의 변화에 의해서 그 토대가 침식된 —— 보다 더 확고하고 일관되고 방법론이 확실한 과학 분야는 전혀 없는 것으로 보였다. 그러한 물리학은 객관적이었다. 즉 관찰기구(이를테면, 광학현미경이나 망원경)의 기술적 한계에 따라 적절하게 관찰될 수 있었다. 물리학은 또한 모호하지 않았다. 즉 물체나 현상은 이것 아니면 이것이 아닌 무언가였고 둘 사이의 구별은 명확했다. 물리학의 법칙은 보편적이어서 우주의 수준에서나 소우주의 수준에서나 똑같이 효과를 발휘했다. 현상과 현상을 연결짓는 메커니즘은 이해 가능한 것이었다(즉 '원인과 결과'로 표현될 수 있었다). 그 결과, 체계 전체가 원칙적으로 결정론적이었고 실험실 실험의 목적은 이러한 결정성을 숨기고 있는 일상생활의 복잡한 혼란상을 가능한 한 제거함으로써 그 결정성을 입증하는 것이었다. 오직 바보나 어린이만이 새와 나비가 날아다니는 것이 중력의 법칙을 부정하는 것이라고 주장할 것이다. 과학자들은 '비과학적' 진술이 존재한다는 것을 매우 잘 알았으나, 그러한 진술은 과학자로서의 관심대상이 아니었다.

이러한 특징들 모두가 1895-1914년에 문제시되었다. 빛은 연속적인 파동인가, 아니면 아인슈타인이 플랑크를 따라 주장했듯이 따로따로 떨어진 입자들(광자[光子, photon])의 발산인가? 어떤 때는 전자로 다루는 것이 가장 좋고 또 어떤 때는 후자로 다루는 것이 가장 좋지만 그 둘이 도대체 어떻게 연결되는가? '진정으로' 빛은 무엇인가? 위대한 아인슈타인 자신이 그러한 수수께끼를 내고는 20년이 지난 뒤에 말했듯이 "오늘날 우리에게는 빛의 이론이 두 개 있고 둘 다 반드시 필요하지만, 이론물리학자들이 20년 동안 기울여온 엄청난 노력에도 불구하고 둘 사이에 논리적 연관이 전혀 없다는 것이 인정되어야만 한다."(Holton, 1970, p.1017) 이제는 (원래의 그리스어 이름이 의미하듯이) 물질의 가능한 한 가장 작고 따라서 더 이상 나눌 수 없는 단위가 아니라 갖가지의 훨씬 더 단순한 소립자들로 구성된 복잡한 체계인 것으로 보이는 원자 내에서는 무슨 일이 일어나고 있었는가? 1911년 맨체스터에서의 어니스트 러더퍼드의 원자핵 대발견 —— 실험적 상상력의 승리와 현대 핵물리학 및 결국 '거대과학'이 된 것의 창시 —— 뒤에 첫번째 가정은 전자들이 축소판 태양계와 같은 방식으로 이 핵 주위의 궤도를 돈다는 것이었다. 그러나 개별 원자들의 구조를 조사한 결과, 특히 플랑크의 '양자(量子, quantum)'에 대해서 알고 있는 보어가 1912-13년에 수소 원자의 구조를 조사한 결과는 전자(電子)들이 하는 일이라고 보어가 본 것과 —— 그 자신의 말인 —— "정당하게도 전기역학의 고전적 이론이라고 불려온 감탄할 만큼 일관된 개념군"(Holton, 1970, p.1028) 사이의 상당한 충돌을 다시 한번 보여주었다. 보어의 모델은 성공적인 것, 즉 뛰어난 설명력과 예측능력을 가진 것이었지만 고전적인 뉴턴 역학의 관점에서 보면 '매우 불합리하고 터무니없는' 것이었으며 어쨌든, 전자가 한 궤도에서 다른 궤도로 '도약'하거나 그밖의 방식으로 이동할 때 원자 내에서 실제로 어떠한 일이 일어나는가라든가, 전자가 한 궤도에서 발견되는 순간과 다른 궤도에 나타나는 순간 사이에 어떠한 일이 벌어지는가에 대해서 전혀 생각하지 않는 것이었다.

아(亞)원자 수준에서 현상을 관찰하는 과정 자체가 그 현상을 실제로 변화시킨다는 것이 분명해짐에 따라 사실상 과학 자체의 확실성이 흔들렸다. 이러한 이유로 우리가 아원자 입자의 위치를 보다 정확하게 알고 싶어할수록 그 입자의 속도는 보다 불확실해질 수밖에 없다. 전자가 '진정으로' 어디에 있는지를 알아내기 위한 어떠한 상세한 관찰방식에 대해서도 "그것을 보는 것은 그것을 파괴하는 것을 의미한다"(Weisskopf, 1980, p.37)라는 이야기가 나왔다. 바로 이것이 독일의 한 뛰어난 젊은 물리학자 베르너 하이젠베르크가 1927년에 그 유명한 '불확정성 원리' —— 그의 이름이 따라다니는 —— 로 일반화한 역설이었다. 그 명칭이 **불확정성**에 집중하고 있다는 사실 자체가 중요한데, 왜냐하면 그것은 새로운 과학세계의 탐구자들이 낡은 과학세계의 확실성을 버리고 왔을 때 그들을 괴롭힌 것이 무엇인지를 나타내기 때문이다. 이는 그들 자신이 확신이 없었다거나 의심스러운 성과들을 낳았다는 이야기는 아니다. 그와는 반대로 그들의 이론적 예측은 그것이 아무리 그럴 듯하지 않고 기괴하더라도 보통의 관찰과 실험에 의해서 검증된 것—— 아인슈타인의 일반상대성이론(1915)이 1919년에, 멀리 떨어진 몇몇 별들에서 나오는 빛이 이론에 의해서 예측된 대로 태양을 향해 굴절된다는 것을 발견한 영국의 식(蝕) 탐구에 의해서 검증된 것으로 보였던 이래 —— 이었다. 실제로 소립자물리학은 방식은 달랐지만 뉴턴 물리학만큼이나 규칙성의 지배를 받았고 예측 가능했다. 어쨌든 원자보다 큰 수준에서는 뉴턴과 갈릴레오가 여전히 완벽하게 타당했던 것이다. 과학자들을 괴롭힌 것은 기존의 물리학과 새로운 물리학을 서로 어떻게 조화시켜야 할지를 몰랐다는 점이었다.

20세기 1/4분기의 물리학자들을 그렇게도 괴롭혔던 이중성은 1924-27년에 수리물리학의 눈부신 대성공, 즉 수많은 나라들에서 거의 동시에 고안된 '양자역학'의 수립에 의해서 제거되거나 보다 정확히 말해서 회피되었다. 원자 내의 진정한 '실체'는 파동이나 입자가 아니라 잠재적으로 그 둘 중 하나로 또는 둘 다로 나타나는 더 이상 나눌 수 없는 '양자상태'였다. 지금이나 앞으로나 전자의 행로를 한걸음한걸음 추적할 수 없기 때문에 그 실체를 연속적인 운동이나 불연속적인 운동으로 간주하는 것은 무의미했다. 위치, 속도, 운동량과 같은 고전적인 물리학 개념들은 하이젠베르크의 '불확정성 원리'에 의해서 뽑힌 몇몇 영역 이외에는 전혀 적용되지 않는다. 물론 이 영역들 밖에서는 다른 개념들이 적용되며, 그 개념들은 전혀 불확실하지 않은 결과를 낳는다. 그 개념들은 (양전하를 띤) 원자핵 주위의 제한된 공간 내에서 이루어지는 (음전하를 띤) 전자들의 '파동'이나 진동이 낳은 특정한 유형들에서 나온 것이다. 이러한 제한된 공간 내에서의 연속적인 '양자상태'가 다양한 진동수의 명확한 유형들을 낳는다. 그 진동수는 에르빈 슈뢰딩거가 1926년에 보여주었듯이 계산될 수 있었으며, 각 진동수에 해당하는 에너지 역시 계산될 수 있었다('파동역학'). 이러한 전자 유형들은 매우 뛰어난 예측능력과 설명능력을 가졌다. 일례로 여러 해 뒤에 최초의 원자폭탄 제조에 이르는 과정에서 플루토늄이 로스앨러모스(미국 뉴멕시코 주 북부의 마을/역주)에서의 핵반응실험을 통해서 최초로 생산되었을 때 그 양이 너무도 적어서 그 특성을 관찰할 수 없었는데, 과학자들은 이 원소의 원자 내에 있는 전자의 수로부터 그리고 이들 94개 전자가 원자핵 주위에서 진동하는 방식들로부터, **그밖의 다른 어떤 사실에도 입각하지 않은 채** 플루토늄이 비중이 세제곱 센티미터당 약 20그램인 갈색 금속으로 판명될 것이며 일정한 전기전도

율 및 열전도율과 탄성을 가질 것이라고 (옳게) 예측했다. 양자역학
은 또한 원자(와 분자 그리고 분자에 기반한 보다 상위의 화합물)가
여전히 안정적인 이유, 보다 정확히 말해서 그것들을 변화시키는
데에 얼마나 많은 에너지를 추가로 투입해야 하는지 역시 설명해주
었다. 실제로 다음과 같은 이야기가 나왔다.

> 생명의 현상 —— DNA의 형태라든가, 다양한 뉴클레오티드가 실내온도
> 에서 열의 이동에 저항한다는 사실 —— 조차 기본적인 유형들에 기반하고
> 있다. 매년 봄마다 동일한 꽃이 핀다는 사실은 다양한 뉴클레오티드의 유형
> 들의 안정성에 기반한 것이다(Weisskopf, 1980, pp.35-38).

그러나 자연탐구의 이렇듯 놀랄 만큼 생산적이고 커다란 발전은 과
학이론에서 확실하고 적절하다고 간주되었던 모든 것의 파괴 위에
서 그리고 구식의 과학자들만 괴롭힌 것이 아닌 불신을 의식적으로
일시 중지시킴으로써 달성되었다. 폴 디랙이 자신의 방정식이 빈
공간의 제로 에너지 **미만의** 에너지로써 전자상태에 상응하는 해법
을 제시한다는 것을 발견하고 나서(1928) 케임브리지 대학에서 제
안한 '반(反)물질'을 생각해보라. 일상적인 조건에서는 무의미한
'반물질'이라는 개념은 운좋게도 그후부터 물리학자들에 의해서 다
루어졌다(Steven Weinberg, 1977, pp.23-24). 그 단순한 말 자체가
이론적 계산의 진행과정이 현실에 대한 어떠한 선입관에 의해서 왜
곡되는 것도 의식적으로 거부한다는 것을 함축했다. 즉 현실이 어
떤 것으로 판명되든 그것은 그 방정식을 따라갈 것이었다. 그러나
이를 받아들이기란, 어떠한 물리학도 술집 여자에게 설명될 수 없
는 한 좋은 물리학이 될 수 없다는 위대한 러더퍼드의 견해를 오래
전부터 받아들이지 않았던 과학자들에게조차 쉽지 않았다.

기존의 확실성이 종식되었다는 것을 전혀 받아들일 수 없다고 느
낀, 새로운 과학의 개척자들이 존재했는데 특히 그러한 과학의 창
시자들, 즉 플랑크와, 결정론적인 인과율보다는 순수히 개연론적인
법칙에 대한 의심을 잘 알려진 문구인 "신은 주사위놀이를 하지 않

는다"로 표현한 아인슈타인 자신이 그러했다. 아인슈타인은 근거가 확실한 주장을 하지는 않았지만 "내면의 목소리가 양자역학은 진정한 진리가 아니라고 내게 말하고 있다."(M. Jammer, 1966, p. 358) 1명 이상의 양자혁명가들 자신이 한 쪽 면을 다른 쪽 면에 포섭시킴으로써 모순을 제거할 것을 꿈꾸었다. 이를테면 슈뢰딩거는 자신의 '파동역학'이 전자들이 원자의 한 궤도에서 또 다른 궤도로 '도약'하는 것으로 상상되었던 것을 에너지가 **연속적으로** 변화하는 과정으로 해소하고 그럼으로써 고전적인 공간, 시간, 인과율을 보존하기를 기대했다. 선구적인 혁명가들 —— 특히 플랑크와 아인슈타인 —— 은 달갑게 여기지 않으면서도 안도의 숨을 쉬었으나 허사였다. 게임 자체가 바뀌었으므로 이전의 규칙들은 더 이상 유효하지 않았다.

물리학자들은 영구적인 모순 속에서 사는 법을 배울 수 있었을까? 보어는 그들이 그것을 배울 수 있으며 또 배워야만 한다고 생각했다. 인간언어의 성격을 감안할 때 자연 전체를 단일한 기술(記述)로 표현할 길은 전혀 없었다. 또한 단일하고 전적으로 포괄적인 모델이란 있을 수 없었다. 현실을 파악하는 유일한 길은 그것을 다양한 방식으로 보고하고 그 방식들을 모두 한데 모아서 "외관상 모순적인 개념들을 통합시키는 다양한 기술(記述)들의 철저한 중첩"(Holton, 1970, p.1018) 속에서 서로의 방식을 보완하도록 하는 것이었다. 바로 이것이 보어의 '상보성' 원리였다. 이는 상대성과 유사한 형이상학적 개념으로서, 보어가 물리학과 거리가 먼 저술가들로부터 얻었고 보편적으로 적용할 수 있다고 본 것이었다. 보어의 '상보성'은 원자과학자들의 연구를 진척시키기 위해서가 아니라, 오히려 그들의 혼란을 정당화함으로써 그들을 위안하기 위해서 고안된 것이었다. 그것의 호소력은 이성의 영역 밖에 있다. 왜냐하면 우리 모두가, 특히 지적인 과학자들은 동일한 현실을 인식하는 방식들 —— 때로는 서로 비교할 수 없거나 심지어 모순적이기까지 하지만 그 모두가 그 현실의 총체성을 파악하는 데에 필요한 —— 이 여러 가지 있다는 것을 알고 있지만 그 방식들을 서로 어떻게 연결해야 할지는 여전히 전혀 모르고 있기 때문이다. 베토벤 소나타의 효과를 물리학적, 생리학적, 심리학적으로 분석할 수 있고 직접 들어서 흡수할 수도 있지만 이러한 이해방식들을 서로 어떻게 연관지어야 할지는 아무도 모르고 있다.

그럼에도 불구하고 불안감은 여전히 남았다. 한편으로는 1920년대 중반에 새로운 물리학으로의 종합이 이루어져서 자연의 지하금고실에 침입하는 엄청나게 효과적인 방식이 마련되었다. 양자혁명의 기본개념들은 20세기 말에도 여전히 적용되었다. 컴퓨터 계산으로 가능해진 비선형(非線形) 분석을 근본적으로 새로운 출발점으로 보는 사람들을 따르지 않는다면, 1900-27년 이후 물리학에서는 혁명이 일어났던 것이 아니라 단지 동일한 개념적 틀 내에서 거대한 진화적 발전이 이루어진 것에 불과한 셈이다. 다른 한편, 비일관성이 일반화되었다. 1931년에 그러한 비일관성은 확실성의 마지막 보루인 수학으로 확산되었다. 오스트리아의 수리논리학자인 쿠르트 괴델은 공리들의 체계가 결코 자체에 기반할 수 없다는 것을 입증했다. 일관성이 입증되려면 그 체계 밖에서 나온 진술을 이용해야만 한다. '괴델의 정리(定理)'에 비추어볼 때 비모순적이고 내적으로 일관된 세계는 상상조차 할 수 없는 것이었다.

그것은 스페인에서 전사한 영국의 젊은 독학자 마르크스주의 지식인인 크리스토퍼 코드웰(1907-37)이 쓴 책의 제목을 빌면 "물리학의 위기(crisis in physics)"였다. 그것은 수학에서 1900-30년의 시기를 부르듯이 "토대의 위기(crisis of the foundation)"일 뿐만 아니라(「제국의 시대」 제10장을 보라) 과학자들의 일반적 세계상(世界像)의 위기이기도 했다. 사실상 물리학자들이 철학적 질문들에 대해서 어깨를 으쓱할 줄 알게 되는 동시에 자신들 앞에 열린 새로운 분야로 뛰어듦에 따라 그 위기의 두번째 측면이 더더욱 부각되었다. 1930-40년대에 원자의 구조가 해를 거듭할수록 복잡해졌던 것이다. 양전하를 띤 핵과 음전하를 띤 전자(들)라는 단순한 이중성은 사라졌다. 이제는 갈수록 커져가는 동식물군 같은 소립자들이 원자들에 서식했고, 그 입자들 중 일부는 사실상 매우 생소한 것이었다.

케임브리지의 제임스 채드윅은 1932년에 그러한 최초의 입자에 해당하는 것으로, 전기적으로 중성인 중성자를 발견했다. 질량이 없고 전기적으로 중성인 중성미자 같은 다른 입자들의 존재는 이론적 근거 위에서 이미 예견되었지만 말이다. 이러한 아원자 입자들—— 거의 모두가 아주 일시적으로만 존재한 —— 은 특히, 제2차 세계대전이 끝난 뒤에 이용할 수 있게 된 '거대과학'의 고에너지 가속장치가 가한 충격으로 늘어났다. 1950년대 말에 이르면 그러한 입자들이 100개를 넘었고 끝이 보이지 않았다. 1930년대 초부터는 핵과 전자를 한데 묶는 전기적 힘말고도 원자 내에서 작용하는 미지의 불분명한 두 힘이 발견됨으로써 그림은 훨씬 더 복잡해졌다. 이른바 '강력(strong force)'이 원자핵 속에서 중성자와 양전하를 띤 양성자를 한데 묶어주었고, 이른바 '약력(weak force)'이 입자의 몇몇 종류의 자연붕괴를 낳았다.

한편, 20세기 과학이 세워진 기반인 파괴된 개념들의 잔해 속에서 본질적으로 미학적인 하나의 기본적인 가정은 도전받지 않았다. 실제로 불확실성이 다른 모든 것을 뒤덮음에 따라 그러한 가정은 과학자들에게 갈수록 중심적이 되었다. 그들은 시인 키츠처럼 "아름다움이 진실이고 진실이 아름다움이다"라고 믿었다. 그들이 가진 미의 기준이 키츠와는 달랐지만 말이다. 그 자체가 진실에 대한 추정인 미의 이론은 우아해야 하고 경제적이어야 하며 일반적이어야 한다. 그 이론은 대성공을 거둔 과학이론들이 지금까지 그래왔듯이 통합하고 단순화해야 한다. 갈릴레오와 뉴턴 시대의 과학혁명은 동일한 법칙이 하늘과 땅을 지배한다는 것을 보여주었다. 화학혁명은 물질의 무한히 다양한 발현 형태들을, 서로 계통적으로 연결된 92개의 원소들로 축소시켰다. 19세기 물리학의 승리는 전기, 자기, 광학 현상이 동일한 뿌리에서 나온 것임을 보여준 것이었다. 그러나 새로운 과학혁명은 단순화가 아니라 복잡화를 낳았다. 중력을 시공(時空)의 굴곡이 발현된 것으로 묘사한 아인슈타인의 경이적인 상대성이론은 실제로 골치 아픈 이중성을 자연에 도입했다. "한편에는 무대 —— 구부러진 시공, 즉 중력 —— 가 있었고 다른 한

편에는 배우들 —— 전자, 양성자, 전자기장 —— 이 있었는데 둘 사이에는 연결고리가 전혀 없었다."(Steven Weinberg, 1979, p.43) 20세기의 뉴턴인 아인슈타인은 자신의 생애 마지막 40년 동안 전자기(電磁氣)를 중력에 통합시킬 '통일장이론'을 수립하고자 고투했지만 결국 실패했다. 또한 오늘날에는 전자기나 중력과 명백한 관련이 전혀 없는, 외관상 서로 무관한 종류의 힘들이 두 가지 더 존재하게 되었다. 아원자 입자들의 증가는 그것이 아무리 흥분시키는 일이더라도 일시적이고 예비적인 진실일 수밖에 없었는데, 그 이유는 세부적으로는 아무리 예쁘더라도 새로운 원자 내에는 이전의 원자 내에 있었던 것과 같은 아름다움이 전혀 없었기 때문이었다. 가설의 유일한 판단기준이 그 가설이 효과가 있느냐 없느냐에 있는 그 시대의 순수한 실용주의자조차 적어도 때때로 숭고하고 아름답고 일반적인 '만물이론(케임브리지 물리학자 스티븐 호킹이 쓴 말을 빌면)'을 꿈꾸어야 했다. 그러나 그러한 이론은 한물 간 것으로 보였다. 비록 1960년대부터 줄곧 물리학자들이 그러한 종합의 가능성을 다시 한번 인식하기 시작했지만 말이다. 실제로 1990년대에 이르면 물리학자들 사이에 자신들이 진정으로 기본적인 수준까지 거의 내려왔으며 다양한 소립자가 비교적 단순하고 일관된 그룹으로 환원될 수 있다는 신념이 광범위하게 존재하게 되었다.

동시에, 소련과 (약간 뒤에) 서방에서 서로 독립적으로 개척된 분야들이자 컴퓨터가 분석도구와 가시적인 자극제로서 눈부시게 발전함으로써 도움받은 기상학, 생태학, 비핵물리학, 천문학, 유체역학, 다양한 종류의 수학 같은 전혀 다른 학문들 사이의 막연한 경계선 위에서 새로운 종류의 종합이 '카오스 이론'이라는 다소 잘못된 이름으로 부상 —— 또는 재부상 —— 했다. 그 이름이 잘못되었다고 말한 이유는 그 이론이 드러낸 것이 완전히 결정론적인 과학적 절차들의 예측할 수 없는 결과라기보다는 극도로 이질적이고 외관상 서로 무관하게 나타난 자연의 형태 및 유형들의 엄청난 보편성이었기 때문이다.[11] 카오스 이론은 말하자면 기존의 인과관계에 새로운

11) 1970-80년대에 이루어진 '카오스 이론'의 발전은 19세기 초에 프랑스와 영국에

동력을 부여하는 데에 일조했다. 그 이론은 인과관계와 예측가능성 사이의 고리를 끊었다. 왜냐하면 그 이론의 본질은 사건들이 우연히 일어난다는 데에 있는 것이 아니라, 명시할 수 있는 원인들을 따르는 결과들을 예측할 수 없다는 데에 있었기 때문이다. 그 이론은, 고생물학자들이 개척했고 역사가들에게 상당히 중요한 또 다른 발전을 강화했다. 이는 역사적 또는 진화적 발전의 사슬들이 전적으로 일관되고 사後에 설명될 수 있지만, 동일한 과정이 다시 시작될 경우 초기의 어떠한 변화 —— 아무리 미약하고 당시로서는 외관상 전혀 중요하지 않더라도 —— 나 "진화도 근본적으로 다른 길로 급속히 낙하하기"(Gould, 1989, p.51) 때문에 최종결과를 처음부터 예측할 수 없다는 것을 암시한다. 이러한 접근법의 정치적, 경제적, 사회적 영향력은 아마도 아주 멀리까지 미칠 것이다.

게다가 새로운 물리학자들의 세계의 많은 부분에는 상당한 불합리성이 존재했다. 그 불합리성이 원자 내에 국한되는 한, 일상생활—— 과학자들의 일상생활조차 —— 에 직접 영향을 미치지 않았지만 아직 제대로 소화되지 않은 적어도 한 가지의 새로운 발견은 그렇게 쉽게 고립될 수 없었다. 이는 상대성이론에 기반해서 몇몇 사람들이 예견했지만 1929년에 미국의 천문학자 허블이 관찰했던 엄청난 사실, 즉 우주 전체가 아찔한 속도로 팽창하고 있는 것으로 보인다는 사실이었다. 많은 과학자들 —— 그들 중 일부는 대안적인 '정상(定常)' 우주론을 고안해냈다 —— 조차 받아들이기 어렵다고 느낀 이러한 팽창은 1960년대에 다른 천문학 데이터에 의해서 검증되었다. 이러한 팽창이 우주(와 우리)를 어디로 몰고 가고 있으며 언제 어떻게 시작되었는지에 대해서, 즉 최초의 '대폭발(Big Bang)'로 시

집중된 '고전적' 주류에 대한 반발로 주로 독일에 집중된 '낭만적' 과학 학파('자연철학')가 등장했던 것과 다소 유사하다. 이 새로운 연구의 두 저명한 개척자들(파이겐바움과 리브샤베르 —— Gleick, pp. 163, 197을 보라)이 실제로 괴테의 열정적으로 반(反)뉴턴적인 "색채론(Farbenlehre)"과 "식물변태론(Metamorphose der Pflanzen)"이라는 논문 —— 반(反)다윈적/반(反)진화론적 이론의 선구로 간주될 수도 있는 —— 을 읽고 영감을 얻었다는 사실은 흥미로운 일이다('자연철학'에 대해서는 「혁명의 시대」 제15장을 보라).

작된 우주의 역사에 대해서 추측하지 않기란 불가능했다. 이는 우주론이라는 번창하는 분야를 낳았고 그것은 가장 쉽게 베스트셀러의 대열에 오르는 20세기 과학분야가 되었다. 그것은 또한 지금까지 (지질학과 그것의 부산물을 제외하고는) 역사라는 요소에 대해서 거만하게 무관심했던 자연과학 내에서 그러한 요소를 엄청나게 증가시켰고 덧붙여 말하자면 '하드' 사이언스('hard' science : 물리학, 화학, 생물학, 지질학, 천문학 등의 자연과학/역주)를 실험, 즉 자연현상의 재생산과 동일시하던 경향을 감소시켰다. 정의상 반복될 수 없는 사건들이 어떻게 반복될 수 있겠는가? 따라서 팽창하는 우주는 과학자들과 일반인들 모두의 혼란을 더욱 가중시켰다.

이러한 혼란은 파국의 시대를 살았고 그러한 문제들에 대해서 알거나 생각한 사람들이 가졌던 확신, 즉 구세계가 끝났거나 최소한 말기적인 격변을 겪고 있지만 새로운 세계의 윤곽은 아직 분명히 식별할 수 없다는 확신을 더욱 강화시켰다. 위대한 막스 플랑크는 과학의 위기와 과학 이외의 삶의 위기가 서로 연결되어 있다는 사실을 전혀 의심하지 않았다.

> 우리는 역사에서 매우 특이한 시기에 살고 있다. 그것은 문자 그대로 위기의 시기이다. 우리는 우리의 정신문명과 물질문명의 모든 분야에서 결정적인 전환점에 도달한 것으로 보인다. 이러한 정신은 현재의 공적 상황에서 뿐만 아니라 개인적, 사회적 삶의 근본적인 가치기준에 대한 전반적인 태도에서도 보인다.……이제는 우상파괴가 과학의 사원에 밀어닥쳤다. 오늘날에는 누군가에 의해서 부정되지 않는 과학적 공리가 거의 없다. 또한 동시에 거의 어떠한 터무니없는 이론도 이곳저곳에서 거의 틀림없이 신봉자들과 제자들을 늘 발견했다(Planck, 1933, p.64).

19세기 확실성의 분위기 속에서 자란 중간계급 독일인이 대공황과 히틀러 집권의 시기에 그러한 감정을 표현하는 것보다 더 자연스러운 일도 없을 것이다.

그럼에도 불구하고 우울은 대부분의 과학자들이 느낀 감정과는 정반대의 것이었다. 그들은 러더퍼드가 영국학술협회(1923)에서 "우리는 물리학의 영웅시대에 살고 있다"(Howarth, 1978, p.92)라고 말한 것에 동의했다. 매호의 과학잡지, 매번의 세미나 —— 대부분의 과학자들이 어느 때보다도 더 협동과 경쟁을 결합하기를 좋아했으므로 —— 가 새롭고 흥분시키고 커다란 진보를 가져왔다. 과학자집단의 규모는 적어도 핵물리학이나 결정학(結晶學)과 같은 첨단분야의 경우 거의 모든 젊은 연구자들에게 스타가 될 전망을 줄 정도로 여전히 작았다. 과학자가 된다는 것은 부러움의 대상이 된다는 것이었다. 20세기 전반기에 영국이 탄 30개의 노벨상 가운데 대부분을 배출한 케임브리지 대학 —— 실제로 당시에 영국의 과학 **그 자체였던** —— 의 학생이었던 우리는 분명 수학 성적이 충분히 좋았을 경우 무엇을 공부하고 싶어했을지를 알았다.

실제로 자연과학은 그 이상(以上)의 승리와 지적인 진보 이외에 어떤 것도 기대할 수 없었고, 이는 현재 통용되는 이론의 잡다하고 불완전하고 즉흥적인 성격을 —— 그러한 성격은 일시적인 것일 수밖에 없으므로 —— 정당화해주었다. 20대 중반의 연구활동으로 노벨상을 탄 사람들이 미래에 대해서 자신감이 없을 이유가 있겠는가?[12] 그러나 자신들의 인간활동 분야에서 '진보'라는 사고가 흔들리는 현실을 계속해서 입증한 남자들(그리고 때때로 드물게 여자들)이라도 자신들이 살았던 위기와 파국의 시대로부터 어떻게 영향받지 않을 수 있었겠는가?

그들은 그러한 시대로부터 영향받지 않을 수 없었고 영향받지 않은 것도 아니었다. 따라서 파국의 시대는 과학자들이 정치화되는 비교적 드문 시대들 가운데 하나이기도 했는데, 이는 민족적, 이데올로기적으로 받아들여질 수 없는 과학자들이 유럽의 상당 지역에서 대량으로 빠져나감으로써 과학자들이 개인적으로 그 시대에 영향받지 않는 것을 당연시할 수 없다는 것이 입증되었기 때문만이

---

12) 1924-28년의 물리학혁명은 1900-02년에 태어난 사람들(베르너 하이젠베르크, 볼프강 파울리, 폴 디랙, 엔리코 페르미, 프레데리크 졸리오-퀴리)이 이룬 것이었다. 또한 에르빈 슈뢰딩거, 루이-빅토르 드 브로이, 막스 보른은 30대였다.

아니었다. 어쨌든 1930년대의 전형적인 영국 과학자는 급진주의적 신념 —— 급진주의에 대한 선배들의 공공연한 공감 표시로 더욱 강화된 —— 을 가진 (좌익) 케임브리지 과학자 반전(反戰) 그룹의 일원이었다. 그들의 명성은 왕립학회에서 노벨상에 이르기까지 다양했다. 존 버날(결정학), 존 홀데인(유전학), 조지프 니덤[13](화학 발생학), 패트릭 블래킷(물리학), 폴 디랙(물리학) 그리고 수학자 고드프리 해럴드 하디 —— 20세기의 다른 두 사람, 레닌과 아인슈타인만이 자신의 오스트레일리아 크리켓 영웅 돈 브래드먼과 같은 서열에 있다고 보았던 —— 가 바로 그러한 사람들이다. 1930년대의 전형적인 젊은 미국 물리학자는 원자폭탄의 주된 설계자인 로버트 오펜하이머(1904-67)나, 두 개의 노벨상 —— 평화상을 포함한—— 과 레닌상을 탄 화학자 라이너스 폴링(1901- )처럼 전전(戰前)에 가졌었거나 여전히 가졌을 급진주의적 성향 때문에 아마도 전후의 냉전시대에 정치적으로 어려운 처지에 빠졌을 것이다. 전형적인 프랑스 과학자는 1930년대에 인민전선의 지지자였고, 전시에는 레지스탕스의 적극적인 지지자였다(후자에 해당하는 프랑스인들은 많지 않았다). 중부 유럽에서 온 전형적인 망명 과학자는 공적인 일에 아무리 관심이 없다 하더라도 거의 파시즘에 적대적이 될 수밖에 없었다. 파시즘 국가들이나 소련에서 그대로 살거나 그 나라들을 떠나지 못한 과학자들은 그 나라 정부의 정책을 —— 그것에 동조하든 안하든 —— 피할 수 없었다. 독일에서의 하이 히틀러처럼 공적인 몸짓이 그들에게 강요되었다는 이유만으로도 그랬다. 위대한 물리학자 막스 폰 라우에(1897-1960)는 외출할 때마다 양손에 무언가를 듦으로써 그러한 행동을 피했다. 사회과학이나 인문과학과는 달리, 그 연구주제가 인간사에 대한 입장을 요구하지 않거나 (일부 생명과학에서를 제외하고는) 암시조차 하지 않는 —— 신에 대한 입장은 종종 암시하지만 —— 자연과학에서 그러한 정치화는 흔치 않은 일이었다.

---

13) 그는 나중에 저명한 중국과학사가가 되었다.

그러나 과학자들은 정치가들을 비롯한 비과학자들이 현대과학이 적절히 이용될 경우 인간사회가 마음대로 이용할 수 있게 될 엄청난 잠재력에 대해서 전혀 모르고 있다는, 사실에 입각한 믿음에 의해서 보다 직접적으로 정치화되었다. 세계경제의 붕괴와 히틀러의 부상 둘 다 서로 다른 방식으로 이러한 믿음을 확증하는 것으로 보였다(반대로 소련과 그 이데올로기가 자연과학에 보였던 공식적인 마르크스주의적 헌신은 당시의 많은 서방 과학자들로 하여금 소련을 이러한 잠재력을 실현하는 데에 적합한 체제로 보도록 오도했다). 당시에 "과학의 사회적 기능"(Bernal, 1939) —— 뛰어나고 전투적으로 마르크스주의적인 물리학자가 개성적으로 쓴, 당시 매우 영향력 있었던 책이자 선언문이었던 것의 제목을 빌자면 —— 에 대한 충분한 인식과 지지를 자연스럽게 대표한 것은 이데올로기적으로 과학, 합리주의, 진보에 몰두한(보수주의자들이 '과학주의[scientism]'[14]라는 새로운 용어로 풍자한) 정치적 좌파였기 때문에 테크노크라시와 급진주의가 한 곳에 수렴되었다. 1936-39년의 프랑스 인민전선 정부가 과학연구담당 차관직(노벨상 수상자인 이렌 졸리오-퀴리가 그 자리를 차지했다)을 신설하고, 여전히 프랑스인들의 연구활동에 자금을 대는 주된 기구인 CNRS(Centre National de la Recherche Scientifique, 국립과학연구센터)를 창설한 것 역시 그러한 특징을 잘 보여주고 있다. 실제로, 공적인 자금지원뿐만 아니라 공적으로 연구를 조직하는 것이 필요해졌다는 사실이 적어도 과학자들에게 갈수록 분명하게 인식되었다. 1930년에 총 743명의 과학자들을 고용한 영국 정부의 과학부서들은 충분한 것이 될 수 없었다. 30년 뒤에 그 정부는 7,000명 이상의 과학자를 고용했던 것이다(Bernal, 1967, p.931).

정치화된 과학의 시대는 제2차 세계대전 때 절정에 달했다. 그 전쟁은 과학자들이 군사적인 목적을 위해서 조직적으로 **중앙에서** 동원된, 프랑스 혁명의 자코뱅 시대 이래 첫 전쟁이었다. 아마도 독

---

14) 그 말은 1936년에 프랑스에서 처음으로 나타났다(Guerlac, 1951, pp.93-94).

일, 이탈리아, 일본 쪽보다 연합국 쪽에서 더 효과적으로 동원되었던 것 같다. 왜냐하면 연합국들로서는 당장에 이용할 수 있는 자원과 수단을 가지고 신속하게 승리를 거둘 것을 전혀 기대할 수 없었기 때문이다(제1장을 보라). 비극적이게도 핵전쟁 자체가 반파시즘의 산물이었다. 단순히 국민국가들 사이의 전쟁이었다면 선봉에 선 핵물리학자들 —— 그 자신들이 주로 파시즘을 피해 넘어온 망명자였던 —— 이 영국과 미국의 정부에 원자폭탄을 제조할 것을 촉구하지 않았을 것임이 거의 확실하다. 또한 이들 과학자들이 자신들이 이룬 것에 대해서 느낀 공포라든가, 정치가들과 장군들이 폭탄을 실제로 사용하는 것을 막으려는 그리고 나중에는 수소폭탄의 제조를 막으려는 과학자들의 최종 순간의 필사적인 투쟁 자체가 **정치적** 열정의 힘을 입증해준다. 실제로 제2차 세계대전 종전 이후 반핵운동이 과학자집단 내에서 상당한 지지를 받았던 경우, 그 운동을 지지했던 것은 주로 정치화된 반파시즘 세대에 속한 사람들이었다.

동시에 그 전쟁은 결국 정부들에게 그때까지는 상상도 할 수 없었던 양의 자원을 과학연구에 바치는 것이 실행 가능한 것은 물론이고 앞으로는 반드시 필요하게 될 것이라는 사실을 납득시켰다. 미국의 경제를 제외하고는 그 어떤 경제도 전시에 원자폭탄을 제조할 수 있는 20억 달러(전시의 가치로)를 마련할 수 없었을 것이지만, 1940년 이전이었다면 그 어떤 정부도 이러한 돈 가운데 극히 일부라도, 무모해 보이는 학자들의 몇몇 이해할 수 없는 계산들에 기반한 투기적인 계획에 지출한다는 것을 꿈도 꾸지 않았을 것이라는 점 역시 사실이다. 종전 이후에는 하늘만이, 보다 정확히 말해서 경제의 규모만이 정부의 과학에 대한 지출과 고용을 제한했다. 1970년대에 미국 정부는 그 나라에서 쓰인 기초과학 연구비용의 3분의 2 —— 당시 **1년에** 거의 50억 달러에 달했던 —— 를 대주었고 거의 100만 명의 과학자들과 기사들을 고용했다(Holton, 1978, pp.227-28).

## III

과학의 정치적 온도는 제2차 세계대전이 끝난 뒤에 내려갔다. 다른 곳에서는 근거 없고 기괴한 것으로 간주된 견해가 소련의 과학자들에게 의무적인 것이 되었던 1947-49년에 실험실에서의 급진주의는 급속히 쇠퇴했다. 그때까지 가장 충성스러웠던 공산주의자들조차 릐센코주의(p.729를 보라)는 그대로 받아들일 수 없다고 느꼈다. 게다가 소련 체제를 모델로 한 체제들이 적어도 대부분의 과학자들에게 물질적으로도 정신적으로도 매력적이지 않다는 것이 갈수록 명백해졌다. 다른 한편, 상당한 선전(宣傳)에도 불구하고 서방과 소비에트권 사이의 냉전은 이전에 파시즘이 과학자들에게 불러일으켰던 정치적 열정을 전혀 낳지 않았다. 이는 어쩌면 자유주의적 합리주의와 마르크스주의적 합리주의 사이의 전통적인 친화성 때문이었고, 어쩌면 소련이 나치 독일과는 달리 서방을 정복할 위치에 있는 것 ―― 그러한 정복을 원했을지라도(그러할 가능성을 의심할 이유는 충분히 있었다) ―― 으로 전혀 보이지 않았기 때문이었다. 대부분의 서방 과학자들에게 소련 및 그 위성국가들과 공산주의 중국은 십자군을 필요로 하는 악의 제국이라기보다는 과학자들의 처지가 불쌍한 나쁜 국가들이었다.

선진서방의 자연과학은 지적 승리를 누리고 연구에 이용할 수 있게 된 자원이 엄청나게 늘어나면서 정치적, 이데올로기적으로는 한 세대 동안 계속해서 침묵을 지켰다. 사실, 정부와 대기업의 아낌없는 후원은 자신들에게 돈을 대주는 사람들의 정책을 당연시하면서 자신들 연구의 보다 넓은 함축 ―― 특히 그것이 군사적인 것일 때 ―― 에 대해서는 생각하지 않으려 하는 부류의 연구자들을 양성했다. 그러한 부문의 과학자들은 기껏해야 자신들의 연구결과를 발표하는 것을 허락하지 않는 것에 대해서 항의했을 뿐이다. 실제로, 1958년에 소련의 도전에 대처하기 위해서 창설된 NASA(미국항공우주국)에 고용된 박사 대군단의 구성원들 대부분은 다른 어떤 군대의 구성원들과도 마찬가지로 자신들의 활동 기저에 깔린 근본적인 원리에 대해서 묻는 데에 관심을 갖지 않았다. 1940년대 말까지만 해도 사람들은 화학전이나 세균전 연구를 전문으로 하는 정부부서에 들어갈 것인가 말 것인가를 놓고 고민했었다.[15] 그러나 이후에도 그러한 부서들이 직원들을 뽑는 데에 어려움을 겪었다는 증거는 전혀 없다.

다소 뜻밖에도, 20세기 후반에 지구상에서 과학이 오히려 더욱 정치적이 된 곳은 소련 지역이었다. 소련에서 반체제의 주된 국민적(그리고 국제적)인 대변인이 과학자인 안드레이 사하로프(1921-89)였던 것은 우연이 아니다. 그는 1940년대 말에 소련의 수소폭탄을 만든 데에 주된 책임이 있는 물리학자였다. 과학자들은 교육받고 전문적인 훈련을 받은 새로 부상한 커다란 전문직 중간계급——소련 체제의 중요한 성과물인 —— 의 가장 우수한 구성원이었지만 동시에 그 체제의 약점과 한계를 가장 직접적으로 알고 있는 계급이기도 했다. 그들이 그들만의 힘으로 다른 면에서는 후진적인 경제를 초강대국으로서 미국에 맞설 수 있게 했으므로, 그들은 소련 체제에게 서방 과학자들의 경우보다 더욱 필수적인 존재였다. 실제로 그들은 소련으로 하여금 최첨단의 과학기술인 우주공간 분야의 기술 면에서 당분간 서방을 앞지를 수 있도록 함으로써 자신들이 반드시 필요한 존재임을 입증했다. 최초의 인공위성(스푸트니크, 1957), 남성 및 여성에 의한 최초의 유인(有人) 우주비행(1961, 1963), 최초의 우주유영 이 모두가 러시아에서 나왔다. 그들은 연구소들이나 특별한 '과학도시들'에 집중되어 있었고, 의사를 분명히 표현할 수 있었고, 회유되어야 했고, 스탈린 사후(死後) 체제에 의해서 어느 정도의 자유가 허용되었으므로 비판적인 여론이 이러한 연구자층에서 발생한 것은 놀라운 일이 아니다. 그들의 사회적 위신은 어쨌든 소련의 다른 어떤 직업보다도 높았던 것이다.

---

15) 영국의 관계당국에서 그러한 직위를 맡게 된 한 생화학자 친구(전에 평화주의자였고, 나중에 공산주의자가 된)가 그 당시에 당황해하던 것이 생각난다.

## IV

이렇듯 정치적, 이데올로기적 온도가 오르내리는 것이 자연과학의 발달에 영향을 주었다고 말할 수 있을까? 이데올로기와 철학에 비해서는 말할 것도 없고 사회과학과 인문과학의 경우보다 명백히 훨씬 작은 영향을 미쳤다. 자연과학은 과학자들이 살았던 세기를, 인식론적 불확실성의 시대에 규범이 될 수밖에 없는 경험주의적 방법론, 즉 가설들이 실제적 시험에 의해서 검증될 수 있는 —— 또는 많은 과학자들이 채택한 카를 포퍼(1902-94)의 표현을 빌면 거짓이 입증될 수 있는 —— 방법론의 범위 내에서만 반영할 수 있었다. 이러한 사정이 특정한 이데올로기를 불어넣는 것을 제한했다. 경제학은 논리와 일관성의 요구에 따르기는 했지만 신학의 형태로서—— 아마도 서방세계에서는 가장 영향력 있는 종류의 세속적 신학으로서 —— 번창해왔는데, 그 이유는 그 학문이 너무도잘 공식화될 수 있고 또 대체로 잘 공식화되어서 그러한 통제를 별로 받지 않았기 때문이다. 물리학은 그럴 수 없다. 따라서 경제학 사상의 경우 학파들간의 싸움과 유행의 변화가 당대의 경험과 이데올로기 논쟁을 직접 반영한다는 것을 입증하기 쉬운 반면, 우주론의 경우는 그렇지 않은 것이다.

그러나 과학은 자신의 시대를 반영했다. 과학에서의 몇몇 중요한 변화가 내생적이라는 것은 부인할 수 없지만 말이다. 일례로, 아원자 입자들이 무질서하게 증가함으로써 특히 1950년대에 그러한 증가가 가속화된 이후 이론가들이 단순화를 추구해야 했다는 것은 거의 불가피한 일이었다. 오늘날 양성자, 전자, 중성자 등을 구성한다고 이야기되고 있는 새롭고 가설적인 '궁극적' 입자의 (초기에) 변덕스러운 성격은 제임스 조이스의 「피네건의 경야(*Finnegan's Wake*)」에서 따온 이름 자체 —— 쿼크(quark)(1963) —— 가 나타내고 있다. 그것은 곧 '업(up)', '다운(down)', '사이드웨이즈(sideways)', '스트레인지(strange)'로 묘사되는 서너 개의 아종(亞種)(및 각각의

'반[反]쿼크')과 '참(charm)'을 가진 쿼크들 —— 그것들 각각은 '색'
으로 불리는 특질을 부여받았다 —— 로 나누어졌다. 이러한 단어들
가운데 어느것도 통상적인 의미를 가지지 않았다. 늘상 그러했듯이
이 이론에 기반한 예측이 성공적으로 이루어졌고, 그럼으로써 어떤
종류의 쿼크의 존재에 대해서도 실험적 증거가 1990년대까지 전혀
발견되지 않았다는 사실이 은폐되었다.[16] 이러한 새로운 발전이 아
원자 미로가 단순화된 것인지 아니면 더한층 복잡해진 것인지는 적
합한 자격을 갖춘 물리학자들이 판단할 문제이다. 그러나 감탄해하
지만 의심 많은 비전문가 관찰자라면 이따금, 19세기 말에 과학자
들이 '에테르(aether)'의 존재에 대한 자신들의 믿음을 유지하기 위
해서 엄청난 양의 지성과 재능을 쏟았었는데 플랑크와 아인슈타인
의 연구로 인해 그러한 믿음이 '플로지스톤(phlogiston)'과 함께 사
이비이론들의 박물관으로 추방되었다는 사실을 상기해도 좋을 것
이다(「제국의 시대」 제10장을 보라).

그러한 이론적 구성물들이 그것들이 설명하기 시작한 현실과의
접촉을 별로 하지 못했다(사실을 왜곡할 수 있는 가설로서의 경우
를 제외하고는)는 사실 자체가 그 구성물들을 외부세계의 영향에
노출시켰다. 그렇게도 과학기술에 지배되었던 세기에 기계로부터
의 유추가 이론적 구성물들을 다시 형성하는 데에 일조한 것은 자
연스러운 일이 아닌가? 1940년부터 계속해서 다양한 이름(인공두
뇌학, 일반 시스템 이론, 정보이론 등)으로 알려진 일군의 이론들을
낳은, 동물과 기계 둘 다에 대한 통신 및 통제 기술이라는 형태를
취하기는 했지만 말이다. 제2차 세계대전 종전 이후에, 특히 트랜지
스터의 발견 이후에 아찔한 속도로 발전한 전자 컴퓨터는 엄청난
모의실험능력을 보유했고, 이는 이전까지 인간을 포함한 유기체의
육체적, 정신적 작용으로 간주되어왔던 것의 기계적 모델을 발전시

---

16) 존 매덕스는 '발견'이 의미하는 것은 상황에 따라 달라진다고 논평하고 있다. 쿼
크들의 특수한 효과는 확인되었지만, 그것들은 '있는 그대로'가 아니라 2배수나 3
배수로만 발견되는 것으로 보인다. 물리학자들을 당황하게 하는 것은 쿼크가 존
재하느냐 존재하지 않느냐가 아니라 왜 단독으로는 결코 존재하지 않느냐이다.

키는 것을 전보다 훨씬 쉽게 해주었다. 20세기 말의 과학자들은 두뇌에 대해서 마치 본질적으로 정교한 정보처리 시스템인 것처럼 이야기했고, 세기 후반의 잘 알려진 철학논쟁들 중 하나는 인간의 지능이 '인공지능'과 구별될 수 있는가 없는가, 구별될 수 있다면 어떻게 구별될 수 있는가, 즉 인간의 정신 속에서 이론상 컴퓨터로 프로그램을 작성할 수 없는 것이 —— 있다면 —— 무엇인가 하는 것이었다. 그러한 과학기술적 모델이 연구에 도움을 주었음은 물론이다. 신경계에 대한 연구(즉 전기 신경충격에 대한 연구)가 전자공학에 대한 연구 없이 가능했을까? 그러나 이상의 것들은 기본적으로 환원주의적 유추이고, 당연히 언젠가는 18세기에 인간의 움직임을 지레 장치 식으로 묘사했던 것만큼이나 시대에 뒤진 것으로 보이게 될 것이다.

그러한 유추는 특정한 모델들을 수립하는 데에 유용했다. 그러나 이를 넘어서 과학자들의 생활상의 경험이 그들의 자연관에 영향을 미치지 않을 수 없었다. 우리의 세기는 다른 과학자에 대한 평론을 쓴 한 과학자의 말을 빌면 "점진주의자들과 파국론 사이의 싸움이 인간의 경험에 만연된" 세기였다(Steve Jones, 1992, p.12). 따라서 그러한 싸움이 과학에도 퍼지게 된 것은 놀랄 만한 일이 아니다.

부르주아적 개선과 진보의 19세기에는 연속성과 점진주의가 과학의 패러다임을 지배했다. 자연의 운동방식이 어떻든지 간에 도약은 허용되지 않았다. 지질학적 변화와 지구상에서의 생명의 진화는 파국 없이 조금씩의 증대를 통해서 진행되었다. 다소 먼 미래에 벌어질, 예측할 수 있는 우주의 종말조차 열역학 제2법칙에 따라 눈에 띄지 않을 정도로 서서히 그러나 불가피하게 에너지가 열로 바뀜으로써 점진적으로 이루어질 것이었다('열에 의한 우주의 사망'). 그러나 20세기의 과학은 이와는 매우 다른 세계상을 발전시켰다.

우리의 우주는 150억 년(원문에는 "1,500만 년"으로 되어 있는데 이는 오자다/역주) 전에 대폭발로 탄생했고, 이 책을 쓸 당시의 우주론적 추측에 따르면 동일하게 극적인 방식으로 사멸할지도 모른다. 우주 안에서는 별들과 그것에 딸린 행성들의 일생이 우주와 마찬가지로 대격변들로 가득 차 있다. 신성, 초신성, 적색 거성, 왜성, 블랙홀 등이 그것이다. 이들 중 어떤 것도 1920년대 이전에는 주변적인 천체현상 이상으로 인정되거나 간주되지 않았었다. 대부분의 지질학자들은 지구의 역사가 흐르는 동안 지구 전체의 대륙들이 움직이고 있다는, 대규모의 측면이동이라는 생각에 대해서 오랫동안 반대했다. 그러한 생각을 지지하는 쪽의 증거가 실제로 보다 유력했지만 말이다. '대륙이동설'의 주된 제안자인 알프레드 베게너에 대한 논박이 유별나게 격렬했던 점으로 미루어 보건대, 그들이 그 생각에 반대했던 것은 주로 이데올로기적인 이유에서였다. 어쨌든 그러한 운동을 낳는 지구물리학적 메커니즘이 전혀 알려져 있지 않았으므로 그러한 생각이 진실일 수 없다는 주장은 증거에 비추어볼 때 선험적으로 설득력을 가지지 않으며 이는, 윌리엄 톰슨 켈빈 경이 19세기에 주장했던 것, 즉 당시에 이해된 방식의 물리학이 지구를 지질학이 요구한 것보다 훨씬 더 젊게 만들었기 때문에 당시에 지질학자들이 가정한 시간의 척도가 틀렸다고 주장한 것이 설득력 없는 것과 마찬가지 이치다. 그러나 1960년대 이후에는 이전에 상상할 수도 없었던 것이 지질학의 일상적 정통이 되었다. 움직이고 있는, 때때로 급속히 움직이고 있는 거대한 플레이트(지각[地殼]을 구성하고 있는 암판[岩板]/역주)들의 지구가 바로 그것이다('판구조이론').[17]

아마도 훨씬 더 중요한 것은 1960년대 이후 고생물학을 통해서 지질학과 진화론 둘 다에 직접적인 파국론이 복귀한 것이 될 것이다. 이번에도 일단 채택된 증거는 오래 전부터 잘 알려진 것이었다. 모든 어린이가 백악기가 끝날 무렵의 공룡의 멸종에 대해서 알고

---

17) 반증이 없는 한 일단은 충분한 것으로 채택된 증거는 주로, 첫째 멀리 떨어진 대륙들의 해안선 —— 특히 아프리카의 서부 해안선과 남아메리카의 동부 해안선 —— 이 '서로 들어맞는다'는 것, 둘째 그러한 경우의 지층의 유사성, 셋째 몇몇 종류의 육상동식물의 지리적 분포로 구성되었다. 1950년대에 —— 판구조이론이 전격적으로 대두하기 직전에 —— 한 지구물리학자 동료가 이것이 설명을 필요로 한다고 생각하는 것조차 전적으로 거부한 것에 필자 자신이 놀랐던 일이 생각난다.

있다. 진화가 파국(또는 창조)의 결과가 **아니라** 지질학상의 역사 내내 이루어진 느리고 작은 변화들의 결과라는 다윈주의적 믿음의 힘은 너무도 커서 이러한 명백한 생물학적 파국은 거의 주목을 끌지 못했다. 지질학상의 시간은 단순히, 관찰된 어떠한 진화상의 변화를 고려하는 데에도 충분히 긴 것으로 간주되었다. 인류사가 그렇게도 명백히 격변적이었던 시대에 진화의 불연속성이 다시 주목을 끈 것이 놀랄 만한 일인가? 심지어 더 멀리 갈 수도 있었다. 이 책을 쓰던 당시에 지질학의 파국론자들과 고생물학의 파국론자들 둘 다 가장 선호한 메커니즘은 우주공간으로부터의 충격, 즉 지구가 하나 또는 그 이상의 매우 큰 운석과 충돌한다는 것이었다. 몇몇 계산에 따르면 문명을 파괴할 정도로 큰 소행성, 즉 히로시마에 투하되었던 폭탄 800만 개에 해당하는 것이 30만 년마다 한번씩 떨어지는 것으로 보인다. 그러한 시나리오는 언제나 주변적인 선사학(先史學)의 일부를 이루었지만, 핵전쟁시대 이전이었다면 어떤 진지한 과학자가 그러한 식의 생각을 했겠는가? 진화를 비교적 갑작스러운 변화에 의해서 때때로 중단되는 느린 변화로 보는 이론들('가끔 중단되는 평형상태')은 1990년대에도 여전히 논쟁의 대상이 되고 있지만 이제는 과학자집단 **내에서의** 논쟁에 속하게 되었다. 또한 비전문가 관찰자는 현실적인 인간생활로부터 가장 멀리 떨어진 사고영역 내에서 각각 '파국이론'(1960년대부터)과 '카오스 이론'(1980년대)(p.740 이하를 보라)으로 알려진 수학의 두 가지 하위분야가 등장한 것에 주목하지 않을 수 없다. 파국이론은 1960년대에 프랑스에서 개척된 위상수학(位相數學)이 발전한 것으로, 점진적 변화가 갑작스러운 단절을 낳는 상황, 즉 연속적인 변화와 불연속적인 변화 사이의 상호관계를 연구할 것을 주장한 것이고, (미국에서 비롯된) 카오스 이론은 외관상 작은 사건들(나비 날개의 퍼덕거림)이 다른 곳에서 엄청난 결과(폭풍)를 낳는다는 것을 보여줄 수 있는 불확실하고 예측할 수 없는 상황들을 모델로 만든 것이다. 20세기 후반의 몇십 년을 살아온 사람들로서는 카오스와 파국 같은 이미지들이 과학자들과 수학자들에게도 떠오른 이유를 이해하기가 전혀 어렵지 않았다.

## V

그러나 1970년대부터 줄곧, 과학에 기반한 기술 —— 그 힘은 세계경제의 폭발적 발전에 의해서 증가했다 —— 이 지구라는 행성에 또는 적어도 살아있는 유기체들의 서식지로서의 지구에 아마도 돌이킬 수 없을 근본적인 변화를 가져오는 것으로 보인다는 사실의 발견을 통해서 외부세계는 실험실과 세미나실에 보다 간접적으로 그러나 보다 강력하게 영향을 주기 시작했다. 이는 장기적인 냉전기 동안 사람들의 상상력과 의식을 사로잡았던 핵전쟁이라는, 인간이 유발한 파국의 전망보다 훨씬 더 걱정스러운 것이었다. 왜냐하면 소련과 미국 사이의 세계핵전쟁은 피할 수 있는 것이었고 실제로도 결국 회피되었던 것이다. 반면, 과학과 연결된 경제성장의 부산물을 피하기란 그리 쉽지 않았다. 일례로 1973년에 두 명의 화학자 롤런드와 몰리나는 (냉각제와 새로 인기를 얻은 에어로졸에 널리 사용된) 플루오로카본이 대기의 오존을 고갈시킨다는 것을 최초로 발견했다. 그러한 사실은 그보다 훨씬 전에는 거의 인식될 수 없었는데, 왜냐하면 1950년대 초 이전에는 그러한 화학물질들 (CFC11과 CFC12)의 방출이 총 4만 톤이 안 되었기 때문이다(그러나 1960-72년에 그러한 화학물질들이 360만 톤 이상 대기중에 들어갔다[18]). 하지만 1990년대 초에 이르면 대기중에 '오존홀(ozone hole : 지상 20-30킬로미터 지점의 오존층이 남극 대륙의 상공에서 매년 8-10월에 엷어져 구멍이 뚫린 것 같은 상태가 된 것/역주)'이 대규모로 존재한다는 것은 일반인들의 상식이 되었고, 오존층의 고갈이 얼마나 급속하게 진행될 것이며 지구의 자연적인 회복력을 얼마나 빨리 넘어설 것인가만이 문제가 되었다. CFC들을 제거하더라도 오존층이 다시 고갈될 것이라는 점은 아무도 의심하지 않았다. '온실효과', 즉 인간이 생산한 가스가 방출됨으로써 지구온도가 올

---

18) UN World Resources, 1986, 표 11.1, p.319.

라가는 것을 제어할 수 없는 사태 —— 1970년 전후해서 진지하게 논의되기 시작한 —— 는 1980년대에 전문가들과 정치가들 모두의 주된 관심사가 되었다(Smil, 1990). 위험은 때때로 과장되기는 했지만 현실적인 것이었다.

이와 거의 같은 시기에, 유기체와 환경의 상호관계를 다루는 생물학의 한 분야 이름으로 1873년에 만들어졌던 '생태학(ecology)'이라는 단어가 오늘날 친숙해진 준정치적인 의미를 얻었다(E. M. Nicholson, 1970).[19] 이상의 것들은 다년간의 경제초호황(제9장을 보라)의 당연한 결과였다.

이러한 우려들이, 정치와 이데올로기가 1970년대에 왜 다시 한번 자연과학을 둘러싸기 시작했는지를 설명하는 데에 충분할 것이다. 그러나 그러한 우려들은 과학연구에 대한 실제적, 도덕적 제한의 필요성에 관한 논쟁의 형태로 과학 자체의 일부에까지 침투하기 시작했다.

신학의 헤게모니가 무너진 이래 그러한 문제들이 그토록 심각하게 제기된 적도 없을 것이다. 그러한 문제들이, 언제나 인간사에 대해 직접적인 의미를 가졌거나 가진 것으로 보였던 자연과학 분야인 유전학과 진화생물학에서 부상한 것은 놀랄 만한 일이 아니다. 왜냐하면 제2차 세계대전이 끝나고 나서 10년 이내에 생명과학은, 보편적인 유전 메커니즘인 '유전 코드'를 밝힌 분자생물학의 경이적인 발전에 의해서 혁명적으로 바뀌었기 때문이다.

분자생물학에서의 혁명은 예기치 않은 것이 아니었다. 1914년 이후 생명체는 살아 있는 존재들에 특유한 어떤 영적 존재의 견지에서가 아니라, 물리학과 화학의 견지에서 설명되어야 하고 설명될 수 있다는 것이 당연한 일로 생각될 수 있었다.[20] 실제로, 지구상의 생명체의 기원으로 추정되는 것에 대한 생화학적 모델 —— 햇빛,

---

19) "생태학은……우리로 하여금, 인간이 자신의 미래가 달려 있는 환경을 더 이상 파괴하지 않도록 인간의 진화가 바뀔 수 있고 새로운 방향으로 나아갈 수 있으리라고 생각하는 것을 가능케 하는 주된 지적 훈련 및 도구이기도 하다."

20) "살아 있는 유기체의 공간적 경계 내에서 일어나는 시공간적 사건들이 어떻게 물리학과 화학에 의해서 설명될 수 있는가?"(E. Schrödinger, 1944, p.2)

메탄, 암모니아, 물에서 시작되었다는 —— 은 1920년대에 (대체로 반[反]종교적인 의도로) 소련과 영국에서 처음으로 제시되었고 그 주제를 과학의 진지한 의제로 삼도록 했다. 종교에 대한 적대는 계속해서 이 분야의 연구자들을 고무했다. 프랜시스 크릭과 라이너스 폴링 둘 다 그러한 경우다(Olby, 1970, p.943). 단백질 분자가 결정화(結晶化)될 수 있으며 따라서 결정학적으로 분석될 수 있다는 것이 인정된 이후, 생물학 연구의 주된 추진력은 몇십 년 동안 생화학과 갈수록 물리학에서 나왔다. 하나의 실체인 디옥시리보 핵산(DNA)이 유전에서 중요한, 어쩌면 중심적인 역할을 한다는 것이 알려졌다. 즉 그것은 유전단위인 유전자의 기본적인 구성요소로 생각되었던 것이다. 유전자가 어떻게 "자신과 같은 또 다른 구조의 합성 —— 원래 유전자의 돌연변이조차 복제되는 —— 을 야기하는가(했는가)"(Muller, 1951, p.95), 즉 유전은 어떻게 이루어지는가라는 문제는 1930년대 말에 이미 진지한 연구대상이 되었다. 종전 이후에는 크릭의 말마따나 '대사건이 임박했다'는 것이 분명해졌다. DNA의 이중나선구조에 대한 크릭과 왓슨의 발견의 탁월성과, 그 구조가 우아한 화학-기계적 모델을 통해서 '유전자 복제'를 설명하는 방식의 우수성은 1950년대 초에 여러 연구자들이 동일한 결과에 도달했다는 사실로 인해서 줄어들지 않는다.

"생물학에서 단일한 발견으로는 최대의 것"(J. Bernal)이었고 20세기 후반의 생명과학을 지배했던 DNA 혁명은 본질적으로 유전학에 관한 것이었고, 20세기 다윈주의가 배타적으로 유전학적이었으므로, 진화에 관한 것이기도 했다.[21] 이 두 분야 모두 민감하기로 유명한 주제인데, 그 이유는 이들 분야에서는 과학 모델들 자체가 빈번하게 이데올로기적이기 때문이기도 하고 —— 우리는 다윈이 토머스 맬서스에게 진 빚을 기억하고 있다(Desmond and Moore,

---

21) 그것은 또한 본질적으로 수학-기계적인 형태의 실험과학에 '관한' 것이기도 했는데, 아마도 바로 그 점이 동물학과 고생물학 같은, 수량화하기가 덜 쉽거나 덜 실험적인 몇몇 생명과학들에게서 100퍼센트의 열광을 받지는 못했던 이유가 될 것이다(R. C. Lewontin, *The Genetic Basis of Evolutionary Change*를 보라).

chap. 18) —— 그 모델들이 빈번하게 정치로 피드백되기 때문이기도 하다('사회 다윈주의'). '인종'이라는 개념이 이러한 상호 작용의 예를 보여준다. 나치 인종정책에 대한 기억 때문에 (대부분의 과학자들을 포함한) 자유주의 지식인들이 이 개념을 가지고 작업한다는 것은 사실상 상상할 수도 없게 되었다. 실제로 많은 사람들이 인종주의적 견해를 고무하는 결과를 낳게 되지 않을까 두려워한 나머지 인간집단들 사이의 유전적으로 결정된 차이를 체계적으로 조사하는 것조차 정당한 것인지 의심스러워했다. 보다 일반적으로는, 서방국들에서 민주주의와 평등에 대한 포스트파시스트 이데올로기가 '천성 대 교육' 또는 유전 대 환경에 대한 해묵은 논쟁을 부활시켰다. 명백히 인간 개개인은 유전과 환경, 유전자와 문화 둘 다에 의해서 형성되었다. 그러나 보수주의자들은 제거할 수 없는, 즉 유전적으로 결정된 불평등의 사회를 기꺼이 받아들이려 했던 반면, 평등에 몰두한 좌파는 당연히 모든 불평등은 사회적 조치에 의해서 제거될 수 있으며 모든 불평등은 기본적으로 환경에 의해서 결정된다고 주장했다. 인간의 지성이라는 문제를 놓고 논쟁이 불붙었는데, 그 논쟁은 (선별교육이냐 만인교육이냐를 함축하기 때문에) 고도로 정치적인 것이었다. 그 논쟁은 인종문제보다 —— 그 문제와도 관련이 있었지만 —— 훨씬 더 광범위한 문제들을 제기했다. 그 문제들이 얼마나 광범위한가 하는 것은 페미니즘 운동의 부활로 부각되었다(제10장을 보라). 그 운동의 몇몇 이데올로그들은 거의, 남성과 여성 사이의 **모든** 정신적 차이가 기본적으로 문화에 의해서 결정된 것, 즉 환경에 의해서 결정된 것이라고 주장하기에 이르렀다. 실제로 유행처럼 '성(sex)'이라는 용어를 '젠더(gender)'라는 용어로 대체했던 것은 '여성'이 생물학적 범주라기보다는 사회적 역할이라는 믿음을 함축한 것이다. 그러한 민감한 주제들을 조사하고자 하는 과학자는 자신이 정치적 지뢰밭 속에 있다고 느꼈다. '사회생물학'의 옹호자인 하버드 대학의 에드워드 오스본 윌슨(1929-)처럼 그 지뢰밭에 의도적으로 들어간 사람들조차 공개연설은 피했다.[22]

---

22) "이용할 수 있는 정보들에서 내가 받은 전반적인 인상은 호모 사피엔스가 유전자

758

그러한 분위기가 더욱 폭발적이게 된 것은 과학자들 자신, 특히 보다 명백히 사회적인 성격의 생명과학 분야들 —— 진화론, 생태학, 동물행동학(동물의 사회적 행동에 대한 연구) 등 —— 의 과학자들이 의인화된 비유를 사용하거나 인간에 대한 결론을 끌어내는 경향을 크게 보였기 때문이다. 사회생물학자들이나 그들의 연구결과를 대중화한 사람들은, 광활한 서식지에서의 보다 약탈적인 생활에 맞게 사냥꾼으로서 원시인 남성이 선택된 이래 몇천 년 전부터 내려온 (남성의) 특성이 여전히 우리의 사회적 존재를 지배한다고 주장했다(Wilson, ibid.). 이러한 주장에 여성들뿐만 아니라 역사가들도 분노했다. 진화론자들은 생물학상의 대혁명에 의거하여 자연도태를 "이기적인 유전자"(Dawkins, 1976)의 생존경쟁으로 분석했다. 엄격한 형태의 다윈주의를 지지하는 몇몇 사람들조차 유전적인 도태가 인간의 이기주의, 경쟁, 협력에 관한 논쟁과 현실적으로 어떠한 관계를 가지게 될까에 대해서 생각했다. 과학은 다시 한번 비판자들의 공격을 받았다. 지적인 면에서 무시할 만한 근본주의 집단들을 차치한다면 이제는 —— 의미심장하게도 —— 더 이상 전통적인 종교로부터 심각한 공격을 받지 않았지만 말이다. 성직자들은 이제 실험실의 헤게모니를 받아들였고 과학적 우주론으로부터 신학적인 위안을 얻을 수 있는 데까지 얻었다. 일례로 '대폭발'이론은 신앙적 관점에서는 신이 세상을 창조한 증거로 볼 수 있었다. 다른 한편, 1960-70년대 서구의 문화혁명은 과학적 세계관에 대한 강력한 신낭만주의적, 비합리주의적 공격을 낳았는데 그 공격의 기조는

의 상이한 특질과 크기가 행동에 영향을 주는 전형적인 종(種)의 동물이라는 것이다. 비교가 올바르게 이루어진다면 인류의 정신적 통일성이라는 것은 도그마의 지위에서 검증 가능한 가설의 지위로 떨어질 것이다. 이는 미국의 현재 정치적 분위기에서는 말하기가 쉽지 않은 것이며, 학계의 몇몇 부문에서는 처벌받을 만한 이단으로 간주된다. 그러나 사회과학이 철저히 정직해지려면 그러한 생각을 정면으로 대할 필요가 있다.……과학자들이 유전적인 행동의 다양성이라는 주제를 연구하는 것이 선의로 묵살하자는 모의를 계속하는 것보다 나을 것이다."(Wilson, 1977, 'Biology and the Social Sciences', p.133)

이 복잡한 구절의 명백한 의미는, 인종들이 존재하며 유전적인 이유로 인종들은 명시할 수 있는 몇몇 점에서 영구적으로 동등하지 않다는 것이다.

급진주의에서 반동적인 것으로 쉽게 바뀔 수 있었다.

생명과학이라는 외곽 참호와는 달리 순수한 연구의 주된 보루인 '하드' 사이언스는, 1970년대에 들어와 연구활동이 그것이 거의 즉각 낳는 과학기술의 사회적 결과와 분리될 수 없다는 사실이 분명해지기 전까지는, 그러한 공격에 의해서 거의 동요되지 않았다. 과학연구에 대해 제한을 가해야 할 것인가 말 것인가라는 문제를 실제로 즉각 제기한 것은 '유전공학' ―― 논리적으로 다른 형태의 생명체뿐만 아니라 인간까지 만드는 ―― 의 전망이었다. 그러한 견해가 처음으로 과학자들 ―― 특히 생물학 분야의 ―― 자신에게서 나왔는데, 그 이유는 이제는 프랑켄슈타인적 과학기술의 몇몇 본질적 요소들이 순수한 연구와 분리될 수 있거나 그러한 연구에 수반되는 것이 아니라 ―― 인간의 유전에 작용하는 모든 유전자에 대한 지도를 만들려는 계획인 게놈 프로젝트에서 보듯이 ―― 기본적인 연구 **그 자체**가 되었기 때문이다. 이러한 비판들은 모든 과학자들이 과학의 기본원칙으로 지금까지 간주해왔고 대부분의 과학자들이 계속해서 그렇게 간주하던 것, 즉 과학은 사회의 도덕적 신념에 대해 최소한의 양보를 하면서[23] 어떠한 결과에 이르든 진리를 추구해야한다는 원칙의 토대를 침식했다. 그들은 자신들의 연구결과를 가지고 비과학자들이 행한 일에 대해 책임이 없었다. 1992년에 한 미국 과학자가 언급했듯이 "내가 알고 지내는 유명한 분자생물학자들 가운데 생물공학 사업에 재정적 이해관계를 가지고 있지 않은 사람은 전혀 없다"(Lewontin, 1992, p.37 ; pp.31-40)라는 사실이나 ―― 또 다른 말을 인용하자면 ―― "그 문제(소유권 문제)는 우리가 하는 모든 일의 중심에 있다"(ibid., p.38)는 것은 순수성에 대한 주장을 훨씬 더 의심스럽게 만들었다.

이제 문제가 되는 것은 진리의 추구가 아니라 진리를 그것의 조건 및 결과와 분리시킬 수 없다는 점이었다. 동시에 논쟁은 기본적으로 인류에 대한 비관주의자들과 낙관주의자들 사이의 논쟁이었

---

23) 특히 인간을 대상으로 한 실험의 제한 같은 것.

다. 왜냐하면 과학연구에 대한 제한이나 자기규제를 고려하는 사람들의 기본적인 가정이 현재 조직된 대로의 인류가 자신이 보유한, 지구를 변화시키는 힘을 제대로 쓸 능력이 없거나 자신이 무릅쓰고 있는 위험을 인식조차 못하고 있다는 것이기 때문이며 또한 자신들의 연구에 대한 어떠한 제한에도 반대하는 마법사들조차 자신의 도제들을 믿지 않았기 때문이다. 연구를 제한하지 말자는 주장은 "기본적인 과학연구에 적합한 것이지, 과학의 기술적 적용에 적합한 것이 아니다. 그러한 적용 가운데 일부는 제한되어야 한다." (Baltimore, 1978)

그러나 그러한 주장은 논점에서 벗어난 것이었다. 왜냐하면 모든 과학자가 알고 있듯이 과학연구는 제한을 받지 않거나 자유로운 것이 **아니었던** 것이다. 그러한 연구가 필요로 하는 자원의 공급이 유한했다는 이유만으로도 그랬다. 문제는 누군가가 연구자들에게 무엇을 해야 할지 또는 무엇을 하지 말아야 할지를 말해야 할 것인가 아닌가가 아니라 누가 그러한 제한과 방향을 부과하고 어떠한 기준으로 그렇게 할 것인가였다. 대부분의 과학자들 —— 그들이 있는 연구기관에 지급되는 돈이 직간접적으로 정부기금에서 나온 —— 의 경우 이러한 연구의 감독 주체는 정부였는데, 정부의 기준은 자유로운 연구의 가치에 대한 헌신이 아무리 진지하더라도 플랑크나 러더퍼드나 아인슈타인 같은 사람의 기준과 같을 수 없었다.

정부의 기준은 당연히 '순수한' 연구 —— 특히 그 연구가 비용이 많이 들 때 —— 를 우선시하는 것이 아니었고, 세계대호황이 끝난 뒤에는 가장 부유한 정부들조차 세입이 더 이상 지출보다 빨리 증가하지 않았으므로 예산을 세워야 했다. 정부의 기준은 또한, 대다수의 과학자들을 고용한 '응용'연구를 우선시하는 것도 아니었고 그렇게 될 수도 없었다. 왜냐하면 그 기준은 '지식의 진보' 일반이라는 견지에서가 아니라(결과적으로 그러한 진보가 이루어질 수도 있겠지만) 일정한 실제적 성과를 얻을 필요성 —— 이를테면 암이나 AIDS에 대한 치료 —— 에 의해서 설정되었기 때문이다. 이들 분야의 연구자들은 반드시 자신들의 흥미를 끄는 것을 연구했던 것이 아니라 —— 결국은 자신들이 기본적인 연구의 길로 돌아가게 되리라고 생각했을 때조차 —— 사회적으로 유용하고 경제적으로 이익이 남는 것 또는 적어도 돈이 유용하게 쓰일 곳을 연구했다. 그러한 상황에서, 인간은 본래 "우리의 호기심, 탐구, 실험을 만족시켜야"(Lewis Thomas, Baltimore, p.44) 하는 종(種)이기 때문에 연구를 제한하는 것은 견딜 수 없다거나, 고전적인 산악인의 경구처럼 "그것이 거기에 있으니까" 지식의 꼭대기에 올라가야 한다고 주장하는 것은 허식적인 수사(修辭)에 불과했다.

사실, '과학(대부분의 사람들이 '순수'자연과학이라는 의미로 쓰는)'은 자기 생각대로 하게 내버려두기에는 너무도 크고, 너무도 강력하며, 일반적으로는 사회에게, 특수하게는 과학에 돈을 대는 자들에게 너무도 필수적인 존재였다. 그것이 처한 상황의 역설은, 결국 20세기 과학기술의 거대한 발전소와 그러한 발전소가 가능케 한 경제가 갈수록 상대적으로 아주 작은 집단의 사람들에게 의존하게 되었는데 그들에게는 자신들의 활동의 엄청난 결과들이 부차적으로만 중요하며 종종 사소한 것이었다는 데에 있었다. 그들에게는 사람들이 달에 여행 가거나 브라질에서의 축구경기 장면을 위성중계해서 뒤셀도르프에서 스크린으로 볼 수 있는 능력이, 통신을 혼란시킨 현상을 탐색하는 과정에서 확인되었지만 우주의 기원에 관한 이론을 확증한 우주배경잡음의 발견보다 훨씬 덜 관심 있는 것이었다. 그러나 고대 그리스의 수학자 아르키메데스처럼 그들은 자신들이, 그들의 일을 이해할 수도 없고 그 일에 신경쓰지도 않는 세상에서 살고 있는 동시에 그러한 세상을 만드는 데에 일조한다는 것을 알고 있었다. 연구의 자유에 대한 그들의 요구는 아르키메데스가, 침략해 들어온 군인들 —— 아르키메데스는 그들과 싸우는 데에 쓸 목적으로 자신의 도시 시라쿠사를 위한 병기들을 고안했었는데, 군인들은 그를 죽일 때 그 병기들에 주목하지 않았다 —— 에게 "제발 제가 작성한 도식들을 파기하지 마십시오"라고 애원했던 것과 같았다. 그것은 이해할 만한 것이었지만 반드시 현실적이었던 것은 아니었다.

그들이 열쇠를 쥐고 있었던, 세계를 변화시키는 힘만이 그들을 보호해주었다. 왜냐하면 그러한 힘이 발휘되려면 다른 점에서는 이해할 수 없는 특권적 엘리트 —— 세기 후반 이전까지는 외면적인 부와 권력을 가지는 것에 대해서 비교적 무관심했다는 점에서조차 이해할 수 없었던 —— 에게 자기 생각대로 하도록 내버려두어야 하는 것으로 보였던 것이다. 그렇게 하지 않았던 모든 20세기 국가들이 당연히도 자신의 처사를 후회했다. 그리하여 모든 국가들이 과학을 지원했는데, 과학은 가능한 한 간섭을 피하면서도 예술이나 대부분의 인문학과는 달리 그러한 지원 없이는 효과적으로 기능할 수 없는 것이었다. 그러나 정부들은 (이데올로기적이거나 종교적인 정부를 제외하고는) 궁극적 진리에 관심이 있었던 것이 아니라 도구적 진리에 관심이 있었다. 그들은 기껏해야, '순수한(즉 당장은 무용한)' 연구가 언젠가는 무언가 유용한 것을 낳을지도 모르기 때문에 또는 국위선양 면에서 노벨상을 추구하는 것이 올림픽 메달을 추구하는 것보다 낫고 여전히 보다 높은 가치를 가졌기 때문에 그러한 연구를 장려하는 것인지도 모른다. 승리를 거둔 과학 연구 및 이론의 구조 —— 20세기를 주로 인간비극의 시대가 아니라 인류진보의 시대로 기억시킬 —— 가 세워진 토대가 바로 그러한 것이었다.

# 제19장 새로운 천년기를 향하여

우리는 심각한 불안정, 영속적인 위기, 어떠한 종류의 현상(現狀)도 부재한 상황으로 특징지어지는 새로운 시대가 시작되는 시기에 살고 있다.……우리는 지금이 야콥 부르크하르트가 묘사했던 세계사의 위기들 중 하나의 시기라는 것을 알아야 한다. 이 위기는 1945년 이후의 위기보다 결코 덜 심각하지 않다. 그것을 극복하기 위한 초기의 조건은 오늘날의 경우가 보다 나은 것으로 보이지만 말이다. 오늘날에는 승자도 없고, 패전국 ── 동유럽에서조차 ── 도 없다.

── 베르게도르프에서 미카엘 스튀르머(1993, p.59)

사회주의-공산주의라는 현세적 이상은 무너졌지만 그 이상이 해결하고자 했던 문제들은 여전히 남아 있다. 뻔뻔스러운 사회적 우위의 이용과 돈의 지나친 위력 ── 종종 사건의 흐름 자체를 지배한 ── 이 그것이다. 그리고 20세기의 전지구적 교훈이 예방주사 역할을 하지 못한다면 거대한 붉은 회오리바람이 그대로 되풀이될지도 모른다.

── 알렉산드르 솔제니친, 「뉴욕 타임스」지 1993년 11월 28일자

한 작가가 세 국가 ── 바이마르 공화국, 파시스트 국가, 독일민주공화국(동독/역주) ── 의 몰락을 체험한다는 것은 대단한 영예다. 내가 독일연방공화국(서독의 명칭이자 1990년 이후 통일 독일의 명칭/역주)의 몰락까지 볼 수 있을 정도로 오래 살 것이라고는 생각되지 않는다.

── 하이너 뮐러(1992, p.361)

# I

단기 20세기는 아무도 그 해결책을 가지지 않았거나 심지어 해결책을 가졌다는 주장조차 하지 않는 문제들을 남기는 것으로 끝났다. 세기말의 시민들이 자신들을 둘러싸고 있는 전지구적인 안개를 뚫고 세번째 천년기를 향하여 나아갔을 때 그들이 확실히 아는 것은 오직 역사의 한 시대가 끝났다는 것뿐이었다. 그들이 그밖의 것에 대해서 아는 것은 너무도 적었다.

일례로 1990년대의 세계에는 두 세기 전 이래 처음으로 어떠한 국제적인 체계나 구조도 없었다. 1989년 이후 수십 개의 새로운 영토국가들이 자신의 국경선을 결정할 독립적인 기구도 전혀 가지지 않은 채 —— 심지어 일반적인 중재자로 기능할 만큼 충분히 공평무사한 것으로 인정되는 제3자조차 없는 상태에서 —— 출현했다는 사실 자체가 이를 말해준다. 이전에 분쟁중의 국경선을 확정하거나 적어도 공식적으로 비준했던 강대국들의 협의체는 어디에 있는가? 이곳에서는 국경선을 정하고 저곳에서는 국민투표를 부과하면서 유럽과 세계의 지도를 다시 그리는 일을 감독했던 제1세계의 승자들은 어디에 있는가(과거의 외교관들에게 너무도 친숙했던, 활발히 기능하는 국제회의 —— 오늘날 그것을 대신한 간단한 공보활동이나 사진촬영용 정상회담과는 너무도 다른 —— 는 실제로 어디에 있는가)?

이 천년기가 끝날 무렵에 국제열강 —— 오래된 열강이든 신흥열강이든 —— 이란 실제로 무엇인가? 1914년에 쓰였던 의미의 강대국으로 인정될 수 있는 국가는 미국밖에 남지 않았다. 이러한 사정이 실제로 의미하는 것은 매우 모호했다. 러시아는 17세기 중반에 가졌던 규모로 줄어들었다. 표트르 대제 이래 그 나라가 그렇게도 대수롭지 않은 존재가 된 적도 없었을 것이다. 영국과 프랑스는 순수히 지역적인 지위로 떨어졌고, 그러한 사정은 핵무기 보유로도 숨겨지지 않았다. 독일과 일본은 확실히 경제적 '강대국'이었지만 둘 중 어느 나라도 전통적인 방식대로 자신의 엄청난 경제적 자원을 군사적인 힘으로 뒷받침할 필요성을 —— 그렇게 할 수 있게 되었을 때조차 —— 느끼지 않았다. 비록 알 수 없는 미래에 그 나라들이 어떠한 행동을 취하고 싶어하게 될지는 아무도 모르지만 말이다. 새로 생긴 유럽 연합의 국제적인 정치적 지위는 또 어떠한가? 유럽 연합은 공동의 정치적 정책을 열망했지만 경제문제에 대해서와는 달리 단일한 정치적 정책을 가지는 척할 능력조차 없는 것으로 드러났다. 크든 작든 오래된 것이든 새로 생긴 것이든, 소수의 국가들을 제외한 그 어떤 국가도 21세기의 1/4분기가 끝날 때까지 현재의 형태 그대로 존재할지가 전혀 분명치 않았다.

국제무대에서의 경기자들의 성격이 이렇듯 불분명했다면, 세계가 직면한 위험의 성격 역시 불분명했다. 단기 20세기는 열전이든 냉전이든, 강대국들 및 그 동맹국들이 갈수록 묵시록적이 되어가는 대량파괴 시나리오 —— 다행히 피했지만 초강대국들의 핵전쟁 대학살로 극에 달할 —— 를 가지고 벌인 세계전쟁의 세기였다. 이러한 위험은 명백히 사라졌다. 미래가 무엇을 야기하든, 세계 드라마의 기존 주역들 가운데 한 나라를 제외한 모두가 사라졌거나 변형되었다는 사실 자체가 구식의 제3차 세계대전은 가장 일어날 가망이 없는 것 가운데 하나임을 의미했다.

이는 분명히, 전쟁의 시대가 끝났다는 것을 의미하지는 않았다. 1980년대는 1983년의 영국-아르헨티나 전쟁과 1980-88년의 이란-이라크 전쟁을 통해서 세계 초강대국들간의 대결과 무관한 전쟁이 언제나 일어날 수 있는 일임을 이미 입증했다. 1989년 이후의 시기에는 어느 누가 기억할 수 있는 것보다 많은 군사행동이 유럽, 아시아, 아프리카의 보다 많은 지역에서 진행되었다. 그것들 모두가 공식적으로 전쟁으로 분류되지는 않았지만 말이다. 라이베리아, 앙골라, 수단, '아프리카의 뿔' 모양 지역에서, 전(前) 유고슬라비아에서, 몰도바에서, 카프카스 및 자카프카지예의 몇몇 나라에서, 화약고 중동에서, 구(舊)소비에트 중앙아시아와 아프가니스탄에서 그러한 일이 벌어졌다. 국가가 무너지고 분해되는 것이 갈수록 빈번해지는 상황에서 누가 누구와 싸우고 있는지 그리고 왜 싸우는지가 종종 분명하지 않았으므로, 이러한 활동들은 국제전이든 내전이든 '전쟁'이라는 고전적인 명칭에 꼭 들어맞지 않았다. 그러나 해당 지역의 주민들은 특히 보스니아, 타지키스탄, 라이베리아에서처럼 얼마 전까지만 해도 명백한 평화기에 살았던 경우, 자신들이 현재 평화기에 살고 있다고 느끼기 힘들었다. 게다가 1990년대 초의 발칸인들이 입증했듯이 지역적인 내분과, 기존 유형의 전쟁에 보다 가까운 것 사이에 뚜렷한 경계선이 없었다. 전자는 너무도 쉽게 후자로 바뀔 수 있었던 것이다. 요컨대 전지구적인 전쟁위험은 사라지지 않았다. 단지 양상이 바뀌었을 뿐이다.

안정되고 강력하고 복받은 국가들(인접한 분쟁지역과 구별되는 유럽 연합, 발트 해 연안의 구소련 지역과 구별되는 스칸디나비아)의 주민은 아마도 자신들이, 제3세계와 전(前) 사회주의 세계의 불행한 지역에서 볼 수 있는 그러한 불안정과 대학살로부터 안전하다고 생각할 수도 있겠지만 그러한 생각은 잘못된 것이다. 전통적인 국민국가들이 처한 상황의 위기로 인해서 그 나라들 역시 공격받기 쉽게 되었다. 몇몇 국가들이 분열되거나 붕괴할 가능성을 차치하더라도, 20세기 후반의, 그리 자주 인정되지는 않지만 중요한 새로운 한 현상이 ── 영속적인 안정을 누리는 모든 지역에서 국가권력의 특징이었던 실제 동원 가능한 군대의 독점권을 박탈했다는 이유만으로도 ── 그 나라들을 약화시켰다. 새로운 현상이란 바로, 파괴수단의 민주화 내지 사유화였다. 이는 폭력과 파괴가 지구상 **어느 곳에서나** 일어날 수 있도록 했다.

이제는 아주 작은 집단의 정치적 반대자들이나 여타 종류의 반대자들이 어느 곳에서나 사회혼란을 낳고 파괴하는 것이 가능해졌다. 영국 본토에서 IRA가 벌인 활동이라든가 뉴욕의 세계무역센터를 폭파시키려던 시도(1993)가 그 예다. 단기 20세기 말까지 이러한 활동으로 인한 피해는 보험회사 측을 제외하고는 그리 크지 않았다. 왜냐하면 비국가적인 테러 행위는 일반적인 가정과는 반대로 공식적인 전쟁 시의 폭격보다 훨씬 덜 무차별적이었기 때문이다. (목표

를 가졌던 경우) 그 목표가 주로 군사적이라기보다는 정치적이었다
는 이유만으로도 그러했다. 게다가 그 행위는 폭탄돌격의 경우를
제외하고는 대체로, 대규모 살상보다는 소규모 살상에 더 적합한
휴대용 무기를 썼다. 그러나 핵무기나, 핵무기 제조를 위한 원료와
기술지식 ── 이 모두가 세계시장에서 광범위하게 입수할 수 있었
다 ── 까지도 소집단의 사용에 적합하도록 개조될 수 없으리라는
법은 없었다.

　게다가 파괴수단의 민주화는 비공식적인 폭력을 통제하는 데에
드는 비용을 엄청나게 증가시켰다. 일례로 영국 정부는 북아일랜드
의 몇백 명에 불과한 카톨릭 및 프로테스탄트 준군사조직 구성원들
의 실제 전투부대에 맞서 그 지역을 계속 통치하기 위해서 그곳에
약 2만 병력의 훈련된 군대와 8천 명의 무장경관을 계속 두어야 했
고 1년에 30억 파운드씩 지출해야 했다. 소규모 반란이나 여타 형
태의 국내 폭력사태에 들어맞는 사실은 국경 밖에서 일어나는 소규
모 분쟁에 훨씬 더 잘 들어맞았다. 아주 부유한 국가라도 그러한 비
용을 무제한으로 부담할 준비가 되어 있을 국제적 상황은 그리 많
지 않았다.

　냉전이 끝난 직후의 몇몇 상황 ── 특히 보스니아와 소말리
아 ── 은 국가의 힘에 대한 이러한 뜻밖의 제한을 극적으로 표현
해주었다. 그 상황들은 다음 천년기에 아마도 국제적 긴장의 주원
인이 될 것으로 보이는 것, 즉 세계의 부유한 지역과 가난한 지역
사이의 급속히 벌어져가는 격차에서 비롯된 것을 밝히는 데에 도움
을 주는 것이기도 했다. 두 지역은 서로에게 분노했다. 이슬람 근본
주의의 부상은 명백히, 서구화에 의한 근대화라는 이데올로기뿐 아
니라 '서구' 자체에 대항하는 움직임이었다. 그러한 운동의 활동가
들이 이집트에서처럼 서방 관광객들의 방문을 중단시키거나 알제
리에서처럼 거류중인 상당수의 서방인들을 살해함으로써 자신들의
목표를 추구했던 것은 우연이 아니었다. 역으로, 부국들에서 대중
적 외국인 혐오증이라는 칼의 가장 뾰죽한 끝은 제3세계에서 온 외
국인들을 겨냥했으며, 유럽 연합은 일자리를 구하러 온 제3세계 빈

민들의 홍수를 막기 위해서 자신의 경계선에 둑을 쌓았다. 미국 내
에서조차 무제한의 이민자 입국에 대해 그 나라가 베풀던 사실상의
관용에 대해서 본격적으로 반대하는 징후들이 나타나기 시작했다.

그러나 양쪽 지역 모두 정치적으로나 군사적 견지에서나 상대방
쪽의 힘이 미치지 않는 곳에 있었다. 북쪽 세계의 국가와 남쪽 세계
의 국가 사이의 상상할 수 있는 거의 어떠한 공개적 전투에서도,
1991년의 걸프 전쟁이 결정적으로 입증했듯이 기술 면에서나 부에
서나 압도적으로 우세한 북쪽 세계가 승리할 수밖에 없었다. 일부
제3세계 나라가 핵 미사일을 몇 개 보유하는 것 —— 그것을 유지하
고 발사할 수단 역시 가지고 있다고 가정하더라도 —— 조차 효과적
인 억제력이 될 가망성은 아주 작았다. 왜냐하면 이스라엘과 걸프
전쟁 연합국이 이라크에서 입증했듯이 서방국가들은, 아직은 현실
적으로 위협세력이 되기에는 너무 약한 잠재적인 적국들에게 선제
공격을 가할 준비가 되어 있는 동시에 그러할 능력도 가졌던 것이
다. 군사적인 관점에서 제1세계는 제3세계를 모택동이 '종이 호랑
이'라고 불렀던 것으로 쉽게 다룰 수 있었다.

그러나 제1세계가 제3세계와의 전투(battle)에서는 이길 수 있었
지만 전쟁(war)에서는 이길 수 없다는 것, 보다 정확히 말하자면 전
쟁에서 이기는 것 —— 그것이 가능하더라도 —— 이 그러한 영토에
대한 통제를 보장해주지 못한다는 것이 단기 20세기 후반에 갈수록
분명해졌다. 제국주의의 주된 강점, 즉 식민지 주민들이 일단 정복
당하고 나면 소수의 점령자들에게 묵묵히 통치받던 상황이 사라졌
다. 보스니아-헤르체고비나를 통치하는 것은 합스부르크 제국에게
전혀 문제가 되지 않았으나 1990년대 초에는 어떠한 정부도 군사고
문들에게서, 전쟁으로 분열된 그 불행한 나라에 평화를 정착시키려
면 무한정한 기간 동안 수십만 병력의 군대를 주둔시켜야 한다는,
즉 대전쟁 시에 필적하는 동원이 필요하다는 조언을 들었다. 한편,
소말릴란드(Somaliland : 소말리아를 포함한 동아프리카의 한 지방
/역주)는 언제나 다루기 힘든 식민지였고 한때 단기간이나마 소장
(小將)이 이끄는 영국 군대의 개입을 필요로 하기도 했지만, 런던이

나 로마는 그 유명한 '미친 물라(Mad Mullah)'인 무하마드 이븐 아
브드 알라 하산조차 영국과 이탈리아 식민정부에게 영구적으로 다
루기 힘든 문제를 야기하지는 않을 것이라고 생각했다. 그러나
1990년대 초에는 수만 병력의 미국 및 여타 유엔 점령군이 분명한
목적 없이 무한정으로 계속 점령할 것인가에 대한 선택에 직면하자
불명예스러운 철수를 택했다. 또한 이웃 아이티 —— 워싱턴에 종속
된 전통적인 위성국이었던 —— 에서 미국에 의해서 무장되고 만들
어졌던 그 나라 군대를 이끄는 한 장군이, 선거에서 뽑히고 미국이
(마지못해) 지원했던 대통령의 귀국을 불허하고, 아이티를 점령하
려는 미국에 도전했을 때 막강한 대(大)미국조차 주춤거렸다. 미국
은 1915-34년과는 달리 아이티를 점령하지 않았는데, 그 이유는 아
이티 군대의 1,000명 안팎의 제복 입은 자객들이 군사적으로 심각
한 문제가 되어서가 아니라 단지 아이티 문제를 외부의 힘으로 해
결하는 방법을 더 이상 몰랐기 때문이었다.

　요컨대, 20세기는 그 성격이 불분명한 전지구적 무질서 속에서
그리고 그러한 무질서를 끝내거나 통제할 수 있는 분명한 장치가
없는 상태에서 막을 내렸다.


## II


　이렇듯 무질서에 대해 무력했던 이유는 세계가 맞은 위기의 진정
한 깊이와 복잡성에 있었던 것만이 아니라 인류의 상황을 관리하거
나 개선하기 위한 모든 기획 —— 오래된 것이든 새로운 것이든——
이 명백히 실패했다는 데에도 있었다.

　단기 20세기는 종교전쟁의 시대였다. 그 종교들 가운데 가장 전
투적이고 가장 피에 굶주린 것이 사회주의와 민족주의 같은 19세기
형 세속 이데올로기들이었지만 말이다. 그러한 이데올로기들에서
신에 해당하는 것은 신처럼 숭배되는 추상적 개념들이거나 정치가
들이었다. 아마도 그러한 세속적 신앙 가운데 극단적인 종류——

다양한 정치적 개인숭배를 비롯한 —— 는 냉전이 끝나기 전부터 이미 쇠퇴했던 것으로, 보다 정확히 말해서 보편적인 교회에서 소수의 경쟁적 종파들로 전락한 것으로 보인다. 그럼에도 불구하고 그것들의 힘은 전통적 종교와 비슷한 감정을 동원하는 —— 이데올로기적 자유주의는 거의 시도하지도 않았던 —— 능력보다는 위기에 처한 세계의 문제들에 대해서 지속적인 해결책을 제공할 전망에 있었다. 그러나 바로 이것이 세기가 끝나가고 있을 때 그것들이 제공하지 못한 것이었다.

소련의 붕괴는 당연히도 주로 소비에트 공산주의의 실패, 즉 사실상 시장이나 가격결정기구에 전혀 의지하지 않은 채 경제 전체의 기반을 생산수단의 보편적인 국유와 전면적인 중앙계획에 두려는 시도의 실패에 주의를 집중시켰다. 그러나 사회주의적 이상의 다른 모든 역사적 형태가 모든 생산수단, 분배수단, 교환수단의 사회적 소유(반드시 중앙에서의 국유가 아니더라도), 사기업의 제거, 경쟁적인 시장에 의한 자원할당의 억제에 기반한 경제를 상정해왔으므로 소비에트 공산주의의 실패는 또한 비공산주의적 사회주의—— 마르크스주의적이든 아니든 —— 에 대한 열망 역시 손상시켰다. 그러한 체제나 정부들이 사회주의 경제의 수립을 실제로 주장한 적이 전혀 없었는데도 말이다. 공산주의에 대한 지적 정당화이자 영감의 원천인 마르크스주의가 지속될 것인지 아닌지 또는 어떤 형태로 지속될 것인지는 여전히 논쟁거리로 남지만, 분명한 사실은 마르크스가 중요한 사상가로 계속 남게 되더라도 —— 그렇게 되리라는 것은 거의 의심할 바 없다 —— 1890년대 이래 정치적 행동의 교의이자 사회주의운동을 위한 열망으로 공식화된 형태의 마르크스주의들 가운데 어느 것도 원래의 형태 그대로 존속할 것으로는 보이지 않는다는 것이다.

다른 한편, 소비에트 유토피아에 대한 유토피아 역시 명백히 파산했다. 최대한의 재화와 용역뿐 아니라 최대한의 행복과, '자유'라는 이름에 값하는 유일한 종류의 사회를 낳는 것으로 여겨지는 상태인 무한경쟁상태에서 자원의 할당이 **전적으로**, 전혀 제한받지 않는 시장에 의해서 이루어지는 경제에 대한, 신학에 가까운 신념이 바로 그것이다. 그러한 순수히 자유방임적인 사회는 지금껏 결코 존재한 적이 없었다. 소비에트 유토피아와는 달리 초자유주의적 유토피아를 실제로 수립하려는 시도는 다행히도 1980년대 이전에는 전혀 행해지지 않았다. 그 유토피아는 단기 20세기 대부분 동안 기존 경제의 비효율성과 국가권력 및 관료제의 성장 둘 다를 비판하는 원칙으로 존속해왔다. 서구에서 그러한 유토피아를 추구한 가장 일관된 시도인 영국의 대처 여사 체제 —— 그 체제의 경제적 실패는 그녀가 물러날 무렵에 이르러 전반적으로 인정되었다 —— 는 다소 점진적으로 일을 벌여야 했다. 그러나 서방 조언자들이 권고한 '충격요법'을 통해서 그러한 자유방임경제를 도입하여 즉각 구소비에트 사회주의 경제를 대체하려는 시도가 행해졌을 때, 그 결과는 경제적으로 무시무시한 것이었고 사회적으로나 정치적으로나 비참한 것이었다. 신자유주의 신학이 기반한 이론은 품위 있기는 하지만 현실과는 거의 관계가 없었던 것이다.

소비에트 모델의 실패는 자본주의 지지자들에게 주식거래 없는 경제는 어떠한 경제도 굴러갈 수 없다는 신념을 확증시켜주었고, 초자유주의 모델의 실패는 사회주의자들에게 경제를 포함한 인간사는 시장에게 내맡기기에는 너무도 중요하다는, 보다 근거 있는 신념을 확증시켜주었다. 또한 그것은 한 나라의 경제적 성패와 그 나라 경제이론가들의 탁월성 사이에는 눈에 띄는 상호관계가 존재하지 않는다는 회의적인 경제학자들의 가정을 뒷받침해주었다.[1] 그

---

1) 오히려 반대의 상호관계를 시사하기까지 한다. 오스트리아는 경제학 이론가들의 가장 뛰어난 학파 중 하나를 보유했던 시기(1938년 이전)에 경제적 성공의 본보기를 보여준 나라가 아니었고, 국외에서도 유명한 국내거주 경제학자를 한 사람도 생각해내기 어려운 제2차 세계대전 종전 이후에 오히려 그러한 나라가 되었다. 국제적으로 인정된 종류의 경제이론을 국내 대학교들에서 인정조차 하지 않았던 독일은 그리 어려움을 겪었던 것으로 보이지 않는다. 또 「미국 경제학평론(*American Economic Review*)」 보통호에 인용된 한국이나 일본의 경제학자들은 과연 몇 명이나 되는가? 반면, 부유한 사회민주주의 국가들이자 19세기 말 이래 국제적으로 가장 존경받는 경제학 이론가들로 가득 찬 스칸디나비아 국가들은 반대의 논거로 인용될 수 있다.

러나 자본주의와 사회주의가 서로 배타적인 양극의 대립물로서 대결했던 논쟁은 미래의 세대들에게 20세기의 이데올로기적 냉전이라는 종교전쟁의 유물로 보일는지도 모른다. 그러한 논쟁은 세번째 천년기에는 시대에 뒤진 것으로 판명될는지도 모른다. 16-17세기에 진정한 기독교를 이루는 것이 무엇인가를 놓고 카톨릭 교도와 다양한 종교개혁가 사이에 벌어졌던 논쟁이 18-19세기에 와서 시대에 뒤진 것으로 드러났듯이 말이다.

양극단의 명백한 몰락보다 더 심각한 것은 20세기의 가장 인상적인 경제기적들을 지배했던 중간적인 또는 혼합적인 프로그램 및 정책이라고 부를 수 있는 것의 방향상실이었다. 그것은 상황에 따라, 그 나라의 이데올로기에 따라 공적인 것과 사적인 것, 시장과 계획, 국가와 사기업을 실용주의적으로 결합한 것이었다. 이들 프로그램의 힘은 지적 일관성보다는 실제적 성공에 있었으므로, 여기서 문제는 지적으로 매력적이거나 인상적인 어떤 이론 —— 그 이론이 추상적인 차원에서 타당한 것이든 아니든 —— 의 적용에 있는 것이 아니라 그 실제적 성공이 잠식된 데에 있었다. 위기의 몇십 년은 다양한 황금시대 정책들의 한계를 입증했으나 —— 아직까지는—— 설득력 있는 대안을 낳지 못했다. 그 시기는 또한 1945년 이후 세계적 경제혁명시대의 예측되지 않았으나 극적이었던 사회적, 문화적 결과뿐 아니라 파국적이 될 가능성이 있는 생태학적 결과를 드러냈다. 요컨대 그 시기는 인간의 집단적 제도들이 인간행동의 집단적 결과에 대한 통제력을 잃었음을 드러냈다. 실제로, 신자유주의적 유토피아가 잠깐 유행했던 이유를 설명해주는 데에 도움을 주는 지적 매력들 중 하나는 바로, 그러한 유토피아가 인간의 집단적 결정을 무시하는 척했다는 데에 있었다. 모든 개인들로 하여금 무제한으로 자신의 만족을 추구하도록 해라. 그러면 결과가 어떤 것이든 그것은 성취될 수 있는 것 가운데 최상의 것이 될 것이다. 다른 어떤 길도 이보다는 나쁠 것이라고 별 설득력 없이 주장되었다.

혁명의 시대와 19세기가 낳은 프로그램적 이데올로기들이 20세기 말에 방향을 잃었다면, 속세의 방황하는 자들을 위한 가장 오래된 길잡이인 전통적인 종교들은 그럴 듯한 대안을 전혀 제공하지 못했다. 서방의 종교들은, 교회에 속하고 종교의식에 자주 참석하는 것이 여전히 일상적인 것이었던 몇 안 되는 나라들 ── 기묘하게 독특한 사례인 미국을 필두로 한 ── 에서조차 혼란에 빠졌다 (Kosmin, Lachmann, 1993). 여러 프로테스탄트 교파들의 쇠퇴가 가속화되었다. 세기초에 세워졌던 교회들과 예배당들이 세기말에는, 그러한 것들이 민족적 정체성을 형성하는 데에 기여했던 웨일즈와 같은 지방에서조차 텅 비게 되었거나 팔려서 다른 용도로 쓰이게 되었다. 앞서 보았듯이 1960년대부터는 계속해서 로마 카톨릭교가 급격히 쇠퇴했다. 교회가 극도로 인기 없는 체제에 대한 저항을 상징하는 이점을 누렸던 전(前) 공산주의국들에서조차, 탈공산주의시대의 카톨릭 신자들은 다른 나라들에서와 마찬가지로 그들의 목자에게서 벗어나려는 경향을 보였다. 종교에 대한 관찰자들은 때때로, 그리스 정교를 믿는 탈소련 지역에서 종교로 복귀하는 경향을 발견할 수 있다고 믿었지만 세기말에, 불가능하지는 않더라도 가능성이 낮아 보이는 그러한 변화가 실제 일어나고 있다는 증거는 그리 유력하지 않았다. 이들 기독교 교파의 다양한 교리 ── 그것이 어떠한 장점을 가졌든지 간에 ── 를 듣는 남녀의 수는 계속 줄어들었다.

전통적 종교의 이러한 쇠퇴와 몰락은 적어도 선진세계의 도시사회의 경우, 전투적으로 종파적인 종교의 성장이나 신흥 종교 및 종교집단의 부상으로도 보상되지 않았다. 그렇게도 많은 남녀들이 자신들이 이해할 수도, 통제할 수도 없었던 세상으로부터 비합리성 그 자체가 힘이 되는 다양한 종류의 신념으로 도피하려는 명백한 욕구에 의해서 보상되지 않은 것은 말할 것도 없고 말이다. 그러한 종파, 종교, 신념이 크게 눈에 띈다고 해서 그것들에 대한 지지도가 비교적 낮았다는 점을 간과해서는 안 된다. 영국의 유태인 가운데 초정통파 종파나 집단들 중 어느 하나에라도 속한 사람은 3-4퍼센트를 넘지 않았고, 미국의 성인 인구 가운데 전투적 선교 종파에 속한 사람은 5퍼센트를 넘지 않았다(Kosmin, Lachmann, 1993, pp.15-16).[2]

제3세계와 그 주변 지역의 상황은, 언제나 엄청난 수의 극동 주민들 —— 유교전통으로 인해 그들은 몇천 년 동안 공식적인 종교(비공식적인 신앙에는 영향받았지만)에 영향받지 않았다 —— 의 경우를 제외하고는 사실상 달랐다. 여기서는 실제로, 보통 사람들이 공적 무대에서 확고한 주역이 됨에 따라, 세계에 대한 대중의 사고방식을 이루던 종교적 전통이 그러한 무대에서 부각되는 것을 기대할 수 있었다. 바로 이것이 자신의 나라들을 근대적 세계로 이끌어온 세속화되고 근대화를 추구하는 소수 엘리트층이 주류에서 밀려났던 20세기 마지막 몇십 년 동안에 일어난 일이었다(제12장을 보라). 정치화된 종교의 호소력은, 오래된 종교들이 거의 정의상, 사회혼란의 주범인 서구문명의 적이자 어느 때보다도 더, 가난한 세계의 빈곤을 악용하는 나라들로 보인 부유하고 불경스러운 나라들의 적이었으므로 더더욱 컸다. 그러한 운동들이 각국에서 공격대상으로 삼은 것이 벤츠를 몰고 해방된 여성을 아내로 삼은 서구화된 부자들이었다는 사실은 그러한 운동들에 계급투쟁적 색조를 더해주었다. 그 운동들은 서방에서 주로 '근본주의(오해를 불러일으키는 표현이지만)'로 알려지게 되었다. 그러한 운동들은 어떠한 선진적인 이름을 내걸든지 간에, 말하자면 직권상 보다 단순하고 보다 안정적이고 보다 이해하기 쉬운 상상 속의 과거시대를 그리워했다. 그러한 시대로 돌아갈 수 있는 길은 없었으므로 그리고 이 이데올로기들은 이를테면 옛날 중동 유목민들의 사회와는 전적으로 다른 사회의 현실적 문제들에 대해서 이야기할 만한 능력이 없었으므로, 그 운동들은 이러한 문제들의 해결에 전혀 길잡이가 되지 못했다. 빈의 재치꾼 카를 크라우스는 정신분석에 대해 "자신이 그 치료책이라고 주장하는 병"이라고 불렀는데, 그 운동들은 바로 그러한 병의 징후였다.

제2차 세계대전 때 폭탄이 떨어지고 나서 유럽 도시들의 폭격 맞

---

2) 나는 자신들을 성령강림교도, 그리스도의 교회 교도, 여호와의 증인, 제칠일안식일예수재림교회교도, 주님의 집회 교도, 신성교회교도, '거듭난 자(Born Again)', '카리스마적인 자(Charismatic)'로 부르는 사람들을 계산에 넣었다.

은 폐허에 잡초가 번성했던 것과 거의 같은 양상으로 기존의 제도
와 이데올로기의 잿더미 위에서 번성한 슬로건과 감정의 혼합——
이는 이데올로기라고 부르기 어렵다 —— 의 경우 역시 그러한 징후
였다. 외국인 혐오증과 정체성 정치가 바로 그것이다. 받아들일 수
없는 현재를 거부한다는 것이 반드시 그러한 현재의 문제들을 명확
히 표현하는 것은 아니다. 그 문제들에 대한 해결책을 주는 것이 아
님은 물론이고 말이다(제14장 VI을 보라). 실제로 그러한 접근법을
반영하는 정치적 프로그램에 가장 가까운 것인, 민족적, 언어적, 문
화적으로 동질적인 것으로 간주된 '민족들'을 위한 윌슨-레닌주의
적 '민족자결권'은 새로운 천년기에 가까워짐에 따라 명백히 야만
적이고 비극적인 부조리로 전락해갔다. 1990년대 초에는 아마도 처
음으로 (일부 특정한 민족주의적 행동주의 집단의 사람들을 제외하
고는) 정치적 성향에 관계없이 합리적인 관찰자들이 '자결권'의 포
기를 공공연하게 제안하기 시작했다.[3]

이번이 처음은 아니었지만, 지적으로 무가치한 것이, 강력하고
필사적이기까지 한 대중적 감정과 결합됨으로써 위기와 불안정의
시대 그리고 —— 지구상의 상당 지역에서 —— 국가와 제도가 분해
되어가는 시대에 정치적으로 힘을 발휘했다. 파시즘을 낳았던 전간
기의 분노의 운동들과 마찬가지로, 제3세계의 종교-정치적 저항과,
분해되고 있는 세계에서의 안정된 정체성과 사회질서에 대한 갈망
('공동체'에 대한 요구는 관례적으로 '법과 질서'에 대한 요구와 결
합되었다)은 유력한 정치세력들이 성장할 수 있는 토양을 제공했

---

3) 반공주의자 러시아인 망명객인 이반 일린(1882-1954)이 1949년에, 볼셰비키 몰락
이후 러시아의 '엄격한 민족별, 영토별 분할'이라는 있을 법하지 않은 일이 시도된
결과를 예측했던 것을 참조하라. "가장 신중한 가정을 세우더라도 20개의 독립된
'국가들'이 생겨날 것이며, 이들 가운데 어떤 국가에게도 분쟁의 소지가 없는 영토
도, 권위를 가진 정부도, 법도, 재판소도, 군대도, 민족적으로 정의된 주민도 없을
것이다. 결국 공허한 명칭이 20개 생기는 셈이다. 그리고는 다음 몇십 년 동안에
느리게, 새로운 국가들이 분리나 분해를 통해서 형성될 것이다. 그 국가들 각각은
영토와 주민을 둘러싸고 이웃 국가들과 오랜 투쟁을 벌일 것이고 그리하여 러시아
내에서 일련의 내전들이 그치지 않게 될 것이다."(Chiesa, 1993, pp.34, 36-37에서
인용-)

다. 또한 그러한 세력들은 구체제를 뒤엎고 새로운 체제를 수립할수 있었다. 그러나 파시즘이 파국의 시대를 위한 해결책을 낳지 못했던 것과 마찬가지로 이 세력들도 새로운 천년기를 위한 해결책을 낳을 것 같지는 않았다. 단기 20세기 말에는 그 세력들이, 몇몇 파시즘들을 국가권력이라는 결정적인 무기를 획득하기 전부터 이미정치적으로 만만치 않은 존재로 만들어주었던 것과 같은 종류의, 전국적으로 조직된 대중운동을 낳을 수 있을지조차 분명하지 않았다. 그 세력들의 주된 자산은 아마도 상아탑 경제학에 물들지 않았다는 것과, 자유시장과 동일시된 자유주의의 반(反)국가적 수사에물들지 않았다는 것이 될 것이다. 그들의 정책이 산업에 대한 재국유화를 강제하는 것이라면, 그러한 정책의 수행은 반대의 논의로인해 지연되지 않을 것 —— 특히 그들이 그러한 논의를 이해할 수없을 때 —— 이다. 그러나 그들이 무언가를 할 준비가 되어있다 하더라도 그들이 무엇을 해야만 하는지에 대해서 다른 이들보다 더잘 아는 것은 아니었다.

## III

물론 이 책의 필자 역시 그 점에 대해서 더 잘 아는 것은 아니다. 그러나 몇몇 장기적인 발전 경향이 너무도 명백했으므로 세계가 당면한 주요 문제들 중 일부에 대한 의제와 적어도 그 문제들의 해결을 위한 몇몇 조건들을 대략적으로 묘사할 수 있다.

장기적으로 결정적인 두 개의 중심적인 문제는 인구문제와 생태학적 문제였다. 20세기 중반 이래 폭발적으로 규모가 증가한 세계인구는 기본적으로 제3세계 출생률의 하락에 의해서 일반적으로2030년 전후의 어느 시기인가에 약 100억 명 선에서, 즉 1950년 수치의 5배 수준에서 안정될 것으로 예상되었다. 이러한 예측이 틀린것으로 드러난다면, 미래에 대한 모든 대책이 빗나가게 될 것이다. 그 예측이 대략 현실에 부합하는 것으로 드러날지라도 안정적인 세계인구, 보다 정확히 말해서 일정한 수준을 중심으로 오르내리거나 약간씩 증가하는(또는 감소하는) 추세의 세계인구를 어떻게 먹여살릴 것인가라는, 지금까지 전지구적 규모로 직면해보지 못한 문제가 제기될 것이다(세계인구의 급격한 감소 —— 가능성이 별로 없지만 상상할 수도 없을 정도는 아닌 —— 는 한층 더 복잡한 문제들을 낳을 것이다). 그러나 세계인구의 예측 가능한 변동은 안정적인 것이든 아니든 상이한 지역들간의 불균형을 더욱 심화할 것임에 틀림없다. 대체로, 단기 20세기에 그랬듯이 부유하고 선진적인 나라들이 맨 먼저 인구가 안정되거나 심지어 더 이상 자신을 재생산하지 않는 —— 1990년대에 그러한 몇몇 나라들이 실증했듯이 —— 나라들이 될 것이다.

고령시민들이 많고 어린이들이 적은 이들 나라는, 부유한 세계의 변변치 않은 일자리 —— 엘살바도르나 모로코의 기준으로는 부자가 될 수 있는 길인 —— 라도 갈구하는 젊은이들로 가득 찬 가난한 나라들에 둘러싸여, 대규모의 이민자 입국을 허용할 것인가(그렇게 한다면 국내에서 정치문제를 낳을 것이다), 아니면 자국에 필요한 이민자들의 입국을 막을 것인가(장기적으로는 실행 불가능한 일이 될 것이다), 그도 아니면 무언가 다른 방안을 찾을 것인가라는 선택에 직면할 것이다. 가장 그럴 듯해 보이는 길은 일시적으로 조건부의 이민자 입국을 허용하는 것이었다. 즉 외국인들에게 시민으로서의 사회적, 정치적 권리를 주지 않는 것이며, 이는 곧 본질적으로 불평등주의적인 사회를 낳는 것이다. 이러한 사회들로는 남아프리카 공화국과 이스라엘 사회 같은 노골적인 아파르트헤이트 사회(세계의 일부 지역에서는 쇠퇴하고 있지만 또 다른 지역에서는 결코 사라지지 않은)에서부터, 자신들을 받아주는 나라에게 권리를 요구하지 않는 이민자들에게 비공식적으로 관대한 사회에 이르기까지 다양한 종류가 있었다. 후자의 경우는 이민자들이 그 나라를 단순히 이따금 돈을 버는 장소로 보면서 기본적으로 자신의 모국에 뿌리를 계속 두고 있었으므로 가능했다. 부유한 나라에서 벌 수 있는 수입과 가난한 나라에서 벌 수 있는 수입 사이의 막대한 격차뿐 아나라 20세기 말의 교통과 통신이 이러한 종류의 이중적 생활을 전보다 더욱 가능하게 해주었다. 그러한 방식이 장기적으로 또는 심지어 중기적으로 본국인들과 외국인들 사이의 알력을 완화시킬 수 있었는가 없었는가 하는 것은 여전히 불변의 낙관주의자들과 환상을 가지지 않은 회의주의자들 사이의 논쟁 대상이 되고 있다.

이러한 알력이 다음 몇십 년간의 정치 —— 일국적이든 전지구적이든 —— 에서 중요한 요인이 될 것이라는 데에는 거의 의심할 바 없다.

생태학적 문제들은 장기적으로는 결정적이더라도 당장은 그리 폭발적이지 않았다. 이는 그 문제들을 과소평가하는 것이 아니다. 그 문제들이 1970년대에 공적인 의식(意識)과 공적인 토론의 영역에 들어갔을 때부터 옳지 않게도 지구멸망의 임박이라는 견지에서 논의되는 경향이 있었지만 말이다. 그러나 '온실효과'로 인해 평균 해수면이 2000년에 이르면 방글라데시와 네덜란드 전체가 물에 잠길 정도로 높이 올라가지는 않을 것이라고 해서 또는 셀 수 없는 수의 종(種)들이 날마다 사라지는 것이 전례 없는 일이 아니라고 해서 자족할 만한 이유가 되지는 않는다. 단기 20세기 후반의 경제성장률과 같은 속도의 성장률이 무한정 유지될 경우(그러한 일이 가능하다고 가정한다면) 이 행성의 자연환경 —— 그것의 일부인 인류를 포함한 —— 에 대해 돌이킬 수 없고 파국적인 결과를 가져올 것임에 틀림없다. 그러한 성장률은 그 행성을 파괴하거나 절대적으로 사람이 살 수 없게 만들지는 않을 것이지만 그 생물권에서의 생활양식을 틀림없이 바꾸어놓을 것이며 당연히, 인류가 현재의 수 그대로 우리가 아는 방식으로 살 수는 없도록 만들 것이다. 게다가 현대의 과학기술이 환경을 변화시키는 인류의 능력을 고양시키는 속도가 너무도 커서, 그 속도가 더욱 빨라지지는 않는다고 가정하더라도, 그 문제를 다루는 데에 쓸 수 있는 시간은 몇 세기라기보다는 몇십 년으로 계산될 수밖에 없을 정도이다.

이렇게 다가오고 있는 생태학적 위기에 대한 대응에 관해서 세 가지만을 정당한 확신을 가지고 말할 수 있다. 첫째, 그러한 대응은 지역적이라기보다는 전지구적이어야 한다는 것이다. 지구오염의 가장 큰 단일원천이자 세계인구의 4퍼센트를 차지하는 미국 주민들에게 그들이 소비하는 가솔린에 대한 현실적인 가격을 부과한다면 확실히 더 많은 시간을 벌 수 있겠지만 말이다. 둘째, 생태학적 정책의 목표는 근본적인 동시에 현실적이어야 한다는 것이다. 시장을 통한 해결책, 즉 소비자가 재화와 용역에 대해 지불하는 가격에 환경보호비용을 포함시키는 것은 근본적이지도, 현실적이지도 않다. 미국의 예가 보여주듯이 그 나라에서 에너지세를 인상하려는 온건한 시도조차 극복하기 어려운 정치적 곤경을 낳을 수 있다. 1973년 이후 유가(油價)의 기록은 자유시장 사회에서 에너지 비용을 6년 사이에 12-15배로 올린 결과, 에너지 사용이 줄어든 것이 아니라 보다 효율적이 되었고 동시에, 대체 불가능한 화석연료라는 새롭고 환경적으로 의심스러운 자원에 대한 대대적인 투자가 촉진되었다는 것을 입증하고 있다. 이러한 자원은 또다시 가격을 떨어뜨리고 보다 낭비적인 사용을 조장할 것이다. 다른 한편, 인간과 자연 사이의 이른바 원시적인 공생으로의 복귀 같은 공상들은 말할 것도 없고, 제로 성장 세계 같은 제안들은 근본적이기는 하지만 전적으로 실행 불가능한 것이었다. 기존 조건하에서의 제로 성장은 세계각국들간의 현재의 불평등을 고정시킬 것이며 이러한 상황은 스위스의 보통 주민들이 인도의 보통 주민들보다 더 견딜 만한 것이었다. 생태학적 정책에 대한 주된 지지가 부유한 나라들로부터 그리고 모든 나라들의 안락한 부유층 및 중간계급(공해산업으로 돈을 벌고자 하는 사업가들은 제외하고)으로부터 나온 것은 우연이 아니다. 가난하고 증가하고 있고 일거리가 부족한 사람들은 보다 적은 '발전'이 아니라 보다 많은 '발전'을 원했다.

그러나 부유하든 아니든 생태학적 정책의 지지자들은 옳았다. 중기적으로는 발전속도를 '견딜 수 있는' —— 그 말은 편리하게도 무의미했다 —— 수준으로 줄여야 하고, 장기적으로는 인간, 인간이 소비하는 (재생 가능한) 자원, 인간의 활동이 환경에 미치는 영향 사이에 균형을 수립해야 할 것이다. 이러한 일을 어떻게 해야만 하는지 그리고 그러한 영속적인 균형이 인구, 과학기술, 소비의 어떠한 수준에서 가능할 것인지를 아는 이는 아무도 없었고 그 점에 대해서 과감히 추측하는 사람도 거의 없었다. 과학전문가들은 물론, 돌이킬 수 없는 위기를 피하기 위해 어떤 일이 필요한지에 대해 의견을 내놓을 수 있었지만 그러한 균형을 수립하는 문제는 과학과 기술의 문제가 아니라 정치적, 사회적 문제였다. 그러나 한 가지는 부인할 수 없다. 그러한 균형을 수립하는 것은 무제한적인 이윤추구 —— 그러한 목표에 전념할 수밖에 없고 세계 자유시장에서 서로 경쟁하는 경제기업들에 의한 —— 에 기반한 세계경제와 양립할 수 없을 것이다. 환경적 관점에서 볼 때, 인류에게는 미래가 있겠지만 위기의 몇십 년의 자본주의에게는 미래가 있을 수 없다.


## IV


세계경제의 문제들을 따로 분리해서 검토한다면 한 가지를 제외하고는 덜 심각하다. 세계경제는 그대로 내버려두어도 계속해서 성장할 것이다. 콘드라티예프 주기가 어느 정도 타당하다면(p.126를 보라) 세계경제는 천년기가 끝나기 전에 또 한번의 번영하는 팽창기에 들어가기로 되어 있다. 소련 사회주의 붕괴의 여파에 의해서 또한 세계의 일부 지역이 무정부상태와 전쟁상태에 빠짐으로써 그리고 아마도 세계자유무역 —— 이것에 대해 경제학자들이 경제사가들보다 몽상적인 태도를 취하는 경향이 있다 —— 에 지나치게 몰두함으로써 그러한 시대로의 진입이 잠시 지연될지라도 말이다. 이러한 방해요인들에도 불구하고 팽창할 여지는 엄청나게 컸다. 황금시대는 앞서 보았듯이 주로 '선진 시장경제국들' —— 아마도 약 6억명(1960)이 사는 20개국에 해당할 —— 의 대약진이었다. 생산의 세계화와 국제적 재분배는 60억 명이 사는 나머지 세계 대부분을 세계경제 안으로 계속해서 끌어들일 것이다. 선천적인 비관주의자들조차 이러한 사정이 사업에 대한 고무적인 전망이 된다는 것을 인정할 수밖에 없었다.

중요한 예외는 세계의 부유한 나라들과 가난한 나라들 사이의 격차가 계속 벌어지는 것 —— 명백히 역전 불가능한 —— 이었다. 이 과정은 1980년대가 제3세계 상당 지역에 미친 피해막심한 영향과 여러 전(前) 사회주의국들의 빈궁화에 의해서 다소 촉진되었다. 제3세계 인구증가율이 극적으로 떨어지지 않았으므로 그러한 격차는 계속 벌어지고 있는 것으로 보였다. 무제한의 국제무역으로 인해 가난한 나라들과 부유한 나라들 사이의 거리가 좁혀질 것이라는, 신고전적인 경제학을 따른 믿음은 상식뿐만 아니라 역사적 경험과도 상충된다.[4] 그러한 불평등을 갈수록 심화시킴으로써 발전하는 세계경제는 거의 불가피하게, 미래에 드러날 문제점들을 축적하고 있다.

그러나 어쨌든 경제활동은 그것이 행해지는 상황이나 그것의 결과와 따로 떨어져서 존재하지 않고 그럴 수도 없다. 앞서 보았듯이 20세기 후반 세계경제의 세 가지 측면이 불안에 떨게 하는 원인을 제공했다. 첫번째, 과학기술은 재화와 용역의 생산에 들어가는 인간의 노동을 계속해서 줄여나가면서 그로 인해 일자리를 잃은 사람들에게 동일한 종류의 일자리를 충분히 제공하지 않았거나 그들을 흡수할 정도의 경제성장률을 보장하지 않았다. 서방에서 일시적으로라도 황금시대의 완전고용상태로 돌아갈 것을 진지하게 기대하는 관찰자는 극히 적었다. 두번째, 노동이 여전히 생산의 중요한 요소로 남는 한, 경제의 전지구화는 공업을 노동비용이 높은 부유한 나라들의 기존 중심지에서, 다른 점들이 동일하다면 저렴한 일손과 두뇌가 주된 이점이 되는 나라들로 이동시켰다. 이로부터 다음 두 가지 결과 중 하나 또는 둘 다가 나타날 수밖에 없다. 일자리가 고임금지역에서 저임금지역으로 이동하는 것과, (자유시장의 원리에 따라) 전지구적인 임금경쟁의 압력으로 고임금지역의 임금이 떨어지는 것이 그것이다. 따라서 영국과 같은 구(舊)공업국들 자체가 노

---

4) 제3세계의 성공적인 수출주도 공업화의 예로 통상 인용되는 나라들 —— 홍콩, 싱가포르, 대만, 남한 —— 의 인구는 제3세계 인구의 2퍼센트도 안 된다.

동이 저렴한 경제가 되는 방향으로 바뀔 수 있었다. 비록 그 과정에서 사회적으로 폭발적인 결과가 빚어질 것이었고, 그러한 기반 위에서 신흥공업국들과 경쟁을 벌일 것으로는 보이지 않았지만 말이다. 역사적으로 그러한 압력은 국가의 행동 —— 이를테면 보호무역주의 —— 에 의해서 상쇄되어왔다. 그러나 —— 이 점이 세기말 세계경제의 우려할 만한 세번째 측면이다 —— 세계경제의 승리와 순수자유시장 이데올로기의 승리가 경제적 격변의 사회적 결과를 통제하는 대부분의 수단들을 약화시키거나 제거하기까지 했다. 세계경제는 갈수록 강력하고 통제받지 않는 엔진이 되었다. 그것에 대한 통제는 가능한가? 가능하다면 누구에 의해서 가능한가?

이는 경제적인 동시에 사회적인 문제들을 제기했다. 명백히 몇몇 나라들(이를테면 남한)보다는 다른 몇몇 나라들(이를테면 영국)에서 훨씬 더 즉각 문제가 되었지만 말이다.

황금시대의 경제기적은 '선진 시장경제국들'에서의 실질소득 상승에 기반한 것이었다. 왜냐하면 대량소비경제에게는 첨단기술 소비재를 살 수 있을 정도로 충분한 소득을 버는 소비자들이 대량으로 필요하기 때문이다.[5] 이 소득의 대부분은 고임금 노동시장에서 임금으로 번 것이었다. 이러한 소득이 이제는 위험에 빠졌다. 대량의 소비자들이 어느 때보다도 더 경제에 필수적인 존재가 되었는데 말이다. 물론 부유한 나라들에서 대중시장은, 노동력이 공업으로부터 일반적으로 고용이 훨씬 더 안정된 3차 산업 직종들로 이동함으로써 그리고 이전소득(주로 사회보장제와 복지정책으로 인한 소득)이 상당히 증가함으로써 안정되었다. 이전 소득은 1980년대 말에 서방 선진국들의 GNP를 모두 합친 것의 약 30퍼센트를 차지했다. 1920년대에는 아마도 GNP의 4퍼센트 미만이었던 것으로 보인다 (Bairoch, 1993, p.174). 바로 이러한 사정이 1929년 이래 최대 규모

---

5) 1990년에 미국을 제외한 모든 선진국들의 총수출액 가운데 제3세계에 대한 수출액이 차지하는 비율이 1938년보다 **낮았다는** 사실은 그리 널리 알려져 있지 않다. 1990년에 서방국가들(미국을 포함)의 제3세계에 대한 수출액은 총수출액의 5분의 1도 안 되었다(Bairoch, 1993, 표 6.1, p.75).

였던 1987년의 월스트리트 주가폭락이 왜 1930년대의 공황과 같은 세계 자본주의 공황으로 이어지지 않았는지를 설명해준다고 보아도 좋을 것이다.

그러나 분명, 이러한 두 안정요소는 이제 잠식되고 있는 중이다. 단기 20세기가 막을 내리고 있을 때 서방의 정부들과 경제학의 정통교리는 공공의 사회보장제 및 복지정책의 비용이 너무 높으며 감축되어야 한다는 데에 일치했고, 이전까지 가장 안정적이었던 부문인 3차 산업 직종들 —— 공무원, 은행 및 금융업, 과학기술로 인해서 많은 인력이 불필요하게 된 대규모 사무직 —— 에서의 대규모 고용감축이 흔한 일이 되었다. 이는 세계경제에 당장 위협이 되지는 않았다. 기존 시장의 상대적 수축이 나머지 세계에서의 팽창에 의해서 보상되는 한 또는 전세계에서 실질소득이 상승하는 사람들의 수가 나머지 사람들보다 빨리 증가하는 한 말이다. 거칠게 표현하자면, 세계경제가 소수의 가난한 나라들을 경제적으로 흥미없고 무가치하다는 이유로 포기할 수 있다면, 잠재적으로 관심을 끄는 소비자들의 수가 충분히 큰 한, 그 어떤 나라의 국경 내에 있는 아주 가난한 사람들에 대해서나 세계경제에 속한 그 어떤 나라들에 대해서도 그러한 태도를 취할 수 있었다. 실무 경제학자들과 기업 회계사들이 경치를 내려다보는 비인격적인 고지에서 볼 때, 1979년 이후 시간당 실질소득이 최고 16퍼센트씩이나 **하락한**, 미국 인구의 10퍼센트를 누가 필요로 했겠는가?

한번 더 경제적 자유주의 모델에 내재한 전지구적 전망을 취한다면, 발전의 불균등성은 그것이 전지구적으로 긍정적인 결과보다 부정적인 결과를 더 많이 낳는다는 사실을 입증할 수 없는 한[6] 중요한 것이 아니게 될 것이다. 이러한 관점에서는, 프랑스가 비용이 적게 드는 쪽을 택해 자신의 농업 전체를 포기하고 모든 식량을 수입하면 안 될 경제적 이유 또는 비용효율적일 뿐 아니라 기술적으로 가능할 경우 전세계의 텔레비전 프로그램을 멕시코시티에서 제작하

---

6) 실제로는 그러한 사실을 종종 입증할 수 있다.

면 안 될 경제적 이유가 전혀 없다. 그러나 이는 세계경제뿐 아니라 국민경제 내에서 사는 것이기도 한 사람들이, 즉 모든 국민정부들과 그 나라들의 주민들 대부분이 거리낌없이 보유할 수 있는 견해가 아니다. 특히, 전세계적인 격변의 사회적, 정치적 결과를 피할 수 없기 때문에 더더욱 그렇다.

이들 문제의 성격이 어떤 것이든, 제한받지 않고 통제받지 않은 전지구적인 자유시장경제는 이들 문제에 대해 어떠한 해결책도 줄 수 없었다. 오히려 그러한 경제는 영구실업과 불완전고용의 증가와 같은 사태전개를 더욱 악화시키는 경향이 있었다. 왜냐하면 이윤창출사업의 합리적인 선택은, 첫째 인간이 컴퓨터보다 비용이 많이 들므로 피고용인의 수를 가능한 한 많이 줄이는 것, 둘째 사회보장세(또는 유사한 다른 세금)를 가능한 한 많이 삭감하는 것이기 때문이다. 전지구적인 자유시장경제가 이들 문제를 해결할 것이라고 가정할 만한 충분한 이유가 있는 것도 아니었다. 1970년대까지는 일국자본주의 및 세계자본주의가 전지구적인 자유시장경제하에서 움직인 적이 전혀 없었거나, 있었다 해도 그로 인해서 반드시 이득을 보지는 않았다. 19세기에 대해서는 적어도 "고전적인 모델과는 반대로, 자유무역이 불황과 시기적으로 일치했던 동시에 아마도 불황의 주된 원인이었을 것이며, 보호무역주의가 오늘날 선진국들 대부분이 발전한 주된 원인이었을 것이다"(Bairoch, 1993, p.164)라고 논할 수 있다. 20세기로 말하자면 그 세기의 경제기적은 자유방임에 의해서 달성된 것이 아니라 자유방임에 반대함으로써 달성되었다.

따라서 1980년대를 지배했고 소비에트 체제가 무너진 뒤에 이데올로기적 자족이 절정에 달한 경제적 자유화와 '시장화' 바람이 오래 가지는 못할 것으로 보인다. 1990년대 초의 세계적 위기가, 전(前) 사회주의국들에서 '충격요법'으로 시행된 그러한 정책들의 극적인 실패와 맞물려 전에 열광했던 몇몇 사람들은 이미 자신의 생각을 재고하고 있다. 1993년에 경제전문가들이 "어쩌면 결국 마르크스가 옳았는지도 모른다"라고 말하리라고 누가 예상했겠는가?

그러나 현실주의로 돌아가는 데에는 두 개의 큰 장애물이 버티고 있었다. 첫번째 장애물은 체제에 대한 믿을 만한 정치적 위협이, 이를테면 이전에 그러한 것으로 보였던 공산주의와 소련의 존재 또는 ── 다른 면에서 그렇게 보였던 ── 나치의 독일 정복과 같은 것이 존재하지 않는다는 점이었다. 이 책이 입증하고자 했듯이 이들은 자본주의가 자신을 개혁하도록 하는 자극을 제공해왔다. 소련의 붕괴, 노동계급과 그 운동의 쇠퇴와 분해, 군사적으로 별로 중요하지 않은 제3세계의 재래식 전쟁, 선진국들에서 진정한 빈민층이 '최하층계급'이라는 소수집단으로 줄어든 것, 이 모두가 개혁에 대한 자극을 감소시켰다. 그럼에도 불구하고 극우파운동들의 부상과, 전(前) 공산주의 국가들에서 구체제의 계승자들에 대한 지지도가 예상 외로 다시 높아진 것은 일종의 적신호였으며 1990년대 초에 다시 한번 그렇게 보였다. 두번째 장애물은 세계화과정 ── "이제 모든 곳에서 인류가 지금껏 고안해온 것 중 가장 효율적인 것으로 간주되는……부 창출 체제"로 자랑스럽게 묘사되는 체제의 사회적 비용으로 전지구적 자유경제의 희생자들을 보호하던 각국의 장치들이 해체됨으로써 더욱 촉진된 ── 그 자체였다.

그 이유는 동일한 「파이낸셜 타임스」지 논설(1993년 12월 24일자)에서 읽을 수 있다.

　　그러나 그것의 힘은 여전히 불완전하다.……세계인구의 약 3분의 2가 급속한 경제성장으로부터 실질적인 이익을 거의 또는 전혀 얻지 못했다. 또한 선진세계에서 소득수준이 최저 4분의 1에 해당하는 사람들은 트리클다운(trickle-down : 정부가 대기업에 자금을 유입시키면 경기를 자극함으로써 간접적으로 복지가 증대된다는 것/역주)보다는 트리클업(trickle-up)을 목격해왔다.

다음 천년기가 가까워짐에 따라 그 시대의 중심적인 과업은 소비에트 공산주의의 시체를 놓고 고소해하는 것이 아니라, 다시 한번 자본주의의 고질적인 결함들에 대해서 숙고하는 것이라는 점이 갈수록 명백해졌다. 그러한 결함들을 제거하려면 그 체제에 어떠한 변화가 요구되는가? 그 결함들을 제거한 뒤에도 그 체제는 여전히 동일한 체제로 남을 것인가? 이러한 질문을 던지는 이유는 요세프 슘페터가 말했듯이 자본주의 경제의 주기적 변동은 "편도선처럼 그 자체만으로 다룰 수 있는 독립된 것이 아니라, 심장의 고동처럼 그러한 변동을 나타내는 유기체의 본질에 속하는 것"(Schumpeter, 1939, I, v)이기 때문이다.

V

소비에트 체제의 붕괴에 대한 서방 논평자들의 즉각적인 반응은 그 붕괴가 자본주의와 자유민주주의 —— 북미의 세계문제 전문가들 중 가장 단순한 축에 속하는 자들이 서로 혼동하는 경향을 보이는 두 개념 —— 둘 다의 영원한 승리를 비준한다는 것이었다. 단기 20세기 말에 자본주의가 분명 가장 좋은 상태에 있었던 것은 아니지만, 소련형 공산주의는 의심할 바 없이 사멸했고 부활할 것으로 전혀 보이지 않았다. 다른 한편, 1990년대 초에 어떤 진지한 관찰자도 자본주의에 대해서나 자유민주주의에 대해서나 낙관할 수 없었다. 어느 정도 확신을 가지고 예측할 수 있는 것(아마도 보다 종교에 영감을 받은 근본주의체제들의 경우는 제외하고)은 기껏해야, 사실상 모든 국가들이 계속해서 민주주의에 대한 깊은 애착을 선언하고 모종의 선거를 조직하고 때때로 관념적이었던 반대를 어느 정도 용인하면서 민주주의라는 말의 의미에 자기 자신의 색깔을 입힐 것이라는 것이었다.[7]

실제로 전세계 국가들의 정치상황에 대해서 가장 분명한 사실은

---

7) 일례로 싱가포르의 한 외교관은 개발도상국들이 민주주의의 '연기(延期)'로부터 득을 볼지도 모르며, 민주주의가 도래하더라도 그것은 서구형 민주주의보다 덜 관용적이고, 보다 권위주의적이어서 개인의 권리보다는 공익을 강조하고, 종종 지배적인 단일정당을 보유하고, 거의 언제나 중앙집권화된 관료제와 '강력한 국가'일 것이라고 주장했다(Mortimer, 1994, p.II).

그 상황이 불안정하다는 것이었다. 대부분의 국가들에서 기존 체제가 10년 또는 15년 뒤까지도 살아남을 가능성은 가장 낙관적인 계산에 기반하더라도 높지 않았다. 이를테면 캐나다, 벨기에, 스페인처럼 비교적 예측 가능한 통치체제를 가진 나라들에서조차 10년이나 15년 뒤에도 단일국가로 존재할지는 불확실하며 따라서 그 나라들의 후속 체제가 될 만한 것 —— 그러한 것이 발생한다면 —— 의 성격 역시 불확실하다. 요컨대 정치는 미래학을 고무하는 분야가 아니었다.

그럼에도 불구하고 세계의 정치적 전망의 몇몇 특징들이 눈에 띈다. 첫번째 특징은 앞서 언급했듯이 국민국가의 약화이다. 국민국가는 공권력과 법을 독점한 덕분에 그리고 동시에 대부분의 목적에 효과적인 정치행동 영역을 이루었기 때문에 혁명의 시대 이래 중심적인 정치제도였다. 국민국가는 양쪽 방향에서, 즉 위로부터와 아래로부터 잠식되었다. 그것은 권력과 기능을 다양한 초국적체들에게 급속히 빼앗기고 있는 중이며 그러한 과정은, 커다란 국가들과 제국들의 분해로 국제적 무정부상태의 시대에 자신을 방어하기에 너무 약한 다수의 작은 국가들이 발생했으므로 사실상 절대적인 양상을 띠었다. 국민국가는 또한, 앞서 보았듯이 자신의 국경 내에서 유효한 권력에 대한 독점권과 역사적 특권 역시 잃고 있는 중이었다. 이를테면 민간 경비 및 민간 보호 시스템의 부상이라든가, 우체국과 경합을 벌이는 민간 우편 서비스의 부상 —— 그러한 업무들은 이전까지는 사실상 어디서나 국가의 정부 부서의 소관이었다—— 이 그러한 예들이다.

이러한 사태전개는 국가를 불필요하거나 쓸모없게 만들지는 않았다. 실제로 몇 가지 점에서 시민들을 감시하고 통제하는 국가의 능력은 과학기술 덕분에 더욱 강화되었다. 이제는 시민들의 (소소한 현금지불을 제외한) 사실상 모든 재정 및 행정 업무 처리가 컴퓨터에 의해서 기록되는 경향이 있었고 시민들의 (옥외에서 이루어지는 직접적인 대화 대부분을 제외한) 모든 통신 내용이 도청될 수 있고 기록될 수 있었던 것이다. 그러나 국가의 위상은 바뀌었다. 18세기부터 20세기 후반까지 국민국가는 자신의 범위, 힘, 기능을 거의 지속적으로 확대시켜왔다. 이는 '근대화'의 본질적인 측면이었다. 정부의 노선이 자유주의든 보수주의든 사회민주주의든 파시즘이든 공산주의든 이러한 추세가 절정에 달했을 때 '근대'국가들에서 시민생활의 매개변수들은 거의 배타적으로 (국가간의 싸움이 벌어지는 동안을 제외하고는) 해당 국가의 활동 여부에 의해서 결정되었다. 세계적 경제 호황이나 불황과 같은 전지구적인 힘의 충격조차 그들 국가의 정책과 제도를 통해서 여과된 채 시민들에게 미쳤다.[8] 세기말의 국민국가는 자신이 통제할 수 없는 세계경제에 대해, 자신의 국제적인 약점을 극복하기 위해서 만들었던 제도들 —— 유럽 연합과 같은 —— 에 대해, 몇십 년 전만 해도 그렇게도 자신 있게 떠맡았던 자국시민들에 대한 서비스를 유지할 재정적 능력이 명백히 없다는 점에 대해, 자신의 기준에서 볼 때 국가의 주된 기능인 공적인 법과 질서의 유지를 계속 수행할 능력이 현실적으로 부족하다는 점에 대해 수세를 취했다. 국가가 자신이 부상한 시대에 그렇게도 많은 기능을 인계받아 중앙에 집중시켰고 공적인 질서와 통제에 대해 그렇게도 야심적인 기준을 설정했기 때문에 그러한 기능과 기준을 유지할 능력이 없어서 받는 고통은 더더욱 컸다.

그러나 국가가 되었든, 공적 이익을 대변하는 다른 어떤 형태의 공적 권위체가 되었든 그것은 시장경제의 사회적, 환경적 폐해를 막거나 —— 1940년대의 자본주의개혁이 보여주었듯이 —— 경제체제를 만족스럽게 작동시키는 데에 어느 때보다도 더 필수적인 존재가 되었다. 국가에 의한 국민소득의 일정한 할당과 재분배가 없다면 구(舊)선진국들 —— 첨단기술경제로 인해 노동력이 불필요해진 사람 수의 증가와 무소득 고령자인구 비율의 증가 때문에 상대적으로 줄어들고 있는 소득인구층에 그 경제가 의존하고 있는 —— 의

8) 일례로 폴 바이로크는 1930년대에 스위스의 1인당 GNP가 떨어졌던 반면 스웨덴의 경우는 올라갔던 —— 대공황이 스위스에서 훨씬 덜 심각했다는 사실에도 불구하고—— 이유는 "대체로, 스웨덴 정부가 폭넓은 범위의 사회경제적 조치를 취했던 반면 스위스 연방 당국은 개입하지 않았다는 것에 의해서 설명된다"라고 말하고 있다(Bairoch, 1993, p.9).

국민들에게 어떤 일들이 일어나겠는가? 1970-90년에 1인당 국민소득이 80퍼센트 증가한 유럽 공동체의 시민들이 1970년에 당연시되었던 소득 및 복지 수준을 1990년에 누릴 '여유'가 없다는 주장은 불합리하다(World Tables, 1991, pp.8-9). 그러나 이러한 소득 및 복지 수준은 국가 없이는 존재할 수 없었다. 현재의 추세가 계속되어 인구의 4분의 1이 수입이 있는 일을 하고 4분의 3이 그러한 일을 하지 않는 상태의 경제가 되었지만 20년 뒤에 그러한 경제의 1인당 국민소득이 전의 2배로 늘었다고 가정해 —— 이러한 시나리오가 전적으로 몽상적인 것은 아니다 —— 보자. 공적 권위체를 제외하고 어느 누가 모두를 위한 최소한의 소득과 복지를 보장할 것이며 보장할 수 있겠는가? 어느 누가 위기의 몇십 년에 그렇게도 두드러졌던 불평등에 이르는 경향을 막을 수 있겠는가? 1970-80년대의 경험에 비추어보건대 자유시장은 그럴 수 없을 것이다. 이 몇십 년이 무언가를 입증했다면, 그것은 세계의 그리고 확실히 선진세계의 주된 정치적 문제가 국가의 부를 어떻게 늘릴 것인가가 아니라 그것을 주민들에게 득이 되도록 어떻게 분배할 것인가가 될 것이라는 사실이다. 이는 보다 큰 경제성장을 필요로 하는 가난한 '개발도상'국들에까지도 해당되는 이야기다. 사회복지를 무시하기로 유명한 브라질의 1인당 GNP는 1939년에 스리랑카의 약 2.5배였고 1980년대 말에는 6배를 넘었다. 그러나 1970년대 말까지 기본식료품의 구입을 위한 보조금을 지급해왔고 무상 교육 및 무료 보건 서비스를 제공해온 스리랑카의 보통 신생아가 브라질의 보통 신생아보다 여러 해 더 살 것으로 기대될 수 있었고, 그 나라의 유아사망률이 1969년에는 브라질의 약 절반에 해당하고 1989년에는 3분의 1에 해당하는 것으로 추정될 수 있었다(World Tables, pp.144-47, 524-27). 또한 1989년에 브라질의 문맹률은 그 아시아 섬나라의 거의 2배에 달했다.

성장이 아니라 사회적 분배가 새로운 천년기의 정치를 지배할 것이다. 시장에 의하지 않은 자원할당 또는 적어도 시장에 의한 자원할당에 대한 가차없는 규제가 임박한 생태학적 위기를 막는 데에 반드시 필요한 방법이었다. 어떠한 방법을 쓰든, 새로운 천년기의 인류의 운명은 공적 권위체들의 복구에 달려 있을 것이다.

## VI

이는 우리에게 이중의 문제를 남겨준다. 정책을 결정하는 권위체의 성격과 범위는 어떠할 것인가(초국적, 일국적, 아[亞]국적, 전지구적 단위 중에서 무엇이 될 것인가? 단독으로 기능할 것인가, 결합되어 기능할 것인가)? 그러한 권위체가, 이렇게 결정되는 정책들이 대상으로 하는 인민들과 가지는 관계는 어떠할 것인가?

첫번째 문제는 어떤 의미에서는 기술적인 문제였다. 왜냐하면 권위체들이 이미 존재하고 원칙적으로 —— 실제로는 전혀 존재하지 않지만 —— 양자 사이의 관계에 대한 모델 역시 존재하기 때문이다. 확대되어가는 유럽 연합은 그 문제에 관련된 수많은 재료들을 제공해주었다. 전지구적, 초국적, 일국적, 아국적 권위체들 사이의 분업에 대한 어떠한 특정 제안도 누군가의 격심한 분노를 사기 마련이었지만 말이다. 기존의 전지구적 권위체들은 의심할 바 없이 기능별로 너무 세분화되어 있었다. 비록, 그것들이 차관을 필요로 하는 나라들에게 정치적, 생태학적 정책들을 부과함으로써 자신의 범위를 확대하고자 했지만 말이다. 아직 유럽 연합에 필적할 만한 권위체는 없었다. 유럽 연합은 아마도 반복될 수 없을 특수한 역사적 상황의 산물이므로, 구소련의 조각들에 해당하는 나라들로부터 비슷한 존재가 재건되지 않는 한 계속해서 독보적인 존재로 남을 것으로 보인다. 초국적인 정책결정이 강화될 속도는 예측할 수 없다. 그러나 그것이 강화되리라는 것은 확실하며, 사람들은 그러한 결정이 어떻게 진행되는지를 볼 수 있었다. 그러한 결정은, 가장 부유한 나라들 —— 공교롭게도 가장 강력한 나라들을 포함하는—— 의 과두정을 가능케 하는 공동수단에 해당하는 대규모 국제대출기관들의 전지구적인 은행 경영자들을 통해서 이미 이루어졌다. 부유한 나라와 가난한 나라 사이의 격차가 벌어짐에 따라 그러한 전지구적인 권력을 행사할 여지가 증가할 것으로 보였다. 문제는 미국의 정치적 후원을 받는 세계은행과 국제통화기금이 1970년대 이래 자유시장적 정통교리, 사기업, 세계자유무역을 조직적으로 후원하는 정책을 추구해왔다는 데에 있었다. 그러한 정책은 19세기 중엽 영국의 경제나 20세기 후반 미국의 경제에는 적합하지만 세계에 반드시 적합한 것은 아니었다. 전지구적인 정책결정이 자신의 잠재력을 실현하려면 그러한 정책들은 바뀌어야만 할 것이다. 이는 당장 이루어질 가능성이 있는 것으로는 보이지 않는다.

두번째 문제는 전혀 기술적인 것이 아니다. 그것은 세기말에 특정한 종류의 정치적 민주주의에 헌신한 세계가 대통령 선거와 다당제 의회 선거가 의미를 가지지 못하는 정책문제들 —— 그러한 선거가 그 문제들의 해결을 복잡하게 만들지 않았을 때조차 —— 에도 직면했다는 딜레마에서 나온 것이다. 보다 일반적으로 말해서, 그것은 '보통 사람의 세기(the century of the common man)'로 불려온 —— 적어도 페미니즘 이전의 기준에서는 옳게도('보통 남성의 세기'로 읽을 수도 있으므로/역주) —— 세기에 보통 사람들의 역할이 처한 딜레마였다. 그것은 정부가 '인민의', '인민을 위한' 것일 수 있지만 —— 혹자는 그래야만 한다고 말하겠지만 —— 어떠한 기능적 의미에서도 '인민에 의한' 또는 심지어 인민의 표를 얻으려 경쟁한 사람들이 선출된 의회에 의한 것조차 될 수 없었던 시대의 딜레마였다. 그러한 딜레마는 새로운 것이 아니었다. (앞의 한 장에서 전간기를 다루며 논의했던) 민주주의 정치의 어려움은 보통선거의 정치가 더 이상 미국의 특수성이 아니게 된 이래 정치학자들과 정치풍자가들에게 친숙한 주제가 되어왔다.

여론조사에 의해서 탐지되고 어디에나 존재하는 대중매체에 의해서 과장되는 여론은 이제 언제나 피할 수 없는 것이 되었는데, 공적 권위체들이 내려야만 하는 결정 가운데 여론이 전혀 길잡이가 되지 못하는 결정이 훨씬 더 많았기 때문에 민주주의의 곤경은 오늘날 더욱 심해졌다. 그러한 결정은 종종 당연히 유권자 과반수가 반대하는 결정일 수밖에 없었다. 각각의 유권자들은 그러한 결정들이 장차 자신들 개개인에게 미칠 영향을 싫어했던 것 —— 아마도 일반적 이익이라는 점에서는 바람직한 것이라고 생각했을지라도 —— 이다. 일례로 20세기 말에 몇몇 민주주의 국가들의 정치가들은 그 어떤 목적의 세금인상 제안도 선거에서의 자살을 의미한다는 결론에 도달했다. 따라서 선거는 국고 상태에 대해서 위증하는 경쟁이 되었다. 동시에 유권자들과 의회는 비전문가들 —— 선거인과 선출된 사람 둘 다의 대다수에 해당하는 —— 이 의견을 표명할 자격이 없는 문제들(이를테면 핵산업의 장래)에 대해서 결정을 내려야 하는 일에 끊임없이 직면했다.

민주주의 국가들에서조차 시민들 대부분이, 정통성과 공적인 신뢰를 누리는 정부의 목표들에 공감함으로써 공동의 이익에 대한 의식이 우세하게 된 시기들이 있었다. 제2차 세계대전 동안의 영국이 그 예다. 또한 주된 정치적 경쟁세력들 사이의 기본적인 합의가 가능해짐으로써 다시 한번 정부에게 일반적 목표의 정책 —— 별 의견차이가 없는 —— 을 자유로이 추구할 수 있는 권한이 맡겨지는 상황들도 존재했다. 앞서 보았듯이 황금시대 동안의 수많은 서방국들의 경우가 그랬다. 정부들 역시 종종, 비전문가들의 행정에 반드시 필요한, 기술 및 과학 조언자들 사이의 일치된 판단에 의존할 수 있었다. 이들이 동일한 목소리를 냈을 때 또는 어쨌든 그들의 일치가 의견을 달리하는 자들을 압도했을 때 정책논쟁은 줄어들었다. 심리학자들이 말하듯이 검찰측과 피고측 —— 어느 쪽에게도 믿을 만한 확실한 이유가 없는 —— 의 경쟁에 직면한 배심원들처럼 비전문가 정책결정자들이 암중모색하는 것은 바로 이러한 상황이 아닐 때이다.

앞서 보았듯이 위기의 몇십 년은 지적 문제들 —— 특히 정책에 관련된 분야의 —— 에 대한 정치적 합의와 공인된 진리의 토대를 잠식했다. 바로 그러한 이유로 1990년대에는 자신의 정부에 대해 확고한 일체감을 가진 분열되지 않은 국민(또는 국민에 대해 확고한 일체감을 가진 정부)을 가진 나라가 적었다. 공동의 복지에 기여하므로 일정한 행동의 자유를 누릴 만한 자격이 있는, 강력하고 활동적이고 사회적인 책임을 지는 국가라는 개념을 시민들이 받아

들이는 나라들이 여전히 많이 있다는 것은 사실이다. 그러나 불행
히도 세기말의 실제 정부들은 그러한 이상(理想)에 부합하는 경우
가 드물었다. 정부 그 자체가 의심받는 나라들로는, 소송과 정책적
보조금 정치로 적당히 완화된 미국형의 개인주의적 무정부주의를
모델로 삼은 나라들과, 국가가 너무 약하거나 부패해서 어떠한 공
익을 낳을 것으로도 시민들이 기대하지 않는 훨씬 더 많은 수의 나
라들이 있었다. 후자는 제3세계에서 흔히 볼 수 있었지만, 1980년대
의 이탈리아가 보여주었듯이 제1세계에도 없지 않았다.

 따라서 가장 혼란을 덜 겪었던 정책결정기구들은 민주주의 정치
의 영향에서 전적으로 벗어나있는 것들이었다. 사기업, 초국적인
권위체 그리고 물론 비민주적인 체제가 바로 그러한 것들이다. 민
주주의체제 내에서는 의사결정을 정치가들의 간섭으로부터 보호하
기가 쉽지 않았다. 몇몇 나라들에서 중앙은행이 정치가들의 지배에
서 벗어났고, 다른 나라에서도 그러한 예를 따를 것이 통념상 요구
되기는 했지만 말이다. 그러나 갈수록 정부들은 가능한 한 유권자
들과 그들을 대표하는 의회 둘 다를 무시하거나 적어도 일단 결정
을 내리고 나서 여론의 변덕이나 분열이나 소극성에 힘입어 기정사
실을 뒤집도록 둘 다에게 압박을 가하는 데에 몰두했다. 정치가들
은 유권자들이 듣고 싶어하지 않는 것을 말하기를 두려워했으므로
정치는 갈수록 회피적인 행동이 되었다. 냉전이 끝난 뒤에는, 공언
할 수 없는 행동들을 더 이상 그리 쉽게 '국가안보'라는 철의 장막
으로 은폐할 수 없었다. 이러한 회피전략이 갈수록 우세해질 것임
에는 거의 틀림없다. 민주주의 국가들에서조차 갈수록 많은 정책결
정기구들이 선거인들의 통제에서 벗어날 것이다. 그러한 기구들을
임명한 정부 자체가 이전에 선출되었던 것이라는 가장 간접적인 의
미에서를 제외하고 말이다. 1980년대와 1990년대 초의 영국 정부
같은 중앙집권화 성향의 정부들은 특히, 유권자들에게 답변하지 않
고 '특수법인'이라는 별명을 가진 특별기구들을 증가시키는 경향이
있었다. 효과적인 권력분립이 이루어지지 않은 나라들조차 이렇듯
암암리에 민주주의를 약화시키는 것이 편리하다는 사실을 발견했

다. 미국 같은 나라들에서는 행정부와 입법부 간의 고질적인 갈등 때문에 정상적인 상황에서 결정을 내리는 것이 —— 막후에서를 제외하고는 —— 거의 불가능했으므로 그러한 방식이 반드시 필요한 것이었다.

세기말이 되어서는 많은 수의 시민들이 나라 일을 '정치계급' —— 이탈리아에서 발생한 것으로 보이는 용어 —— 에게 맡기고는 자신들은 정치에 관심을 가지지 않았다. 서로의 연설문과 논설을 읽는 '정치계급'은 직업적인 정치가, 언론인, 로비스트 등의 특별이익집단으로서 그들의 직업은 신뢰도에 대한 사회학적 조사에서 최하위를 차지했다. 많은 사람들에게 정치과정은 자신과 무관한 것이거나 단순히 자신들의 생활에 유리하게 또는 불리하게 영향을 미치는 것이었다. 한편으로는 부, 생활과 오락의 개인화, 소비자 이기주의가 정치를 덜 중요하고 덜 매력적인 것으로 만들었고, 다른 한편으로는 선거에서 얻을 것이 거의 없다고 판단한 사람들이 정치에 등을 돌렸다. 미국 대통령 선거에서 투표한 블루칼라 노동자들의 비율은 1960-88년에 3분의 1이 줄었다(Leighly, Naylor, 1992, p.731). 계급에 기반하거나 이데올로기적이거나 둘 다인 대중정당조직들의 쇠퇴는 남녀들을 정치적으로 적극적인 시민들로 변화시키는 주된 사회적 동력을 제거했다. 대부분의 사람들에게, 자기 나라에 대한 집단적 일체감조차 이제는 국가의 제도들을 통해서보다는 국민적 스포츠, 선수단, 비정치적 상징물들을 통해서 더 쉽게 형성되었다.

탈정치화로 인해 권위체들의 정책결정이 보다 자유로워질 것이라고 가정할 수도 있을 것이다. 그러나 실제로는 정반대의 결과를 가져왔다. 때때로 공적인 이익의 특정한 쟁점들을 위해서, 보다 빈번하게는 일정한 분파적인 이익을 위해서 계속해서 운동을 벌인 소수파집단들이 만능의 정당들만큼이나 효과적으로, 아니 어쩌면 그보다 훨씬 더 효과적으로 —— 각각의 압력집단은 정당과는 달리 자신의 힘을 단일한 목표를 추구하는 데에 집중할 수 있었으므로 —— 순탄한 통치과정을 방해할 수 있었다. 게다가 정부들이 갈수록 조직적으로 선거과정을 비껴가려는 경향을 보임으로써 대중매체의 정치적 기능이 더욱 커졌다. 이제는 모든 가정에 확산된 대중매체가 공적인 영역에서 사적인 성인남녀 및 아동에 이르기까지 단연 가장 강력한 의사전달수단이 되었던 것이다. 대중매체는 권위체가 숨기고 싶어하는 사실을 발견해내고 공표하는 능력과, 공식적인 민주주의 장치들에 의해서 분명하게 표현되지 않았거나 더 이상 그렇게 표현될 수 없었던 국민대중의 감정을 표현해주는 능력 덕분에 공적인 무대의 주역으로 떠올랐다. 정치가들은 대중매체를 이용했고 대중매체를 두려워했다. 기술의 발전은 고도로 권위주의적인 나라들에서조차 대중매체를 갈수록 통제하기 어렵게 만들었고, 국가권력의 쇠퇴는 비권위주의적인 나라들에서 대중매체를 독점하는 것을 더욱 어렵게 만들었다. 세기가 끝나감에 따라 대중매체가 정치과정의 구성요소로서 정당이나 선거제도보다 더 중요하며 앞으로도 계속 그럴 것 —— 정치가 민주주의로부터 급격히 멀어지지 않는 한 —— 임이 분명해졌다. 그러나 대중매체가 정부의 비밀주의에 대한 균형추로서 막강한 힘을 발휘하기는 했지만, 그것이 민주주의적 통치수단은 결코 아니었다.

대중매체도, 보통선거 정치에 의해서 선출된 의회도, '인민' 자체도 실제로 어떠한 현실적 의미의 통치도 할 수 없었다. 다른 한편 정부든, 어떤 유사한 공적인 정책 결정 기구든 더 이상 인민에 맞서서 또는 심지어 인민 없이 통치할 수 없으며 이는 '인민'이 정부 없이 또는 정부에 반(反)해서 살 수 없는 것과 마찬가지 이치다. 좋든 나쁘든 20세기에 보통 사람들은 자기 자신의 집단적 명의를 내건 행위자로서 역사에 들어왔다. 신정(神政)을 제외한 어떠한 체제 —— 시민들을 겁에 질리게 하고 대규모로 살해한 체제조차—— 도 이제는 자신의 권위를 보통 사람들로부터 끌어냈다. 한때 유행처럼 '전체주의'로 불렸던 개념 자체가 인민주의를 함축하는 것이었다. '인민'이 자신의 이름으로 지배하는 자들에 대해서 어떻게 생각하는지가 중요하지 않았다면 인민들로 하여금 지배자들이 적절하다고 생각한 대로 사고하도록 애쓸 이유가 어디에 있겠는가? 자신의 권위를 일정한 신성(神性)이나 전통에 대한 무조건적인 복종으로부터 또는 계서제 사회에서 높은 신분에 대한 낮은 신분의 복종으로부터 끌어내는 정부들은 사라져갔다. 가장 번창한 종류의 신정인 이슬람 '근본주의'체제조차 알라신의 의지에 의해서가 아니라 인기 없는 정부에 대항해서 보통 사람들을 대규모로 동원함으로써 성공을 거두었다. '인민'이 자신의 정부를 선출할 권리를 가졌든 가지지 않았든, 공적인 문제에 대한 그들의 개입 —— 능동적이든 수동적이든 —— 은 결정적으로 중요했다.

사실상 20세기에는 비길 데 없이 무자비한 체제들과 —— 남아프리카 공화국의 아파르트헤이트처럼 —— 소수의 의지를 다수에게 힘으로 부과하고자 하는 체제들의 예가 많았으므로, 강압적이기만 한 권력의 한계가 더욱 쉽게 입증될 수 있었다. 가장 무자비하고 잔인한 지배자들조차 무제한적인 권력만으로는 권위의 정치적 자산들과 기술들, 이를테면 정권의 정통성에 대한 대중적 의식, 어느 정도의 적극적인 대중적 지지, 분할통치능력 그리고 —— 특히 위기의 시대에 —— 시민들의 자발적인 복종 등을 대신할 수 없다는 것을 잘 알고 있었다. 1989년에 동유럽 정권들의 경우가 보여주었듯이 이러한 복종이 눈에 띄게 사라졌을 때 그 정권들은 공무원, 군대, 정보기관의 충실한 지지를 여전히 받았음에도 불구하고 물러날 수밖에 없었다. 요컨대, 겉모습과는 반대로 20세기는 한 사람이 인민 전체의 의사에 맞서 일정 기간 동안 지배하거나 인민의 일부의 의사에 맞서 영원히 지배할 수는 있지만, 인민 전체의 의사에 맞서 영원히 지배할 수는 없다는 것을 보여주었다. 이러한 사실이 언제나 억압받고 있는 소수세력이나, 한 세대나 그 이상 동안 사실상 전국민적인 억압을 겪었던 사람들에게 위안이 되지는 않았던 것이 분명하지만 말이다.

그러나 이 모든 것이 정책결정자와 인민 사이의 관계가 어떻게 될 것인가라는 물음에 답변해주지는 않았다. 이상의 것들은 단지 답변의 어려움을 부각시켰을 뿐이다. 권위체들의 정책은 —— 대중들의 소망을 반영하는 것이 자신들의 목적이 아니더라도 —— 인민 또는 적어도 과반수의 시민들이 무엇을 원하고 무엇을 원하지 않는

지를 고려해야 했다. 동시에 권위체들은 인민에게 의사를 묻는 것
에 기반해서만 통치할 수는 없었다. 게다가 인기 없는 결정들을 대
중에게 부과하는 것은 세력 있는 집단들에게 부과하는 것보다 어려
웠다. 소수의 자동차 대기업들에 의무적인 표준생산량을 부과하는
것이 수백만 명의 자동차 운전자에게 가솔린 소비량을 반으로 줄이
라고 설득하는 것보다 훨씬 쉬웠다. 유럽의 모든 정부들이 유럽 공
동체의 장래를 일반투표에 맡긴 결과가 바람직하지 못하거나 기껏
해야 예측할 수 없다는 사실을 발견했다. 또한 진지한 모든 관찰자
들이 21세기 초에 취해야 할 정책결정 가운데 많은 수가 인기 없으
리라는 것을 알았다. 아마도 황금시대 같은, 전반적 번영과 향상이
이루어지는 긴장완화시대가 다시 한번 찾아온다면 시민들의 감정
은 한결 누그러지겠지만 1960년대로의 복귀도, 위기의 몇십 년이
보였던 사회적, 문화적 불안정 및 긴장의 완화도 기대할 수 없었다.

　보통선거에 의한 투표가 여전히 일반적인 규칙으로 남는다면 ──
그러할 가능성은 높다 ── 선택할 수 있는 길은 크게 두 가지가 있
는 것으로 보인다. 정책결정이 아직 정치권을 벗어나지 않은 경우,
그러한 결정은 갈수록 선거과정을, 보다 정확히 말해서 선거과정과
분리될 수 없는, 정부에 대한 끊임없는 감시를 회피할 것이다. 그들
자신이 선출되어야 하는 권위체들 역시 유권자들을 혼란케 하기 위
해서 갈수록 문어발처럼 먹구름 뒤에 숨을 것이다. 나머지 한 길은
권위체들에게 상당한 행동의 자유를 허용하는 종류의 합의를 재창
출하는 것이다. 이는 적어도, 시민들 대다수가 불만을 느낄 이유가
그리 많지 않은 경우에 해당한다. 이를 위한 오래된 정치적 모델은
19세기 중반의 나폴레옹 3세 이래 이용될 수 있었다. 인민의 구제
자나 국민구제 정권의 민주적 선출 ── 즉 '국민투표 민주주의'──
이 바로 그것이다. 그러한 정권은 입헌적으로 들어설 수도 있고 그
렇지 않을 수도 있지만 그 정권이 그런대로 정직한 선거 ── 경쟁
하는 후보들 중에서 선택할 수 있고 반대파로서도 약간의 목소리를
낼 수 있는 ── 에 의해서 비준되는 한, 그것은 민주주의적 정통성
에 대한 세기말적 기준을 만족시키는 셈이 될 것이다. 그러나 그러

한 정권이 자유주의형 의회민주주의의 미래에 대해 밝은 전망을 제시하지는 않았다.

## VII

내가 지금까지 쓴 것은 우리에게, 인류가 천년기 말에 직면한 문제들을 풀 수 있는지 없는지 그리고 어떻게 풀 수 있는지를 말해줄 수 없다. 그러나 이상의 것은 아마도 우리가 이러한 문제들이 무엇이며 그 문제들의 해결을 위한 조건들은 무엇이어야 하는지 —— 이 조건들이 어느 정도로 존재하거나 생성되었는가가 아니라 —— 를 이해하는 것을 도와줄 수 있을 것이다. 이 책은 또한 우리가 얼마나 아는 것이 적으며, 20세기에 중요한 공적 결정을 취한 사람들의 지력이 얼마나 놀랄 정도로 빈약한가를 그리고 특히 그 세기 후반에 일어난 일들 가운데 그들이 예상 —— 예언은 말할 것도 없고 —— 했던 것이 얼마나 적은가를 우리에게 말해줄 수 있다. 이 책은 많은 이들이 언제나 짐작해왔던 것, 즉 역사는 —— 그밖에도 보다 중요한 것들이 많이 있겠지만 —— 인류의 범죄들과 어리석은 짓들의 기록이라는 것을 확증할 수 있다. 그러나 이 책은 예언에는 전혀 도움을 줄 수 없다.

따라서 앞으로의 풍경이 어떤 모습일까를 예측하는 것으로 이 책을 끝낸다면 어리석은 짓이 될 것이다. 그 풍경은 이미 단기 20세기의 구조적인 격변들 때문에 인식할 수 없는 상태가 되었고, 바로 지금 일어나고 있는 격변들 때문에 훨씬 더 인식하기 어려운 상태로 남을 것이다. 오늘날 미래에 대해서 낙관할 이유는, 필자가 '장기 19세기(1789-1914)'의 역사에 대한 3부작을 다음과 같은 말로 끝냈던 1980년대 중반보다 적다.

21세기의 세계가 더욱 나아지리라는 증거는 무시할 수 없다. 세계가 [핵전쟁에 의해서] 자신을 파괴하지 않는 데에 성공한다면 그러할 가능성은 더욱 높아질 것이다.

그럼에도 불구하고, 나이 때문에 여생 동안 보다 나은 쪽으로의 극적인 변화를 기대할 수 없는 역사가조차 4반세기 내지 반세기 안에 상황이 보다 좋아질 가능성을 부인할 수 없는 것은 당연한 일일 것이다. 어쨌든 탈냉전기의 붕괴라는 현재의 국면은 일시적인 것에 그칠 가능성이 높다. 그러한 국면이 이미, 두 차례의 세계'열'전에 뒤이은 붕괴와 혼란 국면보다는 다소 길게 지속될 것으로 보이기는 하지만 말이다. 그러나 희망이나 공포는 예측이 아니다. 우리는 세부적인 결과의 불확실성과 그에 대한 우리의 무지라는 먹구름 뒤에서, 세기를 형성하는 역사적 힘들이 계속해서 작동하고 있다는 것을 알고 있다. 우리는 지난 2-3세기를 지배해온 자본주의 발전의 거대한 경제적, 과학기술적 작용에 의해서 장악되고 뿌리가 뽑히고 변화된 세계에 살고 있다. 우리는 그러한 발전이 무한정 계속될 수는 없다는 것을 알고 있으며 적어도 그렇게 가정하는 것이 합리적이다. 미래는 과거의 연속일 수 없다. 또한 이제 역사적 위기의 시점에 이르렀다는 징후들이 외적으로 그리고 말하자면 내적으로도 발견된다. 과학기술적 경제가 낳은 힘들은 오늘날 환경을, 즉 인류 생활의 물질적 토대를 파괴할 정도로 커졌다. 인간사회의 구조 자체 —— 자본주의 경제의 사회적 토대들 가운데 일부까지 포함해서 —— 가 인류의 과거로부터 물려받은 것의 잠식을 통해서 이제 막 파괴되려 하고 있다. 우리의 세계는 외적 폭발과 내적 폭발 둘 다의 위험에 처해 있다. 세계는 바뀌어야만 한다.

우리는 우리가 어디로 가고 있는지를 모른다. 우리는 역사가 우리를 이 지점까지 몰고 왔으며 —— 독자들이 이 책의 논의를 공유한다면 —— 왜 그러했는가를 알고 있을 뿐이다. 그러나 한 가지는 분명하다. 인류가 인정할 수 있는 미래를 가지려 한다면 그것은 과거나 현재를 연장함으로써 이루어질 수 없다. 그러한 기반 위에서 세번째 천년기를 건설하고자 한다면 우리는 실패할 것이다. 그리고 실패의 대가는, 즉 사회를 변화시키지 않을 경우의 결과는 암흑뿐이다.

# 참고문헌

Abrams, 1945: Mark Abrams, *The Condition of the British People, 1911-1945* (London, 1945)

Acheson, 1970: Dean Acheson, *Present at the Creation: My Years in the State Department* (New York, 1970)

Afanassiev, 1991: Juri Afanassiev, in M. Paquet ed. *Le court vingtième siècle*, *preface* d'Alexandre Adler (La Tour d'Aigues, 1991)

Albers/Goldschmidt/Oehlke, 1971: *Klassenkämpfe in Westeuropa* (Hamburg, 1971)

Alexeev, 1990: M. Alexeev, book review in *Journal of Comparative Economics* vol.14, pp. 171–73 (1990)

Allen, 1968: D. Elliston Allen, *British Tastes: An enquiry into the likes and dislikes of the regional consumer* (London, 1968)

Amnesty, 1975: Amnesty International, *Report on Torture* (New York, 1975)

Andric, 1990: Ivo Andric, *Conversation with Goya: Bridges, Signs* (London, 1990)

Andrew, 1985: Christopher Andrew, *Secret Service: The Making of the British Intelligence Community* (London, 1985)

Andrew/Gordievsky, 1991: Christopher Andrew and Oleg Gordievsky, *KGB: The Inside Story of its Foreign Operations from Lenin to Gorbachev* (London, 1991)

Anuario, 1989: *Comisión Economica para America Latina y el Caribe, Anuario Estadístico de America Latina y el Caribe: Edición 1989* (Santiago de Chile, 1990)

Arlacchi, 1983: Pino Arlacchi, *Mafia Business* (London, 1983)

Armstrong, Glyn, Harrison: Philip Armstrong, Andrew Glyn, John Harrison, *Capitalism Since 1945* (*Oxford, 1991 edn*)

Arndt, 1944: H.W. Arndt, *The Economic Lessons of the 1930s* (*London, 1944*)

Asbeck, 1939: Baron F.M. van Asbeck, *The Netherlands Indies' Foreign Relations* (Amsterdam, 1939)

Atlas, 1992: A. Fréron, R.Hérin, J. July eds, *Atlas de la France Universitaire* (Paris, 1992)

Auden: W.H. Auden, *Spain* (London, 1937)

Babel, 1923: Isaac Babel, *Konarmiya* (Moscow, 1923); *Red Cavalry* (London, 1929)

Bairoch, 1985: Paul Bairoch, *De Jéricho à Mexico: villes et économie dans l'histoire* (Paris, 1985)

Bairoch, 1988: Paul Bairoch, *Two major shifts in Western European Labour Force: the Decline of the Manufacturing Industries and of the Working Class* (Geneva, 1988)

Bairoch, 1993: Paul Bairoch, *Economics and World History: Myths and Paradoxes* (Hemel Hempstead, 1993)

Ball, 1992: George W. Ball, 'JFK's Big Moment' in *New York Review of Books*, pp. 16–20 (13 February 1992)

Ball 1993: George W. Ball, 'The Rationalist in Power' in *New York Review of Books* 22 April 1993, pp. 30–36

Baltimore, 1978: David Baltimore, 'Limiting Science: A Biologist's Perspective' in *Daedalus* 107/2 spring 1978, pp. 37–46

Banham, 1971: Reyner Banham, *Los Angeles* (Harmondsworth, 1973)

Banham, 1975: Reyner Banham, in C.W.E. Bigsby ed. *Superculture: American Popular Culture and Europe*, pp. 69–82 (London, 1975)

Banks, 1971: A.S. Banks, *Cross-Polity Time Series Data* (Cambridge MA and London, 1971)

Barghava/Singh Gill, 1988: Motilal Barghava and Americk Singh Gill, *Indian National Army Secret Service* (New Delhi, 1988)

Barnet, 1981: Richard Barnet, *Real Security* (New York, 1981)

Becker, 1985: J.J. Becker, *The Great War and the French People* (Leamington Spa, 1985)

Bédarida, 1992: François Bédarida, *Le génocide et la nazisme: Histoire et témoignages* (Paris, 1992)

Beinart, 1984: William Beinart, 'Soil erosion, conservationism and ideas about development: A Southern African exploration, 1900–1960' in *Journal of Southern African Studies* 11, 1984, pp. 52–83

Bell, 1960: Daniel Bell, *The End of Ideology* (Glencoe, 1960)

Bell, 1976: Daniel Bell, *The Cultural Contradictions of Capitalism* (New York, 1976)

Benjamin, 1961: Walter Benjamin, '*Das Kunstwerk im Zeitalter seiner Reproduzierbarkeit*' in *Illuminationen: Ausgewählte Schriften*, pp. 148–184 (Frankfurt, 1961)

Benjamin, 1971: Walter Benjamin, *Zur Kritik der Gewalt und andere Aufsätze*, pp. 84–85 (Frankfurt 1971)

Benjamin, 1979: Walter Benjamin, *One-Way Street, and Other Writings* (London, 1979)

Bergson/Levine, 1983: A. Bergson and H.S. Levine eds. *The Soviet Economy: Towards the Year 2000* (London, 1983)

Berman: Paul Berman, 'The Face of Downtown' in *Dissent* autumn 1987, pp. 569–73

Bernal, 1939: J.D. Bernal, *The Social Function of Science* (London, 1939)

Bernal, 1967: J.D. Bernal, *Science in History* (London, 1967)

Bernier/Boily: Gérard Bernier, Robert Boily et al., *Le Québec en chiffres de 1850 à nos jours*, p. 228 (Montreal, 1986)

Bernstorff, 1970: Dagmar Bernstorff, 'Candidates for the 1967 General Election in Hyderabad' in E. Leach and S.N. Mukhejee eds, *Elites in South Asia* (Cambridge, 1970)

Beschloss, 1991: Michael R. Beschloss, *The Crisis Years: Kennedy and Khrushchev 1960–1963* (New York, 1991)

Beyer, 1981: Gunther Beyer, 'The Political Refugee: 35 Years Later' in *International Migration Review* vol. XV, pp. 1–219

Block, 1977: Fred L. Block, *The Origins of International Economic Disorder: A Study of United States International Monetary Policy from World War II to the Present* (Berkeley, 1977)

Bobinska/Pilch 1975: Celina Bobinska, Andrzej Pilch, *Employment-seeking Emigrations of the Poles World-Wide XIX and XX C.* (Cracow, 1975)

Bocca, 1966: Giorgio Bocca, *Storia dell'Italia Partigiana Settembre 1943–Maggio 1945* (Bari, 1966)

Bokhari, 1993: Farhan Bokhari, 'Afghan border focus of region's woes' in *Financial Times, 12 August 1993*

Boldyrev, 1990: Yu Boldyrev in *Literaturnaya Gazeta*, 19 December 1990, cited in Di Leo, 1992

Bolotin, 1987: B. Bolotin in *World Economy and International Relations* No. 11, 1987, pp. 148–52 (in Russian)

Bourdieu, 1979: Pierre Bourdieu, *La Distinction: Critique Sociale du Jugement* (Paris, 1979), English trs: *Distinction: A Social Critique of the Judgment of Taste* (Cambridge MA, 1984)

Bourdieu, 1994: Pierre Bourdieu, Hans Haacke, *Libre-Echange* (Paris, 1994)

Britain: *Britain: An Official Handbook* 1961, 1990 eds. (London, Central Office for Information)

Briggs, 1961: Asa Briggs, *The History of Broadcasting in the United Kingdom* vol. 1 (London, 1961); vol.2 (1965); vol.3 (1970); vol.4 (1979)

Brown, 1963: Michael Barratt Brown, *After Imperialism* (London, Melbourne, Toronto, 1963)

Brecht, 1964: Bertolt Brecht, Über Lyrik (Frankfurt, 1964)

Brecht, 1976: Bertolt Brecht, *Gesammelte Gedichte*, 4 vols (Frankfurt, 1976)

Brzezinski 1962: Z.Brzezinski, *Ideology and Power in Soviet Politics* (New York, 1962)

Brzezinski, 1993: Z. Brzezinski, *Out of Control: Global Turmoil on the Eve of the Twenty-first Century* (New York, 1993)

Burks, 1961: R.V.Burks, *The Dynamics of Communism in Eastern Europe* (Princeton, 1961)

Burlatsky, 1992: Fedor Burlatsky, 'The Lessons of Personal Diplomacy' in *Problems of Communism*, vol. XVI (41), 1992

Burloiu, 1983: Petre Burloiu, *Higher Education and Economic Development in Europe 1975–80* (UNESCO, Bucharest, 1983)

Butterfield 1991: Fox Butterfield, 'Experts Explore Rise in Mass Murder' in *New York Times* 19 October 1991, p. 6

Calvocoressi, 1987: Peter Calvocoressi, *World Politics Since 1945* (London, 1971)

Calvocoressi, 1989: op. cit. (London, 1989)

Carritt, 1985: Michael Carritt, *A Mole in the Crown* (Hove, 1980)

Carr-Saunders, 1958: A. M. Carr-Saunders, D. Caradog Jones, C. A. Moser, *A Survey of Social Conditions in England and Wales* (Oxford, 1958)

Catholic: *The Official Catholic Directory* (New York, annual)

Chamberlin, 1933: W. Chamberlin, *The Theory of Monopolistic Competition* (Cambridge MA, 1933)

Chamberlin, 1965: W.H. Chamberlin, *The Russian Revolution, 1917-1921*, 2 vols (New York, 1965 edn).

Chandler, 1977: Alfred D. Chandler Jr, *The Visible Hand: The Managerial Revolution in American Business* (Cambridge MA, 1977)

Chapple/Garofalo, 1977: S. Chapple and R. Garofalo, *Rock'n Roll Is Here to Pay* (Chicago, 1977)

Chiesa, 1993: Giulietta Chiesa, '*Era una fine inevitabile?*' in *Il Passagio: rivista di dibattito politico e culturale*, VI, July-October, pp. 27–37

Childers, 1983: Thomas Childers, *The Nazi Voter: The Social Foundations of Fascism in Germany, 1919-1933* (Chapel Hill, 1983)

Childers, 1991: 'The *Sonderweg* controversy and the Rise of German Fascism' in (unpublished conference papers) *Germany and Russia in the 20th Century in Comparative Perspective*, pp. 8, 14–15 (Philadelphia 1991)

China Statistics, 1989: State Statistical Bureau of the People's Republic of China, *China Statistical Yearbook 1989* (New York, 1990)

Ciconte, 1992: Enzo Ciconte, '*Ndrangheta dall' Unita a oggi* (Barri, 1992)

Cmd 1586, 1992: British Parliamentary Papers cmd 1586: *East India (Non-Co-*

*operation*), XVl, p. 579, 1922. (Telegraphic Correspondence regarding the situation in India.)

Considine, 1982: Douglas M. Considine and Glenn Considine, *Food and Food Production Encyclopedia* (New York, Cincinnati etc., 1982). Article in 'meat', section, 'Formed, Fabricated and Restructured Meat Products'.

Crosland, 1957: Anthony Crosland, *The Future of Socialism* (London, 1957)

Dawkins, 1976: Richard Dawkins, *The Selfish Gene* (Oxford, 1976)

Deakin/Storry, 1966: F.W. Deakin and G.R. Storry, *The Case of Richard Sorge* (London, 1966)

Debray, 1967: Régis Debray, *La révolution dans la révolution* (Paris, 1965)

Debray, 1994: Régis Debray, *Charles de Gaulle: Futurist of the Nation* (London, 1994)

Degler, 1987: Carl N. Degler, 'On re-reading "The Woman in America"' in *Daedalus*, autumn 1987

Delgado, 1992: Manuel Delgado, *La Ira Sagrada: Anticlericalismo, iconoclastia y antiritualismo en la España contemporanea* (Barcelona, 1992)

Delzell, 1970: Charles F. Delzell ed., *Mediterranean Fascism, 1919-1945* (New York, 1970)

Deng, 1984 Deng Xiaoping, *Selected Works of Deng Xiaoping (1975-1984)* (Beijing, 1984)

Desmond/Moore: Adrian Desmond and James Moore, *Darwin* (London, 1991)

Destabilization, 1989: United Nations Inter-Agency Task Force, Africa Recovery Programme/Economic Commission for Africa, *South African Destabilization The Economic Cost of Frontline Resistance to Apartheid* (New York, 1989)

Deux Ans, 1990: *Ministère de l'Education Nationale:Enseignement Supérieur*, Deux Ans d'Action, 1988–1990 (Paris, 1990)

Di Leo, 1992: Rita di Leo, *Vecchi quadri e nuovi politici: Chi commanda davvero nell'ex-Urss?* (Bologna, 1992)

Din, 1989: Kadir Din, 'Islam and Tourism' in *Annals of Tourism Research*, vol. 16/4, 1989, pp. 542 ff.

Djilas, 1957: Milovan Djilas, *The New Class* (London, 1957)

Djilas, 1962: Milovan Djilas, *Conversations with Stalin* (London, 1962)

Djilas, 1977: Milovan Djilas, *Wartime* (New York, 1977)

Drell, 1977: Sidney D. Drell, 'Elementary Particle Physics' in *Daedalus* 106/3, summer 1977, pp. 15–32

Duberman et al, 1989: M. Duberman, M. Vicinus and G. Chauncey, *Hidden From History: Reclaiming the Gay and Lesbian Past*, New York, 1989

Dutt, 1945: Kalpana Dutt, *Chittagong Armoury Raiders: Reminiscences* (Bombay, 1945)

Duverger, 1972: Maurice Duverger, *Party Politics and Pressure Groups: A Comparative Introduction* (New York, 1972)

Dyker, 1985: D.A. Dyker, *The Future of the Soviet Economic Planning System* (London, 1985)

Echenberg, 1992: Myron Echenberg, *Colonial Conscripts: The* Tirailleurs Sénégalais *in French West Africa, 1857-1960* (London, 1992)

EIB Papers, 1992: European Investment Bank, Cahiers BEI/EIB Papers, J. Girard, *De la recession à la reprise en Europe Centrale et Orientale*, pp. 9–22, (Luxemburg, 1992)

*Encyclopedia Britannica*, article 'war' (11th edn, 1911).

Ercoli, 1936: Ercoli, *On the Peculiarity of the Spanish Revolution* (New York, 1936); reprinted in Palmiro Togliatti, *Opere* IV/i, pp. 139–54 (Rome, 1979)

Esman, 1990: Aaron H. Esman, *Adolescence and Culture* (New York, 1990)

Estrin/Holmes, 1990: Saul Estrin and Peter Holmes, 'Indicative Planning in Developed Economies' in *Journal of Comparative Economics* 14/4 December 1990, pp. 531–54

Eurostat: *Eurostat. Basic Statistics of the Community* (Office for the Official Publications of the European Community, Luxemburg, annual since 1957)

Evans, 1989: Richard Evans, *In Hitler's Shadow: West German Historians and the Attempt to Escape from the Nazi Past* (New York, 1989)

Fainsod, 1956: Merle Fainsod, *How Russia Is Ruled* (Cambridge MA, 1956)

FAO, 1989: FAO (UN Food and Agriculture Organization), *The State of Food and Agriculture: world and regional reviews, sustainable development and natural resource management* (Rome, 1989)

FAO Production: FAO *Production Yearbook*, 1986

FAO Trade: FAO *Trade Yearbook* vol. 40, 1986

Fitzpatrick, 1994: Sheila Fitzpatrick, *Stalin's Peasants* (Oxford, 1994)

Firth, 1954: Raymond Firth, 'Money, Work and Social Change in Indo-Pacific Economic Systems' in *International Social Science Bulletin*, vol. 6, 1954, pp. 400–10

Fischhof et al., 1978: B. Fischhof, P. Slovic, Sarah Lichtenstein, S. Read, Barbara Coombs, 'How Safe is Safe Enough? A Psychometric Study of Attitudes towards Technological Risks and Benefits' in *Policy Sciences 9*, 1978, pp. 127–152

Flora, 1983: Peter Flora et.al., *State, Economy and Society in Western Europe 1815-1975: A Data Handbook in Two Volumes* (Frankfurt, London, Chicago, 1983)

Floud et al., 1990: Roderick Floud, Annabel Gregory, Kenneth Wachter, *Height, Health and History: Nutritional Status in the United Kingdom 1750-1980* (Cambridge, 1990)

Fontana, 1977: Alan Bullock and Oliver Stallybrass eds., *The Fontana Dictionary of Modern Ideas* (London, 1977 edn)

Foot, 1976: M.R.D. Foot, *Resistance: An Analysis of European Resistance to Nazism 1940–1945* (London, 1976)

Francia, Muzzioli, 1984: Mauro Francia, Giuliano Muzzioli, *Cent'anni di cooperazione: La cooperazione di consumo modenese aderente alla Lega dalle origini all'unificazione* (Bologna, 1984)

Frazier, 1957: Franklin Frazier, *The Negro in the United States* (New York, 1957 edn)

Freedman, 1959: Maurice Freedman, 'The Handling of Money: A Note on the Background to the Economic Sophistication of the Overseas Chinese' in *Man*, vol. 59, 1959

Friedan, 1963: Betty Friedan, *The Feminine Mystique* (New York, 1963)

Friedman 1968: Milton Friedman, 'The Role of Monetary Policy' in *American Economic Review*, vol. LVIII, no. 1, March 1968, pp. 1–17

Fröbel, Heinrichs, Kreye, 1986: Folker Fröbel, Jürgen Heinrichs, Otto Kreye, *Umbruch in der Weltwirtschaft* (Hamburg, 1986)

Galbraith, 1974: J.K. Galbraith, *The New Industrial State* (2nd edn, Harmondsworth, 1974)

Gallagher, 1971: M.D. Gallagher, 'Léon Blum and the Spanish Civil War' in *Journal of Contemporary History*, vol. 6, no. 3, 1971, pp. 56–64

Garton Ash, 1990: Timothy Garton Ash, *The Uses of Adversity: Essays on the Fate of Central Europe* (New York, 1990)

Gatrell/Harrison, 1993: Peter Gatrell and Mark Harrison, 'The Russian and Soviet Economies in Two World Wars: A Comparative View' in *Economic History Review* XLVI, 3, 1993, pp. 424–52

Giedion, 1948: S. Giedion, *Mechanisation Takes Command* (New York, 1948)

Gillis, 1974: John R. Gillis, *Youth and History* (New York, 1974)

Gillis, 1985: John Gillis, *For Better, For Worse: British Marriages 1600 to the Present* (New York, 1985)

Gillois, 1973: André Gillois, *Histoire Secrète des Français à Londres de 1940 à 1944* (Paris, 1973)

Gimpel, 1992: 'Prediction or Forecast? Jean Gimpel interviewed by Sanda Miller' in *The New European*, vol. 5/2, 1992, pp. 7–12

Ginneken/Heuven, 1989: Wouter van Ginneken and Rolph van der Heuven, 'Industrialisation, employment and earnings (1950–87): An international survey' in *International Labour Review*, vol. 128, 1989/5, pp. 571–99

Gleick, 1988: James Gleick, *Chaos: Making a New Science* (London, 1988)

Glenny 1992: Misha Glenny, *The Fall of Yugoslavia: The Third Balkan War* (London, 1992)

Glyn, Hughes, Lipietz, Singh, 1990: Andrew Glyn, Alan Hughes, Alan Lipietz, Ajit Singh, *The Rise and Fall of the Golden Age* in Marglin and Schor, 1990, pp. 39–125

Gómez Rodríguez, 1977: Juan de la Cruz Gómez Rodríguez, *'Comunidades de pastores y reforma agraria en la sierra sur peruana'* in Jorge A. Flores Ochoa, *Pastores de puna* (Lima, 1977)

González Casanova 1975: Pablo González Casanova, coord. *Cronología de la violencia política en America Latina* (1945–1970), 2 vols (Mexico DF, 1975)

Goody, 1968: Jack Goody, 'Kinship: descent groups' in *International Encyclopedia of Social Sciences*, vol. 8, pp. 402–3 (New York, 1968)

Goody, 1990: Jack Goody, *The Oriental, the Ancient and the Primitive:Systems of Marriage and the Family in the Pre-Industrial Societies of Eurasia* (Cambridge, 1990)

Gopal, 1979: Sarvepalli Gopal, *Jawaharlal Nehru: A Biography, vol, II, 1947–1956* (London, 1979)

Gould, 1989: Stephen Jay Gould, *Wonderful Life: The Burgess Shale and the Nature of History* (London, 1990)

Graves/Hodge, 1941: Robert Graves, and Alan Hodge, *The Long Week-End: A Social History of Great Britain 1918–1939* (London, 1941)

Gray, 1970: Hugh Gray, 'The landed gentry of Telengana' in E. Leach and S.N. Mukherjee eds. *Elites in South Asia* (Cambridge, 1970)

Guerlac, 1951: Henry E. Guerlac, 'Science and French National Strength' in Edward Meade Earle ed., *Modern France: Problems of the Third and Fourth Republics* (Princeton, 1951)

Guidetti/Stahl, 1977: M. Guidetti and Paul M. Stahl eds., *Il sangue e la terra: Comunità di villagio e comunità familiari nell Europea dell 800* (Milano, 1977)

Guinness, 1984: Robert and Celia Dearling, *The Guinness Book of Recorded Sound* (Enfield, 1984)

Haimson, 1964/5: Leopold Haimson, 'The Problem of Social Stability in Urban Russia 1905–1917' in Slavic Review, December 1964, pp. 619–64; March 1965, pp. 1–22

Halliday, 1983: Fred Halliday, *The Making of the Second Cold War* (London, 1983)

Halliday/Cumings, 1988: Jon Halliday and Bruce Cumings, *Korea: The Unknown War* (London, 1988)

Halliwell, 1988: *Leslie Halliwell's Filmgoers' Guide Companion* 9th edn, 1988, p. 321

Hànak, 1970: *'Die Volksmeinung während des letzten Kriegsjahres in Österreich-Ungarn'* in *Die Auflösung des Habsburgerreiches. Zusammenbruch und*

*Neuorientierung im Donauraum, Schriftenreihe des österreichischen Ost- und Südosteuropainstituts* vol. III, Vienna, 1970, pp. 58–66

Harden, 1990: Blaine Harden, *Africa, Despatches from a Fragile Continent* (New York, 1990)

Harff/Gurr, 1988: Barbara Harff and Ted Robert Gurr, 'Victims of the State: Genocides, Politicides and Group Repression since 1945 in *International Review of Victimology*, I, 1989, pp. 23–41

Harff/Gurr, 1989: Barbara Harff and Ted Robert Gurr, 'Toward Empirical Theory of Genocides and Politicides:Identification and Measurement of Cases since 1945,' *International Studies Quarterly*, 32, 1988, pp. 359–71

Harris, 1987: Nigel Harris, *The End of the Third World* (Harmondsworth, 1987)

Hayek, 1944: Friedrich von Hayek, *The Road to Serfdom* (London, 1944)

Heilbroner, 1993: Robert Heilbroner, *Twenty-first Century Capitalism* (New York, 1993)

Hill, 1988: Kim Quaile Hill, *Democracies in Crisis: Public policy responses to the Great Depression* (Boulder and London, 1988)

Hilgendt: See League of Nations, 1945

Hirschfeld, 1986: G. Hirschfeld ed., *The Policies of Genocide: Jews and Soviet Prisoners of War in Nazi Germany* (Boston, 1986)

Historical Statistics of the United States: Colonial Times to 1970, part 1c, 89–101, p. 105 (Washington DC, 1975)

Hobbes: Thomas Hobbes, Leviathan (London, 1651)

Hobsbawm 1974: E.J. Hobsbawm, 'Peasant Land Occupations' in *Past & Present*, 62, February 1974, pp. 120–52

Hobsbawm, 1986: E.J. Hobsbawm, 'The Moscow Line' and international Communist policy 1933–47' in Chris Wrigley ed. Warfare, Diplomacy and Politics: Essays in Honour of A.J.P. Taylor, pp. 163–88 (London, 1986)

Hobsbawm, 1987: E.J. Hobsbawm, *The Age of Empire 1870–1914* (London, 1987)

Hobsbawm, 1990: E.J. Hobsbawm, *Nations and Nationalism Since 1780: Programme, Myth, Reality* (Cambridge, 1990)

Hobsbawm, 1993: E.J. Hobsbawm, *The Jazz Scene* (New York, 1993)

Hodgkin, 1961: Thomas Hodgkin, *African Political Parties: An introductory guide* (Harmondsworth, 1961)

Hoggart, 1958: Richard Hoggart, *The Uses of Literacy* (Harmondsworth, 1958)

Holborn, 1968: Louise W.Holborn, 'Refugees I: World Problems' in *International Encyclopedia of the Social Sciences* vol. XIII, p. 363

Holland, R.F., 1985: R.F. Holland, *European Decolonization 1918–1981: An introductory survey* (Basingstoke, 1985)

Holman, 1993: Michael Holman, 'New Group Targets the Roots of Corruption' in *Financial Times*, 5 May 1993

Holton, 1970: G. Holton, 'The Roots of Complementarity' in *Daedalus*, autumn 1978, p.1017

Holton, 1972: Gerald Holton ed., *The Twentieth-Century Sciences: Studies in the Biography of Ideas* (New York, 1972)

Horne, 1989: Alistair Horne, *Macmillan*, 2 vols (London, 1989)

Housman, 1988: A.E. Housman, *Collected Poems and Selected Prose* edited and with an introduction and notes by Christopher Ricks (London, 1988)

Howarth, 1978: T.E.B. Howarth, *Cambridge Between Two Wars* (London, 1978)

Hu, 1966: C.T. Hu, 'Communist Education: Theory and Practice' in R. Mac-Farquhar ed., *China Under Mao: Politics Takes Command* (Cambridge MA, 1966)

Huber, 1990: Peter W.Huber, 'Pathological Science in Court' in *Daedalus*, vol. 119, no. 4, autumn 1990, pp. 97–118

Hughes, 1969: H. Stuart Hughes, 'The second year of the Cold War: A Memoir and an Anticipation' in *Commentary*, August 1969

Hughes 1983: H. Stuart Hughes, *Prisoners of Hope: The Silver Age of the Italian Jews 1924–1947* (Cambridge MA, 1983)

Hughes, 1988: H. Stuart Hughes, *Sophisticated Rebels* (Cambridge and London, 1988)

Human Development: United Nations Development Programme (UNDP) *Human Development Report*, (New York, 1990, 1991, 1992)

Hutt, 1935: Allen Hutt, *This Final Crisis* (London, 1935)

Ignatieff, 1993: Michael Ignatieff, *Blood and Belonging: Journeys into the New Nationalism* (London, 1993)

ILO, 1990: *ILO Yearbook of Labour Statistics: Retrospective edition on Population Censuses 1945–1989* (Geneva, 1990)

IMF, 1990: International Monetary Fund, Washington: *World Economic Outlook: A Survey by the Staff of the International Monetary Fund*, Table 18: Selected Macro-economic Indicators 1950–1988 (IMF, Washington, May 1990)

Investing: *Investing in Europe's Future* ed. Arnold Heertje for the European Investment Bank (Oxford, 1983)

Isola, 1990: Gianni Isola, *Abbassa la tua radio, per favore. Storia dell'ascolto radiofonico nell'Italia fascista* (Firenze, 1990)

Jacobmeyer, 1986: see *American Historical Review*, February 1986.

Jacob, 1993: Margaret C. Jacob, 'Hubris about Science' in *Contention*, vol. 2, no. 3 (Spring 1993)

Jammer, 1966: M. Jammer, *The Conceptual Development of Quantum Mechanics* (New York, 1966)

Jayawardena, 1993: Lal Jayawardena *The Potential of Development Contracts and Towards sustainable Development Contracts, UNU/WIDER: Research for Action* (Helsinki, 1993)

Jensen, 1991: K.M. Jensen ed., *Origins of the Cold War: The Novikov, Kennan and Roberts 'Long Telegrams' of 1946*, United States Institute of Peace (Washington 1991)

Johansson/Percy 1990: Warren Johansson and William A. Percy ed., *Encyclopedia of Homosexuality*, 2 vols (New York and London, 1990)

Johnson, 1972: Harry G. Johnson, *Inflation and the Monetarist Controvery* (Amsterdam, 1972)

Jon, 1993: Jon Byong-Je, *Culture and Development: South Korean experience*, International Inter-Agency Forum on Culture and Development, September 20–22 1993, Seoul

Jones, 1992: Steve Jones, review of David Raup, *Extinction: Bad Genes or Bad Luck?* in *London Review of Books*, 23 April 1992

Jowitt, 1991: Ken Jowitt, 'The Leninist Extinction' in Daniel Chirot ed., *The Crisis of Leninism and the Decline of the Left* (Seattle, 1991)

Kakwani, 1980: Nanak Kakwani, *Income Inequality and Poverty* (Cambridge, 1980)

Kapuczinski 1983: Ryszard Kapuczinski, *The Emperor* (London, 1983)

Kapuczinski, 1990: Ryszard Kapuczinski, *The Soccer War* (London, 1990)

Kater, 1985: Michael Kater, '*Professoren und Studenten im dritten Reich*' in *Archiv f. Kulturgeschichte* 67/1985, no. 2, p. 467

Katsiaficas, 1987: George Katsiaficas, *The Imagination of the New Left: A global analysis of 1968* (Boston, 1987)

Kedward, 1971: R.H. Kedward, *Fascism in Western Europe 1900–1945* (New York, 1971)

Keene, 1984: Donald Keene, *Japanese Literature of the Modern Era* (New York, 1984)

Kelley, 1988: Allen C. Kelley, 'Economic Consequences of Population Change in the Third World' in *Journal of Economic Literature*, XXVI, December 1988, pp.1685–1728

Kerblay, 1983: Basile Kerblay, *Modern Soviet Society* (New York, 1983)

Kershaw, 1983: Ian Kershaw, *Popular Opinion and Political Dissent in the Third Reich: Bavaria 1933–1945* (Oxford, 1983)

Kershaw, 1993: Ian Kershaw, *The Nazi Dictatorship: Perspectives of Interpretation*, 3rd edn (London, 1993)

Khrushchev, 1990: Sergei Khrushchev, *Khrushchev on Khrushchev: An Inside Account of the Man and His Era* (Boston, 1990)

Kidron/Segal, 1991: Michael Kidron and Ronald Segal, *The New State of the World Atlas*, 4th ed (London, 1991)

Kindleberger, 1973: Charles P. Kindleberger, *The World in Depression 1919–1939* (London and New York, 1973)

Koivisto, 1983: Peter Koivisto, 'The Decline of the Finnish–American Left 1925–1945' in *International Migration Review*, XVII, 1, 1983

Kolakowski, 1992: Leszek Kolakowski, 'Amidst Moving Ruins' in *Daedalus* 121/2, spring 1992

Kolko, 1969: Gabriel Kolko, *The Politics of War: Allied diplomacy and the world crisis of 1943–45* (London, 1969)

Köllö, 1990: Janos Köllö, 'After a dark golden age – Eastern Europe' in *WIDER Working Papers* (duplicated), Helsinki, 1990

Kornai: Janos Kornai, *The Economics of Shortage* (Amsterdam, 1980)

Kosinski, 1987: L.A. Kosinski, review of Robert Conquest, *The Harvest of Sorrow: Soviet Collectivisation and the Terror Famine*' in *Population and Development Review*, vol. 13, no. 1, 1987

Kosmin/Lachman, 1993: Barry A. Kosmin and Seymour P. Lachman, *One Nation Under God: Religion in Contemporary American Society* (New York, 1993)

Kraus, 1922: Karl Kraus, *Die letzten Tage der Menschheit: Tragödie in fünf Akten mit Vorspiel und Epilog* (Wien-Leipzig, 1922)

Kulischer, 1948: Eugene M. Kulischer *Europe on the Move: War and Population Changes 1917–1947* (New York, 1948)

Kuttner, 1991: Robert Kuttner, *The End of Laissez-Faire: National Purpose and the Global Economy after the Cold War* (New York, 1991)

Kuznets, 1956: Simon Kuznets, 'Quantitative Aspects of the Economic Growth of Nations' in *Economic Development and Culture Change*, vol. 5, no. 1, 1956, pp. 5–94

Kyle, 1990: Keith Kyle, *Suez* (London, 1990)

Ladurie, 1982: Emmanuel Le Roy Ladurie, *Paris–Montpellier: PC-PSU 1945–1963* (Paris, 1982)

Lafargue: Paul Lafargue, *Le droit à la paresse* (Paris, 1883); *The Right to Be Lazy and Other Studies* (Chicago, 1907)

Land Reform: Philip M. Raup, 'Land Reform' in art. 'Land Tenure', *International Encyclopedia of Social Sciences*, vol. 8, pp. 571–75 (New York, 1968)

Lapidus, 1988: Ira Lapidus, *A History of Islamic Societies* (Cambridge, 1988)

Laqueur, 1977: Walter Laqueur, *Guerrilla: A historical and critical study* (London, 1977)

Larkin, 1988: Philip Larkin, *Collected Poems* ed. and with an introduction by Anthony Thwaite (London, 1988)

Larsen E., 1978: Egon Larsen, *A Flame in Barbed Wire: The Story of Amnesty International* (London, 1978)

Larsen S. et al., 1980: Stein Ugevik Larsen, Bernt Hagtvet, Jan Petter, My Klebost et. al., *Who Were the Fascists?* (Bergen–Oslo–Tromsö, 1980)

Lary, 1943: Hal B. Lary and Associates, *The United States in the World Economy: The International Transactions of the United States during the Interwar Period*, US Dept of Commerce (Washington, 1943)

Las Cifras, 1988: *Asamblea Permanente para los Derechos Humanos, La Cifras de la Guerra Sucia* (Buenos Aires, 1988)

Latham, 1981: A.J.H. Latham, *The Depression and the Developing World, 1914–1939* (London and Totowa NJ, 1981)

League of Nations, 1931: *The Course and Phases of the World Depression* (Geneva, 1931; reprinted 1972)

League of Nations, 1945: *Industrialisation and Foreign Trade* (Geneva, 1945)

Leaman, 1988: Jeremy Leaman, *The Political Economy of West Germany 1945–1985* (London, 1988)

Leighly, Naylor, 1992: J.E. Leighly and J. Naylor, 'Socioeconomic Class Bias in Turnout 1964–1988: the voters remain the same' in *American Political Science Review*, 86/3 September, 1992, pp. 725–36

Lenin, 1970: V.I. Lenin, *Selected Works in 3 Volumes* (Moscow, 1970: 'Letter to the Central Committee, the Moscow and Petrograd Committees and the Bolshevik Members of the Petrograd and Moscow Soviets', October 1/14 1917, V.I. Lenin op. cit, vol. 2, p. 435; Draft Resolution for the Extraordinary All-Russia Congress of Soviets of Peasant Deputies, November 14/27, 1917, V.I. Lenin, loc. cit, p. 496; Report on the activities of the Council of People's Commissars, January 12/24 1918, loc. cit., p. 546

Leontiev, 1938: Wassily Leontiev, 'The Significance of Marxian Economics for Present-Day Economic Theory' in *Amer.Econ. Rev.Supplement* vol. XXVIII, 1 March 1938, republished in *Essays in Economics: Theories and Theorizing*, vol. 1, p. 78 (White Plains, 1977)

Lettere: P. Malvezzi and G. Pirelli eds *Lettere di Condannati a morte della Resistenza europea*, p. 306 (Turin, 1954)

Levi-Strauss: Claude Levi-Strauss, Didier Eribon, *De Près et de Loin* (Paris, 1988)

Lewin, 1991: Moshe Lewin, 'Bureaucracy and the Stalinist State' unpublished paper in *Germany and Russia in the 20th Century in Comparative Perspective* (Philadelphia, 1991)

Lewis, 1981: Arthur Lewis, 'The Rate of Growth of World Trade 1830–1973' in Sven Grassman and Erik Lundberg eds, *The World Economic Order:Past and Prospects* (London, 1981)

Lewis, 1938: Cleona Lewis, *America's Stake in International Investments* (Brookings Institution, Washington, 1938)

Lewis, 1935: Sinclair Lewis, *It Can't Happen Here* (New York, 1935)

Lewontin, 1973: R.C. Lewontin, *The Genetic Basis of Evolutionary Change* (New York, 1973)

Lewontin, 1992: R.C. Lewontin, 'The Dream of the Human Genome' in *New York Review of Books*, 28 May 1992, pp. 32–40

Leys,1977: Simon Leys, *The Chairman's New Clothes: Mao and the Cultural Revolution* (New York, 1977)

Lieberson, Waters, 1988: Stanley Lieberson and Mary C. Waters, *From many strands: Ethnic and Racial Groups in Contemporary America* (New York, 1988)

Liebman/Walker/Glazer: Arthur Liebman, Kenneth Walker, Myron Glazer, *Latin American University Students: A six-nation study* (Cambridge MA, 1972)

Lieven, 1993: Anatol Lieven, *The Baltic Revolution: Estonia, Latvia, Lithuania and the Path to Independence* (New Haven and London, 1993)

Linz, 1975: Juan J. Linz, 'Totalitarian and Authoritarian Regimes' in Fred J. Greenstein and Nelson W. Polsby eds, *Handbook of Political Science*, vol. 3, *Macropolitical Theory* (Reading MA, 1975)

Liu, 1986: Alan P.L. Liu, *How China Is Ruled* (Englewood Cliffs, 1986)

Loth, 1988: Wilfried Loth, *The Division of the World 1941–1955* (London, 1955)

Lu Hsün: as cited in Victor Nee and James Peck eds, *China's Uninterrupted Revolution: From 1840 to the Present*, p. 23 (New York, 1975)

Lynch, 1990: Nicolas Lynch Gamero, *Los jovenes rojos de San Marcos: El radicalismo universitario de los años setenta* (Lima, 1990)

McCracken, 1977: Paul McCracken et al., *Towards Full Employment and Price Stability* (Paris, OECD 1977)

Macluhan, 1962: Marshall Macluhan, *The Gutenberg Galaxy* (New York, 1962)

Macluhan, 1967: Marshall Macluhan and Quentin Fiore, *The Medium is the Massage* (New York, 1967)

McNeill, 1982: William H. McNeill, *The Pursuit of Power: Technology, Armed Force and Society since AD 1000* (Chicago, 1982)

Maddison, 1969: Angus Maddison, *Economic Growth in Japan and the USSR* (London, 1969)

Maddison, 1982: Angus Maddison, *Phases of Capitalist Economic Development* (Oxford, 1982)

Maddison, 1987: Angus Maddison, 'Growth and Slowdown in Advanced Capitalist Economies: Techniques of Quantitative Assessment' in *Journal of Economic Literature*, vol. XXV, June 1987

Maier, 1987: Charles S. Maier, *In Search of Stability: Explorations in Historical Political Economy* (Cambridge, 1987)

Maksimenko, 1991: V.I. Maksimenko, 'Stalinism without Stalin: the mechanism of "*zastoi*'' unpublished paper in *Germany and Russia in the 20th Century in Comparative Perspective*' (Philadelphia 1991)

Mangin, 1970: William Mangin ed., *Peasants in Cities: Readings in the Anthropology of Urbanization* (Boston, 1970)

Manuel, 1988: Peter Manuel, *Popular Musics of the Non-Western World: An Introductory Survey* (Oxford, 1988)

Marglin and Schor, 1990: S. Marglin and J. Schor eds, *The Golden Age of Capitalism* (Oxford, 1990)

Marrus, 1985: Michael R. Marrus, *European Refugees in the Twentieth Century* (Oxford, 1985)

Martins Rodrigues, 1984: '*O PCB: os dirigentes e a organização*' in *O Brasil Republicano*, vol. X, *tomo* III of Sergio Buarque de Holanda ed., *Historia Geral da Civilizacão Brasilesira* pp. 390–97 (Saõ Paulo, 1960–84)

Mencken, 1959: Alistair Cooke ed. *The Viking Mencken* (New York, 1959)

Jean A. Meyer, *La Cristiada*, 3 vols (Mexico D.F., 1973–79); English: *The Cristero Rebellion: The Mexican People between Church and State 1926–1929* (Cambridge, 1976)

Meyer-Leviné, 1973: Rosa Meyer-Leviné, *Leviné: The Life of a Revolutionary* (London, 1973)

Miles et al., 1991: M. Miles, E. Malizia, Marc A. Weiss, G. Behrens, G. Travis, *Real Estate Development: Principles and Process* (Washington DC, 1991)

Miller, 1989: James Edward Miller, 'Roughhouse diplomacy: the United States confronts Italian Communism 1945–1958' in *Storia delle relazioni internazionali*, V/1989/2, pp. 279–312

Millikan, 1930: R.A. Millikan, 'Alleged Sins of Science, in *Scribners Magazine* 87(2), 1930, pp. 119–30

Milward, 1979: Alan Milward, *War, Economy and Society 1939–45* (London, 1979)

Milward, 1984: Alan Milward, *The Reconstruction of Western Europe 1945–51* (London, 1984)

Minault, 1982: Gail Minault, *The Khilafat Movement: Religious Symbolism and Political Mobilization in India* (New York, 1982)

Misra, 1961: B.B. Misra, *The Indian Middle Classes: Their Growth in Modern Times* (London, 1961)

Mitchell/Jones: B.R. Mitchell and H.G. Jones *Second Abstract of British Historical Statistics* (Cambridge, 1971)

Mitchell, 1975: B.R. Mitchell, *European Historical Statistics* (London, 1975)

Moisí, 1981: D. Moisí ed., *Crises et guerres au XXe siècle* (Paris, 1981)

Molano, 1988: Alfredo Molano, '*Violencia y colonización*' in *Revista Foro: Fundación Foro Nacional por Colombia*, 6 June 1988 pp. 25–37

Montagni, 1989: Gianni Montagni, *Effetto Gorbaciov: La politica internazionale degli anni ottanta. Storia di quattro vertici da Ginevra a Mosca* (Bari, 1989)

Morawetz, 1977: David Morawetz, *Twenty-five Years of Economic Development 1950–1975* (Johns Hopkins, for the World Bank, 1977)

Mortimer, 1925: Raymond Mortimer, '*Les Matelots*' in *New Statesman*, 4 July 1925, p. 338

Muller, 1951: H. J. Müller in L.C. Dunn ed. *Genetics in the 20th Century: Essays on the Progress of Genetics During the First Fifty Years* (New York, 1951)

Muller, 1992: H.J. Muller, *Krieg ohne Schlacht: Leben in zwei Diktaturen* (Cologne, 1992)

Muzzioli, 1993: Giuliano Muzzioli, *Modena* (Bari, 1993)

Nehru, 1936: Jawaharlal Nehru, *An Autobiography, with musings on recent events in India* (London, 1936)

Nicholson, 1970: E.M. Nicholson cited in *Fontana Dictionary of Modern Thought*: 'Ecology' (London, 1977)

Noelle/Neumann, 1967: Elisabeth Noelle and Erich Peter Neumann eds, *The Germans: Public Opinion Polls 1947–1966* p. 196 (Allensbach and Bonn, 1967)

Nolte, 1987: Ernst Nolte, *Der eurobäische Bürgerkrieg, 1917–1945: National-sozialismus und Bolschewismus* (Stuttgart, 1987)

North/Pool, 1966: Robert North and Ithiel de Sola Pool, 'Kuomintang and Chinese Communist Elites' in Harold D. Lasswell and Daniel Lerner eds, *World Revolutionary Elites: Studies in Coercive Ideological Movements* (Cambridge MA, 1966)

Nove, 1969: Alec Nove, *An Economic History of the USSR* (London, 1969)

Nwoga, 1970: Donatus I. Nwoga, 'Onitsha Market Literature' in *Mangin*, 1970

Observatoire, 1991: *Comité Scientifique auprès du Ministère de l'Education Nationale*, unpublished paper, *Observatoire des Thèses* (Paris, 1991)

OECD Impact: OECD: *The Impact of the Newly Industrializing Countries on Production and Trade in Manufactures: Report by the Secretary-General* (Paris, 1979)

OECD National Accounts: *OECD National Accounts 1960–1991*, vol. 1 (Paris, 1993)

Ofer, 1987: Gur Ofer, 'Soviet Economic Growth, 1928-1985' in *Journal of Economic Literature*, XXV/4, December 1987, p. 1778

Ohlin, 1931: Bertil Ohlin, for the League of Nations, *The Course and Phases of the World Depression* (1931; reprinted Arno Press, New York, 1972)

Olby, 1970: Robert Olby, 'Francis Crick, DNA, and the Central Dogma' in Holton 1972, pp. 227-80

Orbach, 1978: Susie Orbach, *Fat is a Feminist Issue: the anti-diet guide to permanent weight loss* (New York and London, 1978)

Ory, 1976: Pascal Ory, *Les Collaborateurs: 1940–1945* (Paris, 1976)

Paucker, 1991: Arnold Paucker, *Jewish Resistance in Germany: The Facts and the Problems* (*Gedenkstaette Deutscher Widerstand*, Berlin, 1991)

Pavone, 1991: Claudio Pavone, *Una guerra civile: Saggio storico sulla moralità nella Resistenza* (Milan, 1991)

Peierls, 1992: Peierls, Review of D.C. Cassidy, *Uncertainty: The Life of Werner Heisenberg*' in *New York Review of Books*, 23 April 1992, p. 44

*People's Daily*, 1959: 'Hai Jui reprimands the Emperor' in *People's Daily* Beijing, 1959, cited in Leys, 1977

Perrault, 1987: Giles Perrault, *A Man Apart: The Life of Henri Curiel* (London, 1987)

Petersen, 1986: W. and R. Petersen, *Dictionary of Demography*, vol. 2, art: 'War' (New York–Westport–London, 1986)

Piel, 1992: Gerard Piel, *Only One World: Our Own To Make And To Keep* (New York, 1992)

Planck, 1933: Max Planck, *Where Is Science Going?* with a preface by Albert Einstein; translated and edited by James Murphy (New York, 1933)

Polanyi, 1945: Karl Polanyi, *The Great Transformation* (London, 1945)

Pons Prades, 1975: E. Pons Prades, *Republicanos Españoles en la 2a Guerra Mundial* (Barcelona, 1975)

Population, 1984: UN Dept of International Economic and Social Affairs: *Population Distribution, Migration and Development. Proceedings of the Expert Group, Hammamet* (*Tunisia*) *21–25 March 1983* (New York, 1984)

Potts, 1990: Lydia Potts, *The World Labour Market: A History of Migration* (London and New Jersey, 1990)

*Pravda*, 25 January 1991.

Proctor, 1988. Robert N. Proctor, *Racial Hygiene: Medicine Under the Nazis* (Cambridge MA, 1988)

Programma 2000: PSOE (Spanish Socialist Party), *Manifesto of Programme: Draft for Discussion*, January 1990 (Madrid, 1990)

Prost: A Prost, '*Frontières et espaces du privé*' in *Histoire de la Vie Privée de la Première Guerre Mondiale à nos Jours* vol. 5, pp.13–153 Paris, 1987

Rado, 1962: A. Rado ed., *Welthandbuch: internationaler politischer und wirtschaftlicher Almanach 1962* (Budapest, 1962)

Raw, Page, Hodson 1972: Charles Raw, Bruce Page, Godfrey Hodgson, *Do You Sincerely Want To Be Rich?* (London, 1972)

Ranki, 1971: George Ranki in Peter F. Sugar ed., *Native Fascism in the Successor States: 1918–1945* (Santa Barbara, 1971)

Ransome, 1919: Arthur Ransome, *Six Weeks in Russia in 1919* (London, 1919)

Räte-China, 1973: Manfred Hinz ed., *Räte-China: Dokumente der chinesischen Revolution* (1927–31) (Berlin, 1973)

Reale, 1954: Eugenio Reale, *Avec Jacques Duclos au Banc des Accusés à la Réunion Constitutive du Cominform* (Paris, 1958)

Reed, 1919: John Reed *Ten Days That Shook The World* (New York, 1919 and numerous editions)

Reinhard et al, 1968: M. Reinhard, A. Armengaud, J. Dupaquier, *Histoire Générale de la population mondiale*, 3rd edn (Paris, 1968)

Reitlinger, 1982: Gerald Reitlinger, *The Economics of Taste: The Rise and Fall of Picture Prices 1760–1960* 3 vols (New York, 1982)

Riley, 1991: C. Riley, 'The Prevalence of Chronic Disease During Mortality Increase: Hungary in the 1980s' in *Population Studies*, 45/3 November 1991, pp. 489–97

Riordan, 1991: J. Riordan, *Life After Communism*, inaugural lecture, University of Surrey (Guildford, 1991)

Ripken/Wellmer, 1978: Peter Ripken and Gottfried Wellmer, '*Bantustans und ihre Funktion für das südafrikanische Herrschaftssystem*' in Peter Ripken, *Südliches Afrika: Geschichte, Wirtschaft, politische Zukunft*, pp. 194–203, Berlin, 1978

Roberts, 1991: Frank Roberts, *Dealing with the Dictators: The Destruction and Revival of Europe 1930–1970* (London, 1991)

Rozsati/Mizsei, 1989: D. Rosati and K. Mizsei, *Adjustment through opening of socialist economies* in UNU/WIDER, Working Paper 52 (Helsinki, 1989)

Rostow, 1978: W.W. Rostow, *The World Economy:History and Prospect* (Austin, 1978)

Russell Pasha 1949: Sir Thomas Russell Pasha, *Egyptian Service, 1902–1946* (London, 1949)

Samuelson, 1943: Paul Samuelson, 'Full employment after the war' in S. Harris ed., *Post-war Economic Problems* (New York, 1943)

Sareen, 1988: T.R. Sareen, *Select Documents on Indian National Army* (New Delhi, 1988)

Sassoon, 1947: Siegfried Sassoon, *Collected Poems* (London, 1947)

Schatz, 1983: Ronald W. Schatz, *The Electrical Workers. A History of Labor at General Electric and Westinghouse* (University of Illinois Press, 1983)

Schell, 1993: Jonathan Schell 'A Foreign Policy of Buy and Sell' (*New York Newsday*, 21 November 1993)

Schram, 1966: Stuart Schram, *Mao Tse Tung* (Baltimore, 1966))

Schrödinger, 1944: Erwin Schrödinger, *What Is Life: The Physical Aspects of the Living Cell* (Cambridge, 1944)

818

Schumpeter, 1954: Joseph A. Schumpeter, *History of Economic Analysis* (New York, 1954)

Schwartz, 1966: Benjamin Schwartz, 'Modernisation and the Maoist Vision' in Roderick MacFarquhar ed., *China Under Mao: Politics Takes Command* (Cambridge MA, 1966)

Scott, 1985. James C. Scott, *Weapons of the Weak: Everyday Forms of Peasant Resistance* (New Haven and London 1985)

Seal, 1968: Anil Seal, *The Emergence of Indian Nationalism: Competition and Collaboration in the later Nineteenth Century* (Cambridge, 1968)

Sinclair, 1982: Stuart Sinclair, *The World Economic Handbook* (London, 1982)

Singer, 1972: J. David Singer, *The Wages of War 1816–1965: A Statistical Handbook* (New York, London, Sydney, Toronto, 1972)

Smil, 1990: Vaclav Smil, 'Planetary Warming: Realities and Responses' in *Population and Development Review*, vol. 16, no.1, March 1990

Smith, 1989: Gavin Alderson Smith, *Livelihood and Resistance: Peasants and the Politics of the Land in Peru* (Berkeley, 1989)

Snyder, 1940: R.C. Snyder, 'Commercial policy as reflected in Treaties from 1931 to 1939' in *American Economic Review*, 30, 1940

Social Trends: UK Central Statistical Office, *Social Trends 1980* (London, annual)

Solzhenitsyn, 1993: Alexander Solzhenitsyn in *New York Times* 28 November 1993

Somary, 1929: Felix Somary, *Wandlungen der Weltwirtschaft seit dem Kriege* (Tübingen, 1929)

Sotheby: *Art Market Bulletin*, A Sotheby's Research Department Publication, End of season review, 1992

Spencer, 1990: Jonathan Spencer, *A Sinhala Village in Time of Trouble: Politics and Change in Rural Sri Lanka* (New Dehli, 1990)

Spero, 1977: Joan Edelman Spero, *The Politics of International Economic Relations* (New York, 1977)

Spriano, 1969: Paolo Spriano, *Storia del Partito Comunista Italiano* Vol. II (Turin, 1969)

Spriano, 1983: Paolo Spriano, *I comunisti europei e Stalin* (Turin, 1983)

SSSR, 1987: *SSSR v Tsifrakh v 1987*, pp. 15–17, 32–33

Staley, 1939: Eugene Staley, *The World Economy in Transition* (New York, 1939)

Stalin, 1952: J.V. Stalin, *Economic Problems of Socialism in the USSR* (Moscow, 1952)

Starobin, 1972: Joseph Starobin, *American Communism in Crisis* (Cambridge MA, 1972)

Starr, 1983: Frederick Starr, *Red and Hot: The Fate of Jazz in the Soviet Union 1917–1980* (New York, 1983)

Stat. Jahrbuch: Federal Republic Germany, Bundesamt für Statistik, *Statistisches Jahrbuch für das Ausland* (Bonn, 1990)

Steinberg, 1990: Jonathan Steinberg, *All or Nothing: The Axis and the Holocaust 1941–43* (London, 1990)

Stevenson, 1984: John Stevenson, *British Society 1914–1945* (Harmondsworth, 1984)

Stoll, 1990: David Stoll, *Is Latin America Turning Protestant: The Politics of Evangelical Growth* (Berkeley, Los Angeles, Oxford, 1992)

Stouffer/Lazarsfeld, 1937: S. Stouffer and P. Lazarsfeld, *Research Memorandum on the Family in the Depression*, Social Science Research Council (New York, 1937)

Stürmer, 1993: Michael Stürmer in '*Orientierungskrise in Politik und Gesellschaft? Perspektiven der Demokratie an der Schwelle zum 21. Jahrhundert*' in (*Bergedorfer Gesprächskreis, Protokoll Nr 98* Hamburg-Bergedorf, 1993)

Stürmer, 1993: Michael Stürmer, *99 Bergedorfer Gesprächskreis* (22–23 May, Ditchley Park): *Wird der Westen den Zerfall des Ostens überleben? Politische und ökonomische Herausforderungen für Amerika und Europa* (Hamburg, 1993)

Tanner, 1962: J.M. Tanner, *Growth at Adolescence*, 2nd edn (Oxford, 1962)

Taylor/Jodice, 1983: C.L. Taylor and D.A. Jodice, *World Handbook of Political and Social Indicators*, 3rd edn (New Haven and London, 1983)

Taylor, 1990: Trevor Taylor, 'Defence industries in international relations' in *Rev. Internat. Studies* 16, 1990, pp. 59–73

Technology, 1986: US Congress, Office of Technology Assessment, *Technology and Structural Unemployment: Reemploying Displaced Adults* (Washington DC, 1986)

Temin, 1993: Peter Temin, 'Transmission of the Great Depression' in *Journal of Economic Perspectives*, vol. 7/2, spring 1993, pp. 87–102)

Terkel, 1967: Studs Terkel, *Division Street: America* (New York, 1967)

Terkel, 1970: Studs Terkel, *Hard Times: An Oral History of the Great Depression* (New York, 1970)

Therborn, 1984: Göran Therborn, 'Classes and States, Welfare State Developments 1881–1981' in *Studies in Political Economy: A Socialist Review*, no. 13, spring 1984, pp. 7–41

Therborn, 1985: Göran Therborn, 'Leaving the Post Office Behind' in M. Nikolic ed. *Socialism in the Twenty-first Century* pp. 225–51 (London, 1985)

Thomas 1971: Hugh Thomas, *Cuba or the Pursuit of Freedom* (London 1971)

Thomas, 1977: Hugh Thomas, *The Spanish Civil War* (Harmondsworth, 1977 edition)

Tiempos, 1990: Carlos Ivan Degregori, Marfil Francke, José López Ricci, Nelson Manrique, Gonzalo Portocarrero, Patricia Ruíz Bravo, Abelardo Sánchez León, Antonio Zapata, *Tiempos de Ira y Amor: Nuevos Actores para viejos problemas*, DESCO (Lima, 1990)

Tilly/Scott, 1987: Louise Tilly and Joan W. Scott, *Women, Work and Family* (second edition, London, 1987)

Titmuss: Richard Titmuss, *The Gift Relationship: From Human Blood to Social Policy* (London, 1970)

Tomlinson, 1976: B.R.Tomlinson, *The Indian National Congress and the Raj 1929–1942: The Penultimate Phase* (London, 1976)

Touchard, 1977: Jean Touchard, *La gauche en France* (Paris, 1977)

Townshend, 1986: Charles Townshend, 'Civilization and Frightfulness: Air Control in the Middle East Between the Wars' in C. Wrigley ed. (see Hobsbawm, 1986)

Trofimov/Djangava, 1993: Dmitry Trofimov and Gia Djangava, *Some reflections on current geopolitical situation in the North Caucasus* (London, 1993, mimeo)

Tuma, 1965: Elias H. Tuma, *Twenty-six Centuries of Agrarian Reform: A comparative analysis* (Berkeley and Los Angeles, 1965)

Umbruch: See Fröbel, Heinrichs, Kreye, 1986

Umbruch, 1990: Federal Republic of Germany: *Umbruch in Europa: Die Ereignisse im 2. Halbjahr 1989. Eine Dokumentation, herausgegeben vom Auswärtigen Amt* (Bonn, 1990)

UN Africa, 1989: UN Economic Commission for Africa, Inter-Agency Task Force, Africa Recovery Programme, *South African Destabilization: The Economic Cost of Frontline Resistance to Apartheid* (New York, 1989)

UN Dept of International Economic and Social Affairs, 1984: See Population, 1984

UN International Trade: UN *International Trade Statistics Yearbook*, 1983

*UN Statistical Yearbook* (annual)

UN Transnational, 1988: United Nations Centre on Transnational Corporations, *Transnational Corporations in World Development: Trends and Prospects* (New York, 1988)

UN World Social Situation, 1970: UN, Department of Economic and Social Affairs, *1970 Report on the World Social Situation* (New York, 1971)

UN World Social Situation 1985: UN Dept of International Economic and Social Affair: *1985 Report on the World Social Situation* (New York, 1985)

UN World Social Situation 1989: UN Dept of International Economic and Social Affairs: *1989 Report on the World Social Situation* (New York, 1989)

UN World's Women: UN Social Statistics and Indicators Series K no. 8: *The World's Women 1970–1990: Trends and Statistics* (New York, 1991)

UNCTAD: UNCTAD (UN Commission for Trade and Development) *Statistical Pocket Book 1989* (New York, 1989)

UNESCO: UNESCO *Statistical Yearbook*, for the years concerned.

US Historical Statistics: US Dept of Commerce. Bureau of the Census, *Historical Statistics of the United States: Colonial Times to 1970*, 3 vols (Washington, 1975)

Van der Linden, 1993: 'Forced labour and non-capitalist industrialization: the case of Stalinism' in Tom Brass, Marcel van der Linden, Jan Lucassen, *Free and Unfree Labour* (IISH, Amsterdam, 1993)

Van der Wee: Herman Van der Wee, *Prosperity and Upheaval: The World Economy 1945–1980* (Harmondsworth, 1987)

Veillon 1992: Dominique Veillon, '*Le quotidien*' in *Ecrire l'histoire du temps présent. En hommage á Francois Bédarida: Actes de la journée d études de l'IHTP*, pp. 315–28 (Paris CNRS, 1993)

Vernikov, 1989: Andrei Vernikov, 'Reforming Process and Consolidation in the Soviet Economy', *WIDER Working Papers WP 53* (Helsinki, 1989)

Walker, 1988: Martin Walker, 'Russian Diary' in the *Guardian*, 21 March 1988, p. 19

Walker, 1991: Martin Walker, 'Sentencing system blights land of the free' in the *Guardian*, 19 June 1991, p. 11

Walker, 1993: Martin Walker, *The Cold War: And the Making of the Modern World* (London, 1993)

Ward, 1976: Benjamin Ward, 'National Economic Planning and Politics' in Carlo Cipolla ed., *Fontana Economic History of Europe: The Twentieth Century*, vol. 6/1 (London, 1976)

Watt, 1989: D.C. Watt, *How War Came* (London, 1989)

Weber, 1969: Hermann Weber, *Die Wandlung des deutschen Kommunismus: Die Stalinisierung der KPD in der Weimarer Republik* 2 vols (Frankfurt, 1969)

Weinberg, 1977: Steven Weinberg, 'The Search for Unity: Notes for a History of Quantum Field Theory' in *Daedalus*, autumn 1977

Weinberg, 1979: Steven Weinberg, 'Einstein and Spacetime Then and Now' in *Bulletin, American Academy of Arts and Sciences*, xxxiii. 2 November 1979

Weisskopf, 1980: V. Weisskopf, 'What Is Quantum Mechanics?' in *Bulletin, American Academy of Arts & Sciences*, vol. xxxiii, April 1980

Wiener, 1984: Jon Wiener, *Come Together: John Lennon in his Time* (New York, 1984)

Wildavsky, 1990: Aaron Wildavsky and Karl Dake, 'Theories of Risk Perception: Who Fears What and Why?' in *Daedalus*, vol. 119, no. 4, autumn 1990, pp. 41–60

Willett, 1978: John Willett, *The New Sobriety: Art and Politics in the Weimar Period* (London, 1978)

Wilson, 1977: E.O. Wilson, 'Biology and the Social Sciences' in *Daedalus 106/4*, autumn 1977, pp. 127–40

Winter, 1986: Jay Winter, *War and the British People* (London, 1986)

'Woman', 1964: 'The Woman in America' in *Daedalus* 1964

*The World Almanack* (New York, 1964, 1993)

World Bank Atlas: *The World Bank Atlas 1990* (Washington, 1990)

World Development: World Bank: *World Development Report* (New York, annual)

World Economic Survey, 1989: UN Dept of International Economic and Social Affairs, *World Economic Survey 1989: Current Trends and Policies in the World Economy* (New York, 1989)

World Labour, 1989: International Labour Office (ILO), *World Labour Report 1989* (Geneva, 1989)

World Resources, 1986: *A Report by the World Resources Institute and the International Institute for Environment and Development* (New York, 1986)

World Tables, 1991: The World Bank: *World Tables 1991* (Baltimore and Washington, 1991)

World's Women: see UN World's Women

Zetkin, 1968: Clara Zetkin, 'Reminiscences of Lenin' in *They Knew Lenin: Reminiscences of Foreign Contemporaries* (Moscow, 1968)

Ziebura, 1990: Gilbert Ziebura, *World Economy and World Politics 1924–1931: From Reconstruction to Collapse* (Oxford, New York, Munich, 1990)

Zinoviev, 1979: Aleksandr Zinoviev, *The Yawning Heights* (Harmondsworth, 1979)

# 기본문헌에 대한 소개

여기에 적은 것은 더 많은 것을 알고 싶어하는 비(非)역사가들에 대한 조언이다.

20세기 세계사에 대한 기본적 사실들은 R. R. Palmer and Joel Colton, *A History of the Modern World*(1983년의 제6판 또는 그 이후 판) 같은 훌륭한 대학교과서에서 접할 수 있다. 이 책의 강점은 뛰어난 참고문헌에 있다. 몇몇 지역들과 대륙들에 대해서는 훌륭한 단권(單卷) 개설서들이 있으나 다른 지역들과 대륙들의 경우는 그렇지 못하다. Ira Lapidus, *A History of Islamic Societies*(1988), Jack Gray, *Rebellions and Revolutions : China from the 1800s to the 1980s*(1990), Roland Oliver and Anthony Atmore, *Africa since 1800*(1981), James Joll, *Europe since 1870*(최신판)이 유익하다. Peter Calvocoressi, *World Politics since 1945* (제6판, 1991)는 1945년 이후 시기에 대해 매우 탁월하다. 그 책에 대한 배경지식을 익히려면 Paul Kennedy, *The Rise and Fall of the Great Powers*(1987)(국역본 : 「강대국의 흥망」, 한국경제신문사, 1996/역주)와 Charles Tilly, *Coercion, Capital and European States AD900- 1990*(1990) (국역본:「국민국가의 형성과 계보」, 학문과사상사, 1994/역주)을 읽어야 한다.

역시 단권의 범위 내에서 W. W. Rostow, *The World Economy : History and Prospect*(1978)는, 논쟁의 여지가 있고 편하게 읽을 수 있는 책은 결코 아니지만, 방대한 양의 정보를 제공한다. Paul Bairoch, *The Economic Development of the Third World since 1990*(1975)은 매우 적절하며, 기술과 산업의 발전에 관해서는 David Landes, *The Unbound Prometheus*(1969)가 적절하다.

몇몇 참고용 도서들은 참고문헌에 포함시켰다. 통계집으로는 *Historical Statistics of the United States : Colonial Times to 1970*(3 vols, 1975), B. R. Mitchells의 *European Historical Statistics*(1980)와 *International Historical Statistics*(1986) 그리고 P. Flora, *State, Economy and Society*

*in Western Europe 1815-1975*(2 vols, 1983)가 주목할 만한 책들이다.
Chambers *Biographical Dictionary*는 광범위한 대상을 다루고 있고 사용
하기 편리하다. 지도(地圖)를 좋아하는 사람들은, 상상력이 풍부한
*Times Atlas of World History*(1978), 뛰어난 양식(樣式)의 Michael
Kidron and Ronald Segal, *The New State of the World Atlas*(제4판,
1991), 1968년 이후 매년 발간된 (경제와 사회를 다룬) *World Bank Atlas*
에서 정보를 얻을 수 있다. 그밖의 수많은 지도집들 가운데에서는
Andrew Wheatcroft, *The World Atlas of Revolution*(1983), Colin
McEvedy & R. Jones, *An Atlas of World Population History*(1982년판),
Martin Gilbert, *Atlas of the Holocaust*(1972)가 주목할 만하다.

지도는 아마도 특정 지역의 역사를 연구하는 데에 훨씬 더 유용할 것
이다. 그러한 지도집들로는 G. Blake, John Dewdney, Jonathan
Mitchell, *The Cambridge Atlas of the Middle East and North Africa*
(1987), Joseph E. Schwarzberg, *A Historical Atlas of South Asia*(1978),
J. F. Adeadjayi and M. Crowder, *Historical Atlas of Africa*(1985), Mar-
tin Gilbert, *Russian History Atlas*(1993년판)가 있다. 세계의 몇몇 지역
들과 대륙들에 대해서는 여러 권으로 된, 최신식의 훌륭한 역사서들이
있으나, 기묘하게도 유럽이나 세계에 대해서는 (영어로 된) 그러한 역사
서들이 없다. 경제사를 제외하고 말이다. 다섯 권으로 된 펭귄 총서 *His-
tory of the World Economy in the Twentieth Century*는 지극히 뛰어나다.
다섯 권의 저자와 제목은 다음과 같다. Gerd Hardach, *The First World
War 1914-1918*; Derek Aldcroft, *From Versailles to Wall Street, 1919-
1929*; Charles Kindleberger, *The World in Depression 1929-1939*; Alan
Milward의 특히 우수한 *War, Economy and Society, 1939-45*; Herman
Van der Wee, *Prosperity and Upheaval : The World Economy 1945-
1980*.

지역연구서들 중에서는 *Cambridge History*들의 20세기 부분——
*Cambridge History of Africa*(vols 7-8), *Cambridge History of China*
(vols 10-13), *Cambridge History of Latin America*(Leslie Bethell ed.,
vols 6-9) —— 이 최신식(서술방식보다는 표본추출법 면에서이기는 하
지만)의 역사서술이다. 야심적인 *New Cambridge History of India*는 불

행히도 아직까지는 충분히 선진적이지 않다.

Marc Ferro, *The Great War*(1973)와 Jay Winter, *The Experience of World War I*(1989)는 독자들을 제1차 세계대전으로, Peter Calvocoressi, *Total War*(1989년판), Gerhard L. Weinberg, *A World at Arms : a Global History of World War II*(1994), Alan Milward의 책은 제2차 세계대전으로 안내할 수 있다. Gabriel Kolko, *Century of War : Politics, Conflict and Society since 1914*(1994)는 두 전쟁 모두와 각 전쟁 직후의 혁명적 상황을 다루고 있다. 세계혁명에 대해서는 John Dunn, *Modern Revolutions*(제2판, 1989)와 Eric Wolf, *Peasant Wars of the Twentieth Century*(1969)(국역본 : 「20세기 농민전쟁」, 형성사, 1984/역주)가 제3세계 혁명들을 포함해서 전(全)범위 —— 또는 거의 전범위 —— 를 다루고 있다. William Rosenberg and Marilyn Young, *Transforming Russia and China : Revolutionary Struggle in the Twentieth Century*(1982)도 보라. E. J. Hobsbawm, *Revolutionaries*(1973), 특히 제1-8장은 혁명운동들의 역사를 소개하고 있다.

러시아 혁명에 대해서는 연구논문들은 넘쳐나지만 프랑스 혁명에 대해서 존재하는 것과 같은 개관적 종합은 아직까지 없다. 그 혁명은 계속해서 다시 씌어지고 있다. Leon Trotsky, *A History of the Russian Revolution*(1932)은 (마르크스주의적인) 최상부에서 바라본 것이고, W. H. Chamberlin, *The Russian Revolution 1917-21*(2 vols, 제2판, 1965)은 당대의 관찰자가 바라본 것이다. Marc Ferro, *The Russian Revolution of February 1917*(1972)과 *October 1917*(1979)(국역본 : 「1917년 10월혁명」, 거름, 1983/역주)은 훌륭한 입문서이다. 여러 권으로 된 E. H. Carr의 기념비적인 저작 *History of Soviet Russia*(1950-78)는 참고용 도서로서 최상의 책이다. 그러나 그것은 1929년까지만 다루고 있다(이 책은 모두 10권으로 되어 있는데 국내에는 제1권만이 「볼셰비키 혁명사」[화다, 1985]라는 제목으로 번역되어 있고, 10권 전체의 축약본에 해당하는 「러시아 혁명 : 레닌에서 스탈린까지」[나남, 1983]가 나와 있다/역주). Alec Nove의 *An Economic History of the USSR*(1972)과 *The Economics of Feasible Socialism*(1983)은 '현존사회주의'의 작동에 대한 좋은 입문서들이다. Basile Kerblay, *Modern Soviet Society*(1983)는 소련에서의 현존사회주의의 성과에 대해서 우리가 지금까지 보아온 것 가운데 가장 냉철한 고찰을 담고 있다. F. Fejtö는 '인민민주주의국가들'의 현대사를 썼다. 중국에 대해서는 Stuart Schram, *Mao Tse-tung*(1967)과 John K. Fairbank, *The Great Chinese Revolution 1800-1985*(1986) 그리고 앞서 언급했던 Jack Gray의 책도 보라.

세계경제를 다루고 있는 책들로는 앞서 언급했던 다섯 권의 펭귄 총서 외에도 P. Armstrong, A. Glyn and J. Harrison, *Capitalism since 1945* (1991)(국역본 : 「1945년 이후의 자본주의」, 동아출판사, 1993/역주)와 S. Marglin and J. Schor eds, *The Golden Age of Capitalism*(1990)이 있다. 1945년 이전의 시기에 대해서는 국제연맹에서 낸 간행물들, 1960년 이후의 시기에 대해서는 세계은행, OECD, IMF의 간행물들이 반드시 필요하다.

전간기의 정치와 자유주의 제도들의 위기에 대해서는 Charles S. Maier, *Recasting Bourgeois Europe*(1975), F. L. Carsten, *The Rise of Fascism*(1967), H. Rogger and E. Weber eds, *The European Right : a Historical Profile*(1965), Ian Kershaw, *The Nazi Dictatorship : Problems and Perspectives*(1985)를 권하고 싶다. 반(反)파시즘 정신에 대해서는 P. Stansky and W. Abrahams, *Journey to the Frontier : Julian Bell and John Cornford*(1966), 전쟁의 발발에 대해서는 Donald Cameron Watt, *How War Came*(1989)을 보라. 냉전에 대해서 지금까지 나온 것 중 최상의 개설서는 Martin Walker, *The Cold War and the Making of the Modern World*(1993)이고, 후기 국면의 냉전에 대한 가장 명쾌한 입문서는 F. Halliday, *The Making of the Second Cold War*(제2판, 1986)이다. J. L. Gaddis, *The Long Peace : Inquiries into the History of the Cold War* (1987)도 보라. 유럽의 개조에 대해서는 Alan Milward, *The Reconstruction of Western Europe 1945-51*(1984)을 보라. 합의정치와 복지국가에 대해서는 P. Flora and A. J. Heidenheimer eds, *Development of Welfare States in America and Europe*(1981)과 D. W. Urwin, *Western Europe since 1945 : a Short Political History*(개정판, 1989)를 보라. 또한 J. Goldthorpe ed., *Order and Conflict in Contemporary Capitalism*(1984)도 보라. 미국에 대해서는 W. Leuchtenberg, *A Troubled Feast : American*

*Society since 1945*(1973)를 보라.

제국들의 종식에 대해서는 Rudolf von Albertini, *Decolonization : the Administration and Future of Colonies, 1919-1960*(1961)과 뛰어난 저작 R. F. Holland, *European Decolonization 1918-1981*(1985)을 보라. 독자들을 제3세계 역사 쪽으로 이끄는 가장 좋은 방법은 그 역사에 관한 소수의 저작들 —— 제3세계에 관한 것이라는 공통점 외에는 서로 무관한—— 을 소개하는 것이다. Eric Wolf, *Europe and the People without History* (1983)는, 우리 세기에 대해서 주변적으로만 다루기는 하지만, 기본적인 문헌이다. Philip C. C. Huang, *The Peasant Family and Rural Development in the Yangzi Delta, 1350-1988*(1990)은 다른 점에서 —— 자본주의에 대해서나 공산주의에 대해서나 —— 역시 기본적인 문헌이다. 내가 이 책에 주목하게 된 것은 Robin Blackburn 덕분이다. 그 책은 인도네시아에 관한 Clifford Geertz의 고전 *Agricultural Involution*(1963)과 비교해서 볼 만하다. 제3세계의 도시화에 관해서는 Paul Bairoch, *Cities and Economic Development*(1988)의 제4부를 반드시 보아야 한다. 정치에 대해서는 Joel S. Migdal, *Strong Societies and Weak States*(1988)가 사례와 견해들을 풍부하게 담고 있으며 그 견해들 중 일부는 설득력 있다.

과학에 대해서는 Gerald Holton ed., *The Twentieth-Century Sciences*(1972)가, 지적(知的) 발전 일반에 대해서는 George Lichtheim, *Europe in the Twentieth Century*(1972)(국역본 :「유럽현대사」, 백산서당, 1982/역주)가 출발점을 이룬다. 전위예술에 대한 훌륭한 입문서는 John Willett, *Art and Politics in the Weimar Period : The New Sobriety, 1917-1933*(1978)이다.

20세기 후반의 사회혁명과 문화혁명에 대해서는 제대로 역사학적으로 다룬 저작이 아직까지는 전혀 없다. 논평과 기록은 엄청나게 많고, 우리들 중 많은 수가 자신의 견해를 정립하는 데에 충분할 정도로 입수하기 쉽지만 말이다(참고문헌을 보라). 독자들은 문헌들(나 자신의 소견을 포함해서)의 자신만만한 어조에 현혹되어 의견과 확증된 진실을 혼동해서는 안 된다.

# 역자 후기

한 세기가 끝나는, 아니 한 천년기가 막을 내리는 상황을 불과 몇 년 앞둔 이 시점의 지구촌은 어떤 모습인가? 1999년에 노스트라다무스의 예언이 맞을 것 같지는 않지만 세기말의 빛깔은 잿빛이다. 냉전의 종식을 뒤이은 것은 평화가 아니라 제3세계와 전(前) 제2세계 곳곳에서의 전쟁과 무정부상태이고, 선진 자본주의 국가들과 나머지 세계 사이의 간극은 갈수록 벌어지고 있다. 이 책의 저자가 '제3세계 최대의 성공담' 중 하나로 꼽고 있는 한국에서는 멀쩡하던 한강 다리와 백화점이 무너졌고 '문민' 대통령의 아들이 온갖 전횡을 부리다가 쇠고랑을 찼다.

그러면 불과 3년 반 —— 21세기가 시작되는 해는 2000년이 아니라 2001년이다 —— 뒤면 시작될 새로운 세기, 새로운 천년기의 인류는 과연 어떠한 삶을 살게 될 것인가? 인류가 어디를 향해 걸어가고 있는가를 어렴풋하게나마 알 수 있는 가장 좋은 방법, 나아가 인류의 미래가 어떠해야 하는가를 판단하는 가장 좋은 방법은 지금까지 인류가 어떠한 길을 걸어왔고 어떻게 문제를 해결해왔는가(또는 해결하지 못했는가)를 살펴보는 것이 될 것이다.

에릭 홉스봄(Eric Hobsbawm)의 「극단의 시대 : 20세기 역사(*Age of Extremes : The Short Twentieth Century*, 1914-1991)」(London : Michael Joseph, 1994)는 바로 이러한 취지에 가장 잘 부합하는 책이다. 이 책은 '우리 시대' —— 독자에 따라서는 이미 우리 아버지 시대나 할아버지 시대이며 역자에게조차 절반만 타당한 표현이지만 —— 인, 방금 막을 내린 '단기(短期) 20세기'를 다루고 있다. '단기 20세기'는 제1차 세계대전이 발발한 1914년부터 소련이 무너진 1991년까지이며, 하나의 동질적인 시대로 볼 수 있는 세기가 100년이 채 안 된다는 점에서 '단기'이다 (반면, 1789-1914년은 '장기 19세기'로, 1450-1650년은 '장기 16세기'로 불린다).

저자는 국내에서도 이미 꽤 잘 알려져 있는 역사가다. 대표작인 '장기 19세기'를 다룬 3부작 가운데 두 권(「혁명의 시대」[한길사, 1984]와 「자본의 시대」[한길사, 1983])을 비롯해서, 전(前) 산업사회적 민중운동을 다룬 두 저작(「원초적 반란」[온누리, 1984]과 「의적의 사회사」[한길사, 1978])과 18세기 후반부터 1960년대까지의 영국 사회경제사의 개설서인 「산업과 제국」(한벗, 1984) 그리고 비교적 최근에 발간된 「1780년 이후 의 민족과 민족주의」(창작과비평사, 1994)에 이르기까지 꽤 여러 권—— 서양의 역사가로서는 —— 의 저작들이 우리말로 번역되어 있다. 뿐만 아 니라 홉스봄 자신과 그의 저작들에 대해 소개(및 논평)하는 글도 몇 편 있다(「영국의 마르크스주의 역사가들」[하비 케이, 역사비평사, 1988]의 제5장 ; 「역사가와 역사인식」[양병우 편, 민음사, 1989]에 실린 박지향 교수의 논문). 이러한 국내에서의 저자의 명망은 바로 이 책이 우리말로 출간되기도 전부터 책 소개와 서평이 잇달았다는 사실로 또 한번 입증되 었다(「중앙일보」 1994년 11월 5일자 ; 「한겨레신문」 1996년 5월 15일자 ; 「역사비평」 1997년 여름호에 실린 정현백 교수의 서평 등).

  홉스봄은 장기 19세기를 세 시대로 나누어 서술했듯이(1789-1848년 은 "혁명의 시대", 1848-1875년은 "자본의 시대", 1875-1914년은 "제국 의 시대"), 단기 20세기 역시 세 시대로—— 이번에는 세 권이 아니라 세 부이지만 —— 나누어서 살펴보고 있다. 우선, 제1차 세계대전이 발발한 1914년부터 제2차 세계대전 종전 직후까지는 자유주의적, 부르주아적, 유럽 중심적 문명에게 "파국의 시대(The Age of Catastrophe)"였다. 19 세기에 부상, 발전했던 그 문명 —— 바로 19세기 3부작은 그 문명의 역 사를 다룬 것이다 —— 은 두 차례의 세계대전(제1장)과, 각 전쟁에 뒤이 은 역시 두 차례의 전세계적 반란 및 혁명의 물결(제2장)과 전례 없는 경 제위기(제3장)와 파시즘-권위주의 운동들 및 체제들의 부상(제4장)에 의해서 뒤흔들렸고, 거대한 식민제국은 결국 무너졌다(제7장). 이 시기 에 가장 독특한 국면은 "공동의 적" 파시즘에 대항한 "자유주의적 자본 주의와 공산주의의 일시적이고 기묘한 동맹"(제5장)이 될 것이다. 홉스 봄은 이 동맹의 시기에 대해 "20세기사의 중심이자 결정적인 시기"라고 쓰고 있지만 불행히도 그러한 동맹은 단기 20세기의 역사 전체에서 전무 후무한 **예외적인** 국면이었다.

  두번째 시대는 1945-47년부터 1973년까지의 "황금시대(The Golden Age)"이다. 자본주의는 전례 없는 번영을 맞이했다. 선진 자본주의 국가들에서 대량실업은 사라졌고 빈곤은 크게 줄었다. 여기서 홉스봄이 특히 강조하고 있는 사실은 소련이 제2차 세계대전에서 히틀러 독일에 대한 승리에 결정적으로 기여함으로써 자유주의적 자본주의를 구제했던 것과 마찬가지로 전후에는 자본주의에게 스스로 개혁할 자극을 제공함으로써 또다시 서방 자본주의를 구제했다는 기묘한 역설이다. 또한 황금시대의 경제적 번영 자체보다 훨씬 더 중요한 것은 황금시대가 낳은 엄청난 사회적, 문화적 변동이다. 홉스봄은 이러한 "사회혁명"(제10장)으로서 농민층의 급격한 감소, 고등교육인구의 급증, 노동계급 내의 변화, 노동인구 및 고등교육인구에서의 여성 비율의 증가 등을, "문화혁명"(제11장)으로서 가족의 위기, 청년문화의 부상, 전(前) 자본주의적 유대의 쇠퇴 등을 검토하고 있다. 이러한 "인류사상 가장 크고 가장 급속하고 가장 근본적인 혁명"에 비하면 냉전의 역사(제8장)는 역사적 중요성이 훨씬 덜하지만, 저자는 "단기 20세기를 조금이라도 살아본 사람들이 실제로 느낀 감정"에 맞추어 역시 중요하게 다루고 있다(게다가 '냉전'은 두번째, 세번째 시기를 한데 묶는 유일한 시대개념이다).

세번째 시대이자 단기 20세기의 마지막 시대에 홉스봄은 "산사태(The Landslide)" 또는 "위기의 몇십 년(The Crisis Decades)"이라는 이름을 붙이고 있다. 이 시대는 "이 책을 쓸 때 아직 끝나지 않은" 시대이며, 역자가 보기에 현재(1997년)에도 진행중이다. 황금시대가 역사상 처음으로 단일한 세계경제를 창출했기 때문에 세번째 시기의 위기는 전세계가 맞은 위기였다. 1980년대와 1990년대 초의 자본주의 세계는 황금시대에 사라졌던 문제들(대량실업, 극심한 빈부격차, 심각한 주기적 불황 등)에 다시 직면했고, '현실사회주의' 국가들은 1980년대 말과 1990년대 초의 붕괴를 향해 치달았으며, 부국들과 빈국들 사이의 경제적 격차는 갈수록 벌어졌다.

이 책은 하나의 세계사다(미국판 「극단의 시대」는 영국판과 달리 아예 "세계사[A History of the World]"를 부제로 달고 있다). 홉스봄은 독자들을 쿠바 혁명의 현장으로, 모택동 체제의 중국으로, 이란 혁명의 현장으로, 연대자유노조의 폴란드로, 콩고 내전의 현장으로 종횡무진 데리고 다닌다. 제7장("제국들의 종식"), 제12장("제3세계"), 제15장("제3세계와 혁명")처럼 제3세계를 집중적으로 다루고 있는 장들이 있을 뿐만 아니라, 나머지 거의 모든 장들에서 해당주제가 제3세계에서 갖는 의미를 검토하고 있다.

사실, 홉스봄 자신의 삶이 '세계사가'에 걸맞는 국제적 이력을 보여주고 있다. 1917년에 이집트의 알렉산드리아에서 유태계 영국인 아버지와 오스트리아인 어머니 사이에서 태어나 두 살 때에 빈으로 이주했다가 1931년에 다시 베를린으로 이주했고 2년 뒤에 히틀러가 집권함으로써 또다시 런던으로 이주해야 했다. 또한 그는 1982년까지는 런던 대학의 사회경제사 교수였고, 1984년부터는 미국으로 건너가 뉴욕의 '신사회연구원(New School for Social Research)' 교수로 있으면서 세계 각지—— 한국을 비롯한—— 에서 강연을 했다.

그러나 책의 구성 자체가 암시하듯이 이 세계사는 어디까지나 **유럽인이 바라본** 세계사다. 「극단의 시대」가 채택한 시대구분이 가장 잘 들어맞는 지역은 홉스봄 자신이 살고 있는 제1세계(선진 자본주의 세계, 그중에서도 특히 서유럽)다. 사하라 이남 아프리카와 동유럽 및 구소련 지역으로서는 "파국의 시대"가 20세기 전반(前半)보다는 20세기 말이 될 것이고, 동아시아 국가들에게는 "산사태"라는 시기규정이 부적절하며, "황금시대"는 기본적으로 선진 자본주의 국가들의 황금시대였다(물론, 이 점을 홉스봄 자신도 부인하고 있지는 않다).

하지만 '유럽 중심적 관점에서의 서술'이라는 한계 내에서 이 책은 최고의 20세기사 서술이 될 것이다. 홉스봄의 관심영역은 매우 광범위하기로 유명하다. 그 자신은 "나의 시기(즉 역사가로서의 전공분야)는 19세기"라고 머리말에서 밝힌 바 있지만 그의 논저목록을 보면 그러한 규정이 완전히 무색해진다. 그의 주전공은 19세기 영국의 노동사(*Labouring Men*[1964 ; *Worlds of Labour*[1980])이지만 17세기 유럽사("The Crisis of the Seventeenth Century"[1954]), 전(前) 산업사회적 민중운동, 민족주의, 마르크스주의, 라틴 아메리카, 20세기 혁명운동(*Revolutionaries*[1973]), 역사이론("From Social History to the History of Society" [1971]) 그리고 재즈(프랜시스 뉴턴[Francis Newton]이란 필명으로 쓴 다수의 논문)에 이르기까지 상당히 폭넓은 관심분야를 보이고 있다.

그의 이러한 폭넓은 관심과 박학다식—— 대부분의 직업적 역사가들을 주눅들게 하는—— 은 이 책 전체에서 생생하게 느낄 수 있지만 특히 예술과 자연과학에 관한 장들(제6장, 제17-18장)과 '문화혁명'을 다룬 장(제11장)에서 진면목을 발휘하고 있다.

「극단의 시대」가 당분간 21세기의 20세기사가들 —— 역자 자신을 포함한 —— 의 필독도서가 될 것이라는 평자들의 지적이 타당한 보다 중요한 이유는 이 책이 진정 "20세기의 자서전"(Göran Therborn, *New Left Review*, no.214, 1995)이 될 자격이 있다는 데에 있다. 홉스봄은 단기 20세기 대부분(78년 중 75년)을 직접 살았을 뿐만 아니라 종종 역사의 현장 한복판에서 치열하게 살았다. 그는 1920-30년대 중부 유럽의 유태인이었고, 1930-40년대에 케임브리지 대학생 마르크스주의자였으며—— 바로 이 시기의 대공황, 파시즘, 반(反)파시즘에 대한 정치-사회적 경험이 그의 평생의 의식(意識)을 결정지었다 —— 그때부터 지금까지 일관되고도 확고하게, 억압받고 소외된 사람들(노동계급이든 제3세계 민중이든) 편에서 연구, 저술, 강연을 해온 비판적 지식인이었다.

사실, 에릭 홉스봄은 역자가 학부 때부터 외국인 역사가로서는 가장 존경하는 역사가였던 터라 처음 이 책의 번역을 제의받았을 때 내심 무척이나 기뻤다. 역자에게 번역할 기회를 주신 유재건 선생님, 양서(良書)의 번역을 추진하신 박종만 사장과 꼼꼼한 교정작업에 노력을 아끼지 않은 편집부원들 그리고 오역을 바로잡는 데에 결정적으로 기여하신 어머니께 감사드리며, 번역작업에 여러 면에서 너무도 큰 도움을 준 아내에게 고마운 마음을 전하고 싶다.

1997년 6월
역자

# 인명 색인